8th Edition

Kontakte
A Communicative Approach

Erwin Tschirner
Herder-Institut, Universität Leipzig
University of Arizona

Brigitte Nikolai
Werner-von-Siemens-Gymnasium,
Bad Harzburg

Mc
Graw
Hill
Education

KONTAKTE, A COMMUNICATIVE APPROACH

Published by McGraw-Hill Education, 2 Penn Plaza, New York, NY 10121. Copyright © 2017 by McGraw-Hill Education. All rights reserved. Printed in the United States of America. No part of this publication may be reproduced or distributed in any form or by any means, or stored in a database or retrieval system, without the prior written consent of McGraw-Hill Education, including, but not limited to, in any network or other electronic storage or transmission, or broadcast for distance learning.

Some ancillaries, including electronic and print components, may not be available to customers outside the United States.

This book is printed on acid-free paper.

1 2 3 4 5 6 7 8 9 0 BKM 22 21 20 19 18

ISBN: 978-1-259-25495-6
MHID: 1-259-25495-X

Cover Image: © *The Metropolitan Museum of Art, New York, The Berggruen Klee Collection, 1984*

All video stills © McGraw-Hill Education, Jennifer Rodes, Klic Video Productions, Inc.; all design icons: © McGraw-Hill Education

Table of contents photo credits: A: © Superstock; B: © SuperStock; 1: © akg-images/Newscom; 2: "Geizhalz" ("The Miser"), 1926, by Margret Hofheinz-Döring. Courtesy Galerie Brigitte Mauch; 3: © akg-images/Newscom; 4: © Christie's Images Ltd./Superstock; 5: © Corbis; 6: © Hundertwasser Archive, Vienna; 7: By permission of the Forderkreis Elfriede Lohse-Wächtler e.V. Photo © Hans-Ulrich Stracke; 8: © akg-images/The Image Works; p. 9: © Christie's Images Ltd./Superstock; 10: © World History Archive/Alamy; 11: © Universal History Archive/UIG/Bridgeman Images; 12: © Ismail Çoban.

All credits appearing on page are considered to be an extension of the copyright page.

2015958532

mheducation.com/highered

Contents

Einführung A

Einführung B

Kapitel 1

Wer ich bin und was ich tue

Kapitel 2

Besitz und Vergnügen

Kapitel 3

Talente, Pläne, Pflichten

Kapitel 4

Ereignisse und Erinnerungen

Kapitel 5

Geld und Arbeit

Kapitel 6

Wohnen

Kapitel 7

Unterwegs

Kapitel 8

Essen und Einkaufen

Kapitel 9

Kindheit und Jugend

Kapitel 10

Auf Reisen

Kapitel 11

Gesundheit und Krankheit

Kapitel 12

Die moderne Gesellschaft

Preface

Kontakte continues to offer a truly communicative approach that supports functional proficiency, supported by the full suite of digital tools available in **Connect**. This proven introductory German program maintains its commitment to meaningful communicative practice as well as extensive coverage of the 5 C's and the ACTFL Proficiency Guidelines 2012. Now in its eighth edition, ***Kontakte*** has greatly expanded its digital offering: **Connect** now contains the full scope of activities originating from both the white and blue pages of the student text and the *Workbook / Laboratory Manual* **(Arbeitsbuch)**. Furthermore, the digital program now offers **LearnSmart**®, an adaptive learning program that helps students learn grammar and vocabulary more efficiently by tailoring the experience to individual student needs.

Communication in Meaningful Contexts

Throughout the ***Kontakte*** program, students have the opportunity to communicate in German in meaningful ways. Students read and listen to comprehensible German and are provided with ample opportunities to use it in interview, information-gap, role-play, autograph, writing, and other personalized activities that are theme-based, not grammar-driven. The video segments—**Perspektiven** and **Interviews**—were filmed specifically for ***Kontakte*** and feature interviews with a variety of speakers that allow students to hear authentic German in context. They provide models for talking about topics using authentic language, guiding students to communicate with one another.

In **Connect** students can also take advantage of the synchronous and asynchronous chat tools to communicate with their classmates online. For example, each chapter includes one **Rollenspiel** chat activity adapted from the role-plays in the text. After completing pre-listening tasks, students listen to a model role-play, then connect online to role-play with another student in real time. The **Interviews** and **Umfragen** activities have also been adapted to online formats, using the chat tools.

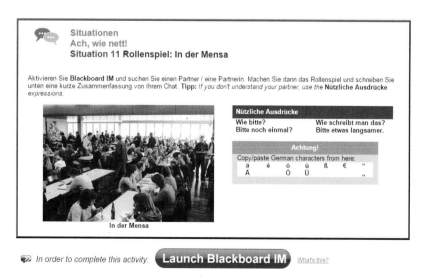

A Solid Theoretical Foundation

Firmly grounded in second-language acquisition research, ***Kontakte*** also supports the National Standards as outlined in the Standards for Foreign Language Learning in the 21st Century. As presented in the Standards, the five C's—Communication, Cultures, Connections, Comparisons, and Communities—provide a framework for what students should know and be able to do as a result of their language study.

The five C's are present in countless ways throughout the program, particularly in the wealth of communicative activities, as mentioned above, and in the cultural content. Cultural readings called **Kultur ... Landeskunde ... Informationen** develop themes such as geography, history, and society and present various perspectives on the cultures of the German-speaking world.

KULTUR ... LANDESKUNDE ... INFORMATIONEN

CHATIQUETTE: STERNCHEN, ABKÜRZUNGEN UND AKRONYME

Wenn es schnell gehen muss, verwenden[1] viele Leute im Chat, bei WhatsApp oder SMS besondere Formen der Kommunikation. Sie machen das Chatleben leichter. Viele sind lustig oder ironisch gemeint und ein fester Bestandteil[2] der Chatkultur. Sternchen[3] drücken Emotion oder Tätigkeit aus und es gibt viele Akronyme auf Englisch, aber auch auf Deutsch.

Miniwörterbuch	
grinsen	to grin
knuddeln	to cuddle
doll	very *(colloquial)*
hab dich lieb	(I) love you
drücken	to hug
das **Unverständnis**	incomprehension
zeigen	to show
frech	impudently
fies	meanly

© Gerhilde Skoberne/Corbis RF

Können Sie folgende Akronyme auf Deutsch erkennen? Ordnen Sie die Akronyme den Aussagen zu.

1. *g*   a. kein Kommentar
2. *fg*   b. grinsen
3. *momtel*   c. Moment, ich telefoniere gerade
4. *knuddel*   d. liebe Grüße
5. LG   e. hab dich lieb
6. kk   f. ich knuddel/drück dich
7. N8   g. frech/fies grinsen
8. omg   h. Nacht / Gute Nacht
9. HDL   i. hab dich ganz doll lieb
10. HDGDL   j. oh mein Gott

[1]use [2]fester ... established part [3]asterisks

Musikszene and **Filmclip** features highlight contributions in German-language music and film. In addition, the ***Kontakte*** video program provides a rich source of authentic language and culture that holds students' interest and draws them into interactions and discussion.

In addition to communicative practice and cultural exposure, students are encouraged to explore connections by linking their study of German with their own lives and other subjects of study, to make comparisons between their world and that of German-speaking people, and to learn about real-world German-speaking communities. They are given direct access to the German-speaking world through the post-reading **Nach dem Lesen** sections which engage students in activities where they expand the scope of the subject matter or topic to the real-world level. In several **Filmlektüren**, students complete Internet research on topics related to German cinema. All of these activities as well as the ***Kontakte*** video are available in **Connect.**

Kontakte also integrates several modes of language, as described in the ACTFL Proficiency Descriptors. The activities, exercises, and tasks offer students a wide variety of opportunities for communication and interaction in interpersonal, interpretive, and presentational modes. For example, the many interviews in ***Kontakte*** require students to negotiate meaning and therefore reinforce the interpersonal mode of communication. The diversity of readings, whether literary, cultural, or encyclopedic, requires students to interpret information within context and apply it to new contexts.

Tools for Digital Success: Connect, LearnSmart®, and Insight

McGraw-Hill's digital teaching and learning environment allows students to engage in their course material via the devices they use every day. In **Connect,** students have full access to the digitally enhanced eBook, the online *Workbook / Laboratory Manual* activities, **LearnSmart®,** and all of the accompanying audio and video resources, giving them the ability to interact with the materials (and one other) as often as they wish. For instructors, it's never been easier to build and maintain a course, accessing and evaluating student performance along the way.

LearnSmart®: An Adaptive Teaching and Learning Experience

McGraw-Hill's **LearnSmart®,** an exciting addition to the eighth edition of **Kontakte,** provides each student with a personalized and adaptive learning experience based on individual needs. Based on the latest research, each of the vocabulary items has been thoughtfully selected from a list of high-frequency words, guaranteeing that students will practice the words they need to become successful readers and speakers of German. As each student works through a series of probes that reinforce the vocabulary and grammar presented in each chapter, **LearnSmart®** identifies gaps in knowledge, continuously adapting to focus on those areas where the student needs the most help. Each student learns and masters core vocabulary and grammar at his or her own pace and comes to class better prepared to communicate in the target language.

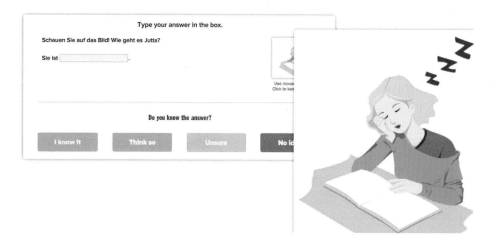

Connect provides the instructor with both the ability and flexibility to pull from the robust set of content available in the platform and craft a unique learning path based on the goals of the course. **LearnSmart®** provides powerful reports to view student progress by module and detail with completion breakdown, along with class performance data, frequency of missed questions, and a view into the most challenging learning objectives. Metacognitive reports allow instructors to view statistics on how knowledgeable their students are about their own comprehension and learning.

Whether in a face-to-face, hybrid, or fully online course, **LearnSmart**® is the only integrated learning system that empowers students by continuously adapting to deliver precisely what they need, when they need it, and how they need it, to make class time more engaging and effective.

Connect: Leveraging the Best in Learning Science

The digital tools available in the **Connect** platform facilitate student progress by providing extensive opportunities to practice and hone their developing skills. These include online communicative activities, instant feedback, peer-editing writing tools, sophisticated reporting, and a complete eBook with embedded audio and video. The *Kontakte* program also provides online tools to reduce the amount of time and energy that instructors need to invest in building and maintaining their courses. In the Assignment Builder, instructors can sort and assign activities based on parameters such as skill, grammar structure, vocabulary theme, activity type, the 5 C's, and much more.

Connect Insight: Tracking Student Progress with Precision

The first and only analytics tool of its kind, **Connect Insight** is a series of visual data displays—each framed by an intuitive question—to provide at-a-glance information about your class's progress. **Connect Insight** provides analysis on five key insights, available at a moment's notice from your **Connect** course.

Program Components

For Instructors and Students

- **Student Edition:** Full-color textbook with activities, grammar explanations and exercises, and helpful appendices. Available in print and as a digital eBook with embedded audio and video in **Connect**.

- *Workbook / Laboratory Manual* **(Arbeitsbuch):** This combined workbook / laboratory manual contains both acquisition activities and practice exercises for use outside the classroom. The Answer Key at the end of the print *Workbook / Laboratory Manual* allows students to correct many of the activities themselves. The *Workbook / Laboratory Manual* activities and the related audio recordings are also accessible in **Connect**.

- *Textbook Audio Program:* This audio program contains selected dialogues, listening comprehension passages, cultural readings, poems, and a fairy tale from the text. These recordings are signaled by a headphones icon next to relevant activities and have been embedded in the eBook. The audio files are available in **Connect** as well as on the *Online Learning Center* at **www.mhhe.com/kontakte8**.

- *Workbook / Laboratory Manual Audio Program:* This robust program contains pronunciation practice and listening comprehension texts, recorded dialogues, narratives, and other oral texts**.** As in the seventh edition, the audio is accessed directly in the online *Workbook / Laboratory Manual* in **Connect**.

- **Video Program:** The *Kontakte* video program, consisting of the **Perspektiven** and **Interviews** segments, may be accessed in the eBook and within **Connect**. The *Kontakte* DVD is also available free of charge to instructors.

For Instructors

- **Annotated Instructor's Edition:** The print textbook contains margin notes and annotations with suggestions for using and expanding most of the **Situationen** in the program. It also offers the scripts for **Bildgeschichte** narratives; scripts for all materials in the *Textbook Audio Program*; additional cultural information; teaching hints for using readings, photos, and realia; and tips on teaching selected grammar points.

- **Online Instructor Resources:** In addition to the printed Instructor's Edition, there are also many instructor resources available online within **Connect** in the **Instructor's Resources** section in the **Library** tab:

  - *Instructor's Manual:* The *Instructor's Manual* provides a guided walk-through of a typical chapter, information on language teaching theory and practice, and hints and practical guidance for instructors.

  - *Testing Program with Audio:* This program offers a variety of test components emphasizing pronunciation, listening, speaking, reading, writing, vocabulary, grammar, and culture. For the eighth edition, a second version of each chapter test has been developed. Available in pdf format, as a Word document, and now as online tests with audio in **Connect,** this program provides you with the flexibility to electronically modify or adapt the tests to suit the particular needs of your class. For users of the print tests, the listening comprehension passages are available in the **Instructor's Resources** section in the **Library** tab in **Connect**.

  - *Audioscript:* This is a transcript of all the material recorded for the *Workbook / Laboratory Manual.*

  - *Vocabulary Display PowerPoints*™*:* A set of color images of the all-new line art from the text for presentation of vocabulary, review, and class activities.

New to This Edition

- **Connect** for *Kontakte* now includes the full offering of activities from the Student Edition and *Workbook / Laboratory Manual*, a significant expansion of the previous edition's offering of grammar activities (blue pages only).

- **LearnSmart**® is now available with the eighth edition of *Kontakte,* including grammar and vocabulary modules that mirror and support the scope and sequence as well as the methodology of the text. Based on extensive research, high-frequency vocabulary is strategically woven into both vocabulary and grammar modules, exposing students to language most commonly spoken, read, and written by contemporary German speakers.

- The **line art** in the student textbook is completely new and now matches the new art created for the seventh edition *Workbook / Laboratory Manual.* Some characters have also been revised to introduce more diversity, including a variety of ethnicities and blended families.

- **Online Testing in Connect:** The testing program has been expanded to include a second test for every chapter. In the eighth edition, the tests may now be administered completely online to provide maximum flexibility for hybrid and online classes. The vocabulary displays and end-of-chapter vocabulary have been carefully analyzed using a digital program and high frequency-vocabulary lists. As a result, they have been revised to ensure that students are learning the essential vocabulary they need to communicate orally and in writing.

- **Lektüren:** This same digital analysis has been applied to the readings, both existing and new. Based on this research, the useful vocabulary lists have been reworked to emphasize the key words that appear over and over in authentic texts such as newspapers, magazine articles, and literature. Several readings and supporting activities have been reworked and replaced, in alignment with the most current ACTFL guidelines on reading. New readings in this edition include: „Vater im Baum", „Stichwort Fabel", „Die gebratene Ameise", „Montagmorgengeschichte", and the film reading „Vincent will Meer".

© Tom Merton/Getty Images RF

- **Kultur … Landeskunde … Informationen:** Several of these culture readings have been revised or replaced to expand reading practice, as well as to increase cultural fluency. These topics now place less emphasis on everyday culture and more on the history, geography, and politics of German-speaking societies. New topics include „Chatiquette", „Deutsch und Englisch als germanische Sprachen", „Brot", „Die Gebrüder Grimm", „Universitätsstadt Göttingen", and „Geschichte der Psychiatrie".

- A new vocabulary topic entitled **Politik** is now introduced in **Kapitel 12,** replacing the previous topic of **Familie, Ehe, Partnerschaft.**

Acknowledgments

We gratefully acknowledge our debt to the many instructors who over the past years have personally shared their experiences with us, especially Peter Ecke and the graduate student instructors at the University of Arizona. In addition, the authors would like to express their gratitude to the following members of the language-teaching profession whose valuable suggestions contributed to the preparation of this revised edition. The appearance of these names does not necessarily constitute an endorsement of **Kontakte** or its methodology.

Anderson University
Inge Baird

Berry College
Christine Anton

Brigham Young University
Teresa R. Bell

Brigham Young University–Idaho
Brooks Haderlie

Colorado State University
Franziska Wilcox

DePaul University
Eugene Sampson

Louisiana State University
Michael B. Dettinger

Mercer University
Edward Weintraut

Montclair State University
Pascale LaFountain

North Carolina Central University
Claudia A. Becker

Pacific University
Lorely French

Santa Monica College
Jiro Tanaka

Sauk Valley College
Nina L. Dulabaum

State University of New York at Stony Brook
Robert K. Bloomer

Texas Christian University
Cynthia Chapa

University of Arizona
Antonella Cassia
Diane Richardson

University of Alabama
Douglas Lightfoot

University of Connecticut
Anke Finger

University of Louisville
Jordan Gabbard

University of Maryland, Baltimore
Xenia Wolff

University of New Mexico
Jason Wilby

University of Southern California
Eve Lee

University of Texas at Arlington
Amy Titus

University of Washington
Klaus Brandl

University of Wyoming
Julia Stetler

Webster University
Paula Hanssen

Western Kentucky University
Tim Straubel

Yale University
Marion Gehlker

We would like to extend our continuing thanks to all the loyal users, reviewers, consultants, and native readers who contributed to prior editions of **Kontakte** and have helped shape the development of this program over the years; they are too numerous to mention here. We continue to thank

Eirik Børve and Thalia Dorwick, who launched the first edition. **Kontakte** also owes enduring thanks to Gregory Trauth, editor extraordinaire of the third and fourth editions and best of friends. We still miss you, Gregory.

The revised Eighth Edition of **Kontakte** is a product of the hardworking efforts of many different language-teaching and publishing professionals. Our gratitude to Arden Smith, who painstakingly compiled the German-English and English-German end vocabularies; to Carrie Burger for researching the many interesting photos; and to Beth Thole and her team, who secured reprint permissions for the realia and readings. We owe a debt of gratitude to Marie Deer, our copyeditor. Many thanks to Jennifer Rodes at Klic Video Productions and her team for the beautiful **Interviews** and **Perspektiven** video segments, and to Jupp Möhring, Nicole Mackus, Jenny Fischer, Judith Müller, Juliane Schäfer and Sandra Süring for organizing and helping with the video shoot as well as to Tetyana Chobotar, Michael Dobstadt, Shaimaa Hamdy Mohamed Elsayed, Simone Grossmann, Hend Adel Lotfy Hasan, Tina Hofmann, Maria Jeschke, Albrecht Klemm, Felicitas Krahnert, Tabea Mackel, Inna Meskova, Pascal Müller, Nadezda Mukhina, Michael Seyfarth, Carolyn Teschner, Susan Wagner, Sophia Weber, and Martin Wendig for participating in it. Our heartfelt gratitude also goes to Klaus Brandl who revised and updated the *Workbook / Laboratory Manual* for this edition and to our product developer, Jason Kooiker, who worked tirelessly on both the print and digital versions.

We thank Matthew Backhaus and his design team for the beautiful interior and imaginative cover. We also thank our talented production team, Erin Melloy, Senior Content Project Manager, and Kelly Heinrichs, Program Manager, for their superior work on the Eighth Edition. Special thanks as well to Craig Gill, Jorge Arbujas, Chris Brown, and Michael Ambrosino and the rest of the McGraw-Hill marketing and sales staff, who so actively promote **Kontakte.**

On the digital side, we would like to acknowledge the valuable contributions of Pennie Nichols, Senior Product Developer, and her team of builders and and reviewers: Rachel Daddezio, Allison Hawco, Ron Nelms, Jason Kooiker, Birgitta Brandenburg, Jutta Handte, and Elke Riebeling; many thanks as well to Janet Banhidi, Senior Director of Digital Content, and our **LearnSmart**® team of subject matter experts based in Leipzig, Germany: Elisabeth Muntschick, Phuong Anh Pham, Sarah Synatsaki, and Judith Westphal.

Finally, we express our sincere appreciation to the McGraw-Hill World Languages product development team: Sean Costello, our Product Development Coordinator; Janet Banhidi, Senior Director of Digital Content; Sarah Carey, Senior Digital Product Analyst; Helen Greenlea, Executive Market Development Manager; Susan Blatty and Pennie Nichols, Senior Product Developers; Katie Stevens, our Managing Director, and Katie Crouch, Senior Brand Manager, whose support and encouragement are deeply appreciated.

To the Student

Getting to Know the Characters

The people you will read and talk about in **Kontakte** appear in activities and exercises throughout the book. Some are American students, and others are from Germany, Austria, and Switzerland. First, there is a group of students learning German at the University of California at Berkeley. Although they all have different majors, they are all in Professor Karin Schulz's German class. You will meet eight students in the class: Steve (Stefan), Heidi, Al (Albert), Nora, Monique (Monika), Peter, Kathy (Katrin), and Thomas. Each uses the German version of his or her name.

Peter   Heidi   Professor Karin Schulz   Monika   Nora

Albert   Stefan   Thomas   Katrin

In Göttingen, Germany, you will meet Silvia Mertens and her boyfriend, Jürgen Baumann. You will also get to know Rolf Schmitz. He studies psychology in the United States, but spends a lot of time in Göttingen, where his mother lives. Rolf's father, Johannes Schmitz, and stepmother, Aydan Candemir, live near Düsseldorf, Germany. Johannes and Aydan have twin daughters named Eske and Damla.

Silvia   Jürgen   Rolf

Johannes Schmitz   Aydan Candemir   Eske   Damla

You will also accompany an American student, Claire Martin, on her travels. Her best friends are Josef Bergmann and Melanie Staiger from Regensburg. In Berlin, you will meet Renate Röder and Mehmet Sengün.

Claire   Josef   Melanie   Renate   Mehmet

In Dresden, you will meet Sofie Pracht, her friend Willi Schuster, and their friend Nesrin Durani, originally from Afghanistan.

Sofie   Willi   Nesrin

In Munich, you will meet the Wagners and the Rufs. Josie and Uli Wagner have three children: Ernst, Andrea, and Paula. The children's cousin Jens often comes to visit. The Wagners' neighbors are the Rufs: Jochen Ruf, a writer and stay-at-home dad, and Margret, a businesswoman. They have two children: Jutta and Hans.

die Familie Wagner

Andrea   Josie   Uli   Ernst   Jens
          Paula

die Familie Ruf

Hans   Margret   Jochen   Jutta

There are others in the neighborhood as well, such as Herr Günter Thelen and Herr Alexander Siebert, Frau Sybille Gretter, Frau Judith Körner, Maria Schneider, and her boyfriend Michael Pusch. In Austria, you will get to know Richard Augenthaler, who is 18 and has just graduated from high school.

Herr Günter
Thelen

Herr Alexander
Siebert

Frau Sybille
Gretter

Frau Judith
Körner

Maria

Michael

Richard

In Switzerland, you will meet Kobe Okonkwo, his wife Veronika Frisch-Okonkwo, and their three children Lydia, Sumita and Yamina.

die Familie Okonkwo

Sumita   Veronika   Kobe   Lydia   Yamina

We hope you will enjoy meeting these characters and learning more about their personalities, their daily lives, and the German-speaking regions they are from. Enjoy learning German and working with **Kontakte**!

Kontakte

A Communicative Approach

EINFÜHRUNG A

Your goals in **Einführung A** should be to relax, listen to as much German as possible, and get to know your classmates. The focus of this chapter is primarily on listening skills; after you have heard German for several weeks, speaking it will come naturally to you.

Themen

Aufforderungen

Namen

Kleidung

Farben

Begrüßen und Verabschieden

Zahlen

Kulturelles

KLI: Vornamen

KLI: Farben als Symbole

Musikszene: „A-N-N-A" (Freundeskreis)

KLI: So zählt man ... So schreibt man ...

Videoecke: Persönliche Daten

Strukturen

A.1 Giving instructions: polite commands

A.2 What is your name? The verb **heißen**

A.3 The German case system

A.4 Grammatical gender: nouns and pronouns

A.5 Addressing people: **Sie** versus **du** or **ihr**

Dora Hitz: *Mädchen im Mohnfeld*
(1891), Museum der Bildenden
Künste, Leipzig, Deutschland
© Superstock

KUNST UND KÜNSTLER

Dora Hitz (1856–1924) was a German painter who studied in Munich at the "Damenmalschule der Frau Staatsrat Weber," an art school for young women, and in Paris. Later she worked in Romania as the court painter to the Romanian royal family and in Berlin where she was a member of the "Verein Berliner Künstlerinnen und Kunstfreundinnen." In 1894 she founded an art school for women. Later in life she fell into financial difficulties, became ill, and shunned social contact.

Sehen Sie das im Bild?[1]

	JA	NEIN
eine Straße[2]	☐	☐
ein Mädchen[3]	☐	☐
Blumen	☐	☐
Autos	☐	☐
die Farbe Gelb[4]	☐	☐
die Farbe Grün[5]	☐	☐
die Farbe Rot[6]	☐	☐

[1]Sehen … *Do you see that in the picture?* [2]eine … *a road* [3]*girl* [4]die … *the color yellow* [5]*green* [6]*blue*

Situationen

Aufforderungen

Grammatik A.1

Stefan   Nora   Peter Frau Schulz   Albert   Heidi

Situation 1 **Aufforderungen**

1. Geben Sie mir die Hausaufgabe!
2. Öffnen Sie das Buch!
3. Schließen Sie das Buch!
4. Nehmen Sie einen Stift!
5. Gehen Sie!
6. Springen Sie!
7. Laufen Sie!
8. Schauen Sie an die Tafel!

a.   b.   c.   d.

e.   f.   g.   h.

Situation 2   Wer macht das?

Hören Sie zu und schreiben Sie die Zahlen unter die Bilder.

a. ____

b. ____

c. ____

d. ____

e. ____

f. ____

g. ____

h. ____

Namen

Grammatik A.2–A.3

—Wie heißt du?

—Heidi.

—Wie schreibt man das?

—H-E-I-D-I. Und wie heißt du?

Heidi und Stefan

Buchstaben			
Schreiben	**Sprechen**	**Schreiben**	**Sprechen**
A a	[aː]	*O o*	[oː]
Ä ä	[ɛː]	*Ö ö*	[øː]
B b	[beː]	*P p*	[peː]
C c	[tseː]	*Q q*	[kuː]
D d	[deː]	*R r*	[ɛr]
E e	[eː]	*S s*	[ɛs]
F f	[ɛf]	*ß*	[ɛsˈtsɛt]
G g	[geː]	*T t*	[teː]
H h	[haː]	*U u*	[uː]
I i	[iː]	*Ü ü*	[yː]
J j	[jɔt]	*V v*	[fau]
K k	[kaː]	*W w*	[veː]
L l	[ɛl]	*X x*	[ɪks]
M m	[ɛm]	*Y y*	[ˈʏpsilɔn]
N n	[ɛn]	*Z z*	[tsɛt]

KULTUR ... LANDESKUNDE ... INFORMATIONEN

VORNAMEN

- Was sind häufige[1] Vornamen in Ihrem Land für Personen über 60 Jahre? für Personen um die 40? für Personen um die 20? für Neugeborene[2]?
- Welche Vornamen gefallen Ihnen[3]?
- Welche deutschen Vornamen gibt es auch in Ihrem Kurs?
- Welche deutschen Familiennamen gibt es in Ihrem Kurs?
- Möchten Sie einen deutschen Vornamen annehmen[4]? Welchen?

[1]common [2]newborns [3]gefallen ... do you like [4]adopt [5]most popular

DIE BELIEBTESTEN[5] VORNAMEN IN DEUTSCHLAND 2014

Mädchen	Jungen
1. Sophie/Sofie	1. Maximilian
2. Marie	2. Alexander
3. Sophia/Sofia	3. Paul
4. Maria	4. Elias
5. Mia	5. Luis/Louis
6. Emma	6. Luca/Luka
7. Hannah/Hanna	7. Ben
8. Emilia	8. Leon/Léon
9. Anna	9. Lukas/Lucas
10. Johanna	10. Noah/Noa

Source of Data: Gesellschaft für deutsche Sprache Wiesbaden.

Situation 3 Wie heißt ...?

1. Wie heißt die Frau mit dem Buch?
2. Wie heißt der Mann mit dem Stift?
3. Wie heißt die Frau an der Tafel?
4. Wie heißt die Frau an der Tür?
5. Wie heißt der Mann mit der Brille?
6. Wie heißt der Mann mit dem Schnurrbart?
7. Wie heißt die Frau mit dem Ball?
8. Wie heißt der Mann mit dem langen Haar?

MODELL: ein Student / eine Studentin mit Brille →
S1: Wie heißt du?
S2 (*mit Brille*): Mark.
S1: Wie schreibt man das?
S2: M-A-R-K.

NAME

1. ein Student / eine Studentin mit Brille   _____
2. ein Student / eine Studentin in Jeans   _____
3. ein Student / eine Studentin mit langem Haar   _____
4. ein Student / eine Studentin mit einem Buch   _____
5. ein Student / eine Studentin mit Ohrring   _____
6. ein Student / eine Studentin mit kurzem Haar   _____

Kleidung

Grammatik A.4

der Hut   die Krawatte

das
Sakko   das Hemd

der Anzug

Michael Pusch

die
Jacke

die Hose

die Schuhe

Jens Krüger

die Bluse

der Rock

die
Stiefel

Maria Schneider

das Kleid

der Mantel

Josie Wagner

Situation 5   Kleidung

Wer im Deutschkurs trägt _____?

1. eine Bluse
2. einen Rock
3. eine Jacke
4. ein Kleid
5. Stiefel
6. ein Hemd

7. eine Hose
8. einen Hut
9. Sportschuhe
10. einen Pullover
11. eine Krawatte
12. einen Anzug

Situation 6*   Informationsspiel: 10 Fragen

Stellen Sie zehn Fragen. Für jedes „Ja" gibt es einen Punkt.

MODELL: S1: Trägt Thomas einen Anzug?
             S2: Nein. Trägt Frau Körner einen Hut?
             S1: Nein.

	THOMAS JA ODER NEIN	NORA JA ODER NEIN		THOMAS JA ODER NEIN	NORA JA ODER NEIN
einen Anzug	*N*	_____	einen Mantel	_____	_____
eine Bluse	_____	_____	einen Pullover	_____	_____
eine Brille	_____	_____	einen Rock	_____	_____
ein Hemd	_____	_____	ein Sakko	_____	_____
eine Hose	_____	_____	Schuhe	_____	_____
einen Hut	_____	_____	Socken	_____	_____
eine Jacke	_____	_____	Sportschuhe	_____	_____
eine Jeans	_____	_____	Stiefel	_____	_____
ein Kleid	_____	_____	ein Stirnband	_____	_____
eine Krawatte	_____	_____	ein T-Shirt	_____	_____

Herr   Frau
Siebert   Körner   Thomas   Nora

*This is the first of many information-gap activities in **Kontakte**. Pair up with another student. One of you will work with the pictures on this page. The other will work with different pictures in Appendix A. The goal is to complete the activity while speaking only German and not looking at your partner's pictures.

Farben

Grammatik A.4

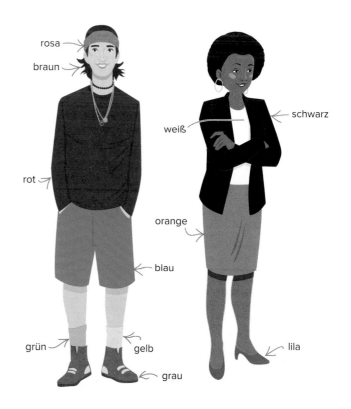

Situation 7 Meine Mitstudenten

Schauen Sie Ihre Mitstudenten und Mitstudentinnen an. Was tragen sie?

NAME	KLEIDUNG	FARBE
1. Heidi	Rock	blau
2. _____	_____	_____
3. _____	_____	_____
4. _____	_____	_____
5. _____	_____	_____

Situation 8 Umfrage: Was ist deine Lieblingsfarbe?

MODELL: S1: Ist deine Lieblingsfarbe blau?
          S2: Ja.
          S1: Unterschreib bitte hier.

	UNTERSCHRIFT
1. Ist deine Lieblingsfarbe blau?	_____
2. Trägst du gern schwarz?	_____
3. Hast du zu Hause braune Socken?	_____
4. Ist deine Lieblingsfarbe rot?	_____
5. Trägst du gern gelb?	_____
6. Hast du zu Hause ein grünes T-Shirt?	_____
7. Ist deine Lieblingsfarbe lila?	_____
8. Hast du zu Hause ein weißes Hemd?	_____

FARBEN ALS SYMBOLE

_____ ist die Liebe[1]
_____ ist die Unschuld[2]
_____ ist die Trauer[3]
_____ ist die Treue[4]
_____ ist die Hoffnung[5]
_____ ist der Neid[6]

© Julie Nicholls/Corbis

[1]*love* [2]*innocence* [3]*grief, sorrow* [4]*loyalty* [5]*hope* [6]*envy*

In der Stadt
© ullstein bild-Müller-Stauffenberg / The Image Works

Begrüßen und Verabschieden

Grammatik A.5

Guten Morgen!

Guten Tag!

Guten Abend!

—Auf Wiedersehen!
—Wiedersehen!

—Tschüss!
—Bis bald!

Situation 9 Dialoge

1. Jürgen Baumann spricht mit einer Studentin.

   JÜRGEN: Hallo, bist du _____ hier?

   MELANIE: _____. Du auch?

   JÜRGEN: Ja. Sag mal, _____?

   MELANIE: Melanie. Und _____?

   JÜRGEN: Jürgen.

2. Frau Frisch-Okonkwo ruft Herrn Koch an.

   HERR KOCH: Koch.

   FRAU FRISCH-OKONKWO: Guten Tag, Herr Koch, _____ Frisch-Okonkwo. Unser Computer ist kaputt.

   HERR KOCH: _____, ich komme morgen vorbei.

   FRAU FRISCH-OKONKWO: Gut. Bis dann. _____.

3. Jutta trifft ihren Freund Jens.

   JUTTA: Servus, Jens.

   JENS: Ach, _____, Jutta.

   JUTTA: Wo willst _____ denn hin?

   JENS: _____ muss zum Fußballtraining.

   JUTTA: Na, dann _____!

   JENS: _____. Mach's gut, Jutta.

MUSIKSZENE

„A-N-N-A" (1997, Deutschland) *Freundeskreis*

Biografie *Freundeskreis* ist aus Stuttgart. Der Gründer und Lead-Sänger heißt Max Herre. „A-N-N-A" war die 1. Hitsingle der Gruppe aus dem Jahr 1997. Andere große Hits waren „Tabula rasa" und „Mit dir".

Freundeskreis
© Public Address/ullstein bild/The Image Works

NOTE: For copyright reasons, the songs referenced in **MUSIKSZENE** have not been provided by the publisher. The song can be found online at various sites such as YouTube, Amazon, or the iTunes store.

Vor dem Hören Was ist das Besondere an dem Namen *Anna*?

☐ **1.** Er beginnt mit *A*.

☐ **2.** Er hat vier Buchstaben.

☐ **3.** Er ist von hinten und von vorne gleich.

Nach dem Hören

A. Hören Sie den Refrain! Richtig (R) oder falsch (F)?

___ **1.** Max denkt an Anna, wenn es regnet.

___ **2.** Anna war nass bis auf die Haut.

___ **3.** Max liebt Anna.

B. Wie heißt dein Freund oder deine Freundin?

Miniwörterbuch	
das Besondere an	special about
von hinten	backwards
von vorne	forwards
gleich	the same
denkt an	thinks about
regnet	rains
nass	wet
bis auf die Haut	to the skin

Situation 10*   Rollenspiel: Begrüßen

S1: Begrüßen Sie einen Mitstudenten oder eine Mitstudentin. Schütteln Sie dem Mitstudenten oder der Mitstudentin die Hand. Sagen Sie Ihren Namen. Fragen Sie, wie alt er oder sie ist. Verabschieden Sie sich.

Begrüßen
© Yavuz Arslan/ullstein bild/The Image Works

Zahlen

0	null	10	zehn	20	zwanzig	30	dreißig
1	eins	11	elf	21	einundzwanzig	40	vierzig
2	zwei	12	zwölf	22	zweiundzwanzig	50	fünfzig
3	drei	13	dreizehn	23	dreiundzwanzig	60	sechzig
4	vier	14	vierzehn	24	vierundzwanzig	70	siebzig
5	fünf	15	fünfzehn	25	fünfundzwanzig	80	achtzig
6	sechs	16	sechzehn	26	sechsundzwanzig	90	neunzig
7	sieben	17	siebzehn	27	siebenundzwanzig	100	hundert
8	acht	18	achtzehn	28	achtundzwanzig		
9	neun	19	neunzehn	29	neunundzwanzig		

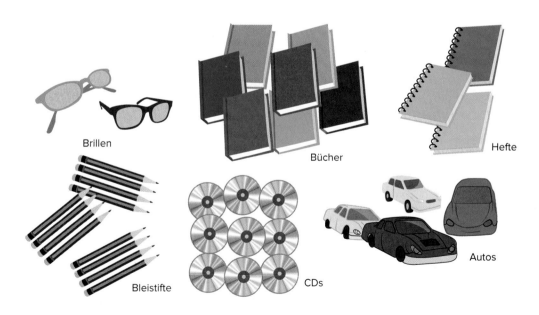

Brillen

Bücher

Hefte

Bleistifte

CDs

Autos

---

*This is the first of many role-playing activities in **Kontakte**. Pair up with another student. One of you takes the role of S1. The corresponding role for the other person (S2) appears in Appendix B.

Situation 11 Wie viele?

Wie viele Studenten/Studentinnen im Kurs tragen ...?

eine Hose	_____
eine Brille	_____
eine Armbanduhr	_____
eine Bluse	_____
einen Rock	_____
Sportschuhe	_____

KULTUR ... LANDESKUNDE ... INFORMATIONEN

SO ZÄHLT MAN ...

SO SCHREIBT MAN ...

eine Eins

eine Sieben

ⓘ Situation 12 Informationsspiel: Zahlenrätsel

Verbinden Sie die Punkte. Sagen Sie Ihrem Partner oder Ihrer Partnerin, wie er oder sie die Punkte verbinden soll. Dann sagt Ihr Partner oder Ihre Partnerin Ihnen, wie Sie die Punkte verbinden sollen. Was zeigen Ihre Bilder?

s1: Start ist Nummer 1. Geh zu 18, zu 7, zu 29, zu 13, zu 60, zu 32, zu 12, zu 5, zu 14, zu 20, zu 11, zu 9, zu 3, zu 80, zu 23, zu 19, zu 4, zu 27, zu 8, zu 15, zu 35, zu 26, zu 2, und zum Schluss zu 17. Was zeigt dein Bild?

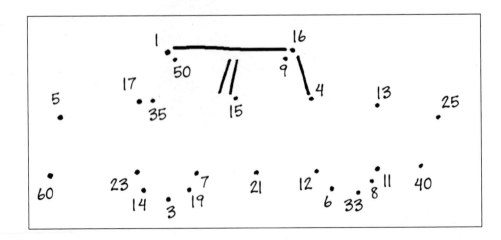

 Videoecke

Perspektiven

„Hey, wie geht's?"

Aufgabe 1   Wie viele?

Wie viele Paare machen das?

Miniwörterbuch	
die **Paare**	pairs
umarmen	embrace
sich	*here:* each other
küssen	kiss
zueinander	to each other

_____ 1. Wie viele Paare schütteln sich die Hand?

_____ 2. Wie viele Paare umarmen sich?

_____ 3. Wie viele Paare küssen sich?

_____ 4. Wie viele Paare sitzen, wie viele stehen?

_____ 5. Wie viele Paare sagen: „Wie geht's?"?

_____ 6. Wie viele Paare sagen **Sie** zueinander?

Aufgabe 2   Was sagen sie?

Was sagen die folgenden Personen?

Miniwörterbuch	
der **Zopf**	braid
die **Strickjacke**	cardigan sweater
der **Schal**	scarf
beide	both

_____ 1. junger Mann mit lila Hemd

_____ 2. junge Frau mit Zopf und blondem Haar

_____ 3. junge Frau mit langem schwarzem Haar und schwarzer Strickjacke

_____ 4. Frau mit kurzem dunkelbraunem Haar und brauner Jacke

_____ 5. junge Frau mit langem blondem Haar und lila Sweatshirt

_____ 6. junger Mann mit grünkariertem Hemd

_____ 7. junge Frau mit langem dunkelbraunem Haar, lila T-Shirt und schwarzer Hose

_____ 8. junge Frau mit hellbrauner Jacke und Schal

a. „Hallo Susi."

b. „Gut, und dir?"

c. „Na, wie geht's dir?"

d. „Hey, wie geht's dir?"

e. „Hey, wie geht's?"

f. „Mir geht's gut und dir?"

g. „Ach, ganz gut und dir?"

h. „Guten Tag!"

Interviews

- Wie heißt du?
- Wie schreibt man das?
- Welche Kleidung trägst du gern?
- Welche Farben trägst du gern?
- Wie alt bist du?
- Hast du eine Glückszahl?

Nicole

Michael

Aufgabe 3   Persönliche Daten

Wer sagt das, Nicole oder Michael oder beide?

	NICOLE	MICHAEL	BEIDE
1. Ich trage gern Jeans und Pullover.	☐	☐	☐
2. Ich trage gern türkis, blau und grün.	☐	☐	☐
3. Ich trage gern rot und braun.	☐	☐	☐
4. Ich bin 45 Jahre alt.	☐	☐	☐
5. Ich bin 28 Jahre alt.	☐	☐	☐
6. Meine Glückszahl ist sieben.	☐	☐	☐
7. Meine Glückszahl ist dreizehn.	☐	☐	☐

Aufgabe 4   Interview

Interviewen Sie eine Partnerin oder einen Partner. Stellen Sie dieselben Fragen.

Wortschatz

Aufforderungen — Instructions

arbeiten Sie mit einem Partner*	work with a partner
geben Sie mir	give me
gehen Sie	go, walk
hören Sie zu	listen
laufen Sie	go, run
lesen Sie	read
nehmen Sie	take
öffnen Sie	open
sagen Sie	say
schauen Sie	look
schließen Sie	close, shut
schreiben Sie	write; spell
setzen Sie sich	sit down
springen Sie	jump
stehen Sie auf	get up, stand up

Kleidung — Clothes

er/sie hat ...	he/she has ...
hast du ...?	do you have ...?
er/sie trägt ...	he/she is wearing ...
trägst du ...?	do you wear ...? / are you wearing ...?
eine Armbanduhr	a watch
eine Brille	glasses
eine Hose	pants
eine Krawatte	a tie
einen Anzug	a suit
einen Mantel	a coat; an overcoat
einen Ohrring	an earring
einen Rock	a skirt
ein Hemd	a shirt
ein Kleid	a dress
ein Sakko	a sports jacket
ein Stirnband	a headband
Stiefel	boots

Ähnliche Wörter†

er/sie trägt ... eine Bluse, eine Jacke; einen Hut; Schuhe, Sportschuhe

Farben — Colors

gelb	yellow
lila	purple
rosa	pink
schwarz	black

Ähnliche Wörter

blau, braun, grau, grün, orange [oranʒə], rot, weiß

Zahlen (Numbers)

0	null	20	zwanzig
1	eins	21	einundzwanzig
2	zwei	22	zweiundzwanzig
3	drei	23	dreiundzwanzig
4	vier	24	vierundzwanzig
5	fünf	25	fünfundzwanzig
6	sechs	26	sechsundzwanzig
7	sieben	27	siebenundzwanzig
8	acht	28	achtundzwanzig
9	neun	29	neunundzwanzig
10	zehn	30	dreißig
11	elf	40	vierzig
12	zwölf	50	fünfzig
13	dreizehn	60	sechzig
14	vierzehn	70	siebzig
15	fünfzehn	80	achtzig
16	sechzehn	90	neunzig
17	siebzehn	100	hundert
18	achtzehn		
19	neunzehn		

Begrüßen und Verabschieden — Greeting and Leave-Taking

auf Wiedersehen	good-bye
bis bald	so long; see you soon
grüezi	hi (*Switzerland*)
grüß Gott	good afternoon; hello (*formal; southern Germany, Austria*)
guten Abend	good evening
guten Morgen	good morning
guten Tag	good afternoon; hello (*formal*)
hallo	hi (*informal*)
die Hand schütteln	to shake hands
mach's gut	take care (*informal*)
servus	hello; good-bye (*informal; southern Germany, Austria*)
tschüss	bye (*informal*)
viel Spaß	have fun

*The diacritic marks in the **Wortschatz** list are meant to help you learn which vowels are stressed. A dot below a single vowel indicates a short stressed vowel. An underline below a single vowel, double vowel, or diphthong (combination of two different vowels) indicates a long stressed vowel. Note that these markings are not used in written German but are provided here as an aid to pronunciation.

†**Ähnliche Wörter** (*similar words; cognates*) lists contain words that are closely related to English words in sound, form, and meaning and compound words that are composed of previously introduced vocabulary.

Personen / People

die **Frau**	woman; Mrs.; Ms.
die **Lehrerin**	female teacher, instructor
der **Herr**	gentleman; Mr.
der **Lehrer**	male teacher, instructor
die **Mitstudenten**	fellow (male) students
die **Mitstudentinnen**	fellow (female) students

Ähnliche Wörter

die **Freundin**, die **Professorin**, die **Studentin**; der **Freund**, der **Mann**, der **Professor**, der **Student**

Sonstige Substantive / Other Nouns

die **Tafel**	blackboard/whiteboard
die **Tür**	door
der **Stift**	pen
der **Bleistift**	pencil
Lieblings-	favorite
die **Lieblingsfarbe**	favorite color
der **Lieblingsname**	favorite name

Ähnliche Wörter

die **CD**; der **Ball**, der **Fußball**, der **Kurs**, der **Deutschkurs**, der **Name**, der **Familienname**, der **Vorname**, der **Teddybär**; das **Auto**, das **Buch**

Fragen / Questions

heißen	to be called, be named
wie **heißen Sie?**	what's your name? (*formal*)
wie **heißt du?**	what's your name? (*informal*)
ich **heiße** ...	my name is ...
was **zeigen Ihre Bilder?**	what do your pictures show?
welche **Farbe hat** ...?	what color is ...?
wer ...?	who ...?
wie **schreibt man das?**	how do you spell that?
wie **viele** ...?	how many ...?
wo willst du denn hin?	where are you going?

Wörter im Deutschkurs / Words in German Class

die **Antwort**	answer
die **Einführung**	introduction
die **Frage**	question
die **Grammatik**	grammar
die **Hausaufgabe**	homework
die **Sprechsituation**	conversational situation
die **Übung**	exercise
der **Punkt**	point
der **Wortschatz**	vocabulary
das **Kapitel**	chapter
stellen Sie Fragen	ask questions
unterschreib bitte hier	sign here, please
verbinden	to connect

Sonstige Wörter und Ausdrücke / Other Words and Expressions

aber	but
auch	also, too; as well
bitte	please
gibt es ...?	is there . . .? / are there . . .?
hübsch	pretty
kaputt	broken
mein(e)	my
mit	with
mit dem **kurzen Haar**	with the short hair
mit dem **langen Haar**	with the long hair
mit dem **Ohrring**	with the earring
mit dem **Schnurrbart**	with the mustache
nein	no
nicht	not
oder	or
schmutzig	dirty
sein	to be
sondern	but (rather/on the contrary)
trägst du gern ...?	do you like to wear ...?
viel	a lot, much
viele	many
von	of; from
zählen	to count
zu Hause	at home

Ähnliche Wörter

alt, **danke**, **dann**, **hier**, **in**, **neu**, **oft**, **so**, **und**

Strukturen und Übungen

A.1 Giving instructions: polite commands

command form = verb + **Sie**

The instructions your instructor gives you in class consist of a verb, which ends in **-en,** and the pronoun **Sie** (*you*).* Like the English *you*, the German **Sie** can be used with one person (*you*) or with more than one (*you* [*all*]). In English instructions the pronoun *you* is normally understood but not said. In German, **Sie** is a necessary part of the sentence.

Stehen Sie bitte **auf.**	*Please stand up.*
Nehmen Sie bitte das Buch.	*Please take the book.*

With certain instructions, you will also hear the word **sich** (*yourself*).†

Setzen Sie sich, bitte.	*Sit down, please.*

Übung 1   Im Seminarraum

Was sagt Frau Schulz zu den Studenten?

Nehmen Sie einen Stift!
Sagen Sie „Guten Tag"!
Schauen Sie an die Tafel!
Schließen Sie das Buch!
Schreiben Sie „Tschüss"!
Öffnen Sie das Buch!
Hören Sie zu!
Geben Sie mir die Hausaufgabe!

1. Peter

2. Heidi

3. Monika

4. Nora

5. Albert

6. Stefan

7. Thomas

8. Katrin

*The pronoun **Sie** (*you*) is capitalized to distinguish it from another pronoun, **sie** (*she; it; they*).
†**Sich** is a reflexive pronoun; its use will be explained in Kapitel 11.

A.2 What is your name? The verb *heißen*

heißen = *to be called*
Wie heißen Sie? *(formal)*
Wie heißt du? *(informal)*

Use a form of the verb **heißen** (*to be called*) to tell your name and to ask for the names of others.

Wie **heißen Sie?** / Wie **heißt du?***	*What is your name?*
Ich heiße ...	*My name is . . .*

heißen (singular forms)	
ich heiße	*my name is*
du heißt	*your name is*
Sie heißen	*your name is*
er heißt	*his name is*
sie heißt	*her name is*

Übung 2 Minidialoge

Ergänzen Sie[1] das Verb **heißen: heiße, heißt, heißen**.

1. ERNST: Hallo, wie _____[a] du?
   JUTTA: Ich _____[b] Jutta. Und du?
   ERNST: Ich _____[c] Ernst.
2. HERR THELEN: Guten Tag, wie _____[a] Sie bitte?
   HERR SIEBERT: Ich _____[b] Siebert, Alexander Siebert.
3. CLAIRE: Hallo, ich _____[a] Claire und wie heißt ihr?
   MELANIE: Ich _____[b] Melanie und er _____[c] Josef.

A.3 The German case system

Case shows how nouns function in a sentence.

German speakers use a *case system* (nominative for the subject, accusative for the direct object, and so on) to indicate the function of a particular noun in a sentence. The article[†] or adjective that precedes the noun shows its case. You will learn the correct endings in future lessons. For now, be aware that you will hear and read articles and adjectives with a variety of endings. These various forms will not prevent you from understanding German. Here are all the possibilities.

der, das, die, dem, den, des	*the*
ein, eine, einen, einem, einer, eines	*a, an*
blau, blaue, blauer, blaues, blauen, blauem	*blue*

---

*The difference between **Sie** *(formal)* and **du** *(informal)* will be explained in Section A.5.

[†]Articles are words such as the, a, and an, which precede nouns.

[1]Ergänzen ... *Supply*

In addition, definite articles may contract with some prepositions, just as *do* and *not* contract to *don't* in English. Here are some common contractions you will hear and read.

in + das = ins	*into the*
in + dem = im	*in the*
zu + der = zur	*to the*
zu + dem = zum	*to the*
an + das = ans	*to/on the*
an + dem = am	*to/at the*

A.4 Grammatical gender: nouns and pronouns

masculine = **der**

neuter = **das**

feminine = **die**

plurals (all genders) = **die**

In German, all nouns are classified grammatically as masculine, neuter, or feminine. When referring to people, grammatical gender usually matches biological sex.

MASCULINE	FEMININE
der Mann	**die** Frau
der Student	**die** Studentin

When referring to things or concepts, however, grammatical gender obviously has nothing to do with biological sex.

MASCULINE	NEUTER	FEMININE
der Rock	**das** Hemd	**die** Hose
der Hut	**das** Buch	**die** Jacke

The definite article indicates the grammatical gender of a noun. German has three nominative singular definite articles: **der** (*masculine*), **das** (*neuter*), and **die** (*feminine*). The plural article is **die** for all genders. All of these definite articles mean *the*.

	Singular	Plural
Masculine	der	die
Neuter	das	die
Feminine	die	die

der → **er** = *he, it*

das → **es** = *it*

die → **sie** = *she, it*

die (pl.) → **sie** = *they*

The personal pronouns **er, es, sie** (*he, it, she*) reflect the gender of the nouns they replace. For example, **er** (*he, it*) refers to **der Rock** because the grammatical gender is masculine; **es** (*it*) refers to **das Hemd** (*neuter*); **sie** (*she, it*) refers to **die Jacke** (*feminine*). The personal pronoun **sie** (*they*) refers to all plural nouns.

—Welche Farbe hat **der Rock?**	*What color is the skirt?*
—**Er** ist gelb.	*It is yellow.*
—Welche Farbe hat **das Hemd?**	*What color is the shirt?*
—**Es** ist weiß.	*It is white.*
—Welche Farbe hat **die Jacke?**	*What color is the jacket?*
—**Sie** ist braun.	*It is brown.*
—Welche Farbe haben **die Bleistifte?**	*What color are the pencils?*
—**Sie** sind gelb.	*They are yellow.*

Sometimes gender can be determined from the ending of the noun; for example, most nouns that end in **-e**, such as **die Jacke** or **die Bluse**, are feminine. The ending **-in** indicates a female person: **die Studentin, die Professorin.**

In most cases, however, gender cannot be predicted from the form of the word. It is best, therefore, to learn the corresponding definite article along with each new noun.*

Übung 3 Kleidung

Frau Schulz spricht über die Kleidung. Ergänzen Sie **er, es, sie** oder **sie** (Plural). Frau Schulz:

1. Hier ist die Jacke. _____ ist neu.

2. Und hier ist das Kleid. _____ ist modern.

3. Hier ist der Rock. _____ ist kurz.

4. Und hier ist die Bluse. _____ ist hübsch.

5. Hier ist das Hemd. _____ ist grün.

6. Und hier sind die Schuhe. _____ sind schmutzig.

7. Hier ist der Hut. _____ ist rot.

8. Und hier ist die Hose. _____ ist weiß.

9. Hier sind die Stiefel. _____ sind schwarz.

10. Und hier ist der Anzug. _____ ist alt.

Übung 4 Welche Farbe?

Welche Farbe haben diese Kleidungsstücke? Ergänzen Sie **er, es, sie** oder **sie** (Plural) und die richtige Farbe.

1. A: Welche Farbe hat Marias Rock?

   B: _____ ist _____.

2. A: Welche Farbe hat Michaels Hose?

   B: _____ ist _____.

3. A: Welche Farbe hat Michaels Hemd?

   B: _____ ist _____.

4. A: Welche Farbe hat Michaels Hut?

   B: _____ ist _____ und _____.

5. A: Welche Farbe haben Marias Schuhe?

   B: _____ sind _____.

6. A: Welche Farbe haben Michaels Schuhe?

   B: _____ sind _____.

7. A: Welche Farbe hat Marias Bluse?

   B: _____ ist _____.

* Some students find the following suggestion helpful. When you hear or read new nouns you consider useful, write them down in a vocabulary notebook, using different colors for the three genders; for example, use blue for masculine, black for neuter, and red for feminine. Some students also write nouns in three separate columns according to gender.

A.5 Addressing people: *Sie* versus *du* or *ihr*

Use **du** and **ihr** with friends, family, and children. Use **Sie** with almost everyone else.

German speakers use two modes of addressing others: the formal **Sie** (*singular* and *plural*) and the informal **du** (*singular*) or **ihr** (*plural*). You usually use **Sie** with someone you don't know or when you want to show respect or social distance. Children are addressed as **du.** Students generally call one another **du.**

	Singular	Plural
Informal	du	ihr
Formal	Sie	Sie

Frau Ruf, **Sie** sind 38, nicht wahr?
Jens und Jutta, **ihr** seid 16, nicht wahr?
Hans, **du** bist 13, nicht wahr?

Ms. Ruf, you are 38, aren't you?
Jens and Jutta, you are 16, aren't you?
Hans, you are 13, aren't you?

Übung 5   *Sie, du* oder *ihr?*

Was sagen diese Personen: **Sie, du** oder **ihr?**

1. Student → Student
2. Professor → Student
3. Freund → Freund
4. Studentin → zwei Studenten
5. Frau (40 Jahre alt) → Frau (50 Jahre alt)
6. Student → Sekretärin
7. Doktor → Patient
8. Frau → zwei Kinder

EINFÜHRUNG B

In **Einführung B,** you will continue to develop your listening skills and will begin to speak more German. You will learn to talk about your classroom, the weather, and people: their character traits, family relationships, and national origins.

Themen

Der Seminarraum

Beschreibungen

Der Körper

Die Familie

Wetter und Jahreszeiten

Herkunft und Nationalität

Kulturelles

KLI: Was ist wichtig im Leben?

KLI: Wetter und Klima

Musikszene: „36 Grad" (2raumwohnung)

KLI: Die Lage Deutschlands in Europa

Videoecke: Familie

Strukturen

B.1 Definite and indefinite articles

B.2 Who are you? The verb **sein**

B.3 What do you have? The verb **haben**

B.4 Plural forms of nouns

B.5 Personal pronouns

B.6 Origins: **Woher kommen Sie?**

B.7 Possessive determiners: **mein** and **dein/Ihr**

August Macke: *Mutter und Kind im Park (1914)*, Hamburger Kunsthalle, Hamburg
© SuperStock

KUNST UND KÜNSTLER

August Macke (1887–1914) was one of the leading members of *Der Blaue Reiter* (The Blue Rider, 1911–1914), a group of young international artists fundamental to Expressionism who lived and worked mostly in Munich. Born in Meschede, Westphalia, Macke lived most of his short life in Berlin and produced an amazing total of 11,000 works of art. The paintings concentrate primarily on feelings and moods rather than reproducing objective reality. Macke's career was cut short by his early death in the second month of World War I, for which he, like many other young Germans of his time, had volunteered.

Was sehen Sie auf dem Gemälde[1]?

1. Welche Farben sind dominant: rot, blau, grün, grau, schwarz, braun, weiß, rosa, orange?
2. Welche Personen sehen Sie: einen Mann, eine Frau, ein Kind, einen Jungen, ein Mädchen?
3. Was ist im Vordergrund[2], was im Hintergrund[3]: die Mutter, das Kind, eine Wand, Bäume[4], ein Weg[5]?
4. Was trägt die Mutter: ein Kleid, einen Mantel, einen Hut, eine Jacke?
5. Was trägt das Kind: eine Bluse, eine Jacke, eine Mütze?
6. Welche Gefühle[6] evoziert das Gemälde: Ruhe[7], Hoffnung, Angst, Liebe, Unschuld, Glück[8], Hierarchie?

[1]painting [2]foreground [3]background [4]trees [5]path
[6]feelings [7]calm [8]happiness

Situationen

Der Seminarraum

Grammatik B.1

der Laptop

der (Blei)stift

die Decke

die Wand · die Uhr · die Lampe

der Beamer

die Professorin

das Fenster

die Tafel

der Stuhl

die Tür

das Buch

der Tisch

das Papier

die Studentin

der Student

der Boden

das Heft

Situation 1 Der Seminarraum

Wie viele _____ sind im Seminarraum?

1. Studenten	5. Uhren	9. Professoren/ Professorinnen
2. Tische	6. Türen	10. Hefte
3. Fenster	7. Bücher	11. Laptops
4. Lampen	8. Tafeln	

Situation 2 Gegenstände° im Seminarraum

°objects

MODELL: S1: Was ist weiß?
S2: Die Tafel (ist weiß).

1. weiß	a. der Boden
2. schmutzig	b. das Fenster
3. sauber	c. die Tafel
4. neu	d. die Uhr
5. alt	e. der Beamer
6. _____	f. _____

Beschreibungen

Grammatik B.2–B.3

groß
schlank

alt
Bart

jung
klein

langes,
braunes
Haar

kurzes,
blondes
Haar

kurzes,
graues
Haar

| Michael Pusch | Herr Siebert | Jens Krüger | Maria Schneider | Jutta Ruf | Frau Körner |

Situation 3 Im Deutschkurs

1. Wer ist _____?
   a. blond
   b. groß
   c. klein
   d. schlank
   e. jung
   f. alt

2. Wer hat _____?
   a. braunes Haar
   b. graues Haar
   c. kurzes Haar
   d. langes Haar
   e. einen Bart
   f. blaue Augen
   g. braune Augen

Situation 4 Interaktion: Wie bist du?

MODELL: S1: Bist du glücklich?
S2: Ja, ich bin glücklich.
oder Nein, ich bin nicht glücklich.

	ICH	MEIN PARTNER	MEINE PARTNERIN
glücklich	☐	☐	☐
traurig	☐	☐	☐
konservativ	☐	☐	☐
schüchtern	☐	☐	☐
religiös	☐	☐	☐
ruhig	☐	☐	☐
freundlich	☐	☐	☐
verrückt	☐	☐	☐
sportlich	☐	☐	☐

Mir geht's gut.
© imageBROKER/
Alamy RF

Ach, wie traurig!
© Ryan McVay/Getty
Images RF

WAS IST WICHTIG IM LEBEN?

Was ist für Sie wichtig? Was ist am wichtigsten, was ist weniger wichtig? Bringen Sie die Aussagen in die Reihenfolge ihrer Wichtigkeit für Sie!

_____ Ich möchte gute Freunde haben[1].

_____ Ich möchte einen hohen Lebensstandard[2] haben.

_____ Ich möchte sozial Benachteiligten[3] helfen.

_____ Ich glaube an Gott.

_____ Ich möchte das Leben in vollen Zügen genießen[4].

_____ Ich möchte meine Bedürfnisse[5] durchsetzen[6].

_____ Ich möchte ein gutes Familienleben haben.

Schauen Sie sich die Grafik an. Welche Werte[7] haben junge Deutsche?

1. Was steht auf Platz 1?

2. Was ist wichtiger[8] für junge Deutsche: ein gutes Familienleben oder ein hoher Lebensstandard?

3. Was ist wichtiger für sie: eigene Bedürfnisse durchzusetzen oder sozial Benachteiligten zu helfen?

4. Wie viel Prozent der jungen Deutschen glauben an Gott?

5. Wie viel Prozent der jungen Deutschen wollen das Leben in vollen Zügen genießen?

Freunde beim Grillen im Park
© ullstein bild - Volkreich/The Image Works

Wertorientierungen: Pragmatisch, aber nicht angepasst
Jugendliche im Alter von 12 bis 25 Jahren (Angaben in %)

Gute Freunde haben	97
Gutes Familienleben führen	92
Eigenverantwortlich leben und handeln	90
Fleißig und ehrgeizig sein	83
Phantasie und Kreativität entwickeln	79
Das Leben in vollen Zügen genießen	78
Hohen Lebensstandard haben	69
Sozial Benachteiligten helfen	58
Eigene Bedürfnisse durchsetzen	55
An Gott glauben	37
Das tun, was die anderen auch tun	14

Source of Data: Shell Jugendstudie - Shell Deutschland Oil, GmbH

[1]möchte haben *would like to have* [2]*standard of living* [3]*disadvantaged people* [4]das Leben ... *live life to its fullest* [5]*needs* [6]*make known* [7]*values* [8]*more important*

Der Körper

Grammatik B.4

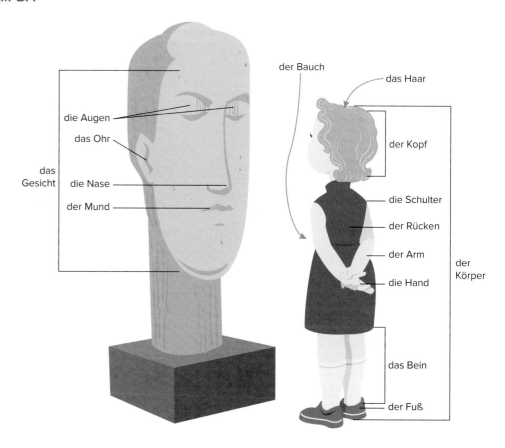

Situation 5 Welches Monster ist das?

MODELL: S1: Mein Monster hat fünf Beine und vier Arme.
S2: Das ist Momo.

Die Familie

Grammatik B.5

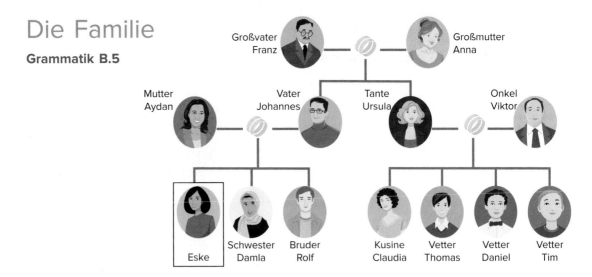

Aydan Candemir und Johannes Schmitz sind verheiratet. Sie haben drei Kinder: einen Sohn und zwei Töchter.

Situation 6 Interview: Die Familie

1. Wie heißt dein Vater/Stiefvater? Wie alt ist er? Wo wohnt er?
2. Wie heißt deine Mutter/Stiefmutter? Wie alt ist sie? Wo wohnt sie?
3. Hast du Geschwister? Wie viele? Wie heißen sie? Wie alt sind sie? Wo wohnen sie?

Situation 7* Informationsspiel: Familie

MODELL: S2: Wie heißt Richards Vater?
      S1: Er heißt Werner.   S1: Er wohnt in Innsbruck. Wie
      S2: Wie schreibt man das?   heißt Richards Mutter?
      S1: W-E-R-N-E-R. Wie alt ist er? S2: Sie heißt _____.
      S2: Er ist _____ Jahre alt.   S1: Wie schreibt man das?
          Wo wohnt er?   S2: _____.

		Richard	Sofie	Mehmet
Vater	Name	Werner	Erwin	
	Alter		50	59
	Wohnort	Innsbruck		Izmir
Mutter	Name		Elfriede	Sule
	Alter			
	Wohnort	Innsbruck	Dresden	
Bruder	Name	Alexander		Yakup
	Alter	15	27	34
	Wohnort			
Schwester	Name		—	
	Alter		—	
	Wohnort	Innsbruck	—	Izmir

*This is an information-gap activity in table form. Pair up with another student. One of you will work with the following chart, the other with the corresponding chart in Appendix A. Different information is missing from each chart.

Wetter und Jahreszeiten

WIE IST DAS WETTER?

1. Es ist sonnig und warm.

41°C 106°F

2. Es ist sehr heiß.

-15°C 5°F

3. Es ist kalt.

4. Es regnet.

15°C 60°F

5. Es ist kühl.

6. Es schneit.

7. Es ist windig.

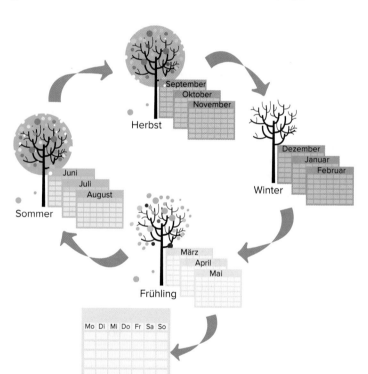

September
Oktober
November

Herbst

Dezember
Januar
Februar

Winter

Juni
Juli
August

Sommer

März
April
Mai

Frühling

Mo Di Mi Do Fr Sa So

Situation 8 Dialog: Das Wetter in Regensburg

Josef trifft Claire an der Uni.

JOSEF: Schön heute, nicht?

CLAIRE: Ja, sehr _____ und _____ – wirklich schön!

JOSEF: Leider _____ es so oft hier in Bayern – auch im _____.

CLAIRE: Ist es auch oft _____ und _____ hier?

JOSEF: Ja, im _____. Und manchmal _____ es noch im April.

WETTER UND KLIMA

Wie ist das Wetter in Ihrer Stadt? Kreuzen Sie an.

Winterwetter in München
© Steven Jones/Alamy

	IM WINTER	IM SOMMER
sonnig	☐	☐
warm	☐	☐
(sehr) heiß	☐	☐
(sehr) feucht	☐	☐
mild	☐	☐
(sehr) kalt	☐	☐
viele Niederschläge[1] (Schnee/Regen)	☐	☐
windig	☐	☐
große Temperaturunterschiede[2]	☐	☐
geringe[3] Temperaturunterschiede	☐	☐

Deutschland hat ein gemäßigtes[4] Klima mit Niederschlägen in allen Jahreszeiten. Im Nordwesten ist das Klima mehr ozeanisch mit warmen, aber selten heißen Sommern und relativ milden Wintern. Im Osten ist es eher[5] kontinental. Im Winter liegen die Temperaturen im Durchschnitt[6] zwischen 1,5 Grad Celsius (°C) im Tiefland[7] und minus 6°C im Gebirge[8], im Juli liegen sie zwischen 18 und 20°C.

Ausnahmen[9]: Am Rhein ist das Klima sehr mild, hier wächst[10] sogar Wein. Oberbayern hat einen warmen alpinen Südwind, den Föhn. Im Harz sind die Sommer oft kühl und im Winter gibt es viel Schnee.

Wie sind die Temperaturen in Deutschland? Benutzen Sie die Tabelle.

	Sommer	Winter Tiefland	Winter Gebirge
in °C			
in °F			

Welche Gebiete[11] bilden Ausnahmen?

wo	am Rhein	Oberbayern	im Harz
Klima	sehr _____	warmer alpiner _____	Sommer: _____ Winter: _____

[1]precipitation [2]temperature variations [3]minor [4]moderate [5]more [6]im ... on average [7]lowlands [8]mountains [9]exceptions [10]grows [11]areas

Temperaturen in Fahrenheit und Celsius

Fahrenheit → Celsius

32 subtrahieren und mit 5/9 multiplizieren

°F		°C
0		-17,8
32		0
50	~	10
70		21,1
90		32,2
98,6		37
212		100

Celsius → Fahrenheit

Mit 9/5 multiplizieren und 32 addieren

°C		°F
-10		14
0		32
10	~	50
20		68
30		86
37		98,6
100		212

ⓘ **Situation 9** **Informationsspiel: Temperaturen**

MODELL: S1: Wie viel Grad Celsius sind 90 Grad Fahrenheit?
S2: _____ Grad Celsius.

°F	90	65	32	0	−5	−39
°C		18		−18		−39

Sommer im Voralpenland
© imageBROKER/Alamy RF

„36 Grad" (2007, Deutschland) *2raumwohnung*

2raumwohnung im Konzert
© ullstein bild - Manfred Roth/The Image Works

Biografie *2raumwohnung* (Zweiraumwohnung) ist ein Duo aus Berlin. Das Duo besteht aus Inga Humpe und Tommi Eckart. „36 Grad" war der Sommerhit des Jahres 2007 in Deutschland.

NOTE: For copyright reasons, the songs referenced in **MUSIKSZENE** have not been provided by the publisher. The song can be found online at various sites such as YouTube, Amazon, or the iTunes store.

Vor dem Hören Wie viel Grad Fahrenheit sind 36 Grad Celsius?

Nach dem Hören

A. Hören Sie den Refrain! Richtig oder falsch?

_____ **1.** Es ist heiß und wird noch heißer.

_____ **2.** Es gibt keinen Ventilator.

_____ **3.** Die Sängerin meint, das Leben ist leicht.

B. Die Sängerin zieht die Schuhe aus und den Bikini an. Was macht sie dann?

Miniwörterbuch	
der **Refrain**	chorus
keinen	no, not any
das **Leben**	life
leicht	easy
zieht ... aus	takes off
(zieht ...) an	(puts) on
regnen	to rain
tanzen	to dance
singen	to sing

Herkunft und Nationalität

Grammatik B.6–B.7

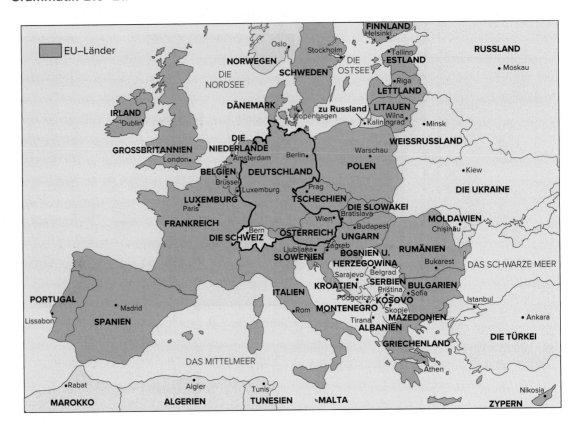

Situation 10   Dialog: Woher kommst du?

Claire trifft Melanie auf einer Party.

CLAIRE: Wie heißt du?

MELANIE: Melanie. _____?

CLAIRE: Claire.

MELANIE: Bist du _____?

CLAIRE: Ja.

MELANIE: Und _____ kommst du?

CLAIRE: _____ New York. Und du?

MELANIE: Aus Regensburg. Ich _____ von hier.

Situation 11   Herkunft

MODELL: S1: Woher kommt Silvia Mertens?

S2: Sie kommt aus _____.

S1: Wer kommt aus Dresden?

S2: _____.

S1: Kommt Kobe Okonkwo aus Innsbruck?

S2: Nein, er kommt aus _____.

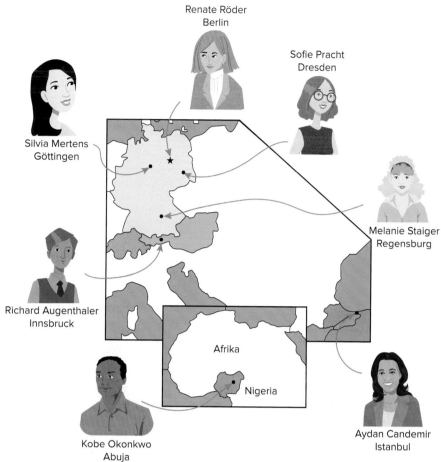

Renate Röder
Berlin

Sofie Pracht
Dresden

Silvia Mertens
Göttingen

Melanie Staiger
Regensburg

Richard Augenthaler
Innsbruck

Afrika

Nigeria

Kobe Okonkwo
Abuja

Aydan Candemir
Istanbul

Situation 12 Rollenspiel: Herkunft

S1: Sie sind ein neuer Student / eine neue Studentin an einer Universität in Deutschland. Sie lernen einen anderen Studenten / eine andere Studentin kennen. Fragen Sie, wie er/sie heißt und woher er/sie kommt. Fragen Sie auch, ob er/sie Freunde/Freundinnen in anderen Ländern hat und welche Sprachen sie sprechen.

KULTUR ... LANDESKUNDE ... INFORMATIONEN

DIE LAGE DEUTSCHLANDS IN EUROPA

Deutschland liegt mitten in Europa. Es grenzt an[1] Dänemark, _____, Tschechien, Österreich, die _____, Frankreich, Luxemburg, _____ und die Niederlande. Die Grenzen[2] Deutschlands sind _____ Kilometer lang. Die längste Grenze ist die mit Österreich. Sie ist _____ Kilometer lang. Die Grenze zu Dänemark ist nur _____ Kilometer lang, die Grenze zu Polen _____, zu Tschechien 811, zur Schweiz _____, zu Frankreich 448, zu Luxemburg _____, zu Belgien 156 und zu den Niederlanden _____ Kilometer. Im Norden grenzt Deutschland an zwei Meere, die Nordsee und die _____.

- Deutschland gehört[3] zur Europäischen Union. Welche Länder gehören noch zur Europäischen Union? Schauen Sie auf die Karte vor[4] Situation 10.

[1]grenzt ... *has borders with* [2]*borders* [3]*belongs* [4]*before*

Videoecke

Perspektiven

Woher kommst du und woher kommen deine Eltern?

Ich komme aus Leipzig.

Aufgabe 1   Wer ist das?

Wie sehen sie aus? Wo sind sie? Ordnen Sie die Beschreibungen den Personen zu.

Miniwörterbuch	
der **Fluss**	river
die **Kirche**	church
das **Oberteil**	top
der **Tisch**	table
das **Kopftuch**	headscarf
das **Einzelkind**	only child

1. Tina ___   2. Albrecht ___   3. Simone ___   4. Sandra ___

5. Hend ___   6. Felicitas ___   7. Pascal ___   8. Sophie ___

a. Er steht an einem Fluss.

b. Er steht vor einer Kirche.

c. Sie hat langes blondes Haar und trägt ein blaues Oberteil.

d. Sie sitzt an einem Tisch.

e. Sie trägt ein graues Oberteil und eine graue Jacke.

f. Sie trägt ein Kopftuch.

g. Sie trägt ein pinkes Oberteil und eine Jacke.

h. Sie trägt einen grünen Pulli.

Aufgabe 2   Herkunft

Woher kommen sie? Woher kommen ihre Eltern? Ergänzen Sie die Tabelle mit Wörtern aus dem Kasten.

> Berlin   Braunschweig   Grimma   Kairo
> Leipzig   Dresden   Prenzlau   Schweiz

Name	Woher?	Woher kommen die Eltern?
Tina		Leipzig
Albrecht	Dresden	
Simone		Salzgitter
Sandra		Prenzlau
Hend	Kairo	
Felicitas	Grimma	
Pascal		aus der Schweiz und aus Holland
Sophie		aus Würzburg und aus Braunschweig

Interviews

- Woher kommst du?
- Wo liegt das?
- Woher kommt deine Familie?
- Erzähl mir ein bisschen von deiner Familie!
- Welche Sprachen sprichst du?
- Wie wird morgen das Wetter?

Pascal

Nadezda

Aufgabe 3 Familie

Wer sagt das, Pascal oder Nadezda?

	PASCAL	NADEZDA
1. Ich komme aus Moskau.	☐	☐
2. Ich komme aus Zürich.	☐	☐
3. Meine Familie kommt aus Holland und aus der Schweiz.	☐	☐
4. Meine Familie kommt aus Russland und aus Europa.	☐	☐
5. Ich bin Einzelkind.	☐	☐
6. Meine Geschwister arbeiten.	☐	☐
7. Ich spreche Holländisch, Französisch, Englisch und Italienisch.	☐	☐
8. Ich spreche Deutsch, Englisch und Russisch.	☐	☐

Aufgabe 4 Interview

Interviewen Sie eine Partnerin oder einen Partner. Stellen Sie dieselben Fragen.

Wortschatz

Der Seminarraum — The Classroom

die **Decke, -n***	ceiling
die **Tafel, -n** (R)†	blackboard/whiteboard
die **Uhr, -en**	clock
die **Wand, ⸚e**	wall
der **Beamer, -** [biːmɐ]	data projector
der **Boden, ⸚**	floor
der **Laptop, -s** [lɛptɔp]	laptop (computer)
der **Stift, -e** (R)	pen
der **Bleistift, -e** (R)	pencil
der **Tisch, -e**	table
das **Fenster, -**	window
das **Heft, -e**	notebook

Ähnliche Wörter
die **Lampe, -n**; die **Professorin, -nen** (R); die **Studentin, -nen** (R); die **Uni, -s**; die **Universität, -en**; der **Professor, Professoren** (R); der **Student, -en** (R); der **Stuhl, ⸚e**; das **Buch, ⸚er** (R); das **Papier**

Beschreibungen — Descriptions

er/sie hat ...	he/she has ...
einen **Bart**	a beard
bl**au**e **Augen**	blue eyes
bl**o**ndes **Haar**	blond hair
k**u**rzes **Haar**	short hair
er/sie ist ...	he/she is ...
gl**ü**cklich	happy
gr**oß**	tall; big
kl**ei**n	short; small
r**u**hig	quiet, calm
s**au**ber	clean
schl**a**nk	slender, slim
sch**ö**n	pretty, beautiful
sch**ü**chtern	shy
tr**au**rig	sad
verr**ü**ckt	crazy

Ähnliche Wörter
bl**o**nd, fr**eu**ndlich, j**u**ng, konservat**i**v, l**a**ng, religi**ö**s, sp**o**rtlich

Der Körper — The Body

der **Bauch, ⸚e**	belly, stomach
der **Kopf, ⸚e**	head
der **Mund, ⸚er**	mouth
der **Rücken, -**	back
das **Auge, -n**	eye
das **Bein, -e**	leg
das **Gesicht, -er**	face
das **Ohr, -en**	ear

Ähnliche Wörter
die **Hand, ⸚e**; die **Nase, -n**; die **Schulter, -n**; der **Arm, -e**; der **Fuß, ⸚e**; das **Haar, -e**

Die Familie — The Family

die **Frau, -en** (R)	woman; wife
die **Nichte, -n**	niece
die **Schwester, -n**	sister
die **Tante, -n**	aunt
der **Mann, ⸚er** (R)	man; husband
der **Vetter, -n**	male cousin
das **Kind, -er**	child
die **Eltern**	parents
die **Großeltern**	grandparents
die **Geschwister**	siblings

Ähnliche Wörter
die **Kusine, -n**; die **Mutter, ⸚**; die **Großmutter, ⸚**; die **Tochter, ⸚**; der **Bruder, ⸚**; der **Neffe, -n**; der **Onkel, -**; der **Sohn, ⸚e**; der **Vater, ⸚**; der **Großvater, ⸚**

Wetter und Jahreszeiten — Weather and Seasons

der **Frühling**	spring
im **Frühling**	in the spring
der **Herbst**	fall, autumn
der **Monat, -e**	month
das **Jahr, -e**	year
es ...	it ...
ist **18 Grad Celsius**	is 18 degrees Celsius
ist **feucht**	is humid
ist **schön**	is nice
regnet	is raining; rains
schneit	is snowing; snows

Ähnliche Wörter
der **Januar, im Januar**, der **Februar**, der **März**, der **April**, der **Mai**, der **Juni**, der **Juli**, der **August**, der **September**, der **Oktober**, der **November**, der **Dezember**; der **Sommer**, der **Winter**; **Fahrenheit**, h**ei**ß, k**a**lt, k**ü**hl, s**o**nnig, w**a**rm, w**i**ndig

---

*Beginning with this chapter, the plural endings of nouns are indicated in the vocabulary lists. See grammar section B.4 for more explanation.

†(R) indicates words that were listed in a previous chapter and are presented again for review.

Geografie / Geography

Deutschland	Germany
Frankreich	France
Griechenland	Greece
Österreich	Austria
Russland	Russia
Tschechien	Czech Republic
Ungarn	Hungary
die **Hauptstadt**, ¨e	capital city
die **Ostsee**	Baltic Sea
die **Schweiz**	Switzerland
das **Mittelmeer**	Mediterranean Sea

Ähnliche Wörter

Afrika, Amerika, Asien, Australien, Belgien, Bulgarien, China, Dänemark, England, Europa, Finnland, Großbritannien, Holland, Irland, Italien, Kanada, Liechtenstein, Neuseeland, Nordamerika, Norwegen, Polen, Portugal, Rumänien, Schweden, Slowenien, Spanien, Südamerika; die Nordsee, die Slowakei, die Türkei; die Niederlande (*pl.*), **die USA** (*pl.*)

Herkunft / Origin

der/die **Deutsche**, -n	German (person)
Ich bin Deutsche/r.	I am German.
der **Franzose**, -n / die **Französin**, -nen	French (person)
der **Österreicher**, - / die **Österreicherin**, -nen	Austrian (person)
der **Schweizer**, - / die **Schweizerin**, -nen	Swiss (person)

Ähnliche Wörter

die **Amerikanerin**, -nen; die **Australierin**, -nen; die **Engländerin**, -nen; die **Kanadierin**, -nen; die **Mexikanerin**, -nen; der **Amerikaner**, -; der **Australier**, -; der **Engländer**, -; der **Kanadier**, -; der **Mexikaner**, -

Sprachen / Languages

Deutsch	German
Französisch	French

Ähnliche Wörter
Arabisch, Chinesisch, Englisch, Italienisch, Portugiesisch, Russisch, Schwedisch, Spanisch, Türkisch

Sonstige Wörter und Ausdrücke / Other Words and Expressions

das ist ...	this/that is . . .
das sind ...	these/those are . . .
dein(e)	your (*informal*)
genau	exactly
heute	today
Ihr(e)	your (*formal*)
kennen	to know
kommen (aus)	to come (*from*)
leider	unfortunately
manchmal	sometimes
noch	even, still
sehr	very
sprechen	to speak
wann	when
was	what
welch-	which
wer	who
wie	how
wirklich	really
wo	where
woher	from where
wohnen (in)	to live (in)

Strukturen und Übungen

B.1 Definite and indefinite articles

Recall that the definite article **der, das, die** (*the*) varies by gender, number, and case.* Similarly, the indefinite article **ein, eine** (*a, an*) has various forms.

der → ein

das → ein

die → eine

die (*pl.*) → ∅

Das ist **ein** Buch.   *This is a book.*
    Welche Farbe hat **das** Buch?   *What color is the book?*
Das ist **eine** Tür.   *This is a door.*
    Welche Farbe hat **die** Tür?   *What color is the door?*

Here are the definite and indefinite articles for all three genders in the singular and plural, nominative case. There is only one plural definite article for all three genders: **die.** The indefinite article (*a, an*) has no plural.

	Singular	Plural
Masculine	**der** Stift **ein** Stift	**die** Stifte Stifte
Neuter	**das** Buch **ein** Buch	**die** Bücher Bücher
Feminine	**die** Tür **eine** Tür	**die** Türen Türen

Übung 1   Im Seminarraum

Frau Schulz spricht über die Gegenstände und die Farben im Seminarraum. Ergänzen Sie den unbestimmten[1] Artikel, den bestimmten[2] Artikel und die Farbe.

MODELL: FRAU SCHULZ: Das ist eine Lampe.
                      Welche Farbe hat die Lampe?
        STUDENT(IN): Sie ist gelb.

1. Und das ist _____ᵃ Stift.
   Welche Farbe hat _____ᵇ Stift? Er ist _____ᶜ.

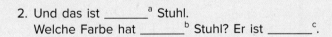

2. Und das ist _____ᵃ Stuhl.
   Welche Farbe hat _____ᵇ Stuhl? Er ist _____ᶜ.

3. Und das ist _____ᵃ Tafel.
   Welche Farbe hat _____ᵇ Tafel? Sie ist _____ᶜ.

*See Sections A.3 and A.4.

[1]*indefinite* [2]*definite*

4. Und das ist _____ ᵃ Uhr.
   Welche Farbe hat _____ ᵇ Uhr? Sie ist _____ ᶜ.

5. Und das ist _____ ᵃ Buch.
   Welche Farbe hat _____ ᵇ Buch? Es ist _____ ᶜ.

6. Und das ist _____ ᵃ Brille. Welche Farbe
   hat _____ ᵇ Brille? Sie ist _____ ᶜ.

Übung 2   Was ist das?

Herr Wagner spricht mit seiner kleinen Tochter.

MODELL: Ist das eine Decke? →
Nein, das ist ein Bleistift.

1. Ist das eine Tür?

2. Ist das eine Uhr?

3. Ist das eine Lampe?

4. Ist das ein Tisch?

5. Ist das ein Stuhl?

6. Ist das eine Studentin?

7. Ist das ein Heft?

8. Ist das eine Tafel?

B.2 Who are you? The verb *sein*

sein = *to be*

Use a form of the verb **sein** (*to be*) to identify or describe people and things.

—**Sind Jutta und er** blond?	*Are Jutta and he blond?*
—Ja, **sie sind** blond.	*Yes, they are blond.*
Peter ist groß.	*Peter is tall.*
Das Fenster ist nicht klein.	*The window is not small.*

B.6 Origins: *Woher kommen Sie?*

To ask about someone's origins, use the question word **woher** (*from where*) followed by the verb **kommen** (*to come*). In the answer, use the preposition **aus** (*from, out of*).

—Woher kommst du / kommen Sie?	*Where do you come from?*
—Ich komme aus Berlin.	*I'm from Berlin.*

kommen aus = *to come from*
(a place)

kommen			
ich	komme	wir	kommen
du	kommst	ihr	kommt
Sie	kommen	Sie	kommen
er			
sie	kommt	sie	kommen
es			

The infinitive of German verbs, that is, the basic form of the verb, ends in **-n** or **-en**. Most verbs follow a conjugation pattern similar to that of **kommen**.

Kommen Sie heute Abend?	*Are you coming this evening?*
Warten Sie! **Ich komme** mit!	*Wait! I'll come along.*

Übung 8 Minidialoge

Ergänzen Sie **kommen, woher** und **aus** und die Personalpronomen.

1. MEHMET: Woher _____ᵃ du, Renate?

   RENATE: Ich _____ᵇ aus Berlin.

2. FRAU SCHULZ: Woher _____ᵃ Lydia?

   KATRIN: Lydia kommt _____ᵇ Zürich.

   FRAU SCHULZ: _____ᶜ kommen Josef und Melanie?

   STEFAN: Sie _____ᵈ aus Regensburg.

   FRAU SCHULZ: Und woher komme _____ᵉ?

   ALBERT: Sie, Frau Schulz, Sie kommen _____ᶠ Kalifornien.

3. FRAU SCHULZ: Kommt Sofie aus Regensburg?

   HEIDI: Nein, _____ᵃ kommt aus Dresden.

   FRAU SCHULZ: Kommen Josef und Melanie aus Innsbruck?

   STEFAN: Nein, sie _____ᵇ aus Regensburg.

4. ANDREAS: Silvia und Jürgen, kommt _____ᵃ aus Göttingen?

   SILVIA: Ja, _____ᵇ kommen aus Göttingen.

4. Und das ist _____^a Uhr.
Welche Farbe hat _____^b Uhr? Sie ist _____^c.

5. Und das ist _____^a Buch.
Welche Farbe hat _____^b Buch? Es ist _____^c.

6. Und das ist _____^a Brille. Welche Farbe
hat _____^b Brille? Sie ist _____^c.

Übung 2 Was ist das?

Herr Wagner spricht mit seiner kleinen Tochter.

MODELL: Ist das eine Decke? →
Nein, das ist ein Bleistift.

1. Ist das eine Tür?

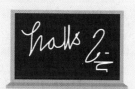

2. Ist das eine Uhr?

3. Ist das eine Lampe?

4. Ist das ein Tisch?

5. Ist das ein Stuhl?

6. Ist das eine Studentin?

7. Ist das ein Heft?

8. Ist das eine Tafel?

B.2 Who are you? The verb *sein*

sein = *to be*

Use a form of the verb **sein** (*to be*) to identify or describe people and things.

—**Sind Jutta und er** blond?   *Are Jutta and he blond?*
—Ja, **sie sind** blond.   *Yes, they are blond.*

Peter ist groß.   *Peter is tall.*
Das Fenster ist nicht klein.   *The window is not small.*

sein					
Singular			**Plural**		
ich	bin	*I am*	wir	sind	*we are*
du	bist	*you are*	ihr	seid	*you are*
Sie	sind	*you are*	Sie	sind	*you are*
er		*he*			
sie	ist	*she is*	sie	sind	*they are*
es		*it*			

Übung 3   Minidialoge

Ergänzen Sie das Verb **sein: bin, bist, ist, sind, seid.**

1. MICHAEL: Ich bin Michael. Wer _____ᵃ du?
   JENS: Ich _____ᵇ Jens. Jutta und ich, wir _____ᶜ gute Freunde.

2. FRAU SCHULZ: Das ist Herr Thelen. Er _____ᵃ alt.
   STEFAN: Herr Thelen ist alt?
   FRAU SCHULZ: Ja, Stefan. Herr Thelen ist alt, aber Maria und Michael
   _____ᵇ jung.

3. HERR THELEN: Jutta und Hans, wie alt _____ᵃ ihr?
   JUTTA: Ich _____ᵇ 16 und Hans _____ᶜ 13.

4. MICHAEL: Wer bist du?
   HANS: Ich _____ᵃ Hans.
   MICHAEL: Wie alt bist du?
   HANS: Ich _____ᵇ 13.

B.3 What do you have? The verb *haben*

haben = *to have*

The verb **haben** (*to have*) is often used to show possession or to describe physical characteristics.

Ich habe eine Brille.	*I have glasses.*
Hast du das Buch?	*Do you have the book?*
Nora hat braune Augen.	*Nora has brown eyes.*

haben					
Singular			**Plural**		
ich	habe	*I have*	wir	haben	*we have*
du	hast	*you have*	ihr	habt	*you have*
Sie	haben	*you have*	Sie	haben	*you have*
er		*he*			
sie	hat	*she has*	sie	haben	*they have*
es		*it*			

Übung 4 Minidialoge

Ergänzen Sie das Verb **haben: habe**, **hast**, **hat**, **habt**, **haben**.

1. FRAU SCHULZ: Nora, _____^a Sie viele Freunde und Freundinnen?
   NORA: Ja, ich _____^b viele Freunde und Freundinnen.

2. MONIKA: Stefan, _____ du einen Stift?
   STEFAN: Nein.

3. PETER: Hallo, Heidi und Katrin! _____^a ihr das Deutschbuch?
   HEIDI: Katrin _____^b es, aber ich nicht.
   PETER: Dann _____^c wir zwei. Ich _____^d es auch.

B.4 Plural forms of nouns

Just as in English, there are different ways to form plurals in German.

Albert hat ein Heft.	*Albert has one notebook.*
Peter hat zwei Hefte.	*Peter has two notebooks.*
Heidi hat eine Kusine.	*Heidi has one cousin.*
Katrin hat zwei Kusinen.	*Katrin has two cousins.*

These guidelines will help you to recognize and form the plural of German nouns.

1. Most feminine nouns add **-n** or **-en.** They add **-n** when the singular ends in **-e;** otherwise, they add **-en.** Nouns that end in **-in** add **-nen.**

   eine Lampe, zwei Lampe**n**
   eine Frau, zwei Frau**en**
   eine Tür, zwei Tür**en**
   eine Studentin, zwei Studentin**nen**

2. Masculine and neuter nouns usually add **-e** or **-er.** Those plurals that end in **-er** have an umlaut when the stem vowel is **a, o, u,** or **au.** Many masculine plural nouns ending in **-e** have an umlaut as well. Neuter plural nouns ending in **-e** do not have an umlaut.

MASCULINE **(der)**	NEUTER **(das)**
ein Rock, zwei R**ö**ck**e**	ein Heft, zwei Heft**e**
ein Mann, zwei M**ä**nn**er**	ein Buch, zwei B**ü**ch**er**

3. Masculine and neuter nouns that end in **-er** either add an umlaut or change nothing at all in the plural. Many nouns with a stem vowel of **a, o, u,** or **au** add an umlaut.

MASCULINE **(der)**	NEUTER **(das)**
ein Bruder, zwei Br**ü**der	ein Fenster, zwei Fenster
ein Computer, zwei Computer	

4. Nouns that end in a vowel other than unstressed **-e** and many nouns of English or French origin add **-s.**

ein Laptop, zwei Laptop**s**	ein Auto, zwei Auto**s**

The following chart summarizes the guidelines provided above.

Singular	Plural	Examples
ein _____er	no ending: some words add an umlaut where possible	ein Lehrer, zwei Lehrer; ein Vater, zwei Väter
ein _____	add -e; masculine words often add an umlaut, neuter words do not	ein Rock, zwei Röcke; ein Regal, zwei Regale
ein _____	add -er; add an umlaut where possible	ein Mann, zwei Männer; ein Buch, zwei Bücher
eine _____	add -n, -en, or -nen, depending on final letter of the word	eine Lampe, zwei Lampen; eine Tür, zwei Türen; eine Freundin, zwei Freundinnen
ein(e) _____ (foreign words)	add -s	ein Hobby, zwei Hobbys; eine Kamera, zwei Kameras

Beginning with this chapter, the plural endings of nouns are indicated in the vocabulary lists as follows.

LISTING	PLURAL FORM
das **Fenster, -**	die **Fenster**
der **Bruder, ⸚**	die **Brüder**
der **Tisch, -e**	die **Tische**
der **Stuhl, ⸚e**	die **Stühle**
das **Kleid, -er**	die **Kleider**
der **Mann, ⸚er**	die **Männer**
die **Tante, -n**	die **Tanten**
die **Uhr, -en**	die **Uhren**
die **Studentin, -nen**	die **Studentinnen**
das **Auto, -s**	die **Autos**

Übung 5   Der Körper

Wie viele der folgenden Körperteile hat der Mensch[1]?

MODELL: Der Mensch hat zwei Arme.

Arm	Hand
Auge	Nase
Bein	Ohr
Finger	Schulter
Fuß	

Übung 6   Das Zimmer

Wie viele der folgenden Dinge sind in Ihrem[2] Zimmer? (ein[e], zwei, ..., viele, nicht viele)

das Buch	der Tisch
der Computer	die Tür
das Fenster	die Uhr
die Lampe	die Wand
der Stuhl	

In meinem Zimmer ist/sind _____ Buch/Bücher, ...

[1]person [2]your

B.5 Personal pronouns

Personal pronouns refer to the speaker (first person), to the person addressed (second person), or to the person(s) or object(s) talked about (third person).

	Singular		Plural	
First person	ich	*I*	wir	*we*
Second person informal	du	*you*	ihr	*you*
Second person formal	Sie	*you*	Sie	*you*
	er	*he, it*		
Third person	es	*it*	sie	*they*
	sie	*she, it*		

WISSEN SIE NOCH?

der → **er** = *he, it*
das → **es** = *it*
die → **sie** = *she, it*
die (*pl.*) → **sie** = *they*

Review grammar section A.4.

Third-person singular pronouns reflect the grammatical gender of the nouns they replace.

—Welche Farbe hat **der Hut?**   *What color is the hat?*
—**Er** ist braun.   *It is brown.*

—Welche Farbe hat **das Kleid?**   *What color is the dress?*
—**Es** ist grün.   *It is green.*

—Welche Farbe hat **die Bluse?**   *What color is the blouse?*
—**Sie** ist gelb.   *It is yellow.*

The third-person plural pronoun is **sie** for all three genders.

—Welche Farbe haben **die Schuhe?**   *What color are the shoes?*
—**Sie** sind schwarz.   *They are black.*

Übung 7 Welche Farbe?

Frau Schulz spricht über die Farbe der Kleidung. Antworten Sie!

1. Welche Farbe hat der Hut?
2. Welche Farbe hat das Hemd?
3. Welche Farbe hat die Hose?
4. Welche Farbe hat die Bluse?
5. Welche Farbe haben die Socken?
6. Welche Farbe hat das Kleid?
7. Welche Farbe hat der Rock?
8. Welche Farbe haben die Stiefel?
9. Welche Farbe hat die Jacke?
10. Welche Farbe hat der Mantel?

B.6 Origins: *Woher kommen Sie?*

To ask about someone's origins, use the question word **woher** (*from where*) followed by the verb **kommen** (*to come*). In the answer, use the preposition **aus** (*from, out of*).

—Woher kommst du / kommen Sie?   *Where do you come from?*
—Ich komme aus Berlin.   *I'm from Berlin.*

kommen aus = *to come from*
(a place)

kommen			
ich	komme	wir	kommen
du	kommst	ihr	kommt
Sie	kommen	Sie	kommen
er			
sie	kommt	sie	kommen
es			

The infinitive of German verbs, that is, the basic form of the verb, ends in **-n** or **-en**. Most verbs follow a conjugation pattern similar to that of **kommen.**

Kommen Sie heute Abend?   *Are you coming this evening?*
Warten Sie! **Ich komme** mit!   *Wait! I'll come along.*

Übung 8   Minidialoge

Ergänzen Sie **kommen, woher** und **aus** und die Personalpronomen.

1. MEHMET: Woher _____ᵃ du, Renate?
   RENATE: Ich _____ᵇ aus Berlin.

2. FRAU SCHULZ: Woher _____ᵃ Lydia?
   KATRIN: Lydia kommt _____ᵇ Zürich.
   FRAU SCHULZ: _____ᶜ kommen Josef und Melanie?
   STEFAN: Sie _____ᵈ aus Regensburg.
   FRAU SCHULZ: Und woher komme _____ᵉ?
   ALBERT: Sie, Frau Schulz, Sie kommen _____ᶠ Kalifornien.

3. FRAU SCHULZ: Kommt Sofie aus Regensburg?
   HEIDI: Nein, _____ᵃ kommt aus Dresden.
   FRAU SCHULZ: Kommen Josef und Melanie aus Innsbruck?
   STEFAN: Nein, sie _____ᵇ aus Regensburg.

4. ANDREAS: Silvia und Jürgen, kommt _____ᵃ aus Göttingen?
   SILVIA: Ja, _____ᵇ kommen aus Göttingen.

B.7 Possessive determiners: *mein* and *dein/Ihr*

der → **mein, dein, Ihr**

das → **mein, dein, Ihr**

die → **meine, deine, Ihre**

die (*pl.*) → **meine, deine, Ihre**

ACHTUNG!

Note that the forms of **Ihr** are capitalized, just as **Sie** is, when they mean *your*.

The possessive determiners **mein** (*my*), **dein** (*informal your*), and **Ihr** (*formal your*) have the same endings as the indefinite article **ein.** In the plural, the ending is **-e.** Here are the nominative forms of these possessive determiners.

	Onkel (*m.*)	Auto (*n.*)	Tante (*f.*)	Eltern (*pl.*)
ich	mein	mein	meine	meine
du	dein	dein	deine	deine
Sie	Ihr	Ihr	Ihre	Ihre

—Woher kommen **deine** Eltern, Albert?

—**Meine** Eltern kommen aus Mexiko.

Wie heißt **Ihr** Vater, Frau Schulz?

Und **Ihre** Mutter?

Where are your parents from, Albert?

My parents are from Mexico.

What is your father's name, Ms. Schulz?

And your mother's name?

Übung 9   Minidialoge

Ergänzen Sie die Possessivartikel.

1. FRAU SCHULZ: Wo sind _____ Hausaufgaben?
   PETER: Sie liegen leider zu Hause.

2. ONKEL: Ist das _____[a] Hund?
   NICHTE: Nein, das ist nicht _____[b] Hund. Ich habe keinen[1] Hund.

3. LYDIA: He, Yamina! Das ist _____[a] Kleid.
   YAMINA: Nein, das ist _____[b] Kleid. _____[c] Kleid ist schmutzig.

4. KATRIN: Woher kommen _____[a] Eltern, Frau Schulz?
   FRAU SCHULZ: _____[b] Mutter kommt aus Schwabing und _____[c] Vater kommt aus Germering.

ACHTUNG!

Just as in English, an **s** added onto someone's name in German indicates possession. In German, however, there is no apostrophe before the **s.**

Das ist Helga. Das ist Helgas Vater.

This is Helga. That is Helga's father.

Übung 10   Woher kommen sie?

Beantworten Sie die Fragen.

1. Woher kommen Sie?
2. Woher kommt Ihre Mutter?
3. Woher kommt Ihr Vater?
4. Woher kommen Ihre Großeltern?
5. Woher kommt Ihr Professor / Ihre Professorin?
6. Wie heißt ein Student aus Ihrem Deutschkurs und woher kommt er?
7. Wie heißt eine Studentin aus Ihrem Deutschkurs und woher kommt sie?

[1]*no*

KAPITEL 1

Wer ich bin und was ich tue

In **Kapitel 1** you will learn to talk about how you spend your time: your studies, your recreational pursuits, and what you like and don't like to do.

Themen

Freizeit

Schule und Universität

Tagesablauf

Persönliche Angaben

Kulturelles

KLI: Freizeit

KLI: Schule

Filmclip: *Hilfe!* (Oliver Dommenget)

Musikszene: „Gewinner" (Clueso)

Videoecke: Tagesablauf

Lektüren

Film: *Hilfe!* (Oliver Dommenget)

Biografie: Guten Tag, ich heiße …

Strukturen

1.1 The present tense

1.2 Expressing likes and dislikes: **gern / nicht gern**

1.3 Telling time

1.4 Word order in statements

1.5 Separable-prefix verbs

1.6 Word order in questions

KUNST UND KÜNSTLER

Carl Spitzweg: *Der Bücherwurm* (1850), Museum Georg Schäfer, Schweinfurt/
Deutschland
© akg-images/Newscom

Carl Spitzweg (1808–1885) ist ein deutscher Maler und Dichter[1] aus der Umgebung[2] von München. Seine Bilder sind oft ironisch. „Der Bücherwurm" ist ein gutes Beispiel[3] für Spitzwegs humorvolle Perspektive.

Schauen Sie sich das Gemälde[4] an und beantworten Sie folgende Fragen.

1. Wie ist der Mann, wie sieht er aus: jung, alt, dünn, dick, klein, groß, kurzsichtig[5], interessant, langweilig, spitze Nase, braunes Haar, in Jeans, im Anzug, trägt Stiefel, trägt Sandalen, hat ein großes Taschentuch?
2. Wo ist er: in einer alten Bibliothek, im Museum, im Kino, auf einer Leiter, auf einem Sofa?
3. Wo hat er Bücher: in den Händen, unter dem Arm, unter den Füßen, auf dem Kopf, zwischen den Knien?
4. Welche Farben dominieren: blau, braun, gelb, grau, grün, lila, orange, rosa, rot, schwarz, weiß?
5. Welche Gefühle[6] ruft das Gemälde hervor: Angst, Einfachheit[7], Elan[8], Glück, Hoffnung, Langeweile[9], Neugier[10], Ruhe, Sehnsucht[11], Selbstvergessenheit[12]?

[1]*more often* [2]*vicinity* [3]*example* [4]*painting* [5]*nearsighted* [6]*feelings* [7]*simplicity* [8]*pep* [9]*boredom* [10]*curiosity* [11]*yearning* [12]*obliviousness*

Situationen

Freizeit

Grammatik 1.1–1.2

Peter und Stefan
wandern gern.

Ernst spielt gern Fußball.

Jutta und Gabi spielen gern Karten.

Melanie tanzt gern.

Michael spielt gern Gitarre.

Veronika reitet gern.

Thomas segelt gern.

Herr und Frau Ruf gehen gern spazieren.

Situation 1 Hobbys

Sagen Sie **ja** oder **nein.**

1. In den Ferien …
   - a. reise ich gern.
   - b. koche ich gern.
   - c. spiele ich gern Volleyball.
   - d. arbeite ich gern.

2. Im Winter …
   - a. gehe ich gern ins Museum.
   - b. spiele ich gern Schach.
   - c. gehe ich gern Snowboard fahren.
   - d. schwimme ich gern.

3. Meine Eltern …
   - a. chatten gern.
   - b. spielen gern Golf.
   - c. gehen gern ins Kino.
   - d. trinken gern Kaffee.

4. Mein Bruder / Meine Schwester …
   - a. wandert gern in den Bergen.
   - b. zeltet gern.
   - c. boxt gern.
   - d. singt gern.

5. Mein Deutschlehrer / Meine Deutschlehrerin …
   - a. simst gern.
   - b. schreibt gern Mails.
   - c. geht gern ins Konzert.
   - d. spielt gern Fußball.

Situation 2 Informationsspiel: Freizeit

MODELL: S1: Wie alt ist Rolf?

S2: _____.

S1: Woher kommt Richard?

S2: Aus _____.

S1: Was macht Richard gern?

S2: Er _____.

S1: Wie alt bist du?

S2: _____.

S1: Woher kommst du?

S2: _____.

S1: Was machst du gern?

S2: _____.

	Alter	Wohnort	Hobby
Richard	18		
Rolf		Berkeley	
Jürgen	21		geht gern tanzen
Sofie	22	Dresden	
Jutta			hört gern Musik
Melanie	25		chattet gern
mein Partner / meine Partnerin			

Situation 3 Vor dem Tanzstudio

Bringen Sie die Sätze in die richtige Reihenfolge.

_____ Dann können wir ja miteinander lernen.

_____ Das macht nichts. Dann sehen wir uns wenigstens mal wieder etwas öfter. Wollen wir reingehen?

_____ Hey Nesrin!

_____ Hey Willi, lange nicht gesehen. Was machst du denn hier?

_____ Ich kann leider nur Dienstag. Freitag arbeite ich am Abend in der Studentenkneipe.

_____ Ich lerne tanzen. Und was machst du?

_____ Ja, das finde ich gut. Kommst du jeden Dienstag?

_____ Ja, ich komme jeden Dienstag und jeden Freitag. Und du?

_____ Ja, Nesrin, gehen wir rein.

_____ So ein Zufall. Ich lerne auch tanzen.

KULTUR ... LANDESKUNDE ... INFORMATIONEN

FREIZEIT

- Was machen Menschen in Ihrem Land in ihrer Freizeit?
- Was machen Sie in Ihrer Freizeit? am Wochenende? abends? in den Ferien?
- Was machen Ihre Eltern in ihrer Freizeit? am Wochenende? abends? in den Ferien?
- Wie viele Stunden Freizeit haben Sie am Tag?
- Sehen Sie sich die Grafik an. Was machen Deutsche öfter[1] als Sie? Was machen sie weniger[2] oft als Sie?
- Wie viele Stunden Freizeit haben Deutsche am Tag? Raten[3] Sie!

Die häufigsten Freizeitbeschäftigungen der Deutschen
(mindestens einmal pro Woche)

Fernsehen	97 %
Radio hören	90
Telefonieren (von zu Hause)	87
Zeitung/Zeitschrift lesen	73
Internet nutzen	71
den Gedanken nachgehen	71
Telefonieren (mit dem Handy)	70
Zeit mit dem Partner verbringen	68
Ausschlafen	65

[1]more often [2]less [3]Guess

✎ Situation 4   Umfrage

MODELL: S1: Schwimmst du gern im Meer?
            S2: Ja.
            S1: Unterschreib bitte hier.

UNTERSCHRIFT

1. Schwimmst du gern im Schwimmbad?   _____
2. Trinkst du gern Kaffee?   _____
3. Spielst du gern Gitarre?   _____
4. Hörst du gern Musik?   _____
5. Gehst du gern zelten?   _____
6. Arbeitest du gern?   _____
7. Gehst du gern joggen?   _____
8. Tanzt du gern?   _____
9. Schreibst du gern Mails?   _____
10. Machst du gern Fotos?   _____

Schule und Universität

Grammatik 1.3

Situation 5 Dialog: Was studierst du?

Stefan trifft Rolf in der Cafeteria der Universität Berkeley.

STEFAN: Hallo, bist du _____ hier?

ROLF: Ja, ich _____ aus Deutschland.

STEFAN: Und was machst _____ hier?

ROLF: Ich _____ Psychologie. Und du?

STEFAN: _____ .

Situation 6 Wie spät ist es?

MODELL: S1: Wie spät ist es?
S2: Es ist _____ .

1.   2.   3.   4.   5.

6.   7.   8.   9.   10.

Situation 7 Informationsspiel: Juttas Stundenplan

MODELL: S2: Was hat Jutta am Montag um acht Uhr fünfzig?
S1: Sie hat Deutsch.

Uhr	Montag	Dienstag	Mittwoch	Donnerstag	Freitag
8.00–8.45		Mathematik	Deutsch		Französisch
8.50–9.35	Deutsch			Latein	
9.35–9.50	← Pause →				
9.50–10.35	Biologie	Sozialkunde		Geschichte	
10.40–11.25			Physik		Deutsch
11.25–11.35	← Pause →				
11.35–12.20	Sport		Erdkunde		Latein
12.25–13.10		Deutsch		Sozialkunde	frei

SCHULE

- Wann beginnt in Ihrem Land morgens die Schule?
- Wann gehen die Schüler und Schülerinnen nach Hause?
- Wann und wo machen sie Hausaufgaben?
- Wann haben sie Freizeit?
- Welche Schulfächer haben Schüler und Schülerinnen?
- Welches sind Pflichtfächer[1]?
- An welchen Tagen gehen die Schüler und Schülerinnen in die Schule?

Schauen Sie auf Juttas Stundenplan (Situation 7).

- Wann beginnt für Jutta die Schule?
- Wann geht sie nach Hause?
- Welche Fächer hat Jutta?
- Wie viele Fremdsprachen hat sie?
- An welchen Tagen geht sie in die Schule?

Was meinen Sie?

- Wann und wo macht Jutta Hausaufgaben?
- Wann hat sie Freizeit?

[1]*required subjects*

Große Pause an einer Schule in Berlin
© Stuart Cohen

Situation 8   Interview

1. Welche Fächer hast du in diesem Semester? Welche Fächer magst du? Welche Fächer magst du nicht?
2. Wann beginnt am Montag dein erster (1.) Kurs? Welcher Kurs ist das?
3. Wann gehst du am Montag nach Hause?
4. Wann beginnt am Dienstag dein erster Kurs? Welcher Kurs ist das?
5. Wann gehst du am Dienstag nach Hause?
6. Arbeitest du? An welchen Tagen arbeitest du? Wann beginnt deine Arbeit?
7. Wann gehst du in der Woche ins Bett? Und am Wochenende?
8. Wann machst du Hausaufgaben?
9. Wann hast du Freizeit?

Tagesablauf

Grammatik 1.4–1.5

Herr Wagner steht auf.

Er duscht.

Er frühstückt.

Er geht zur Arbeit.

Er geht einkaufen.

Er räumt die Wohnung auf.

Er geht im Park spazieren.

Er geht ins Bett.

Situation 9   Interview

1. Wann stehst du auf?
2. Wann duschst du?
3. Wann frühstückst du?
4. Wann gehst du zur Uni?
5. Wann kommst du nach Hause?
6. Wann machst du das Abendessen?
7. Wann gehst du ins Bett?

Situation 10   Am Wochenende

Was machen Sie am Wochenende sicher, wahrscheinlich, vielleicht?

S = sicher
W = wahrscheinlich
V = vielleicht

	ICH	PARTNER/PARTNERIN
1. Ich spiele Computerspiele.	_____	_____
2. Ich stehe spät auf.	_____	_____
3. Ich kaufe ein.	_____	_____
4. Ich surfe im Internet.	_____	_____
5. Ich schreibe Mails.	_____	_____
6. Ich chille.	_____	_____
7. Ich arbeite fürs Studium.	_____	_____
8. Ich rufe Freunde oder meine Familie an.	_____	_____
9. Ich räume mein Zimmer oder meine Wohnung auf.	_____	_____
10. Ich gehe mit Freunden aus.	_____	_____
11. Ich gehe ins Kino.	_____	_____
12. Ich jobbe.	_____	_____

Situation 11   Bildgeschichte: Ein Tag in Sofies Leben

MODELL: S2: Was macht Silvia am Dienstag?
          S1: Sie arbeitet am Abend in einer Bar.
          S2: Was machst du am Montag?
          S1: Ich _____.

	Silvia Mertens	Mehmet Sengün	mein(e) Partner(in)
Montag		Er geht um 7 Uhr zur Arbeit.	
Dienstag	Sie arbeitet am Abend in einer Bar.		
Mittwoch		Er surft im Internet.	
Donnerstag		Er geht einkaufen.	
Freitag	Sie geht tanzen.		
Samstag	Sie geht mit Freunden ins Kino.		
Sonntag	Sie besucht ihre Eltern.		

Filmlektüre

Hilfe!

Vor dem Lesen

A. Beantworten Sie die folgenden Fragen.

1. Was sehen Sie auf dem Bild? Machen Sie eine Liste, z. B. Papier, ...

2. Mickey trägt ein gelbes T-Shirt und Emma trägt eine Mütze[1], eine weiße Jacke und Jeans. Identifizieren Sie Emma und Mickey. Schreiben Sie die Namen unter das Foto.

FILMANGABEN

Titel: *Hilfe!*
Genre: Komödie
Erscheinungsjahr: 2002
Land: Deutschland
Dauer: 91 Min
Regisseur: Oliver Dommenget
Hauptrollen: Sarah Hannemann, Nick Seidensticker, Nina Petri, Dominique Horwitz, Philipp Blank, Pinkas Braun

© NDR/Studio Hamburg

a. _____   b. _____

[1]cap

Miniwörterbuch

das **Leben**	life
mögen	to like
ärgern	to tease, pick on
einmal	for once
wäre	would be
entdecken	to discover
der **Zauberspruch**	spell
der **Wunsch**	wish
in Erfüllung gehen	to come true
man	one, you
rückgängig machen	to reverse
die **Lösung**	solution
der **Mut**	courage
die **Freundschaft**	friendship
einander	one another

B. Lesen Sie die Wörter im Miniwörterbuch. Suchen Sie sie im Text und unterstreichen Sie sie.

Inhaltsangabe

Emma (Sarah Hannemann) wohnt in Hamburg. Sie ist 11 Jahre alt, Schülerin und geht in die Brecht-Schule. Sie ist sehr talentiert und in ihrer Freizeit schwimmt sie gern. Ihr Leben ist nicht leicht. Mickey (Nick Seidensticker) und seine Freunde mögen sie nicht. In der Schule ärgern sie sie oft. Emma denkt: „Einmal eine andere Person sein. Das wäre toll." Emmas Freund Freddy „Vierauge" (Philipp Blank) entdeckt in einem alten Buch einen Zauberspruch, mit dem ihr Wunsch in Erfüllung geht.

Am nächsten Morgen wacht Emma auf. Emma ist nicht mehr Emma. Sie ist jetzt Mickey, und Mickey ist nicht mehr Mickey. Er ist jetzt Emma. Das ist natürlich ein großes Problem. Wie kann man den Zauber rückgängig machen? Emma, Mickey und Vierauge suchen zusammen eine Lösung, aber sie haben nur 54 Stunden Zeit. Am Ende finden sie Mut, Freundschaft und einander.

Arbeit mit dem Text

Richtig (R) oder falsch (F)? Verbessern Sie die falschen Aussagen.

_____ 1. Emmas Hobby ist Schwimmen.

_____ 2. Emma hat viel Talent.

_____ 3. Mickey mag Emma nicht.

_____ 4. Emma und Mickey sind gute Freunde.

_____ 5. Freddy findet einen Zauberspruch.

_____ 6. Emma ist jetzt Mickey und Mickey ist jetzt Freddy.

_____ 7. Sie haben drei Tage Zeit, um eine Lösung zu finden.

_____ 8. Am Ende sind Mickey und Emma Freunde.

🎬 FILMCLIP

NOTE: For copyright reasons, the films referenced in the FILMCLIP feature have not been provided by the publisher. The film can be purchased as a DVD or found online at various sites such as YouTube, Amazon, or the iTunes store. The time codes mentioned below are for the North American DVD version of the film.

Szene: DVD Kapitel 3, „In der Schule", 17:35–19:15 Min.

Emma und Freddy („Vierauge") gehen zusammen in die Schule.

Ergänzen Sie!

1. Vierauge und Emma _____ in die Schule.
2. Die Schüler _____ heute einen Mathetest.
3. Mickey _____ Probleme mit dem Test.
4. Der Schüler mit dem Gameboy _____ eine braune Mütze.
5. Emma _____ einen Zettel[3].
6. Die Lehrerin _____, dass Mickey spickt[4].

a. glaubt[2]
b. haben
c. hat
d. kommen
e. schreibt
f. trägt

Nach dem Lesen

Kennen Sie andere Filme mit Zauberern? Wie heißen diese Filme? Mögen Sie diese Filme?

[2]*believes*   [3]*note*   [4]*is cheating*

Persönliche Angaben

Grammatik 1.6

Antrag auf Ausstellung eines Personalausweises

Familienname: *Ruf*

geborene(r): *Schuler*

Vornamen: *Margret*

Geburtstag: *13. April 1977*

Geburtsort: *Augsburg*

Staatsangehörigkeit: *deutsch*

Augenfarbe: blau, grau, (grün), braun   Größe *172* cm

München *Sonnenstr.*   *11*
            Straße   Hausnummer

München, den *30.5.2016*

Margret Ruf
Unterschrift des Antragstellers

Situation 13   Dialog: Auf dem Rathaus

Melanie Staiger ist auf dem Rathaus in Regensburg. Sie braucht einen neuen Personalausweis.

BEAMTER: Grüß Gott!

MELANIE: Grüß Gott. Ich brauche einen neuen _____.

BEAMTER: _____ ist Ihr Name, bitte?

MELANIE: Staiger, Melanie Staiger.

BEAMTER: Und _____ wohnen Sie?

MELANIE: In Regensburg.

BEAMTER: _____ ist die genaue Adresse?

MELANIE: Gesandtenstraße 8.

BEAMTER: Haben Sie auch _____?

MELANIE: Ja, die Nummer ist 24352.

BEAMTER: Was sind Sie _____?

MELANIE: Ich bin Studentin.

BEAMTER: Sind Sie verheiratet?

MELANIE: _____. Ich bin ledig.

Situation 14   Interview: Auf dem Rathaus

1. Wie heißen Sie?
2. Wie alt sind Sie?
3. Wo sind Sie geboren?
4. Wo wohnen Sie?
5. Was ist Ihre genaue Adresse?
6. Was ist Ihre E-Mail-Adresse?
7. Was studieren Sie?
8. Sind Sie verheiratet?
9. Welche Augenfarbe haben Sie?
10. Welche Haarfarbe?

Das Regensburger Rathaus
© Raimund Kutter/imageb/
imageBROKER/Superstock

Miniwörterbuch

fühlt sich	feels
die **Beziehung**	relationship
glauben (an)	to believe (in)
dabei sein	to be close to or on the verge of
ist auch was dran	there's something to it
verlieren	to lose
gibt auf	gives up

 # MUSIKSZENE

„Gewinner" (2009, Deutschland) *Clueso*

Biografie Clueso kommt aus Erfurt. Sein richtiger Name ist Thomas Hübner. Er wurde 1980 geboren. Sein Künstlername kommt von Inspektor Clouseau aus dem Film *The Pink Panther*.

Clueso
© *Christian Jakubaszek/Getty Images*

NOTE: For copyright reasons, the songs referenced in **MUSIKSZENE** have not been provided by the publisher. The song can be found online at various sites such as YouTube, Amazon, or the iTunes store.

Vor dem Hören Wie fühlt man sich am Ende einer Beziehung?

Nach dem Hören

A. Ergänzen Sie die Sätze mit den Wörtern aus dem Kasten.

1. Ich _____ nichts.
2. _____ du an mich?
3. Ich _____ dich.
4. _____ du mich?
5. Wir _____ dabei.

> frage   glaube
> fragst   **sind**   glaubst

B. Was sagt der Sänger zu seiner Freundin? Richtig (R) oder falsch (F)?

_____ 1. An allem, was man sagt, ist nichts dran[1].
_____ 2. Er glaubt an sie.
_____ 3. Sie verlieren einander[2].
_____ 4. Er gibt auf.

[1]*An ... There's nothing to anything we say*   [2]*each other*

Situation 15 **Rollenspiel: Auf dem Auslandsamt°** °*study abroad office*

> S1: Sie sind Student/Studentin und möchten ein Jahr lang in Österreich studieren. Gehen Sie aufs Auslandsamt und sagen Sie, dass Sie ein Stipendium möchten. Beantworten Sie die Fragen des Beamten / der Beamtin. Sagen Sie am Ende des Gesprächs „Auf Wiedersehen".

 Situation 16 **Gesucht°!** °*Wanted*

Schreiben Sie die fehlenden Angaben² in den Steckbrief.

NÜTZLICHE WÖRTER

der Bankräuber	*bank robber*
der Spitzname	*nickname*
besonderes Kennzeichen	*distinguishing feature*
die Narbe	*scar*
das Halstuch	*bandanna*
bewaffnet	*armed*

GESUCHT

Paul Steckel

Spitzname: _____-Paule

Alter: _____ Jahre, sieht älter aus

Haarfarbe: mittel_____, Voll_____

_____: graublau

Besonderes Kennzeichen: _____

unter dem rechten _____

Größe: _____ cm, schlank

Akzent: _____

Kleidung: meistens _____ Jeansjacke

und _____, dazu ein _____

---

²*pieces of information*

📖 Lektüre

Vor dem Lesen

Welche Informationen geben Sie, wenn Sie sich vorstellen[3]? Kreuzen Sie an.

- ☐ Name
- ☐ Alter
- ☐ Beruf/Studienfach
- ☐ Familie
- ☐ Freunde
- ☐ Geburtsdatum
- ☐ Gewicht[4]
- ☐ Hobbys
- ☐ Herkunft
- ☐ Noten[5]
- ☐ Interessen
- ☐ Adresse

Miniwörterbuch	
der **Geschäftsmann**	businessman
unterrichten	to teach
die **Sozialkunde**	social studies
die **Gärtnerei**	nursery (gardening)
der **Ort**	town
das **Fahrrad**	bicycle
seit	since; *here:* for
die **Speditionsfirma**	trucking company
der **Lastwagen**	truck
unterwegs	on the road

Guten Tag, ich heiße ...

Guten Tag, ich heiße Veronika Frisch-Okonkwo. Ich bin verheiratet und habe drei Töchter. Sie heißen Sumita, Yamina und Lydia. Ich lebe mit meinem Mann Kobe Okonkwo und unseren Töchtern in der Schweiz. Wir wohnen im Kanton Zürich. Ich komme aus Zürich und mein Mann kommt aus Abuja, Nigeria. Ich bin 33 Jahre alt und Kobe ist 35. Kobe ist Geschäftsmann hier in Zürich und ich bin Lehrerin. Ich unterrichte Französisch und Sozialkunde. Meine Freizeit verbringe ich am liebsten mit meiner Familie. Außerdem reise ich gern.

Guten Tag, ich heiße Sofie Pracht, bin 22 und komme aus Dresden. Ich studiere Biologie an der Technischen Universität Dresden. Ein paar Stunden in der Woche arbeite ich in einer großen Gärtnerei. In meiner Freizeit gehe ich oft ins Kino oder ich besuche Freunde. Ich spiele Gitarre und tanze sehr gern. Mein Freund heißt Willi Schuster. Er studiert auch hier in Dresden an der Technischen Universität. Er kommt aus Radebeul. Das ist ein kleiner Ort ganz in der Nähe von Dresden. Am Wochenende fahren wir manchmal mit dem Fahrrad nach Radebeul und besuchen seine Familie.

Guten Tag, ich heiße Mehmet Sengün. Ich bin 29 und in Izmir, in der Türkei, geboren. Ich lebe jetzt seit 19 Jahren hier in Berlin. Ich wohne in Kreuzberg, einem Stadtteil von Berlin, in einer kleinen Wohnung. In Kreuzberg leben sehr viele Türken – die Berliner nennen es Klein-Istanbul – und viele meiner türkischen Freunde wohnen ganz in der Nähe. Im Moment arbeite ich für eine Speditionsfirma hier in der Stadt. Ich fahre einen Lastwagen und bin viel unterwegs. In meiner Freizeit treibe ich viel Sport. Ich spiele Fußball, Basketball und Tennis. Tennis spiele ich gern mit meiner Freundin Renate.

[3]sich ... *introduce yourself* [4]*weight* [5]*grades*

Arbeit mit dem Text

Was erfahren Sie über Veronika Frisch-Okonkwo, Sofie Pracht und Mehmet Sengün? Vervollständigen Sie die Tabelle.

Name	Veronika Frisch-Okonkwo	Sofie Pracht	Mehmet Sengün
Alter			
Geburtsort			
Familie/Freunde			
Wohnort			
Beruf			
Studienfach			
Freizeit			
Sonstiges[6]			

Nach dem Lesen

Stellen Sie sich vor.[7] Schreiben Sie einen kurzen Text. Kleben[8] Sie ein Foto auf das Papier oder zeichnen[9] Sie ein Selbstporträt. Hängen Sie Ihre Texte im Seminarraum an die Wand.

Berlin-Kreuzberg
© Heike Alberts

[6]*other information*   [7]Stellen … *Introduce yourself*   [8]*Glue*   [9]*draw*

Videoecke

Perspektiven

Wie spät ist es?

Wie spät ist es?

Aufgabe 1   Uhren

Worauf schauen sie?
1. Wie viele Leute schauen auf ihre Armbanduhr?
2. Wie viele Leute schauen auf ihr Handy?
3. Wie viele Leute schauen auf die Turmuhr?

Aufgabe 2   Wer sagt das?

Wie spät ist es? Acht Personen werden gefragt. Ordnen Sie die Aussagen den Personen zu.

1. ___   2. ___   3. ___   4. ___

5. ___   6. ___   7. ___   8. ___

a. Es ist 10 Uhr 10.

b. Es ist 12 Uhr 25.

c. Es ist 13 Uhr 28.

d. Es ist 14 Uhr 38.

e. Ich weiß es nicht. Ich habe keine Uhr.

f. Es ist drei vor sechs.

g. Es ist dreiviertel fünf.

h. Es ist neun Uhr.

Interviews

- Was studierst du?
- Welche Seminare hast du in diesem Semester?
- Wann beginnen deine Seminare?
- Wann stehst du da auf?
- Was machst du dann?
- Was machst du in deiner Freizeit?

Sandra

Susan

Aufgabe 3   Tagesablauf

Wer macht das? Sandra, Susan oder beide? Kreuzen Sie an.

		Sandra	Susan	Beide
Miniwörterbuch				

Miniwörterbuch	
die **Fremdsprache**	*foreign language*
belegen	*to take*

	Sandra	Susan	Beide
1. Sie studiert Deutsch als Fremdsprache.	☐	☐	☐
2. Sie belegt Seminare zur Phonetik, Phonologie und Grammatik.	☐	☐	☐
3. Ihre Seminare beginnen um 9 Uhr.	☐	☐	☐
4. Sie steht um halb acht auf.	☐	☐	☐
5. Sie steht um 7 Uhr auf.	☐	☐	☐
6. Sie fährt mit dem Fahrrad zur Universität.	☐	☐	☐
7. Sie geht zuerst duschen.	☐	☐	☐
8. Sie geht gern laufen und sie liest gern.	☐	☐	☐
9. Sie geht schwimmen und singt im Chor.	☐	☐	☐

Wortschatz

Freizeit — Leisure Time

chatten [tschɛt-]	to chat
chillen [tschɪl-]	to relax, to hang
lesen (R)	to read
er/sie liest	he/she reads
Zeitung lesen	to read the newspaper
liegen	to lie
in der Sonne liegen	to lie in the sun
reisen	to travel
schreiben (R)	to write
eine SMS schreiben	to write a text message
segeln	to sail
simsen	to text
spielen	to play
wandern	to hike
zelten	to camp

Ähnliche Wörter
die E-Mail [i:meɪl], -s; die Mail, -s; die Gitarre, -n; die Karte, -n; die Musik; die Sonnenbrille, -n; der Ball, ⁱe (R); der Fußball, ⁱe (R); der Kaffee; der Volleyball, ⁱe; das Foto, -s; das Golf; das Hobby, -s; das Schach; das Snowboard, -s; das Tennis; boxen; hören; kochen; reiten; schwimmen gehen; singen; im Internet surfen; tanzen

Orte — Places

die Arbeit	work
zur Arbeit gehen	to go to work
die Kneipe, -n	bar, tavern
die Studentenkneipe, -n	student pub
der Berg, -e	mountain
in die Berge gehen	to go to the mountains
in den Bergen wandern	to hike in the mountains
das Kino, -s	movie theater, cinema
ins Kino gehen	to go to the movies
das Meer, -e	sea
im Meer schwimmen	to swim in the sea
das Rathaus, ⁱer	town hall
auf dem Rathaus	at the town hall
das Schwimmbad, ⁱer	swimming pool
ins Schwimmbad fahren	to go to the swimming pool

Ähnliche Wörter
die Party, -s; auf eine Party gehen; die Uni, -s (R); zur Uni gehen; auf der Uni sein; der Park, -s; im Park spazieren gehen; das Bett, -en; ins Bett gehen; das Haus, ⁱer; zu Hause sein; nach Hause gehen; das Konzert, -e; ins Konzert gehen; das Museum, Museen; ins Museum gehen

Schule und Universität — School and University

die Fremdsprache, -n	foreign language
die Geschichte	history
die Kunstgeschichte	art history
die Informatik	computer science
die Kunst	art
die Lehrerin, -nen (R)	female teacher, instructor
die Prüfung, -en	test
die Schule, -n	school
die Schülerin, -nen	female pupil
die Sozialkunde	social studies
die Wirtschaft	economics
der Lehrer, - (R)	male teacher, instructor
der Maschinenbau	mechanical engineering
der Schüler, -	male pupil
der Stundenplan, ⁱe	schedule
das Fach, ⁱer	academic subject
das Stipendium, Stipendien	scholarship
das Studium, Studien	university studies
die Ferien (pl.)	vacation

Ähnliche Wörter
die Biologie, die Chemie, die Geografie, die Linguistik, die Literatur; die Mathematik; die Musik; die Pause, -n; die Physik; die Religion; die Soziologie; der Kurs, -e (R); der Sport; das Latein; das Semester, -; lernen; studieren

Persönliche Angaben — Biographical Information

die Farbe, -n	color
die Größe, -n	height
die Staatsangehörigkeit, -en	nationality, citizenship
die Unterschrift, -en	signature
der Beruf, -e	profession
was sind Sie von Beruf?	what's your profession?
der Geburtstag, -e	birthday
der Personalausweis, -e	(personal) ID card
der Reisepass, ⁱe	passport
der Wohnort, -e	residence
das Alter	age
die Angaben (pl.)	particulars
ledig	unmarried
verheiratet	married

Ähnliche Wörter
die Adresse, -n; die Augenfarbe; die Haarfarbe; die Nummer, -n; die Hausnummer, -n; die Telefonnummer, -n; die Person, -en; der Name, -n (R); der Familienname, -n (R); der Vorname, -n (R); das Telefon, -e; geboren; wann sind Sie geboren?

Tagesablauf — Daily Routine

die **Stunde, -n**	hour
die **Woche, -n**	week
in der **Woche**	during the week
der **Abend, -e**	evening
der **Tag, -e**	day
den ganzen **Tag**	all day long
jeden **Tag**	every day
der **Montag**	Monday
der **Dienstag**	Tuesday
der **Mittwoch**	Wednesday
der **Donnerstag**	Thursday
der **Freitag**	Friday
der **Samstag**	Saturday
der **Sonntag**	Sunday
das **Wochenende, -n**	weekend
am **Wochenende**	over the weekend
früh	early
spät(er)	late(r)
Um wie viel Uhr ...?	At what time ...?
Wann?	When?
um halb **drei**	at two thirty
um **sechs (Uhr)**	at six o'clock
um sieben Uhr **zwanzig**	at seven twenty
um Viertel vor **vier**	at a quarter to four
um zwanzig nach **fünf**	at twenty after/ past five
Welcher Tag ist heute?	What day is today?
Wie spät ist es?	What time is it?
Wie viel Uhr ist es?	What time is it?

Ähnliche Wörter
die **Sekunde, -n**; der **Moment, -e**; im **Moment**

Sonstige Substantive — Other Nouns

die **Lösung, -en**	solution
die **Tasche, -n**	bag; purse; pocket
die **Wohnung, -en**	apartment
der **Brief, -e**	letter
der **Mut**	courage
der **Zufall, ¨-e**	coincidence
das **Abendessen, -**	supper, evening meal
das **Motorrad, ¨er**	motorcycle
Motorrad fahren	to ride a motorcycle
das **Zimmer, -**	room

Trennbare Verben — Separable Verbs

ab·holen	to pick (somebody) up (from a place)
an·kommen	to arrive
an·rufen	to call up
auf·geben	to give up
auf·hören (mit)	to stop (doing something)
auf·räumen	to clean (up)
auf·stehen	to get up
aus·füllen	to fill out
aus·gehen	to go out
ein·kaufen (gehen)	to (go) shop(ping), shop for
ein·packen	to pack up
fern·sehen	to watch TV
er/sie sieht **fern**	he/she is watching TV
hervor·rufen	to evoke, call forth
kennen·lernen	to get acquainted with
rein·gehen	to go inside

Sonstige Verben — Other Verbs

arbeiten	to work
ärgern	to tease; to annoy
besuchen	to visit
brauchen	to need; to use
duschen	to (take a) shower
fliegen	to fly
frühstücken	to eat breakfast
kaufen	to buy
können	to be able to, can
ich **kann**	I can
mögen	to like
ich **mag**	I like
du **magst**	you like
spazieren gehen	to go for a walk
suchen	to look for
tun	to do
unterschreiben	to sign

Ähnliche Wörter
beginnen, reparieren, trinken

Sonstige Wörter und Ausdrücke — Other Words and Expressions

Das macht nichts.	That doesn't matter.
gern	gladly, with pleasure
wir **singen gern**	we like to sing
ihr(e)	her
jede, jeder, jedes	each, every
jeden Tag	every day
lange nicht gesehen	haven't seen (you / each other) for a long time
miteinander	with each other, together
nervös	nervous
sein(e)	his
sicher	sure
uns	us, ourselves (*here*: each other)
wahrscheinlich	probably
wenigstens	at least

Strukturen und Übungen

1.1 The present tense

One German present-tense form expresses three different ideas in English.

Ich spiele Gitarre.
$\left\{\begin{array}{l}\text{\textit{I play the guitar.}}\\\text{\textit{I'm playing the guitar.}}\\\text{\textit{I'm going to play the guitar.}}\end{array}\right.$

Most German verbs form the present tense just like **kommen (Einführung B).**

spielen			
ich	spiele	wir	spielen
du	spielst	ihr	spielt
Sie	spielen	Sie	spielen
er sie es	spielt	sie	spielen

Gabi und Jutta **spielen** gern Karten.

Gabi and Jutta like to play cards.

Verbs whose stems end in an **s**-sound, such as **-s, -ss, -ß, -z (-ts)**, or **-x (-ks)**, do not add an additional **-s-** in the **du**-form: **du tanzt, du heißt, du reist.**

—Wie **heißt du?**
—**Ich heiße** Natalie.

What's your name?
My name's Natalie.

Verbs whose stems end in **-d** or **-t** (and a few other verbs such as **regnen** [*to rain*] and **öffnen** [*to open*]) insert an **-e-** between the stem and the **-st** or **-t** endings. This happens in the **du-, ihr-,** and **er/sie/es**-forms.

Reitest du jeden Tag?

Do you go horseback riding every day?

reiten			
ich	reite	wir	reiten
du	reitest	ihr	reitet
Sie	reiten	Sie	reiten
er sie es	reitet	sie	reiten

Übung 1   Was machen sie?

Kombinieren Sie die Wörter. Achten Sie auf die Verbendungen.

MODELL: Ich besuche Freunde.

1. ich	lernen	Freunde
2. ihr	besuche	ins Kino
3. Jutta und Jens	studiert	Spaghetti
4. du	hört	ein Buch
5. Melanie	reisen	gut Tennis
6. ich	kochen	nach Deutschland
7. wir	lese	in Regensburg
8. Richard	spielst	Spanisch
9. Jürgen und Silvia	geht	gern Musik

Übung 2   Minidialoge

Ergänzen Sie das Pronomen.

1. CLAIRE: Arbeitet Melanie?
   JOSEF: Nein, _____ arbeitet nicht.

2. MICHAEL: Schwimmen _____ gern im Meer?
   FRAU KÖRNER: Ja, sehr gern. Und Sie?

3. MEHMET: Was machst _____[a] im Sommer?
   RENATE: _____[b] fliege nach Spanien.

4. CLAIRE: Woher kommt _____[a]?
   ESKE UND DAMLA: _____[b] kommen aus Krefeld.

5. JÜRGEN: _____[a] studiere in Göttingen. Und _____[b]?
   KLAUS UND CHRISTINA: _____[c] studieren in Berlin.

Übung 3   Minidialoge

Ergänzen Sie die Verbendungen.

1. CLAIRE: Du tanz_____[a] gern, nicht?
   MELANIE: Ja, ich tanz_____[b] sehr gern, aber mein Freund
   tanz_____[c] nicht gern.

2. FRAU SCHULZ: Richard geh_____[a] im Sommer in den Bergen wandern.
   STEFAN: Und was mach_____[b] seine Eltern?
   FRAU SCHULZ: Seine Mutter reis_____[c] nach Frankreich und sein
   Vater arbeit_____[d].

3. JÜRGEN: Wir koch_____[a] heute Abend. Was mach_____[b] ihr?
   KLAUS: Wir besuch_____[c] Freunde.

4. DANIEL: Schreib_____[a] du mir eine E-Mail?
   TIM: Ja, ich schreibe dir eine E-Mail. Chatt_____[b] du auch?
   DANIEL: Ja, das mach_____[c] ich auch.

1.2 Expressing likes and dislikes: *gern / nicht gern*

verb + **gern** = *to like to do something*

verb + **nicht gern** = *to dislike doing something*

To say that you like doing something, use the word **gern** after the verb. To say that you don't like to do something, use **nicht gern**.

Ernst spielt **gern** Fußball.
Josef spielt **nicht gern** Fußball.

Ernst likes to play soccer.
Josef doesn't like to play soccer.

I	II	III	IV
Sofie	spielt	gern	Schach.
Willi	spielt	auch gern	Schach.
Ich	spiele	nicht gern	Schach.
Monika	spielt	auch nicht gern	Schach.

The position of **auch/nicht/gern** (in that order) is between the verb and its complement. The complement provides additional information and thus "completes" the meaning of the verb: **ich spiele** → **ich spiele Tennis; ich höre** → **ich höre Musik.**

Übung 4   Was machen die Studenten gern?

Bilden Sie Sätze.

MODELL: Heidi und Nora schwimmen gern.

Heidi/Nora

1. Monika/Albert

2. Heidi

3. Stefan

4. Nora

5. Peter

6. Katrin

7. Monika

Tee

8. Albert

Übung 5 Und diese Personen?

Sagen Sie, was die folgenden Personen gern machen.

MODELL: Frau Ruf liegt gern in der Sonne. Jutta liegt auch gern in der
Sonne, aber Herr Ruf liegt nicht gern in der Sonne.

1. Frau Ruf   Jutta   Herr Ruf   2.   Jens   Ernst   Jutta   3.   Jens   Jutta   Andrea

4.   Michael   Maria   die Rufs   die Wagners

1.3 Telling time

Ask the time in German in one of two ways.

Wie spät ist es?
Wie viel Uhr ist es?   *What time is it?*

Es ist eins.
Es ist ein Uhr.

Es ist drei.
Es ist drei Uhr.

Es ist Viertel vor elf.
Es ist zehn Uhr fünfundvierzig.

Es ist Viertel nach elf.
Es ist elf Uhr fünfzehn.

vor = *to*
nach = *after*

Es ist zehn (Minuten) vor acht.
Es ist sieben Uhr fünfzig.

Es ist zehn (Minuten) nach acht.
Es ist acht Uhr zehn.

Es ist halb zehn.
It is nine thirty (halfway to ten).

halb = *half, thirty*

halb zehn = *half past nine, nine thirty*

The expressions **Viertel, nach, vor,** and **halb** are used in everyday speech. In German, the half hour is expressed as "half before" the following hour, not as "half after" the preceding hour, as in English.

The 24-hour clock (0.00 to 24.00) is used when giving exact or official times, as in time announcements, schedules, programs, and the like. With the 24-hour clock only the pattern [(*number*) **Uhr** (*number of minutes*)] is used.

Ankunft	km	Abfahrt	Anschlüsse
14.22 Potsdam Stadt		**14.24**	
↓		14.43	Wildpark 14.49 Werder (Havel) 14.56
	24	*E* 15.01	Wustermark 15.39 Nauen 15.57

(204)
(204.4)

S-Bahnanschlüsse (Taktverkehr) bestehen in Richtung:
Wannsee – Westkreuz – Charlottenburg - Zool Garten (Ⓢ 3)

Der Zug geht um vierzehn
Uhr vierundzwanzig.

*The train leaves at two
twenty-four p.m.*

Übung 6   Die Uhrzeit

Wie spät ist es?

MODELL: Es ist acht Uhr.

1.

2.

3.

4.

5.

6.

7.

8.

1.4 Word order in statements

In English, the verb usually follows the subject of a sentence.

SUBJECT	VERB	COMPLEMENT
Peter	takes	a walk.

Even when another word or phrase begins the sentence, the word order does not change.

	SUBJECT	VERB	COMPLEMENT
Every day,	Peter	takes	a walk.

In statements, verb second.

In German statements, the verb is always in second position. If the sentence begins with an element other than the subject, the subject follows the verb.

I	II	III	IV
SUBJECT	VERB		COMPLEMENT
Wir	spielen	heute	Tennis.
	VERB	SUBJECT	COMPLEMENT
Heute	spielen	wir	Tennis.

Übung 7   Rolf

Unterstreichen[1] Sie das Subjekt des Satzes. Steht das konjugierte Verb vor[2] oder nach[3] dem Subjekt?

1. <u>Rolf</u> kommt aus Krefeld.   _nach_
2. Im Moment studiert er in Berkeley.   _____
3. Seine Stiefmutter wohnt in Krefeld.   _____
4. Samstags geht Rolf oft ins Kino.   _____
5. Am Wochenende wandert er oft in den Bergen.   _____
6. In der Woche treibt er gern Sport.   _____
7. Im Sommer geht er surfen.   _____
8. Er geht auch ins Schwimmbad der Uni.   _____

Übung 8   Sie und Ihr Freund

Bilden Sie Sätze. Beginnen Sie die Sätze mit dem ersten Wort oder den ersten Wörtern in jeder Zeile. Beachten[4] Sie die Satzstellung[5].

MODELL: Heute (ich / sein _____) → Heute bin ich fröhlich.

1. Ich (studieren _____)
2. Im Moment (ich / wohnen in _____)
3. Heute (ich / kochen _____)
4. Manchmal (ich / trinken _____)
5. Ich (spielen gern _____)
6. Mein Freund (heißen _____)
7. Jetzt (er / wohnen in _____)
8. Manchmal (wir / spielen _____)

[1]Underline   [2]before   [3]after   [4]Pay attention to   [5]word order

1.5 Separable-prefix verbs

Many German verbs have prefixes that change the verb's meaning. They combine with the infinitive to form a single word.

stehen	*to stand*
gehen	*to go*
kommen	*to come*
aufstehen	*to stand up*
ausgehen	*to go out*
ankommen	*to arrive*

In statements, verb second, prefix last.

When you use a present-tense form of these verbs, put the conjugated form in second position and put the prefix at the end of the sentence. The two parts of the verb form a frame or bracket, called a **Satzklammer,** that encloses the rest of the sentence.

Claire ⌊kommt⌋ ⌊an⌋.

Claire ⌊kommt⌋ am Donnerstag ⌊an⌋.

Claire ⌊kommt⌋ am Donnerstag in Frankfurt ⌊an⌋.

Here are some common verbs with separable prefixes.

abholen	*to pick up, fetch*
ankommen	*to arrive*
anrufen	*to call up*
aufgeben	to give up
aufhören	*to stop, be over*
aufräumen	*to clean up, tidy up*
aufstehen	*to get up*
ausfüllen	*to fill out*
ausgehen	*to go out*
einkaufen	*to shop, shop for*
einpacken	*to pack up*

Übung 9   Eine Reise in die Türkei

Mehmet fliegt morgen in die Türkei. Was macht er heute? Ergänzen Sie die folgenden Wörter: **ab, an, auf, auf, auf, aus, aus, ein, ein.**

1. Er steht um 7 Uhr _____.
2. Er räumt die Wohnung _____.
3. Er packt seine Sachen[1] _____.
4. Er ruft Renate _____.
5. Er füllt ein Formular _____.
6. Er holt seinen Reisepass _____.
7. Er kauft Essen[2] _____.
8. Abends geht er _____.
9. Er geht ins Kino. Der Film hört um 22 Uhr _____.

Mehmet

[1]*things* [2]*food*

Übung 10 Was machen die Leute?

Verwenden Sie die folgenden Verben.

abholen
ankommen
anrufen
aufräumen
aufstehen
ausfüllen
ausgehen
einkaufen
einpacken

Kasse

Lebensmittel

Frau Schulz

MODELL: Frau Schulz kauft Lebensmittel ein.

(San Francisco)

1. Rolf

2. Thomas

3. Heidi/Thomas

4. Albert

5. Peter/Monika

DISKOTHEK

6. Peter/Monika

7. Frau Schulz

7:00

8. Stefan

1.6 Word order in questions

In **w**-questions, verb second.

When you begin a question with a question word (for example, **wie, wo, wer, was, wann, woher**), the verb follows in second position. The subject of the sentence is in third position unless the question word is the subject, e.g., **wer**. Any further elements appear in fourth position.

I	II	III	IV	
Wann	beginnt	das Spiel?		*When does the game start?*
Was	machst	du	heute Abend?	*What are you doing this evening?*
Wo	wohnst	du?		*Where do you live?*
Welches Fach	studierst	du?		*What subject are you studying?*

Here are the question words you have encountered so far.

wann	*when*
was	*what*
welcher*	*which*
wer	*who*
wie	*how*
wie viel(e)	*how much (many)*
wo	*where*
woher	*from where*

Questions that can be answered by *yes* or *no* begin with the verb.

Tanzt du gern?	*Do you like to dance?*
Arbeitest du hier?	*Do you work here?*
Gehst du ins Kino?	*Are you going to the movies?*

Übung 11 Ein Interview mit Nesrin Durani

Schreiben Sie die Fragen.

MODELL: du + heißen + wie + ? → Wie heißt du?

1. du + sein + geboren + wann + ?
2. du + kommen + woher + ?
3. du + sein + groß + wie + ?
4. du + studieren + Fächer + welch- + ?
5. du + arbeiten + Stunden + wie viele + ?
6. du + machen + gern + was + ?

Nesrin

Übung 12 Noch ein Interview

Stellen Sie die Fragen.

1. —Ich heiße Sofie.
2. —Nein, ich komme nicht aus München.
3. —Ich komme aus Dresden.
4. —Ich studiere Biologie.
5. —Er heißt Willi.
6. —Er wohnt in Dresden.
7. —Nein, ich spiele nicht Tennis.
8. —Ja, ich tanze sehr gern.
9. —Ja, ich trinke gern Cola.
10. —Ja, Willi trinkt gern Bier.

Sofie

---

*The endings of **welcher** vary according to gender, number, and case of the following noun. They are the same endings as those of the definite article. Therefore, **welcher** is called a **der**-word.

(M)	(N)	(F)	(Pl)
welch**er** Name	welch**es** Alter	welch**e** Adresse	welch**e** Studienfächer

KAPITEL 2

Besitz und Vergnügen

In **Kapitel 2** you will learn to talk more about things: your own possessions and things you give others. You will also learn how to describe what you have and don't have and to give your opinion on matters of taste or style.

Themen

Besitz

Geschenke

Kleidung und Aussehen

Vergnügen

Kulturelles

KLI: Der Euro

Musikszene: „Junge" (Die Ärzte)

Filmclip: *Lola rennt* (Tom Tykwer)

KLI: Jugend im Netz

Videoecke: Hobbys

Lektüren

Blog Deutsch 101: Frau Schulz hat Geburtstag

Film: *Lola rennt* (Tom Tykwer)

Strukturen

2.1 The accusative case

2.2 The negative article: **kein, keine**

2.3 What would you like? **Ich möchte ...**

2.4 Possessive determiners

2.5 The present tense of stem-vowel changing verbs

2.6 Asking people to do things: the **du**-imperative

Margret Hofheinz-Döring: *Geizhals* (1926), Galerie Brigitte Mauch, Göppingen
Courtesy Galerie Brigitte Mauch

KUNST UND KÜNSTLER

Margret Hofheinz-Döring (1910–94) ist eine deutsche Malerin und Grafikerin der sogenannten Verschollenen[1] Generation, die sich während der Nazizeit und des 2. Weltkriegs nicht weiterentwickeln[2] konnte. Hofheinz-Dörings Themen sind vor allem Menschen und Bilder zur Weltliteratur. Immer wieder stellt sie typisch menschliche Situationen oder Märchenhaftes dar[3]. Dazu gehört auch ihr Bild „Der Geizhals[4]".

Schauen Sie sich das Bild an und beantworten Sie die folgenden Fragen.

1. Welche Farben dominieren: blau, braun, gelb, grau, grün, orange, rot, schwarz, weiß?

2. Welche Farbe dominiert im Zentrum des Bildes? Welche Farbe hat das Gesicht des Geizhalses? Was drücken diese Farben aus: Angst, Eifersucht[5], Habgier[6], Hoffnung, Liebe, Neid[7], Trauer, Treue, Unschuld[8]?

3. Welche Linien dominieren: runde, eckige[9], spitze[10]?

4. Wie sieht der Geizhals aus: dick und rund oder groß und dürr[11]?

5. Wo ist er: in einem Haus oder in einer Höhle[12]?

6. Was macht er: repariert er etwas, räumt er auf oder macht er ein Feuer[13]? Worauf schaut er: auf die Füße oder auf seinen Schatz?

7. Was ist im Hintergrund: Bäume[14] oder Wolken[15]?

8. Welche Gefühle ruft das Bild hervor: Angst, Freude[16], Glück, Habgier, Liebe, Neid, Neugier?

[1]*lost* [2]*continue to develop* [3]*stellt dar portrays* [4]*miser* [5]*jealousy* [6]*avarice* [7]*envy* [8]*innocence* [9]*angular* [10]*pointed* [11]*gaunt* [12]*cave* [13]*fire* [14]*trees* [15]*clouds* [16]*joy*

Situationen

Besitz

Grammatik 2.1–2.2

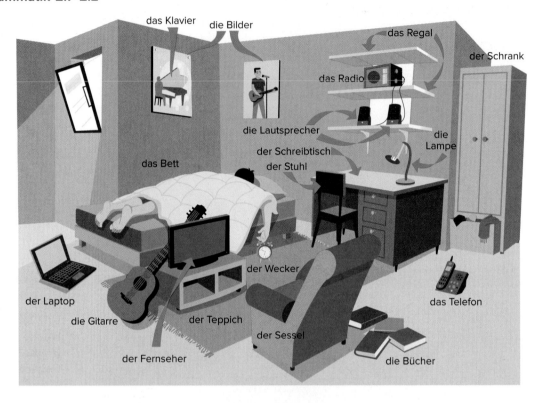

Situation 1 Hast du einen Schlafsack?

MODELL: S1: Hast du einen Schlafsack?
S2: Ja, ich habe einen Schlafsack.
Nein, ich habe keinen Schlafsack.

ein Motorrad

ein Boot

eine Sonnenbrille

einen Schallplattenspieler

einen Schlafsack

Wanderschuhe

ein Zelt

ein Pferd

einen Rucksack

ein Smartphone

einen Haartrockner

KULTUR ... LANDESKUNDE ... INFORMATIONEN

DER EURO

Fragen Sie Ihren Partner oder Ihre Partnerin.

1. Wie heißt die Währung[1] in dem Land, in dem du geboren bist?

2. Welche Münzen[2] gibt es, z. B. 1-Cent-Münzen, 2-Cent-Münzen?

3. Welche Geldscheine[3] gibt es, z. B. 1-Dollar-Scheine, 2-Dollar-Scheine?

4. Welche Farbe haben die Geldscheine?

Lesen Sie die Fragen und suchen Sie die Informationen im Text.

1. Was ist der Euro?

2. In welchen Ländern der Europäischen Union zahlt[4] man mit dem Euro? Nennen Sie fünf.

3. Welche Euroscheine gibt es? Wie sehen sie aus?

4. Welche Euromünzen gibt es? Wie sehen sie aus?

Den Euro gibt es seit[5] dem 1. Januar 2002. Der Euro ist die gemeinsame Währung[6] der Europäischen Union (EU). Doch nicht alle Länder der EU haben den Euro. Zwölf Länder haben den Euro seit 2002: Belgien, Deutschland, Finnland, Frankreich, Griechenland, Irland, Italien, Luxemburg, die Niederlande, Österreich, Portugal und Spanien. Auch Estland, Lettland, Litauen, Malta, die Slowakei, Slowenien und Zypern gehören zur Eurozone. Manche Länder akzeptieren den Euro, obwohl[7] sie nicht in der Europäischen Union sind. Dazu gehört zum Beispiel Kosovo.

50 Euro

10 Euro

10 cent

2 Euro

10 cent (D)

2 Euro (D)

Es gibt Euroscheine und Euromünzen. Euroscheine gibt es zu 5€, 10€, 20€, 50€, 100€, 200€ und 500€. Die Scheine sind in allen Ländern gleich[8]. Alle Scheine haben auf der Rückseite ein Bild von einer Brücke[9]. Euromünzen gibt es zu 1 Cent (ct), 2ct, 5ct, 10ct, 20ct und 50ct. 100 Cent sind 1 Euro. Es gibt auch 1€ und 2€ Münzen. Die Vorderseite[10] zeigt die Länder der Eurozone. Auf der Rückseite hat jedes Land ein anderes Bild.

[1]*currency* [2]*coins* [3]*der Schein bill* [4]*pays* [5]*since* [6]*gemeinsame ... common currency* [7]*although* [8]*the same* [9]*bridge* [10]*front side*

 Situation 2   Dialog: Stefan zieht in sein neues Zimmer

Katrin trifft Stefan im Möbelgeschäft.

KATRIN: Hallo, Stefan. Was machst du denn hier?

STEFAN: Ach, ich brauche noch ein paar Sachen. Morgen ziehe ich in _____.

KATRIN: Was brauchst du denn?

STEFAN: Ach, alles Mögliche.

KATRIN: Was hast du denn schon?

STEFAN: Ich habe einen _____, eine _____ und ... und ... und einen _____.

KATRIN: Das ist aber nicht viel. _____ hast du denn?

STEFAN: So 30 Dollar.

KATRIN: Ich glaube, du bist im falschen Geschäft. Der Flohmarkt ist viel besser _____.

STEFAN: Ja, vielleicht hast du recht.

MODELL: S2: Schreibt Jürgen morgen eine E-Mail?
S1: Nein.
S2: Schreibst du morgen eine E-Mail?
S1: Ja. (Nein.)

	Jürgen	Silvia	mein(e) Partner(in)
1. *schreibt/schreibst ... eine E-Mail*	−		
2. *kauft/kaufst ... ein Buch*	+		
3. *schaut/schaust ... einen Film an*			
4. *ruft/rufst ... eine Freundin an*	−	+	
5. *macht/machst ... Hausaufgaben*	+		
6. *treibt/treibst ... Sport*			
7. *besucht/besuchst ... einen Freund*	+	+	
8. *räumt/räumst ... das Zimmer auf*	−		

Situation 4 **Interview: Besitz**

1. Was hast du in deinem Zimmer? Was möchtest du haben?

2. Hast du wertvolle Sachen? Auto, Laptop, Fernseher, iPad, Smartphone? Was möchtest du haben?

3. Hast du ein Pferd, einen Hund oder eine Katze? Möchtest du ein Pferd, einen Hund oder eine Katze haben?

Geschenke

Grammatik 2.3

der Hund

der Koffer

der Grill

der Flachbildschirm

der Geschenkgutschein

die Tasche

die Kamera

der Pullover

das Fahrrad

das Geld

Situation 5 Welche Wörter gehören zusammen?

MODELL: S1: Welches Wort passt zu „zu Hause schlafen"?
         S2: Das Bett.
         S1: Ja, das passt!

1. zu Hause schlafen
2. die Haare föhnen
3. wandern
4. eine Reise machen
5. Musik hören
6. im Nationalpark schlafen
7. Würstchen braten
8. sitzen
9. Hosen aufhängen
10. aufwachen

a. der Koffer
b. das Zelt
c. der Haartrockner
d. das Bett
e. der Rucksack
f. der Schrank
g. der Sessel
h. der Wecker
i. die Lautsprecher
j. der Grill

Situation 6   Dialog: Ein Geschenk für Josef

Melanie trifft Claire in der Mensa.

MELANIE: Josef hat nächsten Donnerstag _____.

CLAIRE: Wirklich? Dann brauche ich ja noch ein _____ für ihn. Mensch, das ist schwierig. Hat er denn Hobbys?

MELANIE: Er _____ Gitarre und _____ gern Musik.

CLAIRE: Hast du schon ein Geschenk?

MELANIE: Ich _____ ein Songbuch kaufen. Aber es ist ziemlich _____. Kaufen wir es zusammen?

CLAIRE: Ja, klar. Welche Art Musik hat er denn _____?

MELANIE: Ich glaube, Soft-Rock und Oldies. Elton John, Céline Dion und so.

Situation 7   Zum Schreiben: Eine Einladung

Schreiben Sie eine Einladung zu einer Party. Benutzen Sie das Modell unten und Ihre Phantasie!

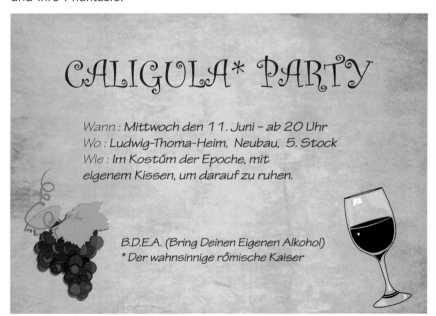

CALIGULA* PARTY

Wann : Mittwoch den 11. Juni – ab 20 Uhr
Wo : Ludwig-Thoma-Heim, Neubau, 5. Stock
Wie : Im Kostüm der Epoche, mit
eigenem Kissen, um darauf zu ruhen.

B.D.E.A. (Bring Deinen Eigenen Alkohol)
* Der wahnsinnige römische Kaiser

Situation 8   Rollenspiel: Am Telefon

S1: Sie rufen einen Freund / eine Freundin an. Sie machen am Samstag eine Party. Laden Sie Ihren Freund / Ihre Freundin ein.

 Lektüre

Vor dem Lesen

A. Frau Schulz hat bald Geburtstag. Die Studenten wollen ihr ein Geschenk machen. Im Internet diskutieren sie über ihre Ideen. Welche Geschenke kann man einer Professorin machen, wenn sie Geburtstag hat? Kreuzen Sie an.

☐ Blumen
☐ einen Rucksack
☐ ein Foto der Klasse
☐ ein Snowboard
☐ eine Kinokarte[1]
☐ Schmuck
☐ eine Reise nach Europa
☐ ein Fahrrad
☐ einen deutschen Film auf DVD
☐ einen Kuchen[2]
☐ einen Laptop
☐ ein Buch
☐ ein Klavier
☐ sie zu einer Party einladen

[1]movie ticket   [2]cake

B. Suchen Sie die Wörter von A, oben, im Text. Unterstreichen Sie die Wörter, die Sie finden.

Blog Deutsch 101: Frau Schulz hat Geburtstag

Pinnwand	Etwas schreiben	Alle ansehen
Zeige 16 von 16 Einträgen		

Heidi schrieb
am Donnerstag um 14:36 Uhr

Frau Schulz hat morgen Geburtstag. Wir sollten ihr eine Freude machen. Hat jemand eine Idee?

Monika schrieb
am Donnerstag um 14:48 Uhr

Wir können einen Kuchen backen. Sie mag sehr gern Schokolade.

Thomas schrieb
am Donnerstag um 15:01 Uhr

Ich wusste gar nicht, dass Frau Schulz Geburtstag hat.
Wir sollten sie überraschen!

Heidi schrieb
am Donnerstag um 15:05 Uhr

Aber womit? Sollen wir ihr etwas kaufen? Ein Buch? Oder eine Kinokarte?

Nora schrieb
am Donnerstag um 17:10 Uhr

Nein, ein Buch ist langweilig! Wir können selbst etwas machen.
Ein Foto von uns allen – dann vergisst sie uns nicht.

Peter schrieb
am Donnerstag um 17:18 Uhr

Ich habe ein Bild von unserer letzten Kursfahrt. Wir sitzen alle am Tisch im Restaurant und Stefan ist ganz nass, weil die Kellnerin die Limonade verschüttet hat :)

Nora schrieb
am Donnerstag um 17:20 Uhr

Haha, daran erinnere ich mich noch sehr gut.

Katrin schrieb
am Donnerstag um 17:27 Uhr

Ich finde beide Ideen gut – den Kuchen und das Bild. Ich habe noch einen schönen Bilderrahmen.

Stefan schrieb
am Donnerstag um 17:32 Uhr

Das mit der Limonade war nicht lustig! :P Alles hat geklebt! ... Wir können alle gemeinsam etwas unternehmen. Wie alt wird Frau Schulz?

Katrin schrieb
am Donnerstag um 17:41 Uhr

Über das Alter einer Frau spricht man nicht! Wir können abends bowlen gehen. Oder wie Heidi gesagt hat: Wir schenken ihr eine Kinokarte und gehen gemeinsam mit ihr.

Nora schrieb

am Donnerstag um 17:47 Uhr

Au ja, Bowlen wäre super! Im Kino kann man nicht reden.

Thomas schrieb

am Donnerstag um 17:49 Uhr

Wir geben ihr morgen früh nur das Bild und schreiben dazu: „Treffen Sie uns heute Abend um 20 Uhr bei der Bowlingbahn!"

Heidi schrieb

am Donnerstag um 17:55 Uhr

Ja, das ist eine tolle Idee. Peter bringt das Bild mit. Katrin, bringst du bitte den Bilderrahmen mit? Monika, es wäre toll, wenn du einen Schokoladenkuchen backst und abends mitbringst.

Katrin schrieb

am Donnerstag um 17:58 Uhr

Mache ich!

Monika schrieb

am Donnerstag um 17:59 Uhr

Ja, das ist kein Problem. Der wird lecker! Hat jemand etwas von Albert gehört? Weiß er Bescheid?

Albert schrieb

am Donnerstag um 22:45 Uhr

Tut mir leid, dass ich das jetzt erst lese. Ich bin morgen auch dabei!

Arbeit mit dem Text

Beantworten Sie die Fragen.

1. Wann hat Frau Schulz Geburtstag?
2. Wer wusste nicht³, dass Frau Schulz Geburtstag hat?
3. Welche Art⁴ von Kuchen mag Frau Schulz gern?
4. Was für eine Idee hat Nora? / Was möchte Nora schenken?
5. Wo waren die Studenten mit Frau Schulz auf der letzten Kursfahrt?
6. Wer hat noch einen Bilderrahmen⁵?
7. Welche Idee hat Stefan?
8. Wie alt wird Frau Schulz?
9. Was möchten die Studierenden am Abend machen?
10. Wer backt den Kuchen?
11. Kommt Albert auch mit?

Nach dem Lesen

Fragen Sie einen Partner oder eine Partnerin. Schreiben Sie die Antworten auf.

1. Wie bleibst du mit deinen Freunden in Kontakt?
2. Wann hast du Geburtstag?
3. Was möchtest du zum Geburtstag?
4. Was machst du gern, wenn du mit Freunden weggehst? Wohin geht ihr?

³wusste ... *did not know* ⁴*kind* ⁵*picture frame*

Kleidung und Aussehen

Grammatik 2.4

der Haarschnitt

der Ohrring

die Halskette

die Sporthose

Silvia

ESKE: Wie findest du ihren Haarschnitt?
DAMLA: Sieht gut aus!

die Sonnenbrille

der Bademantel

die Handschuhe

der Gürtel

Rolf

DAMLA: Wie findest du seinen Bademantel?
ESKE: Nicht schlecht!

das Piercing

der Schal

das Armband

das Nachthemd

Melanie

CLAIRE: Wie findest du ihr Nachthemd?
JOSEF: Klasse!

das Unterhemd

die Unterhose

die Socken

die Sandalen

Michael

JUTTA: Na, wie findest du seine Socken?
JENS: Hässlich!

Situation 9 Veronika Frisch-Okonkwo

Welche Wörter passen in die Lücken?

> **Sandalen** (*pl.*)　　　　**Armband** (*n.*)
>
> 　　　**Bluse** (*f.*)　　　　　**Ohrringe** (*pl.*)
>
> **Haarschnitt** (*m.*)　　　**Schal** (*m.*)
>
> 　　　**Sonnenbrille** (*f.*)　　　**Handschuhe** (*pl.*)
>
> **Sporthose** (*f.*)

Kobe Okonkwo erzählt: „Meine Frau Veronika ist immer gut gekleidet. Meistens trägt sie einen Rock und eine _____. Sie trägt gerne Schmuck. Ihre _____ passen zu ihrer Halskette und ihr _____ ist aus Leder. Sie hat immer den neuesten _____. Im Winter trägt sie _____ aus Leder und einen _____ aus Seide. Im Sommer hat sie oft eine _____ auf der Nase, auch bei schlechtem Wetter. Selbst zu Hause ist sie immer modisch gekleidet. Wenn sie im Garten arbeitet, trägt sie eine _____ und ihre Füße stecken in schicken _____."

Situation 10 Interaktion: Wie findest du meine Sportschuhe?

1. Kreuzen Sie an, was Sie heute tragen.
2. Fragen Sie, wie Ihr Partner / Ihre Partnerin das findet.

MODELL:　S1: Wie findest du meine Schuhe?
　　　　　S2: Deine Schuhe? Nicht schlecht.

> **echt stark**　　　　　　　　　　　**klasse**
>
> 　　　　　**super**　　　　　　　　**schick**
>
> **hübsch**　　　　　**krass**
>
> 　　　**voll süß**　　　　　　　**grell**
>
> **Finde ich ganz toll!**　　　**Sieht/Sehen gut aus.**
>
> 　　　**Steht/Stehen dir gut!**

	Was Sie heute tragen	Wie Ihr(e) Partner(in) das findet
meine Hose	☐	
meine Schuhe	☐	
meinen Schal	☐	
meinen Gürtel	☐	
mein Armband	☐	
meine Halskette	☐	
meinen Ohrring / meine Ohrringe	☐	

Miniwörterbuch

erfolgreich	successful
das **Schlagzeug**	drums
was gefällt Ihren Eltern	what do your parents like
an Ihnen	about you
sollen	are supposed to
die **Nachbarn**	neighbors
die **Löcher**	holes
stören	to bother
an dem Jungen	about the boy

MUSIKSZENE

„Junge" (2007, Deutschland) *Die Ärzte*

Biografie *Die Ärzte* sind eine der erfolgreichsten deutschen Punkrock-Bands. Es gibt sie seit 1982. Sie kommen aus Berlin. Farin Urlaub spielt Gitarre, Rod spielt Bass und Bela B. spielt Schlagzeug. Sie singen alle drei. Ihr Hit „Junge" stammt aus dem Jahre 2007.

Die Ärzte
© Joerg Steinmetz/Hot Action Records

NOTE: For copyright reasons, the songs referenced in **MUSIKSZENE** have not been provided by the publisher. The song can be found online at various sites such as YouTube, Amazon, or the iTunes store.

Vor dem Hören Was gefällt Ihren Eltern an Ihnen? Was gefällt Ihren Eltern nicht?

Nach dem Hören

1. Was fragt die Mutter den Jungen?
- ☐ **a.** Junge, warum hast du nichts gelernt?
- ☐ **b.** Warum gehst du nicht in die Stadt?
- ☐ **c.** Was sollen die Nachbarn sagen?
- ☐ **d.** Was sollen die Mitbewohner sagen?

2. Wie sieht der Junge aus?
- ☐ **a.** Er hat Löcher in der Hose.
- ☐ **b.** Er trägt kaputte Schuhe.
- ☐ **c.** Seine Haare sind schwarz.
- ☐ **d.** Er hat Löcher in der Nase.

3. Was stört die Eltern an dem Jungen?
- ☐ **a.** Er hört laute Musik.
- ☐ **b.** Er ist den ganzen Tag zu Hause.
- ☐ **c.** Er hat lange Haare.
- ☐ **d.** Seine Freunde nehmen Drogen.

Situation 11   Frau Gretters neuer Mantel

Bringen Sie die Sätze in die richtige Reihenfolge.

_____ Von Kaufland. Er ist wirklich sehr schön.

_____ Finde ich ganz toll. Woher haben Sie ihn?

_____ Guten Tag, Frau Körner.

_____ Ach, mein Mantel ist auch schon so alt. Ich brauche dringend etwas für den Winter.

_____ Guten Tag, Frau Gretter. Wie geht's denn so?

_____ Gehen Sie doch auch mal zu Kaufland. Da gibt es gute Preise.

_____ Danke, ganz gut. Wie finden Sie denn meinen neuen Mantel?

Filmlektüre

Lola rennt

Vor dem Lesen

A. Schauen Sie auf das Foto und die Filmangaben und beantworten Sie die folgenden Fragen.

1. Was macht Lola?
2. Welche Haarfarbe hat Lola? Was kann das bedeuten?
3. Wer sind der Schauspieler und die Schauspielerin in den Hauptrollen?

FILMANGABEN

Titel: *Lola rennt*
Genre: Spielfilm
Erscheinungsjahr: 1998
Land: Deutschland
Dauer: 81 min
Regisseur: Tom Tykwer
Hauptrollen: Franka Potente, Moritz Bleibtreu

Lola hat es sehr eilig.
© AF archive/Alamy

B. Lesen Sie die Wörter im Miniwörterbuch. Suchen Sie sie im Text und unterstreichen Sie sie.

Miniwörterbuch

der **Geldbote**	money courier
die **U-Bahn**	subway
beschaffen	to find, raise
umbringen	to kill
überfallen	to rob
verfolgen	to chase
erschießen	to kill
von vorne	from the beginning
ausrauben	to rob
überqueren	to cross
der **Krankenwagen**	ambulance
überfahren	to run over
sterben, stirbt	to die, dies

Inhaltsangabe

Manni (Moritz Bleibtreu) arbeitet als Geldbote für die Mafia. Er lässt 100.000 DM in der U-Bahn liegen. Er hat 20 Minuten Zeit, um 100.000 DM zu beschaffen. Wenn nicht, bringt ihn sein Boss, Ronnie, um. Lola (Franka Potente) ist die Freundin von Manni und versucht, ihm zu helfen. Sie rennt los.

Zuerst rennt Lola zur Bank ihres Vaters und bittet ihn um Geld. Als er ihr nicht helfen kann, überfallen Lola und Manni einen Supermarkt. Sie laufen weg. Die Polizei verfolgt sie und erschießt Lola.

Der Film beginnt von vorne. Lola rennt wieder zur Bank ihres Vaters. Diesmal raubt sie die Bank aus und bringt Manni die 100.000 DM. Manni sieht Lola auf der anderen Seite der Straße. Er überquert die Straße. Ein Krankenwagen überfährt ihn und er stirbt.

Der Film beginnt ein drittes Mal. Lola rennt zur Bank, aber ihr Vater ist nicht da. Sie rennt zu einem Casino und gewinnt beim Roulette 100.000 DM. Sie rennt zurück zu Manni. Manni hat aber die 100.000 DM wieder gefunden und sie seinem Boss gegeben. Jetzt sind sie reich.

Arbeit mit dem Text

Beantworten Sie die folgenden Fragen.

1. Für wen arbeitet Manni?
2. Wo vergisst Manni das Geld?
3. Wie viel Zeit bleibt Lola und Manni, um 100.000 DM zu finden?
4. Wen bittet Lola zuerst um[1] Geld?
5. Was passiert[2], nachdem Lola und Manni den Supermarkt überfallen?
6. Was passiert, nachdem Lola eine Bank ausraubt?
7. Wie bekommen Lola und Manni zum Schluss[3] das Geld?

🎬 FILMCLIP

NOTE: For copyright reasons, the films referenced in the **FILMCLIP** feature have not been provided by the publisher. The film can be purchased as a DVD or found online at various sites such as YouTube, Amazon, or the iTunes store. The time codes mentioned below are for the North American DVD version of the film.

Szene: DVD Kapitel 5 „Ronnie", 8:45–11:00 Min.

Manni erzählt Lola am Telefon, dass er das Geld für Ronnie in der U-Bahn vergessen hat. Er ist verzweifelt[4]. Wenn er nicht in 20 Minuten 100.000 DM beschafft, bringt Ronnie ihn um.

Schauen Sie sich die Szene an und beantworten Sie die Fragen. Es sind mehrere Antworten möglich.

1. Wo ist Manni?
   - ☐ a. in der U-Bahn
   - ☐ b. in einer Telefonzelle[5]
   - ☐ c. in der Innenstadt[6]

2. Was hat Manni bei sich?
   - ☐ a. eine Pistole
   - ☐ b. eine Tasche mit Geld
   - ☐ c. ein Handy

3. Was hat Manni vor[7]?
   - ☐ a. Er geht zurück zur U-Bahn.
   - ☐ b. Er überfällt einen Supermarkt.
   - ☐ c. Er weiß es nicht.

4. Was verspricht[8] Lola?
   - ☐ a. Sie holt Hilfe[9].
   - ☐ b. Sie ist in 20 Minuten da.
   - ☐ c. Sie kann das Geld beschaffen.

5. Wie lange wartet Manni auf Lola?
   - ☐ a. bis sie kommt
   - ☐ b. bis sie das Geld hat
   - ☐ c. bis um 12 Uhr

[1]bittet um *asks for* [2]*happens* [3]zum ... *in the end* [4]*desperate* [5]*telephone booth* [6]in ... *downtown*
[7]hat vor *is planning* [8]*does promise* [9]*help*

Nach dem Lesen

Suchen Sie nach Informationen über die Schauspielerin Franka Potente im Internet.

1. Wann und wo ist Franka Potente geboren?
2. Wie heißt ihr erster Film?
3. In welchen anderen Filmen spielt sie mit?
4. Franka Potente ist nicht nur Schauspielerin. Womit ist sie noch erfolgreich?

Situation 12 Flohmarkt

Schreiben Sie fünf Sachen auf, die Sie verkaufen. Schreiben Sie auf, wer sie kauft und wie viel sie kosten.

MODELL: S1: Ich verkaufe meine Ohrringe. Brauchst du Ohrringe?
S2: Nein danke, ich brauche keine Ohrringe. *oder* Zeig mal. Ja, ich finde deine Ohrringe toll. Was kosten sie?
S1: 2 Euro.
S2: Gut, ich nehme sie.

ZU VERKAUFEN	KÄUFER/KÄUFERIN	PREIS
1. _____	_____	_____
2. _____	_____	_____
3. _____	_____	_____
4. _____	_____	_____
5. _____	_____	_____

Vergnügen

Grammatik 2.5–2.6

Herr Wagner schläft gern.

Jens fährt gern Motorrad.

Sofie trägt gern Hosen.

Melanie lädt gern Freunde ein.

Mehmet läuft gern im Wald.

Ernst isst gern Eis.

Hans liest gern Bücher.

Sumita sieht gern fern.

Situation 13   Interview: Was machst du lieber?

MODELL: S1: Schwimmst du lieber im Meer oder lieber im Schwimmbad?
          S2: Lieber im Meer.

1. Isst du lieber zu Hause oder lieber im Restaurant?
2. Spielst du lieber Volleyball oder lieber Basketball?
3. Fährst du lieber Fahrrad oder lieber Motorrad?
4. Schreibst du lieber E-Mails oder lieber Briefe?
5. Liest du lieber online oder lieber auf Papier?
6. Lädst du lieber Freunde oder lieber Verwandte ein?
7. Läufst du lieber im Wald oder lieber in der Stadt?
8. Schläfst du lieber im Hotel oder lieber im Zelt?

Situation 14   Probleme, Probleme

Peter spricht mit Heidi über seine Probleme. Heidi sagt ihm, was er machen soll.

MODELL: PETER: Ich vergesse alles.
          HEIDI: Schreib es doch auf.

1. Ich vergesse alles.	a. Treib doch Sport!
2. Ich sehe den ganzen Tag fern.	b. Trink doch Cola!
3. Ich arbeite zu viel.	c. Lies doch ein Buch!
4. Ich bin zu dick.	d. Mach doch eine Pause!
5. Ich trinke zu viel Kaffee.	e. Schreib es doch auf!
6. Ich esse zu viel Eis.	f. Fahr doch Fahrrad!
7. Mein Pullover ist alt.	g. Iss lieber Joghurt!
8. Ich koche nicht gern Italienisch.	h. Lade doch deine Freunde ein!
9. Das Wochenende ist langweilig.	i. Kauf doch einen neuen Pullover!
10. Ich fahre nicht gern Auto.	j. Koch doch Chinesisch.

Situation 15   Informationsspiel: Was machen sie gern?

MODELL: S2: Was fährt Richard gern?
          S1: Motorrad.
          S2: Was fährst du gern?
          S1: _____

	Richard	Josef und Melanie	mein(e) Partner(in)
fahren	Motorrad		
tragen		Jeans	
essen	Wiener Schnitzel		
sehen	Fußball		
vergessen		ihr Alter	
waschen	sein Auto		
treffen	seine Freundin		
einladen	seinen Bruder		
sprechen		Englisch	

JUGEND IM NETZ

Was ist im Internet für Sie am wichtigsten[1]?

Lesen Sie in der Grafik zuerst, was deutsche Teenager im Internet machen. Beantworten Sie dann die Fragen.

1. Womit verbringen[2] deutsche Jugendliche im Netz die meiste Zeit: Kommunikation, Unterhaltung, Spiele oder Informationssuche?
2. Womit verbringen mehr Jugendliche ihre Zeit: mit E-Mails oder mit Chatten?
3. Womit verbringen mehr Jugendliche ihre Zeit: mit Musik hören oder mit Videos gucken?

[1]am ... most important   [2]spend   [3]use   [4]entertainment
[5]news portals

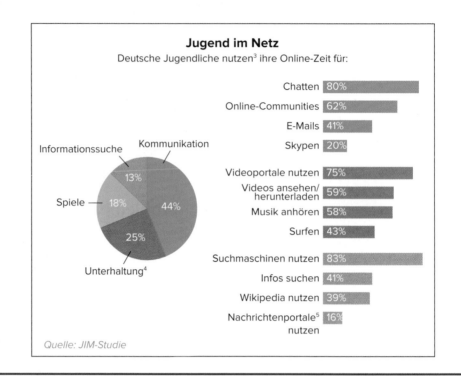

Jugend im Netz

Deutsche Jugendliche nutzen[3] ihre Online-Zeit für:

Chatten 80%
Online-Communities 62%
E-Mails 41%
Skypen 20%

Videoportale nutzen 75%
Videos ansehen/ herunterladen 59%
Musik anhören 58%
Surfen 43%

Suchmaschinen nutzen 83%
Infos suchen 41%
Wikipedia nutzen 39%
Nachrichtenportale[5] nutzen 16%

Informationssuche 13%
Kommunikation 44%
Spiele 18%
Unterhaltung[4] 25%

Quelle: JIM-Studie

Situation 16   Bildgeschichte: Ein Tag in Silvias Leben

Videoecke

Perspektiven

Welches elektronische Gerät[6] ist für dich am wichtigsten[7]? Warum?

Am wichtigsten ist mir mein Laptop.

Aufgabe 1   Hintergrund°

°background

Schauen Sie sich den Clip an. Was sehen Sie hinter[8] diesen Personen?

1. Judith ___   2. Sandra ___   3. Tina ___   4. Susan ___

5. Pascal ___   6. Martin ___   7. Felicitas ___   8. Albrecht ___

a. Ein Boot fährt vorbei.

b. Wir sehen ein schönes historisches Gebäude[9] auf einem großen Platz.

c. Zwei junge Leute schieben ihre Fahrräder vorbei[10].

d. Wir sehen schöne Blumen[11].

e. Ein Taxi fährt vorbei.

f. Ein paar Leute stehen unter einer Laterne.

g. Wir sehen ein Café.

h. Wir sehen eine Statue mit der Inschrift[12] „Johann Sebastian Bach".

[6]device   [7]am ... most important   [8]behind   [9]building   [10]ihre Fahrräder vorbeischieben walk their bicycles past
[11]flowers   [12]inscription

Aufgabe 2   Gründe°

°reasons

Warum sind diese elektronischen Geräte so wichtig? Ordnen Sie die Geräte und Gründe den Personen zu.

MODELL: Judith → ihr Laptop → Sie braucht ihn für Unisachen und das Internet.

PERSON	GERÄT	GRUND
1. [Judith]	sein Gitarrenverstärker[13]	Er kann ohne ihn keine Musik machen.
2. Sandra	sein Handy	Er schreibt seine Dissertation und schaut Filme an.
3. Tina	[ihr Laptop]	Er trägt es den ganzen Tag herum.
4. Susan	ihr MP3-Player	[Sie braucht ihn für Unisachen und das Internet.]
5. Pascal	ihr Radio	
6. Martin	ihr Telefon	Sie hört gern Musik.
7. Felicitas	ihr Handy	Sie hört gern Musik.
8. Albrecht	sein Laptop	Sie möchte immer erreichbar[14] sein.
		Sie ruft gern ihre Freunde und ihre Schwestern an.

Interviews

Maria

Simone

Aufgabe 3   Hobbys

Wer ist das, Maria, Simone oder beide?

- Was für Hobbys hast du?
- Welche elektronischen Geräte hast du?
- Bist du bei Facebook oder einem anderen sozialen Netzwerk?
- Was machst du damit?
- Was hältst du davon?
- Was machst du sonst? Twitterst du? Chattest du?
- Trägst du gern Schmuck?
- Hast du ein besonderes Schmuckstück?

	Maria	Simone	Beide
1. Sie geht gern schwimmen und macht Hula-Hoop.	☐	☐	☐
2. Sie macht ganz viel Sport.	☐	☐	☐
3. Sie hat ein Notebook, einen I-Pod und ein Handy.	☐	☐	☐
4. Sie hat einen Laptop und eine Stereoanlage.	☐	☐	☐
5. Sie ist bei Facebook.	☐	☐	☐
6. Sie chattet über Skype.	☐	☐	☐
7. Sie schreibt nur E-Mails.	☐	☐	☐
8. Sie trägt keinen Schmuck.	☐	☐	☐
9. Sie trägt gern Ketten und Ringe.	☐	☐	☐

Aufgabe 4   Interview

Interviewen Sie eine Partnerin oder einen Partner. Stellen Sie dieselben Fragen.

[13]guitar amplifier   [14]reachable

Wortschatz

Besitz und Geschenke — Possessions and Gifts

der **Fernseher**, -	TV set
der **Flachbildschirm**, -e	flat-screen (monitor)
der **Geschenkgutschein**, -e	gift certificate
der **Haartrockner**, -	hair dryer
der **Lautsprecher**, -	loudspeaker
der **Rucksack**, ⸚e	backpack
der **Schallplattenspieler**, -	record player
der **Schlafsack**, ⸚e	sleeping bag
der **Wecker**, -	alarm clock
das **Bild**, -er	picture
das **Boot**, -e	boat
das **Fahrrad**, ⸚er	bicycle
das **Geld**	money
das **Geschenk**, -e	gift
das **Handy**, -s [hɛndi]	cell phone
das **Pferd**, -e	horse
das **Surfbrett**, -er	surfboard
das **Zelt**, -e	tent

Ähnliche Wörter

die **Kamera**, -s; der **CD-Spieler**, -; der **Computer**, -;
der **DVD-Spieler**, -; der **Film**, -e; der **Grill**, -s;
der **Laptop**, -s (R); der **MP3-Spieler**, -; das **Buch**, ⸚er (R);
das **Radio**, -s; das **Smartphone**, -s; das **Songbuch**, ⸚er;
das **Wörterbuch**, ⸚er

Haus und Wohnung — Home and Apartment

der **Schrank**, ⸚e	wardrobe cabinet, cupboard
der **Schreibtisch**, -e	desk
der **Sessel**, -	armchair
der **Stuhl**, ⸚e (R)	chair
der **Teppich**, -e	carpet
das **Klavier**, -e	piano
das **Regal**, -e	bookshelf, bookcase
das **Zimmer**, - (R)	room

Ähnliche Wörter

die **Katze**, -n; der **Hund**, -e; das **Haus**, ⸚er (R);
das **Telefon**, -e (R)

Kleidung und Schmuck — Clothes and Jewelry

die **Halskette**, -n	necklace
die **Seide**, -n	silk
aus **Seide**	of/from silk
die **Sonnenbrille**, -n (R)	sunglasses
die **Sporthose**, -n	tights, sports pants
die **Unterhose**, -n	underpants

der **Bademantel**, ⸚	bathrobe
der **Gürtel**, -	belt
der **Haarschnitt**, -e	haircut
der **Handschuh**, -e	glove
der **Schmuck**	jewelry
der **Wanderschuh**, -e	hiking shoe
das **Armband**, ⸚er	bracelet
das **Leder**, -	leather
das **Nachthemd**, -en	nightshirt
das **Unterhemd**, -en	undershirt

Ähnliche Wörter

die **Bluse**, -n (R); die **Sandale**, -n; die **Socke**, -n; der
Pulli, -s; der **Pullover**, -; der **Ring**, -e; der **Ohrring**, -e (R);
der **Schal**, -s; das **Piercing**; das **T-Shirt**, -s; die **Jeans** (*pl.*)

Sonstige Substantive — Other Nouns

die **Art**, -en	kind, type
die **Einladung**, -en	invitation
die **Hoffnung**, -en	hope
die **Mensa**, Mensen	student cafeteria
die **Mitbewohnerin**, -nen	female roommate, housemate
die **Reihenfolge**, -n	order, sequence
die **Sache**, -n	thing
die **Stadt**, ⸚e	city
die **Stunde**, -n (R)	hour
die **Tasse**, -n	cup
die **Trauer**	sorrow
die **Zeitung**, -en	newspaper
der **Gruselfilm**, -e	horror film
der **Mensch**, -en	person
Mensch!	Man! Oh boy! (*coll.*)
der **Mitbewohner**, -	male roommate, housemate
der **Wald**, ⸚er	forest, woods
im **Wald laufen**	to run in the woods
das **Frühstück**, -e	breakfast
das **Geschäft**, -e	store
das **Studentenheim**, -e	dorm
das **Vergnügen**	pleasure
das **Würstchen**, -	frank(furter); hot dog
die **Verwandten** (*pl.*)	relatives

Ähnliche Wörter

die **E-Mail** [iːmeːl], -s; die **Geburtstagskarte**, -n;
die **Karte**, -n (R); die **Nase**, -n (R); die **Party**, -s (R);
die **Pizza**, Pizzen; die **Postkarte**, -n; die **Telefonkarte**, -n;
der **Basketball**, ⸚e; der **Bus**, -se; der **Flohmarkt**, ⸚e;
der **Geburtstag**, -e (R); der **Kilometer**, -;
der **Nationalpark**, -s; das **Bier**, -e; das **Ding**, -e; das **Eis**;
das **Hotel**, -s; das **Restaurant**, -s

Verben — Verbs

an·schauen	to look at
auf·hängen	to hang up
auf·wachen	to wake up
aus·sehen, sieht ... aus	to look
es sieht gut aus	it looks good
braten, brät	to grill, fry
ein·laden, lädt ... ein	to invite
essen, isst	to eat
fahren, fährt	to drive, ride
föhnen	to blow dry
die Haare föhnen	to blow one's dry hair
glauben	to believe
klingeln	to ring
laufen, läuft (R)	to run
möchte	would like
passen	to match, go with
recht haben	to be right
schicken	to send
schlafen, schläft	to sleep
sitzen	to sit, be in a seated position
Sport treiben	to do sports
stehen	to stand
Das steht / Die stehen	That looks / Those
dir gut!	look good on you!
treffen, trifft	to meet
treffen wir uns ...	let's meet . . .
verkaufen	to sell
wissen, weiß	to know
ziehen	to move

Ähnliche Wörter

bringen; finden; kosten; sehen, sieht; vergessen, vergisst; waschen, wäscht

Adjektive und Adverbien — Adjectives and Adverbs

billig	cheap, inexpensive
dick	large, fat
dringend	urgent(ly)
echt	real(ly)
einfach	simple, simply
falsch	wrong
ganz	whole; *here:* quite
grell	gaudy, shrill; *here:* cool, neat
hässlich	ugly
hübsch (R)	pretty
langweilig	boring
modisch	fashionable
richtig	right, correct
schlecht	bad
schwierig	difficult
selbst	even; oneself
sonst	otherwise
süß	sweet
voll süß	totally sweet
teuer	expensive
toll	neat, great

wertvoll	valuable, expensive
wichtig	important
ziemlich	rather
ziemlich groß	pretty big
zu	too

Ähnliche Wörter

besser; schick

Possessivartikel — Possessive Determiners

dein, deine, deinen	your (*informal sg.*)
euer, eure, euren	your (*informal pl.*)
ihr, ihre, ihren	her, its; their
Ihr, Ihre, Ihren	your (*formal*)
mein, meine, meinen	my
sein, seine, seinen	his, its
unser, unsere, unseren	our

Präpositionen — Prepositions

an	at; on; to
am Samstag	on Saturday
am Telefon	on the phone
ans Meer	to the sea
bei	with; at
bei Monika	at Monika's
bis	until
bis acht Uhr	until eight o'clock
für	for
zu	to; for (*an occasion*)
zum Geburtstag	for someone's birthday
zur Uni	to the university

Sonstige Wörter und Ausdrücke — Other Words and Expressions

alles	everything
alles Mögliche	everything possible
da	there
dich	you (*accusative case*)
diese, diesen, dieser, dieses	this; these
ein paar	a few
etwas	something
gut gekleidet sein	to be well dressed
heute Abend	this evening
ihn	him; it (*accusative case*)
kein, keine, keinen	no; none
Klar!	Of course!
lieber	rather
ich gehe lieber ...	I'd rather go . . .
mittags	at noon
morgen	tomorrow
natürlich	naturally
nie	never
niemand	no one, nobody
pro	per
schon	already
vielleicht	perhaps
wenn	if; when
zusammen	together

Strukturen und Übungen

2.1 The accusative case

WISSEN SIE NOCH?

Case indicates the function of a noun in a sentence.

Review grammar A.3.

nominative = subject

accusative = direct object

The nominative case designates the subject of a sentence; the accusative case commonly denotes the object of the action implied by the verb, such as what is being possessed, looked at, or acted on by the subject of the sentence.

| Jutta hat einen Wecker. | *Jutta has an alarm clock.* |
| Jens kauft eine Lampe. | *Jens buys a lamp.* |

Here are the nominative and accusative forms of the definite and indefinite articles.

	Tisch (*m.*)	Bett (*n.*)	Lampe (*f.*)	Bücher (*pl.*)
Nominative	der	das	die	die
Accusative	den	das	die	die
Nominative	ein	ein	eine	–
Accusative	einen	ein	eine	–

Note that only the masculine has a different form in the accusative case.

| **Der** Teppich ist schön. | *The rug is beautiful.* |
| Kaufst du **den** Teppich? | *Are you going to buy the rug?* |

Übung 1   Im Kaufhaus

Was kaufen diese Leute? Was kaufen Sie?

MODELL: Jens kauft den Wecker, **das** Regal und **den** DVD-Spieler.

	 Jens	 Ernst	 Melanie	 Jutta	ich
der Pullover	–	–	–	+	
der Wecker	+	–	–	–	
die Tasche	–	+	+	–	
das Regal	+	–	+	–	
die Lampe	–	–	–	+	
die Stühle	–	+	–	–	
der DVD-Spieler	+	–	–	+	
der Schreibtisch	–	+	+	–	

Übung 2   Besitz

Was haben Sie?

MODELL: Ich habe einen/eine/ein/_____, ...

das Bett
das Bild / die Bilder
die Bücher
der CD-Spieler
der Fernseher
die Gitarre
der Grill
der Haartrockner
das Klavier
die Lampe / die Lampen
der Laptop

das Radio
das Regal / die Regale
der Schallplattenspieler
der Schrank
der Schreibtisch
der Sessel
das Smartphone
der Stuhl / die Stühle
das Telefon
der Wecker
_____

2.2 The negative article: *kein, keine*

Kein and **keine** (*not a, not any, no*) are the negative forms of **ein** and **eine.**

Im Klassenzimmer sind	There aren't any / are no
keine Fenster.	windows in the classroom.
Stefan hat **keinen** Schreibtisch.	Stefan doesn't have a desk.

The negative article has the same endings as the indefinite article **ein.** It also has a plural form: **keine.**

ein → kein

einen → keinen

eine → keine

[plural] → keine

	Teppich (*m.*)	Regal (*n.*)	Uhr (*f.*)	Stühle (*pl.*)
Nominative	ein	ein	eine	–
Accusative	einen			
Nominative	kein	kein	keine	keine
Accusative	keinen			

—Hat Katrin **einen** Schrank?	*Does Katrin have a wardrobe cabinet?*
—Nein, sie hat **keinen** Schrank.	*No, she doesn't have a wardrobe cabinet.*
—Hat Katrin **Bilder** an der Wand?	*Does Katrin have pictures on the wall?*
—Nein, sie hat **keine** Bilder an der Wand.	*No, she has no pictures on the wall.*

Übung 3   Vergleiche°

°*Comparisons*

Wer hat was? Was haben Sie?

MODELL: Albert hat keinen Teppich. Er hat einen Fernseher und eine Gitarre, aber er hat kein Fahrrad. Er hat einen Computer und Bilder, aber er hat kein Smartphone.

	Albert	Heidi	Monika	ich
der Teppich	–	+	–	
der Fernseher	+	–	–	
die Gitarre	+	+	–	
das Fahrrad	–	–	+	
der Computer	+	+	+	
die Bilder	+	–	+	
das Smartphone	–	+	+	

2.3 What would you like? *Ich möchte ...*

möchte = *would like*

Use **möchte** (*would like*) to express that you would like to have something. The thing you want is in the accusative case.

Ich möchte **eine Tasse Kaffee,** bitte.	*I'd like a cup of coffee, please.*
Hans möchte **einen Flachbildschirm** zum Geburtstag.	*Hans would like a flat screen for his birthday.*

Möchte is particularly common in polite exchanges, for example in shops or restaurants.

KELLNER: Was möchten Sie?	WAITER: *What would you like?*
GAST: Ich möchte ein Bier.	CUSTOMER: *I'd like a beer.*

Following are the forms of **möchte**. Note that the **er/sie/es**-form does not follow the regular pattern; it does not end in **-t**.

möchte			
ich	möchte	wir	möchten
du	möchtest	ihr	möchtet
Sie	möchten	Sie	möchten
er sie es	möchte	sie	möchten

WISSEN SIE NOCH?

The **Satzklammer** forms a frame or a bracket consisting of the main verb and either a separable prefix or an infinitive.

Review grammar 1.5.

To say that someone would like to do something, use **möchte** with the infinitive of the verb that expresses the action. This infinitive appears at the end of the sentence. Think of the **Satzklammer** used with separable-prefix verbs, and pattern your **möchte** sentences after it. Other verbs similar to **möchte** are explained in **Kapitel 3**.

Peter **möchte** einen Mantel **kaufen**.   Sofie **möchte** ein Eis **essen**.

Übung 4   Der Wunschzettel

Was, glauben Sie, möchten diese Personen?

MODELL: Meine beste Freundin möchte einen Ring.

das Auto	der Hund	der Pullover
die Digitalkamera	die Katze	das Radio
das E-Book	der Koffer	der Ring
der Fernseher	der Laptop	der Schallplattenspieler
der Haartrockner	das Motorrad	die Sonnenbrille
die Hose	die Ohrringe	die Sportschuhe

1. Ich _____
2. Mein bester Freund / Meine beste Freundin _____
3. Meine Eltern _____
4. Mein Mitbewohner / Meine Mitbewohnerin und ich _____
5. Mein Nachbar / Meine Nachbarin in der Klasse _____
6. Mein Professor / Meine Professorin _____
7. Mein Bruder / Meine Schwester _____

2.4 Possessive determiners

Use the possessive determiners **mein, dein,** and so forth to express ownership.

—Ist das **dein** Lautsprecher?   *Is this your loudspeaker?*
—Nein, das ist nicht **mein** Lautsprecher.   *No, that's not my loudspeaker.*

—Ist das Sofies Gitarre?   *Is this Sofie's guitar?*
—Ja, das ist **ihre** Gitarre.   *Yes, that's her guitar.*

Here are the nominative neuter forms of the possessive determiners.

Singular	Plural
mein Auto (*my car*)	**unser** Auto (*our car*)
dein Auto (*your car*) **Ihr** Auto (*your car*)	**euer** Auto (*your car*) **Ihr** Auto (*your car*)
sein Auto (*his/its car*) **ihr** Auto (*her/its car*)	**ihr** Auto (*their car*)

> Just as the personal pronoun **sie** can mean either *she* or *they*, the possessive determiner **ihr** can mean either *her* or *their*. When it is capitalized as **Ihr,** it means *your* and corresponds to the formal **Sie** (*you*).

Note the three forms for English *your:* **dein** (*informal singular*), **euer** (*informal plural*), and **Ihr** (*formal singular* or *plural*).

Albert und Peter, wo sind   *Albert and Peter, where*
  eure Bücher?   *are your books?*
Öffnen Sie **Ihre** Bücher auf Seite 133.   *Open your books to page 133.*

Possessive determiners have the same endings as the indefinite article **ein.** They agree in case (*nominative* or *accusative*), gender (*masculine, neuter,* or *feminine*), and number (*singular* or *plural*) with the noun that they precede.

Mein Pulli ist warm. Möchtest du   *My sweater is warm. Would you*
  meinen Pulli tragen?   *like to wear my sweater?*
Josef verkauft **seinen** Computer.   *Josef is selling his computer.*

> Possessive determiners have the same endings as **ein** and **eine.**
> **ein** → **mein**
> **eine** → **meine**
> **einen** → **meinen**
> [plural] → **meine**

Like **ein,** the forms of possessive determiners are the same in the nominative and accusative cases—except for the masculine singular, which has an **-en** ending in the accusative.

Possessive Determiners Nominative and Accusative Cases

	Ring (m.)	Armband (n.)	Halskette (f.)	Ohrringe (pl.)
my	mein meinen	mein	meine	meine
your	dein deinen	dein	deine	deine
your	Ihr Ihren	Ihr	Ihre	Ihre
his, its	sein seinen	sein	seine	seine
her, its	ihr ihren	ihr	ihre	ihre
our	unser unseren	unser	unsere	unsere
your	euer euren	euer	eure	eure
your	Ihr Ihren	Ihr	Ihre	Ihre
their	ihr ihren	ihr	ihre	ihre

Übung 5   Jan und Jana

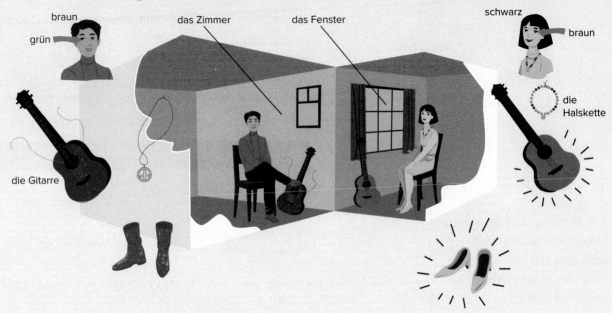

braun
grün
das Zimmer
das Fenster
schwarz
braun
die Halskette
die Gitarre

Beschreiben Sie Jan und Jana.

Seine Haare sind braun.

_____ Augen sind grün.
_____ Halskette ist lang.
_____ Schuhe sind schmutzig.
_____ Gitarre ist alt.
_____ Zimmer ist groß.
_____ Fenster ist klein.

Ihre Haare sind schwarz.

_____ Augen sind braun.
_____ Halskette ist ...
...
...
...
...

Übung 6   Minidialoge

Review grammar A.5.

WISSEN SIE NOCH?

Use **du (dein)** and **ihr (euer)** to address people whom you know well and whom you address by their first name. Use **Sie (Ihr)** for all other people.

Review grammar A.5.

Ergänzen Sie **dein, euer** oder **Ihr.** Verwenden Sie die richtige Endung.

1. FRAU GRETTER: Wie finden Sie meinen Pullover?
   HERR WAGNER: Ich finde _____ Pullover sehr schön.

2. KOBE: Weißt du, wo meine Brille ist, Veronika?
   VERONIKA: _____ Brille ist auf dem Tisch.

3. AYDAN CANDEMIR: Eske! Damla! Räumt _____ Schuhe auf!
   ESKE UND DAMLA: Ja, gleich, Mama.

4. HERR RUF: Jutta! _____ Freundin war da. Sie braucht ihr Buch zurück.
   JUTTA: Ja, gut. Ich nehme es morgen mit in die Schule.

5. HERR SIEBERT: Beißt _____ Hund?
   FRAU KÖRNER: Was glauben Sie denn! Natürlich beißt mein Hund nicht.

6. NORA: Morgen möchte ich zu meinen Eltern fahren.
   PETER: Wo wohnen _____ Eltern?
   NORA: In Santa Cruz.

7. JÜRGEN: Silvia und ich, wir verkaufen unseren Computer.
   ANDREAS: _____ Computer! Der ist so alt, den kauft doch niemand!

Übung 7 Flohmarkt

Sie und die Studenten und Studentinnen in Frau Schulz' Deutschkurs brauchen Geld und organisieren einen Flohmarkt. Schreiben Sie Sätze. Wer verkauft was?

MODELL: Monika verkauft ihre CDs.

Monika	verkaufe	ihr	Computer (der)
Thomas	verkaufen	ihre	Ohrring (der)
ich	verkaufen	ihre	Wörterbuch (das)
Katrin	verkaufen	ihren	DVD-Spieler (der)
Peter und Heidi	verkauft	ihren	CDs (pl.)
wir	verkauft	mein	Bücher (pl.)
Stefan	verkauft	seine	Gitarre (die)
Nora und Albert	verkauft	seinen	Bilder (pl.)
Frau Schulz	verkauft	unsere	Telefon (das)

2.5 The present tense of stem-vowel changing verbs

In some verbs, the stem vowel changes in the **du-** and the **er/sie/es-**forms.

—**Schläfst** du gern? — *Do you like to sleep?*
—Ja, ich **schlafe** sehr gern. — *Yes, I like to sleep very much.*

Ich **lese** viel, aber Ernst **liest** mehr. — *I read a lot, but Ernst reads more.*

These are the types of vowel changes you will encounter.

There are four types of stem vowel changes: **a → ä, au → äu, e → i, e → ie.**

a → ä
braten:	du brätst*	er/sie/es brät	*to roast*
einladen:	du lädst ... ein	er/sie/es lädt ... ein	*to invite*
fahren:	du fährst	er/sie/es fährt	*to drive*
schlafen:	du schläfst	er/sie/es schläft	*to sleep*
tragen:	du trägst	er/sie/es trägt	*to wear*
waschen:	du wäschst	er/sie/es wäscht	*to wash*

au → äu[†]
laufen:	du läufst	er/sie/es läuft	*to run*

e → i
essen:	du isst[‡]	er/sie/es isst	*to eat*
geben:	du gibst	er/sie/es gibt	*to give*
sprechen:	du sprichst	er/sie/es spricht	*to speak*
treffen:	du triffst	er/sie/es trifft	*to meet*
vergessen:	du vergisst[‡]	er/sie/es vergisst	*to forget*

e → ie[§]
lesen:	du liest[§]	er/sie/es liest	*to read*
sehen:	du siehst	er/sie/es sieht	*to see*
fernsehen:	du siehst ... fern	er/sie/es sieht ... fern	*to watch TV*

Jürgen **läuft** jeden Tag 10 Kilometer. — *Jürgen runs 10 kilometers every day.*
Ernst **isst** gern Pizza. — *Ernst likes to eat pizza.*
Michael **sieht** lieber **fern.** — *Michael prefers to watch TV.*

*Recall that verb stems ending in -d or -t insert an -e- before another consonant: **ich arbeite, du arbeitest.** Verb forms that contain a stem vowel change do *not* insert an -e-: **du brätst** but **ihr bratet**.
[†]Recall that **äu** is pronounced as in English *boy*.
[‡]Recall that verb stems that end in -s, -ß, -z, or -x do not add -st in the **du**-form, but only -t.
[§]Recall that **ie** is pronounced as in English *niece*.

Übung 8   Minidialoge

Ergänzen Sie das Pronomen.

ACHTUNG!

—Läufst du **gern**   *Do you like to*
  in der Stadt?   *jog in the city?*
—Nein, ich laufe   *No, I prefer jogging*
  lieber im Wald.   *in the forest.*

1. ROLF: Seht _____ᵃ gern fern?
   ESKE UND DAMLA: Ja, _____ᵇ sehen sehr gern fern.

2. FRAU GRETTER: Lesen _____ᵃ die Zeitung?
   MARIA: Im Moment nicht. _____ᵇ lese gerade ein Buch.

3. HERR SIEBERT: Isst Ihre Tochter gern Eis?
   HERR RUF: Nein, _____ᵃ isst lieber Joghurt. Aber da kommt
   mein Sohn, _____ᵇ isst sehr gern Eis.

4. SILVIA: Wohin[1] fährst _____ᵃ im Sommer?
   ANDREAS: _____ᵇ fahre nach Spanien. Und wohin fahrt _____ᶜ?
   SILVIA: _____ᵈ fahren nach England.

Übung 9   Jens und Jutta

Ergänzen Sie das Verb. Verwenden Sie die folgenden Wörter.

essen (3x)
fahren (2x)
lesen
machen (2x)
schlafen
sehen

MICHAEL: Was _____ᵃ Jutta und Jens gern?
ANDREA: Jutta _____ᵇ sehr gern Motorrad. Jens _____ᶜ lieber fern.
MICHAEL: Was essen sie gern? _____ᵈ Jens gern Chinesisch?
ERNST: Jens _____ᵉ gern Italienisch, aber nicht Chinesisch. Und Jutta
_____ᶠ gern Fast Food.
MICHAEL: Und ihr, was _____ᵍ ihr gern?
ANDREA: Ich _____ʰ gern Bücher und Ernst _____ⁱ gern. Und im
Winter _____ʲ wir gern Snowboard.

Übung 10   Was machen Sie gern?

Sagen Sie, was Sie gern machen, und bilden Sie Fragen.

MODELL: ich/du: Fast Food essen →
   Ich esse (nicht) gern Fast Food. Isst du auch (nicht) gern Fast Food?

1. wir/ihr: Deutsch sprechen
2. ich/du: Freunde einladen
3. ich/du: im Wald laufen
4. ich/du: Pullis tragen
5. wir/ihr: fernsehen
6. ich/du: Fahrrad fahren
7. wir/ihr: die Hausaufgabe vergessen
8. ich/du: schlafen
9. wir/ihr: online lesen

[1]Where

2.6 Asking people to do things: the *du*-imperative

Use the **du**-imperative when addressing people you normally address with **du**, such as friends, relatives, other students, and the like. It is formed by dropping the **-(s)t** ending from the present-tense **du**-form of the verb. The pronoun **du** is not used.

Drop the **-(s)t** from the **du**-form to get the **du**-imperative.

(du) arbeitest	→	Arbeite!	*Work!*
(du) isst	→	Iss!	*Eat!*
(du) kommst	→	Komm!	*Come!*
(du) öffnest	→	Öffne!	*Open!*
(du) siehst	→	Sieh!	*See!*
(du) tanzt	→	Tanz!	*Dance!*

Verbs whose stem vowel changes from **a(u)** to **ä(u)** drop the umlaut in the **du**-imperative.

(du) fährst	→	Fahr!	*Drive!*
(du) läufst	→	Lauf!	*Run!*

Imperative sentences always begin with the verb.

Trag mir bitte die Tasche.	*Please carry the bag for me.*
Öffne bitte das Fenster.	*Open the window please.*
Reite nicht so schnell!	*Don't ride so fast!*
Sieh nicht so viel fern!	*Don't watch so much TV!*

WISSEN SIE NOCH?

To form commands for people you address with **Sie,** invert the subject and verb: **Sie kommen mit.** → **Kommen Sie mit!**

Review grammar A.1.

Übung 11   Ach, diese Geschwister!

Ihr kleiner Bruder macht alles falsch. Sagen Sie ihm, was er machen soll.

MODELL: Ihr kleiner Bruder isst zu viel. → Iss nicht so viel!

1. Ihr kleiner Bruder schläft den ganzen Tag.
2. Er liegt den ganzen Tag in der Sonne.
3. Er vergisst seine Hausaufgaben.
4. Er liest seine Bücher nicht.
5. Er sieht den ganzen Tag fern.
6. Er trinkt zu viel Cola.
7. Er sitzt den ganzen Tag am Computer.
8. Er trägt seine Brille nicht.
9. Er spielt immer Computerspiele.
10. Er treibt keinen Sport.

Übung 12   Vorschläge°

°*Suggestions*

Machen Sie Ihrem Freund / Ihrer Freundin Vorschläge.

MODELL: nicht zu spät ins Bett / gehen →
Geh nicht zu spät ins Bett!

1. heute ein T-Shirt / tragen
2. keine laute Musik / spielen
3. den Wortschatz / lernen
4. deine Freunde / anrufen
5. nicht allein im Park / laufen
6. nicht zu lange in der Sonne / liegen
7. dein Zimmer / aufräumen
8. heute Abend in einem Restaurant / essen
9. früh / aufstehen

KAPITEL 3

Talente, Pläne, Pflichten

In **Kapitel 3**, you will learn how to describe your talents and those of others. You will learn how to express your intentions and how to talk about obligation and necessity. You will also learn additional ways to describe how you or other people feel.

Themen

Talente und Pläne

Pflichten

Ach, wie nett!

Körperliche und geistige Verfassung

Kulturelles

Musikszene: „Müssen nur wollen" (Wir sind Helden)

KLI: Jugendschutz

Filmclip: *Vincent will Meer* (Ralf Huettner)

KLI: Chatiquette: Sternchen, Abkürzungen und Akronyme

Videoecke: Fähigkeiten und Pflichten

Lektüren

Zeitungsartikel: Ringe fürs Leben zu zweit

Film: *Vincent will Meer* (Ralf Huettner)

Strukturen

3.1 The modal verbs **können, wollen, mögen**

3.2 The modal verbs **müssen, sollen, dürfen**

3.3 Accusative case: personal pronouns

3.4 Word order: dependent clauses

3.5 Dependent clauses and separable-prefix verbs

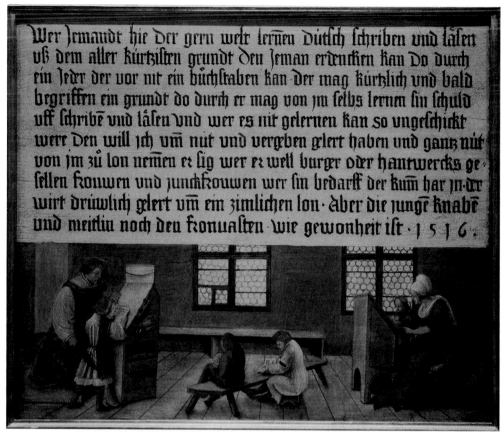

Ambrosius Holbein: *Ein Schulmeister und seine Frau bringen drei Knaben und einem Mädchen das Lesen bei* (1516), Kunstmuseum, Basel
© akg-images/Newscom

KUNST UND KÜNSTLER

Ambrosius Holbein (ca. 1494 – ca. 1519) war ein deutsch-schweizerischer Maler und Grafiker der Renaissance. Er wurde in Augsburg geboren und starb in Basel. Seine bekanntesten Werke sind das Bildnis eines Jungen mit blondem Haar und das Bildnis eines Jungen mit braunem Haar. Das Bild hier entstand als Aushängeschild[1] eines echten Schulmeisters.

Schauen Sie sich das Bild an und beantworten Sie die folgenden Fragen.

1. Wie viele Personen sehen Sie: vier, fünf, sechs?
2. Wo sind die Personen: in einer Kirche, auf der Uni, in einem Zimmer?
3. Welche Möbel sehen Sie: Bänke[2], Pulte[3], eine Tafel, Tische?
4. Was sehen Sie noch: Fenster, Uhren, Bücher, Hefte?
5. Wie sind sie gekleidet: tragen sie Hosen und Hemden, tragen sie mittelalterliche[4] Kleidung?
6. Was machen sie: sie hören zu, sie lesen, sie singen, sie sitzen, sie stehen, sie tanzen?
7. Was haben sie in der Hand: eine Rute[5], eine Blume, Bücher, Bleistifte, Karten, eine Zeitung?
8. Welche Farben dominieren: blaue Farben, braune Farben, gelbe Farben, grüne Farben, rote Farben?
9. Welche Linien dominieren: gerade[6] Linien oder krumme[7] Linien?
10. Welche Gefühle ruft das Bild hervor: Angst, Aufmerksamkeit[8], Eifersucht, Hoffnung, Neugier[9], Ruhe, Trauer?

[1]signboard [2]benches [3]lecterns [4]medieval [5]switch [6]straight [7]curved [8]attentiveness [9]curiosity

Situationen

Talente und Pläne

Grammatik 3.1

Peter kann
ausgezeichnet kochen.

Yamina und Sumita
können gut zeichnen.

Deutsch ist toll!

Claire kann gut Deutsch.

Melanie und Josef wollen heute Abend
zu Hause bleiben und lesen.

Silvia will für Jürgen einen
Pullover stricken.

Sofie und Willi wollen
tanzen gehen.

Situation 1 Kochen

Bringen Sie die Sätze in die richtige Reihenfolge.

_____ Spaghetti esse ich besonders gern.

_____ Dann komm doch mal vorbei.

_____ Nicht so gut. Aber ich kann sehr gut Spaghetti machen.

_____ Kannst du Chinesisch kochen?

___1__ Kochst du gern?

_____ Ja, ich koche sehr gern.

_____ Ja, gern! Vielleicht Samstag?

_____ Gut! Bis Samstag.

Situation 2 Informationsspiel: Kann Katrin kochen?

MODELL: S2: Kann Katrin kochen?
S1: Ja, ganz gut.
S2: Kannst du kochen?
S1: Ja, aber nicht so gut.

[+]
ausgezeichnet
fantastisch
sehr gut
gut

[0]
ganz gut

[−]
nicht so gut
nur ein bisschen
gar nicht
kein bisschen

	Katrin	Peter	mein(e) Partner(in)
kochen	ganz gut		
zeichnen		kein bisschen	
tippen	nur ein bisschen		
Witze erzählen	ganz gut		
tanzen		sehr gut	
stricken		kein bisschen	
Skateboard fahren	ganz gut		
Geige spielen	ausgezeichnet		
Schlittschuh laufen	gut		
ein Auto reparieren		nicht so gut	

Situation 3 Talente?

Was können die Personen? Was ist schwierig für sie? Suchen Sie die Personen im Bild und schreiben Sie ihre Namen in die Sätze.

Lydia

Eske und Damla

Sofie

Nesrin

Rolf

Melanie und Josef

Willi und Sofie

İyi günler!
Aydan

1. _____ kann fantastisch zeichnen.
2. _____ können sehr gut Fotos machen.
3. _____ kann nicht so gut Haare schneiden.
4. _____ kann sehr gut Türkisch.
5. _____ kann sehr gut Tischtennis spielen.
6. _____ kann ihr Fahrrad reparieren.
7. _____ können sehr gut werfen.
8. _____ können nicht besonders gut Walzer tanzen.

Melanie und Josef wollen beide einen Teil[1] ihrer Ferien zu Hause in Regensburg verbringen, aber auch eine Reise machen. Was wollen sie wo machen? Können sie etwas zusammen machen? Hören Sie zu und ergänzen Sie die Tabelle.

NÜTZLICHE WÖRTER

die Ausstellung	exhibition
die Garage	garage
die Querflöte	transverse flute
sitzen	to sit

	Melanie	Josef	beide zusammen
in München			
zu Hause in Regensburg			
auf der Reise			

 # Lektüre

Vor dem Lesen

LESEHILFE

Before starting to read, it is always useful to look at the complete text, the title, and any subtitles, accompanying pictures, tables, photos, or drawings, in order to get a general idea of what the text will be about. Look at this text, its title, subtitles and its accompanying pictures. Then write down what the main topic of the text probably is and what subtopics it suggests.

German and English are closely related languages and share many words. Sometimes the words look almost identical, with minor spelling variations such as German **k** or **z** for English c. Sometimes you have to use a little guesswork to see the English word in the German one, as in the word **Ägypter** (*Egyptian*). In the following text, highlight the words whose meanings you think you can guess by knowing English. (In a later activity, you will work with the underlined words.)

Symbole der Liebe

[1]*part*

Ringe fürs Leben zu zweit

Symbole ewiger[2] Liebe

Der **Ehering** symbolisiert ewige Liebe: er hat keinen **Anfang** und kein Ende. So wie der Ring kein Ende hat, soll auch die Liebe nie **aufhören**. Er signalisiert aller Welt: Dieser Mann / Diese Frau ist verheiratet. Jeder Ring kann zum Ehering werden. In Deutschland ist der Ehering oft ein einfacher goldener Ring. Zum Ehering wird ein Ring durch die eingravierte Schrift. Auch auf sehr schmale Ringe kann man die Vornamen der **Eheleute** und das Hochzeitsdatum eingravieren.

Wenn[3] der Ring einmal am Finger ist, darf er nie[4] mehr **herunter** kommen. Wenn der Ring kalt wird, wird auch die Liebe kalt. Wenn der Ring **zerbricht** oder wenn er **verloren** geht, dann ist das schlecht für die Liebe.

Das Herz als Sitz der Liebe

Die alten Griechen und Ägypter trugen den Ehering am linken Ringfinger. Sie glaubten[5], dass eine Ader[6] von diesem Finger direkt zum **Herzen** führt. Sie glaubten, dass das Herz der Sitz der Liebe ist.

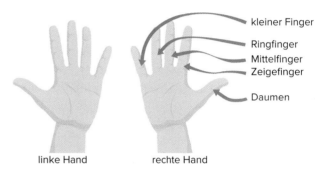

kleiner Finger
Ringfinger
Mittelfinger
Zeigefinger
Daumen

linke Hand   rechte Hand

Ein bekannter **Kinderreim** lautet:

Er (oder sie) liebt mich von Herzen,
mit Schmerzen[7],
oder gar nicht.

das Blütenblatt

Wenn man wissen möchte, ob der Freund oder die Freundin einen[8] liebt, dann pflückt man eine Blume und reißt ihr nacheinander alle Blütenblätter ab[9]. Bei jedem Blütenblatt sagt man eine Zeile des Reims. Das, was man beim letzten Blütenblatt sagt, gilt[10].

In Italien trägt man den Ring noch heute an der linken Hand. In Deutschland trägt man nur den Verlobungsring[11] an der linken Hand. Den Ehering trägt man an der rechten Hand.

From: http://www.weddix.de

---

[2]*of eternal*   [3]*When, If*   [4]*darf … it must never*   [5]*believed*   [6]*vein, artery*   [7]*pain*   [8]*here: you*   [9]*reißt … plucks all its petals off one by one*   [10]*is valid*   [11]*engagement ring*

Arbeit mit dem Text

A. Guess the meaning of the boldface underlined words in the reading by looking at the context of the sentences in which they appear. Some hints are provided.

1. **Ehering.** HINT: **Ehering** is a compound of **Ehe** and **Ring.** Look at the drawing. What kind of rings are these? What might **Ehe** mean?

2. **Anfang.** HINT: the opposite of the noun **Ende**

3. **aufhören.** HINT: a verb similar in meaning to the noun **Ende**

4. **Eheleute.** HINT: You already guessed **Ehe. Leute** means people; what might the combination of these two words mean?

5. **herunter.** HINT: Because the second clause contains the phrase *must never*, **herunter** is probably the opposite of **am Finger.**

6. **zerbricht.** HINT: What bad things can happen to a ring? The root of this word is **brich.** German **ch** is often English *k.* What English word is spelled *br_____k* and is something bad?

7. **verloren.** HINT: Ignore the prefix **ver-** and the **-n** for a moment. German **r** is sometimes related to English *s.* What verb is this?

8. **Herzen/Herz.** HINT: **Herzen** is the dative form of **Herz.** What might be called the **Sitz der Liebe** "seat of love" and be connected to other parts of the body by a vein?

9. **Kinderreim.** HINT: **Kinder** appears in English words such as *kindergarten* and is already familiar to you. If you pronounce **Reim,** it sounds like *rhyme,* which is in fact its meaning. What might the combination of these two words mean?

B. Beantworten Sie die folgenden Fragen.

1. Warum symbolisiert ein Ring ewige Liebe?
2. Was signalisiert ein Ehering der Welt[12]?
3. Welche Ringe trägt man in Deutschland oft als Eheringe?
4. Was ist oft in Eheringen eingraviert?
5. Was passiert, wenn der Ring vom Finger herunter kommt? Was glauben viele Leute?
6. Was macht man in Deutschland, wenn man wissen möchte, ob der Freund oder die Freundin einen liebt?
7. Was trägt man in Deutschland an der linken Hand und was an der rechten Hand?

Nach dem Lesen

A. Gibt es in Ihrer Klasse unterschiedliche Traditionen und Kulturen? Sammeln Sie in Ihrer Klasse Antworten auf die folgenden Fragen.

1. Trägt man in Ihrer Kultur Eheringe? Wenn ja, an welchem Finger welcher Hand trägt man sie? Wenn nicht, wie signalisiert man, dass Menschen verheiratet sind? Oder signalisiert man es gar nicht?

2. Was macht man in Ihrer Kultur, wenn man herausfinden möchte, ob jemand einen liebt?

B. Was halten Sie von Symbolen, die zeigen, dass zwei Menschen miteinander durchs Leben gehen wollen? Finden Sie sie wichtig? Warum (nicht)?

C. Sind Sie verheiratet? Wenn nicht, haben Sie Heiratspläne für die Zukunft?

[12]der ... to the world

Pflichten

Latein	2
Englisch	2
Physik	2

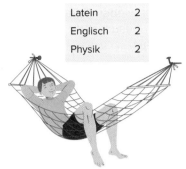

Jens hat schlechte Noten.
Er muss mehr lernen.

Er darf nicht mit seinen Freunden
Skateboard fahren.

Jutta muss in der Schule besser aufpassen.

Sie darf in der Stunde nicht
mit ihrer Freundin reden.

Jutta muss nach der Schule ihre
Hausaufgaben machen.

Situation 5 Schlechtes Zeugnis!

Jens hat im Zeugnis in drei Fächern nur zwei Punkte.

- Was muss er machen? Was darf er nicht machen? Kreuzen Sie an.
- Schreiben Sie dann noch eine Sache dazu, die er machen muss, und eine, die er nicht machen darf.
- Entscheiden Sie schließlich, was am wichtigsten ist (1), was weniger wichtig (2) und was am unwichtigsten (3).

MUSS	DARF NICHT		WIE WICHTIG? (1–3)
☐	☐	in die Disko gehen	_____
☐	☐	Latein lernen	_____
☐	☐	den ganzen Tag in der Sonne liegen	_____
☐	☐	seine Hausaufgaben machen	_____
☐	☐	jeden Tag ins Schwimmbad gehen	_____
☐	☐	eine Woche nach Italien fahren	_____
☐	☐	Nachhilfe nehmen	_____
☐	☐	mit seinen Lehrern sprechen	_____
☒	☐	_____	_____
☐	☒	_____	_____

Situation 6   Interview: Studium und Alltag

1. Musst du neben dem Studium arbeiten? Wo arbeitest du? Wie viele Stunden pro Woche? Macht die Arbeit Spaß?
2. Kannst du gut Auto fahren? Hast du ein eigenes Auto? Fährst du gern Auto?
3. Musst du mal wieder deine Eltern besuchen? Wie oft besuchst du deine Eltern? Wann besuchst du sie das nächste Mal?
4. Darfst du in deiner Wohnung Tiere haben? Wenn ja, was für ein Tier hast du?
5. Musst du heute noch Hausaufgaben machen? Wenn nicht, was machst du heute? Wenn ja, was machst du sonst noch?
6. Kannst du jeden Tag bis Mittag schlafen? Wenn nicht, wann stehst du meist auf?
7. Musst du oft einkaufen gehen? Wenn nicht, wann gehst du einkaufen?
8. Darfst du schon Bier trinken? Wenn ja, trinkst du gern Bier? Wenn nicht, macht es dir etwas aus?

MUSIKSZENE

„Müssen nur wollen" (2003, Deutschland) *Wir sind Helden*

Biografie *Wir sind Helden* kommen aus Berlin. Die Lead-Sängerin heißt Judith Holofernes. Sie schreibt auch die meisten Texte und Songs der Gruppe. Die Songs sind oft sehr kritisch. Der Hit „Müssen nur wollen" stammt aus dem Jahr 2003.

Wir sind Helden
© Christian Jakubaszek/Getty Images

NOTE: For copyright reasons, the songs referenced in **MUSIKSZENE** have not been provided by the publisher. The song can be found online at various sites such as YouTube, Amazon, or the iTunes store.

Vor dem Hören Was musst du tun, was willst du tun? Willst du, was du musst?

Nach dem Hören

A. Was sagt die Sängerin? Richtig (R) oder falsch (F)?

_____ **1.** In einer Hand trägt sie die Welt, mit der anderen Hand bietet sie Getränke an.

_____ **2.** Sie kann gar nichts.

_____ **3.** Alle sollen etwas wollen.

_____ **4.** Dressierte Affen können alles schaffen.

_____ **5.** Sie kann glücklich sein und Konzerne leiten.

B. Was meinen Sie?

1. Kann man glücklich sein und Konzerne leiten?

2. Muss man alles tun, was man tun kann?

Miniwörterbuch	
tragen	to carry
anbieten	to offer
die **Getränke**	drinks
gar nichts	nothing at all
dressiert	trained (animals)
die **Affen**	monkeys
schaffen	to achieve
der **Konzern**	corporation
leiten	to lead, be head of

Situation 7 Dialog

Rolf trifft Katrin in der Cafeteria.

ROLF: Hallo, Katrin, ist hier noch _____?

KATRIN: Ja, klar.

ROLF: Ich hoffe, ich störe _____ nicht beim Lernen.

KATRIN: Nein, ich muss auch mal _____ machen.

ROLF: Was machst du denn?

KATRIN: Wir haben morgen eine _____ und ich _____ noch das Arbeitsbuch machen.

ROLF: _____ ihr viel für euren Kurs arbeiten?

KATRIN: Ja, ganz schön viel. Heute Abend _____ ich bestimmt nicht fernsehen, _____ ich so viel lernen muss.

ROLF: Ich glaube, ich störe dich nicht länger. _____ für die Prüfung.

KATRIN: Danke, tschüss.

Situation 8 Stefans Zimmer

Stefans Mutter kommt zu Besuch.

Das ist Stefans Zimmer.

So soll es sein.

Was muss Stefan machen?

> **den Tisch abräumen**
>
> **den Papierkorb ausleeren**
>
> **das Bild an die Wand hängen**
>
> **die Kerzen anzünden**
>
> **den Schrank zumachen**
>
> **die Katze aus dem Zimmer werfen**
>
> **seine Kleidung aufräumen**
>
> **das Fenster zumachen**
>
> **die Pflanze gießen**   **das Bett machen**
>
> **den Fernseher ausmachen**
>
> **die Bücher gerade stellen**
>
> **den Boden sauber machen**

JUGENDSCHUTZ

Nicht in jedem Alter darf man alles. In Deutschland regelt das Jugendschutzgesetz[1], in welchem Alter Kinder und Jugendliche etwas dürfen oder können.

Mit 13 ...
- darf man in den Ferien arbeiten.
  aber: Die Eltern müssen es erlauben[2] und die Arbeit muss leicht sein.

Mit 14 ...
- darf man im Restaurant Bier oder Wein trinken.
  aber: Die Eltern müssen dabei sein[3].

Mit 15 ...
- kann man mit der Arbeit anfangen.
  aber: Man darf nur 8 Stunden am Tag und 5 Tage in der Woche arbeiten.

Mit 16 ...
- darf man im Restaurant Bier oder Wein trinken (ohne Eltern).
- darf man von zu Hause wegziehen[4].
  aber: Die Eltern müssen es erlauben.
- darf man heiraten[5].
  aber: Die Eltern müssen es erlauben.
  und: Der Partner muss über 18 Jahre alt sein.
- darf man bis 24.00 Uhr in die Disko gehen.

Mit 17 ...
- darf man den Führerschein[6] für ein Auto machen.

Mit 18 ...
- darf man den Führerschein für ein Motorrad machen.
- darf man ohne Erlaubnis heiraten.
- darf man wählen[7].
- darf man im Kino alle Filme sehen.
- darf man im Restaurant Alkohol trinken.
- darf man so lange in die Disko gehen, wie man will.
- darf man rauchen.

In Deutschland ist man mit 18 Jahren erwachsen[8].

[1]law for the protection of minors [2]permit [3]dabei ... be present [4]move away [5]marry [6]driver's license [7]vote [8]grown-up

Mit 17 darf man Auto fahren.
© ullstein bild - Sylent Press/The Image Works

Wie ist es in Ihrem Land? Ergänzen Sie die Tabelle.

	Mit ... Jahren
Alkohol trinken	
alle Filme sehen	
arbeiten	
Auto fahren	
erwachsen sein	
heiraten	
in die Disko gehen	
rauchen	
wählen	
?	

Ach, wie nett!

Grammatik 3.3

MARIA: Der Fernseher läuft ja den ganzen Tag.
MICHAEL: Soll ich ihn ausmachen?

FRAU KÖRNER: Ich finde
den Mantel einfach toll!
FRAU GRETTER: Kaufen
Sie ihn doch!

AYDAN: Die Tasche ist so
schwer.
ESKE: Komm, Mama, ich
trage sie.

PRINZESSIN: Hier ist mein Taschentuch.
Du darfst mich nie vergessen.
PRINZ: Nein, Geliebte, ich vergesse
dich nie!

SILVIAS FREUNDIN:
Samstag geben wir
eine Party. Ich möchte
euch gern einladen.

ZWEI TRAMPERINNEN: Hallo, wir wollen nach Regensburg.
Nehmt ihr uns mit?

Situation 9 Minidialoge

Was passt?

1. Es ist kalt und das Fenster ist offen!
2. Der Wein ist gut.
3. Du hast nächste Woche
   Geburtstag?
4. Der Koffer ist so schwer.
5. Die Suppe ist wirklich gut!
6. Wie findest du *die Ärzte*?
7. Das Haus ist schmutzig.

a. Komm, ich trage ihn.
b. Machen Sie es bitte zu.
c. Darf ich ihn probieren?
d. Ich mag sie aber nicht.
e. Ja, ich gebe eine Party
   und ich lade euch ein.
f. Ich mache es morgen sauber.
g. Ich mag sie ganz gern.

Situation 10   Dialog

Heidi sucht einen Platz in der Cafeteria.

> HEIDI: Entschuldigung, _____?
>
> STEFAN: Ja, sicher.
>
> HEIDI: Danke.
>
> STEFAN: _____?
>
> HEIDI: Ja, ich glaube schon. Bist du nicht auch in dem Deutschkurs um neun?
>
> STEFAN: Na, klar. Jetzt _____ ich's wieder. Du _____ Stefanie, nicht wahr?
>
> HEIDI: Nein, ich heiße Heidi.
>
> STEFAN: Ach ja, richtig ... Heidi. Ich heiße Stefan.
>
> HEIDI: _____ kommst du eigentlich, Stefan?
>
> STEFAN: _____ Iowa City, und du?
>
> HEIDI: Ich bin aus Berkeley.
>
> STEFAN: Und was studierst du?
>
> HEIDI: _____. Vielleicht Sport, vielleicht Geschichte oder vielleicht Deutsch.
>
> STEFAN: Ich studiere auch Deutsch, Deutsch und _____. Ich möchte in Deutschland bei einer amerikanischen Firma arbeiten.
>
> HEIDI: Toll! Da verdienst du sicherlich viel Geld.
>
> STEFAN: _____.

Situation 11   Rollenspiel: In der Mensa

S1: Sie sind Student/Studentin an der Uni in Regensburg. Sie gehen in die Mensa und setzen sich zu jemand an den Tisch. Fragen Sie, wie er/sie heißt, woher er/sie kommt und was er/sie studiert.

In der Mensa
© A3430 Bernd Thissen Deutsch Presse Agentur/Newscom

Situation 12 Ratespiel

Was ist das?

1. _____ Man trägt sie im Sommer an den Füßen.
2. _____ Man trägt ihn nach dem Duschen.
3. _____ Man trägt es im Bett.
4. _____ Man trägt ihn im Winter um den Hals.
5. _____ Man trägt sie im Ohr.
6. _____ Man trägt sie unter der Kleidung.
7. _____ Man trägt sie im Winter an den Händen.

a. der Schal
b. die Ohrringe
c. die Handschuhe
d. die Unterhose
e. der Bademantel
f. die Sandalen
g. das Nachthemd

Filmlektüre

Vincent will Meer

 Vor dem Lesen

FILMANGABEN

Titel: *Vincent will Meer*
Genre: Road Movie, Tragikomödie
Land: Deutschland
Erscheinungsjahr: 2010
Dauer: 96 Min.
Regisseur: Ralf Huettner
Hauptrollen: Florian David Fitz, Karoline Herfurth, Johannes Allmayer, Heino Ferch, Katharina Müller-Elmau

Miniwörterbuch

leiden (an)	to suffer (from)
das **Tourette-Syndrom**	Tourette's syndrome
magersüchtig	anorexic
zwangsneurotisch	obsessive-compulsive
erfüllen	to fulfill
fliehen	to flee
stehlen	to steal
die **Asche**	ashes
die **Bonbondose**	candy tin
entwickeln	to develop
der **Umweg**	detour
zusammenbrechen	to collapse
unterwegs	along the way
aussteigen	to get out
der **Herzanfall**	heart attack

Marie, Vincent und Alexander
© *German Film Festival/ HO/picture-alliance/dpa/Newscom*

A. Beantworten Sie die folgenden Fragen.

1. Was sehen Sie im Bild?
2. Warum sind die drei jungen Leute in dem Auto? Sind sie im Urlaub oder auf der Flucht? Sind sie Freunde oder streiten sie?
3. Wer spielt in dem Film die Hauptrollen?

B. Lesen Sie die Wörter im Miniwörterbuch. Suchen Sie sie im Text und unterstreichen Sie sie.

Inhaltsangabe

Vincent (Florian David Fitz) leidet am Tourette-Syndrom und muss nach dem Tod seiner Mutter in eine Klinik, weil sein Vater (Heino Ferch) es so will. Der Vater ist Politiker und nicht sehr nett zu seinem Sohn. In der Klinik trifft Vincent die magersüchtige Marie (Karoline Herfurth) und seinen zwangsneurotischen Zimmergenossen Alexander (Johannes Allmayer). Da Vincent den letzten Wunsch seiner Mutter erfüllen möchte, noch einmal das Meer zu sehen, fliehen die drei aus der Klinik. Sie stehlen das Auto der Therapeutin Dr. Rose (Katharina Müller-Elmau) und fahren nach Italien. Die Asche seiner Mutter hat Vincent in einer Bonbondose dabei. Vincents Vater fährt zusammen mit Dr. Rose hinterher. Zuerst will er nur seinen Sohn wieder zurück in die Klinik bringen, doch während der Zeit, die er mit der Ärztin verbringt, entwickelt er neue Gefühle für ihn. Vincent, Marie und Alex kommen über Umwege ans Meer. Marie bricht dort wegen ihrer Magersucht zusammen und kommt ins Krankenhaus. Vincent und Alex fahren zusammen mit Dr. Rose und Vincents Vater wieder zurück nach Deutschland. Unterwegs bittet Vincent seinen Vater, ihn aussteigen zu lassen, und geht zurück nach Triest, wo Marie nach ihrem Herzanfall noch immer im Krankenhaus liegt. Alex folgt ihm.

Arbeit mit dem Text

Richtig (R) oder falsch (F)? Verbessern Sie die falschen Aussagen.

_____ 1. Vincent muss in eine Klinik, weil sein Vater tot ist.

_____ 2. Alexander und Marie leben auch in der Klinik.

_____ 3. Vincent möchte ans Meer.

_____ 4. Die drei fahren mit der Therapeutin Dr. Rose nach Italien.

_____ 5. Marie muss am Meer ins Krankenhaus.

_____ 6. Vincent und Alexander fahren mit dem Vater nach Triest.

🎬 FILMCLIP

NOTE: For copyright reasons, the films referenced in the **FILMCLIP** feature have not been provided by the publisher. The film can be purchased as a DVD or found online at various sites such as YouTube, Amazon, or the iTunes store. The time codes mentioned below are for the North American DVD version of the film.

Szene: DVD, Kapitel 5, „Ans Meer", 18:55–22:03 Min.

Am Abend treffen sich Marie und Vincent in der Klinik. Marie hat einen Schlüssel[1] dabei. Schauen Sie sich die Szene an und beantworten Sie die Fragen.

1. Wo sind Vincent und Marie?
   - ☐ a. im Speisesaal[2]
   - ☐ b. im Waschraum
   - ☐ c. in Vincents Zimmer

2. Wohin will Vincent fahren?
   - ☐ a. nach Italien ans Meer
   - ☐ b. nach Hause zu seinem Vater
   - ☐ c. in die Berge

3. Was nimmt Vincent aus seinem Zimmer mit?
   - ☐ a. seinen Koffer
   - ☐ b. Alexanders Reisepass
   - ☐ c. Alexanders CD

4. Warum will Vincent nicht Auto fahren?
   - ☐ a. weil er Tourette-Syndrom hat
   - ☐ b. weil er müde ist
   - ☐ c. weil Marie einen Führerschein hat

5. Was will Alexander?
   - ☐ a. seine CD
   - ☐ b. seine Jacke
   - ☐ c. seinen Reisepass

[1]key [2]cafeteria

Nach dem Lesen

Suchen Sie im Internet.

1. Wer hat das Originaldrehbuch[3] zu „Vincent will Meer" geschrieben[4]?
2. Welche Preise hat der Film bekommen[5]?
3. Wie heißt die amerikanische Neuverfilmung[6]?

Körperliche und geistige Verfassung

Grammatik 3.4–3.5

Er ist glücklich.

Sie sind traurig.

Er ist wütend.

Sie ist krank.

Sie sind in Eile.

Sie ist müde.

Sie haben Hunger.

Er hat Langeweile.

Er hat Durst.

Er hat Angst.

[3]*screen play* [4]*written* [5]*received* [6]*remake*

ⓘ Situation 13 Informationsspiel: Was machen sie, wenn ...?

MODELL: S2: Was macht Renate, wenn sie traurig ist?
S1: Sie ruft ihre Freundin an.
S2: Was machst du, wenn du traurig bist?
S1: Ich gehe ins Bett.

	Renate	Ernst	mein(e) Partner(in)
1. *traurig ist/bist*	ruft ihre Freundin an		
2. *müde ist/bist*		schläft	
3. *in Eile ist/bist*		ist nie in Eile	
4. *wütend ist/bist*	wirft mit Tellern		
5. *krank ist/bist*		isst Hühnersuppe	
6. *glücklich ist/bist*	lädt Freunde ein		
7. *Hunger hat/hast*	isst einen Apfel	schreit laut „Hunger!"	
8. *Langeweile hat/hast*			
9. *Durst hat/hast*	trinkt Mineralwasser		
10. *Angst hat/hast*		läuft zu Mama	

KULTUR ... LANDESKUNDE ... INFORMATIONEN

CHATIQUETTE: STERNCHEN, ABKÜRZUNGEN UND AKRONYME

Wenn es schnell gehen muss, verwenden[1] viele Leute im Chat, bei WhatsApp oder SMS besondere Formen der Kommunikation. Sie machen das Chatleben leichter. Viele sind lustig oder ironisch gemeint und ein fester Bestandteil[2] der Chatkultur. Sternchen[3] drücken Emotion oder Tätigkeit aus und es gibt viele Akronyme auf Englisch, aber auch auf Deutsch.

Miniwörterbuch	
grinsen	to grin
knuddeln	to cuddle
doll	very *(colloquial)*
hab dich lieb	(I) love you
drücken	to hug
das **Unverständnis**	incomprehension
zeigen	to show
frech	impudently
fies	meanly

Können Sie folgende Akronyme auf Deutsch erkennen? Ordnen Sie die Akronyme den Aussagen zu.

1. *g*   a. kein Kommentar
2. *fg*   b. grinsen
3. *momtel*   c. Moment, ich telefoniere gerade
4. *knuddel*   d. liebe Grüße
5. LG   e. hab dich lieb
6. kk   f. ich knuddel/drück dich
7. N8   g. frech/fies grinsen
8. omg   h. Nacht / Gute Nacht
9. HDL   i. hab dich ganz doll lieb
10. HDGDL   j. oh mein Gott

© Gerhilde Skoberne/Corbis RF

[1]use [2]fester ... established part [3]asterisks

Situation 14 Interview: Wie fühlst du dich, wenn ...?

MODELL: S1: Wie fühlst du dich, wenn du um fünf Uhr morgens aufstehst?
S2: Ausgezeichnet!

[+]	[0]	[−]
ausgezeichnet	ganz gut	nicht besonders gut
fantastisch		ziemlich schlecht
sehr gut		mies
gut		total mies

1. wenn du um fünf Uhr morgens aufstehst
2. wenn du die ganze Nacht nicht schlafen kannst
3. wenn deine Freunde dich auf eine Party einladen
4. wenn du eine Arbeit oder einen Test zurückbekommst
5. wenn du ein Referat halten musst
6. wenn das Semester zu Ende ist
7. wenn du einkaufen gehen willst, aber kein Geld hast
8. wenn alle deine T-Shirts schmutzig sind
9. wenn du eine gute Note bekommst
10. wenn du Heimweh hast
11. wenn du eifersüchtig bist

Situation 15 Warum fährt Frau Ruf mit dem Bus?

Kombinieren Sie!

MODELL: S1: Warum fährt Frau Ruf mit dem Bus?
S2: Weil ihr Auto kaputt ist.

1. Warum fährt Frau Ruf mit dem Bus?
2. Warum hat Hans Angst?
3. Warum geht Jutta nicht ins Kino?
4. Warum geht Jens nicht in die Schule?
5. Warum kauft Andrea Hans eine CD?

6. Warum fährt Herr Wagner nach Leipzig?
7. Warum ist Ernst wütend?
8. Warum fährt Frau Gretter in die Berge?
9. Warum geht Herr Siebert um zehn Uhr ins Bett?
10. Warum ruft Maria ihre Freundin an?

a. weil er Geburtstag hat
b. weil ihr Auto kaputt ist
c. weil sein Referat noch nicht fertig ist
d. weil sie für eine Klassenarbeit lernen muss
e. weil er keine Lust hat

f. weil er seinen Bruder besuchen will
g. weil sie wandern geht
h. weil er in Mathe so viele Hausaufgaben hat
i. weil sie sie ins Kino einladen will
j. weil er jeden Tag um sechs Uhr aufsteht

Situation 16 Zum Schreiben: Auch in Ihnen steckt ein Dichter!

Schreiben Sie ein Gedicht!

MODELL:

ein Nomen = Thema	Wasser
zwei Adjektive	kühl, nass
drei Verben	schwimmen, segeln, tauchen
vier Wörter, die ein Gefühl ausdrücken[4]	Sonne auf meiner Haut
ein Nomen = Zusammenfassung[5]	Sommer

[4]express [5]summary

Videoecke
Perspektiven

Wie viel Zeit verbringst du pro Tag am Computer? Womit verbringst du die meiste Zeit?

Ich arbeite oder ich chatte.

Aufgabe 1 Zeit am Computer

Wie viel Zeit verbringen sie am Computer? Schreiben Sie die Antworten auf.

1. Susan _____   2. Felicitas _____   3. Michael _____   4. Shaimaa _____

5. Nadezda _____   6. Pascal _____   7. Judith _____   8. Martin _____

Aufgabe 2 Tätigkeiten am Computer

Was machen sie am Computer? Ordnen Sie die Tätigkeiten den Personen unter Aufgabe 1 zu.

_____ 1. Susan   a. Die meiste Zeit verbringt sie auf Facebook.

_____ 2. Felicitas   b. Er liest E-Mails und Nachrichten.

_____ 3. Michael   c. Er macht Layout und Grafik.

_____ 4. Shaimaa   d. Er sucht potentielle Kunden[6] für seine Firma.

_____ 5. Nadezda   e. Sie arbeitet die meiste Zeit.

_____ 6. Pascal   f. Sie arbeitet oder sie chattet.

_____ 7. Judith   g. Sie checkt ihre E-Mails und ist oft bei Facebook.

_____ 8. Martin   h. Sie verwendet die meiste Zeit für ihr Studium.

[6]customers

Interviews

Carolyn

Michael

Aufgabe 3   Fähigkeiten und Pflichten

Carolyn oder Michael?

	Carolyn	Michael
1. Wer tanzt und gestaltet[7] gerne T-Shirts?	☐	☐
2. Wer hat keine handwerklichen Fähigkeiten?	☐	☐
3. Wer mag es total, sich zu den Rhythmen der Musik zu bewegen?	☐	☐
4. Wer spielt Gitarre, Akkordeon und Klavier?	☐	☐
5. Wer kann nicht gut kochen?	☐	☐
6. Wer putzt nicht gern?	☐	☐
7. Wer macht nicht gern Sport?	☐	☐
8. Wessen[8] Hände schwitzen[9], wenn er oder sie eine Prüfung hat?	☐	☐
9. Wer geht regelmäßig zu Seminaren und Vorlesungen, damit er oder sie gut vorbereitet ist?	☐	☐

Aufgabe 4   Interview

Interviewen Sie eine Partnerin oder einen Partner. Stellen Sie dieselben Fragen.

[1]designs   [8]Whose   [9]sweat

Wortschatz

Talente und Pläne — Talents and Plans

der **Besuch**, -e	visit
zu Besuch kommen	to visit
der **Schlittschuh**, -e	ice skate
Schlittschuh laufen, läuft	to go ice-skating
der **Witz**, -e	joke
Witze erzählen	to tell jokes
schneiden	to cut
Haare schneiden	to cut hair
stricken	to knit
tauchen	to dive
tippen	to type
zeichnen	to draw

Ähnliche Wörter
der **Ski**, -er; **Ski fahren, fährt**; der **Walzer**, -;
das **Skateboard**, -s; **Skateboard fahren, fährt**

Pflichten — Obligations

ab·räumen	to clear
den Tisch ab·räumen	to clear the table
gerade stellen	to straighten
gießen	to water
die Blumen gießen	to water the flowers
sauber machen	to clean

Körperliche und geistige Verfassung — Physical and Mental State

die **Angst**, ¨e	fear
Angst haben	to be afraid
die **Eile**	hurry
in Eile sein	to be in a hurry
die **Langeweile**	boredom
Langeweile haben	to be bored
die **Lust**	desire
Lust haben	to feel like (doing something)
das **Glück**	luck; happiness
viel Glück!	lots of luck! good luck!
das **Heimweh**	homesickness
Heimweh haben	to be homesick
ärgern (R)	to annoy; to tease
schreien	to scream, yell
stören	to disturb
weinen	to cry
eifersüchtig	jealous
krank	sick
nett	nice
müde	tired
wütend	angry

Ähnliche Wörter
der **Durst**; **Durst haben**; der **Hunger**; **Hunger haben**;
das **Gefühl**, -e; **fühlen**; **wie fühlst du dich?**;
ich fühle mich ...

Schule — School

die **Nachhilfe**	tutoring
die **Sprechstunde**, -n	office hour
der **Satz**, ¨e	sentence
das **Arbeitsbuch**, ¨er	workbook
das **Beispiel**, -e	example
zum Beispiel (z. B.)	for example
das **Referat**, -e	report
das **Studium, Studien** (R)	course of studies

Sonstige Substantive — Other Nouns

die **Ärztin**, -nen	female physician
die **Blume**, -n	flower
die **Geige**, -n	violin
die **Geliebte**, -n	beloved female friend, love
die **Kerze**, -n	candle
die **Pflicht**, -en	duty; requirement
der **Arzt**, ¨e	male physician
der **Koffer**, -	suitcase
der **Papierkorb**, ¨e	wastebasket
das **Gedicht**, -e	poem
das **Krankenhaus**, ¨er	hospital
das **Mal**, -e	time
das nächste Mal	the next time
das **Mittagessen**	midday meal, lunch
das **Taschentuch**, ¨er	handkerchief
das **Tier**, -e	animal

Ähnliche Wörter
die **CD**, -s (R); die **Disko**, -s; die **Firma**, **Firmen**;
die **Nacht**, ¨e; die **Pflanze**, -n; der **DVD-Spieler**, - (R);
der **Mittag**, -e; der **Plan**, ¨e; der **Platz**, ¨e;
das **Alphabet**; das **Licht**, -er; das **Talent**, -e;
das **Taxi**, -s; das **Tischtennis**

Modalverben — Modal Verbs

dürfen, darf	to be permitted (to), may
können, kann (R)	to be able (to), can; may
mögen, mag (R)	to like, care for
möchte	would like (to)
müssen, muss	to have to, must
sollen, soll	to be supposed to
wollen, will	to want; to intend, plan (to)

Sonstige Verben / Other Verbs

an·machen	to turn on, switch on
an·sehen, sieht ... an	to look at; to watch
an·ziehen	to put on (clothes); to attract
an·zünden	to light
auf·machen	to open
auf·passen	to pay attention
aus·leeren	to empty
aus·machen	to turn off
aus·ziehen	to take off (clothes)
bekommen	to get, receive
bleiben	to remain, stay
erleben	to experience
erzählen	to tell
heiraten	to marry
lieben	to love
mit·nehmen, nimmt ... mit	to take along
probieren	to try, taste
rauchen	to smoke
stellen	to put, place (upright)
verbringen	to spend (*time*)
verreisen	to go on a trip
vorbei·kommen	to come by, visit
werfen, wirft	to throw
zu·machen	to close

Ähnliche Wörter

baden, hängen, hoffen, kämmen, kombinieren, lachen, leben, mit·bringen; das Bild an die Wand hängen

Adjektive und Adverbien / Adjectives and Adverbs

ausgezeichnet	excellent
beliebt	popular
besonders	particularly
bestimmt	definitely, certainly
eigen	own
eigentlich	actually
fertig	ready; finished
genug	enough

meist	most, mostly
nass	wet
schwer	heavy; hard, difficult
wahr	true

Sonstige Wörter und Ausdrücke / Other Words and Expressions

außerdem	besides
dreimal	three times
einander	one another, each other
hintereinander	in a row
miteinander (R)	with each other
ein bisschen	a little bit
Entschuldigung!	excuse me
die ganze Nacht	all night long
ganz schön viel	quite a bit
gar nicht	not a bit
immer	always
jede	each, every
jede Woche	every week
jemand	someone, somebody
jetzt	now
kein bisschen	not at all
mit mir	with me
na	well
nach	after; to
neben	beside, in addition to
nur	only
sicherlich	certainly
sofort	immediately
von der Arbeit	from work
warum	why
was für	what kind of
weil	because
wieder	again
schon wieder	once again
wohin	where to
zu Fuß	on foot
zum Arzt	to the doctor
zum Mittagessen	for lunch

Strukturen und Übungen

3.1 The modal verbs *können, wollen, mögen*

WISSEN SIE NOCH?

The **Satzklammer** forms a frame or a bracket consisting of a verb and either a separable prefix or an infinitive. This same structure is used with the modal verbs.

Review grammar 1.5 and 2.3.

Modal verbs, such as **können** (*can, to be able to, know how to*), **wollen** (*to want to*), and **mögen** (*to like to*) are auxiliary verbs that modify the meaning of the main verb. The main verb appears as an infinitive at the end of the clause.

The modal **können** usually indicates an ability or talent but may also be used to ask permission. The modal **wollen** expresses a desire or an intention to do something. The modal **mögen** expresses a liking; just like its English equivalent, *to like,* it is commonly used with an accusative object.

Kannst du kochen?	*Can you cook?*
Kann ich mitkommen?	*Can I come along?*
Sofie und Willi wollen tanzen gehen.	*Sofie and Willi want to go dancing.*
Ich mag aber nicht tanzen.	*I don't like to dance though.*
Magst du Sushi?	*Do you like sushi?*

Modals do not have endings in the **ich-** and **er/sie/es**-forms. Note also that these modal verbs have one stem vowel in all plural forms and in the polite **Sie**-form, and a different stem vowel in the **ich-, du-,** and **er/sie/es**-forms.

können = *can*
wollen = *to want to*
mögen = *to like (to)*

	können	**wollen**	**mögen**
ich	kann	will	mag
du	kannst	willst	magst
Sie	können	wollen	mögen
er/sie/es	kann	will	mag
wir	können	wollen	mögen
ihr	könnt	wollt	mögt
Sie	können	wollen	mögen
sie	können	wollen	mögen

Übung 1   Talente

A. **Wer kann das?**

MODELL: Ich kann Deutsch.
　　oder Wir können Deutsch.

1. Deutsch	mein Freund / meine Freundin
2. Golf spielen	meine Eltern
3. Ski fahren	ich/wir
4. Klavier spielen	mein Bruder / meine Schwester
5. gut kochen	der Professor / die Professorin
6. gut Karaoke singen	
7. Witze erzählen	
8. Snowboard fahren	

B. **Kannst du das?**

MODELL: Gedichte schreiben → Kannst du Gedichte schreiben?
            oder   Könnt ihr Gedichte schreiben?

1. Gedichte schreiben   du
2. Auto fahren   ihr
3. tippen
4. stricken
5. zeichnen

Übung 2 Pläne und Fähigkeiten

Was können oder wollen diese Personen (nicht) machen?

MODELL: am Samstag / ich / wollen →
       Am Samstag **will** ich **Schlittschuh laufen**.

E-Mails lesen
Golf spielen
Haare schneiden
ins Kino gehen
nach Europa fliegen
schlafen
simsen
Ski fahren
Witze erzählen
zeichnen
_____?

1. heute Abend / ich / wollen
2. morgen / ich / nicht können
3. mein Freund (meine Freundin) / gut können
4. am Samstag / mein Freund (meine Freundin) / wollen
5. mein Freund (meine Freundin) und ich / wollen
6. im Winter / meine Eltern (meine Freunde) / wollen
7. meine Eltern (meine Freunde) / gut können

3.2 The modal verbs *müssen, sollen, dürfen*

The modal **müssen** stresses the necessity to do something. The modal **sollen** is less emphatic than **müssen** and may imply an obligation or a strong suggestion made by another person. The modal **dürfen,** used primarily to indicate permission, can also be used in polite requests.

Jens muss mehr lernen.	*Jens has to study more.*
Vati sagt, du sollst sofort nach Hause kommen.	*Dad says you're supposed to come home immediately.*
Frau Schulz sagt, du sollst morgen zu ihr kommen.	*Ms. Schulz says you should come to see her tomorrow.*
Darf ich die Kerzen anzünden?	*May I light the candles?*

müssen = *must*
sollen = *to be supposed to*
dürfen = *may*

	müssen	sollen	dürfen
ich	muss	soll	darf
du	musst	sollst	darfst
Sie	müssen	sollen	dürfen
er/sie/es	muss	soll	darf
wir	müssen	sollen	dürfen
ihr	müsst	sollt	dürft
Sie	müssen	sollen	dürfen
sie	müssen	sollen	dürfen

nicht müssen = *to not have to,*
to not need to
nicht dürfen = *mustn't*

When negated, the English expressions *to have to* and *must* undergo a change in meaning. The expression *not have to* implies that there is no need to do something, while *must not* implies a strong prohibition. These two distinct meanings are expressed in German by **nicht müssen** and **nicht dürfen,** respectively.

Du musst das nicht tun.　　　　*You don't have to do that.*
　　　　　　　　　　　　　　or: *You don't need to do that.*
Du darfst das nicht tun.　　　　*You mustn't do that.*

Übung 3　Jutta hat zwei Punkte in Englisch.

Was muss sie machen? Was darf sie nicht machen?

1. mit Jens zusammen lernen
2. den ganzen Abend chatten
3. in der Klasse aufpassen und mitschreiben
4. jeden Tag tanzen gehen
5. jeden Tag ihren Wortschatz lernen
6. amerikanische Filme im Original sehen
7. ihren Englischlehrer zum Abendessen einladen
8. für eine Woche nach London fahren
9. die englische Grammatik fleißig[1] lernen

Übung 4　Minidialoge

Ergänzen Sie **können, wollen, müssen, sollen, dürfen.**

1. ALBERT: Hallo, Nora. Peter und ich gehen ins Kino. _____[a] du nicht mitkommen?
   NORA: Ich _____[b] schon, aber leider _____[c] ich nicht mitkommen. Ich _____[d] arbeiten.

2. JENS: Vati, _____[a] ich mit Hans fischen gehen?
   HERR WAGNER: Nein! Du hast zwei Punkte in Physik, zwei Punkte in Latein und einen Punkt in Englisch. Du _____[b] zu Hause bleiben und deine Hausaufgaben machen.
   JENS: Aber, Vati! Meine Hausaufgaben _____[c] ich doch heute Abend machen.
   HERR WAGNER: Nein, Jens! Aber wenn du möchtest, _____[d] du zu Hans gehen und dann _____[e] ihr eure Hausaufgaben zusammen machen.

3. HEIDI: Hallo, Stefan. Frau Schulz sagt, du _____[a] morgen in ihre Sprechstunde kommen.
   STEFAN: Morgen _____[b] ich nicht, ich habe keine Zeit.
   HEIDI: Das _____[c] du Frau Schulz schon selbst sagen. Mach's gut.

[1]*diligently*

3.3 Accusative case: personal pronouns

As in English, certain German pronouns change depending on whether they are the subject or the object of a verb.

Ich möchte mitkommen.	*I would like to come along.*
Nimmst du **mich** mit?	*Will you take me with you?*
Er kommt aus Wien.	*He is from Vienna.*
Kennst du **ihn**?	*Do you know him?*

A. First- and second-person pronouns: nominative and accusative forms

Nominative	Accusative	
ich	mich	*me*
du	dich	*you*
Sie	Sie	*you*
wir	uns	*us*
ihr	euch	*you*
Sie	Sie	*you*

Wer bist **du**? Ich kenne **dich** nicht.	*Who are you? I don't know you.*
Wer seid **ihr?** Ich kenne **euch** nicht.	*Who are you (people)? I don't know you.*

B. Third-person pronouns: nominative and accusative forms

	Nominative	Accusative	
Masculine	er	ihn	*him, it*
Feminine		sie	*her, it*
Neuter		es	*it*
Plural		sie	*them*

der → er
den → ihn
das → es
die → sie

Recall that third-person pronouns reflect the grammatical gender of the noun they stand for: **der Film → er; die Gitarre → sie; das Foto → es.** This relationship also holds true for the accusative case: **den Film → ihn; die Gitarre → sie; das Foto → es.** Note that only the masculine singular pronoun has a different form in the accusative case.

Wo ist der Spiegel? Ich sehe **ihn** nicht.	*Where is the mirror? I don't see it.*
Das ist meine Schwester Jasmin. Du kennst **sie** noch nicht.	*This is my sister Jasmin. You don't know her yet.*
—Wann kaufst du die Bücher?	*—When will you buy the books?*
—Ich kaufe **sie** morgen.	*—I'll buy them tomorrow.*

Übung 5 Minidialoge

Ergänzen Sie **mich, dich, uns, euch, Sie.**

1. KATRIN: Holst du mich heute Abend ab, wenn wir ins Kino gehen?
   THOMAS: Natürlich hole ich _____ ab!

2. STEFAN: Hallooo! Hier bin ich, Albert! Siehst du _____^a denn nicht?
   ALBERT: Ach, *da* bist du. Ja, jetzt sehe ich _____^b.

3. SARAH: Guten Tag, Frau Schulz. Sie kennen _____ noch nicht. Wir sind neu in Ihrer Klasse. Das ist Caleb, und ich bin Sarah.
   FRAU SCHULZ: Guten Tag, Caleb. Guten Tag, Sarah.

4. MONIKA: Hallo, Albert. Hallo, Thomas. Katrin und ich besuchen _____ heute.
   ALBERT UND THOMAS: Toll! Bringt Kuchen mit!

5. STEFAN: Heidi, ich mag _____^a!
   HEIDI: Das ist schön, Stefan. Ich mag _____^b auch.

6. FRAU SCHULZ: Spreche ich laut genug? Verstehen Sie _____^a?
   KLASSE: Ja, wir verstehen _____^b sehr gut, Frau Schulz.

7. STEFAN UND ALBERT: Auf Wiedersehen, Frau Schulz! Schöne Ferien! Und vergessen Sie uns nicht!
   FRAU SCHULZ: Natürlich nicht! Wie kann ich _____ denn je vergessen?

Übung 6 Der Deutschkurs

das → es
den → ihn
die → sie

MODELL: Machst du gern **das** Arbeitsbuch für *Kontakte*? →
        Ja, ich mache **es** gern.
oder: Nein, ich mache **es** nicht gern.

1. Machst du gern **das** Arbeitsbuch für *Kontakte*?
2. Kannst du **das** deutsche Alphabet aufsagen?
3. Kennst du **den** beliebtesten deutschen Vornamen für Jungen?
4. Liest du gern **die** Grammatik?
5. Lernst du gern **den** Wortschatz?
6. Kennst du **die** Studenten und Studentinnen in der Klasse?
7. Vergisst du oft **die** Hausaufgaben?
8. Magst du **deinen** Lehrer oder **deine** Lehrerin?

Übung 7 Was machen diese Personen?

Beantworten Sie die Fragen negativ.

MODELL: Kauft Michael das Buch? →
        Nein, er kauft es nicht, er liest es.

Verwenden Sie diese Verben.

anrufen, ruft an
anziehen, zieht an
anzünden, zündet an
ausmachen, macht aus
essen, isst
kaufen
schreiben
trinken
verkaufen
waschen, wäscht

1. Liest Maria den Brief?

2. Isst Michael die Suppe?

3. Macht Maria den Fernseher an?

4. Kauft Michael das Auto?

5. Zieht Michael die Hose aus?

6. Trägt Maria den Rock?

7. Bestellt[1] Michael das Schnitzel?

8. Besucht Michael seinen Freund?

9. Kämmt Maria ihr Haar?

10. Bläst Michael die Kerzen aus[2]?

3.4 Word order: dependent clauses

Use a conjunction such as **wenn** (*when, if*) or **weil** (*because*) to add a modifying clause to a sentence.

Mehmet hört Musik, **wenn** er traurig ist.	*Mehmet listens to music whenever he is sad.*
Renate geht nach Hause, **weil** sie müde ist.	*Renate is going home because she is tired.*

In the preceding examples, the first clause is the main clause. The clause introduced by a conjunction is called a *dependent clause.* In German, the verb in a dependent clause occurs at the end of the clause.

When **wenn** or **weil** begins a clause, the conjugated verb appears at the end of the clause.

MAIN CLAUSE	DEPENDENT CLAUSE
Ich bleibe im Bett, *I stay in bed*	wenn ich krank **bin.** *when I am sick.*

[1]bestellen *to order (in a restaurant)* [2]ausblasen *to blow out*

In sentences beginning with a dependent clause, the entire clause acts as the first element in the sentence. The verb of the main clause comes directly after the dependent clause, separated by a comma. As in all German statements, the verb is in second position. The subject of the main clause follows the verb.

I	II	III
DEPENDENT CLAUSE	VERB	SUBJECT
Wenn ich krank bin,	bleibe	ich	im Bett.
When I'm sick,	*I stay in bed.*		
Weil sie müde ist,	geht	Renate	nach Hause.
Because she's tired,	*Renate is going home.*		

Übung 8   Warum denn?

Beantworten Sie die Fragen.

MODELL: Warum gehst du nicht in die Schule? → Weil ich krank bin.

1. Warum gehst du nicht in die Schule?
2. Warum liegt dein Bruder im Bett?
3. Warum esst ihr denn schon wieder?
4. Warum kommt Nora nicht mit ins Kino?
5. Warum sieht Jutta schon wieder fern?
6. Warum sitzt du allein in deinem Zimmer?
7. Warum trinken sie Wasser?
8. Warum machst du denn das Licht an?
9. Warum singt Jens den ganzen Tag?
10. Warum bleibst du zu Hause?

a. Durst haben
b. krank sein
c. traurig sein
d. Langeweile haben
e. Angst haben
f. glücklich sein
g. lernen müssen
h. müde sein
i. Hunger haben
j. keine Zeit haben

Übung 9   Ist das immer so?

Sagen Sie, wie das für andere Personen ist und wie das für Sie ist.

MODELL: S1: Was macht Albert, wenn er müde ist?
S2: Wenn Albert müde ist, geht er nach Hause.
S1: Und du?
S2: Wenn ich müde bin, trinke ich einen Kaffee.

1. Albert ist müde.
2. Maria ist glücklich.
3. Herr Ruf hat Durst.
4. Frau Wagner ist in Eile.
5. Heidi hat Hunger.
6. Frau Schulz hat Ferien.
7. Hans hat Angst.
8. Stefan ist krank.

a. Sie trifft Michael.
b. Er geht nach Hause.
c. Sie fährt mit dem Taxi.
d. Sie kauft einen Hamburger.
e. Er trinkt eine Cola.
f. Er geht zum Arzt.
g. Er ruft: „Mama, Mama".
h. Sie fliegt nach Deutschland.

3.5 Dependent clauses and separable-prefix verbs

As you know, the prefix of a separable-prefix verb occurs at the end of an independent clause.

> Rolf **steht** immer früh **auf.**
> *Rolf always gets up early.*

In a dependent clause, the prefix is attached to the verb form, which is placed at the end of the clause.

> Rolf ist immer müde, wenn er früh **aufsteht.**
> *Rolf is always tired when he gets up early.*
>
> Eske, bitte **mach** das Fenster nicht **auf!** Es wird kalt, wenn du es **aufmachst.**
> *Eske, please don't open the window. It gets cold when you open it.*

When there are two verbs in a dependent clause, such as a modal verb and an infinitive, the modal verb comes last, following the infinitive.

INDEPENDENT CLAUSE	Rolf **muss** früh **aufstehen.**	*Rolf has to get up early.*
DEPENDENT CLAUSE	Er ist müde, wenn er früh **aufstehen muss.**	*He is tired when he has to get up early.*
INDEPENDENT CLAUSE	Eske hat kein Geld. Sie **kann** nichts **machen.**	*Eske doesn't have any money. She can't do anything.*
DEPENDENT CLAUSE	Sie hat Langeweile, weil sie nichts **machen kann.**	*She's bored because she can't do anything.*

Übung 10 Warum ist das so?

MODELL: Jürgen ist wütend, weil er immer so früh aufstehen muss.

1. Jürgen ist wütend.
2. Silvia ist froh.
3. Claire ist in Eile.
4. Josef ist traurig.
5. Thomas geht nicht zu Fuß.
6. Willi hat selten Langeweile.
7. Nesrin hat Angst vor Wasser.
8. Mehmet fährt in die Türkei.

a. Sie muss noch einkaufen.
b. Er muss immer so früh aufstehen.
c. Seine Freundin nimmt ihn zur Uni mit.
d. Er sieht immer fern.
e. Sie kann nicht schwimmen.
f. Er will seine Eltern besuchen.
g. Melanie ruft ihn nicht an.
h. Sie muss heute nicht arbeiten.

KAPITEL 4

Ereignisse und Erinnerungen

In **Kapitel 4,** you will begin to talk about things that happened in the past: your own experiences and those of others. You will also talk about different kinds of memories.

Themen

Der Alltag

Urlaub und Freizeit

Geburtstage und Jahrestage

Ereignisse

Kulturelles

KLI: Universität und Studium

Musikszene: „Du hast den Farbfilm vergessen" (Nina Hagen)

KLI: Feiertage und Bräuche

Filmclip: *Jenseits der Stille* (Caroline Link)

Videoecke: Feste und Feiern

Lektüren

Kurzgeschichte: Vater im Baum (Margret Steenfatt)

Film: *Jenseits der Stille* (Caroline Link)

Strukturen

4.1 Talking about the past: the perfect tense

4.2 Strong and weak past participles

4.3 Dates and ordinal numbers

4.4 Prepositions of time: **um, am, im**

4.5 Past participles with and without **ge-**

Max Liebermann: *Wannseelandschaft* (1924), Christie's Images, London

KUNST UND KÜNSTLER

Max Liebermann (1847–1935) ist ein jüdischer Maler aus Berlin und ein Pionier der modernen Malerei. Seine frühen Bilder zeigen oft naturalistische Szenen von Menschen bei der Arbeit. Später malt Liebermann sehr private impressionistische Bilder wie dieses hier. Max Liebermann hatte ein Sommerhaus direkt am Wannsee.

Schauen Sie sich das Bild an und beantworten Sie die folgenden Fragen.

1. Was sehen Sie auf dem Bild: einen Mann, eine Frau, ein Kind, Häuser, Segelboote, Bäume, Blumen, Autos, einen Garten, einen Wald, einen Hund?

2. Wo sind die Menschen: in einem Garten, in der Stadt, an einem See, auf dem Land, auf dem Rasen, in einem Zimmer?

3. Was tragen die Menschen: eine Hose, ein weißes Kleid, ein hellblaues Kleid, einen Hut, eine Sonnenbrille, einen Bademantel, Sandalen, Stiefel, Schuhe?

4. Welche Farben dominieren: blau, braun, gelb, grau, grün, lila, orange, rosa, rot, schwarz, weiß?

5. Welche Gefühle ruft das Bild hervor: Angst, Einfachheit[1], Elan[2], Glück, Hoffnung, Freiheit, Langeweile[3], Neugier[4], Ruhe, Sehnsucht[5]?

6. An was denken Sie: Arbeit, Freizeit, Schule, Urlaub, Studium?

[1]simplicity [2]pep [3]boredom [4]curiosity [5]yearning

Situationen

Der Alltag

Grammatik 4.1

Ich habe geduscht.

Ich habe gefrühstückt.

Ich bin in die Uni gegangen.

Ich bin in einem Kurs gewesen.

Ich habe mit meinen Freunden Kaffee getrunken.

Ich bin nach Hause gekommen.

Ich habe zu Mittag gegessen.

Ich bin nachmittags zu Hause geblieben.

Ich habe abends gelernt.

Situation 1 Umfrage: Hast du das gemacht?

MODELL: S1: Hast du zum Frühstück etwas gegessen?
S2: Ja.
S1: Unterschreib bitte hier.

UNTERSCHRIFT

1. Hast du zum Frühstück etwas gegessen? _____
2. Hast du Kaffee getrunken? _____
3. Hast du heute die Zeitung gelesen? _____
4. Hast du gestern einen Film gesehen? _____
5. Hast du gestern mit deiner Freundin telefoniert? _____
6. Hast du in der Bibliothek gearbeitet? _____
7. Hast du deine Freunde zum Essen eingeladen? _____
8. Hast du gestern viele E-Mails geschrieben? _____
9. Bist du vor Mitternacht ins Bett gegangen? _____

Situation 2 Dialog: Das Fest

Silvia und Jürgen sitzen in der Mensa und essen zu Mittag.

SILVIA: Ich bin furchtbar _____.

JÜRGEN: Bist du wieder so spät ins Bett _____?

SILVIA: Ja. Ich bin heute früh erst um vier Uhr nach Hause _____.

JÜRGEN: Wo _____ du denn so lange?

SILVIA: Auf einem Fest.

JÜRGEN: _____?

SILVIA: Ja, ich habe ein paar alte Freunde _____ und wir haben uns sehr gut unterhalten.

JÜRGEN: Kein Wunder, _____!

Situation 3 Zum Schreiben: Ein Tagebuch

Schreiben Sie ein Tagebuch! Vielleicht haben Sie das früher schon einmal auf Englisch gemacht. Machen Sie sich zuerst ein paar Notizen. Was ist letzte Woche passiert? Was haben Sie gemacht? Was wollen Sie nicht vergessen?

MODELL: Letzte Woche habe/bin ich …

28. Juli 2015

Habe einen total coolen Jungen kennengelernt! Er heißt Billy, eigentlich Paul, aber er sieht aus wie Billy Idol. Er ist total süß!! Habe gleich einen Brief an Geli geschrieben und ihr von Billy erzählt. Warte jetzt auf Gelis Antwort... Außerdem haben wir Zeugnisse bekommen. Das war nicht so gut...

Juttas Tagebuch

Urlaub und Freizeit

Grammatik 4.2

Jutta ist ins Schwimmbad gefahren.

Sie hat in der Sonne gelegen.

Sie ist geschwommen.

Sie hat Musik gehört.

Jens und Robert haben Postkarten geschrieben.

Sie sind in den Bergen gewandert.

Sie haben Tennis gespielt.

Sie haben viel gelesen.

Situation 4 Bildgeschichte: Familie Wagner im Urlaub am Strand

UNIVERSITÄT UND STUDIUM

- Wann haben Sie mit dem Studium am College oder an der Universität angefangen?
- Welche Voraussetzungen[1] (High-School-Abschluss, Prüfungen usw.) braucht man für ein Studium?
- An welchen Universitäten haben Sie sich beworben[2]?
- Studieren Sie an einer privaten oder einer staatlichen Hochschule[3]?
- Müssen Sie Studiengebühren[4] bezahlen?
- Wie lange dauert Ihr Studium voraussichtlich?
- Welchen Abschluss[5] haben Sie am Ende Ihres Studiums?
- Was für Kurse müssen Sie belegen?

Die meisten Universitäten in Deutschland sind öffentliche Universitäten. Es gibt nur wenige private Hochschulen. Bis vor ein paar Jahren gab es in vielen Bundesländern Studiengebühren. Sie wurden aber alle abgeschafft. Auch in Österreich gibt es keine Studiengebühren mehr. In der Schweiz bezahlt man von Uni zu Uni unterschiedliche Studiengebühren, von 425 Franken pro Semester in Neuenburg bis zu 2.000 Franken in Lugano.

Viele Studenten arbeiten während des Semesters und in den Semesterferien. Um die 30% bekommen ein Stipendium oder eine finanzielle Hilfe vom Staat, das sogenannte BAföG (Bundesausbildungsförderungsgesetz[6]). Der BAföG-Höchstsatz[7] beträgt zur Zeit 735 Euro im Monat.

Um an einer Universität zu studieren, braucht man normalerweise das Abitur[8]. Seit über 10 Jahren gibt es in Deutschland und in Europa die neuen Bachelor- und Masterstudiengänge. Diese Studiengänge wurden eingeführt, um international vergleichbare[9] Studienabschlüsse zu haben. Ein Bachelorstudium dauert meist drei Jahre, ein Masterstudium zwei weitere Jahre.

Etwa 12% der Studierenden in Deutschland kommen aus dem Ausland[10], die meisten aus der Türkei, gefolgt von China, Russland, Österreich und Italien. Zum Vergleich: Der Anteil ausländischer Studenten in den USA beträgt 4%. Allerdings studieren relativ wenige Deutsche im Ausland, nämlich nur etwas über 6%, die meisten in Österreich, gefolgt von den Niederlanden, der Schweiz, Großbritannien und den USA. US-amerikanische Studenten gehen allerdings noch seltener für ein Semester oder länger ins Ausland, nämlich nur 1%.

Studierende in der Bibliothek der FU Berlin
© Sean Gallup/Getty Images

[1]prerequisites [2]sich ... applied [3]college, university [4]fees, tuition
[5]degree; diploma

[6]federal law for the promotion of higher education [7]maximum amount
[8]roughly: high school diploma [9]comparable [10]aus ... from abroad

Situation 5 **Dialog: Jens' und Juttas Wochenende**

Es ist Montag. Jutta und Jens treffen sich auf dem Schulhof ihrer Schule und reden über ihr Wochenende.

JENS: Hallo, Jutta!

JUTTA: Grüß dich, Jens! Was hast du am Wochenende _____?

JENS: Ach, nichts Besonderes. Ich habe _____ und Musik _____. Es war langweilig. Und du?

JUTTA: Ich bin mit meinen Eltern in die Berge _____. Wir sind viel _____ und haben sogar ein Picknick gemacht. Das war ganz super.

JENS: Das hört sich wirklich toll an!

JUTTA: Ja, auf jeden Fall. Komm doch das nächste Mal mit.

JENS: Au ja, gern.

Am Wochenende haben wir gefeiert.
© Chromorange/Alamy

Situation 6　Am Wochenende

Schauen Sie auf die Bilder und finden Sie die passende Antwort auf jede Frage.

1. _____ Was hat Frau Ruf am Freitag gemacht?
2. _____ Was hat Jutta am Samstag gemacht?
3. _____ Was haben Jutta und Hans am Sonntag gemacht?
4. _____ Was haben die Okonkwos am Sonntag gemacht?
5. _____ Was hat Michael am Samstag gemacht?
6. _____ Was hat Jens am Sonntag gemacht?
7. _____ Was hat Herr Ruf am Freitag gemacht?
8. _____ Was hat Richard am Samstag gemacht?

a. Sie haben den Hund gebadet.
b. Er hat mit Maria zu Abend gegessen.
c. Sie sind in den Bergen gewandert.
d. Er hat stundenlang ferngesehen.
e. Sie hat Billy kennengelernt.
f. Sie ist nach Augsburg gefahren.
g. Er hat für seine Familie die Wäsche gewaschen.
h. Er ist zum Strand gefahren.

MUSIKSZENE

„Du hast den Farbfilm vergessen" (1974, Ostdeutschland)
Nina Hagen

Biografie Nina Hagen wurde 1955 in der damaligen DDR geboren. Sie ist die Stieftochter von Wolf Biermann, einem bekannten Liedermacher. Beide verließen 1976 die DDR. Nina Hagen gilt als die deutsche „Godmother" des Punk. Neben ihrer Karriere als Sängerin und Songwriterin ist sie auch als Schauspielerin berühmt geworden. Ihr Hit „Du hast den Farbfilm vergessen" wird von vielen gesungen.

Nina Hagen
© Sean Gallup/Getty Images

NOTE: For copyright reasons, the songs referenced in **MUSIKSZENE** have not been provided by the publisher. The song can be found online at various sites such as YouTube, Amazon, or the iTunes store.

Vor dem Hören Machen Sie gern Fotos? Haben Sie schon mal Schwarz-Weiß-Fotos gemacht?

Nach dem Hören Beantworten Sie die Fragen.
1. Wo ist die Sängerin?
2. Wie heißt ihr Freund?
3. Welche Farben nennt sie?
4. Welche Fotos hat der Freund von ihr gemacht?
5. Warum ist es schlimm, dass der Freund den Farbfilm vergessen hat?
6. Was passiert, wenn der Freund den Farbfilm noch einmal vergisst?

Situation 7 Interview: Letztes Wochenende

Was hast du am Wochenende gemacht?
1. Hast du am Samstag lang geschlafen? Wie lang?
2. Bist du tanzen gegangen?
3. Hast du mit jemandem gefrühstückt?
4. Hast du Sport getrieben? Welchen Sport?
5. Hast du Fotos gemacht?
6. Hast du viele Mails geschrieben? An wen?
7. Bist du ins Kino gegangen? Welchen Film hast du gesehen?
8. Hast du ein Buch gelesen? Welches?
9. Hast du Geld verdient? Was hast du gemacht?
10. Hast du deine Seminare vorbereitet? Welche?

Miniwörterbuch

damalig	former
verlassen, verließ, verlassen	to leave
gelten als	to be known as
der **Strand**, die **Strände**	beach

Geburtstage und Jahrestage

Grammatik 4.3–4.4

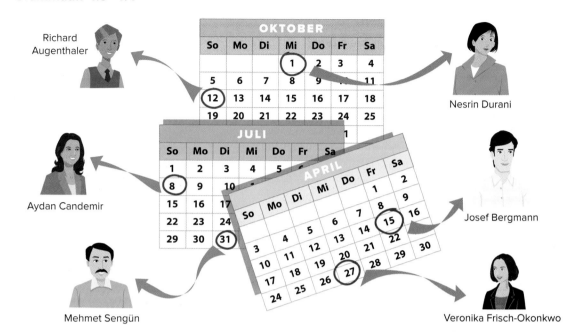

Richard Augenthaler

Nesrin Durani

Aydan Candemir

Josef Bergmann

Mehmet Sengün

Veronika Frisch-Okonkwo

Nesrin hat am ersten Oktober Geburtstag.

Richard hat am zwölften Oktober Geburtstag.

Aydan hat am achten Juli Hochzeitstag.

Mehmet ist am einunddreißigsten Juli geboren.

Josef ist am fünfzehnten April geboren.

Veronika hat am siebenundzwanzigsten April Geburtstag.

 Situation 8   Dialog: Welcher Tag ist heute?

Bringen Sie die Sätze in die richtige Reihenfolge.

Nesrin und Sofie sitzen im Café. Sofie fragt:

_____ Nein, welches Datum?

_____ Montag.

_____ Wirklich? Ich dachte, er hat im August Geburtstag.

_____ Hast du denn schon ein Geschenk?

__1__ Welcher Tag ist heute?

_____ Ach so, der dreißigste.

_____ Der dreißigste? Mann, dann ist ja heute Willis Geburtstag!

_____ Das ist es ja! Ich hab' noch nicht einmal ein Geschenk.

_____ Nein, Christian hat im August Geburtstag, aber Willi im Mai.

_____ Na, dann viel Spaß beim Geschenke kaufen!

FEIERTAGE UND BRÄUCHE°

°customs

- Welches sind die Familienfeste in Ihrem Land?
- Was macht man an diesen Festen?
- Wer feiert[1] zusammen?
- Kennen Sie deutsche Feiertage und Bräuche? Wenn ja, welche?

Der Adventskalender: Ein deutscher Exportartikel in christlicher Tradition ist über 100 Jahre alt. Amerika ist das Importland Nummer 1.

- Weihnachten in Deutschland: An welchen Tagen feiert man?
- Welche deutschen Weihnachtstraditionen kennen Sie?
- Wie feiern die Deutschen am liebsten Weihnachten? Analysieren Sie die Umfrage.

Auf dem Christkindlmarkt in München im Jahre 1897
© akg-images/Newscom

© akg-images/Newscom

© Focus Magazin

FOCUS-FRAGE

„Wo verbringen Sie Weihnachten?"

EIN FAMILIENFEST ZU HAUSE

von 1300 Befragten*
antworteten

zu Hause	**73 %**
bei den Eltern/Kindern	**21 %**
bei Freunden	**3 %**
im Urlaub	**3 %**

83 Prozent der Deutschen verbringen Weihnachten im Kreis der Familie, 7 Prozent zusammen mit dem Partner, 6 Prozent mit Freunden, 4 Prozent feiern alleine.

* Repräsentative Umfrage des Sample-Instituts für FOCUS im Dezember

HO KAFFEE-GROSSROSTEREI UND VERSAND · REMEN

[1]celebrates

 **Situation 9   Informationsspiel: Geburtstage**

MODELL: S1: Wann ist Willi geboren?
          S2: Am dreißigsten Mai 1991.

Person	Geburtstag
Willi	30. Mai 1991
Sofie	
Claire	1. Dezember 1990
Melanie	
Nora	4. Juli 1998
Thomas	
Heidi	23. Juni 1995
mein(e) Partner(in)	
sein/ihr Vater	
seine/ihre Mutter	

Situation 10   Fest- und Feiertage

1. Wann feiert man den Valentinstag?
2. Wann feiert man den Nationalfeiertag in deinem Land?
3. Welcher Feiertag ist in deiner Familie der wichtigste? Wann feiert man ihn?
4. Was feiert man am 1. Mai?
5. Welcher Festtag ist der wichtigste für dich? Dein Geburtstag? Der Tag deiner Taufe? Der Tag deiner Religionsmündigkeit[2] (Bar-Mizwa / Bat-Mizwa)? Ein anderer Tag?
6. Was feiert man am 31. Oktober?
7. Wann feiert man Weihnachten? An welchem Tag bekommt man die Geschenke?
8. Wann feiert man das islamische Opferfest[3]?
9. Wann feiert man Jom Kippur?
10. Wann beginnt der Frühling?

Situation 11   Erfindungen und Entdeckungen

MODELL: S1: Wer hat den Bleistift erfunden?
          S2: _____.
          S1: Wann hat er ihn erfunden?
          S2: _____.

das Toilettenpapier
der Kugelschreiber
der Bleistift
der Kaffeefilter
die Schallplatte
die Schreibmaschine
das Akkordeon

Cyril Demian
1829

Friedrich Staedtler
1662

Emil Berliner
1887

Joseph Cayetti
1857

Melitta Bentz
1908

Laszlo Biro
1938

Peter Mitterhofer
1864

[2]*religious maturity*   [3]*Feast of the Sacrifice*

MODELL: S1: Wer hat das Radium entdeckt?
S2: _____.
S1: Wann hat sie es entdeckt?
S2: _____.

Marie Curie
1898

Friedrich Herschel
1781

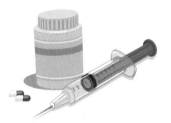

Alexander Fleming
1928

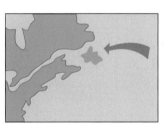

Leif Eriksson
1000

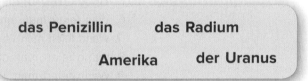

das Penizillin   das Radium

Amerika   der Uranus

Situation 12 Interview

1. Wann bist du geboren (Tag, Monat, Jahr)? Wann ist dein Freund / deine Freundin geboren (Tag, Monat, Jahr)? Wann ist dein Vater / deine Mutter geboren (Tag, Monat, Jahr)?

2. Wann bist du in die Schule gekommen (Monat, Jahr)? Wann hast du angefangen zu studieren (Monat, Jahr)?

3. Was war der wichtigste Tag in deinem Leben? Was ist da passiert? In welchem Monat war das? In welchem Jahr?

4. In welchem Monat warst du zum ersten Mal verliebt? hast du zum ersten Mal Geld verdient? hast du einen Unfall gehabt?

5. An welchen Tagen in der Woche arbeitest du? hast du frei? gehst du ins Kino? besuchst du deine Eltern? gehst du in Vorlesungen? gehst du ins Sprachlabor? gehst du in die Bibliothek?

6. Um wie viel Uhr stehst du auf? ist dein erster Kurs? gehst du nach Hause? gehst du ins Bett?

7. Was hast du vor zwei Tagen gemacht? vor zwei Wochen?

Lektüre

Vor dem Lesen

A. Eigenschaften von Tieren. Vervollständigen Sie die Sätze mit den Adjektiven.

1. Füchse sind _____.
2. Hunde sind _____.
3. Vögel sind _____.
4. Schildkröten sind _____.
5. Löwen sind _____.
6. Bären sind _____.

> mutig   schlau
> stark
> langsam   treu
> frei

B. Lesen Sie die Wörter im Miniwörterbuch. Dann suchen Sie sie im Text und unterstreichen Sie sie.

Vater im Baum

von Margret Steenfatt

Miniwörterbuch

der **Wagen**	here: *car*
der **Scherz**	*joke*
die **Wahrheit**	*truth*
glauben	*to believe*
flüstern	*to whisper*
nichts taugen	*to be no good*
das **Gerät**	*device*
der **Krimi**	*crime show*
der **Stein,** die **Steine**	*rock*
werfen	*to throw*
prügeln	*to spank*
verschwinden	*to disappear*
fassungslos	*perplexed*
hinaufsteigen	*to climb up*
klettern	*to climb*
der **Quatsch**	*nonsense*
heben	*to raise*
fort	*away*

„Mama, Vater sitzt im Baum!"

„Erzählt doch keine Märchen[4], Kinder. Papa wäscht den Wagen!"

„Nein, Mama, er sitzt im Baum!"

„Lasst mich in Ruhe mit euren Scherzen. Wir wollen gleich in die Stadt fahren. Ich habe noch zu tun."

„Aber es ist die Wahrheit, Mama. Er will nicht herunterkommen."

„Jetzt wird es mir zu bunt[5]. Geht hinaus und spielt." Die Mutter schlägt die Haustür zu.

„Sie will uns nicht glauben", sagt Christian zu Sabine. „Was tun wir jetzt?"

„Nichts."

„Und Papa?"

„Den kriegen wir schon 'runter."

„Wie denn?"

„Ich sag's dir ins Ohr." Sabine beugt sich zum Bruder und flüstert etwas. Gleich darauf stürmen beide Kinder zur Garage.

Der neue Ford steht vor der Tür. Christian und Sabine schwingen sich aufs Autodach[6]. Sie rufen laut zum Baum hinüber[7]: „Papa, schau her!" Dann trampeln sie vereint mit ungeheurem Getöse[8] auf dem Blechdach herum. Nach einer Weile beginnt der Lack[9] zu splittern. Es zeigen sich Beulen[10] im Dach. „Papa!", brüllen die Kinder aus vollem Halse. „Schau doch, Papa!"

Auf dem Baum rührt sich nichts. Ein paar Pfeifenwölkchen[11] schweben zum Himmel.

„Sabine, dein Plan taugt nichts", sagt Christian. „Ich weiß was Besseres, warte!" Er rutscht vom Autodach und läuft ins Haus. Ein paar Minuten später schleppt er den Fernseher herbei und setzt ihn unter den Baum. Er schaltet das Gerät ein und stellt es auf volle Lautstärke. „Komm endlich, Vater, 'n Krimi gibt's."

Aber noch immer regt sich droben nichts.

Die Kinder sammeln Steine, kleine zunächst, und werfen. Sie zielen nicht sehr gut. „Jetzt wird er gleich heruntersteigen, weil er uns prügeln will", sagt Sabine. „Dann müssen wir schnell verschwinden!"

Sie nehmen größere Steine und treffen hin und wieder. Doch der Vater im Baum gibt keinen Laut von sich[12] und die Kinder sehen ein[13], dass er nicht mehr herabkommen wird. Sie toben und kreischen und brüllen[14].

Da kommt die Mutter aus dem Haus, reisefertig, mit Koffer und Tasche. Sie geht zur Garage und erblickt das zerbeulte Auto. Sie sieht die Kinder mit Steinen in den Händen und im Baum den Vater, ihren Mann. „Was soll das bedeuten?", fragt sie fassungslos.

„Vater sitzt im Baum!", schreit Christian. „Er will nicht herunter!"

„Das ist unmöglich", sagt die Mutter. „Euer Vater sitzt nicht in Bäumen."

„So sieh ihn doch an, wie er dort sitzt und sich um nichts kümmert[15]!", kreischt Sabine.

„Eduard!", ruft die Mutter beschwörend, „lass diese Albernheiten[16]. Wir müssen fahren!" – „Eduard, so komm doch endlich herunter!" – „Warum antwortest du denn nicht?"

„Steigt doch mal hinauf, Kinder!", bittet die Mutter. „Ich verstehe das alles nicht."

Sabine und Christian beginnen zu klettern. Der Baum ist ziemlich hoch. Oben in der Krone sitzt der Vater. Er sagt kein Wort und rührt sich nicht[17]. Christian steigt schneller als Sabine. Er kommt dem Vater immer näher. Fast hat er ihn erreicht[18]. „Papa, was soll der Quatsch!", ruft Christian.

Mit einem Mal hebt der Vater die Arme, hebt und senkt sie, richtet sich auf und fliegt wie ein Vogel davon, fort vom Baum, fort vom Haus, fort von der Familie.

Margret Steenfatt, "Vater im Baum" in *Am Montag fängt die Woche an.* Used with permission.

[4]Erzählt …: *Don't talk nonsense* [5]wird …: *this is getting to be too much for me* [6]*roof of the car* [7]rufen …: *call loudly across to the tree* [8]*noise, racket* [9]*varnish* [10]*dents* [11]*little clouds of pipe smoke* [12]gibt …: *makes no sound* [13]sehen …: *realize* [14]toben …: *romp and scream and yell* [15]sich …: *is concerned about nothing* [16]*absurdities* [17]rührt …: *doesn't move* [18]*reached*

Arbeit mit dem Text

A. Personen. Wer macht was?

	Vater	Mutter	Kinder
1. davonfliegen	☐	☐	☐
2. die Haustür zuschlagen	☐	☐	☐
3. flüstern	☐	☐	☐
4. im Baum sitzen	☐	☐	☐
5. in den Baum klettern	☐	☐	☐
6. keinen Laut von sich geben	☐	☐	☐
7. mit Koffer aus dem Haus kommen	☐	☐	☐
8. Pfeife[19] rauchen	☐	☐	☐
9. Steine sammeln	☐	☐	☐
10. trampeln	☐	☐	☐
11. zum Baum hinüberrufen	☐	☐	☐
12. zur Garage stürmen	☐	☐	☐

B. Handlung. Die folgenden Sätze fassen die Handlung zusammen. Bringen Sie sie in die richtige Reihenfolge.

_____ Beide Kinder stürmen zur Garage.

_____ Die Mutter schlägt die Haustür zu.

___*1*___ Der Vater sitzt im Baum.

_____ Sie trampeln auf dem Blechdach herum.

_____ Christian holt den Fernseher.

_____ Die Kinder toben und machen viel Lärm.

_____ Der Vater will nicht herunterkommen.

_____ Die Kinder werfen Steine.

_____ Sie muss in die Stadt fahren.

_____ Der Vater fliegt wie ein Vogel davon.

_____ Es gibt einen Krimi.

_____ Der Vater raucht Pfeife.

_____ Die Mutter kommt wieder aus dem Haus.

_____ Die Kinder klettern in den Baum.

C. Inhalt. Warum sitzt der Vater im Baum? Schreiben Sie drei Möglichkeiten auf.

Der Vater sitzt im Baum, ...

weil _____.

weil _____.

weil _____.

Nach dem Lesen

Beantworten Sie die folgenden Fragen.

1. Warum glaubt die Mutter nicht, dass der Vater im Baum sitzt?
2. Der Vater fliegt davon wie ein Vogel. Was symbolisiert das?
3. Wie ist das Leben des Vaters, bevor er auf den Baum klettert?
4. Wie geht das Leben weiter? Das Leben der Kinder, das Leben der Mutter, das Leben des Vaters?

[19]*pipe*

Ereignisse

Grammatik 4.5

1. Wann sind Sie aufgewacht?
2. Wann sind Sie aufgestanden?
3. Wann sind Sie von zu Hause weggegangen?
4. Wann hat Ihr Kurs angefangen?
5. Wann hat Ihr Kurs aufgehört?
6. Wann sind Sie nach Hause gekommen?
7. Wann haben Sie unsere Prüfungen korrigiert?

1. Wann hast du eingekauft?
2. Wann hast du das Geschirr gespült?
3. Wann hast du mit deiner Freundin telefoniert?
4. Wann hast du ferngesehen?
5. Wann hast du dein Fahrrad repariert?
6. Wann bist du abends ausgegangen?

Situation 13 Michaels freier Tag

Michael telefoniert mit Maria. Sie reden über Michaels freien Tag. Bringen Sie die Sätze in die richtige Reihenfolge.

_____ Tut mir leid, Maria, an dich habe ich leider nicht gedacht. Aber wenn du willst, können wir heute Abend etwas machen.

_____ Hallo Maria. Hier ist Michael. Wie geht's?

_____ Also, zuerst habe ich meinen kleinen Bruder besucht und sein Motorrad repariert.

___13___ Tschüss.

_____ Dann habe ich meinen Keller aufgeräumt. Und am Abend bin ich ausgegangen, in die Kneipe, mit zwei Arbeitskollegen.

_____ Nein, natürlich nicht. Mittags habe ich meinen neuen Nachbarn kennengelernt und wir haben zusammen Kaffee getrunken.

_____ Und dann?

___1___ Schneider, guten Tag.

_____ Und an mich hast du den ganzen Tag nicht gedacht, oder doch?

_____ Also gut. Kannst du mich um acht Uhr abholen?

_____ Ganz gut, danke. Du, sag mal, ich habe versucht, dich gestern anzurufen. Was hast du denn den ganzen Tag gemacht?

_____ Ja gern. Bis dann um acht. Tschüss.

_____ So, und das hat den ganzen Tag gedauert?

🎤 Situation 14 Interview: Gestern

1. Wann bist du aufgestanden?
2. Was hast du gefrühstückt?
3. Wie bist du zur Uni gekommen?
4. Was war dein erster Kurs?
5. Was hast du zu Mittag gegessen?
6. Was hast du getrunken?
7. Wen hast du getroffen?
8. Was hast du nachmittags gemacht?
9. Wie war das Wetter?
10. Wo bist du um sechs Uhr abends gewesen?
11. Was hast du abends gemacht?
12. Wann bist du ins Bett gegangen?
13. Ist gestern etwas Interessantes passiert? Was?

Studentenalltag
© fStop/Getty Images RF

Situation 15 Informationsspiel: Zum ersten Mal

MODELL: S2: Wann hat Frau Gretter ihren ersten Kuss bekommen?
S1: Als sie dreizehn war.

	Herr Thelen	Frau Gretter	mein(e) Partner(in)
seinen/ihren/deinen ersten Kuss bekommen		als sie 13 war	
zum ersten Mal ausgegangen	als er 14 war		
seinen/ihren/deinen Führerschein gemacht		mit 25	
sein/ihr/dein erstes Bier getrunken	mit 16		
seinen/ihren/deinen ersten Preis gewonnen		noch nie	
zum ersten Mal nachts nicht nach Hause gekommen		mit 21	

Filmlektüre

Jenseits der Stille

 ## Vor dem Lesen

A. Beantworten Sie die folgenden Fragen.

1. Was assoziieren Sie mit Stille?
2. Schauen Sie sich das Foto an: Wie sehen die beiden jungen Leute aus?
3. Welche Charaktereigenschaften haben sie vielleicht? Finden Sie Adjektive.
4. Was machen sie mit ihren Händen?

FILMANGABEN

Titel: *Jenseits der Stille*
Genre: Drama
Erscheinungsjahr: 1996
Land: Deutschland
Dauer: 107 min
Regisseur: Caroline Link
Hauptrollen: Sylvie Testud, Tatjana Trieb, Howie Seago, Emmanuelle Laborit, Sibylle Canonica

Zeichensprache
© *United Archives GmbH/Alamy*

B. Lesen Sie die Wörter im Miniwörterbuch. Suchen Sie sie dann im Text und unterstreichen Sie sie.

Miniwörterbuch	
gehörlos	deaf
die **Verständigung**	communication
die **Zeichensprache**	sign language
beherrschen	to master
übersetzen	to translate
das **Verhältnis**	relationship
zunächst	at first
der **Ärger**	trouble
sich lösen	to free oneself
(sich) vorbereiten	to prepare (oneself)
die **Aufnahmeprüfung**	entrance exam
ums Leben kommen	to die
angespannt	tense
die **Prüfungskommission**	examining board

Inhaltsangabe

Die achtjährige Lara (Tatjana Trieb) lebt mit ihren Eltern in Bayern. Sie ist die Einzige in der Familie, die sprechen und hören kann. Ihre Eltern sind beide gehörlos. Lara muss ihnen bei der Verständigung im Alltag oft helfen. Weil sie die Zeichensprache und die Sprache der Außenwelt beherrscht, übersetzt sie für ihre Eltern: bei jedem Telefonat, auf der Bank, in der Schule. Zu ihrem Vater hat Lara ein besonders gutes Verhältnis.

Eines Tages bekommt Lara eine Klarinette von ihrer Tante Clarissa (Sibylle Canonica). Lara lernt auf dem Instrument zu spielen und ist richtig gut. Sie hat Talent. Doch nicht nur das: Sie entdeckt eine große Welt außerhalb der häuslichen Stille, nämlich die Musik. Mit 18 (Sylvie Testud) will sie nach Berlin auf das Konservatorium und dort Musik studieren. Ihren Eltern sagt sie zunächst nichts davon. Als sie es dann doch erfahren, gibt es Ärger. Vor allem ihr Vater (Howie Seago) ist wütend und eifersüchtig. Er weiß, dass Lara dabei ist, sich von ihnen zu lösen und Welten zu entdecken, die ihnen verschlossen bleiben.

Lara geht trotzdem nach Berlin und bereitet sich auf die Aufnahmeprüfung vor. Auch als ihre Mutter (Emmanuelle Laborit) plötzlich bei einem Verkehrsunfall ums Leben kommt, bessert sich das angespannte Verhältnis zwischen Vater und Tochter nicht. Aber in dem Moment, in dem Lara vor die Prüfungskommission des Konservatoriums tritt, sieht sie ihren Vater im Konzertsaal. Er will sie spielen sehen.

Arbeit mit dem Text

Welche Aussagen sind falsch? Verbessern Sie die falschen Aussagen.

1. Lara kann hören und sprechen, ihre Eltern aber nicht.
2. Lara hilft ihren Eltern im Alltag, weil sie gehörlos sind.
3. Lara hat ein besonders gutes Verhältnis zu ihrer Mutter.
4. Lara bekommt von ihrer Kusine Clarissa eine Klarinette.
5. Laras Eltern möchten, dass Lara nach Berlin auf das Konservatorium geht.
6. Das Verhältnis zwischen Lara und ihrem Vater wird nach dem Tod der Mutter auch nicht besser.
7. Laras Vater akzeptiert am Ende des Films Laras Wunsch, Musik zu studieren.

▦ FILMCLIP

NOTE: For copyright reasons, the films referenced in the **FILMCLIP** feature
have not been provided by the publisher. The film can be purchased as a DVD
or found online at various sites such as YouTube, Amazon, or the iTunes store.
The time codes mentioned below are for the North American DVD version of
the film.

Szene: DVD, Kapitel 3, „Merry Christmas", 14:20–17:36 Min.

Laras Tante, Clarissa, ist eine begeisterte Musikerin. Es ist die Weihnachtszeit.
Jedes Weihnachten spielt sie auf ihrer Klarinette, begleitet von ihrem Vater auf
dem Klavier, allen Gästen etwas vor.

Schauen Sie sich die Szene an. Die folgenden Aussagen beschreiben die
Szene in der falschen Reihenfolge. Bringen Sie die Sätze in die richtige
Reihenfolge.

_____ Lara, ihre Mutter, ihre Tante und ihre Großmutter sind in der Küche und
sprechen über das neue Baby.

___1___ Lara hört ihrer Tante Clarissa und ihrem Großvater zu, wie sie Klavier
und Klarinette spielen.

_____ Laras Vater erinnert sich[1], als er ein Junge war und seine Schwester
spielen sah.

_____ Tante Clarissa möchte, dass Lara bei ihr bleibt, und bittet sie, ihre Mutter
zu fragen, ob sie darf.

_____ Tante Clarissa schenkt Lara ihre erste Klarinette zu Weihnachten.

_____ Tante Clarissa sagt, sie ist ein Talent.

_____ Lara spielt mit der Klarinette und schafft[2] es, einen Ton zu spielen.

_____ Laras Mutter sagt widerwillig[3] ja.

Nach dem Lesen

Kreatives Schreiben. Wie geht die Geschichte weiter? Lara schreibt einen
Brief an ihre beste Freundin oder ihren besten Freund und erzählt, wie es
nach dem Vorspielen weitergegangen ist.

MODELL: Liebe ... (Lieber ...), wie geht es dir? Letzte Woche habe ich hier in
Berlin am Konservatorium vorgespielt ...

💬 Situation 16 Rollenspiel: Das Studentenleben

S1: Sie sind Reporter/Reporterin einer Unizeitung in Österreich und machen
ein Interview zum Thema Studentenleben[4] in anderen Ländern. Fragen
Sie, was Ihr Partner / Ihre Partnerin gestern alles gemacht hat: am
Vormittag, am Mittag, am Nachmittag und am Abend.

[1]erinnert ... *remembers* [2]*manages* [3]*reluctantly* [4]*student life*

 Videoecke

Perspektiven

Was hast du gestern Abend gemacht?

Gestern Abend habe ich ein Buch gelesen.

Aufgabe 1   Gestern Abend

Wer hat das gestern Abend gemacht? Ordnen Sie die Aussagen den Personen zu.

Miniwörterbuch	
die **Probe**	rehearsal
verbringen, verbracht	to spend
aufpassen	to watch, look after
unternehmen, unternommen	to do, undertake
zuwinken, zugewunken	to wave
ausprobieren	to try out
sich (mit etwas) beschäftigen	to be busy (with sth.)

1. Sandra ___   2. Hend ___   3. Martin ___   4. Simone ___

5. Sophie ___   6. Jenny ___   7. Pascal ___   8. Tina ___

a. Ich habe ein ägyptisches Essen gekocht.

b. Ich habe ein Buch gelesen.

c. Ich habe etwas in einer Kneipe getrunken.

d. Ich habe mit einer Freundin etwas Schönes gekocht.

e. Ich habe mir beim Chinesen etwas zu essen geholt.

f. Ich habe mit meiner Freundin Wein getrunken.

g. Ich habe zu Hause eine DVD geguckt.

h. Ich hatte Probe mit meiner Band.

Interviews

- Wie hast du das letzte Wochenende verbracht?
- Was war das Interessanteste, was dir in den letzten Tagen passiert ist?
- Wann hast du Geburtstag?
- Wie hast du deinen letzten Geburtstag gefeiert?
- Welchen Feiertag findest du am besten? Warum?
- Was war der schönste Tag in deinem Leben?

Tanja

Felicitas

Aufgabe 2 Tanja und Felicitas

Auf wen treffen die folgenden Aussagen zu, Tanja oder Felicitas?

	Tanja	Felicitas
1. Letztes Wochenende bin ich zu meinem Freund nach Jena gefahren.	☐	☐
2. Ich habe auf die Kinder von meiner Schwester aufgepasst.	☐	☐
3. Ich habe am 2. März Geburtstag.	☐	☐
4. Ich habe ein Fußballspiel der Champions League gesehen.	☐	☐
5. An meinem letzten Geburtstag habe ich Sushi gegessen.	☐	☐
6. An meinem letzten Geburtstag habe ich abends etwas mit Freunden unternommen.	☐	☐
7. Ich finde den Tag der Deutschen Einheit am besten.	☐	☐
8. Ich finde Weihnachten am schönsten.	☐	☐
9. Ich habe ein Stipendium gewonnen, um in Deutschland zu studieren.	☐	☐
10. Justin Timberlake hat mir zugewunken.	☐	☐

Aufgabe 3 Tanjas Wochenende

Was ist passiert? Bringen Sie die Sätze in die richtige Reihenfolge.

___1___ Ich bin am Samstag zu meinem Freund nach Jena gefahren.

_____ Ich habe mir einen neuen Laptop gekauft.

_____ Wir haben Programme installiert und alles ausprobiert.

_____ Am Abend haben wir uns die ganze Zeit mit dem neuen Laptop beschäftigt.

_____ Wir sind einkaufen gegangen.

Aufgabe 4 Dies und das

Beantworten Sie die folgenden Fragen.

1. Wer hat in Tanjas Heimatstadt das Champions-League-Spiel gewonnen?
2. Wann hat Tanja Geburtstag?
3. Warum findet Tanja Weihnachten so schön?
4. Was ist am schönsten Tag in Tanjas Leben passiert?
5. Wo war Felicitas mit den Kindern ihrer Schwester?
6. Warum findet Felicitas den Tag der Deutschen Einheit so gut?
7. Was ist passiert, als Felicitas beim Justin-Timberlake-Konzert war?

Wortschatz

Unterwegs — On the Road

die **Fahrkarte, -n**	ticket
der **Bahnhof, ⁓e**	train station
der **Führerschein, -e**	driver's license
der **Unfall, ⁓e**	accident
der **Urlaub, -e**	vacation

Zeit und Reihenfolge — Time and Sequence

der **Abend, -e** (R)	evening
am **Abend**	in the evening
der **Alltag**	daily routine
der **Nachmittag, -e**	afternoon
der **Vormittag, -e**	late morning
das **Datum, Daten**	date
welches **Datum**	what is today's date?
ist heute?	
das **Mal, -e** (R)	time
das **letzte Mal**	the last time
zum **ersten Mal**	for the first time
abends	evenings, in the evening
gestern	yesterday
gestern **Abend**	last night
letzt-	last
letzte **Woche**	last week
letzten **Montag**	last Monday
letzten **Sommer**	last summer
letztes **Wochenende**	last weekend
nachmittags	afternoons, in the afternoon
nachts	nights, at night
an (R)	on; in
am **Abend**	in the evening
am ersten **Oktober**	on the first of October
an welchem **Tag?**	on what day?
bis (R)	until
bis um **vier** Uhr	until four o'clock
einmal	once
warst du schon	were you ever . . .?
einmal ...?	
erst	not until
erst um **vier** Uhr	not until four o'clock
früh (R)	in the morning
bis um **vier** Uhr **früh**	until four in the morning
schon (R)	already
seit	since; for
seit zwei **Jahren**	for two years
über	over
übers **Wochenende**	over the weekend
vor	ago
vor zwei **Tagen**	two days ago

Schule und Universität — School and University

die **Aufgabe, -n**	assignment
die **Bibliothek, -en**	library
die **Vorlesung, -en**	lecture
der **Kugelschreiber, -**	ballpoint pen
das **Abitur**	high school graduation exam
belegen	to take (a course)
halten, hält, gehalten*	to hold
ein **Referat halten**	to give a paper / oral report
vor·bereiten	to prepare

Feste und Feiertage — Holidays

die **Taufe, -n**	baptism, christening
der **Feiertag, -e**	holiday
das **Fest, -e**	celebration
(das) **Weihnachten**	Christmas

Ähnliche Wörter
die **Tradition, -en**; das **Picknick, -s**

Ordinalzahlen (Ordinal Numbers)

erst-
  der erste **Oktober**
zweit-
dritt-
viert-
fünft-
sechst-
siebt-
acht-
neunt-
zehnt-
elft-
zwölft-
dreizehnt-
zwanzigst-
hundertst-

Sonstige Substantive — Other Nouns

die **Erinnerung, -en**	memory, remembrance
die **Kneipe, -n** (R)	bar, tavern
die **Nachbarin, -nen**	female neighbor
die **Rechnung, -en**	bill; check (in restaurant)
die **Sandburg, -en**	sandcastle
die **Umfrage, -n**	survey

*Strong and irregular verbs are listed in the **Wortschatz** with the third-person singular, if there is a stem-vowel change, and with the past participle. All verbs that use **sein** as the auxiliary in the present perfect tense are listed with **ist**.

der **Keller**, -	basement, cellar
der **Kuss**, ⸚e	kiss
der **Liegestuhl**, ⸚e	deck chair
der **Nachbar**, -n	male neighbor
der **Preis**, -e	prize
der **Strand**, ⸚e	beach
das **Ferienhaus**, ⸚er	vacation house
das **Geschirr**	dishes
Geschirr spülen	to wash the dishes
das **Jahrzehnt**, -e	decade
das **Sprachlabor**, -s	language laboratory
das **Tagebuch**, ⸚er	diary

Ähnliche Wörter
die **Information**, -en; die **Reporterin**, -nen; die **Rolle**, -n; die **Wäsche**; der **Reporter**, -; der **Tee**; das **Café**, -s; das **Interview**, -s; das **Prozent**, -e; das **Thema**, **Themen**; das **Wunder**, -; kein **Wunder**

Sonstige Verben	Other Verbs
ab·fahren, fährt ... ab,	to depart
ist abgefahren	
an·fangen, fängt ... an,	to begin
angefangen	
antworten*	to answer
auf·wachen, ist aufgewacht (R)	to wake up
bezahlen	to pay (for)
dauern	to last
denken (an + *akk.*)**, gedacht** (R)	to think (of)
entdecken	to discover
entscheiden, entschieden	to decide
erfinden, erfunden	to invent
ergänzen	to complete, fill in the blanks
feiern	to celebrate
los·fahren, fährt ... los,	to drive off
ist losgefahren	
passieren, ist passiert	to happen
spülen	to wash; to rinse
verdienen	to earn
verstehen, verstanden	to understand

versuchen	to try, attempt
war, warst, waren	was, were

Ähnliche Wörter
diskutieren; **essen, isst, gegessen** (R); **zu Abend essen**; **fotografieren**; **gewinnen, gewonnen**; **korrigieren**; **sitzen, gesessen** (R); **telefonieren**; **weg·gehen, ist weggegangen**

Adjektive und Adverbien	Adjectives and Adverbs
furchtbar	terrible
knapp	just, barely
links	left
mit dem linken Fuß auf·stehen, ist aufgestanden	to get up on the wrong side of bed
pünktlich	punctual; on time
verliebt	in love

Ähnliche Wörter
total

Sonstige Wörter und Ausdrücke	Other Words and Expressions
also	well, so, thus
auf jeden Fall	by all means
das hört sich toll an	that sounds great
deshalb	therefore; that's why
diese, dieser, dieses (R)	this, that, these, those
doch!	yes (on the contrary)!
etwas (R)	something
etwas Interessantes/ Neues	something interesting/ new
in (R)	in; at
im Garten	in the garden
im Café	at the cafe
ja	indeed
das ist es ja!	that's just it!
tut mir leid	I'm sorry
wen	whom (*accusative*)
zuerst	first

*Regular weak verbs are listed only with their infinitive.

Strukturen und Übungen

4.1 Talking about the past: the perfect tense

In conversation, German speakers generally use the perfect tense to describe past events. The simple past tense, which you will study in **Kapitel 9,** is used more often in writing.

Ich **habe** gestern Abend ein Glas Wein **getrunken.**	*I drank a glass of wine last night.*
Nora **hat** gestern Basketball **gespielt.**	*Nora played basketball yesterday.*

WISSEN SIE NOCH?

You've already seen how a **Satzklammer** forms a frame or a bracket consisting of a verb and either a separable prefix or an infinitive (grammar 1.5, 2.3, and 3.1). Note here how the **Satzklammer** is composed of **haben/sein** and the past participle.

German forms the perfect tense with an auxiliary (**haben** or **sein**) and a past participle (**gewaschen**). Participles usually begin with the prefix **ge-.**

	AUXILIARY		PARTICIPLE
Ich	**habe**	mein Auto	**gewaschen.**

The auxiliary is in first position in yes/no questions and in second position in statements and **w**-word questions. The past participle is at the end of the clause.

Hat Heidi gestern einen Film **gesehen?**	*Did Heidi see a movie last night?*
Ich **habe** gestern zu viel Kaffee **getrunken.**	*I drank too much coffee yesterday.*
Wann **bist** du ins Bett **gegangen?**	*When did you go to bed?*

Verbs with **sein** = no direct object; change of location or condition.

Although most verbs form the present perfect tense with **haben,** many use **sein.** To use **sein,** a verb must fulfill two conditions.

1. It cannot take a direct object.
2. It must indicate change of location or condition.

sein	**haben**
Ich **bin aufgestanden.**	Ich **habe gefrühstückt.**
I got out of bed.	*I ate breakfast.*
Stefan **ist** ins Kino **gegangen.**	Er **hat** einen Film **gesehen.**
Stefan went to the movies.	*He saw a film.*

Here is a list of common verbs that take **sein** as an auxiliary. (**Appendix E** contains a list of many other common verbs; those taking **sein** as an auxiliary are indicated.)

ankommen	*to arrive*	ich bin angekommen
aufstehen	*to get up*	ich bin aufgestanden
fahren	*to go, drive*	ich bin gefahren
gehen	*to go, walk*	ich bin gegangen
kommen	*to come*	ich bin gekommen
schwimmen	*to swim*	ich bin geschwommen
wandern	*to hike*	ich bin gewandert

In addition to these verbs, **sein** itself and the verb **bleiben** (*to stay*) take **sein** as an auxiliary.

Bist du schon in China **gewesen?**	*Have you ever been to China?*
Gestern **bin** ich zu Hause **geblieben.**	*Yesterday I stayed home.*

Übung 1   Yaminas erster Schultag

Ergänzen Sie **haben** oder **sein**. Beantworten Sie dann die Fragen.

Yamina _____ᵃ bis sieben Uhr geschlafen. Dann _____ᵇ sie aufgestanden
und _____ᶜ mit ihren Eltern und ihren Schwestern gefrühstückt. Sie _____ᵈ
ihre Tasche genommen und _____ᵉ mit ihrer Mutter zur Schule gegangen.
Ihre Mutter und sie _____ᶠ ins Klassenzimmer gegangen und ihre Mutter
_____ᵍ noch ein bisschen dageblieben. Die Lehrerin, Frau Dehne, _____ʰ
alle begrüßt. Dann _____ⁱ Frau Dehne „Herzlich willkommen" an die Tafel
geschrieben.

1. Wann ist Yamina aufgestanden?
2. Wohin sind Yamina und ihre Mutter gegangen?
3. Was hat Frau Dehne an die Tafel geschrieben?

Übung 2   Eine Reise nach Istanbul

Ergänzen Sie **haben** oder **sein**. Beantworten Sie dann die Fragen.

JOSEF UND MELANIE:

Wir _____ᵃ ein Taxi genommen. Mit dem Taxi _____ᵇ wir zum Bahnhof
gefahren. Dort _____ᶜ wir uns Fahrkarten gekauft. Dann _____ᵈ wir in den
Orientexpress eingestiegen. Um 5.30 _____ᵉ wir abgefahren. Wir _____ᶠ
im Speisewagen¹ gefrühstückt. Den ganzen Tag _____ᵍ wir Karten gespielt.
Nachts _____ʰ wir in den Schlafwagen gegangen. Wir _____ⁱ schlecht
geschlafen. Aber wir _____ʲ gut in Istanbul angekommen.

1. Wohin sind Josef und Melanie mit dem Taxi gefahren?
2. Wann sind sie mit dem Zug abgefahren?
3. Wo haben sie gefrühstückt?
4. Was haben sie nachts gemacht?

Übung 3   Ein ganz normaler Tag

Ergänzen Sie das Partizip.

aufgestanden	**gefrühstückt**	**gehört**
gearbeitet	**gegangen**	**getroffen**
geduscht	**gegessen**	**getrunken**

Heute bin ich um 7.00 Uhr _____ᵃ. Ich habe _____ᵇ, _____ᶜ und bin an
die Uni _____ᵈ. Ich habe einen Vortrag _____ᵉ. Um 10 Uhr habe ich ein
paar Mitstudenten _____ᶠ und Kaffee _____ᵍ. Dann habe ich bis 12.30 Uhr
in der Bibliothek _____ʰ und habe in der Mensa zu Mittag _____ⁱ.

¹dining car

4.2 Strong and weak past participles

weak verbs = **ge-** + verb stem + **-(e)t**

German verbs that form the past participle with **-(e)t** are called *weak ver*

arbeiten	gearbeitet	*work*	*worked*
spielen	gespielt	*play*	*played*

To form the regular past participle, take the present tense **er/sie/es**-form ar precede it with **ge-**.

er	spielt	→	er	hat	gespielt
sie	arbeitet	→	sie	hat	gearbeitet
es	regnet	→	es	hat	geregnet

strong verbs = **ge-** + verb stem + **-en;** the verb stem may have vowel or consonant changes.

Verbs that form the past participle with **-en** are called *strong verbs*. Many verbs have the same stem vowel in the infinitive and the past participle.

k**o**mmen → gek**o**mmen

Some verbs have a change in the stem vowel.

schw**i**mmen → geschw**o**mmen

Some also have a change in consonants.

ge**h**en → gega**ng**en

Here is a reference list of common irregular past participles.

PARTICIPLES WITH **haben**

essen, gegessen	*to eat*
halten, gehalten	*to hold*
lesen, gelesen	*to read*
liegen, gelegen	*to lie, be situated*
nehmen, genommen	*to take*
schlafen, geschlafen	*to sleep*
schreiben, geschrieben	*to write*
sehen, gesehen	*to see*
sprechen, gesprochen	*to speak*
tragen, getragen	*to wear, carry*
treffen, getroffen	*to meet*
trinken, getrunken	*to drink*
waschen, gewaschen	*to wash*

PARTICIPLES WITH **sein**

ankommen, angekommen	*to arrive*
aufstehen, aufgestanden	*to get up*
bleiben, geblieben	*to stay, remain*
fahren, gefahren	*to go (using a vehicle), drive*
gehen, gegangen	*to go (walk)*
kommen, gekommen	*to come*
schwimmen, geschwommen	*to swim*
sein, gewesen	*to be*

Übung 4   Das ungezogene° Kind   °naughty

Stellen Sie die Fragen!

MODELL: SIE: Hast du schon geduscht?
            DAS KIND: Heute will ich nicht duschen.

1. Heute will ich nicht frühstücken.
2. Heute will ich nicht schwimmen.
3. Heute will ich keine Geschichte lesen.
4. Heute will ich nicht Klavier spielen.
5. Heute will ich nicht schlafen.
6. Heute will ich nicht essen.
7. Heute will ich nicht Geschirr spülen.
8. Heute will ich den Brief nicht schreiben.
9. Heute will ich nicht ins Bett gehen.

Übung 5   Katrins Tagesablauf

Wie war Katrins Tag gestern? Schreiben Sie zu jedem Bild einen Satz.
Verwenden Sie diese Ausdrücke.

MODELL: Katrin hat bis 9 Uhr im Bett gelegen.

arbeiten
abends zu Hause bleiben
ein Referat halten
nach Hause kommen
bis neun im Bett liegen
regnen
mit Frau Schulz sprechen
einen Rock tragen
Freunde treffen
ihre Wäsche waschen

4.3 Dates and ordinal numbers

To form ordinal numbers, add **-te** to the cardinal numbers 1 through 19 and **-ste** to the numbers 20 and above. Exceptions to this pattern are **erste** (*first*), **dritte** (*third*), **siebte** (*seventh*), and **achte** (*eighth*).

Ordinals 1–19 add **-te** to the cardinal number (but note: **erste, dritte, siebte, achte**).

eins	**erste**	*first*
zwei	zweite	*second*
drei	**dritte**	*third*
vier	vierte	*fourth*
fünf	fünfte	*fifth*
sechs	sechste	*sixth*
sieben	**siebte**	*seventh*
acht	**achte**	*eighth*
neun	neunte	*ninth*
. . .		
neunzehn	neunzehnte	*nineteenth*
zwanzig	zwanzigste	*twentieth*
einundzwanzig	einundzwanzigste	*twenty-first*
zweiundzwanzig	zweiundzwanzigste	*twenty-second*
. . .		
dreißig	dreißigste	*thirtieth*
vierzig	vierzigste	*fortieth*
. . .		
hundert	hundertste	*hundredth*
. . .		

Ordinals 20 and higher add **-ste** to the cardinal number.

Ordinal numbers usually end in **-e** or **-en**. Use the construction **der + -e** to answer the question **Welches Datum ...?**

All dates are masculine:
der **zweite Mai**
am **zweiten Mai**

Welches Datum ist heute?	*What is today's date?*
Heute ist **der** achte Mai.	*Today is May 8th.*

Use **am + -en** to answer the question **Wann ...?**

Wann sind Sie geboren?	*When were you born?*
Am achtzehn**en** Juni 1997.	*On the eighteenth of June, 1997.*

Ordinal numbers in German can be written as words or figures.

am zweiten Februar	*on the second of February*
am 2. Februar	*on the 2nd of February*

Übung 6   Wichtige Daten

Beantworten Sie die Fragen.

1. Welches Datum ist heute?
2. Welches Datum ist morgen?
3. Wann hast du Geburtstag?
4. Wann hat deine Mutter oder dein Vater Geburtstag?
5. Wann feiert man das neue Jahr?
6. Wann feiert man den Día de los Muertos?
7. Wann ist dieses Jahr Muttertag?
8. Wann ist nächstes Jahr Ostern?
9. Wann beginnt der Sommer?
10. Wann beginnt der Herbst?

4.4 Prepositions of time: *um, am, im*

Use the question word **wann** to ask for a specific time. The preposition in the answer will vary depending on whether it refers to clock time, days or parts of days, months, or seasons.

um CLOCK TIME

—Wann beginnt der Film?
—**Um** neun Uhr.

When does the film start?
At nine o'clock.

um

am DAYS AND PARTS OF DAYS*

—Wann ist das Konzert?
—**Am** Montag.

When is the concert?
On Monday.

—Wann arbeitest du?
—**Am** Abend.

When do you work?
In the evening.

am

Mo	Di	Mi	Do	Fr	Sa	So
		1	2	3	4	5
6	7	8	9	10	11	12
13	14	15	16	17		
20	21					
27						

am

im SEASONS AND MONTHS

—Wann ist das Wetter schön?
—**Im** Sommer und besonders
  im August.

When is the weather nice?
In the summer and especially
  in August.

im

No preposition is used when stating the year in which something takes place.

—Wann bist du geboren?
—Ich bin 1995 geboren.

When were you born?
I was born in 1995.

*Note the exceptions: **in der Nacht** (*at night*) and **um Mitternacht** (*at midnight*).

Übung 7 Melanies Geburtstag

Ergänzen Sie **um, am, im** oder —.

Melanie hat _____ᵃ Frühling Geburtstag, _____ᵇ April. Sie ist _____ᶜ 1992 geboren, _____ᵈ 3. April 1992. _____ᵉ Dienstag kommen Claire und Josef _____ᶠ halb vier zum Kaffee. Melanies Mutter kommt _____ᵍ 16 Uhr. _____ʰ Abend gehen Melanie, Claire und Josef ins Kino. Josef hat auch _____ⁱ April Geburtstag, aber erst _____ʲ 15. April.

Übung 8 Interview

Beantworten Sie die Fragen.

1. Was machst du im Winter? im Sommer?
2. Wie ist das Wetter im Frühling? im Herbst?
3. Was machst du am Morgen? am Abend?
4. Was machst du am Freitag? am Samstag?
5. Was machst du heute um sechs Uhr abends? um zehn Uhr abends?
6. Was machst du am Sonntag um Mitternacht?

4.5 Past participles with and without *ge-*

A. Participles with **ge-**

German past participles usually begin with **ge-**. The past participles of separable-prefix verbs, however, begin with the prefix; the **ge-** goes between the prefix and the verb.

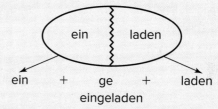

ein + ge + laden
eingeladen

Separable-prefix verbs form their past participles with **-ge-** before the verb stem. The verb stem may have vowel or consonant changes.

WEAK VERBS

prefix + **-ge-** + stem + **-(e)t**

STRONG VERBS

prefix + **-ge-** + stem + **-en**

Separable prefixes include: **an, auf, aus, ein, mit, weg, wieder, zusammen,** and others.

Frau Schulz **hat** Heidi und Nora zum Essen **eingeladen.**

Frau Schulz invited Heidi and Nora to dinner.

Here are the infinitives and past participles of some common separable-prefix verbs.

PAST PARTICIPLES WITH **haben**

anfangen	angefangen	*to start*
anrufen	angerufen	*to call up*
aufräumen	aufgeräumt	*to tidy up*
auspacken	ausgepackt	*to unpack*

PAST PARTICIPLES WITH **sein**

ankommen	angekommen	*to arrive*
aufstehen	aufgestanden	*to get up*
ausgehen	ausgegangen	*to go out*
weggehen	weggegangen	*to leave*

B. Participles without ge-

There are two types of verbs that do not add **ge-** to form the past participle: verbs that end in **-ieren** and verbs with inseparable prefixes.

Verbs ending in **-ieren** are weak: verb stem + **-t.**

1. Verbs ending in **-ieren** form the past participle with **-t: studieren → studiert.**

> Paula **hat** Deutsch **studiert.**   *Paula studied German.*

Here is a list of common verbs that end in **-ieren.**

diskutieren	diskutiert	to discuss
fotografieren	fotografiert	to take pictures
korrigieren	korrigiert	to correct
probieren	probiert	to try, taste
reparieren	repariert	to repair, fix
studieren	studiert	to study
telefonieren	telefoniert	*to telephone*

Almost all verbs ending in **-ieren** form the perfect tense with **haben.** The verb **passieren** (*to happen*) requires **sein** as an auxiliary: **Was ist passiert?** (*What happened?*)

Verbs with inseparable prefixes may be weak or strong. The verb stem may have vowel or consonant changes.

WEAK VERBS
verb stem + **-(e)t**
STRONG VERBS
verb stem + **-en**

INSEPARABLE PREFIXES:
be-, ent-, er-, ge-, ver-, zer-
Separable prefixes can stand alone as whole words; inseparable prefixes are always unstressed syllables.

2. The past participles of inseparable-prefix verbs do not include **ge-: verstehen → verstanden.**

> Stefan **hat** nicht **verstanden.**   *Stefan didn't understand.*

Whereas separable prefixes are words that can stand alone (**auf, aus, wieder,** and so forth), inseparable prefixes are simply syllables: **be-, ent-, er-, ge-, ver-,** and **zer-.** The past participles of most inseparable-prefix verbs require **haben** as an auxiliary. Here is a list of common inseparable-prefix verbs and their past participles.

bekommen	bekommen	*to get*
besuchen	besucht	*to visit*
bezahlen	bezahlt	*to pay*
entdecken	entdeckt	*to discover*
erfinden	erfunden	*to invent*
erzählen	erzählt	*to tell*
verdienen	verdient	*to earn*
vergessen	vergessen	*to forget*
verlieren	verloren	*to lose*
verstehen	verstanden	*to understand*

Übung 9   Ein schlechter Tag

Herr Thelen ist gestern mit dem linken Fuß aufgestanden. Zuerst hat er seinen Wecker nicht gehört und hat verschlafen. Dann ist er in die Küche gegangen und hat Kaffee gekocht. Nach dem Frühstück ist er mit seinem Auto in die Stadt zum Einkaufen gefahren. Er hat geparkt und ist erst nach zwei Stunden zurückgekommen. Herr Thelen hat einen Strafzettel[1] bekommen und 30 Euro bezahlt für falsches Parken. Er ist nach Hause gefahren, hat die Wäsche gewaschen und hat aufgeräumt. Beim Aufräumen ist eine teure Vase auf den Boden gefallen und zerbrochen[2]. Als die Wäsche fertig war, war ein Pullover eingelaufen[3]. Herr Thelen ist dann schnell ins Bett gegangen. Fünf Minuten vor Mitternacht ist das Haus abgebrannt[4].

[1]*parking ticket* [2]*broken* [3]*shrunk* [4]*burned down*

A. Richtig (R) oder falsch (F)?

1. _____ Herr Thelen hat gestern verschlafen.

2. _____ Vor dem Frühstück ist er in die Stadt gefahren.

3. _____ Herr Thelen hat falsch geparkt.

4. _____ Er hat seine Wohnung aufgeräumt.

5. _____ Herr Thelen braucht ein neues Haus.

B. Suchen Sie die Partizipien heraus, bilden Sie die Infinitive und schreiben Sie sie auf.

PARTIZIPIEN MIT **ge-**   INFINITIVE

_____   _____

_____   _____

⋮   ⋮

PARTIZIPIEN OHNE **ge-**   INFINITIVE

_____   _____

_____   _____

⋮   ⋮

Übung 10 In der Türkei

KASTEN FÜR a – e

> **gehen**   **schlafen**
> **trinken**
> **ankommen**   **begrüßen**

Mehmet ist in der Türkei. Was hat er gestern gemacht? Verwenden Sie die Verben in den gelben Kästen[5].

Mehmet ist in der Türkei bei seinen Eltern. Gestern _____ er um 17 Uhr _____[a]. Er _____ seine Eltern und Geschwister _____[b] und einen Tee mit ihnen _____[c]. Dann _____ er in sein Zimmer _____[d] und _____ _____[e].

KASTEN FÜR f – j

> **gehen**   **sprechen**
> **trinken**
> **fragen**   **gehen**

Nach einer Stunde _____ er zum Abendessen in die Küche _____[f]. Seine Eltern _____ ihn viel über sein Leben in Deutschland _____[g] und Mehmet _____ über seine Arbeit und seine Freunde _____[h]. Sie _____ noch einen Tee _____[i] und _____ um 23 Uhr ins Bett _____[j].

Übung 11 Interview

Fragen Sie Ihren Partner / Ihre Partnerin. Schreiben Sie die Antworten auf.

MODELL: mit deinen Eltern telefonieren (wie lange?) →
     S1: Hast du gestern mit deinen Eltern telefoniert?
     S2: Ja.
     S1: Wie lange?
     S2: Eine halbe Stunde.

1. früh aufstehen (wann?)
2. jemanden fotografieren (wen?)
3. jemanden besuchen (wen?)
4. ausgehen (wohin?)
5. etwas bezahlen (was?)
6. etwas reparieren (was?)
7. etwas Neues probieren (was?)
8. fernsehen (wie lange?)
9. etwas nicht verstehen (was?)
10. dein Zimmer aufräumen (wann?)

[5]boxes

KAPITEL **5**

Geld und Arbeit

In **Kapitel 5,** you will talk about shopping, jobs and the workplace, and daily life at home. You will expand your ability to express your likes and dislikes and learn to describe your career plans.

Themen

Geschenke und Gefälligkeiten

Berufe

Arbeitsplätze

In der Küche

Kulturelles

KLI: Leipzig

Musikszene: „Millionär" (Die Prinzen)

KLI: Ausbildung und Beruf

Filmclip: *Der Tunnel* (Roland Suso Richter)

Videoecke: Studium und Arbeit

Lektüren

Webartikel: Die coolsten Studentenjobs

Film: *Der Tunnel* (Roland Suso Richter)

Strukturen

5.1 Dative case: articles and possessive determiners

5.2 Question pronouns: **wer, wen, wem**

5.3 Expressing change: the verb **werden**

5.4 Location: **in, an, auf** + dative case

5.5 Dative case: personal pronouns

Adolph von Menzel: *Eisenwalzwerk* (1872–75), Alte Nationalgalerie, Berlin
© Corbis

KUNST UND KÜNSTLER

Adolph von Menzel (1815–1905) war der bedeutendste[1] Maler des Realismus. Vor allem war er ein Maler des damaligen modernen Lebens. Für sein Bild *Eisenwalzwerk* reiste[2] Menzel nach Königshütte in Schlesien, damals eine der modernsten Industrieregionen Deutschlands. Das Bild zeigt die Herstellung[3] von Eisenbahnschienen[4].

Schauen Sie sich das Bild an und beantworten Sie die folgenden Fragen.

1. Was ist im Zentrum des Bildes? Was machen die Arbeiter mit den Zangen[5]?
2. Was machen die Arbeiter vorne rechts? Wer ist die Person, die sie ansieht?
3. Was machen die Arbeiter links hinten?
4. Wer ist die Person mit dem Hut links im Hintergrund? Was macht er?
5. Welche Farben werden verwendet? Welchen Eindruck gibt das dem Bild?
6. Welche Assoziationen weckt das Bild?

[1]*most significant*   [2]*traveled*   [3]*production*   [4]*rails for railroad tracks*   [5]*tongs*

Situationen

Geschenke und Gefälligkeiten

Grammatik 5.1–5.2

1. Peter kauft seinem Freund Albert eine Konzertkarte.

2. Ernst gibt seinem Vater die Tageszeitung.

3. Michael schenkt seiner Freundin Maria einen Ausflug an die Ostsee.

4. Hans leiht seiner Schwester einen MP3-Spieler.

5. Aydan kocht ihrem Stiefsohn Rolf das Abendessen.

6. Heidi verkauft ihrem Mitstudenten Stefan ein Wörterbuch.

7. Melanie erzählt ihrer Freundin Claire ein Geheimnis.

8. Claire schreibt ihrer Mutter einen Brief.

Situation 1 Ist das normal?

Welches Bild gehört zu welchem Satz?

a.

b.

1. _____ Jens gießt seiner Tante die Blumen.

   _____ Jens gießt seine Tante.

a.

b.

2. _____ Jutta repariert ihren Bruder.

   _____ Jutta repariert ihrem Bruder das Radio.

a.

b.

3. _____ Silvia kauft das Kind.

   _____ Silvia kauft dem Kind die Schokolade.

a.

b.

4. _____ Herr Ruf kocht der Familie das Essen.

   _____ Herr Ruf kocht die Familie.

Situation 2   Sagen Sie *ja, nein* oder *vielleicht.*

1. Wem geben die Studenten ihre Hausaufgaben?
   a. dem Professor
   b. ihren Eltern
   c. dem Hausmeister
   d. dem Taxifahrer

2. Wem schreibt Rolf eine E-Mail?
   a. seiner Katze
   b. dem Präsidenten
   c. seinem Friseur
   d. seinen Eltern

3. Wem kauft Andrea das Hundefutter[1]?
   a. ihrer Mutter
   b. ihrem Freund Lukas
   c. ihrem Hund
   d. ihren Geschwistern

4. Wem repariert Herr Ruf das Fahrrad?
   a. seinem Hund
   b. seiner Mutter
   c. seinen Nachbarn
   d. seinem Sohn

Situation 3   Interaktion: Was schenkst du deiner Mutter?

Sie haben in der Lotterie 2.000 Euro gewonnen. Für 500 Euro wollen Sie Ihrer Familie und Ihren Freunden Geschenke kaufen. Was schenken Sie ihnen?

MODELL: S1: Was schenkst du deiner Mutter?
S2: Einen/Ein/Eine _____.
S1: Was schenkst du deinem Vater?
S2: Einen/Ein/Eine _____.

der Roman
(Thomas Mann
"*Der Zauberberg*")

die Badehose

der Bikini

der Regenschirm

die Mütze   das Parfüm   die Kaffeemaschine   der Reiseführer
(Baedeker "*Mallorca*")   der Fahrradhelm

	ich	mein(e) Partner(in)
deiner Mutter		
deinem Vater		
deiner Schwester		
deinem Bruder		
deinem Großvater		
deiner Großmutter		
deinem Freund / deiner Freundin		
deinem Professor / deiner Professorin		
deinem Mitbewohner / deiner Mitbewohnerin		

[1]dog food

KULTUR ... LANDESKUNDE ... INFORMATIONEN

LEIPZIG

Beantworten Sie die folgenden Fragen.

- Wo liegt Leipzig? Suchen Sie die Stadt auf einer Landkarte.
- Was wissen Sie über Leipzig?
- Was wissen Sie über Johann Sebastian Bach und Richard Wagner?
- Was ist 1989 in Deutschland passiert?

Lesen Sie den Text und suchen Sie die Antworten auf die folgenden Fragen:

- Wann hatte Leipzig die meisten Einwohner[2]? Wie viele hat es jetzt?
- Wann wurde die Universität Leipzig gegründet? Wie viele Studierende hat sie?
- Welchen Beruf hatten die folgenden Personen: Heisenberg, Ostwald, Mommsen, Wundt, Wagner und Leibniz?
- Welche berühmte Messe[3] findet jedes Jahr in Leipzig im März statt, und welches Festival im Juni?
- Wie lange war Johann Sebastian Bach Thomaskantor in Leipzig?
- Warum nennt man Leipzig die Heldenstadt[4]?
- In welcher Straße gibt es besonders viele Cafés, Kneipen[5] und Clubs?

2009: die Leipziger Universität ist 600 Jahre alt.

Printed with permission of the German Ministry of Finance and the artist, Nadine Nill. Background: Universität Leipzig, Kustodie/Kunstsammlung (photograph: Marion Wenzel)

Leipzig ist eine der größten und bedeutendsten Städte Deutschlands. Leipzig ist die Stadt der zweitältesten Universität Deutschlands, die Stadt des Buches, die Stadt der Musik und die Stadt der friedlichen[6] Revolution von 1989.

Leipzig erhielt 1165 das Stadtrecht[7], damals mit nur 500 Einwohnern. Vor Beginn des 1. Weltkriegs[8] war sie mit 590.000 Einwohnern die viertgrößte Stadt Deutschlands. 1930 hatte sie mehr als 700.000 Einwohner. Heute hat sie ca. 530.000 Einwohner, ist immer noch ein wichtiger Verkehrsknotenpunkt[9] und eines der wichtigsten Wirtschaftszentren Ostdeutschlands.

Die Universität Leipzig wurde 1409 gegründet und ist nach Heidelberg die zweitälteste Universität Deutschlands. Im 19. Jahrhundert war sie eine der drei wichtigsten Universitäten Deutschlands. An ihr unterrichteten die Dichter[10] Gottsched und Lessing, der Physiker Werner Heisenberg (Nobelpreis 1932), der Chemiker Wilhelm Ostwald (Nobelpreis 1909), der Historiker Theodor Mommsen (Nobelpreis in Literatur 1902), Wilhelm Wundt, der Begründer der experimentellen Psychologie und der Philosoph Ernst Bloch. An ihr studierten Goethe (Jura), Nietzsche (Altphilologie) und de Saussure (Indogermanistik), die Komponisten Robert Schumann und Richard Wagner sowie Gottfried Wilhelm Leibniz (Philosophie), dessen Statue eines der Wahrzeichen[11] der Universität ist. Jetzt studieren an ihr ca. 28.000 Studenten.

Eine besonders große Rolle spielt in der Geschichte Leipzigs die Musik. Johann Sebastian Bach war Thomaskantor in Leipzig und leitete den Thomanerchor von 1723 bis 1750. Jedes Jahr im Juni erinnert das Bach Leipzig Festival an[12] diesen berühmten Musiker.

Buchmesse in Leipzig

© ullstein bild - CARO/Keunecke/The Image Works

1989 begannen in Leipzig die Montagsdemonstrationen, die zum Fall der Berliner Mauer und zur Wiedervereinigung Deutschlands 1990 führten. Seitdem wird Leipzig auch die Heldenstadt genannt.

Da es in Leipzig viele Studierende gibt, gibt es viele Möglichkeiten auszugehen oder zu feiern. Wöchentlich finden Partys in den Studentenclubs „Moritzbastei", „TV-Club" und „StuK" statt. Die Karl-Liebknecht-Straße, liebevoll „Karli" genannt, bietet jede Menge Cafés, Kneipen und Clubs zum gemütlichen Cocktailtrinken oder zum Tanzen bis in die frühen Morgenstunden.

Leipzig hat eine lange Tradition als Messestadt. Neben vielen anderen Messen findet jedes Jahr im März die Leipziger Buchmesse statt. Sie war bis 1945 die größte Buchmesse Deutschlands, heute ist sie nach Frankfurt am Main die zweitgrößte.

[2]*inhabitants* [3]*trade fair* [4]*city of heroes* [5]*bars* [6]*peaceful* [7]*town privileges* [8]*world war* [9]*transportation hub* [10]*poets* [11]*landmarks* [12]*erinnert an commemorates*

Situation 4   Fragen über Fragen

Welche Antwort passt auf welche Frage? Ordnen Sie zu.

1. Wer unterrichtet Deutsch in Berkeley?
2. Wen hat Veronika geheiratet?
3. Wem hat Melanie ein Geheimnis erzählt?
4. Wen hat Jutta letztes Wochenende kennengelernt?
5. Wem hat Kobe gezeigt, wie man Fahrrad fährt?
6. Wer zeichnet gern Hunde?
7. Wem hat Aydan ihre Kamera geliehen?
8. Wen hat Veronika gepflegt?
9. Wem hat Willi seinen Kühlschrank verkauft?
10. Wem hat Yamina eine Frage gestellt?

a. ihre kranke Tochter Yamina
b. Eske
c. Frau Schulz
d. ihrem Stiefsohn Rolf
e. ihren Mann Kobe
f. ihren neuen Freund Billy
g. ihrer Freundin Claire
h. seiner Freundin Nesrin
i. ihrer Mutter
j. seiner Tochter Sumita

Berufe

Grammatik 5.3

1. Der Arzt hilft kranken Menschen.

2. Der Verkäufer arbeitet in einem Laden.

3. Die Anwältin verteidigt den Angeklagten.

4. Der Pilot fliegt ein Flugzeug.

5. Der Richter arbeitet im Gericht.

6. Die Bauarbeiterin baut ein Parkhaus.

7. Die Architektin zeichnet ein Haus.

8. Die Krankenpflegerin arbeitet im Krankenhaus.

Situation 5   Definitionen

Finden Sie den richtigen Beruf.

> Anwältin   Verkäufer   Pilot   Ärztin
> Schriftsteller
> Krankenpflegerin
> Architekt(in)   Lehrer

1. Dieser Mann unterrichtet an einer Schule. Er ist _____.
2. Diese Frau untersucht Patienten im Krankenhaus. Sie ist _____.
3. Dieser Mann fliegt ein Flugzeug. Er ist _____.
4. Dieser Mann verkauft Computer in einem Laden. Er ist _____.
5. Diese Person zeichnet Pläne für Häuser. Sie ist _____.
6. Diese Frau arbeitet auf dem Gericht. Sie ist _____.
7. Diese Frau pflegt kranke Menschen. Sie ist _____.
8. Dieser Mann schreibt Romane. Er ist _____.

Situation 6   Bildgeschichte: Was Michael Pusch schon alles gemacht hat

Situation 7 Berufe

Machen Sie Listen. Suchen Sie zu jeder Frage drei Berufe.

In welchen Berufen ...

1. verdient man sehr viel Geld?
2. verdient man nur wenig Geld?
3. gibt es mehr Männer als Frauen?
4. gibt es mehr Frauen als Männer?
5. muss man gut in Mathematik sein?
6. muss man gut in Sprachen sein?
7. muss man viel reisen?
8. muss man viel Kraft[1] haben?

Situation 8 Interview

1. Arbeitest du? Wo? Als was? Was machst du? An welchen Tagen arbeitest du? Wann fängst du an? Wann hörst du auf?
2. Was studierst du? Wie lange dauert das Studium?
3. Was möchtest du werden? Verdient man da viel Geld? Ist das ein Beruf mit viel Prestige?
4. Was ist dein Vater von Beruf? Was hat er gelernt (studiert)?
5. Was ist deine Mutter von Beruf? Was hat sie gelernt (studiert)?

Lektüre

Vor dem Lesen

A. Beantworten Sie die folgenden Fragen.

1. Arbeiten Sie neben dem Studium? Was machen Sie?
2. Wie viele Stunden pro Woche arbeiten Sie? Warum?
3. Was machen Sie mit Ihrem Geld?
4. Arbeiten Sie auch in den Semesterferien? Was machen Sie?
5. Macht Ihnen Ihr Job Spaß? Was macht Ihnen Spaß?

B. Lesen Sie die Wörter im Miniwörterbuch. Suchen Sie sie im Text und unterstreichen Sie sie.

Miniwörterbuch	
unterstützen	to support
ausreichen	to be enough, to last
kellnern	to wait tables
die **Nachhilfe**	tutoring
der **Heißluftballon**	hot air balloon
jagen	to chase
hingeweht werden	to be blown to
der **Flughafen**	airport
der **Vogel**, die **Vögel**	bird
zusammenstoßen	to smash into

der **Unfall**	accident
vertreiben	to chase away
beschäftigen	to employ
der **Straßenbahnführer**	streetcar driver
die **Trennungsagentur**	separation agency
Schluss machen	to end (*here:* end a relationship)
der **Kunde**	customer
nachsichtig	considerately
unbarmherzig	ruthlessly
zurückzahlen	to pay back

[1]strength

Dieser Student jobbt als Straßenbahnfahrer.
© Jörg Carstensen/dpa/Corbis

Die coolsten Studentenjobs

Mehr als die Hälfte der Studenten in Deutschland arbeiten. Sie sind jung und brauchen das Geld. Welche Jobs sind besonders populär? Welche sind besonders interessant?

Mehr als die Hälfte der Studenten in Deutschland arbeiten neben dem Studium und in den Semesterferien. Der Staat unterstützt junge Leute mit Stipendien und BAföG und die Familie hilft auch oft. Aber das Geld reicht nicht aus.

Besonders beliebt bei den Studenten sind kellnern, Nachhilfe geben, babysitten oder im Supermarkt kassieren. Doch wer die Augen offen hält, findet auch interessantere Jobs. Man kann zum Beispiel Heißluftballons jagen: Die „Verfolger" beobachten, wo ein Ballon hingeweht wird, um die Passagiere am Landeplatz abzuholen und zurück zum Startpunkt zu fahren.

Flughäfen beschäftigen sogenannte Vogelvertreiber, denn Vögel sind auf Flughäfen nicht gern gesehen. Wenn sie mit Flugzeugen zusammenstoßen oder in die Triebwerke der Maschinen fliegen, kann es zu schweren Unfällen kommen. Die Vogelvertreiber beobachten die Start- und Landebahnen und vertreiben die Störenfriede. Die Kölner Verkehrsbetriebe beschäftigen auch Studenten als Fahrer. Sie bilden die jungen Leute in einem siebenwöchigen Intensivkurs zum Straßenbahnführer aus.

Mutige Studenten melden sich bei Trennungsagenturen. Diese beschäftigen „Schlussmacher", die einem Partner die Botschaft vom Beziehungsende telefonisch oder im direkten Gespräch übermitteln. Der Kunde kann vorher sagen, ob er möchte, dass der Schlussmacher den Partner nachsichtig oder unbarmherzig behandeln soll.

Für Studenten, die BAföG erhalten, ist es wichtig darauf zu achten, nicht mehr als rund 400 Euro im Monat zu verdienen. Wenn sie mehr verdienen, müssen sie das Geld an den Staat zurückzahlen. Es gibt viele „Minijobs", die das berücksichtigen und gerne Studenten beschäftigen.

Bearbeitung des Textes „Die verrücktesten Nebenjobs",
http://home.1und1.de/themen/beruf. 19. April 2011

Arbeit mit dem Text

A. Beliebte Jobs und interessante Jobs. Welche der folgenden Jobs sind beliebt, welche sind interessant? Schreiben Sie *B* neben die Jobs, die beliebt sind, und *I* neben die Jobs, die interessant sind.

_____ als Babysitter/in arbeiten

_____ als Kassierer/in im Supermarkt arbeiten

_____ als Kellner/in arbeiten

_____ als Straßenbahnführer/in arbeiten

_____ bei einer Trennungsagentur arbeiten

_____ Heißluftballons jagen

_____ Nachhilfe geben

_____ Vögel vom Flughafen vertreiben

B. Beantworten Sie die Fragen.

1. Woher können Studierende in Deutschland Geld bekommen?
2. Was machen Heißluftballonjäger?
3. Wo arbeiten Vogelvertreiber? Warum ist ihre Arbeit wichtig?
4. In welcher Stadt kann man als Student als Straßenbahnführer arbeiten? Wie lange dauert der Vorbereitungskurs[2]?
5. Was machen Schlussmacher? Welche Optionen gibt es für die Kunden?
6. Wie viel darf man im Monat verdienen, wenn man BAföG bekommt?

Nach dem Lesen

1. Machen Sie eine Umfrage im Kurs. Stellen Sie die folgenden Fragen:
   - Welche Jobs hattest du?
   - Wie alt warst du, als du deinen ersten Job hattest?
   - Wie viel hast du gearbeitet?
   - Wie viel hast du verdient?
   - Was hast du dir von deinem Geld gekauft?

   Benutzen Sie die folgende Tabelle.

Name	Alter	Job	Stundenlohn	Geld für ...

2. Sammeln Sie die Antworten und machen Sie ein Plakat mit dem Titel: *Die Jobs unserer Kursteilnehmer.* Hängen Sie das Plakat aus.

[2]*preparatory course*

MUSIKSZENE

„Millionär" (1991, Deutschland) *Die Prinzen*

Biografie   Die Prinzen sind eine Musikgruppe aus Leipzig. Sie sind für ihre A-cappella-Musik und ihre witzigen Texte bekannt. Ihre Mitglieder lernten sich an der Thomanerschule in Leipzig kennen. Sebastian Krumbiegel studierte an der Hochschule für Musik und Theater Felix Mendelssohn Bartholdy Schlagzeug und Gesang. Tobias Künzel und Wolfgang Lenk waren Mitglieder des Thomanerchors. Die zwei weiteren Sänger heißen Jens Sembdner und Henri Schmidt.

Die Prinzen, eine Musikgruppe aus Leipzig
© Frank Hoensch/Getty Images

NOTE: For copyright reasons, the songs referenced in **MUSIKSZENE** have not been provided by the publisher. The song can be found online at various sites such as YouTube, Amazon, or the iTunes store.

Vor dem Hören   Wie bekommt man eine Million Euro?

Nach dem Hören   Welche Antworten sind richtig?

1. Als Millionär wäre das ...

☐ **a.** Portemonnaie sehr schwer.

☐ **b.** Konto nie leer.

2. Der Sänger ist ...

☐ **a.** Professor

☐ **b.** faul

3. Der Sänger möchte ...

☐ **a.** eine Bank knacken.

☐ **b.** Popstar werden.

4. Eine Bank auszurauben ...

☐ **a.** ist nicht gefährlich.

☐ **b.** bringt einen in den Knast.

5. Viele reiche Witwen wollen ...

☐ **a.** seinen Körper.

☐ **b.** sein Geld.

Miniwörterbuch

witzig	funny
das **Mitglied, -er**	member
das **Schlagzeug**	drums
wäre	would be
wäre gern	would like to be
das **Portemonnaie**	wallet
das **Konto**	(bank) account
weder ... noch	neither . . . nor
faul	lazy
knacken	to break into (*slang*)
ausrauben	to rob
gefährlich	dangerous
der **Knast**	slammer (*slang for jail*)
die **Witwe**	widow

Arbeitsplätze

Grammatik 5.4

auf der Bank
auf der Post
in der Gaststätte
an der Kinokasse
auf der Polizei
im Hotel
an der Tankstelle
im Schwimmbad

Situation 9 Der Arbeitsplatz

MODELL: S1: Wo arbeitet eine Anwältin?
S2: Auf dem Gericht.

> im Krankenhaus   auf der Post   auf der Bank
> auf der Polizei   in der Kirche
> auf dem Gericht
> auf der Universität   im Kaufhaus
> im Schwimmbad   in der Schule

1. eine Anwältin
2. ein Arzt
3. eine Bademeisterin
4. ein Bankangestellter
5. ein Lehrer

6. eine Polizistin
7. ein Postbeamter
8. ein Priester
9. eine Professorin
10. eine Verkäuferin

Situation 10 Minidialoge

Sie hören neun kurze Dialoge. Wo finden sie statt?

> im Hotel   an der Tankstelle   in der Gaststätte
> auf der Post   in der Bäckerei   auf dem Bahnhof
> an der Kinokasse   im Schwimmbad   auf der Bank

1. _____
2. _____
3. _____
4. _____
5. _____

6. _____
7. _____
8. _____
9. _____

KULTUR ... LANDESKUNDE ... INFORMATIONEN

AUSBILDUNG UND BERUF

Wie ist es in Ihrem Land?

- Welchen Schulabschluss[1] braucht man für eine Berufsausbildung?
- Wie bekommt man eine Berufsausbildung?
- Wo lernt man die praktische Seite des Berufs? Wie lange dauert das?
- Wo lernt man die theoretische Seite? Wie lange dauert das?
- Macht man am Ende eine Prüfung? Was ist man dann?

Max hat keine Lust auf Schule und später Studium. Wenn er die zehnte Klasse erfolgreich[2] abschließt[3], hat er den Realschulabschluss.

Er möchte am liebsten eine praktische Ausbildung machen, z. B. als Tischler oder Koch. Ein Facharbeiter[4] verdient mehr als ein ungelernter Arbeiter. Die Grafik zeigt, wie die Ausbildung für Max weitergeht.

Wie ist es in Deutschland?

- Wie lange dauert eine Ausbildung oder Lehre?
- Wo bekommt man die theoretische Ausbildung?
- Wo lernt man die praktische Seite des Berufs?
- Was bekommt man am Ende der Gesellenprüfung?
- Was ist man am Schluss[5]?

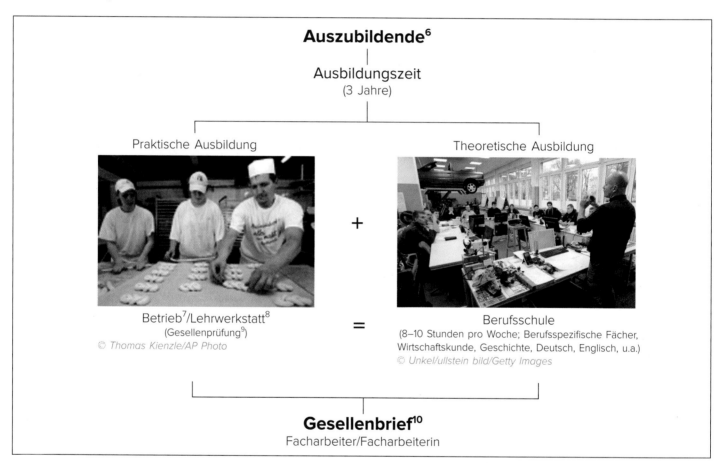

Auszubildende[6]
|
Ausbildungszeit
(3 Jahre)

Praktische Ausbildung   Theoretische Ausbildung

+

Betrieb[7]/Lehrwerkstatt[8]
(Gesellenprüfung[9])
© Thomas Kienzle/AP Photo

=

Berufsschule
(8–10 Stunden pro Woche; Berufsspezifische Fächer, Wirtschaftskunde, Geschichte, Deutsch, Englisch, u.a.)
© Unkel/ullstein bild/Getty Images

Gesellenbrief[10]
Facharbeiter/Facharbeiterin

[1]educational degree   [2]successfully   [3]completes   [4]trade worker; skilled worker   [5]am ... in the end   [6]those receiving a specialized education; apprentices   [7]business
[8]apprentice shop   [9]trade workers' examination   [10]certificate of completed apprenticeship

---

 Situation 11   **Zum Schreiben: Vor der Berufsberatung**

Morgen haben Sie einen Termin beim Berufsberater an Ihrer Universität. Bereiten Sie sich auf das Gespräch vor. Machen Sie sich ausführliche Notizen zu den folgenden Themen.

- Schulbildung: Nennen Sie die Schulen und Universitäten, wo Sie waren. Schreiben Sie etwas zur Art der Schule (öffentliche Gesamtschule, private Universität), zu Ihren Noten, zu Auslandsaufenthalten und zu Ihrem sozialen Engagement.

- Interessen, Hobbys: Nennen Sie Ihre Interessen und Hobbys und schreiben Sie etwas dazu, zum Beispiel seit wann Sie das Hobby haben, was Sie schon erreicht haben und wie wichtig es für Sie ist.
- Lieblingsfächer, besondere Fähigkeiten: Nennen Sie die Fächer und besondere Fähigkeiten, die Sie haben und schreiben Sie etwas dazu, zum Beispiel welches Niveau Sie erreicht haben oder was Sie damit machen können.
- Erwartungen[11] an den zukünftigen[12] Beruf: Schreiben Sie, was Ihnen wichtig oder vielleicht auch nicht so wichtig ist, zum Beispiel, wie viel Geld Sie verdienen, welche Arbeitszeiten Sie haben, wie viele Tage Urlaub Sie im Jahr haben möchten oder welche Aufstiegschancen[13] für Sie wichtig sind.

Situation 12 Rollenspiel: Bei der Berufsberatung

S1: Sie arbeiten bei der Berufsberatung. Ein Student / Eine Studentin kommt in Ihre Sprechstunde. Stellen Sie ihm/ihr Fragen zu diesen Themen: Schulbildung, Interessen und Hobbys, besondere Kenntnisse, Lieblingsfächer.

In der Küche

Grammatik 5.4–5.5

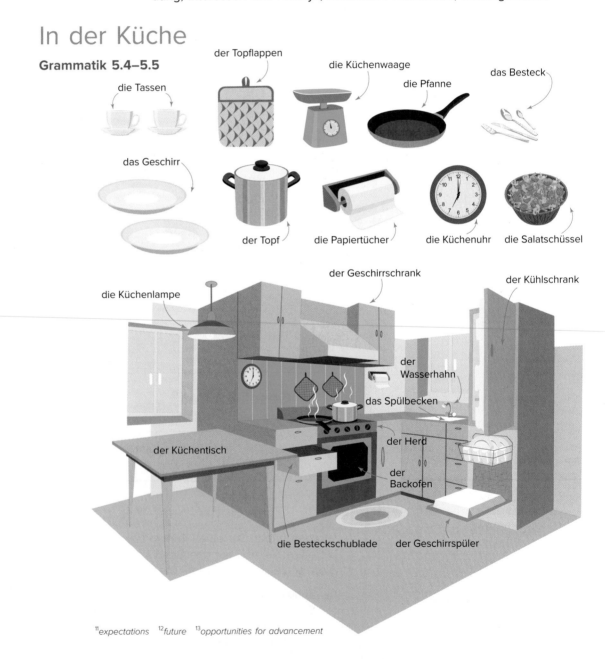

die Tassen

der Topflappen

die Küchenwaage

die Pfanne

das Besteck

das Geschirr

der Topf

die Papiertücher

die Küchenuhr

die Salatschüssel

der Geschirrschrank

der Kühlschrank

die Küchenlampe

der Wasserhahn

das Spülbecken

der Herd

der Backofen

der Küchentisch

die Besteckschublade

der Geschirrspüler

[11]*expectations* [12]*future* [13]*opportunities for advancement*

Situation 13 Wo ist ...?

MODELL: S1: Wo ist der Küchentisch?
S2: Unter der Küchenlampe.

> am Fenster   unter dem Herd
>
> unter dem Geschirrschrank
>
> im Geschirrschrank   auf dem Herd   im Geschirrspüler
>
> an der Wand   unter dem Kühlschrank
>
> in der Besteckschublade

1. Wo ist der Geschirrspüler?
2. Wo ist die Küchenuhr?
3. Wo ist der Backofen?
4. Wo ist das Spülbecken?
5. Wo sind die Papiertücher?

6. Wo ist die Pfanne?
7. Wo ist das Geschirr?
8. Wo ist der Topf?
9. Wo sind die Gläser?
10. Wo ist das Besteck?

Situation 14 Interaktion: Küchenarbeit

Wie oft spülst du das Geschirr?

mehrmals am Tag
jeden Tag
fast jeden Tag
zwei- bis dreimal in der Woche
einmal in der Woche
einmal im Monat
selten
nie

Wie oft ...?	ich	mein(e) Partner(in)
gehst du einkaufen		
kochst du		
deckst du den Tisch		
spülst du das Geschirr		
stellst du das Geschirr weg		
machst du den Herd sauber		
machst du den Tisch sauber		
machst du den Kühlschrank sauber		
fegst du den Boden		
bringst du die leeren Flaschen weg		

Situation 15   Umfrage: Kochst du mir ein Abendessen?

MODELL: S1: Kochst du mir morgen ein Abendessen?
　　　　　 S2: Ja.
　　　　　 S1: Unterschreib bitte hier.

UNTERSCHRIFT

1. Kochst du mir morgen ein Abendessen? ＿＿＿＿＿＿＿＿
2. Backst du mir einen Kuchen zum Geburtstag? ＿＿＿＿＿＿＿＿
3. Kaufst du mir ein Eis? ＿＿＿＿＿＿＿＿
4. Schenkst du mir deinen Kugelschreiber? ＿＿＿＿＿＿＿＿
5. Hilfst du mir heute bei der Hausaufgabe? ＿＿＿＿＿＿＿＿
6. Kannst du mir die Grammatik erklären? ＿＿＿＿＿＿＿＿
7. Schreibst du mir in den Ferien eine Postkarte? ＿＿＿＿＿＿＿＿
8. Kannst du mir mein Zimmer aufräumen? ＿＿＿＿＿＿＿＿
9. Kannst du mir fünf Dollar leihen? ＿＿＿＿＿＿＿＿

Situation 16   Dialog: Chaos in der Küche

In der Küche herrscht Chaos und Herr Ruf ist sauer.

HERR RUF: Jutta, komm mal her!

JUTTA: Ja, Papa. Warum schreist du denn so?

HERR RUF: Weil es hier aussieht wie im Schweinestall! Warum ist Marmelade ＿＿＿＿＿＿＿＿?

JUTTA: Ich habe mir ein Brot gemacht und das ist dann in die Schublade gefallen.

HERR RUF: Und warum ist die Kaffeemaschine ＿＿＿＿＿＿＿＿?

JUTTA: Hans brauchte Platz ＿＿＿＿＿＿＿＿ für seine Legos.

HERR RUF: Das Kochbuch liegt ＿＿＿＿＿＿＿＿! Unglaublich!

JUTTA: Weil es da warm ist. Es war leider nass.

HERR RUF: Und warum ist der Kuchen ＿＿＿＿＿＿＿＿?

JUTTA: Keine Ahnung!

HERR RUF: Ihr glaubt wohl, dass Aufräumen meine Lieblingsbeschäftigung ist!

JUTTA: Ach, Papa, das ist doch nicht so schlimm. Ich hole Hans und dann helfen wir dir.

Filmlektüre

Der Tunnel

 Vor dem Lesen

Szene aus dem Film *Der Tunnel*
© Picture-Alliance/Newscom

A. Sehen Sie sich das Filmposter an.

1. Wie viele Leute sehen Sie?
2. Wie sehen sie aus?
3. Wie ist die Stimmung?
4. Sehen Sie Werkzeuge oder Materialien?
5. Warum bauen Menschen eigentlich Tunnel?

B. Lesen Sie die Wörter im Miniwörterbuch. Suchen Sie sie im Text und unterstreichen Sie sie.

Inhaltsangabe

13. August 1961: Die DDR-Regierung baut eine Mauer durch Berlin und grenzt den Osten der Stadt vom Westen ab. Schwimmstar Harry Melchior (Heino Ferch) hat genug von der DDR und will weg. Noch im Herbst, kurz nach dem Bau der Berliner Mauer, flieht er mit seinem Freund Matthis Hiller (Sebastian Koch) in den Westteil Berlins. Die beiden beschließen, Harrys Schwester Lotte (Alexandra Maria Lara) und Matthis' Frau Carola (Claudia Michelsen) in den Westen zu holen. Zusammen mit Fred

Miniwörterbuch

abgrenzen	to fence off
fliehen	to flee
beschließen	to decide
graben	to dig
versperrt sein	to be blocked
sich anschließen (schließt sich an)	to join (joins)
der **Verlobte**	fiancé
vertrauen	to trust
zusammenbrechen	to collapse
das **Grundwasser**	groundwater
die **Stasi** (Staatssicherheit)	East German secret service
der **Geheimdienst**	secret service
der **Oberst**	colonel
hinter jemandem her sein	to be after someone
durchkreuzen	to thwart
gefährlich	dangerous
kriegen	to get, to catch

von Klausnitz und dem Ex-GI Vittorio „Vic" Castanza wollen sie einen Tunnel von West nach Ost graben, weil alle anderen Fluchtwege versperrt sind. Im Keller einer alten Fabrik an der Bernauer Straße finden sie den idealen Ort für den Tunnel. Die junge, attraktive Friederike „Fritzi" (Nicolette Krebitz) schließt sich der Gruppe an. Sie will für ihren Verlobten Heiner die Flucht in den Westen möglich machen.

Die Gruppe um Harry rekrutiert mehr Helfer, um die schwierige Aufgabe zu schaffen. Die Frage dabei ist immer: Wem kann man vertrauen? Einfach ist das Tunnelprojekt nicht. Einmal bricht der Tunnel beinah zusammen und ein anderes Mal läuft Grundwasser ein. Auch müssen die Fluchthelfer ihre Aktion finanzieren: Sie verkaufen die Rechte ihrer Geschichte an die NBC und werden dafür bei ihrer Arbeit gefilmt. Und dann gibt es noch die Stasi, den Geheimdienst der DDR. Vor allem Stasi-Oberst Krüger ist hinter Harry und Matthis her. Er will ihren Plan durchkreuzen. Am Ende wird es gefährlich für Harry und seine Freunde, aber Krüger kriegt sie nicht!

Arbeit mit dem Text

Was gehört zusammen?

1. Harry hat genug von der DDR, …
2. Alle Fluchtwege sind versperrt, …
3. Harry und seine Freunde können den Tunnel nicht allein bauen, …
4. Harry und seine Leute haben nicht genug Geld, …
5. Kein DDR-Bürger darf das Land verlassen, …

a. deshalb helfen mehr Menschen beim Graben.

b. deshalb verfolgt Stasi-Oberst Krüger Fluchthelfer wie Harry und seine Freunde.

c. deshalb ist der Tunnel eine der letzten Möglichkeiten, die DDR zu verlassen.

d. deshalb verkaufen sie ihre Geschichte an das amerikanische Fernsehen.

e. deshalb will er weg.

🎬 FILMCLIP

NOTE: For copyright reasons, the films referenced in the **FILMCLIP** feature have not been provided by the publisher. The film can be purchased as a DVD or found online at various sites such as YouTube, Amazon, or the iTunes store. The time codes mentioned below are for the North American DVD version of the film.

Szene: DVD, Kapitel 1, Vorspann, 0:00:00–0:03:00 Min.

Harry Melchior, die Hauptfigur des Films, stellt sich und andere vor.

Schauen Sie sich die Szene an und beantworten Sie die Fragen.

1. Wann hat Harry sein Land verlassen?
2. Was genau ist „sein Land"?
3. Bei welchem Wettkampf[1] tritt Harry an[2]? Wie schneidet er ab[3]?
4. Wer ist Lotte?
5. Wer ist Matthis?
6. Matthis erzählt, dass man große Mengen Steine von seiner Baustelle[4] wegschafft[5]. Warum macht man das?

[1]*competition*   [2]tritt an *does compete*   [3]schneidet ab *does perform*   [4]*construction site*   [5]*carries away*

Nach dem Lesen

Kreatives Schreiben. Oberst Krüger verfolgt Harry im Tunnel. Es kommt zu einem Gespräch zwischen den beiden. Was sagen sie? Schreiben Sie einen Dialog zwischen Harry und Oberst Krüger.

Videoecke

Perspektiven

Wie finanzierst du dir dein Studium?

Ich bekomme BAföG.

Aufgabe 1 Das Studium

Wer bekommt BAföG? Wer hat einen Nebenjob? Schreiben Sie auf, wie sich die Studentinnen und Studenten ihr Studium finanzieren. ACHTUNG: Manche bekommen Geld aus unterschiedlichen Quellen.

Miniwörterbuch	
der **Nebenjob**	side job
einen Kredit aufnehmen	to take out a loan
sparen	to save
die **Kulturwissenschaften**	cultural sciences
eigentlich	actually
die **Forschung**	research
die **Entwicklungshilfe**	developmental aid
das **Fließband**	assembly line
basteln	to do crafts

1. Judith ___

2. Susan ___

3. Shaimaa ___

4. Martin ___

5. Tina ___

6. Inna ___

7. Nadezda ___

8. Sophie ___

a. arbeiten
b. BAföG
c. einen Kredit aufnehmen
d. Eltern
e. Nebenjobs
f. Stipendium

Interviews

- Was studierst du?
- Was gefällt dir an deinem Studium?
- Was willst du damit mal machen?
- Arbeitest du neben deinem Studium?
- Was machst du da genau?
- Wie viel Geld verdienst du damit?
- Gibt es etwas, worauf du sparst?

Tabea

Tina

Aufgabe 2 Wer sagt was?

Wer sagt das, Tabea oder Tina?

	Tabea	Tina
1. Ich studiere Biochemie und Mathematik.	☐	☐
2. Ich studiere Kulturwissenschaften.	☐	☐
3. Eigentlich wollte[6] ich Medizin studieren.	☐	☐
4. Ich möchte gern in die Forschung gehen.	☐	☐
5. Ich möchte vielleicht in die Entwicklungshilfe gehen.	☐	☐
6. Ich arbeite in den Semesterferien am Fließband.	☐	☐
7. Ich passe auf ein dreijähriges Kind auf.	☐	☐
8. Ich verdiene 8 Euro 50 pro Stunde.	☐	☐
9. Ich möchte einmal nach Japan reisen.	☐	☐
10. Ich ziehe um und brauche eine neue Küche.	☐	☐

Aufgabe 3 Dies und das

Beantworten Sie die folgenden Fragen.

1. Warum kann Tabea nicht Medizin studieren?
2. Was möchte Tabea machen, wenn sie in die Forschung geht?
3. Was gefällt Tina an ihrem Studium?
4. Was macht Tina mit dem dreijährigen Kind?
5. Wie viel verdient Tina?

Aufgabe 4 Interview

Interviewen Sie eine Partnerin oder einen Partner. Stellen Sie die Interviewfragen.

[6]*wanted to*

Wortschatz

Berufe	Professions
der Anwalt, ¨e / die Anwältin, -nen	lawyer
der Arzt (R), ¨e / die Ärztin, -nen	physician, doctor
der Bademeister, - / die Bademeisterin, -nen	swimming-pool attendant
der/die Bankangestellte, -n	bank employee
der Bauarbeiter, - / die Bauarbeiterin, -nen	construction worker
der Berufsberater, - / die Berufsberaterin, -nen	career counselor
der Dirigent, -en (wk. masc.) / die Dirigentin, -nen	(orchestra) conductor
der Friseur, -e / die Friseurin, -nen	hairdresser
der Hausmeister, - / die Hausmeisterin, -nen	custodian
der Krankenpfleger, - / die Krankenpflegerin, -nen	nurse
der Richter, - / die Richterin, -nen	judge
der Schriftsteller, - / die Schriftstellerin, -nen	writer
der Verkäufer, - / die Verkäuferin, -nen	salesperson

Ähnliche Wörter

der Arbeiter, - / die Arbeiterin, -nen; der Architekt, -en (wk. masc.) / die Architektin, -nen; der Bibliothekar, -e / die Bibliothekarin, -nen; der Koch, ¨e / die Köchin, -nen; der Pilot, -en (wk. masc.) / die Pilotin, -nen; der Polizist, -en (wk. masc.) / die Polizistin, -nen; der Präsident, -en (wk. masc.) / die Präsidentin, -nen; der Priester, - / die Priesterin, -nen; der Sekretär, -e / die Sekretärin, -nen; der Taxifahrer, - / die Taxifahrerin, -nen

Orte	Places
die Ecke, -n	corner
um die Ecke	around the corner
die Fabrik, -en	factory
in der Fabrik	in the factory
die Gaststätte, -n	restaurant
in der Gaststätte	at the restaurant
die Kasse, -n	ticket booth
an der Kasse	at the ticket booth
die Kirche, -n	church
in der Kirche	at church
die Polizei	police station
auf der Polizei	at the police station

die Post	post office
auf der Post	at the post office
die Tankstelle, -n	gas station
an der Tankstelle	at the gas station
der Bahnhof, ¨e (R)	train station
auf dem Bahnhof	at the train station
der Schalter, -	ticket booth
am Schalter	at the ticket booth
das Büro, -s	office
im Büro	at the office
das Gericht, -e	courthouse
auf dem Gericht	at the courthouse
das Kaufhaus, ¨er	department store
im Kaufhaus	at the department store
das Krankenhaus, ¨er (R)	hospital
im Krankenhaus	in the hospital
das Schwimmbad, ¨er (R)	swimming pool
im Schwimmbad	at the swimming pool

Ähnliche Wörter

die Bäckerei, -en; in der Bäckerei; die Bank, -en; auf der Bank; die Schule, -n (R); in der Schule; die Universität, -en (R); auf der Universität; der Supermarkt, ¨e; im Supermarkt; das Hotel, -s (R); im Hotel

In der Küche	In the Kitchen
die Flasche, -n	bottle
die Küche, -n	kitchen
die Küchenwaage, -n	kitchen scale
die Salatschüssel, -n	salad (mixing) bowl
die Schublade, -n	drawer
die Tasse, -n (R)	cup
der Backofen, ¨	oven
der Geschirrspüler, -	dishwasher
der Herd, -e	stove
der Kühlschrank, ¨e	refrigerator
der Topf, ¨e	pot, pan
der Topflappen, -	potholder
der Wasserhahn, ¨e	faucet
das Besteck	silverware, cutlery
das Geschirr (R)	dishes
das Papiertuch, ¨er	paper towel
das Spülbecken, -	sink

Ähnliche Wörter

die Kaffeemaschine, -n; die Küchenlampe, -n; die Küchenuhr, -en; die Pfanne, -n; der Küchentisch, -e; das Glas, ¨er

Einkäufe und Geschenke / Purchases and Presents

die **Badehose**, -n	swim(ming) trunks
die **Briefmarke**, -n	stamp
die **Mütze**, -n	cap
der **Regenschirm**, -e	umbrella
der **Reiseführer**, -	travel guidebook
der **Roman**, -e	novel
das **Weihnachtsgeschenk**, -e	Christmas present

Ähnliche Wörter

die **Konzertkarte**, -n; die **Tageszeitung**, -en; der **Bikini**, -s; der **Fahrradhelm**, -e; der **MP3-Spieler**, - (R); das **Parfüm**, -e; das **Videospiel**, -e

Schule und Beruf / School and Career

die **Ausbildung**	specialized training
praktische Ausbildung	practical (career) training
die **Bundeswehr**	German army
bei der Bundeswehr	in the German army
die **Schulbildung**	education, schooling
der **Aufenthalt**, -e	stay, sojourn

Sonstige Substantive / Other Nouns

die **Dusche**, -n	shower
die **Enkelin**, -nen	granddaughter
die **Lehre**, -n	apprenticeship
die **Möglichkeit**, -en	possibility
die **Umkleidekabine**, -n	dressing room
die **Versicherung**, -en	insurance
die **Werkstatt**, ¨-en	repair shop, garage
der **Eindruck**, ¨-e	impression
der **Enkel**, -	grandson
der **Kuchen**, -	cake
der **Rasen**	lawn
der **Rat**, **Ratschläge**	advice
der **Termin**, -e	appointment
der **Urlaub**, -e (R)	vacation
der **Vorschlag**, ¨-e	suggestion
das **Doppelzimmer**, -	double room
das **Geheimnis**, -se	secret
das **Interesse**, -n	interest
Interesse haben an (+ *dat.*)	to be interested in
das **Konto**, **Konten**	bank account
ein Konto eröffnen	to open a bank account
das **Lieblingsfach**, ¨-er	favorite subject
das **Öl**	oil
das Öl kontrollieren	to check the oil

die **Kenntnisse** (*pl.*)	skills; knowledge about a field

Ähnliche Wörter

die **Klasse**, -n; die **Liste**, -n; die **Lotterie**, -n; **in der Lotterie gewinnen**; die **Patientin**, -nen; der **Patient**, -en (*wk. masc.*); das **Chaos**; das **Prestige** [prɛstiːʒ]

Verben / Verbs

aus·tragen, trägt ... aus, ausgetragen	to deliver
Zeitungen austragen	to deliver newspapers
decken	to cover; set
den Tisch decken	to set the table
ein·kaufen gehen, ist einkaufen gegangen (R)	to go shopping
erhalten, erhält, erhalten	to receive
erklären	to explain
erreichen	to reach
erzählen (R)	to tell (a story, joke)
fegen	to sweep
feiern (R)	to celebrate
heiraten (R)	to marry
interessieren	to interest
sich interessieren für	to be interested in
leid·tun, leidgetan (+ *dat.*)	to be sorry
tut mir leid (R)	I'm sorry
leihen, geliehen	to lend
mähen	to mow
pflegen	to attend to; to nurse
sagen (R)	to say, tell
schenken	to give (as a present)
sparen	to save (money)
statt·finden, stattgefunden	to take place
stellen (R)	to place, put
eine Frage stellen	to ask a question
unterrichten	to teach, instruct
untersuchen	to investigate; to examine
verkaufen (R)	to sell
voll·tanken	to fill up (with gas)
weg·stellen	to put away
werden, wird, ist geworden	to become
zahlen	to pay
zeichnen (R)	to draw

Ähnliche Wörter

backen, backt/bäckt, gebacken; heilen; weg·bringen, weggebracht

Adjektive und Adverbien
Adjectives and Adverbs

ausführlich	thorough
ausverkauft	sold out
dunkel	dark
getrennt	separately; separate checks
leer	empty
sauer	angry
unglaublich	incredible

Ähnliche Wörter
normal, praktisch

Sonstige Wörter und Ausdrücke
Other Words and Expressions

als	as; when
als was?	as what?
als ich acht Jahre alt war	when I was eight years old
etwas (R)	something, anything
sonst noch etwas?	anything else?
fast	almost
gern (R)	gladly
ich hätte gern	I would like
hin und zurück	round-trip
jede, jeder, jedes (R)	each
mehrmals	several times
nebenan	next door
von nebenan	from next door
sonst (R)	otherwise
unter	under, underneath
unter dem Fenster	under the window
wem	whom (dative)
zweimal	twice

Strukturen und Übungen

5.1 Dative case: articles and possessive determiners

The dative case indicates to or for whom.

A noun or pronoun in the dative case is used to designate the person to or for whom something is done.

| Ernst schenkt **seiner Mutter** ein Buch. | Ernst gives his mother a book. |
| Sofie gibt **ihrem Freund** einen Kuss. | Sofie gives her boyfriend a kiss. |

Note that the dative case frequently appears in sentences with three nouns: a person who does something, a person who receives something, and the object that is passed from the doer to the receiver. The doer, the subject of the sentence, is in the nominative case; the recipient, or beneficiary, of the action is in the dative case; and the object is in the accusative case.

Doer		Recipient	Object
Nominative Case	*Verb*	*Dative Case*	*Accusative Case*
Maria	kauft	ihrem Freund	ein Hemd.

Maria is buying her boyfriend a shirt.

In German, the signal for the dative case is the ending **-m** in the masculine and neuter, **-r** in the feminine, and **-n** in the plural. Here are the dative forms of the definite, indefinite, and negative articles, and of the possessive determiners.

	Masculine and Neuter	Feminine	Plural
Definite Article	dem	der	den
Indefinite Article	einem	einer	—
Negative Article	keinem	keiner	keinen
	meinem	meiner	meinen
	deinem	deiner	deinen
	Ihrem	Ihrer	Ihren
Possessive Determiners	seinem	seiner	seinen
	ihrem	ihrer	ihren
	unserem	unserer	unseren
	eurem	eurer	euren

| Jutta schreibt **einem Freund** einen Brief. | Jutta is writing a letter to a friend. |
| Jens erzählt **seinen Eltern** einen Witz. | Jens is telling his parents a joke. |

Plural nouns add **-n** in dative.

All plural nouns add an **-n** in the dative unless they already end in **-n** or in **-s**.

| Claire erzählt **ihren Freunden** von ihrer Reise nach Deutschland. | Claire is telling her friends about her trip to Germany. |

Here is a short list of verbs that often take an accusative object and a dative recipient.

erklären	to explain something to someone
erzählen	to tell someone (a story)
geben	to give someone something
leihen	to lend someone something
sagen	to tell someone something
schenken	to give someone something as a gift

Certain masculine nouns, in particular a number of nouns denoting professions, add **-(e)n** in the dative and accusative singular as well as in the plural. They are often called weak masculine nouns.

	Singular	Plural
Nominative	der Student	die Studenten
Accusative	den Studenten	die Studenten
Dative	dem Studenten	den Studenten

Übung 1   Was machen Sie für diese Leute?

Schreiben Sie mit jedem Verb einen Satz.

MODELL: Ich schenke meiner Mutter eine Kamera.

backen	Bruder/Schwester	ein Abendessen
erklären	Freund/Freundin	meine Bilder
erzählen	Großvater/Großmutter	einen Brief
geben	Mitbewohner/Mitbewohnerin	ein Buch
kaufen	Onkel/Tante	eine CD
kochen	Partner/Partnerin	mein Deutschbuch
leihen	Professor/Professorin	50 Dollar
schenken	Vater/Mutter	eine E-Mail
schreiben	Vetter/Kusine	ein Geheimnis
verkaufen		eine Geschichte
		Kaffee
		eine Konzertkarte
		eine Krawatte
		einen Kuchen
		einen Kuss
		einen Laptop
		einen Witz

Übung 2   Was machen diese Leute?

Bilden Sie Sätze.

MODELL: Heidi schreibt ihren Eltern eine Karte.

Bikini (*m.*) = der Bikini
Grammatik (*f.*) = die Grammatik
Zelt (*n.*) = das Zelt

Heidi	erklären	*ihren* Eltern	Armband (*n.*)
Peter	erzählen	Freund	Bikini (*m.*)
Thomas	geben	Freundin	Geheimnis (*n.*)
Katrin	kaufen	Mann	Grammatik (*f.*)
Stefan	kochen	Mutter	*eine* Karte (*f.*)
Albert	leihen	Professor	Regenschirm (*m.*)
Monika	schenken	Schwester	Rucksack (*m.*)
Frau Schulz	schreiben	Tante	Suppe (*f.*)
Nora	verkaufen	Vetter	Zelt (*n.*)

5.2 Question pronouns: *wer, wen, wem*

Use the pronouns **wer, wen,** and **wem** to ask questions about people: **wer** indicates the subject, the person who performs the action; **wen** indicates the accusative object; **wem** indicates the dative object.

wer (Who is it?) = nominative

wen (Whom do you know?)
   = accusative

wem (Whom did you give it to?)
   = dative

Wer arbeitet heute Abend um acht?	*Who's working tonight at eight?*
Wen triffst du heute Abend?	*Whom are you meeting tonight?*
Wem leihst du das Zelt?	*To whom are you lending the tent?*

Übung 3   Minidialoge

Ergänzen Sie **wer, wen** oder **wem.**

1. JÜRGEN: _____ hat meinen Regenschirm?
   SILVIA: Ich habe ihn.

2. MELANIE: _____ hast du in der Stadt gesehen?
   JOSEF: Claire.

3. SOFIE: _____ willst du die DVD schenken?
   WILLI: Nesrin. Sie wünscht sie sich schon lange.

4. FRAU AUGENTHALER: Na, erzähl doch mal. _____ hast du letztes Wochenende kennengelernt?
   RICHARD: Also, sie heißt Uschi und ...

5. MEHMET: _____ wollt ihr denn euren neuen Computer verkaufen?
   RENATE: Schülern und Studenten.

6. SUMITA: Weißt du, _____ heute Abend zu uns kommt?
   LYDIA: Nein, du?
   SUMITA: Tante Christa natürlich.

5.3 Expressing change: the verb *werden*

Use a form of **werden** to talk about changing conditions.

Ich **werde** alt.	*I am getting old.*
Es **wird** dunkel.	*It is getting dark.*

werden: e → i
du wirst; er/sie/es wird

werden			
ich	werde	*wir*	werden
du	wirst	*ihr*	werdet
Sie	werden	*Sie*	werden
er *sie* *es*	wird	*sie*	werden

In German, **werden** is also used to talk about what somebody wants to be.

Was willst du **werden?**	*What do you want to be (become)?*
Sumita will Ärztin **werden.**	*Sumita wants to be (become) a physician.*

Übung 4   Was passiert?

Bilden Sie Fragen und suchen Sie dann eine logische Antwort darauf.

MODELL: Was passiert im Winter? —Es wird kalt.

1. am Abend
2. wenn man Bücher schreibt
3. wenn man krank wird
4. im Frühling
5. im Herbst
6. wenn Kinder älter werden
7. wenn man in der Lotterie gewinnt
8. wenn man Medizin studiert
9. am Morgen
10. im Sommer

a. Man wird Arzt.
b. Man wird bekannt[1].
c. Die Blätter werden bunt[2].
d. Es wird dunkel.
e. Sie werden größer.
f. Es wird wärmer.
g. Es wird hell[3].
h. Man bekommt Fieber.
i. Die Tage werden länger.
j. Man wird reich.

Übung 5   Was werden sie vielleicht?

Suchen Sie einen möglichen Beruf für jede Person.

MODELL: Jens hilft gern kranken Menschen. →
          Vielleicht wird er Arzt.

1. Lydia kocht gern.
2. Damla interessiert sich für Medikamente.
3. Ernst fliegt gern.
4. Jürgen hat Interesse an Pädagogik.
5. Jutta zeichnet gern Pläne für Häuser.
6. Eske geht gern in die Bibliothek.
7. Hans möchte gern kranke Menschen heilen.
8. Andrea hört gern klassische Musik.

Apotheker/Apothekerin
Architekt/Architektin
Bibliothekar/Bibliothekarin
Dirigent/Dirigentin
Koch/Köchin
Krankenpfleger/
  Krankenpflegerin
Lehrer/Lehrerin
Pilot/Pilotin

5.4 Location: *in, an, auf* + dative case

To express the location of someone or something, use the following prepositions with the dative case.

For location, **in, an,** and **auf** take the dative.

in (*in, at*) ⎫
auf (*on, at*) ⎬ + ⎧ **dem/einem** _____ (*m., n.*)
an (*on, at*) ⎭   ⎨ **der/einer** _____ (*f.*)
                        ⎩ **den** _____ (*pl.*)

Katrin wohnt **in der Stadt.**
Stefan und Albert sind
  auf der Bank.

Katrin lives in the city.
Stefan and Albert are at
  the bank.

A. Forms and Contractions

Remember the signals for dative case.

	Masculine and Neuter	Feminine	Plural
Dative	dem	der	den
	einem	einer	—

[1]well-known   [2]colorful   [3]bright; light

in + dem = im
an + dem = am

Note that the prepositions **in** + **dem** and **an** + **dem** are contracted to **im** and **am.**

Masculine and Neuter	Feminine	Plural
im Kino	**in der** Stadt	**in den** Wäldern
in einem Kino	**in einer** Stadt	**in** Wäldern
am See	**an der** Tankstelle	**an den** Wänden
an einem See	**an einer** Tankstelle	**an** Wänden
auf dem Berg	**auf der** Bank	**auf den** Bäumen
auf einem Berg	**auf einer** Bank	**auf** Bäumen

B. Uses

1. Use **in** when referring to enclosed spaces.

   im Supermarkt   *in the supermarket (enclosed)*
   in der Stadt   *in (within) the city*

2. **An,** in the sense of English *at,* denotes some kind of border or limiting area.

   am Fenster   *at the window*
   an der Tankstelle   *at the gas pump*
   am See   *at the lake*

3. Use **auf,** in the sense of English *on,* when referring to surfaces.

   auf dem Tisch   *on the table*
   auf dem Herd   *on the stove*

4. **Auf** is also used to express location in public buildings such as the bank, the post office, or the police station.

   auf der Bank   *at the bank*
   auf der Post   *at the post office*
   auf der Polizei   *at the police station*

Übung 6   Was macht man dort?

Stellen Sie einem Partner / einer Partnerin Fragen. Er/Sie soll eine Antwort darauf geben.

MODELL: S1: Was macht man am Strand?
            S2: Man spielt Volleyball.

> Benzin[1] tanken   tanzen   Briefmarken kaufen
>
>   Geld wechseln[2]   ein Buch lesen   beten[3]
>
> schwimmen   einen Film sehen   Volleyball spielen
>
>   spazieren gehen   ?

1. im Kino
2. auf der Post
3. an der Tankstelle
4. in der Disko
5. in der Kirche
6. auf der Bank
7. im Meer
8. in der Bibliothek
9. im Park

[1]*gasoline*   [2]*to exchange*   [3]*to pray*

Übung 7   Wo?

Wo sind die Leute? Wo sind das Poster, der Topf und der Wein?

MODELL: Stefan ist am Strand.

Stefan

1. Monika

2. Albert

3. Heidi

4. Nora

5. Katrin

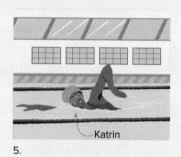

6. Thomas

7. Frau Schulz

8. das Poster   9. der Topf   10. der Wein

5.5 Dative case: personal pronouns

WISSEN SIE NOCH?

The dative case designates the person to whom or for whom something is done.

Review grammar 5.1.

Personal pronouns in the dative case designate the person to or for whom something is done. (See also **Strukturen 5.1**.)

| Kaufst du **mir** ein Buch? | Are you buying me a book? |
| Nein, ich schenke **dir** eine DVD. | No, I'm giving you a DVD. |

A. First- and Second-Person Pronouns

Here are the nominative and dative forms of the first- and second-person pronouns.

Singular		Plural	
Nominative	*Dative*	*Nominative*	*Dative*
ich	mir	wir	uns
du	dir	ihr	euch
Sie	Ihnen	Sie	Ihnen

Note that German speakers use three different pronouns to express the recipient or beneficiary in the second person (English *you*): **dir, euch,** and **Ihnen.**

RICHARD: Leihst du mir dein Auto, Mutti? (*Will you lend me your car, Mom?*)
FRAU AUGENTHALER: Ja, ich leihe **dir** mein Auto. (*Yes, I'll lend you my car.*)

HERR THELEN: Viel Spaß in Wien! (*Have fun in Vienna!*)
HERR WAGNER: Danke! Wir schreiben **Ihnen** eine Postkarte. (*Thank you! We'll write you a postcard.*)

HANS: Ernst und Andrea! Kommt in mein Zimmer! Ich zeige **euch** meine Briefmarken. (*Ernst and Andrea! Come to my room! I'll show you my stamp collection.*)

B. Third-Person Pronouns

The third-person pronouns have the same signals as the dative articles: **-m** in the masculine and neuter, **-r** in the feminine, and **-n** in the plural.

dem → ihm
der → ihr
den → ihnen

	Masculine and Neuter	Feminine	Plural
Article	dem	der	den
Pronoun	**ihm**	**ihr**	**ihnen**

Was kaufst du deinem Vater?	What are you going to buy your dad?
Ich kaufe **ihm** ein Buch.	I'll buy him a book.
Was schenkst du deiner Schwester?	What are you going to give your sister?
Ich schenke **ihr** eine Bluse.	I'll give her a blouse.
Was kochen Sie Ihren Kindern?	What are you going to cook for your kids?
Ich koche **ihnen** Spaghetti.	I'm making them spaghetti.

Note that the dative-case pronoun precedes the accusative-case noun.

| Ich schreibe **dir** einen Brief. | I'll write you a letter. |

Übung 8 Minidialoge

Ergänzen Sie **mir, dir, uns, euch** oder **Ihnen.**

1. HANS: Mutti, kaufst du _____ Schokolade?
   FRAU RUF: Ja, aber du weißt, dass du vor dem Essen nichts Süßes essen sollst.

2. MARIA: Was hat denn Frau Körner gesagt?
   MICHAEL: Das erzähle ich _____ nicht.

3. ERNST: Mutti, kochst du Andrea und mir einen Pudding?
   FRAU WAGNER: Natürlich koche ich _____ einen Pudding.

4. HERR SIEBERT: Sie schulden[1] mir noch 50 Euro, Herr Pusch.
   HERR PUSCH: Was!? Wofür denn?
   HERR SIEBERT: Ich habe _____ doch für 300 Euro mein altes Motorrad verkauft, und Sie hatten nur 250 Euro dabei.
   HERR PUSCH: Ach, ja, richtig.

5. FRAU KÖRNER: Mein Mann und ich gehen heute Abend aus. Können Sie _____ vielleicht ein gutes Restaurant empfehlen, Herr Pusch?
   MICHAEL: Ja, gern ...

Übung 9 Wer? Wem? Was?

Beantworten Sie die Fragen mit Hilfe der Tabelle.

MODELL: Was hat Renate ihrem Freund geschenkt?
Sie hat ihm ein T-Shirt geschenkt.

	Renate	Mehmet
schenken	ein T-Shirt	einen Regenschirm
leihen	ihr Auto	500 Euro
erzählen	ein Geheimnis	eine Geschichte
verkaufen	ihre Sonnenbrille	seinen Fernseher
zeigen	ihr Büro	seine Wohnung
kaufen	eine neue Brille	einen Kinderwagen

1. Was hat Mehmet seiner Mutter geschenkt?
2. Was hat Renate ihrem Vater geliehen?
3. Was hat Mehmet seinem Bruder geliehen?
4. Was hat Renate ihrer Friseurin erzählt?
5. Was hat Mehmet seinen Nichten erzählt?
6. Was hat Renate ihrer Freundin verkauft?
7. Was hat Mehmet seinen Eltern verkauft?
8. Was hat Renate ihrem Schwager gezeigt?
9. Was hat Mehmet seinem Freund gezeigt?
10. Was hat Renate ihrer Großmutter gekauft?
11. Was hat Mehmet seiner Schwägerin gekauft?

[1]owe

KAPITEL **6**

Wohnen

In **Kapitel 6,** you will learn vocabulary and expressions for describing where you live, for finding a place to live, and for talking about housework.

Themen

Haus und Wohnung

Das Stadtviertel

Auf Wohnungssuche

Hausarbeit

Kulturelles

KLI: Wohnen

KLI: Deutsch und Englisch als germanische Sprachen

Musikszene: „Haus am See" (Peter Fox)

Filmclip: *Good bye Lenin!* (Wolfgang Becker)

Videoecke: Wohnen

Lektüren

Sachtext: Städteranking 2014

Film: *Good bye Lenin!* (Wolfgang Becker)

Strukturen

6.1 Dative verbs

6.2 Location vs. destination: two-way prepositions with the dative or accusative case

6.3 Word order: time before place

6.4 Direction: **in/auf** vs. **zu/nach**

6.5 Separable-prefix verbs: the present tense and the perfect tense

6.6 The prepositions **mit** and **bei** + dative

Friedensreich Hundertwasser: *(630A) Mit der Liebe warten tut weh, wenn die Liebe woanders ist (1971)*, Galerie Koller, Zürich
© *Hundertwasser Archive, Vienna*

KUNST UND KÜNSTLER

Friedensreich Hundertwasser (1928–2000), mit bürgerlichem Namen[1] Friedrich Stowasser, ist einer der bedeutendsten Künstler des 20. Jahrhunderts. Er war Maler und Architekt, entwarf[2] aber auch Briefmarken und Bucheinbände[3]. Er war Sohn einer Jüdin. Aufgrund seiner Erfahrungen im Dritten Reich war er politisch aktiv, vor allem gegen Diktaturen. Weiterhin engagierte er sich sehr für den Umweltschutz. Mit seinen Gebäuden schuf er Beispiele für eine natur- und menschengerechte Architektur. Seine Bilder sind von kräftigen Farben, organischen Formen und einer Ablehnung[4] von geraden[5] Linien gekennzeichnet.

Schauen Sie sich das Bild an und beantworten Sie die folgenden Fragen.

1. Welche Farben dominieren im Bild? Welche Farbe dominiert besonders? Was symbolisiert diese Farbe? Denken Sie an den Titel.
2. Was ist das Besondere an den Häusern? Laden sie ein oder schließen sie aus? Woran erkennt man das?
3. Was sehen Sie links unten im rechten Haus? Wer könnte das sein?
4. Weckt das Bild eher fröhliche oder traurige Assoziationen? Warum?

[1]mit ... *born* [2]*designed* [3]*book covers* [4]*rejection* [5]*straight*

Situationen

Haus und Wohnung

Grammatik 6.1–6.2

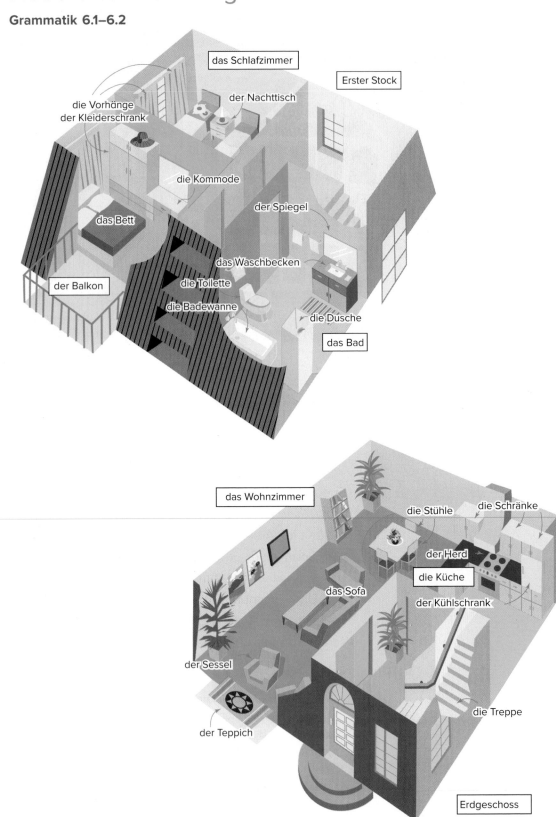

das Schlafzimmer

Erster Stock

der Nachttisch

die Vorhänge
der Kleiderschrank

die Kommode

der Spiegel

das Bett

das Waschbecken

der Balkon

die Toilette

die Badewanne

die Dusche

das Bad

das Wohnzimmer

die Stühle

die Schränke

der Herd

die Küche

das Sofa

der Kühlschrank

der Sessel

die Treppe

der Teppich

Erdgeschoss

Situation 1 Das Zimmer

Wählen Sie ein Bild, aber sagen Sie die Nummer nicht. Ihr Partner oder Ihre Partnerin stellt Fragen und sagt, welches Bild Sie gewählt haben.

MODELL: S1: Ist die Katze auf dem Sofa?
S2: Ja.
S1: Ist es neun Uhr?
S2: Ja.
S1: Dann ist es Bild 1.
S2: Richtig. Jetzt bist du dran.

> am Fenster
>
> vor dem Sofa   an der Wand   auf dem Sofa
>
> auf dem Tisch   über dem Schrank
>
> neben dem Sofa   ?   unter dem Tisch

WOHNEN

In Ihrem Land:

- Haben moderne Häuser in Ihrem Land einen Keller[1], eine Terrasse, einen Balkon?
- Haben sie einen Garten vor oder hinter dem Haus?
- Aus welchem Material sind die Häuser normalerweise? (aus Stein, aus Holz[2], aus Beton[3])
- Gibt es einen Zaun[4] um das ganze Grundstück[5] herum oder nur um den Garten hinter dem Haus?
- Wie viele Garagen sind üblich[6]? Wie groß sind die Garagen? (Platz für ein Auto, zwei Autos, drei Autos)
- Aus welchem Material ist das Dach? (aus Asphaltschindeln[7], aus Holzschindeln[8], aus Ziegeln[9])

Einfamilienhaus in einer Neubausiedlung
© Ullstein bild - Schöning/The Image Works

Wohnblöcke im Ostteil Berlins
© Stuart Cohen

Zweifamilienhaus aus Backstein
© ullstein bild - Business Picture/The Image Works

In Deutschland:

- Schauen Sie sich die Fotos an. Welche Unterschiede[10] gibt es zu Häusern in Ihrem Land?

Hören Sie sich den Text an und beantworten Sie die folgenden Fragen.

- Wie viele Menschen leben in Deutschland?
- Wie groß ist Deutschland?
- In Deutschland leben ungefähr[11] 200 Menschen auf einem Quadratkilometer[12], das sind fast 600 auf einer Quadratmeile. In den USA z. B. sind es im Durchschnitt[13] 80 auf einer Quadratmeile. Wie viele sind es in Ihrem Bundesland?

[1]basement [2]wood [3]concrete [4]fence [5]property [6]customary [7]asphalt shingles
[8]wooden shingles [9]clay tiles [10]differences [11]approximately [12]square kilometer
[13]im ... on average

Situation 2 Interview

1. Wo wohnst du? (in einer Wohnung, in einem Studentenheim, in einem Haus, auf dem Land, in der Stadt, _____)
2. Wohnst du allein? (in einer WG [Wohngemeinschaft], bei deinen Eltern, bei einer Familie, mit einem Mitbewohner, mit einer Mitbewohnerin, _____)
3. Wie lange brauchst du zur Uni? (zehn Minuten zu Fuß, fünf Minuten mit dem Fahrrad, eine halbe Stunde mit dem Auto oder mit dem Bus, _____)
4. Was kostet dein Zimmer / deine Wohnung pro Monat?
5. Was für Möbel hast du in deinem Zimmer / in deiner Wohnung?

Situation 3 Interaktion: In der Wohnung

Beantworten Sie die Fragen für sich selbst und schreiben Sie Ihre Antworten auf. Stellen Sie dann die gleichen Fragen an Ihren Partner oder Ihre Partnerin.

	ich	mein(e) Partner(in)
Wie gefällt dir deine Wohnung oder dein Zimmer?		
Welches Möbelstück fehlt dir?		
Welches Möbelstück gehört dir nicht?		
Wie gefällt dir das Aufräumen und Putzen?		
Wer hilft dir beim Aufräumen und Putzen?		

Situation 4 Zum Schreiben: So wohne ich

Schreiben Sie einen kurzen Text darüber, wo und wie Sie wohnen. Schreiben Sie einen Absatz darüber, wo Sie wohnen und mit wem Sie wohnen, und einen Absatz darüber, wie viele Zimmer es dort gibt und was in diesen Zimmern ist. Schreiben Sie einen kurzen Schluss, in dem Sie sagen, wie es Ihnen gefällt und wie lange Sie dort noch wohnen werden.

Das Stadtviertel

Grammatik 6.3–6.4

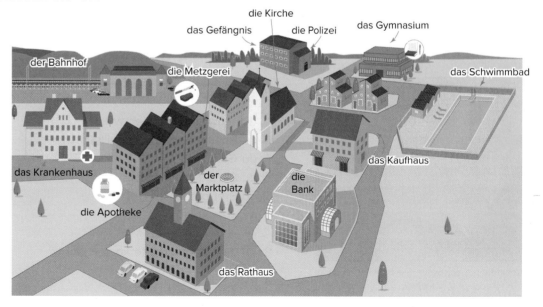

Situation 5   Wie weit weg?

MODELL: S1: Wie weit weg sollte die Apotheke von deiner Wohnung sein?

S2: _____

1. die Apotheke
2. die Universität
3. die Polizei
4. der Flughafen

5. das Kino
6. das Krankenhaus
7. das Gefängnis
8. der Kindergarten

9. der Supermarkt
10. die Kirche

> **so weit weg wie möglich**
>
> **gleich um die Ecke**   **am anderen Ende der Stadt**
>
> **gleich gegenüber**
>
> **fünf Minuten zu Fuß**   **zehn Minuten mit dem Fahrrad**
>
> **eine halbe Stunde mit dem Auto**   **mir egal**
>
> **zwei Straßen weiter**

Situation 6   Umfrage

MODELL: S1: Wohnst du in der Nähe der Universität?
S2: Ja.
S1: Unterschreib bitte hier.

UNTERSCHRIFT

1. Wohnst du in der Nähe der Universität? _____
2. Übernachtest du manchmal in Hotels? _____
3. Gibt es in deiner Heimatstadt ein Schwimmbad? _____
4. Warst du letzte Woche auf der Post? _____
5. Warst du gestern im Supermarkt? _____
6. Gibt es in deiner Heimatstadt ein Rathaus? _____
7. Warst du letzten Freitag in der Disko? _____
8. Bist du oft in der Bibliothek? _____
9. Warst du letzten Sonntag in der Kirche? _____

Situation 7   Wohin gehst du, wenn ...?

MODELL: S1: Wohin gehst du, wenn du ein Buch lesen willst?
S2: Wenn ich ein Buch lesen will? In die Bibliothek.

1. du schwimmen gehen willst?
2. du Briefmarken kaufen willst?
3. du Geld brauchst?
4. du Benzin brauchst?
5. du Brot brauchst?
6. du krank bist?
7. du verreisen willst?
8. du eine Zugfahrkarte kaufen willst?
9. _____?

zum Bahnhof
in die Bäckerei
zum Flughafen
zum Arzt
auf die Bank
zur Tankstelle
auf die Post
ins Schwimmbad
_____

Wohin fahren Sie, wenn Sie Benzin brauchen?
© Begsteiger/agefotostock

Situation 8 Informationsspiel: Gestern und heute

Arbeiten Sie zu zweit und stellen Sie Fragen wie im Modell.

MODELL: S2: Heute ist hier ein Schuhgeschäft. Was war früher hier?
S1: Früher war hier eine Disko.

die Reinigung

die Disko

das Café

die Metzgerei

das Reisebüro

die Drogerie

FRÜHER

das Schuhgeschäft

die Boutique

das Café

der Supermarkt

die Bäckerei

die Apotheke

HEUTE

Lektüre

Vor dem Lesen

A. Beantworten Sie die folgenden Fragen.

1. Welche Städte sind die beliebtesten Städte in Ihrem Land? Warum sind sie beliebt?
2. Was ist Ihre Lieblingsstadt? Warum?
3. Welche Merkmale[1] einer Stadt sind für Sie wichtig? Welche sind weniger wichtig? Sortieren Sie die folgenden Merkmale von *am wichtigsten* zu *am wenigsten wichtig:* gute Schulen, viele Arbeitsplätze, große Universität, Alter und Geschichte, Größe der Stadt, Kulturangebot, Nähe zum Meer oder zu den Bergen, geringe Kriminalität, Größe des Flughafens, viele junge Leute.
4. Welche großen Städte kennen Sie in Deutschland, in Österreich oder in der Schweiz? Warum kennen Sie diese Stadt oder diese Städte? Was wissen Sie über sie?

B. Suchen Sie die Städtenamen im Text und unterstreichen Sie sie. Suchen Sie dann die Städte auf einer Landkarte.

C. Suchen Sie nun die Wörter des Miniwörterbuchs im Text und in den darauffolgenden Aktivitäten und unterstreichen Sie sie.

Miniwörterbuch

aktuell	current
blass	pale
der **Lichtblick**	ray of hope
erscheinen	to appear, be published
der **Zustand**	conditions, circumstances
der **Wohlstand**	quality of life
die **Wirtschaft**	economy
der **Arbeitsmarkt**	job market
das **Bevölkerungswachstum**	population growth
die **Anzahl**	number, amount
das **Ergebnis**	result
unterschiedlich	different
die **Behörde**	government agency
umgehen mit (etwas)	to handle (sth.)
sicher	secure
das **Einkommen**	income
die **Sicherheit**	safety
schaffen, schaffte	to manage (to do sth.), managed
punkten	to score
der **Vertreter**	representative
die **Arbeitslosenquote**	unemployment rate
die **Leistung**	performance
der **Durchschnitt**	average
bewerten	to rate

Städteranking
(Niveauranking)

SCHLESWIG-HOLSTEIN
MECKLENBURG-VORPOMMERN
HAMBURG
BREMEN
NIEDERSACHSEN
BRANDENBURG
Wolfsburg (4)
BERLIN
NORDRHEIN-WESTFALEN
SACHSEN-ANHALT
SACHSEN
HESSEN
THÜRINGEN
Frankfurt am Main (7)
RHEINLAND-PFALZ
SAARLAND
Erlangen (2)
BADEN-WÜRTTEMBERG
BAYERN
Regensburg (6)
Karlsruhe (9)
Stuttgart (5)
Ingolstadt (3)
Ulm (10)
Freiburg (8)
München (1)

[1]*features*

Städteranking 2014

Welche Städte sind besonders grün, wirtschaftsfreundlich und wohlhabend? Auch das aktuelle Städteranking lässt die Städte im Westen, Osten und Norden Deutschlands blass aussehen. Lichtblick für die neuen Bundesländer: das Dynamikranking. Leipzig auf Platz 4, Berlin auf Platz 5, Erfurt auf Platz 9.

Die „Initiative Neue Soziale Marktwirtschaft" und die Zeitschrift *Wirtschaftswoche* haben für das Jahr 2014 ein Städteranking für Deutschland erarbeitet. Seit 2004 erscheint jährlich eine neue Studie. Das Niveauranking zeigt den aktuellen Zustand. Das Dynamikranking zeigt, wie sich die Städte in der Zeit von 2009 bis 2014 entwickelt haben. Aus dem Niveau- und dem Dynamikranking ergibt sich ein Gesamtranking. Es wird gefragt: In welcher deutschen Stadt ist der Wohlstand am größten? Und: Wo findet man die höchste wirtschaftliche Dynamik? Wichtige Faktoren sind der Arbeitsmarkt, der Wohlstand, die Kriminalitätsrate, das Bevölkerungswachstum, die Anzahl Hochqualifizierter, die Anzahl junger Leute und die Anzahl der Gästeübernachtungen. Einhundert deutsche Städte wurden untersucht.

Beim Niveauranking belegte München den ersten Platz. München ist die Landeshauptstadt von Bayern. Die Ergebnisse beruhen auf unterschiedlichen Fragen. Es wurde z. B. gefragt: Wie gehen die Behörden der jeweiligen Stadt mit den Finanzen um? Wie sicher fühlen sich die Bürger der Stadt? Wie hoch ist das Jahreseinkommen der Bürger? Bei all diesen Fragen lag München jeweils sehr weit vorn. 97,5 Prozent der Menschen sagten, dass die öffentliche Sicherheit in München sehr hoch ist. Das Jahreseinkommen liegt in München bei 23.145 Euro. In den anderen deutschen Städten beträgt es nur 18.418 Euro.

Viele andere süddeutsche Städte lagen beim Niveauranking auf den ersten 10 Plätzen. Die bayrischen Städte Erlangen, Ingolstadt und Regensburg sowie die baden-württembergischen Städte Stuttgart, Freiburg, Karlsruhe und Ulm schafften es unter die Top-Ten. Nur eine norddeutsche Stadt kam auf einen der ersten 10 Plätze: Wolfsburg in Niedersachsen. Andere große deutsche Städte schafften es nicht unter die ersten 10. So kam Hamburg auf Platz 12, Köln auf 29 und Berlin sogar nur auf Platz 43.

Beim Dynamikranking konnten allerdings einige Städte aus den neuen Bundesländern punkten. Leipzig schaffte es auf Platz 4. Leipzig liegt in Sachsen. Für die Top-Ten des Dynamikrankings ist Leipzig ein typischer Vertreter. Die Arbeitslosenquote sank in den letzten 5 Jahren um 19,5% und die Wirtschaftsleistung stieg um 17,2%. Die Zahl der Einwohner stieg zwischen den Jahren 2011 und 2013 um 5,7. Der deutschlandweite Durchschnitt war 1,8%. Leipzig erreichte bei diesem Kriterium damit Platz 1.

Unter den Top-Ten des Dynamikrankings lagen weitere Städte aus den neuen Bundesländern, viele Städte aus Bayern, aber auch welche aus Niedersachsen und eine Stadt aus Baden-Württemberg, nämlich Ludwigshafen. Vor allem Autostädte wie Wolfsburg (VW) und Ingolstadt (Audi) sowie Universitätsstädte wie Erfurt und Würzburg schafften es in die Top-Ten.

Die Top-Ten des Dynamikranking sieht man in der Grafik. Auf Platz 1 kam Wolfsburg. Dort lag die Arbeitslosenquote bei nur 4,4%; dazu hatten 26,4% der Einwohner einen Hochschulabschluss. Viele große deutsche Städte folgen erst auf den hinteren Plätzen: 25. Nürnberg, 30. Hannover, 31. Hamburg, 39. Bremen, 40. Köln, 50. Frankfurt am Main und 59. Kiel.

From Neue Soziale Marktwirtschaft GmbH Berlin

Dynamikranking, sortiert nach Platzierung

Platz	Stadt	Punkte
1	Wolfsburg	66,5
2	Ingolstadt	61,4
3	Würzburg	57,2
4	Leipzig	56,9
5	Berlin	56,4
6	Braunschweig	55,7
7	Regensburg	55,0
8	Ludwigshafen	54,8
9	Erfurt	54,6
10	Oldenburg	54,4

In Erlangen lebt man besser.
© *imageBROKER/Alamy*

Arbeit mit dem Text

A. Fragen zum Text. Beantworten Sie die folgenden Fragen.

1. Wie viele deutsche Städte werden im Städteranking untersucht? Wie lange gibt es das Städteranking schon?
2. Welche Faktoren sind besonders wichtig?
3. Welche Stadt liegt beim Niveauranking auf Platz 1? Warum?
4. In welchem Bundesland liegen die meisten der Top-Ten-Städte des Niveaurankings? Aus welchen anderen Bundesländern gab es weitere Top-Ten-Städte?
5. Welche Stadt liegt beim Dynamikranking auf Platz 1? Warum?
6. In welchen Bundesländern liegen die anderen Top-Ten-Städte des Dynamikrankings?
7. Was ist besonders an Leipzig?
8. Welche großen Städte werden im Dynamikranking besonders schlecht bewertet?

B. Zeitungssprache. In journalistischen Texten gibt es viele Komposita. Komposita setzen sich aus zwei oder mehr einfachen Wörtern zusammen. Bilden Sie aus den folgenden Wörtern Komposita und suchen Sie sie im Text. Was bedeuten sie?

die Arbeit
arbeitslos
die Bevölkerung
der Gast
das Jahr
die Kriminalität
das Land
das Licht
die Wirtschaft
wohnen
der Blick
das Einkommen
die Hauptstadt
der Komfort
die Leistung
der Markt
die Quote
die Rate
die Übernachtung
das Wachstum

Nach dem Lesen

Suchen Sie im Internet das aktuelle Städteranking für Deutschland, Österreich oder die Schweiz. Welche der Top-Ten-Städte eines dieser Länder finden Sie am interessantesten? Tragen Sie Informationen zu dieser Stadt zusammen und präsentieren Sie sie im Seminar.

Auf Wohnungssuche

das Reihenhaus

das Einfamilienhaus

die Villa

die Altbauwohnung

das Bauernhaus

die Skihütte

das Hochhaus

das Studentenheim

der Wohnwagen

Situation 9 Wo möchtest du gern wohnen?

Fragen Sie fünf Personen und schreiben Sie die Antworten auf.

MODELL: S1: Wo möchtest du gern wohnen?
         S2: In einem Bauernhaus mit alten Möbeln.
         S1: Und wo soll es stehen?
         S2: Auf dem Land.

in einem Bauernhaus	mit Weinkeller	in der Innenstadt
in einem Wohnwagen	mit schönem Ausblick	am Stadtrand
in einem Hochhaus	mit Terrasse	im Ausland
in einem Einfamilienhaus	mit Balkon	auf dem Land
in einem Reihenhaus	mit alten Möbeln	in den Bergen
in einer Skihütte	mit vielen Fenstern	an einem See
in einer Villa	mit einem Garten	in der Nähe der Stadt
im Studentenheim	mit Garage	in der Nähe der Uni

Situation 10 Umfrage

MODELL: S1: Möchtest du gern in der Innenstadt wohnen?
         S2: Ja.
         S1: Unterschreib bitte hier.

UNTERSCHRIFT

1. Möchtest du gern in der Innenstadt wohnen? _____
2. Möchtest du gern am Stadtrand wohnen? _____
3. Kannst du dir ein Leben auf dem Land vorstellen? _____
4. Möchtest du gern im Ausland wohnen? _____
5. Möchtest du in einer Villa wohnen? _____
6. Möchtest du in einem Wohnwagen wohnen? _____
7. Kannst du dir ein Leben auf einem Hausboot vorstellen? _____
8. Möchtest du gern im Studentenheim wohnen? _____
9. Möchtest du gern eine Woche unter Wasser wohnen? _____
10. Möchtest du gern im Wald wohnen? _____

DEUTSCH UND ENGLISCH ALS GERMANISCHE SPRACHEN

- Wie viele Sprachen spricht man in Ihrem Kurs? Welche? Welche dieser Sprachen sind verwandt mit dem Englischen?
- Gibt es Wörter in den Sprachen Ihres Kurses, die es auch im Englischen gibt? Sammeln Sie zwei bis drei Wörter pro Sprache.

Lesen Sie den Text und suchen Sie die Antworten auf die folgenden Fragen:

- Zu welcher Sprachfamilie gehören Deutsch und Englisch?
- Wie viele Wörter des Englischen (in Prozent) kommen aus dem Germanischen?
- Wo lebten die Germanen um Christi Geburt[1]?
- Zu welcher Sprachfamilie gehört das Schwedische?
- Welche Sprache hat die germanischen Konsonanten *p, t, k* behalten: das Deutsche oder das Englische?
- Wie schreibt man im Deutschen die Lautkombination **ts?**
- Wo blieb das germanische *k* im Deutschen als **k** erhalten[2]: am Wortanfang oder im Wortinneren[3]?
- Wie sprach man das westgermanische *th* aus?
- Haben formal verwandte Wörter immer dieselbe Bedeutung?

Ein altes Germanenhaus
© *Bildarchiv Steffens/Bridgeman Images*

Ein Kriegerhelm aus der Germanenzeit
© *World History Archive/ Newscom*

Miniwörterbuch

die **Bedeutung**	meaning
gemeinsam	in common, together
allerdings	however
verändern	to change
betreffen, betrifft, betroffen	to concern

Englisch und Deutsch haben Vieles gemeinsam. Viele Wörter wie **Pfeffer** und *pepper*, **Wasser** und *water*, **brechen** und *break* zeigen, dass beide Sprachen miteinander verwandt sind. Das kommt daher, dass das Englische und Deutsche germanische Sprachen sind.

Circa 25% des englischen Wortschatzes kommt aus dem Germanischen. In der Alltagssprache verwendet man allerdings einen viel größeren Prozentsatz. So sind die häufigsten 100 Wörter des Englischen alle germanischen Ursprungs[4].

Die Germanen waren indoeuropäische Völker, die um Christi Geburt im nördlichen Mitteleuropa und südlichen Skandinavien ansässig waren. Die Angeln und Sachsen eroberten[5] im 5. Jahrhundert von der heutigen deutschen Nordseeküste aus England. Aus anderen germanischen Stämmen[6] entstanden die Deutschen. Deutsch und Englisch gehören zu den westgermanischen Sprachen, Dänisch, Schwedisch und Norwegisch zu den nordgermanischen Sprachen.

Sprachen verändern sich im Laufe der[7] Zeit. So auch die germanischen Sprachen. Sie entwickelten sich auseinander. Im Englischen blieben die germanischen Konsonanten *p, t, k* erhalten. Das deutsche **pf** oder **f** kommt aus dem germanischen *p*, **ts** oder **s** aus *t* und **ch** aus *k*. Am Wortanfang oder Wortende wurde ein germanisches *p* oder *t* zu[8] **pf** oder **ts**, zwischen zwei Vokalen wurden sie zu *f* und *s*. Deshalb ist das deutsche Wort **Pfeife** verwandt mit dem englischen *pipe* und **Pfanne** mit *pan*. Die Lautkombination **ts** wird im Deutschen **tz** oder **z** geschrieben. Das deutsche **Salz** ist deshalb verwandt mit Englisch *salt* und **zu** mit *to*. Das germanische *k* blieb am Wortanfang auch im Deutschen ein **k**, zwischen Vokalen und am Wortende wurde es zu **ch**. **Kuchen** ist verwandt mit *cake* und **machen** mit *make*.

Eine weitere Veränderung betrifft die westgermanischen Konsonanten *th* (gesprochen wie im Englischen) und *d*. Das deutsche **d** war im Germanischen ein *th*, das deutsche **t** war ein *d*. Deshalb ist **danken** verwandt mit Englisch *thank*, **Ding** mit *thing*, **tot** mit *dead* und **rot** mit *red*. Ein deutsches **b** zwischen zwei Vokalen schließlich war im Germanischen oft ein *v*. So ist **Nabel** verwandt mit Englisch *navel*, **Leber** mit *liver*, **leben** mit *live* und **haben** mit *have*.

Formal verwandte Wörter haben aber nicht immer dieselbe Bedeutung. So ist **Zimmer** zwar verwandt mit *timber* und **Dach** mit *thatch,* die Bedeutungen im Deutschen und Englischen allerdings sind nicht dieselben.

Deutsch		Englisch
pf, ff, f	Pfanne, offen	pan, open
z, tz, ss, ß, s	Salz, Wasser	salt, water
k, ch	Kuchen	cake
d	Ding	thing
t	rot	red
b	Nabel	navel

---

[1]um ...: *around Christ's birth* [2]bleib erhalten: *was preserved* [3]*middle of a word* [4]*origin* [5]*conquered* [6]*tribes* [7]im Laufe der: *over the course of* [8]wurde zu *turned into*

Situation 11 Dialog: Auf Wohnungssuche

Silvia ist auf Wohnungssuche.

FRAU SCHUSTER: _____!

SILVIA: Guten Tag. Hier Silvia Mertens.
Ich rufe wegen des Zimmers an.
Ist es noch _____?

FRAU SCHUSTER: Ja, das ist noch zu haben.

SILVIA: Prima, in welchem _____ ist es
denn?

FRAU SCHUSTER: Frankfurt-Süd, Waldschulstraße

_____.

SILVIA: Und in welchem _____ liegt
das Zimmer?

FRAU SCHUSTER: Im fünften, gleich unter dem _____.

SILVIA: Gibt es einen _____?

FRAU SCHUSTER: Nein, leider nicht.

SILVIA: Schade. Was kostet denn das
Zimmer?

FRAU SCHUSTER: Vierhundert Euro _____.

SILVIA: Möbliert? Was steht denn drin?

FRAU SCHUSTER: Also, ein Bett natürlich, ein Tisch mit
zwei Stühlen und ein _____.

SILVIA: Ist auch ein Bad dabei?

FRAU SCHUSTER: Nein, aber baden können Sie
_____. Und Sie haben natürlich
Ihre _____ Toilette.

SILVIA: Wann könnte ich mir denn das Zimmer
mal _____?

FRAU SCHUSTER: Wenn Sie wollen, können Sie gleich
vorbeikommen.

SILVIA: Gut, dann komme ich gleich mal vorbei.
Auf _____.

FRAU SCHUSTER: Auf _____.

Situation 12 Rollenspiel: Zimmer zu vermieten

S1: Sie sind Student/Studentin und suchen ein schönes, großes
Zimmer. Das Zimmer soll hell und ruhig sein. Sie haben nicht
viel Geld und können nur bis zu 400 Euro Miete zahlen,
inklusive Nebenkosten. Sie rauchen nicht und hören keine
laute Musik. Fragen Sie den Vermieter / die Vermieterin, wie
groß das Zimmer ist, was es kostet, ob es im Winter warm
ist, ob Sie kochen dürfen und ob Ihre Freunde Sie besuchen
dürfen. Sagen Sie dann, ob Sie das Zimmer mieten möchten.

Hausarbeit

Grammatik 6.5–6.6

Andrea putzt ihre Schuhe.

Paula wischt den Tisch ab.

Ernst mäht den Rasen.

der Besen

Jens fegt den Boden.

der Staubsauger

Josie saugt Staub.

das Bügeleisen

Uli bügelt sein Hemd.

Jochen macht die Toilette sauber.

Jutta wäscht die Wäsche.

Margret wischt den Boden.

Hans macht sein Bett.

Situation 13 Was macht man mit einem Besen?

MODELL: S1: Was macht man mit einem Besen?
S2: Man fegt den Boden.

> Staub saugen   den Rasen mähen
>   Hemden oder Blusen bügeln
> die Wäsche waschen   den Boden fegen
>   den Rasen sprengen
> die Schuhe putzen   das Geschirr spülen
>   die Blumen gießen
>   den Tisch abwischen

1. mit einem Staubsauger
2. mit einem Geschirrspüler
3. mit einer Waschmaschine
4. mit einem Besen
5. mit einem Rasenmäher
6. mit einer Gießkanne
7. mit einem Bügeleisen
8. mit einem Putzlappen
9. mit einem Gartenschlauch

Situation 14 Angenehm oder unangenehm?

Welche Hausarbeit machen Sie gern, weniger gern oder gar nicht gern?
Ordnen Sie die folgenden Tätigkeiten von sehr angenehm (1) zu sehr
unangenehm (10).

_____ Hosen bügeln
_____ Regale abwischen
_____ eine Einkaufsliste schreiben
_____ die Toilette putzen
_____ den Müll wegbringen
_____ die Sessel absaugen
_____ die Vorhänge waschen
_____ Töpfe und Pfannen spülen
_____ das Bett machen
_____ Fenster putzen

„Haus am See" (2008, Deutschland) *Peter Fox*

Biografie Peter Fox ist ein Reggae- und Hip-Hop-Musiker aus Berlin. Sein bürgerlicher Name ist Pierre Baigorry. Seine Mutter kommt aus dem französischen Baskenland. Wegen seiner roten Haare wurde er als Kind Foxi genannt. Deshalb nennt er sich jetzt Fox. Peter Fox studierte Musik, Sonderschulpädagogik und Englisch, beendete sein Studium aber nicht. Peter Fox ist einer der Sänger der Reggae-Gruppe Seeed. Von 2007 bis 2009 hatte er eine Solokarriere. Sein Album Stadtaffe (2008), aus der die Single „Haus am See" ausgekoppelt wurde, war in Deutschland und Österreich auf Platz 1 der Charts und in der Schweiz auf Platz 4.

Peter Fox und Auftritt der Band SEEED
© *ullstein bild/Getty Images*

NOTE: For copyright reasons, the songs referenced in **MUSIKSZENE** have not been provided by the publisher. The song can be found online at various sites such as YouTube, Amazon, or the iTunes store.

Vor dem Hören Wie stellen Sie sich Ihr Traumhaus vor? Wo liegt es? Wer wohnt da? Wie sieht es aus?

Nach dem Hören

1. Warum sagt der Sänger in der ersten Strophe, dass er weg muss?
   - ☐ **a.** Er kennt jedes Haus und jeden Laden und sogar jede Taube.
   - ☐ **b.** Er wartet auf eine schicke Frau mit einem schnellen Wagen.
   - ☐ **c.** Ein Frauenchor singt am Straßenrand für ihn.

2. Was gefällt dem Sänger an seinem Haus am See? (Mehrere Antworten sind möglich)
   - ☐ **a.** Er hat 20 Kinder und eine schöne Frau.
   - ☐ **b.** Auf dem Weg dorthin liegen Orangenbaumblätter.
   - ☐ **c.** Alle Menschen kommen ihn dort besuchen.

3. Wie kommt der Sänger zurück?
   - ☐ **a.** Er kommt zurück mit einer Frau.
   - ☐ **b.** Er kommt zurück mit Schnee und Sand.
   - ☐ **c.** Er kommt zurück mit beiden Taschen voll Gold.

4. Was passiert, als er wieder zu Hause ist?
   - ☐ **a.** Er fängt vor Freude an zu weinen.
   - ☐ **b.** Alle Leute laden ihn ein.
   - ☐ **c.** Er feiert eine Woche lang jede Nacht.

Miniwörterbuch	
die **Strophe**	stanza
die **Taube, -n**	pigeon
der **Chor,** die **Chöre**	choir
der **Straßenrand**	side of the street
der **Orangenbaum,** die **-bäume**	orange tree
das **Blatt,** die **Blätter**	leaf, blossom
vor Freude	for joy

Situation 16   Informationsspiel: Haus- und Gartenarbeit

MODELL: S2: Was macht Thomas am liebsten?
S1: Er mäht am liebsten den Rasen.
S2: Was hat Nora letztes Wochenende gemacht?
S1: Sie hat ihre Bluse gebügelt.
S2: Was muss Thomas diese Woche noch machen?
S1: Er muss seine Wäsche waschen.

S1: Was machst du am liebsten?
S2: Ich _____ am liebsten _____.

	Thomas	Nora	mein(e) Partner(in)
am liebsten	den Rasen mähen		
am wenigsten gern		die Fenster putzen	
jeden Tag		den Tisch abwischen	
einmal in der Woche	sein Bett machen		
letztes Wochenende		ihre Bluse bügeln	
gestern		ihr Zimmer aufräumen	
diese Woche	seine Wäsche waschen		
bald mal wieder	die Flaschen wegbringen		

Filmlektüre

Good bye Lenin!

 Vor dem Lesen

FILMANGABEN

Titel: *Good bye Lenin!*
Genre: Komödie
Erscheinungsjahr: 2003
Land: Deutschland
Dauer: 150 min
Regisseur: Wolfgang Becker
Hauptrollen: Daniel Brühl, Katrin Saß, Maria Simon

Miniwörterbuch

DDR (Deutsche Demokratische Republik)	GDR (German Democratic Republic)
der **Bürger** / die **Bürgerin**	citizen
überzeugt	staunch
der **Herzinfarkt**	heart attack
die **Aufregung**	excitement
schaden	to harm
die **Gesundheit**	health
die **Veränderung**	change
verheimlichen	to conceal
vorspielen	to feign
der **Sperrmüll**	bulk refuse (heap)
wohlbekannt	well-known
entschlossen	determined
der **Tod**	death
der **Zusammenbruch**	collapse
gefälscht	fake
geht es nach Alex	if you believe Alex
flüchten	to flee
der **Kosmonaut**	*East German word for astronaut*

„Guten Abend, meine Damen und Herren"
© *Sony Pictures Classics/Album/Newscom*

A. Sehen Sie sich das Foto aus dem Film an.

1. Welche Art[1] Fernsehsendung ist das?
2. Der Mann im Hintergrund war 1971 bis 1989 Staatschef[2] der DDR. Wie hieß er?
3. Was wissen Sie über die ehemalige[3] DDR und die Wiedervereinigung[4]? Sammeln Sie Informationen.

B. Lesen Sie die Wörter im Miniwörterbuch. Suchen Sie sie im Text und unterstreichen Sie sie. Lesen Sie dann den Text.

Inhaltsangabe

Christiane Kerner (Katrin Saß) – eine engagierte DDR-Bürgerin und überzeugte Sozialistin – hat am 7. Oktober 1989 einen Herzinfarkt und fällt ins Koma. Während sie im Krankenhaus liegt und bewusstlos ist, fällt zwei Tage später die Berliner Mauer und die DDR wird ein Teil der Bundesrepublik Deutschland. Acht Monate später wacht sie auf und die DDR existiert nicht mehr.

Jede Art von Aufregung schadet Christiane Kerners Gesundheit, deshalb beschließt ihr Sohn Alex (Daniel Brühl) die politischen Veränderungen vor seiner Mutter zu verheimlichen. Gemeinsam mit seiner Schwester Ariane (Maria Simon) will Alex seiner Mutter den ganz normalen DDR-Alltag vorspielen. Leichter gesagt als getan: Die alten DDR-Möbel der Familie sind out und stehen im Keller oder liegen auf dem Sperrmüll; im Supermarkt gibt es jetzt westdeutsche Lebensmittel und keine aus

[1]type [2]head of state [3]former [4]reunification

DDR-Produktion; die wohlbekannten DDR-Fernsehsendungen laufen auch nicht mehr; West-Autos und Fast-Food-Restaurants überrollen den Osten; und am Haus gegenüber hängt ein großes Coca-Cola Werbeplakat. Dies alles ist für Alex und Ariane ein großes Problem. Aber Alex ist entschlossen und kreativ. Selbst Freunde und Nachbarn spielen mit.

Am Ende, kurz vor ihrem Tod, erfährt Mutter Christiane aber doch vom Zusammenbruch der DDR. Sie sagt Alex nichts davon. Alex' DDR, die er mit gefälschten DDR-Nachrichtensendungen belebt, ist ganz anders als die alte DDR: Geht es nach Alex, ist die DDR das Wunschland aller Menschen; Westdeutsche flüchten in den Osten; und Staatschef ist natürlich Alex' Idol, der DDR-Kosmonaut Sigmund Jähn.

Arbeit mit dem Text

Beantworten Sie die folgenden Fragen.

1. Warum sagt Alex seiner Mutter nicht, dass die DDR nicht mehr existiert?
2. In welchen alltäglichen Bereichen[5] ändert sich das Leben der Kerners nach dem Fall der Mauer?
3. Wie wünscht[6] sich Alex die DDR?

🎬 FILMCLIP

NOTE: For copyright reasons, the films referenced in the **FILMCLIP** feature have not been provided by the publisher. The film can be purchased as a DVD or found online at various sites such as YouTube, Amazon, or the iTunes store. The time codes mentioned below are for the North American DVD version of the film.

Szene: DVD, Kapitel 17, Geburtstagsfeier, 00:59:50–1:02:02 Min.

Christiane, die Mutter von Alex und Ariane, hat Geburtstag. Nachdem sie aus dem Koma erwacht ist, wird sie zu Hause von ihren Kindern gepflegt. Deshalb lädt Alex die Geburtstagsgäste nach Hause ein. Die Gäste dürfen aber nicht sagen, dass es die DDR nicht mehr gibt, weil sich Christiane nicht aufregen[7] soll. Nachdem die Pioniere gesungen und die Genossen[8] Ansprachen gehalten haben, beginnt Alex zu sprechen.

Schauen Sie sich die Szene an und beantworten Sie die Fragen.

1. Was sagt Alex über seine Mutter?
2. Welches Plakat wird während der Geburtstagfeier am Gebäude[9] gegenüber angebracht? Wofür steht dieses Plakat? Warum ist Christiane so entsetzt[10]?
3. Was macht Lara, als sie mit Alex im Nebenzimmer ist?
4. Worüber beschwert sich[11] Lara? Was war ihr Vater in Wirklichkeit?

Nach dem Lesen

A. Recherchieren Sie im Internet über den Schauspieler Daniel Brühl, der im Film Alex Kerner spielt. Woher kommt er? Welche Filme hat er noch gemacht? Welche Preise hat er mit *Good bye Lenin!* gewonnen? Welche Projekte hat er gerade?

B. Die Resonanz[12] auf *Good bye Lenin!* war sehr groß in Ost- und Westdeutschland. Warum ist der Film in Deutschland so beliebt? Finden Sie Antworten (auch im Internet) und präsentieren Sie Ihre Gedanken und Lösungen auf einem Poster in der Klasse.

---

[5]*domains, spheres* [6]*wishes* [7]*sich aufregen to get excited* [8]*comrades* [9]*building* [10]*upset*
[11]*beschwert ... complains* [12]*response*

Videoecke

Perspektiven

Wie hast du deine Wohnung gefunden?

Ich habe meine Wohnung über ein Internetportal gefunden.

Aufgabe 1   Wohnungssuche

Miniwörterbuch	
die **Annonce**	ad
das **Studentenwerk**	student services
einteilen	to arrange, divide up
unsaniert	unrenovated
der **Altbau**	old building

Wie haben die Leute ihre Wohnung gefunden?

1. Albrecht ___   2. Nadezda ___   3. Simone ___   4. Jenny ___

5. Michael ___   6. Sophie ___   7. Pascal ___   8. Sandra ___

a. über eine Annonce in der Zeitung

b. durch/über einen Freund

c. über das Internet

d. über ein Internetportal

e. durch eine ehemalige Kollegin

f. durch das Studentenwerk

Interviews

- Wo wohnst du?
- Kannst du mir deine Wohnung beschreiben?
- Was bezahlst du für deine Wohnung?
- Wohnst du gern mit Leuten zusammen?
- Wie teilt ihr euch die gemeinsame Arbeit ein?
- Gibt es da oder gab es da schon mal Probleme?

Sophie

Maria

Aufgabe 2   Sophie oder Maria?

Sehen Sie sich das Video an und kreuzen Sie an.

	Sophie	Maria
1. Wer wohnt im Süden von Leipzig in einer kleinen Wohnung?	☐	☐
2. Wer wohnt in der Nähe vom Bahnhof?	☐	☐
3. Wer wohnt in einem unsanierten Altbau?	☐	☐
4. Wer bezahlt 150 Euro plus Nebenkosten?	☐	☐
5. Wer möchte nicht mit mehr Leuten zusammen wohnen?	☐	☐
6. Wer hat einen Wochenplan?	☐	☐

Aufgabe 3   Sophies Wohnung

Richtig (R) oder falsch (F)? Verbessern Sie die falschen Antworten.

_____ 1. Ihre Wohnung hat drei Zimmer, eine Küche und ein Bad.

_____ 2. Ihre Wohnung ist im 2. Stock.

_____ 3. Die Zimmer sind sehr groß und haben jeweils zwei Fenster.

_____ 4. Das Bad ist groß.

Aufgabe 4   Arbeiten im Haushalt

Welche Hausarbeiten nennt Sophie, welche nennt Maria, welche nennt keine von beiden?

	Sophie	Maria	keine von beiden
1. das Bad putzen	☐	☐	☐
2. das Geschirr spülen	☐	☐	☐
3. den Müll runterbringen	☐	☐	☐
4. die Betten machen	☐	☐	☐
5. die Küche aufräumen	☐	☐	☐
6. die Küche putzen	☐	☐	☐
7. kochen	☐	☐	☐
8. sauber machen	☐	☐	☐
9. Staub saugen	☐	☐	☐
10. die Waschmaschine füllen	☐	☐	☐

Aufgabe 5   Interview

Interviewen Sie eine Partnerin oder einen Partner. Stellen Sie dieselben Fragen.

Wortschatz

In der Stadt / In the City

die **Apotheke**, -n	pharmacy
die **Drogerie**, -n	drugstore
die **Metzgerei**, -en	butcher shop
die **Reinigung**, -en	dry cleaner's
die **Stadt**, ⸚e (R)	town, city
die **Heimatstadt**, ⸚e	hometown
die **Innenstadt**, ⸚e	downtown
die **Straße**, -n	street, road
der **Flughafen**, ⸚	airport
der **Stadtrand**, ⸚er	city limits
der **Stadtteil**, -e	district, neighborhood
das **Gefängnis**, -se	prison, jail
das **Gymnasium**, **Gymnasien**	high school, college preparatory school
das **Rathaus**, ⸚er (R)	town hall
das **Schreibwarengeschäft**, -e	stationery store
das **Stadtviertel**, -	district, neighborhood

Ähnliche Wörter
die **Boutique**, -n; der **Kindergarten**, ⸚; der **Marktplatz**, ⸚e; der **Supermarkt**, ⸚e (R); das **Reisebüro**, -s; das **Schuhgeschäft**, -e; das **Theater**, -

Haus und Wohnung / House and Apartment

die **Badewanne**, -n	bathtub
die **Treppe**, -n	stairway
die **Zentralheizung**	central heating
der **Aufzug**, ⸚e	elevator
der **Ausblick**, -e	view
der **Quadratmeter** (qm), -	square meter (m^2)
der **Stock**, **Stockwerke**	floor, story
im **ersten Stock***	on the second floor
das **Dach**, ⸚er	roof
das **Waschbecken**, -	(wash)basin

Ähnliche Wörter
die **Garage**, -n [gara:ʒə]; die **Terrasse**, -n; die **Toilette**, -n; der **Balkon**, -e; der **Keller**, - (R); das **Bad**, ⸚er; das **Esszimmer**, -; das **Schlafzimmer**, -; das **Wohnzimmer**, -

Haus und Garten / House and Garden

die **Kommode**, -n	dresser
der **Besen**, -	broom
der **Frühjahrsputz**	spring cleaning
der **Gartenschlauch**, ⸚e	garden hose
der **Müll**	trash, garbage
der **Putzlappen**, -	cloth, rag (for cleaning)
der **Rasenmäher**, -	lawn mower

der **Schrank**, ⸚e (R)	wardrobe cabinet, cupboard
der **Kleiderschrank**, ⸚e	clothes closet, wardrobe
der **Sessel**, - (R)	armchair
der **Spiegel**, -	mirror
der **Staubsauger**, -	vacuum cleaner
der **Vorhang**, ⸚e	drapery, curtain
das **Bügeleisen**, -	iron
die **Möbel** (*pl.*)	furniture

Ähnliche Wörter
die **Pflanze**, -n (R); die **Waschmaschine**, -n; der **Nachttisch**, -e; das **Bett**, -en (R); das **Poster**, -; das **Sofa**, -s

Wohnmöglichkeiten / Living Arrangements

die **Skihütte**, -n	ski lodge
die **Villa**, **Villen**	mansion
die **WG**, -s (**Wohngemeinschaft**, -en)	shared housing
das **Haus**, ⸚er (R)	house
das **Bauernhaus**, ⸚er	farmhouse
das **Einfamilienhaus**, ⸚er	single-family home
das **Hochhaus**, ⸚er	high-rise building
das **Reihenhaus**, ⸚er	row house, townhouse

Ähnliche Wörter
das **Studentenheim**, -e (R)

Auf Wohnungssuche / Looking for a Room or Apartment

die **Anzeige**, -n	ad
die **Miete**, -n	rent
die **Mieterin**, -nen	female renter
die **Vermieterin**, -nen	landlady
der **Mieter**, -	male renter
der **Vermieter**, -	landlord
die **Nebenkosten** (*pl.*)	extra costs (e.g., utilities)

Sonstige Substantive / Other Nouns

die **Bedeutung**, -en	meaning
die **Nähe**	vicinity
in der **Nähe**	in the vicinity
die **Seite**, -n	side; page
die **Tätigkeit**, -en	activity
das **Ausland**	foreign countries
im **Ausland**	abroad
das **Benzin**	gasoline
das **Land**, ⸚er	country (*rural*)
auf dem **Land**	in the country

*The first floor is called **das Erdgeschoss**. All levels above the first floor are referred to as **Stock** or **Stockwerke**. Thus, **der erste Stock** refers to the second floor, and so on.

Verben	Verbs
ạb·trocknen	to dry (dishes)
ạb·wischen	to wipe clean
begẹgnen (+ *dat.*)	to meet
betrẹffen, betrịfft, betrọffen	to concern, deal with
bügeln	to iron
fẹhlen (+ *dat.*)	to be missing
gẹben, gịbt, gegẹben	to give
es gibt …	there is/are …
gịbt es …? (R)	is/are there …?
gefạllen, gefạllt,	to be to one's liking,
gefạllen (+ *dat.*)	to please
es gefạllt mir	I like it
gehören (+ *dat.*)	to belong to
gratulieren (+ *dat.*)	to congratulate
hẹlfen, hịlft, gehọlfen (+ *dat.*)	to help
mieten	to rent
pạssen (+ *dat.*) (R)	to fit
pụtzen	to clean
schạden (+ *dat.*)	to be harmful to
schmẹcken (+ *dat.*)	to taste good to
Staub saugen	to vacuum
stehen, gestạnden (R)	to stand
stehen, gestạnden (+ *dat.*)	to suit
tịppen (R)	to type
übernạchten	to stay overnight
verạndern	to change
vermieten	to rent out
vor·stellen	to introduce, present
sich ẹtwas vọrstellen	to imagine something
wiederhọlen	to repeat
wischen	to mop
zu·hören (+ *dat.*)	to listen to

Ähnliche Wörter

kọsten (R); **zurụ̈ck·kommen, ist zurụ̈ckgekommen**

Adjektive und Adverbien	Adjectives and Adverbs
ạngenehm	pleasant
eigen (R)	own
gemeinsam	in common, together
hẹll	light
möbliert	furnished
wạrm	heated, heat included
weit	far
Wie weit wẹg?	How far away?
wụnderschön	exceedingly beautiful

Ähnliche Wörter

attraktịv, dụmm, leicht, modẹrn

Sonstige Wörter und Ausdrücke	Other Words and Expressions
allerdịngs	however
auf Wiederhören	good-bye (*on phone*)
bei (R)	at; with
bei deinen Ẹltern	with/at your parents'
bei einer Bạnk	at a bank
Ist ein/eine … dabei?	Does it come with a …?
drịn/darịn	in it
egạl	equal, same
Das ist mir egạl.	It doesn't matter to me.
gegenüber	opposite; across
gleich gegenüber	right across the way
gleich	right away; right, directly
gleich um die Ẹcke	right around the corner
inklusive	included (*utilities*)
möglichst (+ *adverb*)	as … as possible
ọb	if, whether
prịma!	great!
schạde!	too bad!
ụnter (R)	below, beneath; among
wẹgen	on account of; about

Strukturen und Übungen

6.1 Dative verbs

Dative verbs are verbs that require a dative object.

The dative object usually indicates the person to whom or for whom something is done. The dative case can be seen as the partner case. The "something" that is done (or given) is in the accusative case (it is the direct object).

Ich schenke **dir ein Bügeleisen.**	*I'll give you an iron. (I'll give an iron to you.)*
Ich kaufe **meinem Bruder ein Buch.**	*I'll buy my brother a book. (I'll buy a book for my brother.)*

Certain verbs, called "dative verbs," require only a subject and a dative object; there is no accusative object. These verbs fall into two groups. In Group 1, both the subject and the dative object are persons.

antworten	*to answer*
begegnen	*to meet*
gratulieren	*to congratulate*
helfen	*to help*
zuhören	*to listen to*

Er antwortete **mir** nicht.	*He didn't answer me.*
Wir begegneten **dem alten Vermieter.**	*We met the old landlord.*
Ich gratuliere **dir** zum Geburtstag.	*Happy Birthday! (I congratulate you on your birthday.)*
Soll **ich dir** helfen?	*Do you want me to help you?*
Ich höre **dir** genau zu.	*I'm listening to you carefully.*

In Group 2, the subject is usually a thing. The dative object is often a person who experiences or owns the thing.

gehören	*to belong to*
passen	*to fit*
schaden	*to be harmful to*
schmecken	*to taste good to*
stehen	*to suit*

Diese Poster gehören **mir.**	*These posters belong to me.*
Diese Hose passt **mir** nicht.	*These pants don't fit me.*
Rauchen schadet **der Gesundheit.**	*Smoking is bad for (damages) your health.*
Schmeckt **Ihnen** der Fisch?	*Does the fish taste good to you?*
Blau steht **dir** gut.	*Blue suits you well.*

Note that the following Group 2 verbs express ideas that are rendered very differently in English.

fehlen	*to be missing*
gefallen	*to be to one's liking, to please*

Mir fehlt ein Buch.	*I'm missing a book.*
Gefällt **Ihnen** dieser Schrank?	*Do you like this cupboard? (Does this cupboard please you?)*

Übung 1   Minidialoge

Ergänzen Sie das Verb. Nützliche Wörter:

> antworten   gefallen   passen
>
> begegnen   gehören   schaden
>
> fehlen   gratulieren   schmecken
>
> helfen   stehen   zuhören

1. MONIKA: Schau, ich habe mir einen neuen MP3-Spieler gekauft.
    KATRIN: Der ist aber toll! Der _____ mir!

2. NESRIN: Hallo, Willi. Ich habe gehört, du hast endlich eine Wohnung
    gefunden. Ich _____ dir ganz herzlich.
    WILLI: Danke. Das ist aber lieb von dir.

3. FRAU RUF: Jochen, kannst du mir bitte _____? Ich kann die Vorhänge
    nicht allein tragen.
    HERR RUF: Ja, ich komme.

4. FRAU GRETTER: _____ Ihnen der Salat?
    HERR SIEBERT: Ja, sehr gut, die Soße ist ausgezeichnet.

5. FRAU KÖRNER: Dieser Rock _____ mir nicht. Ich brauche doch Größe 42.
    VERKÄUFER: Ich seh mal nach, ob wir Größe 42 haben.

6. JÜRGEN: Wem _____ denn dieser neue Staubsauger?
    SILVIA: Mir. Ich habe ihn gestern gekauft.

7. FRAU SCHULZ: Was suchen Sie, Albert? _____ Ihnen etwas?
    ALBERT: Ja, ich kann mein Heft nicht finden.

8. FRAU KÖRNER: Wissen Sie, wer mir am Marktplatz _____ ist, Herr Siebert?
    HERR SIEBERT: Nein, wer denn?
    FRAU KÖRNER: Die Mutter von Maria. Und wissen Sie, was die mir erzählt hat?
    HERR SIEBERT: Nein, was denn?
    FRAU KÖRNER: Also, ...

9. ARZT: Also, Herr Ruf, Sie müssen jetzt wirklich mit dem Rauchen aufhören.
    Nikotin _____ Ihrer Gesundheit!
    HERR RUF: Aber, Herr Doktor, dann habe ich ja gar keine Freude mehr im
    Leben.

10. STEFAN: Entschuldigung, Frau Schulz, ich habe Ihnen nicht _____.
    Können Sie das noch mal wiederholen?
    FRAU SCHULZ: Na, gut.

Übung 2   Interview

1. Wem haben Sie neulich[1] gratuliert?
2. Wem sind Sie neulich begegnet?
3. Welches Essen schmeckt Ihnen am besten?
4. Wie steht Ihnen Ihr Lieblingshemd?
5. Wie gefällt Ihnen Ihre Wohnung oder Ihr Zimmer?
6. Welches Möbelstück fehlt Ihnen in der Wohnung oder im Zimmer?

[1]recently

6.2 Location vs. destination: two-way prepositions with the dative or accusative case

Wo asks about location. Questions about location are answered with a preposition + dative.

The prepositions **in** (*in*), **an** (*on, at*), **auf** (*on top of*), **vor** (*before*), **hinter** (*behind*), **über** (*above*), **unter** (*underneath*), **neben** (*next to*), and **zwischen** (*between*) are used with both the dative and accusative cases. When they refer to a fixed location, the dative case is required. In these instances, the prepositional phrase answers the question **wo** (*where [at]*).

WISSEN SIE NOCH?

The prepositions **in, an,** and **auf** use the dative case when they indicate location.

Review grammar 5.4.

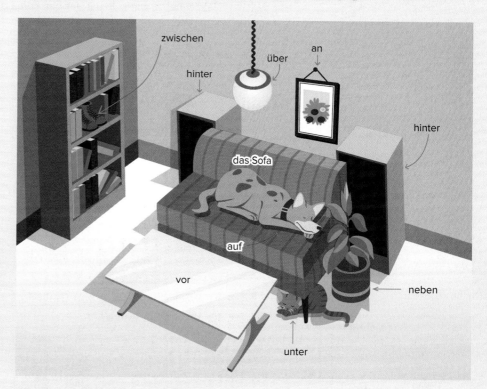

Im Wohnzimmer steht ein Sofa.
Hinter dem Sofa stehen zwei große Boxen.
An der Wand hängt ein Bild.
Auf dem Sofa liegt ein Hund.
Unter dem Sofa liegt eine Katze.
Vor dem Sofa steht ein Tisch.
Über dem Sofa hängt eine Lampe.
Neben dem Sofa steht eine große Pflanze.
Zwischen den Büchern stehen Tennisschuhe.

Wohin asks about placement or destination. Questions about placement or destination are answered with a preposition + accusative.

When these prepositions describe movement toward a place or a destination, they are used with the accusative case. In these instances, the prepositional phrase answers the question **wohin** (*where [to]*).

ACHTUNG!

in + dem = im
an + dem = am

in + das = ins
an + das = ans

Peter hat das Sofa **ins Wohnzimmer** gestellt.
Die Boxen hat er **hinter das Sofa** gestellt.
Das Bild hat er **an die Wand** gehängt.
Der Hund hat sich gleich **auf das Sofa** gelegt.
Die Katze hat sich **unter das Sofa** gelegt.
Peter hat den Tisch **vor das Sofa** gestellt.
Die Lampe hat er **über das Sofa** gehängt.
Die große Pflanze hat er **neben das Sofa** gestellt.
Und seine Tennisschuhe hat er **zwischen die Bücher** gestellt.

	Wo?	Wohin?
	Location *Dative*	*Placement/Destination* *Accusative*
Masculine	Es ist auf **dem** Stuhl. *It is on the table.*	Leg es auf **den** Stuhl. *Put it on the table.*
Neuter	Es ist auf **dem** Bett. *It is on the bed.*	Leg es auf **das** Bett. *Put it on the bed.*
Feminine	Es ist auf **der** Kommode. *It is on the bureau.*	Leg es auf **die** Kommode. *Put it on the bureau.*
Plural	Es steht vor **den** Boxen. *It is in front of the speakers.*	Stell es vor **die** Boxen. *Put it in front of the speakers.*

Übung 3   Alberts Zimmer

Schauen Sie sich Alberts Zimmer an.

1. Wo ist Albert?
2. Wo ist der Spiegel?
3. Wo ist der Kühlschrank?
4. Wo ist das Deutschbuch?
5. Wo ist die Lampe?
6. Wo ist der Computer?
7. Wo sind die Schuhe?
8. Wo ist die Hose?
9. Wo ist das Poster von Berlin?
10. Wo ist die Katze?

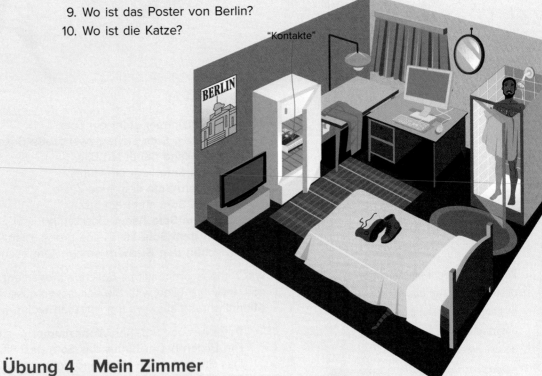

"Kontakte"

BERLIN

Übung 4   Mein Zimmer

Beschreiben Sie Ihr Zimmer möglichst genau.
Schreiben Sie mindestens acht Sätze mit verschiedenen Präpositionen.

MODELL: Das Bett ist unter dem Fenster. Rechts neben dem Bett steht ein
Nachttisch ...

6.3 Word order: time before place

Time before place

In a German sentence, a time expression usually precedes a place expression. Note that this sequence is often reversed in English sentences.

Ich gehe heute Abend in die Bibliothek.

I'm going to the library tonight.

Übung 5   Wo sind Sie wann?

Bilden Sie Sätze aus den Satzteilen.

MODELL: heute Abend → Ich bin heute Abend im Kino.

WANN	WO
1. heute Abend	in der Klasse
2. am Nachmittag	bei meinen Eltern
3. um 16 Uhr	im Bett
4. in der Nacht	auf einer Party
5. am frühen Morgen	im Urlaub
6. am Montag	am Frühstückstisch
7. am ersten August	in der Mensa
8. an Weihnachten	in der Bibliothek
9. im Winter	?
10. am Wochenende	

6.4 Direction: *in/auf* vs. *zu/nach*

Direction:
in/auf + accusative; **zu/nach** + dative

To refer to the place where you are going, use either **in** or **auf** + accusative, **zu** + dative, or **nach** + place name.

Albert geht **in die** Kirche.	*Albert goes to church.*
Katrin geht **auf die** Bank.	*Katrin goes to the bank.*
Heidi fährt **zum** Flughafen.	*Heidi drives to the airport.*
Rolf fliegt **nach** Deutschland.	*Rolf is flying to Germany.*

A. **in** + Accusative

in for most buildings and enclosed spaces

In general, use **in** when you plan to enter a building or an enclosed space.

Heute Nachmittag gehe ich **in die Bibliothek.**	*This afternoon I'll go to (into) the library.*
Abends gehe ich **ins Kino.**	*In the evening I go to (into) the movies.*
Morgen fahre ich **in die Stadt.**	*Tomorrow I'll drive to (into) the city.*

in for countries with a definite article

Also use **in** with the names of countries that have a definite article, such as **die Schweiz, die Türkei,** and **die USA.**

Herr Okonkwo fliegt oft **in die** USA.	*Mr. Okonkwo often flies to the USA.*
Claire fährt **in die** Schweiz.	*Claire is going to Switzerland.*
Mehmet fährt alle zwei Jahre **in die** Türkei.	*Mehmet goes to Turkey every two years.*

auf for public buildings

B. auf + Accusative

Use **auf** instead of **in** when the destination is a public building such as the post office, the bank, or the police station.

Ich brauche Briefmarken. Ich gehe **auf die** Post.	*I need stamps. I'm going to the post office.*
Ich brauche Geld. Ich gehe **auf die** Bank.	*I need money. I'm going to the bank.*

C. zu + Dative

zu for specifically named buildings, places in general, open spaces, and people's places

Use **zu** to refer to destinations that are specific names of buildings, places or open spaces such as a playing field, or people.

Ernst geht **zu** McDonald's.	*Ernst is going to McDonald's.*
Hans geht **zum** Sportplatz.	*Hans goes to the playing field.*
Andrea geht **zum** Arzt.	*Andrea goes to the doctor.*

zu Hause = *at home*

Note that **zu Hause** (*at home*) is an exception. It does not indicate destination but rather location.

D. nach + place name

Use **nach** with names of countries and cities that have no article. Note that this applies to the vast majority of countries and cities.

Renate fliegt **nach Paris**.	*Renate is flying to Paris.*
Melanie fährt **nach Österreich**.	*Melanie is driving to Austria.*

nach Hause = *(going/coming) home*

Also use **nach** in the idiomatic construction **nach Hause** (*going/coming home*).

Übung 6 Situationen

Heute ist Montag. Wohin gehen oder fahren die folgenden Personen?

MODELL: Katrin sucht ein Buch. → Sie geht in die Bibliothek.

ACHTUNG!

in + das	=	ins
auf + das	=	aufs
zu + dem	=	zum
zu + der	=	zur

> **zum Arzt**　　　　　**zum Fußballplatz**
> 　　　**zur Tankstelle**　　　　**zum Flughafen**
> 　**ins Hotel**　　　　**ins Theater**
> 　　　**auf die Post**　　　　**in die Schule**
> **zu ihrem Freund**　　　**in den Supermarkt**
> 　　　**in den Wald**

1. Albert ist krank.
2. Hans möchte Fußball spielen.
3. Frau Schulz ist auf Reisen in einer fremden[1] Stadt. Sie braucht einen Platz zum Schlafen.
4. Herr Ruf braucht Benzin.
5. Herr Thelen braucht Lebensmittel.
6. Herr Wagner muss Briefmarken kaufen.
7. Jürgen und Silvia gehen Pilze[2] suchen.
8. Maria möchte mit ihrem Freund sprechen.
9. Mehmet möchte in die Türkei fliegen.
10. Renate möchte ein Musical sehen.
11. Jutta muss ein Referat halten.

[1]here: *unfamiliar*　[2]*mushrooms*

6.5 Separable-prefix verbs: the present tense and the perfect tense

WISSEN SIE NOCH?

Separable-prefix verbs consist of a prefix plus a base verb. In the present tense, the verb and the prefix form the **Satzklammer.**

Review grammar 1.5 and 3.5.

The infinitive of a separable-prefix verb consists of a prefix such as **auf, mit,** or **zu** followed by the base verb.

aufstehen	*to get up*
mitkommen	*to come along*
zuschauen	*to watch*

Most prefixes are derived from prepositions and adverbs.

abwaschen	*to do the dishes*
vorstellen	*to introduce*

A. The Present Tense

Separable prefixes are placed at the end of the independent clause.

1. Independent clauses: In an independent clause in the present tense, the conjugated form of the base verb is in second position and the prefix is in last position.

Ich **stehe** jeden Morgen um sieben Uhr **auf.**	*I get up at seven every morning.*

Separable prefixes are "reconnected" to the base verb in dependent clauses.

2. Dependent clauses: In a dependent clause, the prefix and the base verb form a single verb. It appears at the end of the clause and is conjugated.

Rolf sagt, dass er jeden Morgen um sechs Uhr **aufsteht.**	*Rolf says that he gets up at six every morning.*
Hast du nicht gesagt, dass du heute **abwäschst?**	*Didn't you say that you would do the dishes today?*

Separable prefixes stay attached to the infinitive.

3. Modal verb constructions: In an independent clause with a modal verb (**wollen, müssen,** etc.), the infinitive of the separable-prefix verb is in last position. In a dependent clause with a modal verb, the separable-prefix verb is in the second-to-last position, and the modal verb is in the last position.

Jutta möchte ihren Freund **anrufen.**	*Jutta wants to call her boyfriend.*
Ernst hat schlechte Laune, wenn er **zuhören** muss.	*Ernst is in a bad mood when he has to pay attention.*

WISSEN SIE NOCH?

The perfect tense is formed with **haben/sein** plus the past participle.

Review grammar 4.5.

B. The Perfect Tense

The past participle of a separable-prefix verb is a single word, consisting of the past participle of the base verb + the prefix.

Separable prefixes precede the **-ge-** marker in past participles.

Infinitive	Past Participle
auf**stehen**	auf**gestanden**
um**ziehen**	um**gezogen**
weg**bringen**	weg**gebracht**

Note that the prefix does not influence the formation of the past participle of the base verb; it is simply attached to it.

Herr Wagner **hat** gestern die Garage **aufgeräumt.**	*Mr. Wagner cleaned up his garage yesterday.*
Ich **habe** vor einer Stunde **angerufen.**	*I called an hour ago.*

Übung 7 Minidialoge

Ergänzen Sie die Sätze.

> aufstehen   mitkommen
>
>   ankommen   ausmachen
>
>   anrufen   einladen
>
>   mitnehmen   zuhören
>
> aufräumen   umziehen

1. HERR WAGNER: Ernst, aufwachen! Hast du nicht gestern gesagt, dass du heute um 7 Uhr _____?

   ERNST: Ich bin aber noch so müde!

2. FRAU WAGNER: Andrea, jetzt _____^{a} mir mal _____^{b}! Sonst _____^{c} ich den Fernseher sofort _____^{d}.

   ANDREA: Aber, Mami, nur noch das Ende. Der Film ist doch gleich vorbei!

3. SILVIA: Entschuldigen Sie bitte! Wann _____^{a} der Zug aus Hamburg _____^{b}?

   BAHNANGESTELLTER: Um 14 Uhr 56.

4. ANDREAS: Hallo, Jürgen. Ich habe gehört, dass ihr bald eine neue Wohnung habt. Wann _____^{a} ihr denn _____^{b}?

   JÜRGEN: Nächstes Wochenende.

5. NESRIN: Hallo, Sofie. Ich habe morgen Geburtstag und ich möchte dich gern zu einer kleinen Feier _____.

   SOFIE: Das ist aber nett von dir. Ich komme gern.

6. CLAIRE: Hallo, Melanie. Wo ist Josef?

   MELANIE: Er ist zu Hause. Er _____^{a} heute sein Zimmer _____^{b} und das dauert bei ihm immer etwas länger.

7. JÜRGEN: Hallo, Silvia. Ich fahre heute mit dem Auto zur Uni. Willst du _____^{a}?

   SILVIA: Ja, gern. Schön, dass du mich _____^{b}.

8. KATRIN: Hier ist meine Telefonnummer. Warum _____^{a} du mich nicht mal _____^{b}!

   HEIDI: Gut, das mach' ich mal.

Übung 8 Am Sonntag

Gestern war Sonntag. Was haben die folgenden Personen gestern gemacht?

NÜTZLICHE WÖRTER

abtrocknen	ausgehen
anrufen	ausziehen
anziehen	fernsehen
aufwachen	zurückkommen

Andrea

Kino →

Katrin und Peter

Heidi / Frau Schulz

Herr Ruf

Schlaf-zimmer

BAD   KÜCHE

Jürgen

Abendkleid

Jutta

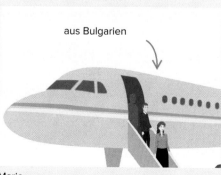

aus Bulgarien

Maria

Herr Thelen

6.6 The prepositions *mit* and *bei* + dative

The prepositions **mit** (*with, by*) and **bei** (*near, with*) are followed by the dative case.

Masculine	Neuter	Feminine	Plural
mit dem Staubsauger	mit dem Bügeleisen	mit der Arbeit	mit den Eltern
beim Onkel	beim Fenster	bei der Tür	bei den Eltern

Mit corresponds to the preposition *with* in English and is used in similar ways.

Herr Wagner fegt die Terrasse **mit** seinem neuen Besen.	*Mr. Wagner sweeps the patio with his new broom.*
Ich gehe **mit** meinen Freunden ins Kino.	*I'm going to the movies with my friends.*
Ich möchte ein Haus **mit** einem offenen Kamin.	*I want a house with a fireplace.*

Use mit with means of transportation.

The preposition **mit** also indicates the means of transportation; in this instance it corresponds to the English preposition *by*. Note the use of the definite article in German.

Rolf fährt **mit** dem Bus zur Uni.	*Rolf goes to the university by bus.*
Renate fährt **mit** dem Auto zur Arbeit.	*Renate drives to work (goes to work by car).*

The preposition **bei** may refer to a place in the vicinity of another place; in this instance it corresponds to the English preposition *near*.

Bad Harzburg liegt **bei** Goslar.	*Bad Harzburg is near Goslar.*

The preposition **bei** also indicates placement with a person, a company, or an institution; in these instances it corresponds to the English preposition *with*, *at*, or *for*.

Ich wohne **bei** meinen Eltern.	*I'm living (staying) with my parents / at my parents'.*
Hans arbeitet **bei** McDonald's.	*Hans works at (for) McDonald's.*

	German	English
Instrument	mit dem Hammer	*with the hammer*
Togetherness	mit Freunden	*with friends*
Means of transportation	mit dem Flugzeug	*by airplane*
Vicinity	bei München	*near Munich*
Somebody's place	bei den Eltern	*(staying) with parents*
Place of employment	bei McDonald's	*at McDonald's*

Übung 9   Im Haus und im Garten

Womit machen Sie die folgenden Aktivitäten?

MODELL: S1: Womit mähst du den Rasen?
          S2: Mit dem Rasenmäher.

der Besen	das Bügeleisen
der Computer	
der Gartenschlauch	die Gießkanne
die Kaffeemaschine	
der Putzlappen	der Staubsauger

1. Kaffee kochen
2. Staub saugen
3. den Boden fegen
4. bügeln

5. einen Brief tippen
6. die Blumen im Garten gießen
7. den Boden wischen
8. die Blumen in der Wohnung gießen

Übung 10   Minidialoge

Ergänzen Sie die Sätze mit der Präposition **mit** oder **bei**.

1. FRAU KÖRNER: Fahren Sie _____ᵃ dem Bus oder _____ᵇ dem Fahrrad zur Arbeit?

   MICHAEL PUSCH: _____ᶜ dem Bus. Ich arbeite jetzt _____ᵈ Siemens. Das ist am anderen Ende von München.

2. PETER: Wohnst du in Krefeld _____ᵃ deinen Eltern?

   ROLF: Ja, sie haben ein wunderschönes Haus _____ᵇ einem riesigen Garten.

   PETER: Liegt Krefeld eigentlich _____ᶜ Dortmund?

   ROLF: Nein, nach Dortmund fährt man über eine Stunde _____ᵈ dem Auto.

3. JÜRGEN: Oh je, jetzt habe ich deinen Gummibaum[1] umgeworfen[2]! Soll ich die Erde[3] _____ᵃ dem Staubsauger aufsaugen?

   SILVIA: Mach es lieber _____ᵇ dem Besen. Er steht _____ᶜ der Kellertür.

¹rubber plant   ²knocked over   ³dirt

KAPITEL 7

Unterwegs

Kapitel 7 is about geography and transportation. You will learn more about the geography of the German-speaking world and about the kinds of transportation used by people who live there.

Themen

Geografie

Transportmittel

Das Auto

Reiseerlebnisse

Kulturelles

Musikszene: „Mädchen, lach doch mal!" (Wise Guys)

Filmclip: *Im Juli* (Fatih Akin)

KLI: Volkswagen

KLI: Die Schweiz

Videoecke: Ausflüge und Verkehrsmittel

Lektüren

Kurzgeschichte: Die Motorradtour (Christine Egger)

Film: *Im Juli* (Fatih Akin)

Strukturen

7.1 Relative clauses

7.2 Making comparisons: the comparative and superlative forms of adjectives and adverbs

7.3 Referring to and asking about things and ideas: **da**-compounds and **wo**-compounds

7.4 The perfect tense (review)

7.5 The simple past tense of **haben** and **sein**

Elfriede Lohse-Wächtler: *Loschwitzer Brücke (Blaues Wunder)* (1931), Privatbesitz
By permission of the Förderkreis Elfriede Lohse-Wächtler e.V. Photo © Hans-Ulrich Stracke

KUNST UND KÜNSTLER

Elfriede Lohse-Wächtler (1899–1940) war eine Dresdner Malerin der Avantgarde. Sie studierte in Dresden an der Kunstgewerbeschule[1] und der Kunstakademie. Als sie an Schizophrenie erkrankte, wurde sie von den Nazis entmündigt[2], in ein Krankenhaus eingewiesen[3] und schließlich 1940 umgebracht[4]. Neben Stadt- und Landschaftsporträts malte sie viele Kopf- und Körperstudien von psychisch Kranken. Ihre Kunst wurde von den Nazis als *Entartete Kunst*[5] bezeichnet und viele ihrer Bilder wurden vernichtet[6]. Die Loschwitzer Brücke wurde 1883 gebaut. Sie wird das *Blaue Wunder* genannt und ist eines der Wahrzeichen von Dresden.

Schauen Sie sich das Bild an und beantworten Sie die folgenden Fragen.

1. Was sehen Sie auf dem Bild? Beschreiben Sie es.
2. Welche Farben und Linien dominieren im Bild? Welche Perspektive wird eingenommen[7]?
3. Was ist das Besondere an den Gebäuden? Wie wird die Brücke dargestellt[8]? Und der Fluss?
4. Welche Assoziationen weckt das Bild?

[1]*School of Arts and Crafts* [2]*declared legally incompetent*
[3]*committed* [4]*killed* [5]*Entartete ... degenerate art*
[6]*destroyed* [7]*assumed* [8]*represented*

Situationen

Geografie

Grammatik 7.1–7.2

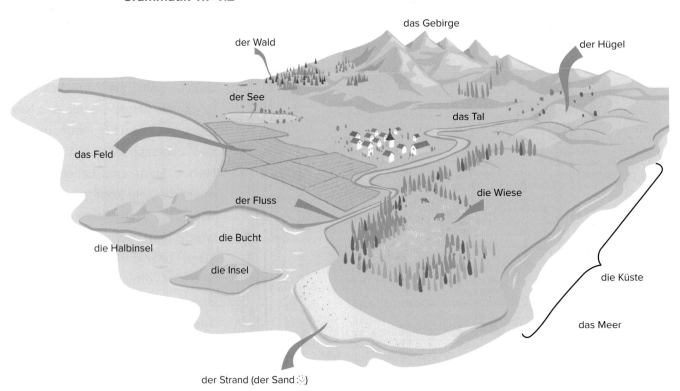

das Gebirge

der Wald

der Hügel

der See

das Tal

das Feld

der Fluss

die Wiese

die Halbinsel

die Bucht

die Insel

die Küste

das Meer

der Strand (der Sand ☼)

Situation 1 Erdkunde: Wer weiß – gewinnt

1. Fluss, der durch Wien fließt
2. Wald, in dem die Germanen[1] die Römer besiegt[2] haben
3. Insel in der Ostsee, auf der weiße Kreidefelsen[3] sind
4. Berg, auf dem sich die Hexen[4] treffen
5. See, der zwischen Deutschland, Österreich und der Schweiz liegt
6. Meer, das Europa von Afrika trennt
7. Gebirge in Österreich, in dem man sehr gut Ski fahren kann
8. berühmte Wüste, die in Ostasien liegt
9. Inseln, die vor der Küste von Ostfriesland liegen
10. Fluss, der durch Köln fließt

a. das Mittelmeer
b. der Brocken im Harz (1.142 Meter hoch)
c. die Kitzbühler Alpen
d. der Teutoburger Wald
e. der Bodensee
f. die Wüste Gobi
g. der Rhein
h. die Donau
i. Rügen
j. die Ostfriesischen Inseln

[1]*Germanic tribes* [2]*die ... defeated the Romans* [3]*chalk cliffs* [4]*witches*

Situation 2 Ratespiel: Stadt, Land, Fluss

1. Wie heißt der tiefste See der Schweiz?
2. Wie heißt der höchste Berg Österreichs?
3. Wie heißt der längste Fluss Deutschlands?
4. Wie heißt das salzigste Meer der Welt?
5. Wie heißt der größte Gletscher der Alpen?
6. Was ist die heißeste Wüste der Welt?
7. Wie heißt die älteste Universitätsstadt Deutschlands?
8. Wie heißt das kleinste Land, in dem man Deutsch spricht?
9. Wie heißt die berühmteste Höhle in Österreich?

a. die Dachstein-Mammuthöhle
b. das Tote Meer
c. der Genfer See
d. der Großglockner
e. die Wüste Sahara
f. der Rhein
g. Liechtenstein
h. der Große Aletschgletscher
i. Heidelberg

Situation 3 Informationsspiel: Deutschlandreise

Wo liegen die folgenden Städte? Schreiben Sie die Namen der Städte auf die Landkarte.

Aachen, Bayreuth, Dresden, Erfurt, Flensburg, Freiburg, Hannover, Heidelberg, Magdeburg, Wiesbaden

MODELL: S2: Wo liegt Braunschweig?
S1: Braunschweig liegt im Norden.
S2: Wo genau?
S1: Südlich von Hamburg.

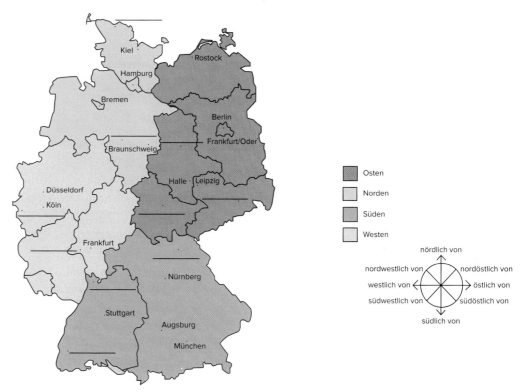

Miniwörterbuch

der **Besserwisser**	wise guy, know-it-all
auftreten	to perform
der **Kirchentag**	church congress
die **Stammkneipe**	favorite bar
der **Dom**	cathedral
der **Traum**	dream
geheimnisvoll	mysterious
der **feste Freund**	steady boyfriend
die **Zähne**	teeth
würde	would
sich stürzen	to jump (to one's death)
das **Grab**	grave

MUSIKSZENE

„Mädchen, lach doch mal!" (1999, Deutschland) *Wise Guys*

Biografie Die *Wise Guys* kommen aus Köln. Sie singen vor allem a cappella. Viele von ihnen sind an dasselbe Gymnasium in Köln gegangen, wo ihre Lehrer sie die Besserwisser genannt haben. Daher stammt auch ihr Name. Ihre Alben *Frei* (2008) und *Klassenfahrt* (2010) haben Platz 2 der deutschen Charts erreicht. Sie treten regelmäßig auf dem Deutschen Evangelischen Kirchentag auf ebenso wie auf anderen großen öffentlichen Veranstaltungen. Der Hit *„Mädchen, lach doch mal"* stammt aus dem Album *Skandal* von 1999.

Die Wise Guys aus Köln
© ullstein bild/Getty Images

NOTE: For copyright reasons, the songs referenced in **MUSIKSZENE** have not been provided by the publisher. The song can be found online at various sites such as YouTube, Amazon, or the iTunes store.

Vor dem Hören Wer könnte das Mädchen sein? Warum lacht sie nicht?

Nach dem Hören Kreuzen Sie die richtigen Antworten an. Nur jeweils eine Antwort pro Frage ist falsch.

1. Wo trifft der junge Mann das Mädchen?
- ☐ a. in der Straßenbahn
- ☐ b. in seiner Stammkneipe
- ☐ c. im Dom
- ☐ d. im Traum

2. Wie beschreibt er das Mädchen?
- ☐ a. Sie hat ein geheimnisvolles Gesicht.
- ☐ b. Sie hat eine Topfigur.
- ☐ c. Sie hat einen festen Freund.
- ☐ d. Sie hat strahlend weiße Zähne.

3. Was würde er tun, wenn das Mädchen lachen würde?
- ☐ a. Er würde sich vom Dom stürzen.
- ☐ b. Er würde über den Rhein schwimmen.
- ☐ c. Er würde mit dem Rad nach Rom fahren.
- ☐ d. Er würde ihren Namen auf sein Grab schreiben.

Situation 4 Interview: Landschaften

1. Warst du schon mal im Gebirge? Wo? Was hast du da gemacht? Wie heißt der höchste Berg, den du gesehen (oder bestiegen) hast?

2. Warst du schon mal am Meer? Wo und wann war das? Hast du gebadet? Was hast du sonst noch gemacht?

3. Wohnst du in der Nähe von einem großen Fluss? Wie heißt er? Wie heißt der größte Fluss, an dem du schon warst? Was hast du da gemacht?

4. Wie heißt die interessanteste Stadt, in der du schon warst?

5. Warst du schon mal in der Wüste oder im Dschungel[5]? Wie war das?

Transportmittel

Grammatik 7.1, 7.4

das Auto

das Taxi

der Lastwagen

der Bus

das Fahrrad

das Motorrad

die Straßenbahn

die U-Bahn

der Zug

das Flugzeug

die Autobahn

Situation 5 Definitionen: Transportmittel

1. das Flugzeug
2. die Rakete
3. das Kamel
4. das Fahrrad
5. der Kinderwagen
6. der Zeppelin
7. der Zug
8. das Taxi

a. Transportmittel, das Waggons und eine Lokomotive hat

b. Transportmittel, das fliegt

c. Tier, das viele Beduinen als Transportmittel benutzen

d. Transportmittel, mit dem man zum Mond fliegen kann

e. Auto, das in Deutschland ein gelbes Schild auf dem Dach hat

f. Transportmittel in der Luft, das wie eine Zigarre aussieht

g. Transportmittel mit zwei Rädern, das ohne Benzin fährt

h. Wagen, in dem man Babys transportiert

[5]*jungle*

LESEHILFE

In the following story, detective Juli Falk uses her well-honed skills to investigate a crime. As you read it, you become a detective, too. Some hints from her "Handbook for a Rookie Detective" are shown. They will help you to catch the important details as you read the story. As you might expect, taking notes is part of the investigation. When you take notes during the **Vor dem Lesen** activity, be sure to include: 1) important words to look up in the dictionary, three per paragraph at most; 2) words that seem key to the plot; and 3) interesting facts.

Lektüre

Vor dem Lesen

So lesen Sie wie ein Detektiv …

1. Setzen Sie sich an einen ruhigen Ort, wo Sie sich konzentrieren können.
2. Legen Sie sich Papier und Schreibzeug bereit.
3. Lesen Sie den ganzen Text durch, um zu wissen, worum es geht.
4. Lesen Sie den Text jetzt absatzweise[1] etwas genauer und machen Sie sich dabei Notizen.
5. Vergleichen Sie Ihre Notizen mit Ihrem Partner oder mit Ihrer Partnerin.

Die Motorradtour

Hallo, Kollegin, wie war's in den Ferien?" Oberinspektor Eichhorn begrüßt Juli Falk mit einem freundschaftlichen **Handschlag**. „Hoffentlich ist es Ihnen nicht genauso ergangen wie der Familie Andres am Blumenweg 1. Als die von ihrer Reise zurückkehrte, fand sie ein gründlich **ausgeraubtes** Haus vor." Oberinspektor Eichhorn greift nach einem Bündel Akten[2]. „Na ja, wenn Sie den Fall[3] gleich **weiterverfolgen** könnten …? Die meisten Anwohner am Blumenweg haben wir bereits vernommen[4]. Zu befragen wären da noch ein Rentnerpaar, Familie Wächter im Haus Nummer 7, und deren junger Untermieter Heinz Hurtig."

Juli Falk drückt zum dritten Mal den Knopf[5] über dem Schildchen „Heinz Hurtig". Eigenartig, dass er nicht aufmacht. Dabei hat sie doch gerade eben noch einen jungen Mann am Fenster oben stehen sehen. Juli schüttelt **verwundert** den Kopf. Sie dreht sich um und lässt ihren Blick[6] über den verlassenen[7] Hof und das **funkelnagelneue** Motorrad unter dem Garagenvordach schweifen.

Ein paar Minuten später klingelt Juli noch ein Mal. Ein Geräusch ist von drinnen zu hören. Na endlich, das hat aber lange gedauert! Heinz Hurtig guckt durch den Türspalt. „Guten Tag, Herr Hurtig." Juli Falk zückt ihren Ausweis. „Darf ich einen Moment reinkommen? Ich ermittle[8] wegen des **Einbruchs** bei Familie Andres."

Erst im Flur bemerkt Juli, dass Hurtigs rechter Arm dick einbandagiert in einer **Armschlinge** liegt. „Hatten Sie einen Unfall?" Heinz Hurtig nickt. „Ich habe letzte Woche mit meinem Motorrad eine Kurve zu schnell genommen. Aber ich hatte noch Glück, ich habe mir bloß den Arm gebrochen."

Heinz Hurtig führt die Inspektorin in die Küche. Auf dem Küchentisch steht ein Teller mit Speck[9] und Rührei[10], daneben eine Tasse mit dampfend heißem Kaffee. „Darf ich Ihnen auch eine Tasse Kaffee anbieten? – Nein? Keinen Kaffee? Nun, was den Einbruch betrifft[11], ich bin ja erst vorgestern von meiner Motorradtour **heimgekommen**, habe nichts gesehen und gehört. Und, sorry, falls ich ein Alibi brauche – mit meinem verletzten Arm hätte ich wirklich kein Haus ausrauben können, nicht wahr?"

„Leben Sie allein hier?", fragt die Inspektorin. „Nein, mit Schnurrli, meinem Kater." Heinz Hurtig grinst und weist mit dem Kinn zum Fenstersims, wo sich eine prächtige rote Katze wohlig in der Sonne **ausstreckt**. „Tut mir leid, Herr Hurtig", meint Juli Falk sachlich. „Sie begleiten mich jetzt aufs Präsidium[12]. Mit Ihrem Alibi stimmt nämlich etwas ganz und gar nicht."

Aus: *Aufgepasst, Juli Falk!* von Christine Egger

[1]*paragraph by paragraph* [2]*files* [3]*case* [4]*questioned* [5]*here: doorbell* [6]*glance* [7]*deserted* [8]*am investigating* [9]*bacon* [10]*scrambled eggs* [11]*was … betrifft as far as … is concerned* [12]*police station*

Arbeit mit dem Text

A. Guess the meaning of the boldface underlined words in the reading by looking at the context of the sentences in which they appear. Some hints are provided. Then check yourself by looking up the words in the glossary at the end of the book.

1. **Handschlag.** HINT: You already know the word **Hand. Schlagen** means *to beat, strike,* or *hit.* How do people sometimes greet with their hands?

2. **ausgeraubt.** HINT: This is the past participle of the verb **ausrauben.** What English word is similar to **raub** and is related to crime and houses?

3. **weiterverfolgen.** HINT: **Weiter** is the comparative form of **weit.** The prefix **ver** adds a sense of continuation. The verb **folgen** means *to follow.*

4. **verwundert.** HINT: The verb **verwundern** means *to surprise;* verwundert is the past participle.

5. **funkelnagelneu.** HINT: The verb **funkeln** means *to sparkle* and **Nagel** means *nail.*

6. **Einbruch.** HINT: The prefix **ein** often means *in.* The word **Bruch** is a noun related to the verb **brechen,** which means *to break.*

7. **Armschlinge.** HINT: You already know the word for the body part **Arm.** What English word is like **Schlinge** and has to do with an arm injury?

8. **heimgekommen.** HINT: You know what **Heimweh** means. What English word is like **heim** and combines with *come* to indicate a destination?

9. **ausstrecken.** HINT: German **-ck-** is occasionally equivalent to English *-tch-.* What might a cat do on a sunny **Fenstersims?**

B. Was ist passiert? Bringen Sie die folgenden Sätze in die richtige Reihenfolge.

_____ Als Frau Falk bei Heinz Hurtig klingelt, macht er zuerst nicht auf.

_____ Endlich macht Hurtig auf und lässt sie in seine Wohnung.

_____ Er erzählt der Kommissarin von seinem Motorradunfall in der vergangenen Woche.

_____ Juli bemerkt, dass Hurtig seinen rechten Arm einbandagiert hat.

_____ Juli Falk schaut sich inzwischen aufmerksam im Hof um.

_____ Juli Falk zweifelt stark an Heinz Hurtigs Alibi.

___*1*___ Kommissarin Falk ist gerade aus dem Urlaub zurückgekommen.

_____ Sein Alibi ist sein verletzter Arm.

_____ Sie soll wegen des Einbruchs bei Familie Andres ermitteln.

_____ Weil er erst vor zwei Tagen von der Motorradtour zurückgekommen ist, hat er nichts gesehen und gehört.

Nach dem Lesen

1. Beschreiben Sie die Szene in Heinz Hurtigs Küche so genau wie möglich. Notieren Sie alle Einzelheiten.

2. Warum zweifelt Juli Falk am Alibi von Heinz Hurtig? Sammeln Sie alles, was nicht zusammenpasst.

Situation 6   Pendeln, aber wie?

Viele Europäer wohnen an einem Ort und arbeiten, studieren oder gehen an einem anderen Ort zur Schule. Sie pendeln. Hören Sie den folgenden Personen zu und entscheiden Sie, womit sie zur Schule, zur Arbeit oder zum Studium kommen.

Josef

Veronika

Margret

Silvia

Volker

Miniwörterbuch	
Regenstauf	(a city in Landkreis Regensburg)
Thalwil	(a village near Zurich)
Küsnacht	(a village near Zurich)
pendeln	to commute
die **Fähre, -n**	ferry
mindestens	at least
die **Fahrt, -en**	trip
der **Fahrradweg, -e**	bicycle paths
Weende	(a district of the city of Göttingen)
das **Institut, -e**	institute
bergauf	uphill
anstrengend	strenuous
der **Betrieb, -e**	workplace, operation
Radeberg	(a small town near Dresden)
der **Dienstwagen, -**	company car

Situation 7   Interview

1. Welche Transportmittel hast du schon benutzt?
2. Fährst du oft mit der U-Bahn oder mit dem Bus? Warum (nicht)?
3. Fährst du gern mit dem Zug (oder möchtest du gern mal mit dem Zug fahren)? Welche Vorteile/Nachteile hat das Reisen mit dem Zug?
4. Fliegst du gern? Warum (nicht)? Welche Vorteile/Nachteile hat das Reisen mit dem Flugzeug?
5. Fährst du lieber mit dem Auto oder mit öffentlichen Verkehrsmitteln? Warum? Womit fährst du am liebsten?
6. Denkst du an die Umwelt, wenn du Transportmittel benutzt?

 Situation 8   Dialog: Eine Bahnfahrt online buchen

RENATE: Okay, Mehmet, dann lass uns mal unsere Bahnfahrt nach München _____. Bist du schon online?

MEHMET: Ja. Was ist noch mal dein _____ bei bahn.de?

RENATE: 16. Oktober.

MEHMET: Also, wann wollen wir denn fahren? _____ früh _____ möglich?

RENATE: Nein, wir müssen um 17 Uhr da sein. Aber bitte ohne Umsteigen.

MEHMET: Okay, Abfahrt um 10.39 Uhr, _____ um 16.39, mit ICE, ohne Umsteigen.

RENATE: Was kostet das?

MEHMET: Mit Sparpreis _____, Hin- und Rückfahrt, 140 Euro pro Person.

RENATE: Müssen wir Sitzplätze reservieren?

MEHMET: Um diese Zeit _____ nicht. Soll ich zwei Plätze für uns buchen?

RENATE: Ja.

💬 Situation 9   Rollenspiel: Am Fahrkartenschalter

S1: Sie stehen am Fahrkartenschalter im Bahnhof von Bremen und wollen eine Fahrkarte nach München kaufen. Sie wollen billig fahren, müssen aber vor 16.30 Uhr am Bahnhof in München ankommen. Fragen Sie, wann und wo der Zug abfährt und über welche Städte der Zug fährt.

Das Auto

Grammatik 7.3

1. Damit kann man hupen.
2. Daran sieht man, woher das Auto kommt.
3. Darin kann man seine Koffer verstauen.
4. Damit wischt man die Scheiben.

Situation 10 Definitionen: Die Teile des Autos

1. die Bremsen
2. die Scheibenwischer
3. das Autoradio
4. das Lenkrad
5. die Hupe
6. das Nummernschild
7. die Sitze
8. das Benzin
9. der Tank

a. Man setzt sich darauf.
b. Man braucht sie, wenn man bei Regen fährt.
c. Damit lenkt man das Auto.
d. Damit warnt man andere Fahrer oder Fußgänger.
e. Daran sieht man, woher das Auto kommt.
f. Damit hört man Musik und Nachrichten.
g. Damit fährt das Auto.
h. Darin ist das Benzin.
i. Damit hält man den Wagen an.

Situation 11 Informationsspiel: Ein Auto kaufen

S1: Sie wollen einen älteren Gebrauchtwagen[1] kaufen und lesen deshalb Anzeigen im Internet. Die Anzeigen für einen Opel Corsa und einen Ford Fiesta sind interessant. Rufen Sie an und stellen Sie Fragen.
   Sie haben auch eine Anzeige im Internet aufgegeben, weil Sie Ihren VW Golf und Ihren VW Touareg Hybrid verkaufen wollen. Antworten Sie auf die Fragen der Leute über Ihre Autos.

MODELL: Guten Tag, ich rufe wegen des Opel Corsa an.
Wie alt ist der Wagen?
Welche Farbe hat er?
Wie ist der Kilometerstand[2]?
Wie lange hat er noch TÜV?
Wie viel Benzin braucht er?
Was kostet der Wagen?

Modell	VW Golf	VW Touareg Hybrid	Opel Corsa	Ford Fiesta
Baujahr	2014	2016		
Farbe	rot	grau		
Kilometerstand	65.000 km	5.000 km		
TÜV	noch 1 Jahr	2 Jahre		
Benzinverbrauch pro 100 km	5,5 Liter	8,2 Liter		
Preis	12.500 Euro	69.000 Euro		

Situation 12 Interview: Das Auto

1. Hast du einen Führerschein? Wann hast du ihn gemacht?
2. Was für ein Auto möchtest du am liebsten haben? Warum?
3. Welche Autos findest du am schönsten?
4. Welche Autos findest du am praktischsten (unpraktischsten)? Warum?

[1]used car   [2]number of kilometers driven

5. Wer von deinen Freunden hat das älteste Auto? Wie alt ist es ungefähr? Und wer hat das hässlichste (schnellste, interessanteste)?
6. Mit was für einem Auto möchtest du am liebsten in Urlaub fahren?
7. Was glaubst du: Was ist das teuerste Auto der Welt?
8. Was glaubst du: In welchem Land fährt man am schnellsten?
9. Was glaubst du: Was ist das kleinste Auto der Welt?

Situation 13 Verkehrsschilder

Kennen Sie diese Verkehrsschilder? Was bedeuten sie?

a.

b.

c.

d.

e.

f.

g.

h.

i.

j.

1. Dieses Verkehrsschild bedeutet „Halt".
2. Hier darf man nicht halten.
3. Wer von rechts kommt, hat Vorfahrt[3].
4. Hier darf man nur in eine Richtung fahren.
5. Hier darf man nur mit dem Rad fahren.
6. Hier darf man auf dem Fußgängerweg[4] parken.
7. Hier dürfen keine Autos fahren.
8. Achtung Radfahrer!
9. Dieser Weg ist nur für Fußgänger.
10. Hier dürfen keine Motorräder fahren.

[3]*right of way*   [4]*sidewalk*

VOLKSWAGEN

- Haben Sie ein Auto? Wenn ja, was für eins? Wie lange haben Sie es schon? Was gefällt Ihnen daran?
- Welche deutschen Automarken[5] kennen Sie? Was halten Sie von deutschen Autos?

Lesen Sie den Text und suchen Sie die Antworten auf die folgenden Fragen:

- Wie viel Prozent der Autos in Europa sind Volkswagen?
- Wo liegt der Firmensitz[6] des Volkswagenkonzerns?
- Wer hat den ersten Prototyp des Volkswagen Käfers gebaut?
- Wo hat Ferdinand Porsche Produktionsmethoden von Autos studiert?
- Welches Auto ist das meistverkaufte der Welt?
- In welchen Ländern hat VW große Standorte[7]?
- Wie lange gibt es den VW-Bus schon?

Jedes fünfte Auto in Europa ist ein Volkswagen. Schon seit vielen Jahren ist der VW Golf in Deutschland das meistverkaufte Auto. Auf Platz 2 steht meistens der VW Polo. Volkswagen ist der größte Automobilhersteller[8] Europas und der drittgrößte der Welt. Zum Volkswagenkonzern gehören nicht nur die Marken VW und Audi, sondern auch so schicke Autos wie Bugatti und Lamborghini, die Edelmarke Bentley, sowie seit 2011 auch Porsche. Der Firmensitz befindet sich in Deutschland, im niedersächsischen Wolfsburg.

Den ersten Prototyp des Volkswagen Käfer baute der Österreicher Ferdinand Porsche 1934. Der Volkswagen sollte[9] ein Auto für die breite Masse werden. Um ihn möglichst billig bauen zu können, ging Porsche nach Detroit und studierte die Produktionsmethoden von Ford. Das erste Volkswagenwerk wurde[10] 1938 in Niedersachsen in der Nähe von Braunschweig gebaut. Der Ausbruch des 2. Weltkriegs[11] verhinderte die Massenproduktion des VW Käfer. Erst nach dem Krieg kam es dazu. Aus dem Volkswagenwerk entstand die Stadt Wolfsburg, die heute 100.000 Einwohner hat, und der Siegeszug[12] des Käfers war nicht aufzuhalten. Bis 2002 war der Käfer mit 21,5 Millionen Exemplaren das meistverkaufte Auto der Welt. Dann wurde er vom VW Golf überholt[13], der jetzt diesen Titel besitzt.

Der VW-Konzern hat viele Standorte in der ganzen Welt. Die größten Standorte außerhalb Europas befinden sich in Mexiko (Puebla), Brasilien (São Paulo) und China (Shanghai). Weitere große Standorte befinden sich in Südafrika (Uitenhage), Kenia (Nairobi) und in den USA (Chattanooga).

Beliebte Modelle sind neben dem Golf und dem Polo der Passat, die Vans Touran und Sharan sowie der Geländewagen[14] Touareg. Von 1997 bis 2010 gab es auch den New Beetle, den neuen Käfer im Retrolook, den es auch als Cabrio gab. Unschlagbar[15] unter Studenten und auf der ganzen Welt bekannt ist allerdings der VW-Bus, den es seit 1950 gibt und der immer noch hergestellt wird.

Ein VW-Bus von 1969 ist ein Oldtimer.
© ullstein bild - Lambert/The Image Works

[5]*automobile makes* [6]*company headquarters* [7]*production sites* [8]*auto maker* [9]*was supposed to* [10]*was* [11]*world war* [12]*triumph* [13]*overtaken* [14]*SUV* [15]*Unbeatable*

Filmlektüre

Im Juli

 Vor dem Lesen

Die Hauptdarsteller Christiane Paul und Moritz
Bleibtreu bei der Kinopremiere des Films *Im Juli*.
© Franziska Krug/Getty Images

A. Beantworten Sie die folgenden Fragen.

1. Was sehen Sie auf dem Foto?
2. Warum heißt der Film wohl *Im Juli?*
3. Wer ist der Regisseur?
4. Wann startete der Film im Kino?

B. Lesen Sie die Wörter im Miniwörterbuch. Suchen Sie sie in der Inhaltsangabe und unterstreichen Sie sie.

Inhaltsangabe

Miniwörterbuch	
langweilig	boring
flippig	weird, funky
der **Schmuck**	jewelry
das **Pech**	bad luck
fahren	to drive
der **Liebeskummer**	love problems
schüchtern	shy

Der junge Lehrer Daniel (Moritz Bleibtreu) lebt in Hamburg und ist ein sehr langweiliger Typ. Nur die flippige Schmuckverkäuferin Juli (Christiane Paul) interessiert sich für ihn. In den Sommerferien trifft Daniel auf einer Party die Türkin Melek (Idil Üner). Sie ist auf dem Weg nach Istanbul. Daniel verliebt sich sofort in seine „Traumfrau". Das ist aber Pech für Juli, die auch auf die Party kommt! Als Melek am nächsten Morgen in die Türkei fliegt, fährt Daniel seiner großen Liebe mit dem Auto nach – 2.700 Kilometer bis nach Istanbul. Auf der Autobahn trifft er Juli wieder. Sie will aus Liebeskummer einfach wegtrampen. Daniel nimmt sie in seinem Auto mit. Für Juli und Daniel beginnt eine wilde Odyssee und eine Reise in ein neues Leben. Am Ende ist Daniel ein anderer Typ: nicht mehr der schüchterne und langweilige Lehrer, sondern ein cooler Lover und auch Juli ist keine traurige junge Frau mit Liebeskummer mehr.

 **FILMCLIP**

NOTE: For copyright reasons, the films referenced in the **FILMCLIP** feature have not been provided by the publisher. The film can be purchased as a DVD or found online at various sites such as YouTube, Amazon, or the iTunes store. The time codes mentioned below are for the North American DVD version of the film.

Szene: DVD, Kapitel 2, „School's out", 7:28–11:00 Min.

Daniel ist Referendar in einer Schule in Hamburg. Er geht jeden Tag an Julis Stand auf dem Markt vorbei ... bis sie ihn eines Tages anspricht.

Schauen Sie sich die Szene an. Die folgenden Aussagen beschreiben die Szene in der falschen Reihenfolge. Bringen Sie die Sätze in die richtige Reihenfolge.

_____ Daniel fällt seine Tüte zu Boden. Juli sagt zu Daniel, „He du, komm doch mal her."

___1___ Daniel ist Lehrer in einer Schule. Es ist die letzte Stunde vor den Ferien.

_____ Die Schüler passen nicht auf und wollen Daniels Fragen nicht beantworten.

_____ Juli verkauft Daniel den Ring für 35 Euro, weil sie ihn gern hat.

_____ Juli lädt Daniel auf eine Party ein.

_____ Juli sagt, Daniel wird ein Mädchen kennenlernen, das eine Sonne trägt.

_____ Juli sagt: „Die Sonne macht Licht", und „Ein anderes Wort für Licht ist Glück".

_____ Juli (mit Dreadlocks) und ihre Freundin (mit blonden Haaren) unterhalten sich über Daniel. Juli sagt, sie ist schüchtern.

_____ Juli zeigt Daniel einen Ring. Darauf sieht man eine Sonne.

_____ Die Schülerin Kira sagt: „Wir machen Schluss." Alle Schüler stehen auf und gehen.

Arbeit mit dem Text

Richtig (R) oder falsch (F)? Verbessern Sie die falschen Aussagen.

1. Daniel kommt aus Hamburg.
2. Auf einer Reise lernt Daniel die Türkin Melek kennen.
3. Juli liebt den langweiligen Daniel.
4. Daniel fährt mit dem Motorrad nach Istanbul.
5. Juli fliegt mit Melek in die Türkei.
6. Am Ende der Reise ist Daniel nicht mehr langweilig.

Nach dem Lesen

A. Suchen Sie weitere Informationen über den Regisseur Fatih Akin im Internet.

1. Woher kommt Fatih Akin?
2. Woher kommen seine Eltern?
3. Wie alt ist er?
4. Wie heißt sein erster Film?
5. Welche Preise haben seine Filme bekommen?

B. Sehen Sie den Trailer zum Film im Internet an und machen Sie ein Poster zum Film.

Reiseerlebnisse

Grammatik 7.4–7.5

Im letzten Urlaub waren Kobe Okonkwo und Veronika Frisch-Okonkwo in Italien.

1. Am Morgen sind Kobe und Veronika am Strand spazieren gegangen.

2. Dann sind sie im Meer geschwommen.

3. Zu Mittag haben sie Spaghetti gegessen.

4. Später sind sie in die Stadt gefahren.

5. Zuerst hat Veronika dort Souvenirs gekauft.

6. Dann haben sie eine Stadtrundfahrt gemacht.

7. Am Abend haben sie Wein getrunken.

Situation 14 Umfrage: Warst du schon mal im Ausland?

MODELL: S1: Warst du schon mal im Ausland?
          S2: Ja!
          S1: Unterschreib bitte hier.

UNTERSCHRIFT

1. Warst du schon mal im Ausland? _____
2. Bist du schon mal am Strand spazieren gegangen? _____
3. Hattest du schon mal einen Autounfall? _____
4. Warst du schon mal auf einem Oktoberfest? _____
5. Bist du schon mal Zug gefahren? _____
6. Hast du schon mal eine Stadtrundfahrt gemacht? _____
7. Hattest du schon mal eine Reifenpanne? _____
8. Warst du schon mal auf einer Insel? _____
9. Hast du schon mal deinen Pass verloren? _____
10. Bist du schon mal im Meer geschwommen? _____

Situation 15 Bildgeschichte: Stefans Reise nach Österreich

1. Frankfurt
2.
3. Österreich
4. die Alpen
5. Salzburg
6.
7.
8. Wolfgangsee
9. wieder zu Hause

Situation 16   Zum Schreiben: Ein Reiseerlebnis

Hatten Sie schon mal ein interessantes Reiseerlebnis? Schreiben Sie eine Geschichte darüber! Denken Sie an die folgenden Fragen.

1. Personen: Wer war dabei? Was muss man über diese Personen wissen, um Ihre Geschichte besser zu verstehen?
2. Ort: Wo hatten Sie das Erlebnis? Was war interessant an diesem Ort? Versuchen Sie den Ort zu visualisieren und beschreiben Sie ihn.
3. Zeit: Wann hatten Sie das Erlebnis? Vor wie vielen Jahren? Welche Tageszeit war es? War es ein besonderer Tag?

4. Handlung: Was ist zuerst passiert? Was haben Sie gefühlt und gedacht? Was ist dann passiert? Was war der Höhepunkt des Erlebnisses? Was war das Besondere? Wie ist es ausgegangen?

5. Persönliche Note: Wie denken Sie heute darüber?

KULTUR ... LANDESKUNDE ... INFORMATIONEN

DIE SCHWEIZ

- Woran denken Sie, wenn Sie *Schweiz* hören?
- Kennen Sie eine Schweizerin oder einen Schweizer? Waren Sie schon mal in der Schweiz? Was waren Ihre Eindrücke?
- Finden Sie die Schweiz auf einer Landkarte. Lokalisieren Sie die Städte Bern, Genf und Zürich.

Lesen Sie den Text und suchen Sie die Antworten auf die folgenden Fragen:

- Was für ein Land ist die Schweiz?
- Welche Sprachen spricht man dort? Wie sind sie verteilt[1]?
- Wie heißen die größten Städte?
- Wann wurde die Schweiz gegründet[2]? Wie hießen die ersten Kantone?
- Wie ist die Schweiz politisch? Welchen Organisationen gehört sie (nicht) an?
- Wofür ist die Schweiz bekannt?
- Wofür ist Genf bekannt?
- Was sagen Fußballfans, wenn sie wollen, dass die Schweiz gewinnt?

Einer für alle, alle für einen. So lautet das Motto der Schweiz, eines kleinen Alpenlandes, das eines der reichsten Länder der Welt ist. Nach Fläche[3] ist die Schweiz auf Platz 133, nach der Bevölkerungszahl auf Platz 94 der Länder der Welt. 64 Prozent der Schweizer sprechen Deutsch, 20% Französisch, knapp 7% Italienisch und nur 0,5% Rätoromanisch. Diese Sprachen sind die offiziellen Sprachen der Schweiz. Französisch spricht man im Westen; Italienisch im Südosten, im Tessin; Rätoromanisch im Osten; und Deutsch im Norden, in der Mitte und im Süden. Die größten Städte sind die deutschsprachigen Städte Zürich und Basel und das französischsprachige Genf. Allerdings[4] darf man nicht glauben, dass das Deutsch der Schweizer so einfach zu verstehen ist. Die Deutschschweizer sprechen alemannische Dialekte, die sich sehr von der deutschen Standardsprache unterscheiden. Die Schriftsprache dagegen[5] weist nur wenige Unterschiede auf.

Die Schweiz besteht aus 26 Kantonen[6]. Der Legende nach entstand die Schweiz im Jahre 1291 auf dem Rütliberg, als sich die drei Kantone Uri, Schwyz und Unterwalden zu einem Bund zusammenschlossen[7]. Seit 1815 ist die Schweiz politisch neutral. Sie ist nicht Teil der EU und auch nicht in der NATO. Seit 2002 ist sie aber Mitglied in der UNO.

Wofür ist die Schweiz am bekanntesten? Für ihre Schokolade? Für ihren Käse? Für ihre Uhren? Für ihre Berge? Für ihr Eisenbahnnetz[8]? Wer kennt nicht Johanna Spyri, die Schöpferin[9] von Heidi; den Psychologen Jean Piaget; die Reformatoren Calvin und Zwingli? Die ETH (Eidgenössische Technische Hochschule) in Zürich ist eine der besten Universitäten der Welt. Die UNO-Stadt Genf ist nicht nur der Ort, wo das Rote Kreuz gegründet wurde, sondern eine sehr schöne Stadt, Sitz von 25 großen internationalen Organisationen, unter anderen die Welthandelsorganisation (WTO) und die Weltgesundheitsorganisation (WHO). Das Matterhorn ist einer der schönsten und höchsten Berge der Schweiz (4.478 m). In der Schweiz entspringen der Rhein und die Rhône, die längsten Flüsse Deutschlands und Frankreichs. Nicht nur im Fußball sagen deshalb viele Leute: „Hopp Schwiiz!" (Los, Schweiz!)

Ein typisches Schweizer Dorf
© Education Images/Universal Images Group Editorial/Getty Images

Die Schweiz hat das dichteste[10] Eisenbahnnetz der Welt.
© SFM GM WORLD/Alamy

[1]distributed [2]founded [3]area [4]However [5]on the other hand [6]cantons (roughly equivalent to a province or state) [7]joined [8]railway network [9]creator [10]densest

Videoecke

Perspektiven

Ich achte darauf, wo die Produkte herkommen.

Aufgabe 1 Wer sagt das?

Ordnen Sie die Aussagen den Personen zu.

Miniwörterbuch

den Müll trennen	to sort trash (for recycling)
die **Führerschein-prüfung**	driver's license test

1. Pascal ___

2. Felicitas ___

3. Nadezda ___

4. Simone ___

5. Michael ___

6. Hend ___

7. Sophie ___

8. Albrecht ___

a. Ich achte darauf, wo die Produkte herkommen.

b. Ich fahre viel Fahrrad und kaufe im Bioladen ein.

c. Ich habe kein Auto und ich trenne den Müll.

d. Ich mache das Wasser beim Zähneputzen aus.

e. Ich nutze wenig Wasser.

f. Ich recycle.

g. Ich trenne den Müll.

h. Nein, ich verbrauche sehr viel Wasser.

Interviews

- Woher kommst du?
- Wo liegt das?
- Was ist dort besonders interessant?
- Wie bist du in Leipzig unterwegs?
- Hast du einen Führerschein?
- War es schwer, ihn zu bekommen?

Albrecht

Simone

Aufgabe 2 Albrecht und Simone

Sehen Sie sich das Video an und ergänzen Sie die Tabelle.

	Albrecht	**Simone**
Woher kommen sie?		aus Braunschweig
Wo liegt die Stadt?	im Osten, südlich von Berlin	
Was ist dort interessant?	viele Kneipen, viel Grün	
Wie unterwegs?		zu Fuß
Führerschein?		ja
Schwer, ihn zu bekommen?	ja	

Aufgabe 3 Fragen

Beantworten Sie die folgenden Fragen.

1. Wie lange wohnt Albrecht schon in Leipzig?
2. Wie viele Kilometer sind es von Leipzig nach Berlin?
3. Wo gibt es viele Seen?
4. Wann fährt Albrecht mit dem Fahrrad?
5. Warum war es für Albrecht schwer, den Führerschein zu bekommen?
6. Was kann man vom Fluss Oker aus machen?
7. Wann bekommt Simone ihr Fahrrad?
8. Was hat Simone nicht?
9. Wovor hatte Simone große Angst?

Aufgabe 4 Interview

Interviewen Sie eine Partnerin oder einen Partner. Stellen Sie dieselben Interviewfragen.

Wortschatz

Geografie — Geography

die **Bucht**, -en	bay
die **Insel**, -n	island
die **Halbinsel**, -n	peninsula
die **Richtung**, -en	direction
die **Wiese**, -n	meadow, pasture
die **Wüste**, -n	desert
der **Fluss**, ⸚e	river
der **Gipfel**, -	mountaintop
der **Gletscher**, -	glacier
der **Hügel**, -	hill
der **See**, -n	lake
der **Strand**, ⸚e (R)	shore, beach
der **Wald**, ⸚er (R)	forest, woods
das **Feld**, -er	field
das **Gebirge**, -	(range of) mountains
das **Meer**, -e (R)	sea
das **Tal**, ⸚er	valley

Ähnliche Wörter

die **Küste**, -n; die **Landkarte**, -n; die **Alpen** (*pl.*); **nördlich** **(von)**; **östlich (von)**; **südlich (von)**; **westlich (von)**

Auto — Car

die **Bremse**, -n	brake
die **Hupe**, -n	horn
die **Reifenpanne**, -n	flat tire
der **Gang**, ⸚e	gear
der **Kofferraum**, ⸚e	trunk
der **Reifen**, -	tire
der **Scheibenwischer**, -	windshield wiper
der **Sicherheitsgurt**, -e	seat belt
der **Sitz**, -e	seat
der **Tank**, -s	(fuel) tank
das **Autoradio**, -s	car radio
das **Lenkrad**, ⸚er	steering wheel
das **Nummernschild**, -er	license plate
das **Rad**, ⸚er	wheel

Verkehr und Transportmittel — Traffic and Means of Transportation

die **Abfahrt**, -en	departure
die **Ankunft**, ⸚e	arrival
die **Bahn**, -en	railroad
die **Autobahn**, -en	freeway
die **Straßenbahn**, -en	streetcar
die **U-Bahn**, -en	subway
die **Bahnfahrt**, -en	train trip
die **Einbahnstraße**, -n	one-way street
die **Fahrt**, -en	trip
die **Hin- und Rückfahrt**	round-trip
die **Radfahrerin**, -nen	(female) bicyclist
die **Rakete**, -n	rocket
der **Fahrkartenschalter**, -	ticket window
der **Fußgänger**, -	pedestrian
der **Unfall**, ⸚e (R)	accident
der **Verkehr**	traffic
der **Wagen**, -	car
der **Kinderwagen**, -	baby carriage
der **Lastwagen**, -	truck
der **Waggon** [vagon], -s	train car
der **Zug**, ⸚e	train
das **Fahrrad**, ⸚er (R)	bicycle
das **Fahrzeug**, -e	vehicle
das **Flugzeug**, -e	airplane
das **Motorrad**, ⸚er (R)	motorcycle
das **Schild**, -er	sign
das **Verkehrsschild**, -er	traffic sign

Ähnliche Wörter

die **Fahrerin**, -nen; die **Kurve**, -n; die **Lokomotive**, -n; der **Bus**, -se (R); der **Fahrer**, -; das **Passwort**, ⸚er; das **Taxi**, -s (R); **buchen**; **parken**; **transportieren**

Reiseerlebnisse — Travel Experiences

die **Reise**, -n	trip, journey
auf Reisen sein	to be on a trip
die **Stadtrundfahrt**, -en	tour of the city
die **Wanderung**, -en	hike
die **Welt**, -en	world
der **Höhepunkt**, -e	highlight
das **Erlebnis**, -se	experience
besichtigen	to visit, sightsee
besteigen, **bestiegen**	to climb

Ähnliche Wörter

der **Pass**, ⸚e; der **Wein**, -e; das **Souvenir**, -s; **reservieren**

Sonstige Substantive — Other Nouns

die **Achtung**	attention
die **Angestellte**, -n	female clerk
die **Fläche**, -n	surface
die **Luft**	air
die **Scheibe**, -n	windowpane
der **Angestellte**, -n	male clerk
der **Betrieb**, -e	workplace, operation

der **Regen**	rain	**um·steigen, ist umgestiegen**	to change (trains)
bei **Regen**	in rainy weather	**vergleichen, verglichen**	to compare
der **Teil, -e**	part	**verlieren, verloren**	to lose
der **Nachteil, -e**	disadvantage	**versprechen, verspricht,**	to promise
der **Vorteil, -e**	advantage	**versprochen**	
das **Tier, -e** (R)	animal	**verstauen**	to stow
die **Leute** (*pl.*)	people	**warten**	to wait
die **Nachrichten** (*pl.*)	news	**wischen** (R)	to wipe

Ähnliche Wörter

der **Euro, -;** der **Liter, -;** der **Preis, -e;** der **Sand;** das **Baby** [be:bi], **-s;** das **Institut, -e;** das **Oktoberfest, -e**

Ähnliche Wörter

beantworten, warnen, wecken

Sonstige Verben	Other Verbs
an·halten, hält … an, **angehalten**	to stop
aus·gehen, ist ausgegangen	to end, turn out
es ist gut ausgegangen	it ended well
benutzen	to use
ein·schlafen, schläft … ein, **ist eingeschlafen**	to fall asleep
erlauben	to permit
fließen, ist geflossen	to flow
halten, hält, gehalten	to stop
hupen	to honk
nach·denken (über + *akk.*),** **nachgedacht**	to think (about), consider
Rad fahren, fährt … Rad, **ist Rad gefahren**	to ride a bicycle
rennen, ist gerannt	to run
rufen, gerufen	to call, shout
schwimmen, **ist geschwommen**	to swim; to float
setzen	to put, place, set
trennen	to separate
übernehmen, übernimmt, **übernommen**	to take on

Sonstige Wörter **und Ausdrücke**	Other Words and Expressions
berühmt	famous
bitte schön?	yes please?; may I help you?
dort	there
durch	through
hoch	high
lieb	dear
am **liebsten**	like (*to do*) best
mindestens	at least
nah	close, nearby
öffentlich	public
rechts	to the right
schließlich	finally
schnell	quick, fast
ungefähr	approximately
zuerst (R)	first
zwischen	between

Ähnliche Wörter

exotisch, intelligent, interessant, mehr, salzig, tief, tolerant

Strukturen und Übungen

7.1 Relative clauses

Relative clauses add information about a person, place, thing, or idea already mentioned in the sentence. The relative pronoun begins the relative clause, which usually follows the noun it describes. The relative pronoun corresponds to the English words *who, whom, that,* and *which*. The conjugated verb is in the end position.

RELATIVE CLAUSE

Der Atlantik ist das Meer, das Europa und Afrika von Amerika **trennt.**

VERB IN END POSITION

The Atlantic is the ocean that separates Europe and Africa from America.

Do not omit the relative pronoun in the German sentence.

While relative pronouns may sometimes be omitted in English, they cannot be omitted from German sentences.

Das ist der Mantel, **den** ich letzte Woche gekauft habe.
That is the coat (that) I bought last week.

Relative clauses are preceded by a comma.

Likewise, the comma is not always necessary in an English sentence, but it must precede a relative clause in German. If the relative clause comes in the middle of a German sentence, it is followed by a comma as well.

Der See, **der** zwischen Deutschland und der Schweiz liegt, heißt Bodensee.
The lake that lies between Germany and Switzerland is called Lake Constance.

A. Relative Pronouns in the Nominative Case

In the nominative (subject) case, the forms of the relative pronoun are the same as the forms of the definite article **der, das, die.**

Der Fluss, **der** durch Wien fließt, heißt Donau.
Gobi heißt **die** Wüste, **die** in Innerasien liegt.

The relative pronoun and the noun it refers to have the same number and gender.

The relative pronoun has the same gender and number as the noun it refers to.

Masculine	der Mann, **der** …	*the man who* …
Neuter	das Auto, **das** …	*the car that* …
Feminine	die Frau, **die** …	*the woman who* …
Plural	die Leute, **die** …	*the people who* …

B. Relative Pronouns in the Accusative and Dative Cases

The case of a relative pronoun depends on its function within the relative clause.

When the relative pronoun functions as an accusative object or as a dative object within the relative clause, then the relative pronoun is in the accusative or dative case, respectively.

ACCUSATIVE

Nur wenige Menschen haben **den Mount Everest** bestiegen.
Der Mount Everest ist ein Berg, **den** nur wenige Menschen bestiegen haben.

Only a few people have climbed Mount Everest.
Mount Everest is a mountain that only a few people have climbed.

DATIVE

| Ich habe **meinem Vater** nichts davon erzählt. | *I haven't told my father anything about it.* |
| Mein Vater ist der einzige Mensch, **dem** ich nichts davon erzählt habe. | *My father is the only person whom I haven't told anything about it.* |

As in the nominative case, the accusative and dative relative pronouns have the same forms as the definite article, except for the dative plural, **denen.**

	Masculine	Neuter	Feminine	Plural
Accusative	den	das	die	die
Dative	dem	dem	der	denen

C. Relative Pronouns Following a Preposition

> The case of the relative pronoun depends on the preposition that precedes it.

When a relative pronoun follows a preposition, the case is determined by that preposition. The gender and number of the pronoun are determined by the noun.

Ich spreche am liebsten **mit meinem** Bruder.	*Most of all I like to talk with my brother.*
Mein Bruder ist der Mensch, **mit dem** ich am liebsten spreche.	*My brother is the person (whom) I like to talk with most.*
Auf der Insel Rügen sind weiße Kreidefelsen.	*There are white chalk cliffs on the island of Rügen.*
Rügen ist eine Insel in der Ostsee, **auf der** weiße Kreidefelsen sind.	*Rügen is an island in the Baltic Sea on which there are white chalk cliffs.*

> Preposition + relative pronoun = inseparable unit

The preposition and the pronoun stay together as a unit in German.

| Wer war die Frau, **mit der** ich dich gestern gesehen habe? | *Who was the woman (whom) I saw you with yesterday?* |

Übung 1 Das mag ich, das mag ich nicht!

Bilden Sie Sätze!

MODELL: Ich mag Leute, die spät ins Bett gehen.

1. Ich mag Leute, die ...
2. Ich mag keine Leute, die ...
3. Ich mag eine Stadt, die ...
4. Ich mag keine Stadt, die ...
5. Ich mag einen Mann, der ...
6. Ich mag keinen Mann, der ...
7. Ich mag eine Frau, die ...
8. Ich mag keine Frau, die ...
9. Ich mag einen Urlaub, der ...
10. Ich mag ein Auto, das ...

nett sein

Spaß machen

exotisch sein

gern im Sand spielen

viel sprechen

langweilig sein

gern verreisen

?

laut lachen

schnell fahren

betrunken sein

interessant aussehen

Übung 2 Risiko°

°Jeopardy

Hier sind die Antworten. Stellen Sie die Fragen!

MODELL: Diesen Kontinent hat Kolumbus entdeckt. →
Wie heißt der Kontinent, den Kolumbus entdeckt hat? (Amerika)

1. Europa
2. Mississippi
3. San Francisco
4. die Alpen
5. Washington
6. das Tal des Todes
7. Ellis
8. der Pazifik
9. die Sahara
10. der Große Salzsee

a. Auf diesem See in Utah kann man segeln.
b. Diese Insel sieht man von New York.
c. Diese Stadt liegt an einer Bucht.
d. Diese Wüste kennt man aus vielen Filmen.
e. Diesem Staat in den USA hat ein Präsident seinen Namen gegeben.
f. In diesem Tal ist es sehr heiß.
g. In diesen Bergen kann man sehr gut Ski fahren.
h. Dieser Kontinent ist eigentlich eine Halbinsel von Asien.
i. Über dieses Meer fliegt man nach Hawaii.
j. Von diesem Fluss erzählt Mark Twain.

7.2 Making comparisons: the comparative and superlative forms of adjectives and adverbs

A. Comparisons of Equality: **so ... wie**

so ... wie = *as . . . as*

To say that two or more persons or things are alike or equal in some way, use the phrase **so ... wie** (*as ... as*) with an adjective or adverb.

Deutschland ist ungefähr **so groß wie** Montana.	*Germany is about as big as Montana.*
Der Mount Whitney ist fast **so hoch wie** das Matterhorn.	*Mount Whitney is almost as high as the Matterhorn.*

Inequality can also be expressed with this formula and the addition of **nicht.**

Die Zugspitze ist **nicht so hoch wie** der Mount Everest.	*The Zugspitze is not as high as Mount Everest.*
Österreich ist **nicht ganz so groß wie** Maine.	*Austria is not quite as big as Maine.*

B. Comparisons of Superiority and Inferiority

All comparatives in German are formed with **-er.**

To compare two unequal persons or things, add **-er** to the adjective or adverb. Note that the comparative form of German adjectives and adverbs always ends in **-er,** whereas English sometimes uses the adjective with the word *more.*

als = *than*

Ein Fahrrad ist **billiger als** ein Motorrad.	*A bicycle is cheaper than a motorcycle.*
Sumita ist **intelligenter als** ihre Schwester.	*Sumita is more intelligent than her sister.*
Jens läuft **schneller als** Ernst.	*Jens runs faster than Ernst.*

Some adjectives that end in **-el** and **-er** drop the **-e-** in the comparative form.

teuer → teu¢rer
dunkel → dunk¢ler

Eine Wohnung in Regensburg ist teuer, aber eine Wohnung in München ist noch **teurer.**	*An apartment in Regensburg is expensive, but an apartment in Munich is even more expensive.*
Gestern war es dunkel, aber heute ist es **dunkler.**	*Yesterday it was dark, but today it is darker.*

C. The Superlative

Superlatives: **am** + **-sten**

To express the superlative in German, use the contraction **am** with a predicate adjective or adverb plus the ending -**sten.**

Ein Porsche ist schnell, ein Flugzeug ist schneller, und eine Rakete ist am schnellsten.	*A Porsche is fast, an airplane is faster, and a rocket is the fastest.*

Unlike the English superlative, which has two forms, all German adjectives and adverbs form the superlative in this way.

Hans ist **am jüngsten.**	*Hans is the youngest.*
Jens ist **am tolerantesten.**	*Jens is the most tolerant.*

When the adjective or adverb ends in -**d** or -**t,** or an **s**-sound such as -**s,** -**ß, -sch, -x,** or -**z,** an -**e**- is inserted between the stem and the ending.

frisch	→	am frisch**esten**
gesund	→	am gesünd**esten**
heiß	→	am heiß**esten**
intelligent	→	am intelligent**esten**

Um die Mittagszeit ist es oft am heißesten.	*The hottest (weather) is often around noontime.*

Groß is an exception to the rule: **am größten.**

D. Irregular Comparative and Superlative Forms

Irregular comparatives and superlatives have an umlaut whenever possible.

The following adjectives have an umlaut in the comparative and the superlative.

alt	älter	am ältesten
gesund	gesünder	am gesündesten
groß	größer	am größten
jung	jünger	am jüngsten
kalt	kälter	am kältesten
krank	kränker	am kränksten
kurz	kürzer	am kürzesten
lang	länger	am längsten
warm	wärmer	am wärmsten

Im März ist es oft **wärmer** als im Januar. Im August ist es **am wärmsten.**	*In March it's often warmer than in January. It's warmest in August.*

As in English, some comparative and superlative forms are very different from their base forms:

gern	lieber	am liebsten
gut	besser	am besten
hoch	höher	am höchsten
nah	näher	am nächsten
viel	mehr	am meisten

Ich spreche Deutsch, Englisch und Spanisch. Englisch spreche ich **am besten** und Deutsch spreche ich **am liebsten.**	*I speak German, English, and Spanish. I speak English the best, and I like to speak German the most.*

Superlatives before nouns in the nominative:

der/das/die + **-(e)ste**
die (*pl.*) + **-(e)sten**

When the superlative form of an adjective is used with a definite article (**der, das, die**) directly *before* a noun, it has an **-(e)ste** ending in all forms of the nominative singular and an **-(e)sten** ending in the plural. You will get used to the **-e/-en** distribution as you have more experience listening to and reading German. (A more detailed description of adjectives that precede nouns will follow in **Kapitel 8.**)

Nominative	
der längst**e**	Fluss (*m.*)
das tiefst**e**	Tal (*n.*)
die größt**e**	Wüste (*f.*)
die höchst**en**	Berge (*pl.*)

—Wie heißt der längste Fluss Europas?　　*What is the name of the longest river in Europe?*
—Wolga.　　*The Volga.*

—In welchem Land wohnen die meisten Menschen?　　*What country has the most people?*
—In China.　　*China.*

Übung 3　Vergleiche

Vergleichen Sie.

MODELL: Wien / Göttingen / klein → Göttingen ist kleiner als Wien.

1. Berlin / Zürich / groß
2. San Francisco / München / alt
3. Hamburg / Athen / warm
4. das Matterhorn / der Mount Everest / hoch
5. der Mississippi / der Rhein / lang
6. die Schweiz / Liechtenstein / klein
7. Leipzig / Kairo / kalt
8. ein Fernseher / eine Waschmaschine / billig
9. Schnaps / Bier / stark
10. ein Haus in der Stadt / ein Haus auf dem Land / schön
11. zehn Euro / zehn Cent / viel
12. eine Wohnung in einem Studentenheim / ein Appartement / teuer
13. ein Fahrrad / ein Motorrad / schnell
14. ein Sofa / ein Stuhl / schwer
15. Milch / Bier / gut

Übung 4　Biografische Daten

Vergleichen Sie. [(+) = Superlativ]

MODELL: alt / Thomas / Stefan → Thomas ist **älter** als Stefan.
　　　　alt (+) → Heidi ist **am ältesten.**

	Thomas	Heidi	Stefan	Monika
Alter	19	22	18	21
Größe	1,89 m	1,75 m	1,82 m	1,69 m
Gewicht	75 kg	65 kg	75 kg	57 kg
Haarlänge	20 cm	15 cm	5 cm	25 cm
Note in Deutsch	B	A	C	B

1. schwer / Monika / Heidi
2. schwer (+)
3. gut in Deutsch / Thomas / Stefan
4. gut in Deutsch (+)
5. klein / Heidi / Stefan
6. klein (+)
7. jung / Thomas / Stefan
8. jung (+)
9. lang / Heidis Haare / Thomas' Haare
10. lang (+)
11. kurz / Monikas Haare / Heidis Haare
12. kurz (+)
13. schlecht in Deutsch / Heidi / Monika
14. schlecht in Deutsch (+)

Übung 5   Geografie und Geschichte

MODELL: Das Tal des Todes (–86 m) liegt tiefer als das Kaspische
Meer (–28 m). →
Das Tote Meer (–396 m) liegt am tiefsten.

1. In Rom (25,6°C) ist es im Sommer heißer als in München (17,2°C).
2. In Wien (–1,4°C) ist es im Winter kälter als in Paris (3,5°C).
3. Liechtenstein (157 km^2)* ist kleiner als Luxemburg (2.586 km^2).
4. Deutschland (911) ist älter als die Schweiz (1291).
5. Kanada (1840) ist jünger als die USA (1776).
6. Der Mississippi (6.021 km) ist länger als die Donau (2.850 km).
7. Philadelphia (40° nördliche Breite) liegt nördlicher als Kairo (30° nördliche Breite).
8. Der Mont Blanc (4.807 m) ist höher als der Mount Whitney (4.418 m).
9. Österreich (83.849 km^2) ist größer als die Schweiz (41.288 km^2).

a. Athen (27,6°C)
b. das Tote Meer (–396 m)
c. Deutschland (357.050 km^2)
d. Frankfurt (50° nördliche Breite)
e. Frankreich (498)
f. Monaco (1,49 km^2)
g. Moskau (–9,9°C)
h. der Mount Everest (8.848 m)
i. der Nil (6.671 km)
j. Südafrika (1884)

*km^2 = Quadratkilometer

7.3 Referring to and asking about things and ideas: *da*-compounds and *wo*-compounds

In both German and English, personal pronouns are used directly after prepositions when these pronouns refer to people or animals.

Ich werde bald **mit ihr** sprechen.	*I'll talk to her soon.*
—Bist du mit Josef gefahren?	*Did you go with Josef?*
—Ja, ich bin **mit ihm** gefahren.	*Yes, I went with him.*

da- or **dar-** + preposition

When the object of the preposition is a thing or concept, it is common in English to use the pronoun *it* or *them* with a preposition: *with it, for them,* and so on. In German, it is preferable to use compounds that begin with **da-** (or **dar-** if the preposition begins with a vowel).

dadurch	*through it/them*	daraus	*out of it/them*
dafür	*for it/them*	darin	*in it/them*
dagegen	*against it/them*	darüber	*over it/them*
dahinter	*behind it/them*	darunter	*underneath it/them*
damit	*with it/them*	davon	*from it/them*
daneben	*next to it/them*	davor	*in front of it/them*
daran	*on it/them*	dazu	*to it/them*
darauf	*on top of it/them*	dazwischen	*between it/them*

Note that the following prepositions cannot be preceded by **da(r)-**: **ohne, außer, seit.**

—Was macht man mit einer Hupe?	*What do you do with a horn?*
—Man warnt andere Leute **damit.**	*You warn other people with it.*
—Hast du etwas gegen das Rauchen?	*Do you have something against smoking?*
—Nein, ich habe nichts **dagegen.**	*No, I don't have anything against it.*

Some **da**-compounds are idiomatic.

Hast du Geld **dabei?**	*Do you have any money on you?*
Darum hast du auch kein Glück.	*That's why you don't have any luck.*

Use a preposition + **wem** or **wen** to ask about people.

Questions about people begin with **wer** (*who*) or **wen/wem** (*whom*). If a preposition is involved, it precedes the question word.

—Mit **wem** gehst du ins Theater?	*Who will you go to the theater with? (With whom . . .?)*
—Mit Melanie.	*With Melanie.*
—In **wen** hast du dich diesmal verliebt?	*Who did you fall in love with this time? (With whom . . .?)*

Use **wo-** + a preposition to ask about things or ideas.

Questions about things and concepts begin with **was** (*what*). If a preposition is involved, German speakers use compound words that begin with **wo-** (or **wor-** if the preposition begins with a vowel).

—**Womit** fährst du nach Berlin?	*How are you getting to Berlin?*
—Mit dem Bus.	*By bus.*
—**Worüber** sprichst du?	*What are you talking about?*
—Ich spreche über den neuen Film von Doris Dörrie.	*I'm talking about Doris Dörrie's new film.*

People	Things and Concepts
mit wem	womit
von wem	wovon
zu wem	wozu
an wen	woran
auf wen	worauf
für wen	wofür
über wen	worüber
um wen	worum

—**Von wem** ist die Oper „Parsifal"?
—Von Richard Wagner.
—**Wovon** handelt diese Oper?
—Von der Suche nach dem Gral.

Who is the opera Parzival *by?*
By Richard Wagner.
What is the opera about?
About the search for the Holy Grail.

Übung 6   Juttas Zimmer

Ergänzen Sie!

Links[1] ist eine Kommode. Eine Lampe steht __*darauf*__ [a]. Rechts _____[b] steht der

Schreibtisch. _____[c] steht Juttas Tasche. An der Wand steht ein Schrank. _____[d]

hängen Juttas Sachen. Links an der Wand steht Juttas Bett. _____[e] liegt die

Katze auf dem Teppich. An der Wand _____[f] hängt ein Bild. Auf dem Bild ist

eine Wiese mit einem Baum. _____[g] hängen Äpfel. Mitten im Zimmer steht ein

Sessel. _____[h] sieht man Juttas Schuhe und _____[i] hat sich Hans versteckt[2].

[1]*To the left*   [2]*hat ... Hans has hidden himself*

dahinter   daran
   daneben   davor
darauf
   darunter   darin
darüber   dazwischen

Übung 7 Ein Interview mit Richard

Das folgende Interview ist nicht vollständig. Es fehlen die Fragen. Rekonstruieren Sie die Fragen aus den Antworten.

1. Ich gehe am liebsten **mit meiner Kusine** ins Theater.
2. Am meisten freue ich mich **auf die Ferien.**
3. Ich muss immer **auf meinen Freund** warten. Er kommt immer zu spät.
4. In letzter Zeit habe ich mich **über meinen Physiklehrer** geärgert.
5. Wenn ich „USA" höre, denke ich **an Hochhäuser und Disneyland, an den Grand Canyon und die Rocky Mountains und natürlich an Iowa.**
6. Zur Schule fahre ich meistens **mit dem Fahrrad, manchmal auch mit dem Bus.**
7. Ich schreibe nicht gern **über Sachen,** die mich nicht interessieren, wie zum Beispiel die Vorteile und Nachteile des Kapitalismus.
8. Meinen letzten Brief habe ich **an einen alten Freund von mir** geschrieben. Der ist vor kurzem nach Graz gezogen, um dort Jura zu studieren.
9. Ich halte nicht viel **von meinen Lehrern.** Die tun nur immer so, als wüssten sie alles; in Wirklichkeit wissen die gar nichts.

7.4 The perfect tense (review)

WISSEN SIE NOCH?

The perfect tense consists of a form of the present tense of **haben** or **sein** + the past participle.

Review grammar 4.1.

As you remember from **Kapitel 4,** it is preferable to use the perfect tense in oral communication when talking about past events.

> Ich **habe** im Garten Äpfel **gepflückt.**   *I picked apples in the garden.*

To form the perfect tense, use **haben** or **sein** as an auxiliary with the past participle of the verb.

A. haben or sein

Haben is by far the more commonly used auxiliary. **Sein** is normally used only when both of the following conditions are met: (1) The verb cannot take an accusative object. (2) The verb implies a change of location or condition.

Use **haben** with most verbs.
Use **sein** if the verb:
- cannot take an accusative object
- indicates change of location or condition.

See **Appendix E** for a list of common verbs and their auxiliaries.

> Bertolt Brecht **ist** 1956 in Berlin **gestorben.**   *Bertolt Brecht died in Berlin in 1956.*
>
> Ernst **ist** mit seinem Hund **spazieren gegangen.**   *Ernst went for a walk with his dog.*

In spite of the fact that there is no change of location or condition, the following verbs also take **sein** as an auxiliary: **sein, bleiben,** and **passieren.**

> Letztes Jahr **bin** ich in St. Moritz **gewesen.**   *Last year I was in St. Moritz.*
>
> Was **ist passiert?**   *What happened?*

B. Forming the Past Participle

Past participles of strong verbs end in **-en**; past participles of weak verbs end in **-t** or **-et.**

There are basically two ways to form the past participle. Strong verbs add the prefix **ge-** and the ending **-en** to the stem. Weak verbs add the prefix **ge-** and the ending **-t** or **-et.**

rufen	hat **ge**ruf**en**	*to shout, call*
reisen	ist **ge**reis**t**	*to travel*
arbeiten	hat **ge**arbeit**et**	*to work*

In the past-participle form, most, but not all, strong verbs have a changed stem vowel or stem.

gehen	ist geg**ang**en	*to walk*
werfen	hat gew**o**rfen	*to throw*
but: laufen	ist gelaufen	*to run*

Very few weak verbs have a change in the stem vowel. Here are some common weak verbs that do change.

bringen	hat gebr**ach**t	*to bring*
denken	hat ged**ach**t	*to think*
dürfen	hat ged**u**rft	*to be allowed to*
können	hat gek**o**nnt	*to be able to*
müssen	hat gem**u**sst	*to have to*
rennen	ist ger**a**nnt	*to run*
wissen	hat gew**u**sst	*to know (as a fact)*

C. Past Participles with and without **ge-**

Another group of verbs forms the past participle without **ge-**. You will recognize them because, unlike most verbs, they are not pronounced with an emphasis on the first syllable. These verbs fall into two major groups: those that end in **-ieren** and those that have inseparable prefixes.

No **ge-** with verbs ending in **-ieren** and inseparable-prefix verbs

passieren	ist passiert	*to happen*
studieren	hat studiert	*to study, go to college*

The most common inseparable prefixes are **be-**, **ent-**, **er-**, **ge-**, and **ver-**.

Common inseparable prefixes: **be-, ent-, er-, ge-, ver-**

besuchen	hat besucht	*to visit*
entdecken	hat entdeckt	*to discover*
erzählen	hat erzählt	*to tell*
gewinnen	hat gewonnen	*to win*
verlieren	hat verloren	*to lose*
versprechen	hat versprochen	*to promise*

The past participle of separable-prefix verbs is formed by adding the prefix to the past participle of the base verb.

anfangen	hat angefangen	*to begin*
aufstehen	ist aufgestanden	*to get up*

Übung 8 Renate

Ergänzen Sie **haben** oder **sein**.

1. In meiner Schulzeit _____ ich nie gern aufgestanden.
2. Meine Mutter _____[a] mich immer geweckt, denn ich _____[b] nie von allein aufgewacht.
3. Ich _____[a] ganz schnell etwas gegessen und _____[b] zur Schule gerannt.
4. Meistens hatte es schon zur Stunde geklingelt, wenn ich angekommen _____.
5. In der Schule war es oft langweilig; in Biologie _____ ich sogar einmal eingeschlafen.
6. Einmal in der Woche hatten wir nachmittags Sport. Am liebsten _____[a] ich Basketball gespielt und _____[b] geschwommen.
7. Auf dem Weg nach Hause _____[a] ich einmal einen Autounfall gesehen. Zum Glück _____[b] nichts passiert.
8. Aber viele Leute _____[a] herumgestanden, bis die Polizei gekommen _____[b].
9. Sie _____[a] geblieben, bis eine Autowerkstatt die kaputten Autos abgeholt _____[b].

Strukturen und Übungen   **271**

Übung 9 Ernst

Ernst war fleißig. Er hat schon alles gemacht und spielt jetzt Fußball. Übernehmen Sie seine Rolle.

MODELL: Steh bitte endlich auf! → Ich bin doch schon aufgestanden.

1. Mach bitte Frühstück!
2. Trink bitte deine Milch!
3. Mach bitte den Tisch sauber!
4. Lauf mal schnell zum Bäcker!
5. Bring bitte Brötchen mit!
6. Nimm bitte Geld mit!
7. Füttere bitte den Hund!
8. Mach bitte die Tür zu!

7.5 The simple past tense of *haben* and *sein*

When talking about events that have already happened, people commonly use the verbs **haben** and **sein** in the simple past tense instead of the perfect tense. The conjugations appear below; notice that the **ich-** and the **er/sie/es-**forms are the same.

Warst du schon mal im Ausland? Letzte Woche **hatte** ich einen Autounfall.

Have you ever been abroad? Last week I had a car accident.

sein			
ich	war	wir	waren
du	warst	ihr	wart
Sie	waren	Sie	waren
er sie es	war	sie	waren

haben			
ich	hatte	wir	hatten
du	hattest	ihr	hattet
Sie	hatten	Sie	hatten
er sie es	hatte	sie	hatten

Übung 10   Minidialoge

Ergänzen Sie eine Form von **war** oder **hatte**.

1. FRAU GRETTER: Ihr Auto sieht ja so kaputt aus. _____^{a} Sie einen Unfall?
   HERR THELEN: Ja, leider _____^{b} ich wieder mal einen Unfall. Das ist schon der dritte in dieser Woche.

2. FRAU KÖRNER: Sie sind aber braun geworden. _____ Sie im Urlaub?
   MICHAEL PUSCH: Ja, ich war drei Wochen in der Türkei.

3. HANS: Warum _____^{a} ihr gestern nicht in der Schule?
   JENS UND JUTTA: Wir _____^{b} keine Zeit.

4. CLAIRE: _____^{a} du schon mal in Linz, Melanie?
   MELANIE: Ja, ich _____^{b} schon ein paar Mal da.

5. MARIA SCHNEIDER: Wo warst du letzte Woche, Jens?
   JENS: Ich _____ Ferien und war bei meinen Großeltern auf dem Land.

6. JUTTA: Michael, sag mal, _____ du schon mal eine Reifenpanne?
   MICHAEL PUSCH: Nein, Gott sei Dank noch nie.

7. CLAIRE: Ich habe dich gestern im Kino gesehen. _____^{a} du allein?
   JOSEF: Ja, Melanie _____^{b} gestern zu Hause. Sie _____^{c} keine Lust, ins Kino zu gehen.

KAPITEL 8

Essen und Einkaufen

In **Kapitel 8,** you will learn to talk about shopping for food and cooking and about the kinds of foods you like. You will also talk about household appliances and about dining out.

Themen

Essen und Trinken

Haushaltsgeräte

Einkaufen und Kochen

Im Restaurant

Kulturelles

Musikszene: „Hawaii Toast Song" (Alexander Marcus)

KLI: Österreich

Filmclip: *Bella Martha* (Sandra Nettelbeck)

KLI: Brot

Videoecke: Essen

Lektüren

Sachtext: Stichwort Fabel

Fabel: Die gebratene Ameise (Paul Scheerbart)

Film: *Bella Martha* (Sandra Nettelbeck)

Strukturen

8.1 Adjectives: an overview

8.2 Attributive adjectives in the nominative and accusative cases

8.3 Destination vs. location: **stellen/stehen, legen/liegen, setzen/sitzen, hängen/hängen**

8.4 Adjectives in the dative case

8.5 Talking about the future: the present and future tenses

Georg Flegel: *Stillleben mit Obst und Krebsen* (ca. 1630), Nationalgalerie, Warschau
© akg-images/The Image Works

KUNST UND KÜNSTLER

Georg Flegel (1566–1638) war der erste und vielleicht wichtigste Stilllebenmaler in Deutschland. Er wurde in Olmütz in Mähren (heute Tschechische Republik) geboren, arbeitete dann im österreichischen Linz in der Werkstatt des niederländischen Malers Lucas von Valckenborch und zog mit ihm um 1592 nach Frankfurt am Main, wo Flegel bis zu seinem Tode als Maler arbeitete. Seine Bilder sind ein perfektes Abbild der Gegenstände[1], aber im Sinne[2] des Barock haben sie ein fast magisches Eigenleben[3]. Typisch für Flegels Werke ist, dass oft ein kleines Tier in Kontrast zu den leblosen Objekten des Stilllebens tritt.

Schauen Sie sich das Bild an und beantworten Sie die folgenden Fragen.

1. Was sehen Sie auf dem Bild? Identifizieren Sie die Gegenstände und Früchte.
2. Welche Farben und Linien dominieren im Bild? Wie sind die Gegenstände verteilt?
3. Welches Tier tritt in Kontrast zu den Gegenständen? Was macht es?
4. Welche Assoziationen und Gefühle weckt das Bild in Ihnen?

[1]objects [2]sense [3]life of their own

Situationen

Essen und Trinken

Grammatik 8.1–8.2

RENATE: Meistens esse ich ein frisches Brötchen, ein gekochtes Ei und selbst gemachte Marmelade zum Frühstück. Außerdem brauche ich einen starken Kaffee. Am Wochenende esse ich auch Schinken und Käse und trinke einen frisch gepressten Orangensaft. Als ich ein Kind war, habe ich meistens Milch mit Honig getrunken, später auch Tee.

der Honig · der Zucker · der Kakao · der Käse · der Orangensaft · der Schinken

das Brot · die Kaffeesahne · der Kaffee · der Tee · das Ei · die Marmelade · die Brötchen

das Frühstück
© Dirk E. Hasenpusch

HERR THELEN: Zu Mittag esse ich am liebsten einen gemischten Salat, gebratenes Fleisch oder gegrillten Fisch mit gekochten Kartoffeln. Auch Hähnchen mag ich ganz gern und Karotten mit viel Salz und Pfeffer. Meistens trinke ich eine Apfelschorle. Das ist ein Gemisch aus Apfelsaft und Mineralwasser. Am Sonntag trinke ich vielleicht auch mal ein Glas Wein, am liebsten Rotwein.

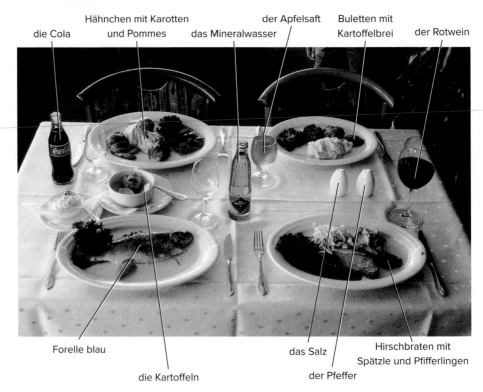

die Cola · Hähnchen mit Karotten und Pommes · das Mineralwasser · der Apfelsaft · Buletten mit Kartoffelbrei · der Rotwein

Forelle blau · die Kartoffeln · das Salz · der Pfeffer · Hirschbraten mit Spätzle und Pfifferlingen

das Mittagessen
© Dirk E. Hasenpusch

das Mineralwasser · das Brot · der Camembert · der Meerrettich · der Emmentaler · das Bier · die Essiggurken

die Milch · die Butter · der Aufschnitt · der Schinken · die Würstchen · der Senf

das Abendessen
© Dirk E. Hasenpusch

FRAU FRISCH-OKONKWO: Am Abend esse ich gern rustikal: Brot, Butter, Schinken, Käse. Rohen Schinken esse ich gern mit Meerrettich. Manchmal mache ich mir auch ein paar warme Würstchen. Die esse ich dann mit Senf. Emmentaler esse ich gern mit sauren Essiggurken. Dazu trinke ich entweder ein Glas Milch oder Saft mit Mineralwasser.

Situation 1 Umfrage: Isst du gern fettige Hamburger?

MODELL: S1: Isst du gern fettige Hamburger?
   S2: Ja!
   S1: Unterschreib bitte hier!

UNTERSCHRIFT

1. Isst du gern fettige Hamburger? _____
2. Isst du oft Chinesisch? _____
3. Isst du oft frisches Obst? _____
4. Frühstückst du selten? _____
5. Isst du zum Frühstück gern gebratene Eier mit Speck? _____
6. Isst du meistens in der Cafeteria? _____
7. Isst du manchmal Pizza? _____
8. Würzt du dein Essen mit viel Pfeffer? _____
9. Isst du selten zu Hause? _____
10. Hast du für heute ein belegtes Brot dabei? _____

Situation 2 Informationsspiel: Mahlzeiten und Getränke

MODELL: S1: Was isst Stefan zum Frühstück?
S2: _____

	Frau Gretter	Stefan	Andrea
zum Frühstück essen	frische Brötchen		
zum Frühstück trinken	schwarzen Kaffee		heißen Kakao
zu Mittag essen		belegte Brote und Kartoffelchips	
zu Abend essen	nichts, sie will abnehmen		Brot mit Honig
nach dem Sport trinken			Apfelsaft
auf einem Fest trinken		mexikanisches Bier	
essen, wenn er/sie groß ausgeht	etwas Gesundes		den schönsten Kinderteller

Situation 3 Ratespiel: Regionale Spezialitäten

Was glauben Sie? Wo isst oder trinkt man diese regionalen Spezialitäten? Es gibt viele richtige Antworten.

1. Wo trinkt man Berliner Weiße?
2. Wo isst man selbst gemachte Fleischchüechli?
3. Wo isst man gebratene Eier und Speck?
4. Wo isst man deftige Knödel?
5. Wo isst man frischen Fisch aus der Nordsee?
6. Wo trinkt man frisch gepressten Orangensaft?
7. Wo isst man frische Semmeln?
8. Wo trinkt man eiskalten Eistee?
9. Wo isst man Rote Grütze?
10. Wo trinkt man sächsisches Schwarzbier?

in Österreich   in Berlin
überall   in Sachsen
in Bayern   in den USA
in der Schweiz   in Norddeutschland

[1]folk music

„Hawaii Toast Song" (2009, Deutschland) *Alexander Marcus*

Biografie Alexander Marcus ist ein Berliner Musiker und Entertainer. Er singt einfache dümmliche Schlagertexte zu einer Mischung aus Volksmusik und Techno. Marcus nennt seinen Stil *Electrolore*, eine Mischung aus Elektro und Folklore[1]. Der „Hawaii Toast Song" ist von seinem zweiten Album *Mega*.

Alexander Marcus
© SKA/HS1 WENN Photos/Newscom

NOTE: For copyright reasons, the songs referenced in **MUSIKSZENE** have not been provided by the publisher. The song can be found online at various sites such as YouTube, Amazon, or the iTunes store.

Vor dem Hören Kennen Sie Hawaii Toast? Welche Zutaten, glauben Sie, braucht man dafür? (Denken Sie an Hawaii Pizza.)

Nach dem Hören Beantworten Sie die folgenden Fragen.

1. Welche Zutaten braucht man für einen Hawaii Toast?

2. Wie macht man ihn?

3. Was bewirkt er?

4. Haben Sie schon mal einen Hawaii Toast gemacht oder gegessen?

Miniwörterbuch	
dümmlich	silly
der **Schlager**	German pop song of the 1950s and 60s
der **Scheiblettenkäse**	individually wrapped cheese slices
vorheizen	to preheat
die mittlere Schiene	the middle oven rack
die **Not**	time of need
Trost spenden	to provide solace
bewirken	to have an effect

KULTUR ... LANDESKUNDE ... INFORMATIONEN

BROT

- Essen Sie gern Brot?
- Welche Sorten essen Sie am liebsten?
- Gibt es Sorten, die Sie nicht mögen?
- Zu welchen Mahlzeiten essen Sie Brot?
- Haben Sie schon mal Brot gebacken? Was braucht man dazu?

Lesen Sie die Wörter im Miniwörterbuch. Suchen Sie sie im Text und unterstreichen Sie sie.

Miniwörterbuch	
die **Sorte**	sort, kind
die **Hefe**	yeast, starter
das **Getreide**	grain
der **Teig**	dough
der **Stein**	stone
das **(Grund)nahrungsmittel**	(basic) foodstuff
der **Brauch,** die **Bräuche**	custom
der **Wohlstand**	prosperity

Das Brotsortiment einer deutschen Bäckerei
© Nordic Photos/Superstock

Brot ist ein sehr wichtiges Nahrungsmittel. Lesen Sie den Text und suchen Sie Antworten auf die folgenden Fragen.

1. Was vermissen Deutsche, wenn sie im Ausland leben?
2. Wer will die deutsche Brotkultur zum Weltkulturerbe erklären?
3. Womit stellt man Sauerteig her?
4. Welche Erfindung war sehr wichtig für das deutsche Brot?
5. Was schenkt man jemandem, der in eine neue Wohnung zieht?
6. Welche Geste signalisiert Gastfreundschaft?
7. Was braucht man um Mischbrote aus Roggen- und Weizenmehl zu backen?
8. Nennen Sie drei weitere Brotsorten, die in Deutschland beliebt sind.

Was Deutschen und Österreichern am meisten fehlt, wenn sie im Ausland wohnen, ist ihr Brot. Vor allem in Deutschland, aber auch in Österreich, gibt es sehr viele verschiedene Brotsorten. Das ist so etwas Besonderes, dass die Vertretung[2] der Bäcker in Deutschland diese Brotkultur zum Weltkulturerbe[3] erklären will.

Die meisten Sorten in Deutschland sind Mischbrote aus Roggen- und Weizenmehl[4], die mit Sauerteig[5] gebacken werden.

Es gibt für viele Regionen verschiedene Spezialitäten, z. B. Heidebrot, Holzofenbrot, Vollkornbrot oder Schwarzwälder.

Sauerteig ist in Deutschland sehr wichtig zum Brotbacken. Man stellt ihn aus Hefe her, die man auch in anderen Ländern zum Backen verwendet.

Schon vor vielen tausend Jahren hat man Getreide gemahlen und zu Brei[6] verarbeitet. Dann hat man etwas Brei oder Teig auf einem heißen Stein flach ausgebreitet und gebacken. So konnte man das Nahrungsmittel leichter aufheben und transportieren. Aber erst die Erfindung des Backofens hat Brot, so wie wir es heute kennen, möglich gemacht. Im Backofen kann man ein rundes Brot backen, weil der Teig von allen Seiten Hitze[7] bekommt.

Aber Brot ist nicht nur ein Grundnahrungsmittel, es hat auch eine symbolische Bedeutung in nationalen Bräuchen und religiösen Traditionen. So schenkt man einem Hochzeitspaar oder auch jemandem, der in eine neue Wohnung einzieht, Brot und Salz. Das soll Glück und Wohlstand bringen. In der christlichen Tradition ist das Brot sehr wichtig, weil Jesus beim letzten Abendmahl[8] sein Brot mit den Jüngern[9] geteilt hat. Auch in anderen Religionen, wie z. B. der jüdischen, ist das Teilen des Brotes eine wichtige Geste, die Gastfreundschaft signalisiert.

Heute gibt es in Deutschland und Österreich natürlich nicht nur die traditionellen Brotsorten. Baguettes und Croissants aus Frankreich, italienisches Weißbrot und türkisches Fladenbrot sind beliebt und überall zu haben.

[2]here: representatives [3]world cultural heritage [4]Roggen- ...: rye and wheat flour [5]sourdough [6]mush [7]heat [8]letzten ...: Last Supper [9]disciples

1. Was isst du normalerweise zum Frühstück? Was zu Mittag?
2. Isst du viel zu Abend? Was?
3. Isst du immer eine Nachspeise? Was isst du am liebsten als Nachspeise?
4. Trinkst du viel Kaffee? Energydrinks? Warum (nicht)?
5. Isst du zwischen den Mahlzeiten? Warum (nicht)?
6. Was isst du, wenn du mitten in der Nacht großen Hunger hast?
7. Was trinkst du, wenn du auf Feste gehst?
8. Was hast du heute Morgen gegessen und getrunken?
9. Was isst du heute zu Mittag?
10. Was isst du heute zu Abend?

Haushaltsgeräte

Grammatik 8.3

Stefan stellt die Schüsseln und Teller in den Geschirrspüler.
Nora stellt die Teekanne in den Schrank.
Marion legt die Servietten in die Schublade.
Rainer hängt das Handtuch an den Haken.
Die schmutzigen Töpfe und Pfannen stehen auf dem Herd.
Messer, Gabeln und Löffel liegen auf dem Tisch.

Situation 5   Was kosten diese Gegenstände?

Listen Sie die Gegenstände in jeder Gruppe dem Preis nach. Beginnen Sie mit dem teuersten Gegenstand. Wählen Sie dann aus jeder Gruppe die vier Gegenstände aus, auf die Sie am wenigsten verzichten[1] könnten.

GRUPPE A	GRUPPE B
1. eine Kaffeemaschine	1. eine Mikrowelle
2. ein elektrischer Dosenöffner	2. ein Kühlschrank
3. eine Küchenmaschine	3. ein Geschirrspüler
4. ein Korkenzieher	4. eine Waschmaschine
5. eine Kaffeemühle[2]	5. ein Wäschetrockner
6. ein Bügeleisen	6. ein Grill
7. eine Küchenwaage	7. ein Staubsauger
8. ein Toaster	8. eine Gefriertruhe[3]

Situation 6   Was brauchen Sie dazu?

1. Sie bekommen ein Paket, das mit einer Schnur zugebunden ist. Sie wollen die Schnur durchschneiden[4].
2. Sie wollen sich ein belegtes Brot machen und eine Scheibe Wurst abschneiden.
3. Sie wollen sich eine Dose Suppe heiß machen und müssen die Dose aufmachen.
4. Sie haben Gäste und wollen ein paar Flaschen Bier aufmachen.
5. Sie wollen eine Kerze anzünden.
6. Sie wollen Tee kochen und müssen Wasser heiß machen.
7. Sie haben eine Reifenpanne und müssen einen rostigen Nagel aus einem Autoreifen ziehen.
8. Sie wollen ein Bild aufhängen und müssen einen Nagel in die Wand schlagen.
9. Beim Gewitter ist der Strom ausgefallen. In Ihrem Zimmer ist es total dunkel.

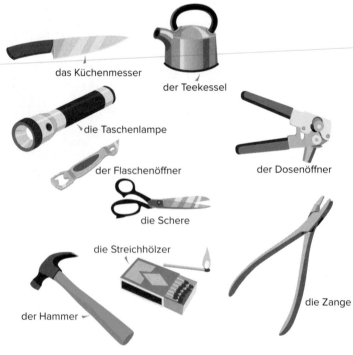

das Küchenmesser

der Teekessel

die Taschenlampe

der Flaschenöffner

der Dosenöffner

die Schere

die Streichhölzer

der Hammer

die Zange

[1]do without   [2]coffee mill   [3]chest freezer   [4]cut through

 Situation 7 **Minidialoge**

Hören Sie zu und ergänzen Sie die fehlenden Wörter.

1. JÜRGEN: Wohin soll ich die Blumen stellen, Silvia?
   SILVIA: Stell sie doch bitte auf _____ Tisch.

2. MELANIE: Warum setzt du dich nicht zu uns an _____ Tisch?
   JOSEF: Ich sitze lieber auf _____ Sofa.

3. DAMLA: Eske, deine Bücher liegen schon wieder auf _____ Tisch.
   Könntest du sie bitte _____ Regal stellen?
   ESKE: Ja, klar, Damla, reg dich nicht so künstlich auf.

4. FRAU FRISCH-OKONKWO: Sumita, wo ist der Papa?
   SUMITA: Der sitzt draußen _____ Garten, auf _____ Lieblingsbank.

5. MONIKA: Hast du die Weinflaschen in _____ Schrank gestellt?
   HEIDI: Ja, sie stehen neben _____ Weingläsern.

6. SOFIE (*am Telefon*): Hi Nesrin! Was machst du denn heute Nachmittag?
   NESRIN: Nichts, Sofie. Ich bin so müde. Ich lege mich gleich _____ Bett.

7. KATRIN: Hi Stefan! Kann ich mich neben _____ setzen?
   STEFAN: Ja, klar, gerne. Hier ist noch frei.

8. FRAU RUF: Hast du die Suppe schon auf _____ Herd gestellt, Schatz?
   HERR RUF: Na klar! Sie steht schon eine halbe Stunde auf _____ Herd.

9. HERR RUF: Schatz, ich kann den Stadtplan nicht finden.
   FRAU RUF: Ich glaube, er liegt unter _____ Zeitung.

Situation 8 **Diskussion: Haushaltsgeräte**

1. Welche elektrischen Haushaltsgeräte haben Sie, Ihre Eltern oder Freunde? Welches Gerät finden Sie am wichtigsten?
2. Stellen Sie sich vor, Sie dürfen nur ein Gerät im Hause haben. Welches wählen Sie und warum?
3. Welche Werkzeuge sollte es in jedem Haushalt geben?
4. Sie wollen übers Wochenende zum Zelten. Machen Sie eine Liste, welche Geräte Sie zum Essen und Kochen brauchen.
5. Sie planen ein elegantes Picknick. Was packen Sie alles ein?

 # Lektüre

Vor dem Lesen 1

LESEHILFE

A fable is a very short story that usually deals with animals. The animals have human characteristics and represent types or characters. At the end of the fable is a moral or message, often containing a criticism of society or of human weaknesses such as lust, greed, vanity, or stupidity.

A. Kennen Sie Fabeln? Welche Tiere kommen in den Fabeln vor, die Sie kennen? Was symbolisieren sie?

Der Wolf und der Fuchs im Brunnen.
© *Universal History Archive/Getty Images*

B. Lesen Sie die Wörter im Miniwörterbuch. Suchen Sie sie in der Fabel von der Maus und dem Frosch und unterstreichen Sie sie.

Stichwort° Fabel

°*Keyword*

Die Idee der Fabel, die die Menschen belehrt, ist schon sehr alt. Von dem griechischen Dichter Äsop, der ungefähr 600 Jahre vor Christus gelebt hat, wird berichtet[5], dass er den einfachen Leuten Fabeln erzählt hat. Äsop soll ein Sklave[6] gewesen sein.

In Europa werden die Fabeln der Antiken Welt[7] in den Klosterschulen[8] des Mittelalters gelesen und dann im 17. und 18. Jahrhundert vor allem in Frankreich und Deutschland wiederentdeckt. Berühmte Fabeln aus der Epoche der Aufklärung[9] gibt es z. B. von Jean de La Fontaine (1621–1695) und Gotthold Ephraim Lessing (1729–1781). Aber auch der deutsche Theologe und Reformator Martin Luther (1483–1546) hat Fabeln geschrieben.

Von der Maus und dem Frosch

Eine Maus wollte gerne über ein Wasser kommen und konnte doch nicht, da bat sie einen Frosch um[10] Rat. Der Frosch war gemein und sagte: »Binde deinen Fuß an meinen, so will ich schwimmen und dich hinüberziehen.«

Als sie aber auf das Wasser kamen, tauchte der Frosch hinunter und wollte die Maus ertränken. Aber die Maus wehrte sich und kämpfte[11]. Da kam eine Weihe[12] und fing[13] die Maus, zog[14] den Frosch auch mit heraus und fraß[15] sie alle beide.

LUTHERS LEHRE: Sei vorsichtig, mit wem du dich einlässt[16]. Die Welt ist falsch und man kann niemandem trauen.

(Adaptiert nach Martin Luther)

Arbeit mit dem Text 1

Beantworten Sie die folgenden Fragen.

1. Was kann die Maus nicht?
2. Was macht der Frosch, um die Maus zu töten?
3. Wer frisst am Ende beide auf?
4. Um welche schlechten Eigenschaften geht es in dieser Fabel?

Vor dem Lesen 2

Miniwörterbuch

der **Frosch**	frog
gemein	mean
ertränken	to drown
die **Lehre**	moral
vorsichtig	cautious
trauen	to trust

LESEHILFE

The following short text is a more modern fable by the German author of fantasy and science fiction Paul Scheerbart (1853–1915). The small insects which are depicted in this text symbolize characteristics that are usually considered mostly positive. Ants live in highly organized societies working collectively together to support the colony. Most are workers or "soldiers", some are drones, and very few are queens. The parallels to human society such as division of labor, the ability to communicate, and solving problems make them almost perfect protagonists for fables.

A. Beantworten Sie die folgenden Fragen.

1. Welche Charakteristiken verbinden Sie mit Ameisen?
2. Gibt es unterschiedliche Charakteristiken für Ameisen in unterschiedlichen Kulturen?

B. Suchen Sie die Wörter des Miniwörterbuchs im Text und in den darauf folgenden Aktivitäten und unterstreichen Sie sie.

[5]*reported* [6]*slave* [7]*Antiken ...: Antiquity* [8]*monastery schools* [9]*Enlightenment* [10]*bat um: asked for*
[11]*wehrte ...: defended itself and fought* [12]*kite (type of bird)* [13]*caught* [14]*pulled* [15]*ate* [16]*mit ...: who you deal with*

Miniwörterbuch

die **Ameise, -n**	ant
herrschen	to reign, dominate
sonderbar	peculiar
die **Sitte, -n**	custom
feierlich	ceremoniously
der **Stamm, ¨e**	tribe
der **Geist**	spirit, mind
übergehen	to transfer
die **Ehre**	honor

Die gebratene Ameise
von Paul Scheerbart

Bei den fleißigen Ameisen herrscht eine sonderbare Sitte: Die Ameise, die in acht Tagen am meisten gearbeitet hat, wird am neunten Tage feierlich gebraten und von den Ameisen ihres Stammes gemeinschaftlich verspeist[17].

Die Ameisen glauben, dass durch dieses Gericht der Arbeitsgeist der Fleißigsten auf die Essenden[18] übergehe.

Und es ist für eine Ameise eine ganz außerordentliche Ehre, feierlich am neunten Tage gebraten und verspeist zu werden. Aber trotzdem ist es einmal vorgekommen[19], dass eine der fleißigsten Ameisen kurz vor dem Gebratenwerden noch folgende kleine Rede hielt[20]:

»Meine lieben Brüder und Schwestern! Es ist mir ja ungemein[21] angenehm, dass ihr mich so ehren wollt! Ich muss euch aber gestehen[22], dass es mir noch angenehmer sein würde[23], wenn ich nicht die Fleißigste gewesen wäre[24]. Man lebt doch nicht bloß, um sich totzuschuften[25]!«

»Wozu denn?[26]«, schrien die Ameisen ihres Stammes — und sie schmissen[27] die große Rednerin schnell in die Bratpfanne — sonst hätte[28] dieses dumme Tier noch mehr geredet.

Paul Scheerbart, „Die gebratene Ameise", 1902

Arbeit mit dem Text 2

A. Die folgenden Sätze fassen den Inhalt der Fabel zusammen. Vervollständigen Sie sie.

Nach _____ [a] Tagen wählen die Ameisen die fleißigste Ameise ihres Stammes aus und braten sie. Dann essen sie sie am neunten Tag auf, damit sie auch so _____ [b] werden. Einmal ist es passiert, dass so eine sehr fleißige _____ [c] eine kleine Rede hielt, weil sie nicht verspeist werden wollte. Die anderen Ameisen schmissen sie trotzdem in die _____ [d].

B. Welche typische Eigenschaft der Ameisen dominiert in dieser Fabel? Kreuzen Sie an und unterstreichen Sie im Text alle Wörter, die damit zu tun haben.

- ☐ Gehorsam
- ☐ Disziplin
- ☐ Fleiß
- ☐ Kooperation

C. In Fabeln geht es oft um Kritik an der Gesellschaft oder an den schlechten Eigenschaften der Menschen. Die große Ehre für die fleißigste Ameise ist es zu sterben. Was will der Autor mit dieser Fabel sagen?

Nach dem Lesen

Schreiben Sie Ihre eigene Fabel. Wählen Sie 1 oder 2.

1. Nehmen Sie einen ähnlichen Titel, z. B., „Der gebratene Hamster" oder „Der gebratene Tiger", und schreiben Sie die Geschichte noch einmal. Sie können sie auch ein bisschen verändern.

2. Schreiben Sie eine andere Fabel auf, die Sie kennen oder die Sie erfinden möchten.

[17]gemeinschaftlich ...: *collectively eaten* [18]*eaters* [19]*occurred* [20]Rede ...: *gave a speech* [21]*exceedingly* [22]*confess* [23]*would* [24]gewesen ...: *had been* [25]sich ...: *to work oneself to death* [26]Wozu ...: *Why else?* [27]*flung* [28]*would have*

Einkaufen und Kochen

Grammatik 8.4

der Leberkäse
das Rindfleisch
das Hackfleisch
die Bratwurst
der Lachs
die Krabben
das Fischfilet
das Putenschnitzel
das Schweinefleisch

das Fleisch und der Fisch
© Dirk E. Hasenpusch

die Gurken
die Karotten
die Tomaten
die Zwiebeln
der Rosenkohl
die Paprika
die Pilze
der Blumenkohl
der Kopfsalat
die Radieschen

das Gemüse
© Dirk E. Hasenpusch

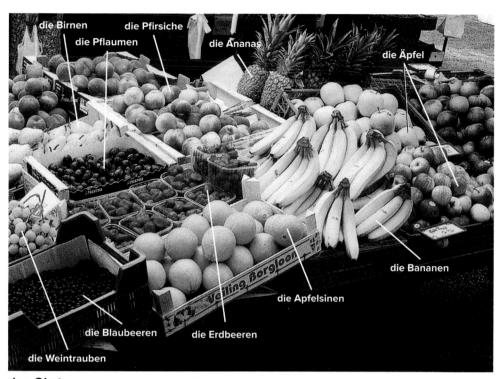

das Obst
© Dirk E. Hasenpusch

Situation 9 Bildgeschichte: Michaels bestes Gericht

Michael kocht heute wieder sein bestes Gericht: Omelett *à la haute cuisine* …

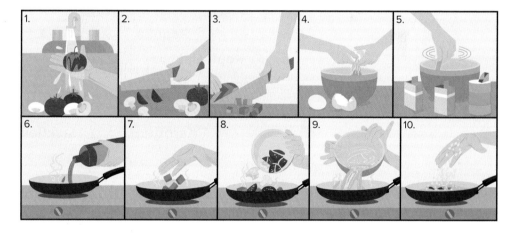

Deutsche Bioeier: Bioprodukte werden immer beliebter.
© Jochen Tack/imageBROKER/agefotostock

Situation 10 Einkaufsliste

Sie wollen heute Abend kochen. Was wollen Sie kochen? Was brauchen Sie? (Sie finden Ideen im Wortkasten.) Machen Sie für jedes Gericht eine Einkaufsliste. Denken Sie auch an Salat, Gemüse und Gewürze, an Vorspeise und Nachspeise und an Getränke.

1. ein italienisches Gericht
2. ein amerikanisches Gericht
3. ein türkisches Gericht
4. ein deutsches Gericht
5. ein französisches Gericht

Fisch	Nudeln	Salz	Bohnen
Paprika	Erbsen		Oliven
Kopfsalat	Zwiebeln	Pfeffer	Knoblauch
Tomaten	Gurken	Pilze	
Schnitzel	Schafskäse	Tomatensoße	Kartoffeln
Karotten	Hackfleisch	Essig und Öl	

Situation 11 Interview: Einkaufen und Kochen

1. Kannst du kochen? Was zum Beispiel?
2. Kochst du oft? Wer kocht in deiner Familie?
3. Was kochst du am liebsten? Welche Zutaten braucht man dazu?
4. Kaufst du jeden Tag ein? Wenn nicht, wie oft in der Woche? An welchen Tagen? Wo kaufst du meistens ein?

Filmlektüre

Bella Martha

 Vor dem Lesen

Szene aus dem Film *Bella Martha*
© AF archive/Alamy

A. Sehen Sie sich das Foto an und beantworten Sie die folgenden Fragen.

1. Wo sind die Personen?
2. Was sind sie von Beruf? Was machen sie? Wie ist ihre Arbeit?
3. Wer, glauben Sie, ist das kleine Mädchen?

B. Lesen Sie die Wörter im Miniwörterbuch. Suchen Sie sie in der Inhaltsangabe und unterstreichen Sie sie.

Miniwörterbuch	
alleinstehende	single
die **Leidenschaft**	passion
im Sinn haben	to have in mind
ertragen	to tolerate
verunglücken	to have an accident
aufnehmen	to take in
die **Umstellung**	adjustment
dickköpfige	headstrong
zurechtkommen	to get along
einstellen	to hire
ernst nehmen	to take seriously
argwöhnisch	suspicious
sich verstehen mit	to get along with
schaffen	to manage
das **Verhältnis**	relationship
letztendlich	in the end
kündigen	to quit, to resign

Inhaltsangabe

Martha Klein (Martina Gedeck) ist eine alleinstehende Frau, die nur eine Leidenschaft hat: Kochen. Als Chefköchin eines vornehmen Restaurants hat sie nichts anderes im Sinn und für niemanden Zeit. Sie ist Perfektionistin und kann es nicht ertragen, nicht die Beste zu sein. Als eines Tages ihre Schwester bei einem Autounfall tödlich verunglückt, nimmt Martha ihre achtjährige Nichte Lina (Maxime Foerste) bei sich auf. Über den Vater von Lina weiß sie nur, dass er Italiener ist und Giuseppe heißt. Um Lina zu helfen, verspricht Martha herauszufinden, wo ihr Vater lebt. Martha versucht für Lina da zu sein, doch die Umstellung ist für beide sehr schwer. Die dickköpfige Lina vermisst ihre Mutter sehr, mag die Schule nicht und isst nur wenig.

Indem Martha versucht mit dieser neuen Situation zurechtzukommen, stellt das Restaurant den charmanten Mario (Sergio Castellitto) als Koch ein. Mario, ein bisschen exzentrisch und ganz anders als Martha, hat ein besonderes Rezept für sein Leben: Er nimmt das Leben nicht so ernst. Mario bewundert die Kochkünste von Martha, doch Martha ist sehr argwöhnisch und mag Mario zuerst nicht. Mario aber versteht sich gut mit Lina, und schafft es, dass sie wieder anfängt zu essen. Dadurch wird das Verhältnis zwischen Mario und Martha langsam besser und sie verlieben sich.

Letztendlich findet Martha Linas Vater, der ein LKW-Fahrer aus Italien ist, und Lina zieht mit ihrem Vater nach Italien. Auch Martha wartet nicht mehr lange. Sie kündigt im Restaurant, fährt nach Italien, eröffnet dort ein Restaurant und heiratet Mario.

Arbeit mit dem Text

Beantworten Sie die folgenden Fragen.

1. Beschreiben Sie Martha. Wie ist sie? Was macht sie von Beruf? Was macht sie gern?
2. Wie stirbt ihre Schwester?
3. Wer ist der Vater von ihrer Nichte? Woher kommt er? Was ist er von Beruf?
4. Wie ist die Beziehung zwischen Martha und Mario am Anfang?
5. Wie endet der Film?

🎬 FILMCLIP

NOTE: For copyright reasons, the films referenced in the **FILMCLIP** feature have not been provided by the publisher. The film can be purchased as a DVD or found online at various sites such as YouTube, Amazon, or the iTunes store. The time codes mentioned below are for the North American DVD version of the film.

Szene: DVD, Szene 2, „Tragedy", 13:55–18:15 Min.

Martha ist im Restaurant und sehr beschäftigt. Das Restaurant ist voll und es ist hektisch. Plötzlich klingelt das Telefon.

Schauen Sie sich die Szene an und beantworten Sie die folgenden Fragen.

1. Wer, glaubt Martha, ist am Telefon?
   a. Mario   b. ihre Schwester   c. die Polizei
2. Wer ist wahrscheinlich am Telefon?
   a. Mario   b. ihre Schwester   c. die Polizei
3. Wie reagiert Martha auf die Nachricht?
   a. froh   b. gleichgültig   c. geschockt
4. Martha bricht zusammen und weint. Wo ist sie wahrscheinlich?
   a. zu Hause   b. im Restaurant   c. im Krankenhaus
5. Als Martha nach Hause kommt, hört sie eine Nachricht von ihrer Schwester auf dem Anrufbeantworter an. Ihre Schwester sagt, …
   a. dass sie   b. dass sie erst   c. dass sie noch 100 km
   gleich da ist.   später kommt.   fahren muss.

Am nächsten Tag spricht Martha mit einem Arzt im Krankenhaus. Richtig oder falsch? Verbessern Sie die falschen Aussagen.

_____ 6. Der Arzt sagt: „Lina weiß, dass ihre Mutter tot ist."

_____ 7. Der Arzt will wissen, wo Linas Vater ist.

Nach dem Lesen

Was ist Ihre Leidenschaft im Leben? Was machen Sie gern?

Im Restaurant

Grammatik 8.5

a. —Ist hier noch frei?
   —Ja, bitte schön.

b. —Was darf ich Ihnen bringen?
   —Kann ich bitte die Speisekarte haben?
   —Ja, gern, einen Moment, bitte.

c. —Ein Wasser, bitte.
   —Ein Mineralwasser. Kommt sofort!

d. —Wir würden gern zahlen.
   —Gern. Das waren zwei Wiener
   Schnitzel, ein Glas Wein und eine
   Limo ...

e. —38,80 Franken, bitte schön.
   —Das stimmt so.
   —Vielen Dank.
   —Können Sie mir dafür eine Quittung
   geben?
   —Selbstverständlich.

f. —Darf ich Sie noch zu einem Kaffee
   einladen?
   —Das ist nett, aber leider muss ich mich
   jetzt beeilen.

Situation 12 Was sagen Sie?

Wählen Sie für jede Situation eine passende Aussage.

1. Sie sitzen an einem Tisch im Restaurant. Sie haben Hunger, aber noch keine Speisekarte. Sie sehen die Kellnerin und sagen: _____

2. Sie haben mit Ihren Freunden im Restaurant gegessen. Sie haben es eilig und möchten zahlen. Sie rufen den Kellner und sagen: _____

3. Ihr Essen und Trinken hat 19 Euro 20 gekostet. Sie haben der Kellnerin einen Zwanzigeuroschein gegeben. 80 Cent sind Trinkgeld. Sie sagen: _____

4. Sie essen mit Ihren Eltern in einem feinen Restaurant. Da stellen Sie fest, dass eine Fliege in der Suppe schwimmt. Sie rufen den Kellner und sagen: _____

5. Sie haben einen Sauerbraten mit Knödeln bestellt. Die Kellnerin bringt Ihnen einen Schweinebraten. Sie sagen: _____

Nein, danke.   Zahlen, bitte.

Das stimmt so.   Ja, bitte sehr.   Das kann nicht stimmen.

Ich habe doch einen Sauerbraten bestellt.

Die Speisekarte, bitte.   Morgen fliege ich in die USA.

Leider habe ich kein Geld.   Ich liebe Schweinebraten.

Herr Kellner, bitte, sehen Sie sich das mal an.

 ## Situation 13 Dialog: Melanie und Josef gehen aus.

Melanie und Josef haben sich einen Tisch ausgesucht und sich hingesetzt. Der Kellner kommt an ihren Tisch.

KELLNER: Bitte schön?

MELANIE: Können wir die _____ haben?

KELLNER: Natürlich. Möchten Sie etwas trinken?

MELANIE: Für mich ein _____ bitte.

JOSEF: Und _____ ein Bier.

KELLNER: Gern.

[etwas später]

KELLNER: _____, was Sie essen möchten?

MELANIE: Ich möchte das Rumpsteak mit Pilzen und Kroketten.

JOSEF: Und ich hätte gern die Forelle „blau" mit Kräuterbutter, grünem Salat und Salzkartoffeln. Dazu _____ bitte.

KELLNER: Gern. Darf ich _____ auch noch etwas zu trinken bringen?

MELANIE: Nein, danke, im Moment nicht.

 ## Situation 14 Rollenspiel: Im Restaurant

S1: Sie sind im Restaurant und möchten etwas zu essen und zu trinken bestellen. Wenn Sie mit dem Essen fertig sind, bezahlen Sie und geben Sie der Bedienung ein Trinkgeld.

KULTUR ... LANDESKUNDE ... INFORMATIONEN

ÖSTERREICH

- Was wissen Sie über Österreich? Wofür ist es bekannt?
- Wo liegt es? Was ist die Hauptstadt? Schauen Sie auf die Landkarte in **Kontakte**.
- Welche berühmten Österreicherinnen und Österreicher kennen Sie?
- Kennen Sie eine Österreicherin oder einen Österreicher persönlich? Was erzählt er oder sie über sein Land?
- Waren Sie schon mal in Österreich? Erzählen Sie!

Lesen Sie den Text und suchen Sie die Antworten auf diese Fragen:

- Woher kommt der Ausdruck[1] „Felix Austria"?
- Wann wurde der Name Österreich zum ersten Mal erwähnt[2]?
- Was geschah 1804?
- Welche heutigen Länder umfasste die k. u. k. Monarchie?
- Wie lange wurde Österreich nach dem Zweiten Weltkrieg von den Alliierten verwaltet[3]?
- Wo wohnen die meisten Österreicher?
- Aus welchen Bundesländern besteht Österreich?
- Wofür ist das Reiseland Österreich vor allem bekannt?
- Welche deutschen Komponisten wirkten in Wien?
- Für welche kulinarischen Köstlichkeiten[4] ist Österreich bekannt?

Felix Austria! „Andere mögen[5] Kriege führen, du, glückliches Österreich, heirate!" Ein Motto, das ursprünglich auf die Heiratspolitik der Habsburger verwies[6], drückt das Lebensgefühl[7] eines Landes aus, das zum Großteil (ca. 60 Prozent) in den Alpen liegt und zum anderen Teil an der Donau.

Österreich wurde 976 als Ostarrîchi zum ersten Male urkundlich erwähnt. 1156 wurde es ein eigenes Herzogtum[8]. Die Habsburger, die über viele Jahrhunderte hinweg die deutschen Könige und Kaiser waren, erhoben[9] es 1278 zum Erzherzogtum. In der frühen Neuzeit (15.–17. Jahrhundert) musste sich Österreich vor allem gegen die Türken wehren[10], die zweimal Wien belagerten[11]. 1804 wurde das Kaiserreich Österreich gegründet und 1867 die kaiserlich-königliche (k. u. k.) Monarchie Österreich-Ungarn, die neben Österreich und Ungarn auch die heutigen Länder Tschechien, die Slowakei, Slowenien, Kroatien, Bosnien sowie Teile Italiens, Rumäniens, Polens und der Ukraine umfasste. Nach dem Ersten Weltkrieg wurde der Vielvölkerstaat Österreich-Ungarn zerschlagen[12] und Österreich wurde in seinen jetzigen Grenzen gegründet. Nach dem Zweiten Weltkrieg wurde Österreich zehn Jahre lang von den Alliierten verwaltet und erst 1955 entstand die jetzige Zweite Republik. Über die Zeit nach dem Zweiten Weltkrieg erzählt der britische Spielfilm *Der dritte Mann* mit Orson Welles in der Hauptrolle und mit dem immer noch bekannten Harry-Lime-Thema, das von dem Österreicher Anton Karas komponiert und auf der Zither gespielt wurde.

Kaffee, Kuchen und ein Glas Wasser
© *Rainer Hackenberg/dpa/Corbis*

Österreich ist ein relativ kleines Land, etwas größer als die Schweiz, und steht auf Platz 113 der Länder der Welt von seiner Fläche[13] her und auf Platz 92 von der Bevölkerungszahl. Von den 8,4 Millionen Einwohnern wohnen 2,4 Millionen in der Metropolregion Wien. Die Bundesländer Vorarlberg, Tirol, Salzburg, Kärnten und die Steiermark liegen in den Alpen und die Bundesländer Oberösterreich, Niederösterreich und Wien an der Donau. Das Burgenland liegt im Südosten an der Grenze zu Ungarn. Seit 1995 ist Österreich Mitglied der EU; seine Währung ist der Euro.

Die zentrale Lage in Europa, seine wunderschönen Berg- und Flußlandschaften und seine historischen Städte machen Österreich zu einem Reiseland *par excellence*. In Europa liegt Österreich auf Platz 2 der Länder, die durch den Tourismus besonders viel Geld verdienen. Die meisten Touristen kommen aus Deutschland. Im Winter kommen viele Leute zum Skifahren oder Snowboarden. Im Sommer gibt es viele Touristen, die wandern oder klettern. Im 18. und 19. Jahrhundert war Wien das Zentrum klassischer Musik. Die Wiener Klassik um Joseph Haydn und Wolfgang Amadeus Mozart zog den in Bonn geborenen Ludwig van Beethoven an, die Romantik um Franz Schubert und Anton Bruckner den in Hamburg geborenen Johannes Brahms. Sowohl Beethoven als auch Brahms lebten bis zu ihrem Lebensende in Wien.

Kulinarisch ist Österreich für vieles bekannt. Das Wiener Schnitzel, die Sachertorte, der Apfelstrudel, der Kaiserschmarren und die Palatschinke sind nur einige wenige Beispiele für österreichische Köstlichkeiten. Eine der schönsten Erfindungen[14] sind jedoch die Wiener Kaffeehäuser, in denen man stundenlang vor einer Kaffeeköstlichkeit sitzen und Zeitung lesen oder sich unterhalten kann.

---

[1]*expression* [2]*mentioned* [3]*governed* [4]*delicacies* [5]*may* [6]*referred* [7]*attitude to life* [8]*duchy* [9]*elevated* [10]*defend* [11]*laid siege to* [12]*broken apart* [13]*area* [14]*inventions*

Situation 15 Bildgeschichte: Abendessen mit Hindernissen

Situation 16 Interview

1. Gehst du oft essen? Wie oft in der Woche isst du nicht zu Hause? Wirst du heute Abend zu Hause essen?

2. Isst du oft im Studentenheim? Wirst du morgen im Studentenheim essen? Schmeckt dir das Essen da?

3. Gehst du oft in Fast-Food-Restaurants? Wirst du vielleicht noch diese Woche in so einem Restaurant essen?

4. Warst du schon mal in einem deutschen Restaurant? Wenn ja, was hast du gegessen? Wenn nein, was wirst du bestellen, wenn du mal in einem deutschen Restaurant bist?

5. In welchem Restaurant schmeckt es dir am besten? Gibt es ein Restaurant, in dem du oft isst? Wie heißt es? Was isst du da? Wirst du diese Woche noch einmal hingehen?

6. Was ist das feinste Restaurant in unserer Stadt? Wie viel muss man da für ein gutes Essen bezahlen?

Videoecke

Perspektiven

Was ist für dich *gesundes Essen?*

Lebensmittel vom Biomarkt

Aufgabe 1   Fleisch oder Gemüse?

Was ist für diese Leute *gesundes Essen?*

1. Sandra ___

2. Simone ___

3. Hend ___

4. Martin ___

5. Tina ___

6. Nadezda ___

7. Felicitas ___

8. Pascal ___

a. das Essen genießen
b. Joghurt und Vollkornbrot
c. keine Pommes
d. Lebensmittel vom Biomarkt
e. nicht zu viel Fleisch
f. Obst und Gemüse
g. ökologisches Essen
h. viel Obst und möglichst wenig Schokolade
i. wenig Fett und wenig Zucker
j. viel selber anbauen

Interviews

Tanja

Susan

Aufgabe 2   Tanja oder Susan?

Sehen Sie sich das Video an und kreuzen Sie an.

	Tanja	Susan
1. Wer isst zum Frühstück etwas Süßes vom Bäcker?	☐	☐
2. Wer isst zum Frühstück einen Joghurt?	☐	☐
3. Wer isst zum Mittag normalerweise einen Salat oder eine Suppe?	☐	☐
4. Wer geht jeden Tag in der Mensa essen?	☐	☐
5. Wer isst am liebsten in der Mensa?	☐	☐
6. Wer isst am liebsten in Auerbachs Keller?	☐	☐
7. Wer isst gern Kassler mit Sauerkraut und Klößen?	☐	☐
8. Wer mag kein Rindfleisch?	☐	☐
9. Wer mag keinen Rosenkohl und keinen Spinat[15]?	☐	☐

Aufgabe 3   Nudeln mit Shrimps

Susan macht Nudeln mit Shrimps. Bringen Sie die Sätze in die richtige Reihenfolge.

_____ Am Ende kommt noch Sahne dazu.

_____ Dann gebe ich die Shrimps hinein.

_____ Dann würze ich es mit Chili, Salz und Pfeffer.

_____ Ganz zum Schluss kommt oben drauf noch Parmesan-Käse.

_____ Zuerst brate ich die Zwiebeln an.

Aufgabe 4   Interview

Interviewen Sie eine Partnerin oder einen Partner. Stellen Sie dieselben Fragen.

[15]spinach

Wortschatz

Frühstück — Breakfast

die **Wurst**, ⸚e	sausage
der **Käse**	cheese
der **Schinken**	ham
der **Speck**	bacon
das **Brötchen**, -	roll
das **Ei**, -er	egg
gebratene **Eier**	fried eggs
gekochte **Eier**	boiled eggs
das **Würstchen**, -	frank(furter); hot dog

Ähnliche Wörter

die **Marmelade**, -n; der **Honig**; das **Omelett**, -s

Mittagessen und Abendessen — Lunch and Dinner

die **Forelle**, -n	trout
die **Krabbe**, -n	shrimp
die **Mahlzeit**, -en	meal
die **Nachspeise**, -n	dessert
die **Vorspeise**, -n	appetizer
der **Braten**, -	roast
der **Knödel**, -	dumpling
der **Pilz**, -e	mushroom
das **Brot**, -e	bread
das **belegte Brot**, die **belegten Brote**	open-face sandwich
das **Fleisch**	meat
das **Hackfleisch**	ground beef (or pork)
das **Rindfleisch**	beef
das **Schweinefleisch**	pork
die **Pommes (frites)** [frit] or [frits] (pl.)	French fries

Ähnliche Wörter

die **Krokette**, -n; die **Muschel**, -n; die **Nudel**, -n; der **Fisch**, -e; der **Reis**; das **Rumpsteak**, -s; das **Schnitzel**, -

Obst und Nüsse — Fruit and Nuts

die **Apfelsine**, -n	orange
die **Birne**, -n	pear
die **Erdbeere**, -n	strawberry
die **Weintraube**, -n	grape
die **Zitrone**, -n	lemon
der **Pfirsich**, -e	peach

Ähnliche Wörter

die **Banane**, -n; die **Nuss**, ⸚e; die **Pflaume**, -n

Gemüse — Vegetables

die **Bohne**, -n	bean
die **Erbse**, -n	pea
die **Gurke**, -n	cucumber
saure **Gurken**	pickles
die **Kartoffel**, -n	potato
die **Salzkartoffeln**	boiled potatoes
die **Zwiebel**, -n	onion
der **Kohl**	cabbage
der **Blumenkohl**	cauliflower
der **Rosenkohl**	Brussels sprouts

Ähnliche Wörter

die **Karotte**, -n; die **Olive**, -n; die **Tomate**, -n; der **Salat**, -e (R); der **Kopfsalat**

Getränke — Beverages

der **Saft**, ⸚e	juice
der **Apfelsaft**	apple juice
der **Orangensaft**	orange juice

Ähnliche Wörter

die **Milch**; der **Kakao** [kakau]; das **Mineralwasser**

Zutaten — Ingredients

der **Essig**	vinegar
der **Knoblauch**	garlic
der **Senf**	mustard
das **Gewürz**, -e	spice; seasoning
die **Kräuter** (pl.)	herbs

Ähnliche Wörter

die **Butter**; die **Kräuterbutter**; die **Soße**, -n; der **Pfeffer**; der **Zucker**; das **Öl** (R); das **Salz**

Küche und Zubereitung — Cooking and Preparation

bestreuen	to sprinkle
braten, brät, gebraten (R)	to fry
bräunen	to brown, fry
erhitzen	to heat
geben, gibt, gegeben (**in** + akk.)	to put (into)
gießen, gegossen	to pour
schlagen, schlägt, geschlagen	to beat
würzen	to season

Im Restaurant — At the Restaurant

die **Bedienung**	service; waiter, waitress
die **Fliege, -n**	fly
die **Geschäftsführerin, -nen**	manager (female)
die **Kellnerin, -nen**	waitress
die **Quittung, -en**	receipt, check
die **Speisekarte, -n**	menu
die **Suppe, -n**	soup
der **Geschäftsführer, -**	manager (male)
der **Kellner, -**	waiter
der **Schein, -e**	bill, note (of currency)
der **Teller, -**	plate
das **Gericht, -e**	dish
das **Stück, -e**	slice; piece

Ähnliche Wörter

der **Schweizer Franken, -**; das **Eiscafé, -s**;
das **Trinkgeld, -er**

Im Haushalt — In the Household

die **Dose, -n**	can
die **Gabel, -n**	fork
die **Küchenmaschine, -n**	mixer
die **Schere, -n**	scissors
die **Schnur, ̈e**	string
die **Schüssel, -n**	bowl
die **Serviette, -n**	napkin
die **Zange, -n**	pliers, tongs
der **Dosenöffner, -**	can opener
der **Haken, -**	hook
der **Löffel, -**	spoon
der **Mülleimer, -**	garbage can
der **Nagel, ̈**	nail
der **Strom**	electricity, power
der **Wäschetrockner, -**	clothes dryer
das **Gerät, -e**	appliance
das **Handtuch, ̈er**	hand towel
das **Messer, -**	knife
das **Paket, -e**	package
das **Streichholz, ̈er**	match
das **Werkzeug, -e**	tool

Ähnliche Wörter

die **Teekanne, -n**; der **Flaschenöffner, -**; der **Hammer, ̈**;
der **Korkenzieher, -**; der **Teekessel, -**

Sonstige Substantive — Other Nouns

die **Ehre, -n**	honor
die **Lehre, -n**	moral, teaching
der **Geist**	spirit, mind

Sonstige Verben — Other Verbs

ạb·nehmen, nimmt … ạb, abgenommen	to lose weight
ạb·schneiden, ạbgeschnitten	to cut off
auf·hängen (R)	to hang up
aus·fallen, fällt … aus, ist ausgefallen	to go out (power)
sich beeilen	to hurry
berẹchnen (+ dat.)	to charge (someone)
sich beschweren (bei)	to complain (to)
bestẹllen	to order (food)
fẹst·stellen	to establish
hẹrrschen	to reign, dominate
stimmen	to be right
das stịmmt so	that's right; keep the change
trauen	to trust
über·gehen, ist übergegangen	to transfer, pass across
ziehen, gezogen	to pull
zu·bereiten, zubereitet	to prepare (food)

Adjektive und Adverbien — Adjectives and Adverbs

fẹttig	fat; greasy
frei	free, empty, available
ist hier noch frei?	is this seat available?
gebrạten	roasted; broiled; fried
gemein	mean
gesụnd	healthy
vorsichtig	cautious(ly)
zart	tender
zugebunden	tied shut

Ähnliche Wörter

**elegạnt, elẹktrisch, fein, frịsch, gegrịllt, gekọcht,
gemịscht, gesạlzen, họlländisch, japạnisch,
mexikạnisch, rụssisch, sauer**

Sonstige Wörter und Ausdrücke — Other Words and Expressions

am wenigsten	the least
danạch	afterward
dazụ	in addition
eilig	rushed
es eilig haben	to be in a hurry
meistens	usually, mostly
normalerweise	normally
der **Schlụss, ̈e**	end
zum Schlụss	in the end, finally
selbst gemạcht	homemade
sẹlten	rare(ly), seldom

Strukturen und Übungen

8.1 Adjectives: an overview

Attributive adjectives precede nouns and have endings. Predicate adjectives follow the verb **sein** and have no endings.

A. Attributive and Predicate Adjectives

Adjectives that precede nouns are called *attributive adjectives* and have endings similar to the forms of the definite article: **kalter, kaltes, kalte, kalten, kaltem.** Adjectives that follow the verb **sein** and a few other verbs are called *predicate adjectives* and do not have any endings.

VERKÄUFER: **Heiße** Würstchen! Ich verkaufe **heiße** Würstchen!	VENDOR: *Hot dogs! I'm selling hot dogs!*
KUNDE: Verzeihung, sind die Würstchen auch wirklich **heiß?**	CUSTOMER: *Excuse me, are the hot dogs really hot?*
VERKÄUFER: Natürlich, was denken Sie denn?!	VENDOR: *Of course, what do you think?!*

B. Attributive Adjectives with and without Preceding Article

If *no* article or article-like word (**mein, dein, dieser,** or the like) precedes the adjective, then the adjective itself has the ending of the definite article **(der, das, die).** This means that the adjective provides the information about the gender, number, and case of the noun that follows.

Ich esse gern gegrillt**en** Fisch. *I like to eat grilled fish.*	**den** Fisch = masculine accusative
Stefan isst gern frisch**es** Müsli. *Stefan likes to eat fresh cereal.*	**das** Müsli = neuter accusative

If an article or article-like word precedes the adjective but does not have an ending, the adjective—again—has the ending of the definite article. **Ein**-words (the indefinite article **ein,** the negative article **kein,** and the possessive determiners **mein, dein,** etc.) do *not* have an ending in the masculine nominative and in the neuter nominative and accusative. In these instances, as you might expect, the adjective again gives the information about the gender, number, and case of the noun that follows.

Ein groß**er** Topf steht auf dem Herd. *There is a large pot on the stove.*	**der** Topf = masculine nominative
Ich esse ein frisch**es** Brötchen. *I am eating a fresh roll.*	**das** Brötchen = neuter accusative

If an article or article-like word with an ending precedes the adjective, the adjective ends in either **-e** or **-en.** (See Sections 8.2 and 8.4.)

Ich nehme das holländisch**e** Bier. Ich nehme die deutsch**en** Äpfel.	*I'll take the Dutch beer.* *I'll take the German apples.*

8.2 Attributive adjectives in the nominative and accusative cases

Rules of thumb:

1. In many instances, the adjective ending is the same as the ending of the definite article.
2. *But:* after **der** (nominative masculine) and **das,** the adjective ending is **-e.***
3. *But:* after **die** (plural), the adjective ending is **-en.**

As described in Section 8.1, adjective endings vary according to the gender, number, and case of the noun they describe and according to whether this information is already indicated by an article or article-like word. In essence, however, there are only a very limited number of possibilities. Study the following chart carefully and try to come up with some easy rules of thumb that will help you remember the adjective endings.

	Masculine	Neuter	Feminine	Plural
Nominative	der kalte Tee	das kalte Bier	die kalte Milch	die kalten Getränke
	ein kalter Tee	ein kaltes Bier	eine kalte Milch	
	kalter Tee	kaltes Bier	kalte Milch	kalte Getränke
Accusative	den kalten Tee	das kalte Bier	die kalte Milch	die kalten Getränke
	einen kalten Tee	ein kaltes Bier	eine kalte Milch	
	kalten Tee	kaltes Bier	kalte Milch	kalte Getränke

Nouns that come from adjectives take the same endings as those adjectives.

deutsch	German (adjective)
der Deutsche	the German (man)
die Deutsche	the German (woman)
Deutsche	Germans
die Deutschen	the Germans
Ich kenne einen Deutschen.	I know a German (man).
Kennst du diese Deutsche?	Do you know this German (woman)?

Übung 1   Spezialitäten!

Jedes Land hat eine Spezialität: ein Gericht oder ein Getränk, das aus diesem Land einfach am besten schmeckt. An welche Länder denken Sie bei den folgenden Gerichten oder Getränken?

> amerikanisch   dänisch   englisch   russisch
> deutsch
> französisch   griechisch   norwegisch
> italienisch   holländisch   japanisch   polnisch
> kolumbianisch   neuseeländisch   ungarisch

MODELL: Salami → Italienische Salami!

1. Steak (*n.*)
2. Kaviar (*m.*)
3. Oliven (*pl.*)
4. Sushi (*n.*)
5. Champagner (*m.*)
6. Wurst (*f.*)
7. Käse (*m.*)
8. Spaghetti (*pl.*)
9. Paprika (*m.*)
10. Marmelade (*f.*)
11. Kaffee (*m.*)
12. Kiwis (*pl.*)

*Remember this rule as "**der** (nominative masculine)" because, as you will learn in Section 8.4, when **der** refers to the dative feminine, the adjective ending will be **-en.**

Übung 2   Der Gourmet

Michael isst und trinkt nicht alles, sondern nur, was er für fein hält.
Übernehmen Sie Michaels Rolle.

MODELL: Kognak (*m.*) / französisch →
          Ich trinke nur französischen Kognak!

1. Brot (*n.*) / deutsch
2. Kaviar (*m.*) / russisch
3. Salami (*f.*) / italienisch
4. Kaffee (*m.*) / kolumbianisch
5. Kiwis (*pl.*) / neuseeländisch
6. Wein (*m.*) / französisch
7. Bier (*n.*) / belgisch
8. Muscheln (*pl.*) / spanisch
9. Marmelade (*f.*) / englisch
10. Thunfisch (*m.*) / japanisch

Übung 3   Im Geschäft

Michael hat kein Geld, aber er möchte alles kaufen. Maria muss ihn immer
bremsen.

MODELL: der schicke Anzug / teuer →
    MICHAEL: Ich möchte den schicken Anzug da.
       MARIA: Nein, der schicke Anzug ist viel zu teuer.

1. der graue Wintermantel / schwer
2. die gelbe Hose / bunt
3. das schicke Hemd / teuer
4. die roten Socken / warm
5. der schwarze Schlafanzug / dünn
6. die grünen Schuhe / groß
7. der modische Hut / klein
8. die schwarzen Winterstiefel / leicht
9. die elegante Sonnenbrille / bunt
10. die roten Tennisschuhe / grell

Übung 4   Minidialoge

Ergänzen Sie die Adjektivendungen.

1. HERR RUF: Na, wie ist denn Ihr neu_____ᵃ Auto?
   FRAU WAGNER: Ach, der alt_____ᵇ Mercedes war mir lieber.
   HERR RUF: Dann hätte ich mir aber keinen neu_____ᶜ Wagen gekauft!

2. KELLNER: Wie schmeckt Ihnen denn der italienisch_____ᵃ Wein?
   MICHAEL: Sehr gut. Ich bestelle gleich noch eine weiter_____ᵇ Flasche.

3. MICHAEL: Heute repariere ich mein kaputt_____ᵃ Fahrrad.
   MARIA: Prima! Dann kannst du meinen blöd_____ᵇ Computer auch
   reparieren. Er ist schon wieder kaputt.
   MICHAEL: Na gut, aber dann habe ich wieder kein frei_____ᶜ Wochenende.

8.3 Destination vs. location: *stellen/stehen, legen/liegen, setzen/sitzen, hängen/hängen*

Destination implies the accusative case; location implies the dative case.

DESTINATION	LOCATION
Verbs of action and direction used with two-way prepositions followed by the accusative	Verbs of condition and location used with two-way prepositions followed by the dative

Maria stellt eine Flasche Wein **auf den** Tisch.

Die Flasche Wein steht **auf dem** Tisch.

stellen/stehen = vertical position

Stellen and **stehen** designate vertical placement or position. They are used with people and animals, as well as with objects that have a base and can "stand" without falling over.

stehen/stellen

DESTINATION	LOCATION

Michael legt eine Flasche Wein **ins** Weinregal.

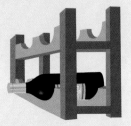

Die Flasche Wein liegt **im** Weinregal.

legen/liegen = horizontal position

Legen and **liegen** designate horizontal placement or position. They are used with people and animals, as well as with objects.

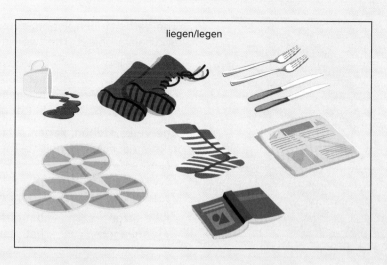

liegen/legen

DESTINATION

Frau Wagner setzt Paula **in den** Hochstuhl.

LOCATION

Paula sitzt **im** Hochstuhl.

sitzen/setzen = sitting position
(people and certain animals)

Setzen designates the act of being seated; **sitzen** the state of sitting. These verbs are used only with people and with animals that are capable of sitting.

DESTINATION

Eske hängt das Handtuch **an den** Haken.

LOCATION

Das Handtuch hängt **am** Haken.

hängen/hängen = hanging position

Hängen (gehängt) designates the act of being hung; **hängen (gehangen)** the state of hanging.

The verbs **stellen, legen, setzen,** and **hängen** are weak verbs that require an accusative object. The two-way preposition is used with the accusative case.

stellen	hat gestellt
legen	hat gelegt
setzen	hat gesetzt
hängen	hat gehängt

The verbs **stehen, liegen, sitzen,** and **hängen** are strong verbs that cannot take an accusative object. The two-way preposition is used with the dative case.

stehen	hat gestanden
liegen	hat gelegen
sitzen	hat gesessen
hängen	hat gehangen

Übung 5 Vor dem Abendessen

Beschreiben Sie die Bilder.

NÜTZLICHE WÖRTER:

legen/liegen
setzen/sitzen
stehen/stellen
der Küchenschrank
der Schrank
die Schublade
die Serviette
das Sofa
der Teller
der Tisch

MODELLE: Die Schuhe → Die Schuhe liegen auf dem Boden.

Peter → Peter stellt die Schuhe vor die Tür.

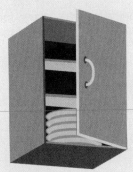

1. Die Teller _____.

2. Albert _____.

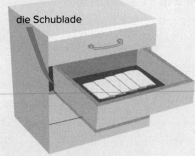

die Schublade

3. Die Servietten _____.

4. Monika _____.

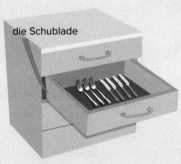

die Schublade

5. Messer und Gabeln _____.

6. Stefan _____.

7. Die Kerze _____.

8. Heidi _____.

9. Thomas _____.

8.4 Adjectives in the dative case

In the dative case, nouns are usually preceded by an article (**dem, der, den; einem, einer**) or an article-like word (**diesem, dieser, diesen; meinem, meiner, meinen**). When adjectives occur before such nouns they end in **-en.***

Jutta geht mit ihr**em** neu**en** Freund spazieren.	*Jutta is going for a walk with her new friend.*
Jens gießt sein**er** krank**en** Tante die Blumen.	*Jens is watering the flowers for his sick aunt.*
Ich spreche nicht mehr mit dies**en** unhöflich**en** Menschen.	*I'm not talking with these impolite people any more.*

	Masculine	Neuter	Feminine	Plural
Dative	dies**em** lieb**en** Vater	dies**em** lieb**en** Kind	dies**er** lieb**en** Mutter	dies**en** lieb**en** Eltern
	mein**em** lieb**en** Vater	mein**em** lieb**en** Kind	mein**er** lieb**en** Mutter	mein**en** lieb**en** Eltern

Übung 6   Was machen diese Leute?

Schreiben Sie Sätze.

MODELL: Jens / seine alte Tante / einen Brief schreiben →
Jens schreibt sein**er** alt**en** Tante einen Brief.

1. Jutta / ihr neuer Freund / ihre Lieblings-DVD leihen
2. Jens / der kleine Bruder von Jutta / eine Ratte verkaufen
3. Hans / nur seine besten Freunde / die Ratte zeigen
4. Jutta / ihre beste Freundin / ein Buch schenken
5. Jens / sein wütender Lehrer / eine Krawatte kaufen
6. Ernst / seine große Schwester / einen Witz erzählen
7. Jutta / die netten Leute von nebenan / Kaffee kochen
8. Ernst / das süße Baby von nebenan / einen Kuss geben

> **ACHTUNG!**
>
> All nouns have an **-n** in the dative plural unless their plural ends in **-s.**
>
> *Nominative:* die Freunde
>
> *Dative:* den Freunde**n**, *but:* den Hobbys

---

*Unpreceded adjectives in the dative case follow the same pattern as in the nominative and accusative case, that is, they have the ending of the definite article. For example, **mit frischem Honig** (*with fresh honey*), **mit kalter Milch** (*with cold milk*).

8.5 Talking about the future: the present and future tenses

future tense = **werden** + infinitive

You already know that **werden** is the equivalent of English *to become*.

Ich möchte Ärztin werden.	*I'd like to become a physician.*

You can also use a form of **werden** plus infinitive to talk about future events.

Wo **wirst** du morgen sein?	*Where will you be tomorrow?*
Morgen **werde** ich wahrscheinlich zu Hause sein.	*Tomorrow I will probably be at home.*

When an adverb of time is present or when it is otherwise clear that future actions or events are indicated, German speakers normally use the present tense rather than the future tense to talk about what will happen in the future.

Nächstes Jahr **fahren** wir nach Schweden.	*Next year we're going to Sweden.*
Was **machst** du, wenn du in Schweden bist?	*What are you going to do when you're in Sweden?*

Use **wohl** with the future tense to express present or future probability.

The future tense with **werden** can express present or future probability. In such cases, the sentence often includes an adverb such as **wohl** (*probably*).

Mein Freund wird jetzt **wohl** zu Hause sein.	*My friend should be home now.*
Morgen Abend werden wir **wohl** zu Hause bleiben.	*Tomorrow evening we'll probably stay home.*

Don't forget to put **werden** at the end of the dependent clause.

Ich weiß nicht, ob ich einmal heiraten **werde.**	*I don't know if I'm ever going to get married.*

Übung 7 Vorsätze

Sie wollen ein neues Leben beginnen? Schreiben Sie sechs Dinge auf, die Sie ab morgen machen werden oder nicht mehr machen werden.

MODELL: Ich werde nicht mehr so oft in Fast-Food-Restaurants gehen. Ich werde mehr Obst und Gemüse essen.

> weniger/mehr Kurse belegen
>
> weniger/mehr fernsehen
>
> weniger oft / öfter selbst kochen
>
> weniger/mehr arbeiten
>
> weniger oft / öfter ins Kino gehen
>
> weniger/mehr lernen
>
> früher/später ins Bett gehen
>
> weniger/mehr SMS schicken
>
> weniger gesund / gesünder essen

Übung 8 Morgen ist Samstag

Was machen Frau Schulz und ihre Studenten morgen?

MODELL: Katrin geht morgen ins Kino.

Katrin

1. Frau Schulz

2. Heidi

3. Peter

Liebe Mutti,
vielen Dank für deine
E-Mail. Ich habe mich
bei den

4. Monika

5. Stefan

6. Nora

7. Albert

8. Thomas

Übung 9 Vorhersagen

Machen Sie sechs Vorhersagen, die in diesem oder im nächsten Jahr eintreffen werden.

MODELL: Dieses Jahr werden die Steelers den Superbowl gewinnen.
Nächstes Jahr werden wir einen neuen Präsidenten wählen.

> mit dem Studium fertig werden
>
> einen tollen Job bekommen
>
> die Studiengebühren fallen/steigen
>
> der Papst nach Indien fliegen
>
> in eine andere Wohnung ziehen
>
> gute Noten bekommen
>
> weniger Steuern bezahlen
>
> die Wimbledon-Spiele gewinnen

KAPITEL **9**

Kindheit und Jugend

Kapitel 9 deals with memories and past events. You will have the opportunity to talk about your childhood and you will learn more about the tales that are an important part of childhood in the German-speaking world.

Themen

Kindheit

Jugend

Geschichten

Märchen

Kulturelles

KLI: Gebrüder Grimm

Musikszene: „Wir beide" (Juli)

KLI: 1989

Filmclip: *Nordwand* (Philipp Stölzl)

Videoecke: Schule

Lektüren

Film: *Nordwand* (Philipp Stölzl)

Märchen: *Rotkäppchen – Ein Märchen der Gebrüder Grimm*

Strukturen

9.1 The conjunction **als** with dependent-clause word order

9.2 The simple past tense of **werden,** the modal verbs, and **wissen**

9.3 Time: **als, wenn, wann**

9.4 The simple past tense of strong and weak verbs (receptive)

9.5 Sequence of events in past narration: the past perfect tense and the conjunction **nachdem** (receptive)

Walter Firle: *Märchen* (o. J.), Privatbesitz

KUNST UND KÜNSTLER

Walter Firle (1859–1929) ist ein deutscher Künstler aus Breslau (heute Polen), der als Porträt- und Genremaler bekannt ist. Er zog nach München, um zu studieren und später zu arbeiten. Seine Porträts von bayrischen Herrschern[1] und anderen Persönlichkeiten wie zum Beispiel Paul von Hindenburg sind auf alten bayrischen Briefmarken zu sehen.

Schauen Sie sich das Bild an und beantworten Sie folgende Fragen.

1. Welche Personen sehen Sie auf dem Bild?
2. Wo sind die Personen?
3. Was tragen die Kinder?
4. Welche Haarfarbe und welche Frisuren haben die Mädchen?
5. Was machen die Mädchen?
6. Welche Farben dominieren?
7. Welche Stimmung ruft das Bild hervor?

[1]rulers

309

Situationen

Kindheit

Grammatik 9.1

Jens hat seinem Onkel den Rasen gemäht.

Uli hat im Garten Äpfel gepflückt.

Richard hat mit seiner Mutter Kuchen gebacken.

Günter hat Staub gesaugt und sauber gemacht.

Willi hat seiner Oma die Blumen gegossen.

Jochen hat seinem kleinen Bruder Geschichten vorgelesen.

Situation 1 Melanies erstes Haustier

Als Melanie sechs Jahre alt war, hat sie einen Hund zum Geburtstag bekommen. Sie hat ihn Bruno genannt. Was hat sie wohl am nächsten Tag mit ihm gemacht? Ordnen Sie die Aktivitäten den Zeiten zu.

MODELL: Um sechs Uhr ist sie gemeinsam mit Bruno aufgestanden.

6.00 Uhr	10.15 Uhr	16.00 Uhr
6.30 Uhr	12.00 Uhr	
7.00 Uhr	14.30 Uhr	19.30 Uhr
10.00 Uhr	15.00 Uhr	

1. Sie ist zusammen mit Bruno eingeschlafen.
2. Sie hat mit ihm gespielt.
3. Sie hat Brunos Korb[1] sauber gemacht.
4. Sie ist mit Bruno spazieren gegangen.
5. Sie ist gemeinsam mit Bruno aufgestanden.
6. Sie hat Bruno gefüttert.
7. Sie hat ihn ihren Freunden gezeigt.
8. Sie hat ihm eine Schleife[2] ins Haar gebunden.
9. Sie hat Bruno in der Badewanne gewaschen.
10. Sie hat ihm einen großen Knochen[3] gekauft.

Situation 2　Umfrage

MODELL: S1: Hast du als Kind Computerspiele gespielt?
　　　　　S2: Ja.
　　　　　S1: Unterschreib bitte hier.

UNTERSCHRIFT

1. Computerspiele gespielt _____
2. viel ferngesehen _____
3. dich mit den Geschwistern gestritten _____
4. manchmal die Nachbarn geärgert _____
5. einen Hund oder eine Katze gehabt _____
6. in einer Baseballmannschaft gespielt _____
7. Ballettunterricht genommen _____
8. Fensterscheiben kaputt gemacht _____
9. viel Zeit mit Facebook verbracht _____

Situation 3　Interaktion: Als ich 12 Jahre alt war ...

Wie oft haben Sie das gemacht, als Sie 12 Jahre alt waren: **oft, manchmal, selten** oder **nie?**

1. mein Zimmer aufgeräumt
2. Kuchen gebacken
3. Liebesromane gelesen
4. Videos angeschaut
5. heimlich jemanden geliebt
6. spät aufgestanden
7. Freunde eingeladen
8. allein verreist
9. zu einem Fußballspiel gegangen

Situation 4　Interview

Als du acht Jahre alt warst ...

1. Wo hast du gewohnt? Hattest du Geschwister? Freunde? Wo hat dein Vater gearbeitet? deine Mutter? Was hast du am liebsten gegessen?
2. In welche Grundschule bist du gegangen? Wann hat die Schule angefangen? Wann hat sie aufgehört? Welchen Lehrer / Welche Lehrerin hattest du am liebsten? Welche Fächer hattest du am liebsten? Was hast du in den Pausen gespielt? Was hast du nach der Schule gemacht?
3. Hast du viel ferngesehen? Was hast du am liebsten gesehen? Hast du gern gelesen? Was? Hast du Sport getrieben? Was? Was hast du gar nicht gern gemacht?

[1]*basket* [2]*bow* [3]*bone*

GEBRÜDER GRIMM

- Was assoziieren Sie mit den Gebrüdern Grimm?
- Kennen Sie Märchen der Gebrüder Grimm? Welche?
- Haben Sie ein Lieblingsmärchen? Wie heißt es auf Deutsch?

Lesen Sie die Wörter im Miniwörterbuch. Suchen Sie sie in den Fragen und im Text und unterstreichen Sie sie.

Miniwörterbuch

die **Sage, -n**	legend
außer	besides, in addition to
die **Wissenschaft, -en**	science, field of study

Lesen Sie den Text und suchen Sie die Antworten auf diese Fragen.

- Wann wurden die *Kinder- und Hausmärchen* der Gebrüder Grimm ins Englische übersetzt?
- Wie wurden Märchen und Sagen früher weitergegeben?
- Was haben die Gebrüder Grimm außer der Märchenkunde noch begründet?
- Wie heißt die erste Lautverschiebung auf Englisch?
- Wo studierten die Gebrüder Grimm?
- Wer waren die „Göttinger Sieben" und gegen was protestierten sie?
- Wohin gingen Jacob und Wilhelm Grimm nach ihrer Entlassung?
- Was sollte das „Deutsche Wörterbuch" dokumentieren?
- Wie viele Bände hat das Wörterbuch?
- Wie lange brauchte man, um es fertigzustellen?
- In welcher Stadt starben die Gebrüder Grimm?

Eine Vorlesung bei Jacob Grimm
© FineArt/Alamy

Man kennt die Brüder Jacob (1785–1863) und Wilhelm Grimm (1786–1859) allgemein als Sammler und Herausgeber[4] der berühmten *Kinder- und Hausmärchen,* die 1812 auf Deutsch erschienen und bereits 1823 ins Englische übersetzt wurden. Sie sind in der ganzen westlichen Welt bekannt. Vor den Grimms wurden Märchen und Sagen vor allem mündlich erzählt. Die Brüder Grimm begründeten mit ihrem Werk die Märchenkunde[5] als Wissenschaft.

Die Grimms wurden in Hanau, in der Nähe von Frankfurt geboren. Sie sind bekannte Sprach- und Literaturwissenschaftler und werden als Begründer der modernen Germanistik angesehen[6]. Jacob Grimm zum Beispiel beschäftigte sich in seinem Werk *Die Deutsche Grammatik* mit den indogermanischen Sprachen, verglich Flexion[7], Wort- und Lautbildung[8] und den Laut- und Bedeutungswandel[9]. Er beschrieb Entwicklungsstufen[10] der Sprachen und die erste Lautverschiebung[11], die in der angelsächsischen Welt als „Grimm's Law" bekannt ist.

Nach dem Jurastudium in Marburg lebten und arbeiteten die Grimms zunächst als Bibliothekare und Gelehrte in Kassel. Dann gingen sie nach Göttingen, wo Jacob und später auch Wilhelm Professoren an der Georg-August-Universität wurden.

Die Grimms betätigten sich aber auch politisch. Im Jahr 1837 beteiligten sich beide zusammen mit fünf anderen bekannten Professoren aus Göttingen am Protest gegen König Ernst August von Hannover. Dieser hatte ihrer Meinung nach eigenmächtig und unrechtmäßig die Verfassung aufgehoben[12]. „Die Göttinger Sieben" verloren ihre Professuren und mussten das Land verlassen, aber durch ihren Kampf für mehr Freiheit und Menschenrechte wurden sie in ganz Deutschland bekannt.

Jacob und Wilhelm Grimm gingen nach ihrer Entlassung aus dem Universitätsdienst zurück nach Kassel und begannen 1838 ihr Hauptwerk, das *Deutsche Wörterbuch*. Mit diesem Werk wollten die Grimms die Herkunft und den Gebrauch für jedes deutsche Wort dokumentieren. Das war in einer Zeit, in der Deutschland aus vielen Kleinstaaten bestand, auch von nationaler Bedeutung. Das *Deutsche Wörterbuch* war eine unglaublich große Aufgabe. Wilhelm arbeitete bis zu seinem Tod am Buchstaben D und Jacob Grimm schrieb die Beiträge für A, B, C und E. Er starb bei der Arbeit am Buchstaben F. Der erste Band[13] des Wörterbuches wurde 1854 veröffentlicht. Insgesamt hat das *Deutsche Wörterbuch* 32 Bände, und es dauerte 123 Jahre, bis es fertig war. Dann begann man sofort mit einer Neubearbeitung[14].

Die Brüder Grimm lebten von 1841 bis zu ihrem Tod in Berlin, lehrten anfangs dort auch an der Universität und waren Mitglieder der Akademie der Wissenschaften.

[4]editors [5]study of fairy tales [6]werden angesehen *are considered* [7]inflection [8]Wort- ... *morphology and phonetics* [9]semantic change [10]developmental stages [11]sound shift [12]eigenmächtig ... *arbitrarily and illegally suspended the constitution* [13]volume [14]revised edition

Jugend

Grammatik 9.2–9.3

1. Sybille Gretter war sehr begabt. In der Schule wusste sie immer alles.

2. Sie brauchte für die Prüfungen nicht viel zu lernen.

3. Sie konnte auch sehr gut tanzen und wollte Ballerina werden.

4. Dreimal in der Woche musste sie zum Ballettunterricht.

5. Als sie in der letzten Klasse war, hatte sie einen Freund.

6. Ihr Vater durfte nichts davon wissen, denn er war sehr streng.

7. Eines Tages hat sie ihren Freund ihren Eltern vorgestellt.

8. Aber ihr Vater mochte ihn nicht und sie mussten sich trennen.

Situation 5 Dialog: Jugendsünden

Michael Pusch geht zum zehnten Klassentreffen seiner Abiturklasse. Er trifft seinen alten Freund Alexander. Die beiden sprechen über ihre gemeinsame Schulzeit.

MICHAEL: Schön, dich mal wieder zu sehen, Alex. Was hast du eigentlich nach dem Abi _____?

ALEXANDER: Ich habe eine Tanzschule _____.

MICHAEL: Nicht schlecht. Gern und gut _____ hast du ja früher schon.

ALEXANDER: Stimmt. Erinnerst du dich an das Drama mit Frau Müller damals?

MICHAEL: Ach, als wir in ihrem Deutschunterricht laut Musik _____ und getanzt haben?

ALEXANDER: Genau. Sie war noch nicht in der Klasse, uns war langweilig und Hans hatte zufällig ein bisschen Musik dabei.

MICHAEL: Und als Frau Müller hereinkam, haben alle wild getanzt und
_____. Das war ein Spaß.

ALEXANDER: Danach hat es nur leider viel Ärger mit dem Direktor _____.

MICHAEL: Richtig. Dabei hatten wir diese Sache noch nicht einmal _____.

ALEXANDER: Und als wir Herrn Riedel die Geschichtsklausuren[1] _____
oder das Auto der Französischlehrerin Frau Häuser mit
Toilettenpapier _____ haben ...

MICHAEL: Es war eigentlich eine schöne Zeit auf dem Gymnasium.

ALEXANDER: Na ja. Denk doch nur an die vielen Klassenarbeiten.

Situation 6   Interview

1. Musstest du früh aufstehen, als du zur Schule gegangen bist? Wann?
2. Wann musstest du von zu Hause weggehen?
3. Musstest du zur Schule, wenn du krank warst?
4. Durftest du abends lange fernsehen oder im Internet surfen, wenn du morgens früh aufstehen musstest?
5. Konntest du zu Fuß zur Schule gehen?
6. Wolltest du manchmal lieber zu Hause bleiben? Warum?
7. Was wolltest du werden, als du ein Kind warst?
8. Durftest du abends ausgehen? Wann musstest du zu Hause sein?

Situation 7   Geständnisse

Sagen Sie, was in diesen Situationen passiert ist oder was Sie gemacht haben.

MODELL: Als ich zum ersten Mal allein verreist bin, habe ich meinen Teddy mitgenommen.

1. Als ich zum ersten Mal allein verreist bin
2. Als ich zum ersten Mal Kaffee getrunken hatte
3. Wenn ich zu spät nach Hause gekommen bin
4. Als ich mein erstes F bekommen hatte
5. Wenn ich keine Hausaufgaben gemacht habe
6. Wenn ich total verliebt war
7. Als ich zum ersten Mal verliebt war
8. Als ich einmal meinen Hausschlüssel verloren hatte
9. Wenn ich eine schlechte Note bekommen habe
10. Als ich einmal mit einem Jungen / einem Mädchen im Kino war

Situation 8   Rollenspiel: Das Klassentreffen

S1: Sie sind auf dem dritten Klassentreffen Ihrer alten High-School-Klasse. Sie unterhalten sich mit einem alten Schulfreund / einer alten Schulfreundin. Fragen Sie, was er/sie nach Abschluss der High School gemacht hat, was er/sie jetzt macht und was seine/ihre Pläne für die nächsten Jahre sind. Sprechen Sie auch über die gemeinsame Schulzeit.

[1]history exams

„Wir beide" (2006, Deutschland) *Juli*

Biografie Juli ist in Deutschland eine der meist gespielten Bands im Radio. Sie nennen ihren Musikstil Alternativ-Pop und wollen vor allem interessante Texte schreiben. Die Band gibt es seit 2002. Die Leadsängerin Eva Briegel und die Gitarristen Simon Triebel und Jonas Pfetzing schreiben alle Lieder der Band und sie schreiben sie alle auf Deutsch. Ihre erste Single *Perfekte Welle* wurde eine Art Hymne der neuen deutschsprachigen Popmusik seit dem Jahr 2004. Die Single *„Wir beide"* stammt aus dem Jahr 2006. Sie ist eine Hymne an die Freundschaft und war 10 Wochen in den deutschen Charts.

Eva Briegel
© Peter Wafzig/Getty Images

NOTE: For copyright reasons, the songs referenced in **MUSIKSZENE** have not been provided by the publisher. The song can be found online at various sites such as YouTube, Amazon, or the iTunes store.

Vor dem Hören Haben Sie einen besten Freund / eine beste Freundin? Was macht ihn oder sie so besonders? Was erwarten Sie, dass Ihr bester Freund oder Ihre beste Freundin für Sie tut? Was würden Sie für Ihren besten Freund oder Ihre beste Freundin tun?

Nach dem Hören Was ist richtig? Korrigieren Sie die fett gedruckten Wörter.

MODELL: Du bist mir jederzeit ~~untreu~~.
loyal

1. Keine **findet** mich so gut wie du.
2. Immer werden wir **uns ändern.**
3. Wir beide sind jung und frei und **reich.**
4. Wir stehen **Tag für Tag** auf der guten Seite.
5. Wir **weinen** über schlechte Zeiten.
6. Deine **Probleme** sind auch meine.
7. Du schlägst dich mit meinen **Freunden.**
8. Ich vertraue **mir** mehr als **dir.**
9. Du vergisst niemals, was das **Schöne** ist.

Miniwörterbuch	
die **Welle**	wave
eine **Art**	a kind of
untreu	unfaithful
(sich) ändern	to change (oneself)
der **Schmerz, -en**	pain
der **Feind, -e**	enemy
vertrauen	to trust

Geschichten

Grammatik 9.4

Als Willi mal allein zu Hause war ...

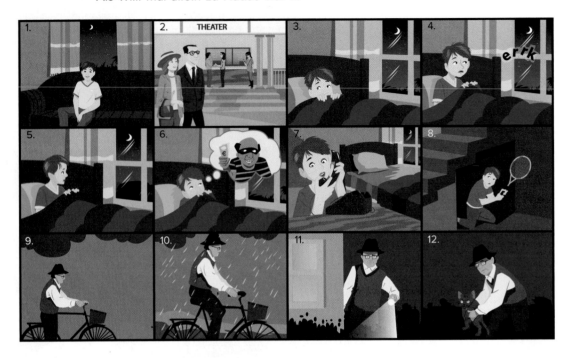

Situation 9   Informationsspiel: Was ist passiert?

MODELL: Was ist Sofie passiert? / Was ist dir passiert?
Wann ist es passiert?
Wo ist es passiert?
Warum ist es passiert?

	Sofie	Mehmet	Ernst	mein Partner / meine Partnerin
Was?		hat sein Flugzeug verpasst		
Wann?	als sie im Kino war		als er über den Zaun geklettert ist	
Wo?		in Frankfurt		
Warum?	weil ihre Jackentasche ein Loch hatte		weil der Zaun zu hoch war	

Situation 10 Und dann?

Suchen Sie für jede Situation eine logische Folge.

MODELL: Jutta konnte ihren Hausschlüssel nicht finden und kletterte durch das Fenster.

1. Ernst machte die Fensterscheibe kaputt
2. Jens reparierte sein Fahrrad
3. Richard sparte ein ganzes Jahr
4. Claire kam in Innsbruck an
5. Michael bekam ein neues Fahrrad
6. Rolf lernte sechs Jahre Englisch
7. Josef arbeitete drei Monate im Krankenhaus
8. Silvia wohnte zwei Semester allein
9. Melanie bekam ihren ersten Kuss

a. machte dann Urlaub in Spanien.
b. fuhr gleich gegen einen Baum.
c. kaufte sich ein Motorrad.
d. kaufte sich einen neuen Pulli.
e. lief weg.
f. machte eine Radtour.
g. flog dann nach Amerika.
h. sagte leise: „Oh, mein Gott!"
i. zog dann in eine WG.
j. ?

Situation 11 Bildgeschichte: Beim Zirkus

Deutschland vor 1990

Rostock
Ost-Berlin
West-Berlin
Potsdam
Magdeburg
DDR
Leipzig
Dresden
BRD

Die Mauer ist gefallen.
© Lutz Schmidt/AP Photo

1989

- Was geschah 1989?
- Wo liegt Leipzig? Wie alt ist Leipzig? Wie viele Einwohner hat Leipzig?
- Was wissen Sie sonst noch über Leipzig?

Lesen Sie den Text und suchen Sie die Antworten auf die folgenden Fragen:

1. Wie nennt man in Deutschland das Jahr 1989?
2. Wie lange war Deutschland geteilt[1]?
3. Wie hieß der östliche Teil Deutschlands? Wann wurde er gegründet[2]?
4. Was war mit West-Berlin?
5. Wie ging es der DDR in den 1980er Jahren wirtschaftlich[3]?
6. Was empörte[4] die DDR-Bürger besonders?
7. Welches sozialistische Land öffnete seine Grenzen als erstes?
8. Wo fanden die Montagsdemonstrationen statt?
9. War es gefahrlos[5], an den Montagsdemonstrationen teilzunehmen?
10. Wie viele Menschen demonstrierten am 9. Oktober?
11. Wann fiel die Berliner Mauer?
12. An welches Ereignis erinnert der deutsche Nationalfeiertag?
13. Was findet jedes Jahr am 9. Oktober in Leipzig statt?
14. Nun eine Frage an Sie persönlich: Welche historischen Ereignisse des 20. Jahrhunderts waren für Sie und Ihre Familie wichtig?

1989 ist als das Wendejahr[6] bekannt, das Jahr der friedlichen Revolution. Nach dem verlorenen 2. Weltkrieg[7] war Deutschland zuerst vier Jahre lang besetzt[8] und dann 40 Jahre lang geteilt. 1949 schlossen sich die Besatzungszonen der Westalliierten zur Bundesrepublik Deutschland (BRD) zusammen und aus der sowjetischen Besatzungszone wurde die Deutsche Demokratische Republik, die DDR. Der Kalte Krieg zwischen den USA und der Sowjetunion teilte nicht nur Deutschland, sondern Europa und die ganze Welt. Westdeutschland war eine Demokratie und Teil des kapitalistischen Westens und die DDR war eine Diktatur und Teil des sozialistischen Ostens. West-Berlin war eine westdeutsche Insel in der DDR.

1989 wurde immer deutlicher, dass das diktatorische und sozialistische System der DDR zum Scheitern verurteilt[9] war. Wirtschaftlich stand das Land vor dem Staatsbankrott, die Altstädte verfielen[10] und die Umwelt verkam[11]. Gesellschaftlich[12] empörten sich immer mehr Menschen über den Überwachungsstaat[13], der seine Bürger in Unmündigkeit[14] hielt und ihnen Vieles verbot, insbesondere den Kontakt zum Westen. Viele Leute kamen ins Gefängnis und wurden dort auch gefoltert[15]. Mindestens 200 DDR-Bürger, die versuchten, über die Grenze[16] zu fliehen[17], wurden erschossen[18].

1989 flohen immer mehr Bürger der DDR über Ungarn, das als erstes seine Grenzen öffnete, in den Westen. Am 4. September fand die erste Montagsdemonstration in Leipzig statt. Sie begann im Anschluss an die Friedensgebete[19] in der Nikolaikirche, die seit Mitte der 1980er Jahre immer montags um 17 Uhr stattfanden. Diesen Montagsdemonstrationen schlossen sich von Woche zu Woche immer mehr Menschen an[20], obwohl die Sicherheitskräfte der DDR brutal gegen die Demonstranten vorgingen[21]. Auch in anderen Städten der DDR kam es zu Demonstrationen. Am 9. Oktober demonstrierten 70.000 Menschen in Leipzig unter der Parole: Wir sind das Volk. Eine Woche später waren es bereits 120.000 und an den folgenden Montagen waren es jeweils 300.000. Am 7. November trat die gesamte DDR-Regierung[22] zurück und am 9. November wurde die Berliner Mauer geöffnet. Die Bürger der DDR waren frei.

Am 18. März 1990 gab es die ersten freien Wahlen[23] in der DDR und am 3. Oktober 1990 trat die DDR der Bundesrepublik Deutschland bei[24]. Deutschland war wiedervereinigt[25]. Der 3. Oktober wurde zum Nationalfeiertag Deutschlands. In Leipzig wird jedes Jahr am 9. Oktober ein großes Lichtfest gefeiert, in Erinnerung an die *friedliche Revolution*, bei dem ebenso wie 1989 viele Menschen mit Kerzen[26] durch die Innenstadt Leipzigs ziehen.

[1]divided [2]established [3]economically [4]outraged [5]without danger [6]turning-point year [7]world war [8]occupied [9]zum ... doomed to collapse [10]were falling into disrepair [11]was deteriorating [12]In society [13]surveillance state [14]dependency [15]tortured [16]border [17]flee [18]shot dead [19]prayers of peace [20]schlossen sich an joined [21]acted [22]government [23]elections [24]trat bei joined [25]reunited [26]candles

Filmlektüre

Nordwand

Vor dem Lesen

A. Beantworten Sie die folgenden Fragen.

1. Wer sind die Personen auf dem Poster? Wie alt sind sie? Was haben sie vor?
2. Schauen Sie sich den Hintergrund²⁷ an. Wie finden Sie das, was sie vorhaben?
3. Suchen Sie im Internet. Auf welchem Berg finden Sie die berühmte „Nordwand"? Wie heißt das Gebirge? In welchem Land ist dieser Berg?

© *Majestic Filmverleih GmbH*

B. Lesen Sie die Wörter im Miniwörterbuch. Suchen Sie sie im Text und unterstreichen Sie sie.

Inhaltsangabe

Der Film basiert auf einer wahren Begebenheit und berichtet von dem spannenden und dramatischen Abenteuer einer Expedition, die 1936 stattgefunden hat. Das Ziel war es, die Eiger-Nordwand, die nicht nur extrem gefährlich sondern auch unter dem Namen „die Mordwand" bekannt war, zu erklettern. Schon viele hatten es probiert, doch bisher hatte es noch niemand geschafft, diese Wand zu besteigen. Als im Jahre 1936, kurz vor den Olympischen Spielen, die Nazis dazu aufrufen, wird es der Traum von vielen Bergsteigern aus ganz Europa. Auch die erfahrenen Kletterer Toni Kurz (Benno Fürmann) aus Berchtesgaden und Andreas Hinterstoißer (Florian Lukas) denken an nichts anderes und sind davon überzeugt, dass sie den Berg bezwingen können. Zwei ehrgeizige Österreicher, Willy (Simon Schwarz) und Edi (Georg Friedrich), haben es ebenso vor, und glauben, die ersten zu sein.

Während der Vorbereitungen am Fuß der Nordwand treffen Toni und Andi überraschend auf Luise (Johanna Wokalek), die sie schon aus ihrer frühen Kindheit kennen. Luise arbeitet jetzt als Fotoreporterin für eine Berliner Zeitung und soll über die Erstbesteigung berichten. Luise merkt bald, dass sie in Toni verliebt ist. Bald beginnt der Aufstieg und das Rennen beginnt. Zunächst läuft alles hervorragend, und beide Teams kommen schnell voran. Doch bereits am Anfang hat Willy einen Unfall. Ein Stein verletzt ihn am Kopf. Die Katastrophe nimmt ihren Lauf, als das Wetter umschlägt. Die Temperaturen fallen tief unter den Nullpunkt. Ein Schneesturm tobt. Lawinen drohen. Der Drang nach Ruhm und Erfolg führt zu einem Kampf auf Leben und Tod.

²⁷background

FILMANGABEN

Titel: Nordwand
Genre: Drama
Erscheinungsjahr: 2008
Land: Deutschland, Österreich, Schweiz
Regisseur: Phillip Stölzl
Hauptrollen: Benno Fürmann, Florian Lukas, Johanna Wokalek, Georg Friedrich, Simon Schwarz, Ulrich Tukur

Miniwörterbuch

die **Begebenheit**	event
spannend	suspenseful
das **Abenteuer**	adventure
die **Nordwand**	north wall; *here:* north face
erklettern	to climb
schaffen	to achieve
besteigen	to climb
jmdn. aufrufen etwas zu machen	to call on someone to do something
der **Bergsteiger**	mountaineer
erfahren	experienced
überzeugt	convinced
bezwingen	to conquer
vorhaben	to intend
die **Vorbereitung**	preparation
überraschend	by surprise
der **Stein**	stone
ihren Lauf nehmen	to take its course
umschlagen	to change
der **Nullpunkt**	zero point on a scale measuring degrees Celsius
toben	to rampage
die **Lawine**	avalanche
der **Drang**	quest
der **Ruhm**	fame
der **Erfolg**	success

Arbeit mit dem Text

Richtig oder falsch? Verbessern Sie die falschen Aussagen.

_____ 1. Der Film ist eine erfundene Geschichte.

_____ 2. Bergsteigen war Teil der Olympischen Spiele.

_____ 3. Luise lernt Toni und Andi während der Vorbereitungen am Fuß der Nordwand kennen.

_____ 4. Toni hat sich sehr früh verletzt.

_____ 5. Die Österreicher glauben, dass sie schneller sind als Toni und Andi.

_____ 6. Viele Bergsteiger haben schon versucht, die Nordwand zu besteigen.

_____ 7. Luise ist in Toni verliebt.

🎬 FILMCLIP

NOTE: For copyright reasons, the films referenced in the **FILMCLIP** feature have not been provided by the publisher. The film can be purchased as a DVD or found online at various sites such as YouTube, Amazon, or the iTunes store. The time codes mentioned below are for the North American DVD version of the film.

Szene: DVD, Kapitel 1, „Ersteigung eines Berges", 7:47–13:18 Min.

Toni und Andi verlassen die Kaserne[28] und Toni bereitet sich auf die Besteigung eines Berges vor. Die Szene zeigt, wie sie (Toni im blauen Hemd und Andi im rot-karierten Hemd) zusammen den Gipfel[29] der Zugspitze erklettern.

Sehen Sie sich die Szene an und beantworten Sie die folgenden Fragen.

1. Welche Begrüßungen kommen vor? Kreuzen Sie alle richtigen Antworten an.
   - ☐ a. Grüß Gott!
   - ☐ b. Heil Hitler!
   - ☐ c. Servus!
   - ☐ d. Berg Heil!

2. Toni und Andi haben Probleme und können nicht weiter klettern. Toni will ...
   - ☐ a. umkehren.
   - ☐ b. woanders hochklettern (unten überqueren).
   - ☐ c. direkt hochklettern.

3. Was passiert beim Hochklettern?
   - ☐ a. Andi rutscht aus[30].
   - ☐ b. Ein Haken bricht los[31].
   - ☐ c. Das Seil reißt.

4. Was machen die beiden, nachdem sie auf dem Gipfel angekommen sind? Kreuzen Sie alle richtigen Antworten an.
   - ☐ a. Toni markiert die Route in seinem Tagebuch.
   - ☐ b. Andi ruht sich aus.
   - ☐ c. Sie essen etwas.

5. Richtig oder falsch? Verbessern Sie die falschen Aussagen.
   - _____ a. Andi versucht, Toni zu überreden[32], die Eiger-Nordwand zu besteigen.
   - _____ b. Toni sagt, dass er Schiss[33] hat.

Nach dem Lesen

Beantworten Sie die folgenden Fragen.

1. Haben Sie schon einmal einen Berg bestiegen? Wie war dieses Erlebnis?

2. Hatten Sie schon einmal ein Erlebnis, das sehr aufregend oder gefährlich war? Was haben Sie gemacht?

3. Suchen Sie im Internet. Wie viele Menschen haben versucht, die Eiger-Nordwand zu besteigen? Wie viele sind dabei tödlich verunglückt?

[28]barracks   [29]summit   [30]rutscht ... slips   [31]bricht ... breaks loose   [32]convince   [33]Angst

Märchen

Grammatik 9.4–9.5

der König und die Königin

die böse Hexe

der Frosch
(der verwunschene Prinz)

der Schatz

die gute Fee

das Schloss

der Jäger

Die böse Stiefmutter vergiftet
Schneewittchen.

Der Prinz erlöst die Prinzessin.

Der Prinz tötet den Drachen.

Schneewittchen

Bringen Sie die Sätze in die richtige Reihenfolge.

_____ Die Königin starb bald darauf, und der König heiratete wieder.

_____ Der Prinz und Schneewittchen heirateten, aber die böse Stiefmutter musste sterben.

_____ Ein Jäger brachte Schneewittchen in den dunklen Wald.

_____ Eines Tages kam ein Königssohn. Als er Schneewittchen sah, verliebte er sich in sie und wollte sie mit nach Hause nehmen.

_____ Die böse Stiefmutter hasste Schneewittchen, weil sie so schön war.

_____ Schneewittchen blieb bei den Zwergen[1] und führte ihnen den Haushalt.

_____ Es war einmal eine Königin, die bekam eine Tochter, die so weiß war wie Schnee, so rot wie Blut und so schwarzhaarig wie Ebenholz[2].

_____ Die Stiefmutter hörte bald von ihrem Spiegel, dass Schneewittchen noch am Leben war.

_____ Schneewittchen lief durch den Wald und kam zu den sieben Zwergen.

_____ Die Zwerge weinten und legten sie in einen gläsernen Sarg.

_____ Als seine Diener[3] den Sarg wegtrugen, stolperte[4] ein Diener. Das giftige Apfelstück rutschte aus Schneewittchens Hals und sie wachte auf.

_____ Die Stiefmutter verkaufte Schneewittchen einen giftigen Apfel, Schneewittchen biss hinein und fiel tot um.

[1]dwarves [2]ebony [3]servants [4]tripped

Situation 13 Bildgeschichte: Dornröschen

Situation 14 Was ist passiert?

1. Nachdem Schneewittchen den giftigen Apfel gegessen hatte,
2. Nachdem Hänsel und Gretel durch den dunklen Wald gelaufen waren,
3. Nachdem die Prinzessin den Frosch geküsst hatte,
4. Nachdem die Müllerstochter keinen Schmuck mehr hatte,
5. Nachdem Aschenputtel alle Linsen[5] eingesammelt[6] hatte,
6. Nachdem der Wolf die Großmutter gefressen hatte,
7. Nachdem der Prinz Dornröschen geküsst hatte,
8. Nachdem Rumpelstilzchen seinen Namen gehört hatte,

a. legte er sich in ihr Bett.
b. wurde er sehr wütend.
c. wachte sie auf.
d. fiel sie tot um.
e. verwandelte er sich in einen Prinzen.
f. ging sie auf den Ball.
g. kamen sie zum Haus der Hexe.
h. versprach sie Rumpelstilzchen ihr erstes Kind.

[5]lentils   [6]gathered

Situation 15　Wer weiß – gewinnt

Aus welchem Märchen ist das?

Dornröschen

Rumpelstilzchen

Aschenputtel

Der Froschkönig

Rotkäppchen

Hänsel und Gretel

Schneewittchen

1. „Knusper, knusper, knäuschen, wer knuspert an meinem Häuschen?" „Der Wind, der Wind, das himmlische Kind."

4. „Die Königstochter soll an ihrem fünfzehnten Geburtstag in einen tiefen Schlaf fallen, der hundert Jahre dauert."

2. „Spieglein, Spieglein an der Wand, wer ist die Schönste im ganzen Land?" „Frau Königin, Ihr seid die Schönste hier, aber die junge Königin ist tausendmal schöner als Ihr."

5. „Wenn ich am Tisch neben dir sitzen und von deinem Teller essen und aus deinem Becher trinken und in deinem Bett schlafen darf, dann will ich deinen goldenen Ball aus dem Brunnen heraufholen."

3. „Ei, Großmutter, was hast du für große Ohren!" „Damit ich dich besser hören kann." „Ei, Großmutter, was hast du für große Augen!" „Damit ich dich besser sehen kann." „Ei, Großmutter, was hast du für ein großes Maul!" „Damit ich dich besser fressen kann."

6. „Rucke di guh, rucke di guh, Blut ist im Schuh: Der Schuh ist zu klein, die rechte Braut sitzt noch daheim."

7. „Heute back ich, morgen brau ich, übermorgen hol' ich der Königin ihr Kind: ach, wie gut, dass niemand weiß, dass ich _____ heiß!"

 **Situation 16 Zum Schreiben: Es war einmal ...**

Schreiben Sie ein Märchen. Wählen Sie aus jeder der vier Kategorien etwas aus oder erfinden Sie etwas.

DIE GUTEN

eine schöne Prinzessin
ein armer Student
eine tapfere Königin
ein treuer Diener[7]
?

DIE BÖSEN

eine böse Hexe
eine grausame Professorin
ein hungriger Drache
ein böser Stiefvater
?

DIE AUSGANGSLAGE

frisst Menschen und Tiere
hat lange Zeit geschlafen
bekommt immer nur Fs
vergiftet das Wasser
?

DIE AUFGABE

drei Rätsel lösen
mit einem Riesen kämpfen
etwas Verlorenes wiederfinden
eine List erfinden
?

Lektüre

Vor dem Lesen

LESEHILFE

The fairy tale "Rotkäppchen" is one of many fairy tales that are well-known across cultures. Just as in English, a fairy tale in German typically contains certain formulaic expressions or phrases. English fairy tales often begin with the phrase *Once upon a time*. Look at the beginning of this fairy tale to see how German fairy tales typically begin.

Fairy tales in German are typically written and told in the simple past tense. As you read this one, you will encounter many such verb forms. Avoid the temptation to look them up upon the first reading; you will deal with them during the **Arbeit mit dem Text** activities at the end of the reading.

[7]*servant*

A. Märchenfiguren. Märchen, auch wenn man sie nicht kennt, sind vorhersagbar[8]. Im Märchen vom Rotkäppchen kommen vier wichtige Figuren vor: ein kleines Mädchen namens Rotkäppchen, ihre Großmutter, der Wolf und der Jäger. Welche Eigenschaften und Tätigkeiten sind typisch für jede Figur? Schreiben Sie neben jede Eigenschaft oder Tätigkeit, ob sie für Rotkäppchen, die Großmutter, den Wolf oder den Jäger typisch ist.

1. Er hat große Ohren und ein großes Maul.
2. Er ist listig[9].
3. Er schießt mit seinem Gewehr.
4. Er schnarcht sehr laut.
5. Er schneidet ihm den Bauch auf.
6. Er sieht nach, ob jemand was fehlt[10].
7. Er verschlingt[11] die Großmutter.
8. Er zieht ihm den Pelz ab[12].
9. Er zieht ihre Kleider an.
10. Jeder hat sie lieb.
11. Sie guckt sich gern um[13].
12. Sie hört gern die Vöglein singen.
13. Sie ist klein und süß.
14. Sie ist krank und schwach.
15. Sie pflückt gern Blumen.
16. Sie trinkt gern Wein und isst gern Kuchen.
17. Sie wohnt draußen im Wald.

B. Suchen Sie die Wörter aus dem Miniwörterbuch im Text und unterstreichen Sie sie.

Rotkäppchen – Ein Märchen der Gebrüder Grimm

Es war einmal ein kleines, süßes Mädchen, das hatte jeder lieb, der sie nur ansah, am allerliebsten aber ihre Großmutter, die wusste gar nicht, was sie dem Kind alles geben sollte. Einmal schenkte sie dem Mädchen ein Käppchen aus rotem Samt, und weil es Rotkäppchen so gut stand und sie nichts anders mehr tragen wollte, hieß sie nur das Rotkäppchen. Eines Tages sprach ihre Mutter zu ihr: „Komm, Rotkäppchen, da hast du ein Stück Kuchen und eine Flasche Wein, bring das der Großmutter hinaus; sie ist krank und schwach. Dadurch wird sie zu Kräften kommen. Gehe los, bevor es heiß wird, und wenn du aus dem Dorf gehst, so geh anständig und komm nicht vom Weg ab, sonst fällst du und zerbrichst das Glas, und die Großmutter hat nichts. Und wenn du in ihr Haus kommst, vergiss nicht, guten Morgen zu sagen."

„Ich werde schon alles richtig machen", sagte Rotkäppchen zur Mutter und gab ihr die Hand darauf. Die Großmutter aber wohnte draußen im Wald, eine halbe Stunde vom Dorf. Als Rotkäppchen in den Wald kam, begegnete ihr der Wolf. Rotkäppchen aber wusste nicht, was das für ein böses Tier war, und fürchtete sich nicht vor ihm. „Guten Tag, Rotkäppchen", sprach er. „Guten Tag, Wolf." „Wo gehst du so früh hin, Rotkäppchen?" „Zur Großmutter." „Was trägst du in deinem Korb?" „Kuchen und Wein: gestern haben wir gebacken, davon soll sich die kranke und schwache Großmutter etwas stärken." „Rotkäppchen, wo wohnt deine Großmutter?" „Noch eine gute Viertelstunde weiter im Wald hinein, unter den drei großen Eichbäumen, da steht ihr Haus. Da unten sind die Nusshecken, das wirst du ja kennen", sagte Rotkäppchen.

Miniwörterbuch	
das **Dorf**	village
zerbrechen	to break
der **Korb**	basket
zart	tender
pflücken	to pick
packen	*here:* to grab
das **Maul**	mouth (*of animals*)
schnarchen	to snore
das **Gewehr**	rifle
der **Bauch**	belly
erschrocken	startled, scared
atmen	to breathe

[8]*predictable* [9]*cunning* [10]*ob … whether anyone needs anything* [11]*devours* [12]*zieht den Pelz ab skins*
[13]*guckt sich um explores*

Der Wolf dachte bei sich: „Das junge zarte Ding, das ist ein fetter Bissen, der wird noch besser schmecken als die Alte: ich muss es listig anfangen, damit ich beide bekomme." Da ging er ein Weilchen neben Rotkäppchen her, dann sprach er: „Rotkäppchen, sieh einmal die schönen Blumen, die hier überall stehen, warum guckst du dich nicht um? Ich glaube, du hörst gar nicht, wie die Vöglein so lieblich singen? Du läufst als wärst du auf dem Weg zur Schule. Dabei ist es so lustig im Wald!"

Rotkäppchen schlug die Augen auf, und als sie sah, wie die Sonnenstrahlen durch die Bäume hin und her tanzten und alles voll schöner Blumen war, dachte sie: „Wenn ich der Großmutter einen frischen Strauß mitbringe, der wird ihr auch Freude machen. Es ist noch so früh am Tag, dass ich doch nicht zu spät komme." Rotkäppchen lief vom Weg in den Wald hinein und suchte Blumen. Und wenn sie eine Blume gepflückt hatte, meinte sie, weiter im Wald steht eine schönere, lief dorthin, und geriet immer tiefer in den Wald hinein. Der Wolf aber ging geradeswegs zum Haus der Großmutter und klopfte an die Tür. „Wer ist da?" „Rotkäppchen, ich bringe Kuchen und Wein. Mach auf!" „Die Tür ist offen, komm herein", rief die Großmutter, „ich bin zu schwach und kann nicht aufstehen." Der Wolf drückte auf die Klinke, die Tür sprang auf. Er ging, ohne ein Wort zu sagen, direkt zum Bett der Großmutter und verschluckte sie. Dann zog er ihre Kleider an, setzte ihre Haube auf, legte sich in ihr Bett und zog die Vorhänge zu.

Rotkäppchen aber suchte immer noch Blumen, und als sie so viele gesammelt hatte, dass sie keine mehr tragen konnte, fiel ihr die Großmutter wieder ein, und sie machte sich auf den Weg zu ihr. Sie wunderte sich, dass die Tür von Großmutters Haus offen stand. Als sie in das Haus trat, so kam es ihr seltsam darin vor. Rotkäppchen dachte: „Ach, du meine Güte! Warum graut es mich heute so, obwohl ich sonst so gerne bei der Großmutter bin?" Rotkäppchen rief „Guten Morgen", bekam aber keine Antwort. Darauf ging sie zum Bett und zog die Vorhänge zurück. Da lag die Großmutter und hatte die Haube tief ins Gesicht gezogen und sah so wunderlich aus. „Ei, Großmutter, was hast du für große Ohren!" „Dass ich dich besser hören kann." „Ei, Großmutter, was hast du für große Augen!" „Dass ich dich besser sehen kann." „Ei, Großmutter, was hast du für große Hände!" „Dass ich dich besser packen kann." „Aber, Großmutter, was hast du für ein entsetzlich großes Maul!" „Dass ich dich besser fressen kann." Kaum hatte der Wolf das gesagt, sprang er aus dem Bett und verschlang das arme Rotkäppchen.

Als der Wolf seine Gelüste gestillt hatte, legte er sich wieder ins Bett, schlief ein und fing an, sehr laut zu schnarchen. Da ging der Jäger an dem Haus vorbei und dachte: „Wie die alte Frau schnarcht, ich muss mal sehen, ob ihr etwas fehlt." Da trat er in das Haus, und als er zum Bett kam, sah er, dass der Wolf darin lag. „Finde ich dich hier, du alter Sünder", sagte er, „ich habe dich lange gesucht." Nun wollte er sein Gewehr anlegen, da fiel ihm ein, dass der Wolf die Großmutter vielleicht gefressen hatte und er könnte sie noch retten. Der Jäger schoss nicht, sondern nahm eine Schere und begann, dem schlafenden Wolf den Bauch aufzuschneiden. Als er ein paar Schnitte gemacht hatte, sah er das rote Käppchen leuchten, und noch ein paar Schnitte, da sprang das Mädchen heraus und rief: „Ach, wie war ich erschrocken! Es war so dunkel in dem Bauch des Wolfes!" Und dann kam die alte Großmutter auch noch lebendig heraus und konnte kaum atmen. Rotkäppchen aber holte schnell große Steine. Damit füllten sie den Leib des Wolfes, und als er aufwachte, wollte er davon springen. Aber die Steine waren so schwer, dass er zurück in das Bett fiel und nie wieder aufwachte.

Da waren alle drei vergnügt: Der Jäger zog dem Wolf den Pelz ab und ging damit nach Hause. Die Großmutter aß den Kuchen und trank den Wein, den Rotkäppchen ihr gebracht hatte, und erholte sich wieder. Rotkäppchen aber dachte: „Ich werde nie wieder allein vom Weg in den Wald laufen, wenn die Mutter es mir verboten hat."

—frei nach den Gebrüdern Grimm

Arbeit mit dem Text

A. Wer sagt das? Lesen Sie den Text und finden Sie heraus, wer die folgenden Sätze denkt oder sagt.

1. Geh anständig[14] und komm nicht vom Weg ab[15], sonst fällst du und zerbrichst das Glas.
2. Ich werde schon alles richtig machen.
3. Was trägst du in deinem Korb?
4. Ihr Haus steht unter den drei großen Eichbäumen[16].
5. Das junge, zarte Ding, das wird noch besser schmecken als die Alte.
6. Ich muss es listig anfangen, damit ich beide bekomme.
7. Du läufst als wärst du[17] auf dem Weg zur Schule.
8. Es ist noch so früh am Tag, dass ich doch nicht zu spät komme.
9. Die Tür ist offen, komm herein.
10. Ach, du meine Güte[18]! Warum graut es mich[19] heute so?
11. Was hast du für große Augen!
12. Dass ich dich besser packen kann.
13. Wie die alte Frau schnarcht, ich muss mal sehen, ob ihr etwas fehlt.
14. Finde ich dich hier, du alter Sünder[20], ich habe dich lange gesucht.
15. Ach, wie war ich erschrocken!
16. Ich werde nie wieder allein vom Weg in den Wald laufen.

B. Richtig oder falsch? Verbessern Sie die falschen Aussagen.

_____ 1. Die Mutter schenkte ihrer Tochter ein Käppchen aus rotem Samt[21].

_____ 2. Rotkäppchen versprach ihrer Mutter, dass sie alles richtig machen wird.

_____ 3. Die Großmutter wohnte draußen im Wald, eine Stunde vom Dorf.

_____ 4. Rotkäppchen hatte Angst vor dem Wolf.

_____ 5. Rotkäppchen verriet[22] dem Wolf, wo ihre Großmutter wohnt.

_____ 6. Der Wolf fraß Rotkäppchen und ging dann zum Haus ihrer Großmutter.

_____ 7. Rotkäppchen lief immer tiefer in den Wald hinein, weil sie immer mehr Blumen pflücken wollte.

_____ 8. Der Wolf machte das Licht aus und legte sich ins Bett der Großmutter.

_____ 9. Als Rotkäppchen zum Haus der Großmutter kam, war die Tür verschlossen.

_____ 10. Als der Jäger zum Haus der Großmutter kam, war alles ruhig.

_____ 11. Der Jäger schoss den Wolf in den Bauch.

_____ 12. Als die Großmutter aus dem Bauch des Wolfes herauskam, konnte sie kaum noch atmen.

_____ 13. Rotkäppchen füllte den Leib[23] des Wolfes mit großen Steinen.

_____ 14. Der Wolf lief davon und wurde[24] nie wieder gesehen.

_____ 15. Rotkäppchen wollte nie wieder etwas tun, was ihr ihre Mutter verboten hatte.

[14]properly [15]abkommen ... diverge [16]oak trees [17]als wärst du ... as though you were [18]goodness [19]graut ... am I afraid [20]du ... you old rascal [21]velvet [22]told [23]body [24]was

C. Suchen Sie die folgenden Wörter im Text und unterstreichen Sie sie. Ergänzen Sie die Tabelle mit Infinitiv und englischer Übersetzung.

Präteritum	Infinitiv	Englisch
ansah		
wusste		
stand		
sprach		
gab		
kam		
dachte		
ging		
schlug ... auf		
lief		
geriet ... hinein		
rief		
sprang ... auf		
zog ... an		
zog ... zu		
fiel ... ein		
trat		
kam ... vor		
bekam		
zog ... zurück		
lag		
sah ... aus		
schlief ... ein		
fing ... an		
schoss		
begann		
sprang ... heraus		
fiel		
zog ... ab		
aß		
trank		

Nach dem Lesen

Vor Gericht[25] (Alternativende). Der Wolf hat überlebt[26] und bringt Rotkäppchen vor Gericht. Sie soll ins Gefängnis[27], weil sie seinen Bauch mit Steinen gefüllt hat und ihn umbringen[28] wollte. Spielen Sie die Szene im Gericht mit verteilten Rollen. Sie brauchen einen Richter[29], der die Fragen stellt. Rotkäppchen erzählt ihre Geschichte, der Wolf erzählt seine Geschichte. Die Großmutter und der Jäger sind die Zeugen[30] und erzählen, was sie gesehen und erlebt haben. Am Ende spricht der Richter sein Urteil[31].

[25]Vor ... *In court* [26]*survived* [27]*prison* [28]*kill* [29]*judge* [30]*witnesses* [31]spricht sein Urteil ... *gives his verdict*

Videoecke

Perspektiven

Gut finde ich, dass man nicht dafür bezahlen muss.

Aufgabe 1   Gut oder schlecht?

Was finden die Leute gut, was finden sie schlecht? Schreiben Sie *gut* oder *schlecht* neben die Aussagen.

1. Die Materialien sind kostenlos.
2. Es gibt unterschiedliche Systeme in den Bundesländern.
3. Man lernt Inhalte, die für das spätere Leben nicht so nützlich sind.
4. Jeder kann die Schule besuchen, die er will.
5. Es werden immer weniger Lehrer eingestellt.
6. Die Klassen sind groß.
7. Die Lehrer sind gut ausgebildet.
8. Es gibt keine Schuluniformen.
9. Die Schulen sind öffentlich.
10. Es gibt ein dreigliedriges Schulsystem.

Interviews

- Wann hast du Abitur gemacht?
- Hattest du gute Noten?
- In welchen Fächern warst du besonders gut?
- Was hat dir daran gefallen?
- Welchen Lehrer oder welche Lehrerin fandest du besonders gut? Warum?
- Erzähl etwas, was dieser Lehrer gemacht hat.

Carolyn

Martin

Aufgabe 2 Die Lehrergeschichte

Auf wen treffen die folgenden Aussagen zu, auf den Lehrer von Carolyn oder auf den Lehrer von Martin? Schreiben Sie **C** für Carolyn oder **M** für Martin neben die Aussagen.

1. Er war sehr engagiert.
2. Er hat auf Schulfesten immer aufgepasst.
3. Er war mit seinen Schülern auf Klassenfahrt in Amsterdam.
4. Einmal hat ihm die Musik sehr gut gefallen.
5. Er hat im Hotel ein Bier ausgegeben.
6. Er ist mit ihm/ihr ins Gespräch gekommen.
7. Er hat auf der Tanzfläche eine ganze Nacht lang getanzt.
8. Auch Lehrer sind nur Menschen.

Aufgabe 3 Abitur

Wann haben sie Abitur gemacht? Sehen Sie sich das Video an und schreiben Sie Carolyns und Martins Antworten auf.

	Carolyn	Martin
Wann hat sie/er Abitur gemacht?		
Hatte sie/er gute Noten?		
In welchen Fächern war sie/er besonders gut?		
Was hat ihr/ihm daran gefallen?		
Welche/n Lehrer/in fand sie/er besonders gut?		
Warum?		

Aufgabe 4 Interview

Interviewen Sie eine Partnerin oder einen Partner. Stellen Sie dieselben Fragen.

Wortschatz

Kindheit und Jugend — Childhood and Youth

die **Grundschule**, -n	elementary school
die **Klasse**, -n	grade (level)
die **Note**, -n	grade
der **Abschluss**	graduation
der **Unterricht**	class, instruction
das **Klassentreffen**, -	class reunion
das **Mädchen**, -	girl

Ähnliche Wörter

die **Ballerina**, -s; der **Clown**, -s; der **Spielplatz**, ̈-e; der **Zirkus**, -se

Märchen — Fairy Tales

die **Braut**, ̈-e	bride
die **Fee**, -n	fairy
die **Hexe**, -n	witch
die **Königin**, -nen	queen
die **List**, -en	deception, trick
die **Wissenschaft**, -en	science, field of study
der **Brunnen**, -	well; fountain
der **Drache**, -n (*wk. masc.*)	dragon
der **Jäger**, -	hunter
der **König**, -e	king
der **Riese**, -n (*wk. masc.*)	giant
der **Sarg**, ̈-e	coffin
der **Schatz**, ̈-e	treasure
das **Märchen**, -	fairy tale
das **Rätsel**, -	puzzle, riddle
ein **Rätsel** lösen	to solve a puzzle/riddle
das **Schloss**, ̈-er	castle
erlösen	to rescue, free
kämpfen	to fight
klettern, ist geklettert	to climb
küssen	to kiss
sterben, stirbt, starb, ist gestorben	to die
töten	to kill
träumen	to dream
um·fallen, fällt ... um, fiel ... um, ist umgefallen	to fall over
vergiften	to poison
sich verwandeln in (+ *akk.*)	to change into
verwünschen	to curse, cast a spell on
böse	evil, mean
giftig	poisonous
gläsern	glass
grausam	cruel
heimlich	secret
tapfer	brave

tot	dead
treu	loyal, true
verwunschen	cursed; enchanted

Ähnliche Wörter

die **Prinzessin**, -nen; die **Stiefmutter**, ̈; der **Prinz**, -en (*wk. masc.*); der **Stiefvater**, ̈; das **Blut**; das **Feuer**, -

Natur und Tiere — Nature and Animals

der **Baum**, ̈-e	tree
der **Frosch**, ̈-e	frog
der **Schnee**	snow
das **Pferd**, -e (R)	horse
beißen, biss, gebissen	to bite
fressen, frisst, fraß, gefressen	to eat (*said of an animal*)
füttern	to feed
pflücken	to pick

Ähnliche Wörter

der **Busch**, ̈-e; der **Dorn**, -en; der **Elefant**, -en (*wk. masc.*); der **Wind**, -e; der **Wolf**, ̈-e; das **Schwein**, -e

Sonstige Substantive — Other Nouns

die **Direktorin**, -nen	female (school) principal, director
die **Einbrecherin**, -nen	female burglar
die **Feier**, -n	celebration, party
die **Fensterscheibe**, -n	windowpane
die **Freude**, -n	joy, pleasure
die **Mannschaft**, -en	team
die **Taschenlampe**, -n	flashlight
die **Verspätung**, -en	delay
der **Ärger**	trouble
der **Becher**, -	cup, mug
der **Direktor**, -en	male (school) principal, director
der **Einbrecher**, -	male burglar
der **Flug**, ̈-e	flight
der **Gruß**, ̈-e	greeting
der **Hals**, ̈-e	neck; throat
der **Schatten**, -	shadow, shade
der **Schlüssel**, -	key
der **Hausschlüssel**, -	house key
der **Zaun**, ̈-e	fence
das **Geräusch**, -e	sound, noise
das **Leben**, -	life
am **Leben** sein	to be alive
das **Loch**, ̈-er	hole

Ähnliche Wörter

der **Haushalt**, -e; der **Schlaf**; das **Video**, -s; das **Werk**, -e

Sonstige Verben — Other Verbs

ändern	to change
sich erinnern (an + *akk.*)	to remember
eröffnen	to open
hassen	to hate
holen	to fetch, (go) get
los·fahren, fährt ... los, fuhr ... los, ist losgefahren (R)	to drive/ride off
rutschen, ist gerutscht	to slide, slip
schimpfen	to cuss; to scold
stehlen, stiehlt, stahl, gestohlen	to steal
streiten, gestritten	to argue, quarrel
übersetzen	to translate
sich unterhalten, unterhält, unterhielt, unterhalten	to converse
sich verlieben (in + *akk.*)	to fall in love (with)
verpassen	to miss
sich verstecken	to hide
vor·lesen, liest ... vor, las ... vor, vorgelesen	to read aloud
wachsen, wächst, wuchs, ist gewachsen	to grow
zerreißen, zerriss, zerrissen	to tear

Ähnliche Wörter

fallen, fällt, fiel, ist gefallen; planen; weg·tragen, trägt ... weg, trug ... weg, weggetragen

Adjektive und Adverbien — Adjectives and Adverbs

arm	poor
bald	soon
bald darauf	soon thereafter
begabt	gifted

daheim	at home
damals	back then
endlich	finally
hinein	in(ward)
leise	quiet(ly)
mitten	in the middle
neulich	recently
plötzlich	suddenly
streng	strict
übermorgen	the day after tomorrow
unterwegs	on the road
verboten	forbidden, prohibited
vorbei	past, over
zufällig	accidental(ly)
zurück	back

Ähnliche Wörter

hungrig, liberal

Sonstige Wörter und Ausdrücke — Other Words and Expressions

außer (+ *dat.*)	besides, in addition to
denn	for, because
gegen (+ *akk.*)	against
nachdem	after (*conj.*)
neben	next to
nichts	nothing

Strukturen und Übungen

9.1 The conjunction *als* with dependent-clause word order

The conjunction **als** (*when*) is commonly used to express that two events or circumstances happened at the same time. The **als**-clause establishes a point of reference in the past for an action or event described in the main clause.

Als ich zwölf Jahre alt war, bin ich zum ersten Mal allein verreist.	*When I was twelve years old, I traveled alone for the first time.*

When an **als**-clause introduces a sentence, it occupies the first position. Consequently, the conjugated verb in the main clause occupies the second position and the subject of the main clause is in the third position.

$$\text{Als ich 12 Jahre alt } \underset{1}{\textbf{war,}} \; \underset{2}{\textbf{bin}} \; \underset{3}{\textbf{ich}} \text{ zum ersten Mal allein verreist.}$$

Note that the conjugated verb in the **als**-clause appears at the end of that clause.

WISSEN SIE NOCH?

An **als**-clause is a type of dependent clause. As in other dependent clauses, the conjugated verb appears at the end of the clause.

Review grammar 3.4 and 7.1.

Übung 1   Meilensteine

Schreiben Sie 10–15 Sätze über Ihr Leben. Beginnen Sie jeden Satz mit **als.**

MODELL: Als ich eins war, habe ich laufen gelernt.
Als ich zwei war, habe ich sprechen gelernt.
Als ich fünf war, bin ich in die Schule gekommen.
Als ich ...

9.2 The simple past tense of *werden,* the modal verbs, and *wissen*

Use the simple past tense of **haben, sein, werden, wissen,** and the modal verbs in both writing and conversation.

The simple past tense is preferred over the perfect tense with some frequently used verbs, even in conversational German. These verbs include **haben, sein, werden,** the modal verbs, and the verb **wissen.**

Frau Gretter **war** sehr begabt.	*Mrs. Gretter was very talented.*
In der Schule **wusste** sie immer alles.	*In school she always knew everything.*
Sie **hatte** viele Freunde.	*She had many friends.*

The conjugations of **werden,** the modal verbs, and **wissen** appear below. For **haben** and **sein,** refer back to **Strukturen 7.5.** Notice that the **ich-** and **er/sie/es**-forms are the same for all these verbs.

A. The Verb **werden**

Michael **wurde** Tierpfleger.	*Michael became an animal caretaker.*
Im August **wurde** er sehr krank.	*In August he became very sick.*

werden			
ich	wurde	wir	wurden
du	wurdest	ihr	wurdet
Sie	wurden	Sie	wurden
er sie es	wurde	sie	wurden

B. Modal Verbs

To form the simple past tense of modal verbs, use the stem, drop any umlauts, and add **-te-** plus the appropriate ending.

können → könn → konn → konn**te** → du konn**test**

Wir **wollten** mitkommen.	*We wanted to come along.*
Mehmet **musste** jeden Tag um sechs aufstehen.	*Mehmet had to get up at six every morning.*
Eske und Damla **durften** mit fünf Jahren noch nicht fernsehen.	*When they were five, Eske and Damla weren't yet allowed to watch TV.*

Here are the simple past-tense forms of the modal verbs.

	können	**müssen**	**dürfen**	**sollen**	**wollen**	**mögen**
ich	konnte	musste	durfte	sollte	wollte	mochte
du	konntest	musstest	durftest	solltest	wolltest	mochtest
Sie	konnten	mussten	durften	sollten	wollten	mochten
er *sie* *es*	konnte	musste	durfte	sollte	wollte	mochte
wir	konnten	mussten	durften	sollten	wollten	mochten
ihr	konntet	musstet	durftet	solltet	wolltet	mochtet
Sie	konnten	mussten	durften	sollten	wollten	mochten
sie	konnten	mussten	durften	sollten	wollten	mochten

Note the consonant change in the past tense of **mögen: mo*ch*te.**

C. The Verb **wissen**

The forms of the verb **wissen** are similar to those of the modal verbs.

Ich **wusste** nicht, dass du keine Erdbeeren magst.	*I didn't know that you don't like strawberries.*

Here are the simple past-tense forms.

	wissen			
ich	wusste	*wir*	wussten
du	wusstest	*ihr*	wusstet
Sie	wussten	*Sie*	wussten
er *sie* *es*	wusste	*sie*	wussten

Übung 2   Fragen und Antworten

Hier sind die Fragen. Was sind die Antworten?

MODELL: Lydia, warum bist du nicht mit ins Kino gegangen? (nicht können)
→ Ich konnte nicht.

1. Ernst, warum bist du nicht mit zum Schwimmen gekommen? (nicht dürfen)
2. Maria, warum bist du nicht gekommen? (nicht wollen)
3. Jens, gestern war Juttas Geburtstag! (das / nicht wissen)
4. Jutta, warum hast du eine neue Frisur? (eine/wollen)
5. Jochen, warum hast du das Essen nicht gekocht? (das / nicht sollen)

Übung 3 Minidialoge

Setzen Sie Modalverben oder **wissen** ein.

1. SILVIA: Was hast du gemacht, wenn du nicht zur Schule gehen _____^a?
   JÜRGEN: Ich habe gesagt: „Ich bin krank."
   SILVIA: Haben deine Eltern das geglaubt?
   JÜRGEN: Nein, meine Mutter _____^b immer, was los war.

2. ERNST: Hans, warum bist du gestern nicht auf den Spielplatz gekommen?
   HANS: Ich _____^a nicht. Ich habe eine Fünf in Mathe geschrieben und _____^b zu Hause bleiben.
   ERNST: Schade. Wir _____^c Fußball spielen, aber dann _____^d wir nicht genug Spieler finden.

3. HERR RUF: Guten Tag, Frau Gretter. Tut mir leid, dass ich neulich nicht zu Ihrer kleinen Feier kommen _____^a. Aber ich _____^b meine alte Tante in Würzburg besuchen.
   FRAU GRETTER: Ja, wirklich schade. Ich _____^c gar nicht, dass Sie eine Tante in Würzburg haben.
   HERR RUF: Sie zieht diese Woche nach Düsseldorf zu ihrer Tochter, und ich _____^d sie noch einmal besuchen.

9.3 Time: *als, wenn, wann*

Als refers to a circumstance (time period) in the past or to a single event (point in time) in the past or present, but never in the future.

TIME PERIOD

Als ich 15 Jahre alt war, sind meine Eltern nach Texas gezogen.
When I was 15 years old, my parents moved to Texas.

POINT IN TIME

Als wir in Texas angekommen sind, war es sehr heiß.
When we arrived in Texas, it was very hot.

Als Veronika ins Zimmer kommt, klingelt das Telefon.
When (As) Veronika comes into the room, the phone rings.

Wenn has three distinct meanings: a conditional meaning and two temporal meanings. In conditional sentences, **wenn** means *if*. In the temporal sense, **wenn** may be used to describe events that happen or happened one or more times (*when*[*ever*]) or to describe events that will happen in the future (*when*).

CONDITION

Wenn man auf diesen Knopf drückt, öffnet sich die Tür.
If you press this button, the door will open.

REPEATED EVENTS

Wenn Herr Wagner nach Hause kam, freuten sich die Kinder.
When(ever) Mr. Wagner came home, the children were happy.

Wenn Herr Wagner nach Hause kommt, freuen sich die Kinder.
When(ever) Mr. Wagner comes home, the children are happy.

FUTURE EVENT

Wenn ich in Frankfurt ankomme, rufe ich dich an.
When I arrive in Frankfurt, I'll call you.

In the simple past, **wenn** refers to a habit or an action or event that happened repeatedly or customarily; **als** refers to a specific action or event that happened once, over a particular time period or at a particular point in time in the past.

Wenn ich nicht zur Schule gehen wollte, habe ich gesagt, dass ich krank bin.	*When(ever) I didn't want to go to school, I said that I was sick.*
Als ich mein erstes F bekommen habe, habe ich geweint.	*When I got my first F, I cried.*

Wann is an adverb of time meaning *at what time*. It is used in both direct and indirect questions.

Wann hast du deinen ersten Kuss bekommen?	*When did you get your first kiss?*
Ich weiß nicht, **wann** der Zug kommt.	*I don't know when the train is coming.*

Note that when **wann** is used in an indirect question, the conjugated verb comes at the end of the clause.

When	
Single event in past or present (*at one time*)	**als**
Circumstance in the past	
Condition (*if*)	
Repeated event in past, present, or future (*whenever*)	**wenn**
Single event in the future (*when*)	
Adverb of time (*at what time?*)	**wann**

Übung 4 Minidialoge

Wann, wenn oder **als?**

1. ERNST: _____ᵃ darf ich fernsehen?
   FRAU WAGNER: _____ᵇ du deine Hausaufgaben gemacht hast.

2. ROLF: Oma, _____ᵃ hast du Opa kennengelernt?
   OMA: _____ᵇ ich siebzehn war.

3. STEFAN: Was habt ihr gemacht, _____ ihr in München wart?
   NORA: Wir haben sehr viele Filme gesehen.

4. NESRIN: _____ᵃ hast du Sofie getroffen?
   WILLI: Gestern, _____ᵇ ich an der Uni war.

5. ALBERT: _____ᵃ fliegst du nach Europa?
   PETER: _____ᵇ ich genug Geld habe.

6. MONIKA: Du spielst sehr gut Tennis. _____ᵃ hast du das gelernt?
   HEIDI: _____ᵇ ich noch klein war.

Übung 5 Eine Mail

Wann, wenn oder **als?**

Liebe Tina, gestern Nachmittag musste ich meiner Oma mal wieder Kuchen und Wein bringen. Immer _____ᵃ ich mich mit meinen Freunden verabrede¹, will mein Vater irgendetwas² von mir. Ich war ganz schön wütend. _____ᵇ ich den Korb³ zusammengepackt habe, habe ich leise geschimpft. _____ᶜ ich meine Oma besuche, muss ich immer ein bisschen dableiben und mich mit ihr unterhalten. Das ist langweilig und anstrengend⁴, denn die Oma hört nicht mehr so gut. Außerdem wohnt sie am anderen Ende der Stadt. Auch _____ᵈ ich mit dem Bus fahre, dauert es mindestens zwei Stunden.

¹*make plans* ²*something* ³*basket* ⁴*strenuous*

_____^e ich aus dem Haus gekommen bin, habe ich an der Ecke Billy auf seinem Moped gesehen. _____^f ich ihn das letzte Mal gesehen habe, haben wir uns prima unterhalten.

„_____^g kommst du mal wieder ins Jugendzentrum?" hat Billy gerufen. „Vielleicht heute Abend", habe ich geantwortet. _____^h ich mich auf den Weg gemacht habe, hat es auch noch angefangen zu regnen. Und natürlich ... wie immer ... _____^i es regnet, habe ich keinen Regenschirm dabei.

Liebe Grüße, deine Jutta

9.4 The simple past tense of strong and weak verbs (receptive)

In written texts, the simple past tense is frequently used instead of the perfect to refer to past events.

Jutta **fuhr** allein in Urlaub.
Ihr Vater **brachte** sie zum Bahnhof.

Jutta went on vacation alone.
Her father took her to the train station.

In the simple past tense, just as in the present tense, separable-prefix verbs are separated in independent clauses but joined in dependent clauses.

Rolf **stand** um acht Uhr **auf.** Es war selten, dass er so früh **aufstand.**

Rolf got up at eight. It was rare that he got up so early.

weak verbs = **-(e)te-**

A. Weak Verbs

You can recognize the simple past of weak verbs by the **-(e)te-** that is inserted between the stem and the ending.

PRESENT		SIMPLE PAST
du sagst	:	du sag**te**st
sie arbeitet	:	sie arbeit**ete**

Wir bad**ete**n, bau**te**n Sandburgen und spiel**te**n Volleyball.

We went swimming, built sand castles, and played volleyball.

Like modal verbs, simple past-tense forms do not have an ending in the **ich**- or the **er/sie/es**-forms: **ich sagte, er sagte.** Here are the simple past-tense forms of the verb **machen.**

machen			
ich	machte	wir	machten
du	machtest	ihr	machtet
Sie	machten	Sie	machten
er sie es	machte	sie	machten

irregular weak verbs = stem-vowel change + **-te-**

For a few weak verbs, the stem of the simple past is the same as the one used to form the past participle.

PRESENT	SIMPLE PAST	PERFECT	
bringen	brachte	hat gebracht	*to bring*
denken	dachte	hat gedacht	*to think*
kennen	kannte	hat gekannt	*to know, be acquainted with*
wissen	wusste	hat gewusst	*to know (as a fact)*

strong verbs = stem-vowel change

B. Strong Verbs

All strong verbs have a different stem in the simple past: **schwimmen/ schwamm, singen/sang, essen/aß.** Since English also has a number of verbs with irregular stems in the past (*swim/swam, sing/sang, eat/ate*), you will usually have no trouble recognizing simple past stems. You will also recognize the **ich-** and **er/sie/es-**forms of strong verbs easily, because they do not have an ending.

Through practice reading texts in the simple past, you will gradually become familiar with the various patterns of stem change that exist. Here are some common past-tense forms you are likely to encounter in your reading.* A more complete list of irregular verbs, including stem-changing verbs, can be found in **Appendix E.**

bleiben	blieb	*to stay*
essen	aß	*to eat*
fahren	fuhr	*to drive*
fliegen	flog	*to fly*
geben	gab	*to give*
gehen	ging	*to go*
lesen	las	*to read*
nehmen	nahm	*to take*
rufen	rief	*to call*
schlafen	schlief	*to sleep*
schreiben	schrieb	*to write*
sehen	sah	*to see*
sprechen	sprach	*to speak*
stehen	stand	*to stand*
tragen	trug	*to carry*
waschen	wusch	*to wash*

Der Bus **fuhr** um sieben Uhr ab.	*The bus left at seven o'clock.*
Sechs Kinder **schliefen** in einem Zimmer.	*Six children were sleeping in one room.*
Jutta **aß** frische Krabben.	*Jutta ate fresh shrimp.*

Übung 6   Die Radtour

Setzen Sie die Verben ein:

Willi und Sofie wollten eine Radtour machen, aber ihre Räder waren kaputt. Sie mussten sie reparieren, bevor sie losfahren konnten. Am Morgen der Tour _____ª sie um sechs Uhr auf, _____ᵇ in die Garage, wo die Räder waren und machten sich an die Arbeit. Gegen acht waren sie fertig, sie frühstückten noch und dann _____ᶜ sie ab. Gegen elf _____ᵈ sie an einen kleinen See. Sie _____ᵉ an und setzten sich ins Gras. Willis Mutter hatte ihnen Essen eingepackt. Sie waren hungrig und _____ᶠ alles auf. Sie _____ᵍ im See und legten sich dann in den Schatten und _____ʰ. Am späten Nachmittag _____ⁱ sie noch mal ins Wasser und radelten dann zurück nach Hause. Die Rückfahrt dauerte eine Stunde länger als die Hinfahrt.

hielten   gingen
aßen   kamen
schwammen   fuhren
standen
sprangen   schliefen

* It is fairly easy to make an educated guess about the form of the infinitive when encountering new simple pasttense forms. The following vowel correspondences are the most common.
1. a < e/i, for example: gab < geben, fand < finden
2. i/ie < a/ei, for example: ritt < reiten, hielt < halten, schrieb < schreiben

Übung 7 Hänsel und Gretel

Ergänzen Sie die Verben.

brachten, fanden, gab, kamen, liefen, rannte, sahen, saß, schliefen, schloss, tötete, trug, wohnte

1. Vor einem großen Wald _____ eine arme Familie mit den beiden Kindern Hänsel und Gretel.

2. Als sie eines Tages nichts mehr zu essen hatten, _____ die Eltern die Kinder in den Wald.

3. Die Kinder _____ ein und als sie aufwachten, waren sie allein.

4. Dann _____ sie durch den Wald, bis sie an ein kleines Haus _____.

5. Durch das Fenster _____ sie eine alte Frau, die vor einem Kamin[1] _____ und strickte.

6. Als die Alte die Kinder bemerkte[2], holte sie sie herein und _____ ihnen etwas zu essen. Die Kinder _____ die Frau sehr freundlich.

7. Aber leider war sie eine böse Hexe. Sie packte[3] Hänsel, _____ ihn in einen Käfig und _____ die Tür. Er sollte dick werden, damit sie ihn essen konnte.

8. Gretel weinte und versuchte, Hänsel zu helfen. Sie _____ die Hexe und _____ mit Hänsel weg.

9.5 Sequence of events in past narration: the past perfect tense and the conjunction *nachdem* (receptive)

A. Uses of the Past Perfect Tense

The past perfect tense is used to describe past actions and events that were completed before other past actions and events.

Nachdem Luca zwei Stunden **ferngesehen hatte**, ging er ins Bett.
Nachdem Jutta mit ihrer Freundin **telefoniert hatte,** machte sie ihre Hausaufgaben.

After Luca had watched TV for two hours, he went to bed.
After Jutta had talked with her friend on the phone, she did her homework.

[1]*hearth* [2]*noticed* [3]*grabbed*

The past perfect tense is often used in the clause with **nachdem**. The simple past tense is then used in the concluding (main) clause.

The past perfect tense often occurs in a dependent clause with the conjunction **nachdem** (*after*); the verb of the main clause is in the simple past or the perfect tense.

Nachdem Jens seine erste Zigarette **geraucht hatte, wurde** ihm schlecht.	*After Jens had smoked his first cigarette, he got sick.*

A dependent clause introduced by **nachdem** usually precedes the main clause. This results in the pattern "verb, verb."

DEPENDENT CLAUSE	MAIN CLAUSE
1	2

⌐Nachdem ich die Schule **beendet hatte,**⌐ ⌐**machte**⌐ ich eine Lehre.
After I had finished school, I learned a trade.

The conjugated verb of the dependent clause is at the end of the dependent clause; the conjugated verb of the main clause is at the beginning of the main clause. Because the entire dependent clause holds the first position in the sentence, the verb-second rule applies here.

past perfect tense = **hatte/war** + past participle

B. Formation of the Past Perfect Tense

The past perfect tense of a verb consists of the simple past tense of the auxiliary **haben** or **sein** and the past participle of the verb.

Ich **hatte** schon **bezahlt** und wir konnten gehen.	*I had already paid, and we could go.*
Als wir ankamen, **waren** sie schon **weggegangen**.	*When we arrived, they had already left.*

Übung 8   Was ist zuerst passiert?

Bilden Sie logische Sätze mit Satzteilen aus beiden Spalten.

MODELL: Nachdem Jutta den Schlüssel verloren hatte, kletterte sie durch das Fenster.

1. Nachdem Jutta den Schlüssel verloren hatte,
2. Nachdem Ernst die Fensterscheibe eingeworfen hatte,
3. Nachdem Claire angekommen war,
4. Nachdem Hans seine Hausaufgaben gemacht hatte,
5. Nachdem Jens sein Fahrrad repariert hatte,
6. Nachdem Michael die Seiltänzerin[1] gesehen hatte,
7. Nachdem Richard ein ganzes Jahr gespart hatte,
8. Nachdem Silvia zwei Semester allein gewohnt hatte,
9. Nachdem Willi ein Geräusch gehört hatte,

a. flog er nach Australien.
b. ging er ins Bett.
c. kletterte sie durch das Fenster.
d. lief er weg.
e. machte er eine Radtour.
f. rief er den Großvater an.
g. rief sie Melanie an.
h. war er ganz verliebt.
i. zog sie in eine WG.

[1]*tightrope walker*

Auf Reisen

Kapitel 10 focuses on travel. You will also learn to get around in the German-speaking world by following directions and reading maps.

Themen

Reisepläne

Nach dem Weg fragen

Urlaub am Strand

Tiere

Kulturelles

KLI: Universitätsstadt Göttingen

Musikszene: „Dieser Weg" (Xavier Naidoo)

KLI: Die deutsche Einwanderung in die USA

Filmclip: *Die fetten Jahre sind vorbei* (Hans Weingartner)

Videoecke: Urlaub

Lektüren

Gedicht: Die Stadt (Theodor Storm)

Reiseführer: Husum

Film: *Die fetten Jahre sind vorbei* (Hans Weingartner)

Strukturen

10.1 Prepositions to talk about places: **aus, bei, nach, von, zu**

10.2 Requests and instructions: the imperative (summary review)

10.3 Prepositions for giving directions: **an ... vorbei, bis zu, entlang, gegenüber von, über**

10.4 Being polite: the subjunctive form of modal verbs

10.5 Focusing on the action: the passive voice

Franz Marc: *Turm der blauen Pferde* (1913), verschollen

KUNST UND KÜNSTLER

Franz Marc (1880–1916) ist ein führender Vertreter des deutschen Expressionismus. Er studierte an der Münchner Kunstakademie und war Mitbegründer des Kunstalmanachs *Der Blaue Reiter,* für den er auch Artikel über Kunsttheorie schrieb. Im August 1914 meldete er sich freiwillig zum Kriegsdienst. Er fiel 1916 bei seinem letzten Einsatz nahe Verdun in Frankreich. Die Nazis bezeichneten sein Werk als „Entartete Kunst". Manche seiner Bilder wurden anschließend ins Ausland verkauft oder zerstört. Viele seiner Bilder sind von geometrischen und abstrakten Formen gekennzeichnet[1] und stellen oft Tiermotive, zum Beispiel Pferde, dar. Die Farben Blau, Gelb und Rot hatten für ihn eine symbolische Bedeutung. Blau steht für das Männliche, Herbe[2] und Geistige[3], Gelb für das Weibliche, Sanfte, Heitere[4] und Sinnliche[5], und Rot für das Brutale und Schwere.

Schauen Sie sich das Bild an und beantworten Sie die folgenden Fragen.

1. Welche Farben überwiegen[6] in dem Bild?
2. Beschreiben Sie die Atmosphäre des Bildes und gehen Sie dabei auf Marcs Farbensymbolik ein[7].
3. Was könnte die Körperhaltung[8] des Pferds im Vordergrund ausdrücken[9]?
4. Stellen Sie sich vor, Sie wären der Künstler oder die Künstlerin. Welche Farbe hätten Sie dem Pferd gegeben, Blau oder Gelb? Warum?

[1]gekennzeichnet von *characterized by* [2]*harsh* [3]*intellectual* [4]*cheerful* [5]*sensual* [6]*dominate* [7]eingehen auf *consider* [8]*posture* [9]*express*

Situationen

Reisepläne

Grammatik 10.1

WILLI: Wo warst du in deinem letzten Urlaub?
NESRIN: Ich war in Schweden.

das Kanu

WILLI: Was hast du dort gemacht?
NESRIN: Ich bin Kanu gefahren und viel gewandert.

WILLI: Bist du geflogen?
NESRIN: Nein, ich bin mit dem Auto gefahren und war die ganzen zwei Wochen dort auch mit dem Auto unterwegs.

WILLI: Wo hast du gewohnt?
NESRIN: Ich habe auf Camping-plätzen gezeltet.

THOMAS: Ich will nächsten Sommer nach Australien fliegen.
PETER: Wie lange möchtest du dort bleiben?

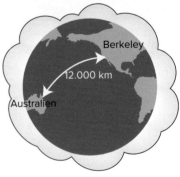

Berkeley

12.000 km

Australien

THOMAS: Vielleicht drei Wochen.
PETER: Warum willst du nach Austra-lien? Das ist doch so weit weg und der Flug ist sehr teuer.

das Känguru

THOMAS: Ich möchte die vielen interessanten Tiere sehen, zum Beispiel Kängurus. Und dann will ich meine Freundin in Sydney besuchen.
PETER: Da musst du dir bestimmt ein Auto mieten.

THOMAS: Nein, ich trampe. Und wohnen werde ich bei meiner Freundin und in Jugendherbergen. Dann wird alles ein bisschen billiger.
PETER: Gute Idee. Viel Spaß in Australien.

Situation 1 Urlaub

Wer ist das, Nesrin (N) oder Thomas (T)?

_____ ist Kanu gefahren und viel gewandert.

_____ möchte Kängurus sehen.

_____ war in Schweden.

_____ hat auf Campingplätzen gezeltet.

_____ will in Jugendherbergen wohnen.

_____ war mit dem Auto unterwegs.

_____ möchte drei Wochen bleiben.

_____ will seine Freundin in Sydney besuchen.

Situation 2 Informationsspiel: Reisen

MODELL: S1: Woher kommt Sofie?   S2: Aus _____.
         S1: Wohin fährt sie in den Ferien? S2: Nach/In _____.
         S1: Wo wohnt sie?   S2: Bei _____. Was macht sie da?
         S1: Sie kauft Bücher und besucht Verwandte. Wann kommt sie zurück? S2: In _____.

	Richard	Sofie	Mehmet	Peter	Jürgen	mein(e) Partner(in)
Woher?	aus Innsbruck		aus Izmir		aus Bad Harzburg	
Wohin?	nach Frankreich		nach Italien		in die Alpen	
Wo?	bei einer Gastfamilie			bei seiner Schwester		
Was?		Bücher kaufen; Verwandte besuchen		einen Vulkan besteigen		
Wann?	in drei Monaten				in zwei Wochen	

UNIVERSITÄTSSTADT GÖTTINGEN

- Welche Personen in **Kontakte** studieren in Göttingen?
- Welche Person wohnt in den Ferien bei ihren Eltern in Göttingen?
- Was wissen Sie schon über die Stadt?
- Welches Tier sehen Sie im Wappen der Stadt Göttingen?

Lesen Sie den Text und suchen Sie Antworten auf diese Fragen:

- Wofür ist Göttingen vor allem bekannt?
- Wer besuchte im Mittelalter die Pfalz[1] Grona?
- Wann wurde die Universität Göttingen offiziell eingeweiht[2]?
- Nach wem ist die Universität benannt?
- Wer arbeitete in der Göttinger Sternwarte[3]?
- Wer protestierte gegen König Ernst August von Hannover?
- In welchen Fächern erhielten sechs Wissenschaftler der Universität den Nobelpreis?
- Wogegen war die „Göttinger Erklärung[4]" aus dem Jahr 1957?

Wappen der Stadt Göttingen
© Tibor Bognar/Alamy

Die Stadt Göttingen liegt ziemlich genau in der Mitte von Deutschland und ist vor allem bekannt für ihre Universität. Die traditionsreiche „Georgia Augusta" ist die größte und älteste Universität in Niedersachsen und die Zahl der Studierenden macht 20 Prozent der Bevölkerung aus.

Das heutige Göttingen kann man bis ins 7. Jahrhundert zurückverfolgen[5]. Es gab ein Dorf Gutingi, über das man nicht viel weiß, und die Pfalz Grona, die zwei Kilometer entfernt lag. Diese Pfalz wurde im Mittelalter von Kaisern und Königen besucht. Heinrich II. und seine Frau Kunigunde liebten Grona, heute ein Stadtteil Göttingens, und Heinrich starb dort im Jahre 1024.

Später profitierte Göttingen wirtschaftlich von seiner guten Lage zwischen Lübeck und Frankfurt am Main und war zeitweise sogar Mitglied der Hanse*.

Im Jahre 1734 wurden in Göttingen die ersten Studenten unterrichtet und 1737 wurde die Universität feierlich eingeweiht. Georg II. August von Großbritannien, der auch Kurfürst von Braunschweig-Lüneburg war, gab der neuen Hochschule seinen Namen.

Neben der Universität hatte Göttingen auch eine Akademie der Wissenschaften, die 1766 von Benjamin Franklin besucht wurde, und eine Sternwarte, in der der berühmte Mathematiker und Physiker Carl Friedrich Gauß (1777–1855) arbeitete.

Bekannt wurde Göttingen im 19. Jahrhundert durch den Protest der „Göttinger Sieben" gegen König Ernst August von Hannover, der die recht freiheitliche Verfassung aufgehoben hatte. Zu den sieben Professoren, die protestierten, gehörten auch die Germanisten Jacob und Wilhelm Grimm.

Im 20. Jahrhundert erhielten sechs Wissenschaftler der Georgia Augusta den Nobelpreis in Chemie oder Physik. Aber auch in anderen akademischen Fächern studierten und lehrten bedeutende Wissenschaftler in Göttingen, z. B. die Philosophin Edith Stein und der Mediziner Robert Koch. Im Jahr 1957 veröffentlichten bedeutende Wissenschaftler, unter anderem Otto Hahn, Werner Heisenberg und Carl Friedrich von Weizsäcker aus Göttingen, die „Göttinger Erklärung" gegen die atomare Bewaffnung[6] der Bundeswehr.

Das Wahrzeichen der Stadt Göttingen ist das „Gänseliesel", eine Brunnenfigur auf dem Marktplatz, die Göttinger Doktoranden[7] küssen müssen, wenn sie ihren Doktorhut erhalten.

Das Gänseliesel
© imageBROKER/Alamy

*the Hanseatic League, a medieval trade organization based around cities of northern Europe

[1]imperial residence [2]inaugurated [3]astronomical observatory [4]declaration [5]trace back [6]armament [7]doctoral graduates

Situation 3 Dialog: Am Fahrkartenschalter

Silvia steht am Fahrkartenschalter und möchte mit dem Zug von Göttingen nach München fahren.

BAHNANGESTELLTER: Bitte schön?

SILVIA: Eine _____ nach München, bitte.

BAHNANGESTELLTER: Einfach oder hin und zurück?

SILVIA: Hin und zurück bitte, mit BahnCard _____ Klasse.

BAHNANGESTELLTER: Wann wollen Sie fahren?

SILVIA: Ich würde gern _____ in München sein.

BAHNANGESTELLTER: Wenn Sie um 8.06 Uhr fahren, sind Sie um 12.11 Uhr in München.

SILVIA: Das ist gut. Wissen Sie, wo der Zug _____?

BAHNANGESTELLTER: Aus Gleis 10.

SILVIA: Ach ja, ich würde gern mit VISA bezahlen. _____?

BAHNANGESTELLTER: Selbstverständlich. Das macht dann 115 Euro 20.

SILVIA: Bitte sehr.

Göttingen → München Hbf

530 km

Ab	Zug		Umsteigen	An	Ab	Zug		An	Verkehrstage
5.56	ICE 997	ᵞ	Fulda	6.49	7.00	ICE 987	ᵞ	10.11	01
5.56	ICE 997	ᵞ	Fulda	6.52	7.02	ICE 987	ᵞ	10.11	02
7.03	ICE 581	ᵞ						10.58	täglich
8.06	ICE 783	ᵞ						12.11	täglich
9.03	ICE 583	ᵞ						12.58	täglich
9.47	IC 1081	ᵞ	Augsburg Hbf	14.04	14.10	SE 21139		14.54	täglich
10.03	ICE 91	ᵞ	Nürnberg Hbf	12.26	12.30	IC 523	ᵞ	14.17	täglich
10.30	IC 1087	♨	Nürnberg Hbf	13.23	13.34	IC 813	ᵞ	15.17	03

From DB Bahn, Germany

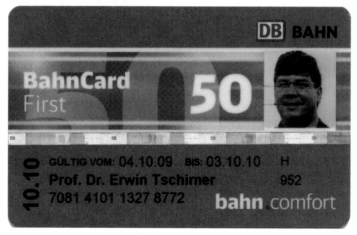

Mit der BahnCard spart man.

Situation 4 Interview

1. Wo machst du gern Urlaub?
2. Fliegst du gern? Was gefällt dir daran? Stört dich etwas beim Fliegen? Was?
3. Wie suchst du dir deine Urlaubsziele aus? Wie besorgst[8] du dir dein Ticket?
4. Wie packst du für eine Flugreise? Was nimmst du alles mit?
5. Erzähl von einer deiner letzten Reisen. Wo warst du? Wie bist du dahin gekommen? Warst du allein? Hast du jemanden kennengelernt? Was hast du am liebsten gemacht? Was war das Interessanteste, was dir passiert ist?

[8]*get*

Nach dem Weg fragen

Grammatik 10.2–10.3

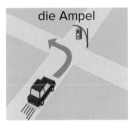

die Ampel

Biegen Sie an der
Ampel nach links ab.

Zebrastreifen

Gehen Sie über den
Zebrastreifen.

Gehen Sie geradeaus, bis
Sie eine Kirche sehen.

Gehen Sie an der Kirche
vorbei, immer geradeaus.

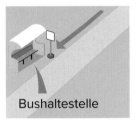

Bushaltestelle

Gehen Sie die Goethe-
allee entlang bis zur
Bushaltestelle.

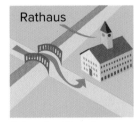

Rathaus

Gehen Sie über die
Brücke. Auf der linken
Seite ist dann das Rathaus.

Markthotel

Die U-Bahnhaltestelle
ist gegenüber vom
Markthotel.

Gehen Sie die Treppe
hinauf und dann ist es die
zweite Tür links.

Situation 5 Mit dem Stadtplan° unterwegs in Regensburg

°city street map

Suchen Sie sich ein Ziel in Regensburg aus dem Stadtplan aus. Beschreiben Sie Ihrem Partner / Ihrer Partnerin den Weg, ohne das Ziel zu verraten[1]. Wenn er/sie dort richtig ankommt, bekommen Sie einen Punkt und es wird gewechselt.

MODELL: Also, wir sind jetzt an der Steinernen Brücke, auf dem Stadtplan oben in der Mitte. Siehst du die Steinerne Brücke? Gut. Von der Steinernen Brücke aus geh bitte nach links in die Goldene-Bären-Straße hinein und an der nächsten Straße gleich wieder rechts. Du kommst dann zum Krauterermarkt und zum Dom. Geh geradeaus über den Krauterermarkt hinüber und durch die Residenzstraße zum Neupfarrplatz. Dort gehst du bitte wieder links, die Schwarze-Bären-Straße ganz durch und über die Maximilianstraße hinüber. Noch ein paar Schritte weiter und du bist am _____.

[1]give away

NÜTZLICHE AUSDRÜCKE

links/rechts die (Goliath)straße entlang
links/rechts in die (Kram)gasse hinein
geradeaus über den (Krauterer)markt / über die (Kepler)straße hinüber
weiter bis zum/zur _____
an der (Steinernen Brücke) vorbei

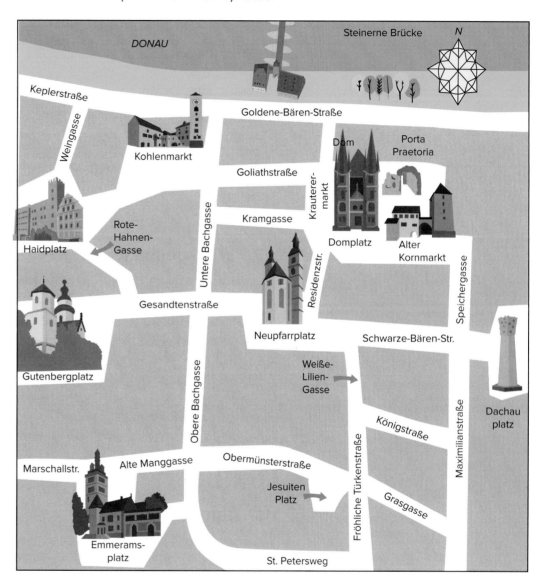

Situation 6 Dialoge

1. Jürgen ist bei Silvias Mutter zum Geburtstag eingeladen.

JÜRGEN: Wie komme ich denn zu eurem Haus?

SILVIA: Das ist ganz einfach. Wenn du _____ Bahnhofsgebäude
herauskommst, siehst du rechts _____ anderen Seite der
Straße einen Supermarkt. Geh _____ Straße, links _____
Supermarkt vorbei, und wenn du einfach geradeaus weiter-
gehst, kommst du _____ Bismarckstraße. Die musst du nur
ganz hinaufgehen, bis du _____ Kreisverkehr kommst.
Direkt _____ anderen Seite ist unser Haus.

2. Claire und Melanie sind in Göttingen und suchen die Universitätsbibliothek.

MELANIE: Entschuldige, kannst du uns sagen, wo die Universitätsbibliothek ist?

STUDENT: Ach, da seid ihr aber ganz schön falsch. Also, geht erst die Straße mal wieder zurück _____ großen Kreuzung. _____ Kreuzung _____ und _____ Fußgängerzone _____. Immer geradeaus _____ Fußgängerzone _____ Prinzenstraße. Da rechts. _____ rechten Seite seht ihr dann die Post. Direkt _____ Post ist die Bibliothek. Könnt ihr gar nicht verfehlen.

MELANIE
UND CLAIRE: Danke.

3. Frau Frisch-Okonkwo findet ein Zimmer im Rathaus nicht.

FRAU FRISCH-OKONKWO: Entschuldigen Sie, ich suche Zimmer 204.

SEKRETÄRIN: Das ist _____ dritten Stock. Gehen Sie den Korridor entlang _____ Treppenhaus[2]. Dann eine Treppe _____ und oben links. Zimmer 204 ist die zweite Tür _____ rechten Seite.

FRAU FRISCH-OKONKWO: Vielen Dank. Da hätte ich ja lange suchen können …

Situation 7   Wie komme ich …?

Beschreiben Sie Ihrem Partner / Ihrer Partnerin,

1. wie man zu Ihrem Studentenheim oder zu Ihrer Wohnung kommt.
2. wo die nächste Post ist und wie man dahin kommt.
3. wo die beste Kneipe/Disko in der Stadt ist und wie man dahin kommt.
4. wie man zum Schwimmbad kommt.
5. wie man zur Bibliothek kommt.
6. wo der nächste billige Kopierladen ist und wie man dahin kommt.
7. wie man zum Büro von Ihrem Lehrer / Ihrer Lehrerin kommt.
8. wo der nächste Waschsalon[3] ist und wie man dahin kommt.

 Lektüre

Vor dem Lesen 1

Was assoziieren Sie mit den Jahreszeiten Frühling und Herbst? Schreiben Sie Gefühle, Farben, Geräusche, Gerüche, Tätigkeiten und Erinnerungen auf.

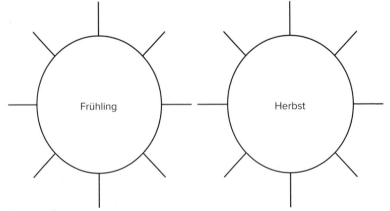

[2]stairwell   [3]laundromat

 ## Die Stadt

Theodor Storm

Am grauen Strand, am grauen Meer
Und seitab liegt die Stadt;
Der Nebel drückt die Dächer schwer,
Und durch die Stille braust das Meer
Eintönig um die Stadt.

Es rauscht kein Wald, es schlägt im Mai
Kein Vogel ohn' Unterlaß;
Die Wandergans mit hartem Schrei
Nur fliegt in Herbstesnacht vorbei,
Am Strande weht das Gras.

Doch hängt mein ganzes Herz an dir,
Du graue Stadt am Meer;
Der Jugend Zauber für und für
Ruht lächelnd doch auf dir, auf dir,
Du graue Stadt am Meer.

Theodor Storm, „Die Stadt", 1852

Miniwörterbuch	
seitab	off to the side
brausen	to rage
eintönig	monotonously
rauschen	to rustle
ohne Unterlass	incessantly
wehen	to blow
der **Zauber**	charm
für und für	forever

Arbeit mit dem Text 1

A. Suchen Sie Beispiele aus dem Gedicht für die folgenden Kategorien: Landschaft, Wetter/Jahreszeit, Fauna und Flora, Geräusche. Schreiben Sie sie in die Tabelle.

Landschaft	Wetter/Jahreszeit	Fauna und Flora	Geräusche

B. Kontraste

1. Die ersten beiden Zeilen der zweiten Strophe und die drei weiteren bilden einen Kontrast. Welches Bild oder welche Farbe hat man bei Wald, Mai, Vögel vor Augen und woran denkt man bei Wandergans, Herbstesnacht, Strand und Gras?

2. Die dritte Strophe steht im Kontrast zu den ersten beiden. Warum? Welches Wort ist hier sehr wichtig?

C. Wie ist die Stimmung in dem Gedicht? Fröhlich, melancholisch, dramatisch? Wie erreicht der Dichter das? Denken Sie an Rhythmus, Klang[4] und Lautmalerei[5].

Nach dem Lesen 1

Sind Sie Dichter oder Dichterin? Schreiben Sie ein Gedicht über Ihre Heimatstadt, über die Natur, über die Liebe oder über sich selbst. Das Gedicht muss sich nicht reimen. Es kann auch ein modernes Gedicht sein.

[4]*sound* [5]*onomatopoeia*

Vor dem Lesen 2

A. Was für Informationen erwartet man in einem Reiseführer? Kreuzen Sie an.

☐ Museen ☐ Unterkunft

☐ Restaurants und Kneipen ☐ Stadtplan[6]

☐ Wetter und Klima ☐ Kultur und Feste

☐ Attraktionen ☐ Zugfahrplan

☐ Rezepte ☐ Nachtleben

☐ berühmte Personen ☐ Wörterbuch

B. Überfliegen Sie den Text „Husum" und bestimmen Sie, in welcher Reihenfolge die folgenden Informationen gegeben werden.

_____ Anziehungspunkte in Husum

_____ Informationen zu Theodor Storm, der in Husum geboren wurde

_____ Kirchen und Museen

_____ Vorschläge für einen Stadtrundgang

© Jochen Kallhardt

Miniwörterbuch

gewidmet	dedicated
schaffen, schuf	to create
das **Herzogtum**	duchy
der **Amtsrichter**	district judge
die **Sache**	_here:_ cause
vertreten, vertrat	to plead for
schildern	to portray
der **Anziehungspunkt**	attraction
der **Rundgang**	(walking) tour
das **Freilichtmuseum**	open-air museum
sich befinden	to be located

Husum

Husum ist die Stadt Theodor Storms. Als „Graue Stadt am Meer" hat er sie liebevoll in seinem Gedicht angeredet, das er ihr gewidmet hat. Storm wurde 1817 in Husum geboren und schuf hier einen Teil seiner Gedichte und Novellen. Husum gehörte damals zu den Herzogtümern Schleswig und Holstein und gehörte damit zu Dänemark. Von 1852 bis 1864 konnte der Dichter, der im bürgerlichen Leben als Anwalt, später als Amtsrichter tätig war, nicht in seiner Vaterstadt leben, weil er gegenüber der dänischen Herrschaft die deutsche Sache vertrat. Er starb 1888 in Hademarschen, doch liegt er in Husum begraben.

Sie können in Husum Häuser anschauen, in denen Storm gelebt, und andere, die er in seinen Novellen geschildert hat. Weitere Anziehungspunkte sind der Hafen mit den Krabbenkuttern, das Schloss mit seinen Wiesen, auf denen im Frühling Millionen von Krokussen blühen, sowie die alten Kaufmannshäuser am Markt und in der Großstraße.

Ein Rundgang beginnt am Markt an der Großstraße, führt durch die Hohle Gasse und die Wasserreihe zum Hafen, durch das Westerende und die Nordhusumer Straße zum „Ostenfelder Haus", einem Freilichtmuseum mit einem Niedersachsenhaus des 16./17. Jahrhunderts. Über den alten Friedhof und den Totengang geht man über die Neustadt zum Schloss (Sitz des Kreisarchivs) mit dem als „Cornils'sches Haus" bekannten Torhaus (1612) und durch den Schlossgang zum Markt zurück. Storms Grab auf dem Klosterkirchhof erreichen Sie vom Markt aus durch die Norderstraße.

[6]city street map

Das Haus in der Wasserreihe 31, in dem der Dichter zwischen 1866 und 1880 wohnte, dient heute als Storm-Museum (täglich geöffnet von April bis Oktober). Im Nissenhaus befindet sich das Nordfriesische Museum zu den Themen Erd- und Vorgeschichte, Landschaftskunde und Kulturgeschichte (täglich geöffnet). Die Marktkirche Husums gilt als der bedeutendste klassizistische Kirchenbau Schleswig-Holsteins.

(aus: ADAC-Reiseführer Norddeutschland)

Arbeit mit dem Text 2

A. Ein Rundgang durch Husum. Zeichnen Sie den Weg, der im Reiseführer beschrieben wird, in den Stadtplan ein.

B. Storms Leben. Welche dieser Jahreszahlen und Ereignisse stehen im Text, welche nicht? Unterstreichen Sie sie im Text, wenn sie im Text stehen.

IM TEXT?

1817	wird Theodor Storm in Husum geboren	_____
1843–1852	ist er Rechtsanwalt in Husum	_____
1846	erste Heirat mit Konstanze Esmarch	_____
1852–1856	ist er Assessor in Potsdam	_____
1852–1864	lebt er aus politischen Gründen nicht in Husum	_____
1856–1864	ist er Richter in Heiligenstadt	_____
1864–1867	ist er Landvogt[7] in Husum	_____
1866	zweite Heirat mit Dorothea Jensen	_____
1866–1880	wohnt er in der Wasserreihe 31	_____
1867	wird er Amtsrichter	_____
1888	stirbt er in Hademarschen	_____

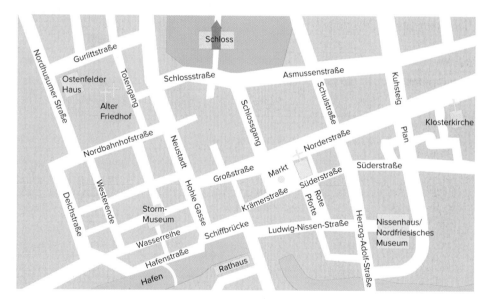

Nach dem Lesen 2

Suchen Sie im Internet mehr Informationen über Husum und über Theodor Storm und stellen Sie sie in der Klasse vor.

[7]governor

MUSIKSZENE

„Dieser Weg" (2005, Deutschland) *Xavier Naidoo*

Biografie Xavier Naidoo ist 1971 in Mannheim geboren. Sein Vater kam aus Sri Lanka und seine Mutter aus Südafrika. Er ist einer der erfolgreichsten deutschen Sänger, sowohl als Mitglied der Band *Söhne Mannheims* als auch als Solosänger. Naidoo ist ein bekennender Christ. Viele seiner Texte handeln von Gott und der Nächstenliebe, aber auch von der Wichtigkeit, Fremdenhass zu bekämpfen. Er engagiert sich für christliche Projekte wie *Zeichen der Zeit* und für Projekte gegen Fremdenhass wie *Rock gegen Rechts* und *Brothers Keepers*. Die Single „Dieser Weg" stammt aus dem Jahr 2005 und wurde die Hymne der deutschen Fußball-nationalmannschaft während der Europameisterschaft in Deutschland 2006.

Miniwörterbuch

das **Mitglied**	member
bekennend	avowed
handeln von	deal with
die **Nächstenliebe**	charity
der **Fremdenhass**	xenophobia
bekämpfen	to combat
sich engagieren	to get involved
das **Zeichen**	sign
erreichen	to achieve
(ent-)lang gehen	to walk along
steinig	rocky
treten	to kick
(sich) aufgeben	to give (oneself) up
segnen	to bless
das **Segel**	sail
aufbrausen	to pile up higher

Der Sänger Xavier Naidoo
© *Karl-Josef Hildenbrand/epa/Corbis*

NOTE: For copyright reasons, the songs referenced in **MUSIKSZENE** have not been provided by the publisher. The song can be found online at various sites such as YouTube, Amazon, or the iTunes store.

Vor dem Hören Was wollen Sie in Ihrem Leben erreichen? Was ist wichtig für Sie? Wohin führt Ihr Weg?

Nach dem Hören Beantworten Sie die Fragen.

1. Wohin führt die Straße, die der Sänger entlang geht?

2. Was spielt im Sänger?

3. Wie ist *dieser* Weg?

4. Was machen manche Menschen mit jemandem?

5. Wann soll man sein Segel nicht setzen?

Urlaub am Strand

Grammatik 10.4

die Sonnenmilch

Sonnenbaden

Muscheln sammeln

der Sonnenschirm

der Strandkorb

die Möwe

Wellen reiten

einen Sonnenbrand bekommen

die Luftmatratze

Situation 8 Umfrage: Urlaub am Strand

MODELL: S1: Hast du schon mal eine Sandburg gebaut?
S2: Ja.
S1: Unterschreib bitte hier.

UNTERSCHRIFT

1. Hast du schon mal eine Sandburg gebaut? _____
2. Hast du eine Luftmatratze? _____
3. Bist du schon mal im Meer geschwommen? _____
4. Kannst du Wellen reiten? _____
5. Sammelst du gern Muscheln? _____
6. Warst du schon mal windsurfen? _____
7. Liegst du gern im Liegestuhl? _____
8. Hast du schon mal auf einer Luftmatratze gelegen? _____
9. Bekommst du leicht einen Sonnenbrand? _____
10. Benutzt du viel Sonnenmilch? _____

Situation 9 Informationsspiel: Wo wollen wir übernachten?

MODELL: Wie viel kostet _____?

Haben die Zimmer im (in der) _____ eine eigene Dusche und Toilette?

Gibt es im (in der) _____ Einzelzimmer?

Gibt es im (in der, auf dem) _____ einen Fernseher?

Ist das Frühstück im (in der, auf dem) _____ inbegriffen?

Ist die Lage von dem (von der) _____ zentral/ruhig?

Gibt es im (in der, auf dem) _____ Internet?

	das Hotel Strandpromenade	das Hotel Ostseeblick	die Jugendherberge	der Campingplatz
Preis pro Person	88,- Euro		18,50 Euro	16,- Euro
Dusche/Toilette	ja	ja		
Einzelzimmer	ja	ja	nein	
Fernseher			im Aufenthaltsraum	
Frühstück		inbegriffen		
zentrale Lage	ja	ja	im Wald	direkt am Strand
ruhige Lage	ja	ja	ja	
Internet				

Situation 10 Dialog: Auf Zimmersuche

Herr und Frau Ruf suchen ein Zimmer.

HERR RUF: Guten Tag, haben Sie noch ein Doppelzimmer mit Dusche frei?

WIRTIN: Wie lange möchten Sie denn _____?

HERR RUF: _____.

WIRTIN: Ja, da habe ich ein Zimmer _____ und Toilette.

FRAU RUF: Ist das Zimmer auch ruhig?

WIRTIN: Natürlich. Unsere Zimmer sind alle ruhig.

FRAU RUF: _____ das Zimmer denn?

WIRTIN: 54 Euro _____.

HERR RUF: Ist Frühstück dabei?

WIRTIN: Selbstverständlich ist Frühstück dabei.

FRAU RUF: Gut, wir nehmen das Zimmer.

HERR RUF: Und wann können wir _____?

WIRTIN: _____ im Frühstückszimmer.

Situation 11 Rollenspiel: Im Hotel

S1: Sie sind im Hotel und möchten ein Zimmer mit Dusche und Toilette. Außerdem möchten Sie ein ruhiges Zimmer. Fragen Sie auch nach Preisen, Frühstück, Internet und wann Sie morgens abreisen müssen.

KULTUR ... LANDESKUNDE ... INFORMATIONEN

DIE DEUTSCHE EINWANDERUNG IN DIE USA

- Gibt es in Ihrer Nähe Orte, Städte oder Stadtteile mit deutschem Namen? Wie heißen sie? Wann wurden sie gegründet[1]?
- Gibt es in Ihrer Stadt ein Viertel[2] mit deutschen Geschäften und Restaurants?
- Welche deutschen Einwanderer[3] spielten eine wichtige Rolle in der Geschichte der USA (oder Ihres Landes)?

Lesen Sie den Text und suchen Sie die Antworten auf diese Fragen:

- Aus welchem Land kamen die meisten Einwanderer in die USA? Und die zweitmeisten?
- Wie viele Millionen US-Amerikaner sagen, dass *Deutsch* ihre Hauptabstammung[4] ist?
- Wie hieß die erste deutsche Siedlung in Nordamerika? Wo lag sie? Wann wurde sie gegründet?
- Welchen Religionen gehörten viele Deutsche an, die im 18. Jahrhundert in Pennsylvania einwanderten[5]?
- Warum hieß eine besonders große Einwanderergruppe die *Forty-Eighters*?
- Welche Region wurde der *German Belt* genannt?
- Wie viel Prozent der Einwohner San Antonios sprach im 19. Jahrhundert Deutsch?
- Welche Industrie wurde besonders von Deutschen dominiert?
- Welche Berufsgruppe und welche Religionsgruppe wanderte in den 1930er Jahren vor allem nach Amerika aus?

Die USA sind eines der großen Einwanderungsländer. Jedes Jahr wandern zahlreiche Personen in die USA ein. Deutschland steht hoch auf der Liste der Einwanderungsnationen. Allein in New York City leben circa 500.000 Deutschstämmige[6]. Bei einer Volkszählung[7] im Jahr 2006 gaben 51 Millionen US-Amerikaner *Deutsch* als ihre Hauptabstammung an.

Die deutsche Einwanderung in die USA hat eine lange Tradition. 1683 wurde in Pennsylvanien die erste deutsche Siedlung[8] mit dem Namen „Germantown" gegründet. 90 Jahre später war ein Drittel der pennsylvanischen Bevölkerung[9] deutschstämmig. Sie gehörten größtenteils protestantischen Religionen an. Auf der Basis pfälzischer Dialekte entwickelten die Deutschamerikaner eine eigene Sprache – das Pennsylvania Dutch. Dieser Dialekt wird auch heute noch in einigen Teilen Pennsylvaniens gesprochen.

Im 19. Jahrhundert wanderten fast 8 Millionen deutschsprachige Menschen in den USA ein, aus allen deutschsprachigen Ländern: aus der Schweiz, aus Österreich-Ungarn und aus dem Deutschen Reich. Viele kamen nach der gescheiterten[10] deutschen Revolution von 1848. Diese Einwanderer hießen die

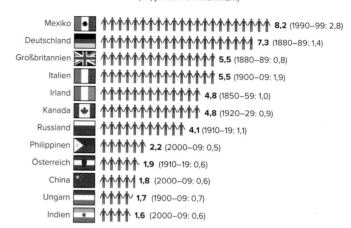

Einwanderung in die USA
1820–2013 nach Herkunftsland
(in Millionen)
(Topjahrzehnt in Klammern)

Mexiko	**8,2** (1990–99: 2,8)
Deutschland	**7,3** (1880–89: 1,4)
Großbritannien	**5,5** (1880–89: 0,8)
Italien	**5,5** (1900–09: 1,9)
Irland	**4,8** (1850–59: 1,0)
Kanada	**4,8** (1920–29: 0,9)
Russland	**4,1** (1910–19: 1,1)
Philippinen	**2,2** (2000–09: 0,5)
Österreich	**1,9** (1910–19: 0,6)
China	**1,8** (2000–09: 0,6)
Ungarn	**1,7** (1900–09: 0,7)
Indien	**1,6** (2000–09: 0,6)

Quelle: Yearbook of Immigration Statistics, U.S. Department of Homeland Security, http://www.dhs.gov

Forty-Eighters. Unter ihnen befanden sich viele Intellektuelle und Bürgerrechtskämpfer[11], ebenso wie viele Juden[12], wie zum Beispiel Abraham Jacobi, der 1860 das erste Kinderkrankenhaus der USA eröffnete[13] und Emil Berliner, der Erfinder der Schallplatte. Sehr viele Deutsche ließen sich im Mittleren Westen nieder[14], insbesondere in der Region zwischen Cincinnati, St. Louis und Milwaukee, die der *German Belt* genannt wurde. 1890 waren 69% der Einwohner Milwaukees deutschstämmig, in Cincinnati waren es zu Beginn des 20. Jahrhunderts 60%. Auch in Texas wanderten sehr viele Deutsche ein. Ein Drittel der Einwohner von San Antonio sprach 1870 Deutsch.

Viele berühmte Amerikaner waren deutscher Abstammung. John Jacob Astor kam 1784 als junger Mann nach New York. Der Chemiker Karl Pfizer gründete 1849 in Brooklyn ein Pharmaunternehmen[15], das es heute noch gibt. Levi Strauss, der Erfinder der Jeans, wanderte 1853 aus Bayern ein. Ein Monopol hatten deutsche Einwanderer in der Bierindustrie: Yuengling, Anheuser-Busch, Joseph Schlitz und Coors wurden alle im 19. Jahrhundert gegründet. Auch Hamburger, Frankfurter, Bratwurst, Schnitzel, Strudel und Brezel sind deutschen Ursprungs[16].

Nach der Machtergreifung[17] der Nazis in den 1930er Jahren verließen wiederum viele Deutsche ihre Heimat, vor allem Akademiker und vor allem jüdische Akademiker. Zu den Auswanderern gehörten der Physiker Albert Einstein, die Mathematikerin Emmy Noether, die Philosophin Hannah Arendt, der Schriftsteller Thomas Mann, der Architekt Walter Gropius und die Schauspielerin Marlene Dietrich.

---

[1]*established* [2]*neighborhood* [3]*immigrants* [4]*primary ancestry* [5]*immigrated*
[6]*people of German descent* [7]*census* [8]*settlement* [9]*populace* [10]*failed*

[11]*civil rights activist* [12]*Jews* [13]*opened* [14]*ließen sich nieder settled*
[15]*pharmaceutical company* [16]*origin* [17]*takeover*

Situationen **357**

Tiere

Grammatik 10.5

Tollwut

Juttas Ratte wird gegen Tollwut geimpft.

Ernsts Meerschweinchen wird oft gebadet.

Schildkröten werden oft als Haustiere gehalten.

die Klapperschlang

die Schildkröte

die Schnecke

der Kolibri

der Gepard

die Fledermaus

1. Das größte Landsäugetier[1]: Es hat einen Rüssel[2] und zwei Stoßzähne[3] aus Elfenbein; wegen des Elfenbeins wird es oft illegal gejagt.

2. Die schnellste Katze der Welt: Sie läuft mindestens 80 Kilometer in der Stunde.

3. Das schwerste Tier: Es lebt im Wasser, aber es ist kein Fisch.

4. Das langsamste Tier: Es trägt oft ein Haus auf seinem Rücken und hat keine Beine.

5. Es sieht aus wie ein Hund, ist aber nicht so zahm.

6. Dieses Tier lebt länger als der Elefant.

7. Das ist die giftigste Schlange in Nordamerika.

8. Dieser Wasservogel hat eine Spannweite von mehr als drei Metern.

9. Dieses Tier hat die höchste Herzfrequenz, mit zirka 1.000 Schlägen pro Minute.

10. Dieses Tier hört besser als ein Delfin.

[1]land mammal [2]trunk [3]tusks [4]cheetah

a. der Kolibri

b. der Elefant

c. die Riesenschildkröte

d. die Schnecke

e. die Fledermaus

f. der Blauwal

g. der Gepard[4]

h. die Klapperschlange

i. der Albatros

j. der Wolf

der Blauwal

MODELL: Welche Tiere findet _____ am tollsten?

Vor welchem Tier hat _____ am meisten Angst?

Welches Tier hätte _____ gern als Haustier?

Welches wilde Tier möchte _____ gern in freier Natur sehen?

Wenn _____ an Afrika denkt, an welche Tiere denkt er/sie?

Wenn _____ an die Wüste denkt, an welches Tier denkt er/sie
dann zuerst?

Welche Vögel findet _____ am schönsten?

Welchen Fisch findet _____ am gefährlichsten?

Welchem Tier möchte _____ nicht im Wald begegnen?

	Ernst	Maria	mein(e) Partner(in)
Lieblingstier		eine Katze	
Angst	vor dem Hund von nebenan		
Haustier	eine Schlange		
wildes Tier		eine Giraffe	
Afrika	an Löwen		
Wüste		an ein Kamel	
Vögel		Eulen	
Fisch	den weißen Hai		
Wald	einem Wolf		

Zwei ältere Menschen gehen mit Hunden aufs Gassi.
© Ullstein bild - CARO/Claudia Hechtenberg/The Image Works

Situation 14 Interview: Tiere

1. Was ist dein Lieblingstier? Warum?
2. Vor welchen Tieren fürchtest du dich?
3. Welches Tier findest du am interessantesten?
4. Welches Tier findest du am hässlichsten?
5. Welches Tier wärst du am liebsten? Warum?
6. Hast du oder hattest du ein Haustier? Was für eins? Wie heißt oder wie hieß es? Beschreib es. Erzähl eine Geschichte von ihm!
7. Findest du es wichtig, dass Kinder mit Tieren aufwachsen? Wenn ja, mit welchen? Warum?

Situation 15 Bildgeschichte: Lydias Hamster

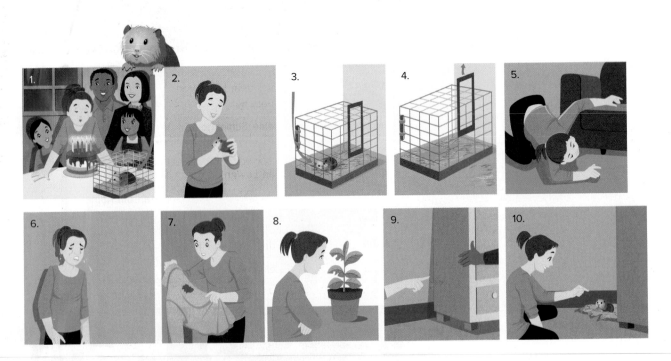

Situation 16 Tiere in Sprichwörtern

In vielen Sprachen gibt es Sprichwörter, in denen Tiere vorkommen. Welche Sprichwörter fallen Ihnen auf Englisch ein? Ordnen Sie jeder Zeichnung das passende Sprichwort (1 - 6) zu.

1. Wenn dem Esel zu wohl ist, geht er aufs Eis.
2. Einem geschenkten Gaul (= Pferd) sieht man nicht ins Maul (= Mund).
3. Kaum ist die Katze aus dem Haus, tanzen die Mäuse auf dem Tisch.
4. Den letzten beißen die Hunde.
5. In der Not[5] frisst der Teufel Fliegen.
6. Ein blindes Huhn findet auch mal ein Korn.

[5]*emergency*

—

—

—

—

—

—

Was bedeuten die Sprichwörter? Kombinieren Sie die Definitionen (a - f) mit den Sprichwörtern (1 - 6).

a. Wenn man etwas geschenkt bekommt, sollte man nicht zu kritisch damit sein.

b. Wenn man etwas nötig braucht, muss man nehmen, was da ist.

c. Wenn der Chef nicht da ist, machen die Angestellten, was sie wollen.

d. Jemandem, der sonst wenig Erfolg hat, kann auch etwas gelingen.

e. Wenn man sich nicht beeilt, ergeht es einem schlecht.

f. Leute, die zu viel Erfolg oder Glück haben, werden übermütig[6].

[6]cocky

Filmlektüre

Die fetten Jahre sind vorbei

Vor dem Lesen

A. Schauen Sie sich das Foto an.

1. Welche Personen sehen Sie auf dem Foto?
2. Beschreiben Sie die junge Frau.
3. Welchen der beiden jungen Männer finden Sie am sympathischsten? Warum?

... denn sie wissen nicht, was sie tun
© IFC Films/Photofest

B. Lesen Sie die Wörter im Miniwörterbuch. Suchen Sie sie im Text und unterstreichen Sie sie.

Miniwörterbuch

verteilt	distributed
einbrechen	to break in
verrücken	to move, to disarrange
verstecken	to hide
die **Nachricht**	message
unterzeichnen	to sign
die **Erziehungs-berechtigten**	legal guardians
im Überschwang der Gefühle	in exuberance
schulden	to owe
das **Vermögen**	fortune
beschädigen	to damage
entführen	to kidnap
die **Berghütte**	mountain cabin
aufbegehren	to revolt
verraten	to betray
auf etwas verzichten	to go without
aufbrechen	to take off

Inhaltsangabe

Besitz und Geld sind auf der Welt ungerecht verteilt. Jan (Daniel Brühl) und Peter (Stipe Erceg), zwei junge Berliner, wollen diese Situation ändern und haben eine eigene Methode dafür gefunden: Sie brechen nachts in Villen reicher Leute ein. Sie stehlen nichts, sondern verrücken Möbel, hängen Bilder um und verstecken wertvolle Gegenstände im Kühlschrank oder werfen sie in den Swimmingpool. Die Nachrichten, die sie für die Hausbesitzer hinterlassen, lauten: „Die fetten Jahre sind vorbei" oder „Sie haben zu viel Geld", unterzeichnet mit „Die Erziehungsberechtigten". Ihr Ziel: Die Reichen sollen über ihren Luxus nachdenken.

Alles läuft immer nach Plan. Jan und Peter haben ihren Spaß und die Villenbewohner sind geschockt beim Anblick ihrer Häuser. Doch als sich dann Jan und Jule (Julia Jentsch), Peters Freundin, ineinander verlieben, brechen die beiden im Überschwang der Gefühle und ohne Peter in die Villa des Geschäftsmannes Justus Hardenberg (Burghart Klaußner) ein. Dem schuldet Jule ein halbes Vermögen, weil sie bei einem Unfall sein teures Auto beschädigt hat. Ein harmloser Einbruch wie die anderen wird es nicht, denn sie werden vom Hausbesitzer überrascht. Jan und Jule schlagen Hardenberg nieder, entführen ihn und bringen ihn mit Peters Hilfe in die Berghütte von Jules Onkel am Tiroler Achensee. In der Berghütte stellt sich heraus, dass Hardenberg in seinen jungen Jahren genauso gegen das etablierte Bürgertum aufbegehrte wie Jan, Peter und Jule jetzt. Seine Ideale von früher hat Hardenberg jedoch verraten.

Am Ende bringen die drei Entführer Hardenberg in seine Villa zurück. Er verzichtet auf das Geld, das ihm Jule wegen des Autounfalls schuldet. Als die Polizei wenig später die Wohnung der drei jungen Leute stürmt, sind sie schon verschwunden. Am Schluss brechen sie mit Hardenbergs Motorjacht zu neuen Taten auf.

Arbeit mit dem Text

Welche Aussagen sind falsch? Verbessern Sie die falschen Aussagen.

1. Peter und Jan brechen in Villen ein, weil sie Geld brauchen.
2. Jule ist Peters Freundin, verliebt sich aber in Jan.
3. Peter und Jan brechen in die Villa von Justus Hardenberg ein.
4. Hardenberg schuldet Jule sehr viel Geld.
5. Jan, Peter und Jule entführen Hardenberg, weil er sie beim Einbruch in seine Villa überrascht hat.
6. Die drei Entführer lassen Hardenberg in Tirol frei.
7. Jan, Peter und Jule melden sich[7] bei der Polizei.

Szene: DVD, Kapitel 1, „Start", 4:30–8:25 Min.

Jule nimmt an einer Demonstration gegen Sweatshops teil. Jan sitzt im Park und fährt dann mit der Straßenbahn nach Hause. Schauen Sie sich den Filmclip an. Bringen Sie die Sätze in die richtige Reihenfolge.

___1___ Jule nimmt an einer Demo gegen Sweatshops teil und erklärt zwei Mädchen, wie viel die kleinen Kinder in Entwicklungsländern arbeiten müssen.

_____ Als die Polizisten und die zwei festgenommenen jungen Leute im Polizeiwagen sitzen, versuchen die Demonstranten ihn umzukippen.

_____ Die Demonstranten wollen das verhindern, die Polizei greift aber brutal durch.

_____ Die Polizei nimmt die zwei jungen Männer fest und bringt sie in den Polizeiwagen.

_____ Ein Kontrolleur geht hinter Jan her und will ihn anpöbeln, Jan aber lässt sich das nicht gefallen.

_____ Jan (Brühl) sitzt im Park und sieht einer jungen Familie zu.

_____ Jan mischt sich ein und gibt dem alten Mann seine Karte.

_____ Jan sitzt in der Straßenbahn und sieht, wie drei Kontrolleure einen Obdachlosen schlecht behandeln.

_____ Jule geht nach Hause und bekommt eine Räumungsklage.

_____ Jule hat zwar die Miete bezahlt, aber sechs Monate zu spät.

_____ Jule liest die Räumungsklage und ist völlig verzweifelt.

_____ Zwei Angestellte des Sportladens werfen die zwei jungen Männer hinaus.

_____ Zwei junge Männer gehen in einen Sportladen und erklären, wie die Turnschuhe hergestellt werden.

Miniwörterbuch

das **Entwicklungs-land**	developing country
festnehmen	to apprehend
umkippen	to topple
verhindern	to prevent
durchgreifen	to crack down
anpöbeln	to accost
sich einmischen	to intervene
der **Obdachlose**	homeless person
behandeln	to treat
die **Räumungsklage**	eviction notice
zwar ... aber	to be sure ... but
verzweifelt	desperate
herstellen	to make

Nach dem Lesen

Beantworten Sie die folgenden Fragen.

1. Glauben Sie, dass Jan, Peter und Jule mit ihren Aktionen Erfolg[8] haben? Rüttelt man mit so etwas die Gesellschaft wach[9]? Kann oder muss man die drei ernst[10] nehmen? Warum? Warum nicht?

2. Justus Hardenberg gehörte zu den sogenannten „68ern". 1968 war ein aufregendes Jahr in der alten BRD. Forschen Sie im Internet nach, was in diesem Jahr in Westdeutschland passierte und welche Rolle die Studenten gespielt haben.

[7]melden ... *turn themselves in*   [8]*success*   [9]rüttelt wach *shakes awake*   [10]*seriously*

Videoecke

Perspektiven

Ich wandere gerne und mache viel Sport.

Aufgabe 1   Wer sagt das?

Ordnen Sie die Aussagen den Personen zu.

1. Sandra ___

2. Shaimaa ___

3. Tina ___

4. Jenny ___

5. Nadezda ___

6. Pascal ___

7. Simone ___

8. Michael ___

a. Ich entspanne am liebsten am Strand.

b. Ich erhole mich gern.

c. Ich fahre am liebsten ans Meer.

d. Ich gucke mir Gebäude an und treffe Menschen, die dort leben.

e. Ich mache gerne gar nichts.

f. Ich schwimme sehr gerne.

g. Ich wandere gerne.

h. Reisen und schlafen.

Interviews

- Wohin fährst du gern in Urlaub?
- Was war dein bisher schönster Urlaub?
- Was war daran so besonders?
- Gab es mal einen Urlaub, in dem etwas schief ging?
- Hast du oder hattest du ein Haustier?
- Gibt es über dein Haustier eine lustige Geschichte?

Tina

Tabea

Aufgabe 2 Tina oder Tabea?

Sehen Sie sich das Video an und schreiben Sie Tina oder Tabea neben die Aussagen.

1. Mein schönster Urlaub war meine Reise nach Spanien.
2. Mein schönster Urlaub war am Meer.
3. Wir haben den tollen Sternenhimmel gesehen.
4. Ich habe dort drei Monate gearbeitet.
5. Mir wurde einmal die Tasche geklaut.
6. Wir haben Flusskrebse gebraten.
7. Wir haben die Hälfte des Essens vergessen.
8. Ich hatte ein Zwergkaninchen.
9. Ich hatte einen Hasen namens Milan.
10. Ich dachte immer, es wär ein Junge.

Aufgabe 3 Tinas Tasche

Tina wird die Tasche geklaut. Hören Sie sich die Geschichte an und erzählen Sie sie dann mithilfe der folgenden Notizen.

> **Tasche neben sich stellen**   **im Bus sitzen**
>
> **einen Moment unachtsam**   **problematisch**
>
> **gut aufpassen**   **Tasche weg**
>
> **Personalausweis und Portemonnaie drin**

Aufgabe 4 Tinas Hase

Tina hatte einen Hasen. Hören Sie sich die Geschichte an, machen Sie sich Notizen und erzählen Sie dann die Geschichte mithilfe Ihrer Notizen.

Aufgabe 5 Interview

Interviewen Sie eine Partnerin oder einen Partner. Stellen Sie dieselben Fragen.

Wortschatz

Reisen und Tourismus — Travel and Tourism

die **Fahrt, -en** (R)	trip
die **Haltestelle, -n**	stop
die **Jugendherberge, -n**	youth hostel
die **Klasse, -n** (R)	class
erster Klasse fahren	to travel first class
die **Lage, -n**	place; position
die **Luftmatratze, -n**	air mattress
die **Möwe, -n**	seagull
die **Reisende, -n**	female traveler
die **Schiene, -n**	train track
die **Sonnenmilch**	suntan lotion
die **Welle, -n**	wave
der **Aufenthaltsraum, ̈e**	lounge, recreation room
der **Ausweis, -e**	identification card
der **Hafen, ̈**	harbor, port
der **Reisende, -n**	
(ein Reisender)	male traveler
der **Sonnenbrand, ̈e**	sunburn
der **Sonnenschirm, -e**	sunshade, beach parasol
der **Strandkorb, ̈e**	beach chair
der **Wirt, -e**	host, innkeeper; bar keeper
der **Zug, ̈e** (R)	train
das **Einzelzimmer, -**	single room
das **Gleis, -e**	(set of) train tracks
das **Kanu, -s**	canoe
Kanu fahren	to go canoeing
das **Ziel, -e**	destination

Ähnliche Wörter

die **Idee, -n**; die **Rezeption, -en**; der **Campingplatz, ̈e**; das **Doppelzimmer, -** (R); das **Fernsehzimmer, -**; **packen**

Den Weg beschreiben — Giving Directions

ab·biegen, bog ... ab, ist abgebogen	to turn
entlang·gehen	to go along
verfehlen	to miss, not notice
vorbei·gehen (an + *dat.*)	to go by
weiter·gehen	to keep on walking
entlang	along
gegenüber von (R)	across from
geradeaus	straight ahead
her(·kommen)	(to come) this way
heraus(·kommen)	(to come) out this way
herein(·kommen)	(to get/go) in this way
hin(·gehen)	(to go) that way
hinauf(·gehen)	(to go) up that way
hinüber(·gehen)	(to go) over that way
links (R)	left
oben	above
rechts (R)	right

In der Stadt — In the City

die **Brücke, -n**	bridge
die **Bushaltestelle, -n**	bus stop
die **Gasse, -n**	narrow street; alley
die **Kreuzung, -en**	intersection
der **Dom, -e**	cathedral
der **Kopierladen, ̈**	copy shop
der **Kreisverkehr, -e**	traffic roundabout
der **Zebrastreifen, -**	crosswalk
das **Gebäude, -**	building

Ähnliche Wörter

die **Fußgängerzone, -n**; der **Markt, ̈e**

Tiere — Animals

die **Biene, -n**	bee
die **Mücke, -n**	mosquito
die **Schildkröte, -n**	turtle
die **Schlange, -n**	snake
der **Adler, -**	eagle
der **Hai, -e**	shark
der **Löwe, -n** (*wk. masc.*)	lion
der **Papagei, -en**	parrot
der **Vogel, ̈**	bird
das **Meerschweinchen, -**	guinea pig
das **Tier, -e** (R)	animal
das **Haustier, -e**	pet

Ähnliche Wörter

die **Giraffe, -n**; die **Maus, ̈e**; die **Ratte, -n**; der **Delfin, -e**; der **Hamster, -**; der **Piranha, -s**; der **Skorpion, -e**; das **Känguru, -s**; das **Krokodil, -e**; das **Wildschwein, -e**; das **Zebra, -s**

Sonstige Substantive — Other Nouns

die **Bürgerin, -nen**	female citizen
die **Fensterbank, ⸚e**	windowsill
die **Tollwut**	rabies
der **Bürger, -**	male citizen
der **Käfig, -e**	cage
das **Elfenbein**	ivory

Ähnliche Wörter

der **Staat, -en**; das **Nest, -er**; in freier **Natur**

Sonstige Verben — Other Verbs

ab·reisen, ist abgereist	to depart
ein·schalten	to turn on
ein·steigen (R), **stieg ... ein, ist eingestiegen**	to board
entschuldigen	to excuse
entschuldigen Sie!	excuse me!
sich erkundigen nach	to ask about, get information about
sich fürchten vor (+ *dat.*)	to be afraid of
grüßen	to greet, say hello to
impfen gegen	to vaccinate against
sammeln	to collect
sonnenbaden gehen	to go sunbathing
stechen, sticht, stach, gestochen	to sting; to bite (*of insects*)
trampen, ist getrampt	to hitchhike

Ähnliche Wörter

antworten (+ *dat.*) (R); **windsurfen gehen**

Adjektive und Adverbien — Adjectives and Adverbs

einfach	one-way (trip)
gefährlich	dangerous
gemütlich	cozy
komisch	funny, strange
nützlich	useful
überall	everywhere
ungeduldig	impatient
zahm	tame

Ähnliche Wörter

extra, voll, zentral

Sonstige Wörter und Ausdrücke — Other Words and Expressions

an ... vorbei	by
aus	of; from; out of
außerdem (R)	besides
bei (R)	at; with; near
bis zu	as far as; up to
danach (R)	afterward
hin und zurück (R)	there and back; round-trip
inbegriffen	included
nach (R)	to (*a place*)
nach Hause (R)	(to) home
selbstverständlich	of course
vielen Dank	many thanks
von (R)	of; from
zu (R)	to (*a place*)
zu Hause (R)	at home

Strukturen und Übungen

10.1 Prepositions to talk about places: *aus, bei, nach, von, zu*

WISSEN SIE NOCH?

The prepositions **aus** (*from*), **bei** (*near, with*), **mit** (*with*), **nach** (*to*), **von** (*from*), and **zu** (*to*) are prepositions that take the dative case.

Review grammar B.6, 6.4, and 6.6.

Use the prepositions **aus** and **von** to indicate origin; **bei** to indicate a fixed location; and **nach** and **zu** to indicate destination. These five prepositions are always used with nouns and pronouns in the dative case.

Woher (kommt sie?)	Wo (ist sie?)	Wohin (geht/fährt sie?)
aus Spanien		nach Spanien
aus dem Zimmer		nach Hause
von rechts		nach links
von Erika	bei Erika	zu Erika
vom Strand		zum Strand

A. The Prepositions **aus** and **von**

aus: enclosed spaces
countries
towns
buildings

1. Use **aus** to indicate that someone or something comes from an enclosed or defined space, such as a country, a town, or a building.

Diese Fische kommen **aus der Donau.**	*These fish come from the Danube river.*
Jens kam **aus seinem Zimmer.**	*Jens came out of his room.*

Most country and city names are neuter; no article is used with these names.

Josef kommt **aus Deutschland.**

However, the article is included when the country name is masculine, feminine, or plural.

Richards Freund Ali kommt **aus dem Iran.**
Mehmets Familie kommt **aus der Türkei.**
Ich komme **aus den USA.**

von: open spaces
directions
persons

2. Use **von** to indicate that someone or something comes not from an enclosed space but from an open space, from a particular direction, or from a person.

Melanie kommt gerade **vom Markt** zurück.	*Melanie's just returning from the market.*
Das rote Auto kam **von rechts.**	*The red car came from the right.*
Michael hat es mir gesagt. Ich weiß es **von ihm.**	*Michael told me. I know it through (from) him.*

B. The Preposition **bei**

bei: place of work
residence

Use **bei** before the name of a place where someone works or a place where someone lives or is staying.

Albert arbeitet **bei McDonald's.**	*Albert works at McDonald's.*
Rolf wohnt **bei einer Gastfamilie.**	*Rolf is staying with a hostfamily.*
Treffen wir uns **bei Katrin.**	*Let's meet at Katrin's.*

ACHTUNG!

von + dem = vom
bei + dem = beim
zu + dem = zum
zu + der = zur

nach: cities

countries without articles

direction

nach Hause (idiom)

zu: places

persons

zu Hause (idiom)

C. The Prepositions **nach** and **zu**

Use **nach** with neuter names of cities and countries (no article), to indicate direction, and in the idiom **nach Hause** ([*going*] home).

Wir fahren morgen **nach Salzburg.**	*We'll go to Salzburg tomorrow.*
Biegen Sie an der Ampel **nach links ab.**	*Turn left at the light.*
Gehen Sie **nach Westen.**	*Go west.*
Ich muss jetzt **nach Hause.**	*I have to go home now.*

Use **zu** to indicate movement toward a place or a person, and in the idiom **zu Hause** (*at home*).

Wir fahren heute **zum Strand.**	*We'll go to the beach today.*
Wir gehen morgen **zu Tante Julia.**	*We'll go to Aunt Julia's tomorrow.*
Rolf ist nicht **zu Hause.**	*Rolf is not at home.*

Übung 1   Die Familie Ruf

Kombinieren Sie Fragen und Antworten.

1. Hier kommt Herr Ruf. Er hat seine Hausschuhe an. Woher kommt er gerade?
2. Hans hat noch seine Schultasche auf dem Rücken. Woher kommt er?
3. Frau Ruf kommt mit zwei Taschen voll Obst und Gemüse herein. Woher kommt sie?
4. Jutta kommt herein. Sie hat eine neue Frisur[1]. Woher kommt sie?
5. Gestern Abend war Jutta nicht zu Hause. Wo war sie?
6. Ihre Mutter war auch nicht zu Hause. Wo war sie?
7. Morgen geht Herr Ruf aus. Wohin geht er?
8. Hans fährt am Wochenende weg. Wohin fährt er?
9. Frau Ruf ist am Wochenende geschäftlich unterwegs. Wohin fährt sie?
10. Jutta möchte mit ihrem Freund einen Skiurlaub machen. Wohin wollen sie?

a. Aus der Schule.
b. Aus seinem Zimmer.
c. Bei ihrem Freund.
d. Bei Frau Körner.
e. Nach Innsbruck.
f. Nach Berlin.
g. Vom Friseur.
h. Vom Markt.
i. Zu Herrn Thelen, Karten spielen.
j. Zu seiner Tante.

Übung 2   Melanies Reise nach Dänemark

Beantworten Sie die Fragen. Verwenden Sie die Präpositionen **aus, bei, nach, von** oder **zu.**

MODELL: CLAIRE: Wohin bist du gefahren? (Dänemark) →
   MELANIE: Nach Dänemark.

1. Wohin genau? (Kopenhagen)
2. Wohin bist du am ersten Tag gegangen? (der Strand)
3. Und deine Freundin Fatima? Wohin ist sie gegangen? (ihre Tante Sule)

[1]hairstyle

4. Woher kommt die Tante deiner Freundin? (die Türkei)

5. Kommt deine Freundin auch aus der Türkei? (nein / der Iran)

6. Am Strand hast du Peter getroffen, nicht? Woher ist der plötzlich gekommen? (das Wasser)

7. Sein Freund war auch dabei, nicht? Woher ist der gekommen? (der Markt)

8. Weißt du, wo die beiden übernachten wollten? (ja / uns)

9. Und wo haben sie übernachtet? (Fatimas Tante)

10. Wohin seid ihr am nächsten Morgen gefahren? (Hause)

10.2 Requests and instructions: the imperative (summary review)

As you have already learned, the imperative (command form) in German is used to make requests, to give instructions and directions, and to issue orders. To soften requests or to make them more polite, words such as **doch, mal,** and **bitte** are often included in imperative sentences.

Mach mal das Fenster **zu!**	*Close the window!*
Bringen Sie mir **bitte** noch einen Kaffee.	*Bring me another cup of coffee, please.*

The imperative has four forms: the familiar singular (**du**), the familiar plural (**ihr**), the polite (**Sie**), and the first-person plural (**wir**).

A. **Sie** and **wir**

In both the **Sie-** and the **wir-**forms, the verb begins the sentence and the pronoun follows.

Kontrollieren Sie bitte das Öl.	*Please check the oil.*
Gehen wir doch heute ins Kino!	*Let's go to the movies today.*

B. **ihr**

The familiar plural imperative consists of the present-tense **ihr-**form of the verb but does not include the pronoun **ihr.**

Lydia und Yamina, **kommt her** und **hört** mir **zu!**	*Lydia and Yamina, come here and listen to me.*
Sagt immer die Wahrheit!	*Always tell the truth.*

C. **du**

The familiar singular imperative consists of the present-tense **du-**form of the verb without the -(**s**)**t** ending and without the pronoun **du.**

du kommst	**Komm!**
du tanzt	**Tanz!**
du isst	**Iss!**

In written German, you will sometimes see a final **-e** (**komme, gehe**), but this **-e** is usually omitted in the spoken language for all verbs except those for which the present-tense **du-**form ends in **-est.**

du arbeitest	**Arbeite!**
du öffnest	**Öffne!**

Verbs that have a stem-vowel change from **-a-** to **-ä-** or **-au-** to **-äu-** do not have an umlaut in the **du-**imperative.

du fährst	**Fahr!**
du läufst	**Lauf!**

D. **sein**

The verb **sein** has irregular imperative forms.

du	→	**Sei** leise!		*(Paul!)*
ihr	→	**Seid** leise!	*Be quiet!*	*(You two!)*
Sie	→	**Seien Sie** leise!		*(Mrs. Smith!)*

wir → **Seien wir** leise!   *Let's be quiet!*

Sei so gut und gib mir die   *Be so kind and pass me the*
   Butter, Andrea.   *butter, Andrea.*
Seid keine Egoisten!   *Don't be such egotists!*

Übung 3   Hans und sein Vater

Hans und sein Vater sind zu Hause. Hans fragt seinen Vater, was er tun darf oder tun muss. Spielen Sie die Rolle seines Vaters. Sie brauchen auch einen guten Grund!

MODELL: Darf ich den Fernseher einschalten? →
            Ja, schalte ihn ein. Es kommt ein guter Film.
         oder Nein, schalte ihn nicht ein. Ich möchte Musik hören.

1. Muss ich jetzt Klavier üben?
2. Darf ich Jens anrufen?
3. Darf ich die Schokolade essen?
4. Darf ich das Fenster aufmachen?
5. Muss ich dir einen Kuss geben?
6. Kann ich mit dir reden?
7. Muss ich das Geschirr spülen?
8. Darf ich in den Garten gehen?
9. Darf ich morgen mit dem Fahrrad in die Schule fahren?

Übung 4   Aufforderungen!

Sie sind die erste Person in jeder Zeile. Was sagen Sie?

MODELL: Frau Wagner: Jens und Ernst / Zimmer aufräumen →
            Jens und Ernst, räumt euer Zimmer auf!

1. Herr Wagner: Jens und Ernst / nicht so laut sein
2. Michael: Maria / bitte an der nächsten Ampel halten
3. Frau Wagner: Uli / an der nächsten Straße nach links abbiegen
4. Herr Ruf: Jutta / mehr Obst essen
5. Herr Siebert: Herr Pusch / nicht so schnell fahren
6. Jutta: Jens / an der Ecke auf mich warten
7. Frau Frisch-Okonkwo: Sumita und Yamina / nicht ungeduldig sein
8. Herr Thelen: Andrea und Paula / Vater von mir grüßen
9. Frau Ruf: Hans / mal schnell zu Papa laufen
10. Aydan: Eske und Damla / jeden Tag die Zeitung lesen

Übung 5   Minidialoge

Verwenden Sie die Verben im Kasten.

helfen   machen
vergessen
warten   sprechen

1. FRAU RUF: Ich sitze jetzt schon wieder seit sechs Stunden vor dem Computer.
   HERR RUF: Du arbeitest zu viel. _____ mal eine Pause.

2. HERR SIEBERT: _____ bitte lauter, ich verstehe Sie nicht.
   MARIA: Ja, wie laut soll ich denn sprechen? Wollen Sie, dass ich schreie?

3. MICHAEL: Na, was ist? Kommen Sie nun oder kommen Sie nicht?
   FRAU KÖRNER: Ich bin ja gleich fertig. Bitte _____ doch noch einen Moment.

4. HANS: Kann ich mit euch zum Schwimmen gehen?
   JENS: Ja, komm und _____ deine Badehose nicht.

5. AYDAN: _____ mir bitte, ich kann die Koffer nicht allein tragen.
   ESKE UND DAMLA: Aber natürlich, Mama, wir helfen dir doch gern.

10.3 Prepositions for giving directions: *an ... vorbei, bis zu, entlang, gegenüber von, über*

ACCUSATIVE:

entlang (follows the noun)
über (precedes the noun)

A. entlang (*along*) and **über** (*over*) + Accusative

Use the prepositions **entlang** and **über** with nouns in the accusative case. Note that **entlang** follows the noun.

Fahren Sie **den Fluss entlang.**	*Drive along the river.*
Gehen Sie **über den Zebrastreifen.**	*Walk across the crosswalk.*

The preposition **über** may also be used as the equivalent of English *via*.

Der Zug fährt **über** Frankfurt und Hannover nach Hamburg.	*The train goes to Hamburg via Frankfurt and Hanover.*

DATIVE:

an ... vorbei (encloses the noun)
bis zu (precedes the noun)
gegenüber von (precedes the noun)

B. an ... vorbei (*past*), **bis zu** (*up to, as far as*), **gegenüber von** (*across from*) + Dative

Use **an ... vorbei, bis zu,** and **gegenüber von** with the noun in the dative case. Note that **an ... vorbei** encloses the noun.

Gehen Sie **am Supermarkt vorbei.**	*Go past the supermarket.*
Fahren Sie **bis zur Fußgängerzone** und biegen Sie links ab.	*Drive to the pedestrian zone and turn left.*
Die U-Bahnhaltestelle ist **gegenüber vom Markthotel.**	*The subway station is across from the Markthotel.*

Übung 6   Wie komme ich dahin?

Ein Ortsfremder[1] fragt Sie nach dem Weg. Antworten Sie! Nützliche Wörter:

entlang   an ... vorbei   gegenüber von
über   bis zu

1. Wie muss ich fahren?   der Fluss

2. Wie muss ich gehen?   die Brücke

3. Wie muss ich gehen?   die Kirche

4. Wie muss ich fahren?   der Bahnhof

[1]*stranger*

die Tankstelle
die Post

5. Wo ist die Tankstelle?

der Zug
die Schienen

6. Wie komme ich zum Zug?

Bismarckstraße

7. Immer geradeaus?

das Rathaus

8. Vor dem Rathaus links?

Zum Patrizier
das Rathaus

9. Das Hotel „Zum Patrizier"?

NÜRNBERG
10 km.
die Straße

10. Wie komme ich nach Nürnberg?

10.4 Being polite: the subjunctive form of modal verbs

Use the subjunctive form of modal verbs to be more polite.

Könnten Sie mir bitte dafür eine Quittung geben?

Could you please give me a receipt for that?

Ich **müsste** mal telefonieren.

I have to make a phone call.

Dürfte ich Ihr Telefon benutzen?

Could I use your phone?

The subjunctive is formed from the simple past-tense stem. Add an umlaut if there is an umlaut in the infinitive.

To form the subjunctive of a modal verb, add an umlaut to the simple past form if there is also one in the infinitive. If the modal verb has no umlaut in the infinitive (**sollen** and **wollen**), the subjunctive form is the same as the simple past form.

Infinitive	Past	Subjunctive
dürfen	ich durfte	ich dürfte
können	ich konnte	ich könnte
mögen	ich mochte	ich möchte
müssen	ich musste	ich müsste
sollen	ich sollte	ich sollte
wollen	ich wollte	ich wollte

Below are the subjunctive forms of **können** and **wollen.**

können			
ich	könnte	*wir*	könnten
du	könntest	*ihr*	könntet
Sie	könnten	*Sie*	könnten
er *sie* *es*	könnte	*sie*	könnten

wollen			
ich	wollte	*wir*	wollten
du	wolltest	*ihr*	wolltet
Sie	wollten	*Sie*	wollten
er *sie* *es*	wollte	*sie*	wollten

In modern German, **möchte,** the subjunctive form of **mögen,** has become almost a synonym of **wollen.**

—Wohin wollen Sie fliegen?   *Where do you want to go (fly)?*
—Wir möchten nach Kanada fliegen.   *We want / would like to fly to Canada.*

Another polite form, **hätte gern,** is often used instead of **möchte**, especially in conversational exchanges involving goods and services.

Ich hätte gern eine Cola, bitte.   *I'd like a Coke, please.*
Wir hätten gern die Speisekarte, bitte.   *We'd like the menu, please.*

Übung 7   Überredungskünste

Versuchen Sie, jemanden zu überreden[1], etwas anderes zu machen als das, was er/sie machen will.

MODELL: S1: Ich fahre jetzt. (bleiben)
         S2: Ach, könntest du nicht bleiben?

1. Ich koche Kaffee. (Tee, Suppe, ?)
2. Ich lese jetzt. (später, morgen, ?)
3. Ich sehe jetzt fern. (etwas Klavier spielen, mit mir sprechen, ?)
4. Ich rufe meine Mutter an. (deinen Vater, deine Tante, ?)
5. Ich gehe nach Hause. (noch eine Stunde bleiben, bis morgen bleiben, ?)

MODELL: S1: Wir fahren nach Spanien. (Italien)
         S2: Könnten wir nicht mal nach Italien fahren?

6. Wir übernachten im Zelt. (Hotel, Campingbus, ?)
7. Wir kochen selbst. (essen gehen, fasten, ?)
8. Wir gehen jeden Tag wandern. (schwimmen, ins Kino, ?)
9. Wir schreiben viele Briefe. (nur eine E-Mail, nur Postkarten, ?)
10. Wir sehen uns alle Museen an. (in der Sonne liegen, viel schlafen, ?)

[1]*convince*

Übung 8 Eine Autofahrt

Sie wollen mit einem Freund ausgehen und fahren in seinem Auto mit. Stellen Sie Fragen. Versuchen Sie, besonders freundlich und höflich zu sein.

MODELL: wir / jetzt nicht fahren können →
Könnten wir jetzt nicht fahren?

1. du / nicht noch tanken müssen
2. wir / nicht Jens abholen sollen
3. zwei Freunde von mir / auch mitfahren können
4. wir / nicht zuerst in die Stadt fahren sollen
5. du / nicht zur Bank wollen
6. du / etwas langsamer fahren können
7. ich / das Autoradio anmachen dürfen
8. ich / das Fenster aufmachen dürfen

10.5 Focusing on the action: the passive voice

A. Uses of the Passive Voice

The passive voice is used in German to focus on the action of the sentence itself rather than on the person or thing performing the action.

ACTIVE VOICE
Der Arzt impft die Kinder.   *The physician inoculates the children.*

PASSIVE VOICE
Die Kinder **werden geimpft.**   *The children are (being) inoculated.*

Note that the accusative (direct) object of the active sentence, **die Kinder,** becomes the nominative subject of the passive sentence.

In passive sentences, the agent of the action is often unknown or unspecified. In the following sentences, there is no mention of who performs each action.

Schildkröten werden oft als Haustiere gehalten.   *Turtles are often kept as pets.*

1088 wurde die erste Universität gegründet.   *The first university wasfounded in 1088.*

B. Forming the Passive Voice

The passive voice is formed with the auxiliary **werden** and the past participle of the verb. The present-tense and simple past-tense forms are the tenses you will encounter most frequently in the passive voice.

Passive Voice, Present Tense fragen			
ich	werde gefragt	*wir*	werden gefragt
du	wirst gefragt	*ihr*	werdet gefragt
Sie	werden gefragt	*Sie*	werden gefragt
er *sie* *es*	wird gefragt	*sie*	werden gefragt

WISSEN SIE NOCH?

In addition to the passive auxiliary, **werden** can be used as a main verb meaning "to become" or as a future auxiliary with an infinitive to form the future tense.

Review grammar 5.3 and 8.5.

---

passive = **werden** + past participle

Passive Voice, Past Tense fragen		
ich wurde gefragt		*wir* wurden gefragt
du wurdest gefragt		*ihr* wurdet gefragt
Sie wurden gefragt		*Sie* wurden gefragt
er *sie* wurde gefragt *es*		*sie* wurden gefragt

Passive agents are indicated by **von** + noun.

C. Expressing the Agent in the Passive Voice

In most passive sentences in German, the agent (the person or thing performing the action) is not mentioned. When the agent is expressed, the construction **von** + dative is used.

ACTIVE VOICE
Die Kinder füttern die Tiere. *The children are feeding the animals.*

PASSIVE VOICE
AGENT: **von** + DATIVE
Die Tiere werden **von den Kindern** gefüttert. *The animals are being fed by the children.*

Übung 9 Geschichte

Hier sind die Antworten. Was sind die Fragen?

MODELL: 1492 → Wann wurde Amerika entdeckt?

1. vor 50.000 Jahren
2. um 2500 v. Chr.[1]
3. 44 v. Chr.
4. 800 n. Chr.[2]
5. 1088
6. 1789
7. 1885
8. 1945
9. 1963
10. 1990

a. Deutschland vereinigen
b. John F. Kennedy erschießen
c. die amerikanische Verfassung unterschreiben
d. die erste Universität (Bologna) gründen
e. die Atombomben auf Hiroshima und Nagasaki werfen
f. die ersten Pyramiden bauen
g. Cäsar ermorden
h. in Kanada die transkontinentale Eisenbahn vollenden
i. Karl den Großen zum Kaiser krönen
j. Australien von den Aborigines besiedeln

[1] vor Christus [2] nach Christus

Übung 10   Der Mensch und das Tier

MODELL: die Giraffe / langsam aus ihrem Lebensraum verdrängt →
Die Giraffe wird langsam aus ihrem Lebensraum verdrängt.

1. Mäuse
2. Meerschweinchen
3. Bienen
4. Mücken
5. die Fledermaus

6. Schnecken
7. der Gepard
8. die meisten Papageien
9. Delfine
10. viele Haie

jedes Jahr gefischt   in der Wildnis gefangen

wegen ihrer Intelligenz bewundert[3]

durch Parfum und Kosmetikprodukte angelockt[4]

in vielen Labortests benutzt

oft mit Butter- und Knoblauchsoße gegessen

oft als Haustiere gehalten

wegen ihrer Honigproduktion geschätzt[5]

langsam aus ihrem Lebensraum verdrängt[6]

immer noch für seinen Pelz getötet

in vielen Kulturen mit Vampiren assoziiert

[3]admired   [4]attracted   [5]valued   [6]displaced

Gesundheit und Krankheit

Kapitel 11 focuses on health and fitness. You will talk about how to stay fit and about illness and accidents.

Themen

Krankheit

Körperteile und Körperpflege

Arzt, Apotheke, Krankenhaus

Unfälle

Kulturelles

KLI: Hausmittel

Musikszene: „Danke" (Die Fantastischen Vier)

KLI: Geschichte der Psychiatrie

Filmclip: *Das Leben der Anderen* (Florian Henckel von Donnersmarck)

Videoecke: Krankheiten

Lektüren

Kurzgeschichte: Montagmorgengeschichte (Susanne Kilian)

Film: *Das Leben der Anderen* (Florian Henckel von Donnersmarck)

Strukturen

11.1 Accusative reflexive pronouns

11.2 Dative reflexive pronouns

11.3 Word order of accusative and dative objects

11.4 Indirect questions: **Wissen Sie, wo …?**

11.5 Word order in dependent and independent clauses (summary review)

Oscar Pletsch: *Fieber* (1871), aus dem Buch *Kinderland*

KUNST UND KÜNSTLER

Oskar Pletsch (1830–1888) ist ein bekannter Maler und Kinderbuch-Illustrator aus Berlin, der an der Kunstakademie in Dresden studierte und dort auch arbeitete. Später ging er wieder nach Berlin zurück und widmete sich der Genremalerei mit Motiven aus dem bürgerlichen Alltags- und Familienleben. Seine Bilderbücher waren sehr beliebt und wurden auch in England, Frankreich, Schweden und den USA gelesen. Seine bevorzugte[1] Technik war der Holzschnitt.

Schauen Sie sich das Bild an und beantworten Sie folgende Fragen.

1. Welche Personen sehen Sie auf dem Bild?
2. Wo sind die Personen?
3. Warum liegt der kleine Junge auf dem Sofa?
4. Was ist der Mann von Beruf?
5. Was macht er mit dem Jungen?
6. Was macht der Junge und warum macht er das?

7. Welche Kleidung tragen die Menschen?
8. Was steht auf dem kleinen Schrank?
9. Was fragt die Mutter den Arzt vielleicht?
10. Welche Farben dominieren in der Illustration?
11. Was assoziieren Sie damit?

[1]preferred

Situationen

Krankheit

Grammatik 11.1

Stefan hat sich erkältet.

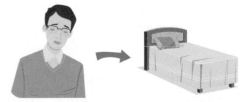

Er fühlt sich nicht wohl.

Er hat Husten.

Er hat Schnupfen.

Er hat Kopfschmerzen.

Er hat Halsschmerzen.

Und er hat Fieber.

39°C

Er darf sich nicht aufregen.

Er muss sich ins Bett legen.

Er muss sich ausruhen.

Situation 1   Hausmittel°

°Home remedies

Was machst du immer, manchmal, nie?

1. Wenn ich Fieber habe,
   a. lege ich mich ins Bett.
   b. nehme ich zwei Aspirin.
   c. gehe ich zum Arzt.
   d. rege ich mich auf.

2. Wenn ich Husten habe,
   a. nehme ich Hustensaft.
   b. trinke ich heißen Tee mit Zitrone.
   c. rauche ich eine Zigarette.
   d. lutsche ich Hustenbonbons.

3. Wenn ich mich erkältet habe,
   a. gehe ich schwimmen.
   b. ruhe ich mich aus.
   c. gehe ich in die Sauna.
   d. ärgere ich mich furchtbar.

4. Wenn ich Kopfschmerzen habe,
   a. gehe ich zum Friseur.
   b. nehme ich zwei Aspirin.
   c. bleibe ich im Bett.
   d. nehme ich ein heißes Bad.

5. Wenn ich Zahnschmerzen habe,
   a. trinke ich heißen Kaffee.
   b. gehe ich zum Zahnarzt.
   c. nehme ich Tabletten.
   d. setze ich mich aufs Sofa.

6. Wenn ich mich verletzt habe,
   a. desinfiziere ich die Wunde.
   b. falle ich in Ohnmacht.
   c. hole ich ein Pflaster.
   d. ziehe ich mich aus.

7. Wenn ich Muskelkater habe,
   a. lasse ich mich massieren.
   b. gehe ich zum Arzt.
   c. mache ich Muskeltraining.
   d. lege ich mich aufs Sofa.

8. Wenn ich mich in den Finger geschnitten habe,
   a. ärgere ich mich furchtbar.
   b. hole ich ein Pflaster.
   c. nehme ich Hustensaft.
   d. desinfiziere ich die Wunde.

9. Wenn ich einen Kater habe,
   a. gehe ich ins Krankenhaus.
   b. nehme ich zwei Aspirin.
   c. schlafe ich den ganzen Tag.
   d. gehe ich joggen.

10. Wenn ich Magenschmerzen habe,
   a. lege ich mich aufs Sofa.
   b. trinke ich Kamillentee.
   c. ziehe ich mich aus.
   d. esse ich viel Schokolade.

Situation 2 Was tut dir weh?

MODELL: Du warst in einem Rockkonzert. →
Ich habe Ohrenschmerzen.

Zahnschmerzen

Mir tut die Zunge weh.

AUCH
Mir tut die Nase weh.
Mir tut der Rücken weh.
Mir tun die Augen weh.
Mir tun die Füße weh.

Magenschmerzen

AUCH
Kopfschmerzen
Halsschmerzen

Herzschmerzen

1. Du hast den ganzen Tag in der Bibliothek gesessen und Bücher gelesen.
2. Du hast zwei große Teller Chili gegessen.
3. Jemand hat dich auf die Nase geschlagen.
4. Du bist 20 Kilometer gewandert.
5. Du hast gestern Abend zu viel Kaffee getrunken.
6. Du warst bei einem Basketballspiel und hast viel geschrien.
7. Du hast zu viele Bonbons gegessen.
8. Du hast furchtbaren Liebeskummer.
9. Du hast zwei Stunden Schnee geschaufelt[1].
10. Der Kaffee, den du getrunken hast, war zu heiß.

[1]shoveled

KULTUR ... LANDESKUNDE ... INFORMATIONEN

HAUSMITTEL

- Welche von diesen Hausmitteln kennen Sie? Wogegen helfen sie?
  - ☐ Eisbeutel
  - ☐ grüner Tee
  - ☐ heißer Tee mit Zitrone
  - ☐ Hühnersuppe
  - ☐ Kamillentee
  - ☐ Knoblauch
  - ☐ Salzwasser
  - ☐ warme Umschläge[2]

- Benutzen Sie Hausmittel, wenn Sie sich nicht wohl fühlen? Wenn ja, welche?

Lesen Sie die drei Zeitungstexte. Kennen Sie diese Hausmittel? Glauben Sie, dass sie wirken? Warum?

> Bei Husten warmes Zuckerwasser mit Eidotter[3] vermischen. Das mildert den Hustenreiz[4]. Oder Hustenbier trinken: Einen halben Liter Bier erhitzen, mit fünf Löffeln flüssigem Honig verrühren[5] und abends trinken.

> Wenn die Augen müde sind, Hände reiben[6] bis sie warm sind, sie auf die geschlossenen Augen legen und an die Farbe Schwarz denken.

> Bei Fieber Zitronenscheiben auf die Schläfen[7] legen. Oder eine Kette aus Rettichscheiben[8] über Nacht um den Hals binden.

Arnika ist eine beliebte Heilpflanze.
© Robert Glusic/Getty Images RF

Hausmittel stehen oftmals der Pflanzenheilkunde[9] nahe[10]. Die Arnikapflanze ist nur ein Beispiel. Lesen Sie den Text und beantworten Sie die Fragen.

- Wo wächst die Arnika?
- Wofür wird Arnika verwendet?
- In welcher Form kann man heute Arnika bekommen?

Die Arnika wächst in den Alpen. Seit jeher wird die Alpenpflanze von den Menschen in den Bergen bei Prellungen[11], Stauchungen[12] und schmerzenden Beinen verwendet. Man hat herausgefunden, dass die Arnika die Beine besonders gut durchblutet, Schmerzen lindert, Schwellungen[13] abbaut und entzündungshemmend[14] wirkt. Deshalb eignet sich Arnika bei Sportverletzungen sehr gut. Heute kann man Arnika-Salben, -Gels und -Beinsprays kaufen.

[2]compresses [3]egg yolk [4]irritation of the throat [5]stir [6]rub [7]temples [8]radish slices [9]herbal medicine [10]nahestehen to be closely connected to [11]bruises
[12]sprains [13]swelling [14]as an anti-inflammatory

Situation 3 Umfrage

MODELL: S1: Legst du dich ins Bett, wenn du dich erkältet hast?
              S2: Ja.
              S1: Unterschreib bitte hier.

UNTERSCHRIFT

1. Ruhst du dich aus, wenn du Kopfschmerzen hast? _____
2. Ärgerst du dich, wenn du in den Ferien krank wirst? _____
3. Legst du dich ins Bett, wenn du eine Grippe hast? _____
4. Bist du gegen Katzen allergisch? _____
5. Hast du einen niedrigen Blutdruck[15]? _____
6. Freust du dich, wenn dein Lehrer / deine Lehrerin krank ist? _____
7. Regst du dich auf, wenn du dich verletzt hast? _____
8. Erkältest du dich oft? _____
9. Nimmst du Tabletten, wenn du dich nicht wohl fühlst? _____

Körperteile und Körperpflege

Grammatik 11.2–11.3

Ich wasche mich.

Ich wasche mir die Haare.

Ich trockne mich ab.

Ich trockne mir die Hände ab.

Ich kämme mir die Haare.

Ich schminke mich.

Ich rasiere mich.

Ich putze mir die Zähne.

Ich ziehe mich an.

[15]niedrigen ... *low blood pressure*

Miniwörterbuch

der **Sprechgesang**	rap
ehren	to honor
der **Verdienst**	merit
die **Todesgefahr**	danger of death
wäre gewesen	would have been
zwangsbeatmen	to resuscitate (forcefully)
begraben	to bury
der **Tod**	death
die **Schranke**	gate (at a railway crossing)
sich verheddern	to get tangled up
der **Gurt**	(seat) belt
das **Bahngleis**	railway track
die **Achterbahn**	roller coaster
sich aushängen	to get unhinged, uncoupled
anschnallen	to buckle up
sich verschlucken	to choke (on sth.)

MUSIKSZENE

„Danke" (2010, Deutschland) *Die Fantastischen Vier*

Biografie Die Fantastischen Vier (kurz: Fanta 4) machten den deutschsprachigen Hip-Hop populär. Sie nannten ihn den deutschen Sprechgesang. Fanta 4 besteht aus Michael Bernd Schmidt alias Smudo, Thomas Dürr, Michael Beck und Andreas Rieke und kommt aus Stuttgart. Ihren ersten Auftritt hatte die Gruppe schon 1989. 2000 nahmen sie ein MTV-Unplugged-Album auf, nach Herbert Grönemeyer damals erst die zweiten deutschen Künstler, die so geehrt wurden. 2009 erhielten sie als erste Musikgruppe den Paul-Lincke-Ring der Stadt Goslar für ihre Verdienste im deutschen Sprechgesang. Die Single „Danke" entstammt ihrem Album *Für dich immer noch Fanta Sie* aus dem Jahre 2010.

Die Fantastischen Vier
© Fabrizio Bensch/Reuters/Corbis

NOTE: For copyright reasons, the songs referenced in **MUSIKSZENE** have not been provided by the publisher. The song can be found online at various sites such as YouTube, Amazon, or the iTunes store.

Vor dem Hören Waren Sie schon mal in Todesgefahr? Was ist passiert?

Nach dem Hören

A. Beantworten Sie die Fragen zum Anfang und zum Refrain.

1. Was wäre schön gewesen?
2. Wo liegt der Sänger?
3. Was wollen die Leute mit ihm noch machen?
4. Wann nur könnte der Sänger noch einmal *danke* sagen?

B. Der erste Tod. Bringen Sie die Sätze in die richtige Reihenfolge.

_____ Er fragt sich, warum es auch hinter ihm eine Schranke gibt.

_____ Er fragt sich, wo es eine Tankstelle gibt.

_____ Er steht mit seinem Auto vor einer Schranke.

_____ Er verheddert sich in seinem Gurt.

C. Woran stirbt der Sänger in den vier Strophen? Verbinden Sie Ort und Todesart.

1. auf dem Bahngleis	a. Er bekommt einen elektrischen Schock.
2. im Restaurant	b. Der Wagen hängt sich aus und er ist nicht angeschnallt.
3. auf der Achterbahn	c. Er verschluckt sich an einem Fisch.
4. im Bad	d. Er wird von einem Zug überfahren.

Situation 4   Körperteile

MODELL: S1: Was macht man mit den Augen?
S2: Mit den Augen sieht man.

| greifen sprechen denken |
| atmen   küssen |
| kauen   hören   fühlen |
| riechen   gehen |

1. mit den Ohren
2. mit den Händen
3. mit dem Gehirn
4. mit der Nase
5. mit der Lunge

6. mit den Zähnen
7. mit den Lippen
8. mit den Beinen
9. mit dem Mund
10. mit dem Herzen

Situation 5   Körperpflege

1. Wenn meine Haut trocken ist,
   a. creme ich sie ein.
   b. gehe ich schwimmen.
   c. gehe ich zum Arzt.

2. Wenn meine Fingernägel lang sind,
   a. bade ich mich.
   b. schneide ich sie mir.
   c. kaue ich sie ab.

3. Wenn meine Haare fettig sind,
   a. putze ich mir die Zähne.
   b. schneide ich sie mir.
   c. wasche ich sie mir.

4. Wenn ich ins Theater gehe,
   a. schminke ich mich.
   b. rasiere ich mich.
   c. schneide ich mir die Haare.

5. Wenn ich ins Bett gehe,
   a. ziehe ich mir warme Schuhe an.
   b. putze ich mir die Zähne.
   c. schneide ich mir die Fingernägel.

6. Wenn ich mich geduscht habe,
   a. ziehe ich mich aus.
   b. trockne ich mich ab.
   c. föhne ich mir die Haare.

7. Wenn ich mich erholen will,
   a. gehe ich in die Sauna.
   b. rasiere ich mir die Beine.
   c. nehme ich Tabletten.

8. Wenn es draußen kalt ist,
   a. dusche ich mich heiß.
   b. ziehe ich mir eine warme Hose an.
   c. ziehe ich mich aus.

9. Wenn ich eine Verabredung habe,
   a. schminke ich mich.
   b. wasche ich mir die Haare.
   c. esse ich viel Knoblauch.

Situation 6 Bildgeschichte: Maria hat eine Verabredung.

Situation 7 Interview: Körperpflege

1. (für Frauen) Schminkst du dich jeden Tag? Was machst du?
2. (für Männer) Rasierst du dich jeden Tag? Hattest du schon mal einen Bart? Was für einen (Schnurrbart, Vollbart, Spitzbart[1], Backenbart[2])? Wie war das? Wenn du einen Bart hast: Seit wann hast du einen Bart?
3. Wäschst du dir jeden Tag die Haare? Föhnst du sie dir auch? Was für Haar hast du (trockenes, fettiges, normales Haar)?
4. Putzt du dir jeden Tag die Zähne? Gehst du oft zum Zahnarzt?
5. Wie oft gehst du zum Friseur? Hattest du mal eine Dauerwelle[3]? Wie hast du ausgesehen?
6. Hast du trockene Haut? Cremst du dich oft ein?
7. Treibst du regelmäßig Sport? Was machst du? Wie oft? Gehst du manchmal in die Sauna oder ins Solarium?

Lektüre

Vor dem Lesen

A. Lesen Sie die Wörter im Miniwörterbuch. Suchen Sie sie im Text und unterstreichen Sie sie.

Miniwörterbuch	
aufpassen	to pay attention
rasen	to rush, speed
sich verabreden mit	to agree to meet with
begreifen	to comprehend
vorsichtig	carefully
die **Bahre, -n**	stretcher
der **Ranzen, -**	schoolbag
der **Bub, -en**	(*slang*) boy
rausschießen, ist rausgeschossen	to shoot out
anfertigen	to prepare
schuld sein	to be at fault

[1]*goatee* [2]*sideburns* [3]*perm*

B. Schreiben Sie mit den folgenden Stichwörtern und Ausdrücken eine kleine Geschichte: Was ist an diesem Montagmorgen passiert?

- Autofahrer
- Adresse
- Schultasche
- Bremsenquietschen[4]
- Konferenz
- neunjähriger Junge

- Unfall
- schnell laufen
- Krankenhaus
- Kreidestriche auf der Straße
- nicht aufgepasst
- Polizeirevier[5]

C. Orientierung. Sehen Sie sich jetzt den Text an; lesen Sie zuerst nur das **fett Gedruckte** und das *kursiv Gedruckte*. Aus welchen Teilen besteht die Geschichte?

Montagmorgengeschichte
von Susanne Kilian

*S*o *stand es in der Zeitung:*
»Nicht aufgepasst«

Nicht genügend aufgepasst hatte ein neunjähriger Junge, der ...

So ist es passiert:

7 Uhr 30
Herr Langen hat in Ruhe gefrühstückt. Um 8 Uhr 10 hat er eine Vertreterkonferenz. Er ist ausgeruht und gut vorbereitet. Er hat keine Eile. Sorgfältig und in Ruhe startet er seinen Wagen.

7 Uhr 42
Lothar Bernich hat um 8 Uhr Schule. Heute ist alles verquer. Nicht mal Zeit zum Frühstücken hat er. Das Brot isst er auf dem Schulweg. Das geht doch auch mal!

7 Uhr 44
Herr Langen fährt die stille Seitenstraße auf dem Weg zu seinem Büro entlang. Zum x-ten Mal. Er kennt diese Straße genau.

Lothar Bernich rast: Ihm fällt ein, dass er sich heute mit dem Martin verabredet hat. Er will mit ihm zusammen zur Schule gehen.

Er rennt aus der Tür. Er rennt zwischen den parkenden Autos einfach durch. Er rennt direkt in das Auto von Herrn Langen.

7 Uhr 46
Lothar liegt auf der Straße. Das Auto von Herrn Langen hat ihn erwischt. Herr Langen kann das nicht begreifen. Er hat das Kind nicht gesehen. Als er es sah, hat er gebremst. Das Auto stand sofort. Lothar tut alles weh. Er denkt an die Schule. An den Martin. Wieso liegt er jetzt auf der Straße? Wie ging das so schnell? Ihm tut alles weh.

7 Uhr 47
Herr Hartmann hat das Bremsenquietschen gehört. Er rennt ans Fenster. Sieht das Kind vor dem Auto auf der Straße liegen. Sofort ruft er das Unfallkommando an.

7 Uhr 49
Das Unfallkommando der Polizei hat die Arbeitersamariter verständigt. Lothar weiß nicht, was überhaupt mit ihm passiert. Leute starren ihn an. Die Sanitäter heben ihn schnell und vorsichtig hoch. An den Beinen und am Kopf. Er spürt eine weiche Bahre unter sich. „Meine Mama, wo ist bloß meine Mama ... ", jammert er.

7 Uhr 55
Lothar wird ins Krankenhaus gefahren. Die Polizei trifft an der Unfallstelle ein. Sie untersucht Lothars Ranzen. Findet seine Adresse im Ranzendeckel stehen –

[4]*squealing of brakes*   [5]*police station*

sie wird per Funk zum Revier durchgegeben. Von dort wird Lothars Mutter verständigt. Herr Langen wird zum Unfall vernommen. Wo der Junge lag, wird mit Kreidestrichen eine Skizze auf die Straße gemalt. Herr Langen hat das nicht gewollt. Er ist nervös. Er zittert. Er hat den Jungen nicht zwischen den Autos hervorrennen sehen. Er gibt der Polizei seine Papiere.

Die Zeugen:

Alte Frau:

Klar. Der Mann ist doch gerast wie verrückt. Heute ist man doch auf der Straße wie Freiwild. Rasen einfach. Für Fußgänger ist kein Platz mehr. Das arme Kind, das kleine!

Mann:

Na, also der Bub ist doch zwischen den Autos nur so rausgeschossen. Den konnte der im Auto doch gar nicht sehen. Das war ganz unmöglich. Der hat überhaupt nicht aufgepasst ... hat sicher an ganz was anderes gedacht ...

Mädchen:

Ich weiß nicht. Also, ich weiß nicht ... das ging alles so schnell. Eben hab' ich noch den Jungen rennen gesehen, da lag er schon auf der Straße. Ich weiß wirklich nicht. Bremsenquietschen hab' ich gehört.

Später auf dem Polizeirevier:

Der Unfallbericht wird angefertigt.

Ist Lothar schuld, der es so eilig hatte? Weil er ein paar Sekunden nicht aufgepasst hat?

Ist Herr Langen schuld, der gar nicht wusste, was geschah, bis Lothar vor seinem Auto lag? Wer ist schuld? Feststeht: das kann jedem jeden Tag passieren.

Susanne Killian, "Montagmorgengeschichte"
in *Am Montag fängt die Woche an.* Used with permission.

Arbeit mit dem Text

A. Was ist wann passiert? Ordnen Sie die Sätze aus dem Berichtteil der richtigen Zeit zu. Achtung: Meistens gehören mehrere Sätze zu einer Zeit.

> **7 Uhr 30**   **7 Uhr 46**
> **7 Uhr 49**   **7 Uhr 55**
> **7 Uhr 42**   **7 Uhr 44**
> **7 Uhr 47**

7 Uhr _____: Lothar rennt zwischen den parkenden Autos durch auf die Straße.

7 Uhr _____: Herr Langen ist auf dem Weg in sein Büro.

7 Uhr _____: Die Polizei kommt an die Unfallstelle.

7 Uhr _____: Die Sanitäter kommen und legen Lothar auf eine Bahre.

7 Uhr _____: Lothar rast, weil er sich mit Martin verabredet hat.

7 Uhr _____: Lothar hat keine Zeit, weil er schon um 8 Uhr da sein muss.

7 Uhr _____: Die Sanitäter bringen Lothar ins Krankenhaus.

7 Uhr _____: Lothar ist vor ein Auto gelaufen und liegt jetzt auf der Straße.

7 Uhr _*30*_: Herr Langen muss erst um 8 Uhr 10 zu einer Konferenz und hat keine Eile.

7 Uhr _____: Die Polizei ruft Lothars Mutter an.

7 Uhr _____: Herr Langen ist sehr nervös und schockiert, als er der Polizei seine Papiere gibt.

7 Uhr _____: Lothar weiß gar nicht, was los ist.

7 Uhr _____: Herr Hartmann ruft das Unfallkommando der Polizei an.

7 Uhr _____: Die Polizei malt mit Kreide eine Skizze auf die Straße.

B. Wer sagt was? (die alte Frau, der Mann, das Mädchen)

„Ich weiß nicht, wer schuld ist. Es ging alles viel zu schnell."
„Der Autofahrer ist schuld, weil er viel zu schnell gefahren ist."
„Der Junge ist schuld, weil er nicht aufgepasst hat."

C. Was glauben Sie? Ist der Junge schuld, der Autofahrer oder jemand anderes? Was könnte man machen, damit so was nicht passiert?

D. Lesen Sie wieder den ersten Absatz. Wobei hat der Junge nicht aufgepasst? Schreiben Sie den Relativsatz zu Ende.

Nicht genügend aufgepasst hatte ein neunjähriger Junge, der ...

Nach dem Lesen

Beschreiben Sie einen Unfall, den Sie einmal hatten oder gesehen haben. Wie ist der Unfall passiert? Welche Schäden oder Verletzungen gab es? Was haben Sie gemacht? Machen Sie sich zuerst Notizen, berichten Sie dann in der Gruppe und schreiben Sie schließlich Ihren Bericht auf.

Arzt, Apotheke, Krankenhaus

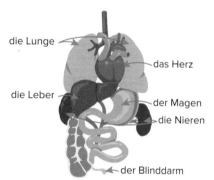

die Lunge
das Herz
die Leber
der Magen
die Nieren
der Blinddarm

Jürgen hat sich das Bein gebrochen. Jetzt muss er einen Gips tragen.

Silvia bekommt eine Spritze.

Josef bekommt einen Verband.

Der Zahnarzt zieht Melanie einen Zahn.

Die Ärztin gibt Claire ein Rezept.

Situation 8   Medizinische Berufe

Wohin gehen Sie?

> ins Krankenhaus   in die Drogerie
>
> in die Apotheke   zum Hausarzt
>
> zum Zahnarzt   zum Psychiater
>
> zum Tierarzt   zum Augenarzt

1. Sie haben sich erkältet und brauchen Hustensaft.
2. Sie haben schon seit zwei Wochen eine schlimme Halsentzündung und wollen Antibiotika.
3. Ihr Freund / Ihre Freundin hat sich in den Finger geschnitten. Der Finger blutet stark.
4. Ihr Freund / Ihre Freundin hat Sie verlassen und Sie sind sehr deprimiert.
5. Ihr Goldfisch frisst schon seit mehreren Tagen nicht mehr.
6. Sie haben furchtbare Zahnschmerzen.
7. Sie können im Unterricht nicht lesen, was an der Tafel steht.
8. Ihr Arzt hat Ihnen ein Rezept ausgeschrieben und Sie wollen sich das Medikament abholen.

Situation 9   Interaktion: Ich bin krank

Ein Mitstudent / Eine Mitstudentin ist krank. Was raten Sie ihm/ihr?

MODELL: S1: Ich habe Fieber.
          S2: Leg dich ins Bett.

1. Ich habe Fieber.
2. Ich habe Kopfschmerzen.
3. Ich fühle mich nicht wohl.
4. Ich habe starken Husten.
5. Ich habe mich in den Finger geschnitten.
6. Ich habe mich erkältet.
7. Ich habe Zahnschmerzen.
8. Ich bin allergisch gegen Katzen.
9. Mir tun die Augen weh.
10. Ich habe Magenschmerzen.

a. Geh zum Arzt.
b. Nimm Hustensaft.
c. Leg dich ins Bett.
d. Geh nach Hause.
e. Kauf dir Kopfschmerztabletten.
f. Ruh dich aus.
g. Nimm ein warmes Bad.
h. Zieh dich warm an.
i. Verkauf deine Katze.
j. Geh zum Zahnarzt.
k. Kauf dir eine Brille.
l. _____?

KULTUR ... LANDESKUNDE ... INFORMATIONEN

GESCHICHTE DER PSYCHIATRIE

- Haben Sie manchmal schlechte Laune[1]? Was machen Sie dann?
- Manche Leute essen Schokolade, wenn sie traurig oder depressiv sind. Was hilft Ihnen?
- Kennen Sie Sigmund Freud? Was assoziieren Sie mit ihm und der Psychoanalyse?

Lesen Sie den Text und suchen Sie Antworten auf diese Fragen:

- Wie versuchte man in der Antike und im Mittelalter kranke Menschen zu heilen?
- Was machte man bis zum Ende des 18. Jahrhunderts mit den „Irren"[2] und warum?
- Wo stand das erste psychiatrische Krankenhaus in Europa?
- Wer suchte schon im 18. Jahrhundert den Ursprung für Krankheiten in der Seele[3]?
- Was spielt in Sigmund Freuds Psychoanalyse eine zentrale Rolle?
- Was begründete C.G. Jung und welche bekannten Charakterisierungen für Menschen stammen von ihm?

Seelische[4] Störungen sind in der modernen Welt die häufigsten Krankheiten und nehmen immer mehr zu[5]. Schon in der Antike hat man sich mit psychischen Krankheitsbildern beschäftigt. Grundlage war das Gleichgewicht[6] der Elemente Luft, Feuer, Erde und Wasser und damit verbunden die Körpersäfte[7] Blut, gelbe Galle, schwarze Galle und Schleim[8]. Die revolutionären Theorien des römischen Arztes Galen hatten über 1.500 Jahre in Europa Gültigkeit und finden sich in vielen Aspekten der kulturellen Tradition, nicht nur in der Medizin. Wenn die vier Säfte im Gleichgewicht waren, war der Mensch gesund. Waren Menschen krank, versuchte man sie z. B. durch Ernährung oder Diäten zu kurieren. An diesen antiken Grundsatz der Medizin hielten sich noch so berühmte Persönlichkeiten wie die Äbtissin und Ärztin Hildegard von Bingen (1098–1179) im Mittelalter und später der Naturheilkundler[9] Sebastian Kneipp (1821–1897).

Bis Ende des 18. Jahrhunderts wurden die „Irren" hauptsächlich eingesperrt[10], wenn sie nicht gefoltert[11] oder verbrannt wurden, weil man glaubte, dass sie vom Teufel besessen[12] waren. Ein Fortschritt war es schon, wenn sie nicht mit Armen und Kriminellen in den sogenannten „Zuchthäusern"[13] angekettet[14] waren, sondern wie in Wien seit 1784 im „Narrenturm"[15], dem ersten psychiatrischen Krankenhaus in Europa, leben konnten.

Im 18. und 19. Jahrhundert beschäftigten sich viele europäische Wissenschaftler mit seelischen Krankheiten und suchten nach Ursachen und Behandlungsmethoden, z. B. der deutsche Chemiker und Mediziner Georg Ernst Stahl (1659–1734), der den Ursprung von Krankheiten in der Seele[16] suchte und wie später Sigmund Freud die Bedeutung des Unbewussten[17] propagierte.

Der Österreicher Sigmund Freud (1856–1939) gilt weltweit als Begründer der Psychoanalyse. Bei einem Besuch in Paris lernte er die Hypnose als Behandlung für die Hysterie kennen und entwickelte dann seine eigenen Methoden, um die Ursachen von Neurosen und Psychosen zu verstehen und zu behandeln. Die Traumdeutung[18] und das Unterbewusste[19] spielen dabei eine zentrale Rolle.

Ein anderer bekannter Wissenschaftler war der Schweizer Psychiater Carl Gustav Jung (1875–1961), der z. B. das Phänomen der „gespaltenen[20] Persönlichkeit" beschrieb und die analytische Psychologie begründete. Jung beschäftigte sich intensiv mit dem kollektiven Unbewussten, dem Archetypus und entwickelte die Begriffe vom introvertierten und extrovertierten Menschen. Er pflegte mehrere Jahre eine intensive Freundschaft mit Freud. Als Präsident der IAÄGP (Internationale Allgemeine Ärztliche Gesellschaft für Psychotherapie) versuchte er von 1933 bis 1939 in Deutschland die Psychotherapie über die Zeit des Nationalsozialismus zu retten.

Das Narrenhaus, Wilhelm von Kaulbach (1834)
© Interphoto/Alamy

[1]*mood* [2]*lunatics* [3]*mind, soul* [4]*Mental* [5]*nehmen zu increase* [6]*balance* [7]*here: bodily fluids* [8]*mucus* [9]*naturopath* [10]*locked up* [11]*tortured* [12]*possessed* [13]*penitentiary* [14]*put in chains* [15]*fools' tower* [16]*soul, mind* [17]*unconscious* [18]*dream interpretation* [19]*subconscious* [20]*split*

Situation 10 Informationsspiel: Krankheitsgeschichte

MODELL: Hat Claire sich (Hast du dir) schon mal etwas gebrochen? Was?
Ist Claire (Bist du) schon mal im Krankenhaus gewesen? Warum?
Hat Herr Thelen (Hast du) schon mal eine Spritze bekommen?
  Gegen was?
Erkältet sich Herr Thelen (Erkältest du dich) oft?
Ist Claire (Bist du) gegen etwas allergisch? Gegen was?
Hat man Claire (Hat man dir) schon mal einen Zahn gezogen?
Hatte Herr Thelen (Hattest du) schon mal hohes Fieber? Wie hoch?

	Claire	Herr Thelen	mein(e) Partner(in)
sich etwas brechen		das Bein	
im Krankenhaus sein		Lungenentzündung	
eine Spritze bekommen	Diphtherie		
sich oft erkälten	ja		
gegen etwas allergisch sein		Katzen	
einen Zahn gezogen haben		ja	
hohes Fieber haben	104° F		

Situation 11 Dialoge

1. Herr Thelen möchte einen Termin beim Arzt.

HERR THELEN: Guten Tag, ich hätte gern _____ für nächste Woche.

SPRECHSTUNDENHILFE: Gern, vormittags oder nachmittags?

HERR THELEN: Das ist mir eigentlich _____.

SPRECHSTUNDENHILFE: Mittwochmorgen um neun?

HERR THELEN: Ja, _____. Vielen Dank.

2. Frau Körner geht in die Apotheke.

FRAU KÖRNER: Ich habe schon seit Tagen _____. Können Sie mir etwas _____ geben?

APOTHEKERIN: Wir haben gerade etwas ganz Neues bekommen, Magenex.

FRAU KÖRNER: Hauptsache, _____.

APOTHEKERIN: Es soll sehr gut _____. Hier ist es.

3. Frau Frisch-Okonkwo ist bei ihrem Hausarzt.

HAUSARZT: Guten Tag, Frau Frisch-Okonkwo, wie geht es Ihnen?

FRAU FRISCH-OKONKWO: Ich fühle mich gar nicht wohl. _____ ... alles tut mir weh.

HAUSARZT: Das klingt nach _____. Sagen Sie mal bitte „Ah".

Situation 12 Rollenspiel: Anruf beim Arzt

S1: Sie fühlen sich nicht wohl. Wahrscheinlich haben Sie Grippe. Rufen Sie beim Arzt an, sagen Sie, was Ihnen fehlt, und lassen Sie sich einen Termin geben. Es ist dringend, aber Sie haben einen vollen Terminkalender.

Situation 13 Interview

1. Warst du schon mal schwer krank? Wann? Was hat dir gefehlt?
2. Warst du schon mal im Krankenhaus? Wann? Warum? Wie lange? Hat man dich untersucht? Hat man dir Blut abgenommen? Hast du eine Spritze bekommen?
3. Hast du dir schon mal etwas gebrochen? Was? Hattest du einen Gips? Wie lange?
4. Hat man dich schon mal geröntgt? Wann? Warum?
5. Erkältest du dich oft? Was machst du, wenn du eine Erkältung hast?
6. Bist du gegen etwas allergisch? Gegen was?
7. Bist du schon mal in Ohnmacht gefallen? Warum?

Unfälle

Grammatik 11.4–11.5

Zwei Autos sind zusammengestoßen. Eine Frau ist schwer verletzt.

Situation 14　Ein Autounfall

Eine Polizistin spricht mit einem Zeugen über einen Unfall. Bringen Sie die Sätze in eine logische Reihenfolge.

_____ Können Sie mir sagen, wie spät es ungefähr war?

_____ Also, heute Morgen war ich auf dem Weg zur Uni.

__1__ Bitte erzählen Sie genau, was passiert ist.

_____ Ein Auto ist aus einer Einfahrt[1] gekommen.

_____ Ich glaube nicht, er hat jedenfalls nicht gebremst, bevor er auf die Straße gefahren ist.

_____ Wissen Sie, ob der Fahrer auf den Verkehr geachtet hat?

_____ Ja, ein anderes Auto kam von rechts und dann sind sie zusammengestoßen.

_____ So zwischen halb und Viertel vor neun.

_____ Was haben Sie da gesehen?

_____ Und dann?

_____ Vielen Dank für Ihre Hilfe.

Situation 15　Unfälle

Welcher Satz passt zu welchem Bild?

1. Michael und Maria waren beim Segeln, als das Boot umkippte[2].
2. Sofie schnitt gerade Tomaten, als plötzlich vor ihrem Haus ein Mann von einem Auto überfahren wurde.
3. Jutta und Hans waren auf dem Weg ins Konzert, als Jutta ausrutschte und hinfiel.
4. Jürgen saß gerade in der Bibliothek, als auf der Straße zwei Autos zusammenstießen.
5. Herr Okonkwo fuhr gerade zur Arbeit, als ihm ein Hund vors Auto lief.
6. Als Ernst mit seinen Freunden Fußball spielte, brach er sich das Bein.
7. Maria und Michael liefen Schlittschuh, als ein Kind ins Eis einbrach.
8. Rolf wollte gerade nach Hawaii fliegen, als ein Flugzeug abstürzte.

[1]driveway　[2]turned over

Situation 16 Notfälle

Was machst du, wenn ...

1. du einen Unfall siehst?
2. der Verletzte einen Schock hat?
3. der Fahrer von dem anderen Auto flüchtet?
4. du im Fahrstuhl stecken bleibst?
5. du ausrutschst und hinfällst?
6. du dir den Arm gebrochen hast?
7. du ins Wasser fällst?
8. es im Nachbarhaus brennt?
9. du dir die Zunge verbrannt hast?

a. den Krankenwagen rufen
b. die Feuerwehr rufen
c. die Autonummer aufschreiben
d. die Polizei rufen
e. eine Decke holen und den Verletzten zudecken
f. fluchen
g. liegen bleiben und warten, dass jemand kommt
h. schwimmen
i. um Hilfe rufen
j. _____?

Situation 17 Bildgeschichte: Paulas Unfall

Filmlektüre

Das Leben der Anderen

Vor dem Lesen

Der Lauscher auf dem Dachboden
© Sony Pictures Classics/Photofest

A. Beantworten Sie die folgenden Fragen.

1. Was macht der Mann auf dem Bild? Warum macht er das?
2. Beschreiben Sie das Gesicht des Mannes. Was hört er?
3. Was wissen Sie über die DDR und die Rolle der Stasi[3]?

B. Lesen Sie die Wörter im Miniwörterbuch. Suchen Sie sie im Text und unterstreichen Sie sie.

Inhaltsangabe

Miniwörterbuch

pflichtbewusst	conscientious
regimetreu	loyal to the regime
bespitzeln	to spy on
der **Spürsinn**	perceptiveness
die **Bewachung**	guarding
jemanden aus dem Weg schaffen	to get rid of someone
verwanzt	bugged
das **Abhörgerät**	bugging device
belastendes Material	incriminating evidence
das **Versteck**	hiding place
verschwinden lassen	to make disappear
das **Opfer**	victim
verraten	to reveal
widmen	to dedicate

Ost-Berlin 1984. Der pflichtbewusste Stasi-Mitarbeiter Gerd Wiesler (Ulrich Mühe) soll den bekannten und angeblich regimetreuen Dramaturgen Georg Dreyman (Sebastian Koch) bespitzeln. Wiesler hat einen guten Spürsinn und glaubt, dass Dreyman nicht so treu ist, wie er tut. Kulturminister Hempf (Thomas Thieme) unterstützt die Bewachung des Theaterschriftstellers, weil er ihn aus dem Weg schaffen will, um freie Bahn bei dessen Freundin, der Schauspielerin Christa-Maria Sieland (Martina Gedeck) zu haben.

Dreymans Wohnung wird verwanzt, und auf dem Dachboden des Hauses installiert Wiesler Abhörgeräte. Wiesler, der allein in einer Neubauwohnung lebt und kein aufregendes Privatleben hat, erlebt durch die Bewachung Dreymans eine für ihn völlig neue Welt: nämlich die der Kunst, der Literatur, des freien Geistes und der Liebe. Das Leben des Dramaturgen und der Schauspielerin beeindruckt den Stasi-Mann so sehr, dass er aufhört, belastendes Material über Dreyman zu sammeln. Wieslers Berichte über den Theaterschriftsteller sind trivial. Er unternimmt auch nichts, als Dreyman nach dem Selbstmord eines befreundeten Regisseurs anonym einen Essay über die hohe Selbstmordrate in der DDR veröffentlicht. Wiesler schützt Dreyman sogar, indem er die Schreibmaschine, auf der Dreyman den Essay für den *Spiegel* geschrieben hat, aus ihrem Versteck nimmt und verschwinden lässt.

Ein Opfer gibt es dennoch: Die psychisch labile Schauspielerin Christa-Maria Sieland verrät der Stasi, dass Dreyman den Essay geschrieben hat und wo die Schreibmaschine versteckt ist. Dann flüchtet sie, läuft vor ein Auto und stirbt. Als Dreyman nach der Wende Einsicht in seine Stasi-Akten bekommt, erfährt er, dass ein Stasi-Mitarbeiter ihn geschützt hat. Seine Erinnerungen schreibt Dreyman in einem Roman nieder. Sein Buch widmet er seinem Stasi-Spitzel Wiesler unter dessen Stasi-Deckcode-Namen HGW XX/7–in Dankbarkeit.

[3]Ministerium für Staatssicherheit

Arbeit mit dem Text

Welche Aussagen sind falsch? Verbessern Sie die falschen Aussagen.

1. „Das Leben der Anderen" spielt vor dem Fall der Berliner Mauer.
2. Der Dramaturg Dreyman scheint ein Fan des DDR-Regimes zu sein.
3. Gerd Wiesler arbeitet für die Polizei und den Kulturminister.
4. Wiesler hat den Auftrag, den Dramaturgen Dreyman und dessen Freundin zu überwachen.
5. Dreyman unterschreibt den Essay im *Spiegel* mit seinem Namen.
6. Wiesler meldet seinem Chef, dass sich Dreyman nicht regimetreu verhält.
7. Christa-Maria Sieland schützt Dreyman und muss deshalb sterben.
8. Nach der Wiedervereinigung schreibt Dreyman ein Buch über seine Erinnerungen.

<table>
<tr><td colspan="2">Miniwörterbuch</td></tr>
<tr><td>zufällig</td><td>by chance</td></tr>
<tr><td>zwingen, gezwungen</td><td>to coerce</td></tr>
<tr><td>sonst</td><td>otherwise</td></tr>
<tr><td>das Berufsverbot</td><td>occupational ban</td></tr>
<tr><td>aufmuntern</td><td>to cheer up</td></tr>
<tr><td>schmücken</td><td>to decorate</td></tr>
<tr><td>die Beziehung</td><td>relationship</td></tr>
<tr><td>einen Schlips binden</td><td>to tie a tie</td></tr>
<tr><td>zusperren, zugesperrt</td><td>to lock</td></tr>
</table>

🎬 FILMCLIP

NOTE: For copyright reasons, the films referenced in the **FILMCLIP** feature have not been provided by the publisher. The film can be purchased as a DVD or found online at various sites such as YouTube, Amazon, or the iTunes store. The time codes mentioned below are for the North American DVD version of the film.

Szene: DVD Kapitel 4, 25.06–29.08 Min.

Die Männer der Stasi verwanzen die Wohnung von Georg und Christa-Maria. Die Nachbarin Frau Meineke sieht dies zufällig und wird von den Stasi-Leuten gezwungen, niemandem etwas davon zu sagen. Sonst würde man ihrer Tochter den Medizinstudienplatz wegnehmen. Georg ist in der Zwischenzeit bei seinem Freund, Albert Jerska. Jerska war Regisseur. Vor sieben Jahren hat man ihm ein Berufsverbot erteilt, weil er das Regime kritisiert hatte. Georg versucht, seinen Freund aufzumuntern und möchte ihn zu seiner Geburtstagsfeier einladen. Das vergisst er aber. Als Georg nach Hause kommt, schmückt Christa-Maria gerade die Wohnung für die Feier.

Schauen Sie sich die Szene an und beantworten Sie die Fragen.

1. Welche Beziehung haben Georg und Christa-Maria?
2. Was soll in ihrer Wohnung stattfinden? Was macht Christa-Maria dafür?
3. Was erzählt Georg Christa-Maria über seinen Besuch bei Albert Jerska?
4. Was hält Christa-Maria von Albert?
5. Wie alt wird Georg?
6. Was schenkt ihm Christa-Maria zum Geburtstag?
7. Was sagt Georg, dass er tun kann? Stimmt das?
8. Warum braucht Georg die Hilfe der Nachbarin Frau Meineke?
9. Wie reagiert die Nachbarin auf Georg? Warum?
10. Warum verlässt Georg die Wohnung?
11. Was macht Christa-Maria, als Georg gegangen ist? Warum macht sie das vielleicht?
12. Was denken Sie? Wie geht die Beziehung zwischen Georg und Christa-Maria weiter?

Nach dem Lesen

Georg Dreymans Tagebuch: Schreiben Sie zu einer der folgenden Situationen einen Eintrag aus Dreymans Perspektive.

a. nach der Veröffentlichung des Essays im *Spiegel*
b. nach dem Unfall von Christa-Maria Sieland
c. nach Einsicht in die eigenen Stasi-Akten nach der Wende

Videoecke

Perspektiven

Was hältst du von Tattoos oder Piercings?

Tattoos und Piercings gehören zum Zeitgeschmack.

Aufgabe 1 Tattoos und Piercings

Wer mag Tattoos? Wer mag Piercings? Wer mag weder Tattoos noch Piercings? Ordnen Sie die Personen in drei Kategorien.

1. Michael

2. Judith

3. Nadezda

4. Pascal

5. Sophie

6. Felicitas

7. Tina

8. Martin

Tattoos	Piercings	Weder/noch

Aufgabe 2   Wer sagt das?

Schreiben Sie die Namen neben die Aussagen.

1. Ich finde Tattoos und Piercings absolut hässlich.
2. Ich habe ein Tattoo.
3. Ich habe zu große Angst vor den Schmerzen.
4. Man soll möglichst natürlich aussehen.
5. Piercings sind nicht so mein Ding.
6. Tattoos und Piercings kommen irgendwann wieder aus der Mode.

Interviews

- Wann warst du das letzte Mal krank?
- Was hattest du?
- Was machst du, wenn du dich erkältet hast?
- Hattest du schon mal einen Unfall? Erzähl mal.
- Was für eine Krankenversicherung hast du?
- Wie viel kostet sie?
- Bist du mit ihr zufrieden?

Albrecht

Michael

Aufgabe 3   Albrecht oder Michael?

Sehen Sie sich das Video an und ergänzen Sie die Tabelle.

	Albrecht	Michael
Wann war er das letzte Mal krank?		
Was hatte er?		
Was macht er, wenn er sich erkältet hat?		
Was für eine Krankenversicherung hat er?		
Wie viel kostet sie?		
Ist er damit zufrieden?		

Wortschatz

Krankheit und Gesundheit	Illness and Health
die **Entzündung**, -en	infection
die **Erkältung**, -en	(head) cold
die **Gesundheit**	health
die **Grippe**	influenza, flu
die **Krankheit**, -en	illness, sickness
die **Ohnmacht**	unconsciousness
in **Ohnmacht fallen**	to faint
der **Husten**	cough
der **Hustensaft**, ¨e	cough syrup
der **Kater**, -	hangover
der **Liebeskummer**	lovesickness
der **Muskelkater**, -	sore muscles
der **Schmerz**, -en	pain
die **Halsschmerzen**	sore throat
die **Kopfschmerzen**	headache
die **Magenschmerzen**	stomachache
die **Ohrenschmerzen**	earache
die **Zahnschmerzen**	toothache
der **Schnupfen**, -	cold (*with a runny nose*), sniffles
das **Bonbon**, -s	drop, lozenge
sich ärgern (R)	to get angry
sich auf·regen	to get excited, get upset
sich erkälten	to catch a cold
fehlen (+ *dat.*) (R)	to be wrong with, be the matter with (*a person*)
weh·tun, tat ... weh, wehgetan	to hurt

Ähnliche Wörter

das **Fieber**; (sich) **fühlen**; sich **wohl fühlen**

Der Körper	The Body
die **Haut**, ¨e	skin
die **Niere**, -n	kidney
die **Zunge**, -n	tongue
der **Blinddarm**, ¨e	appendix
der **Magen**, ¨	stomach
der **Zahn**, ¨e	tooth
das **Gehirn**, -e	brain
atmen	to breathe
greifen, griff, gegriffen	to grab, grasp
kauen	to chew
lutschen	to suck
riechen, roch, gerochen	to smell

Ähnliche Wörter

die **Leber**, -n; die **Lippe**, -n; die **Lunge**, -n; die **Nase**, -n (R); der **Finger**, -; der **Fingernagel**, ¨; das **Haar**, -e (R); das **Herz**, -en

Apotheke und Krankenhaus	Pharmacy and Hospital
die **Apothekerin**, -nen	female pharmacist
die **Ärztin**, -nen (R)	female doctor, physician
die **Hausärztin**, -nen	family doctor
die **Zahnärztin**, -nen	dentist
die **Arztpraxis, Arztpraxen**	doctor's office
die **Psychiaterin**, -nen	female psychiatrist
die **Spritze**, -n	shot, injection
der **Apotheker**, -	male pharmacist
der **Arzt**, ¨e (R)	male doctor, physician
der **Hausarzt**, ¨e	family doctor
der **Zahnarzt**, ¨e	dentist
der **Gips**	cast (*plaster*)
der **Psychiater**, -	male psychiatrist
der **Verband**, ¨e	bandage
das **Medikament**, -e	medicine
ein **Medikament gegen**	medicine for
das **Pflaster**, -	adhesive bandage
das **Rezept**, -e	prescription
ab·nehmen, nimmt ... ab, nahm ... ab, abgenommen	to remove; to lose weight
Blut abnehmen	to take blood
röntgen	to X-ray
wirken	to work, take effect

Ähnliche Wörter

die **Diphtherie**; die **Tablette**, -n; die **Wunde**, -n; der **Schock**; der **Tetanus**; das **Blut** (R); die **Antibiotika** (*pl.*); **bluten**; **desinfizieren**

Unfälle	Accidents
die **Feuerwehr**	fire department
die **Verletzte**, -n	female injured person
die **Zeugin**, -nen	female witness
der **Verletzte**, -n (ein **Verletzter**)	male injured person
der **Zeuge**, -n (*wk. masc.*)	male witness
ab·stürzen, ist abgestürzt	to crash
aus·rutschen, ist ausgerutscht	to slip
bremsen	to brake
brennen, brannte, gebrannt	to burn
hin·fallen, fällt ... hin, fiel ... hin, ist hingefallen	to fall down
schlagen, schlägt, schlug, geschlagen (R)	to hit
stecken bleiben, blieb ... stecken, ist stecken geblieben	to get stuck

überfahren, überfährt, überfuhr, überfahren	to run over
verbrennen, verbrannte, verbrannt	to burn
sich (die Zunge) verbrennen	to burn (one's tongue)
sich verletzen	to injure oneself
zu·decken	to cover
zusammen·stoßen, stößt ... zusammen, stieß ... zusammen, ist zusammengestoßen	to crash

Ähnliche Wörter

der **Krankenwagen**, -; **brechen**, **bricht**, **brach**, **gebrochen**; sich (den **Arm**) **brechen**

Körperpflege	Personal Hygiene
die **Dauerwelle**, -n	perm
die **Seife**, -n	soap
das **Solarium**, **Solarien**	tanning salon
sich **ab·trocknen** (R)	to dry oneself off
sich **an·ziehen**, zog ... an, angezogen (R)	to get dressed
sich **aus·ruhen** (R)	to rest
sich **aus·ziehen**, zog... aus, ausgezogen (R)	to get undressed
(sich) **duschen** (R)	to shower (take a shower)
sich **ein·cremen**	to put lotion on
sich **erholen**	to recuperate
sich (die Haare) **föhnen** (R)	to blow dry (one's hair)
sich (die Zähne) **putzen**	to brush (one's teeth)
sich **rasieren**	to shave
sich **schminken**	to put makeup on
(sich) **schneiden**, schnitt, geschnitten (R)	to cut (oneself)

Ähnliche Wörter

die **Sauna**, -s; (sich) **baden** (R); sich (die **Haare**) **kämmen** (R); (sich) **waschen**, **wäscht**, **wusch**, **gewaschen** (R)

Sonstige Substantive	Other Nouns
die **Decke**, -n	blanket
die **Tüte**, -n	(paper or plastic) bag
die **Verabredung**, -en	appointment; date
der **Rat**, **Ratschläge**	advice
der **Termin**, -e (R)	appointment
der **Terminkalender**, -	appointment calendar
der **Unterricht** (R)	class, instruction
der **Verkehr**	traffic
das **Fahrzeug**, -e	vehicle

Ähnliche Wörter

die **Zigarette**, -n; der **Goldfisch**, -e

Sonstige Verben	Other Verbs
achten auf (+ *akk.*)	to watch out for; to pay attention to
auf·schreiben, schrieb ... auf, aufgeschrieben	to write down
beschreiben, beschrieb, beschrieben	to describe
fluchen	to curse, swear
flüchten, ist geflüchtet	to flee
sich **freuen über** (+ *akk.*)	to be happy about
herunter·klettern, ist heruntergeklettert	to climb down
sich **hin·legen**	to lie down
klingen (wie), klang, geklungen	to sound (like)
lassen, lässt, ließ, gelassen	to let
sich einen Termin geben lassen	to get an appointment
passen (R)	to fit
das passt gut	that fits well
raten, rät, riet, geraten (+ *dat.*)	to advise
rufen, rief, gerufen (R)	to call
verlassen, verlässt, verließ, verlassen	to leave; to abandon

Ähnliche Wörter

sich **setzen** (R)

Adjektive und Adverbien	Adjectives and Adverbs
deprimiert	depressed
fettig (R)	greasy
regelmäßig	regularly
schlimm	bad
stark	heavy, severe
trocken	dry
verletzt	injured
schwer verletzt	critically injured

Ähnliche Wörter

allergisch, **medizinisch**

Sonstige Wörter und Ausdrücke	Other Words and Expressions
aber (R)	but
als (R)	when (*conj.*)
bevor	before (*conj.*)
bis (R)	until (*prep., conj.*)
dagegen	*here:* for it
Haben Sie etwas dagegen?	Do you have something for it (*illness*)?
damit	so that
dass	that (*conj.*)
denn (R)	for, because

draußen	outside	**ọb** (R)	whether
gemeinsam (R)	together; common	**obwohl**	although
herụnter	down (*toward the speaker*)	**oder** (R)	or
		seit (R)	since, for (*prep.*)
Hịlfe!	Help!	seit mehreren Tagen	for several days
jedenfalls	in any case	**sọndern** (R)	on the contrary
mal	(*word used to soften commands*)	**ụnd** (R)	and
		während	during
Komm mal vorbei!	Come on over!	**weil** (R)	because
nachdem (R)	after (*conj.*)	**wẹnn** (R)	if; whenever

Strukturen und Übungen

11.1 Accusative reflexive pronouns

Reflexive pronouns are generally used to express the fact that someone is doing something to or for himself or herself.

Ich lege das Baby ins Bett.	*I'm putting the baby to bed.*
Ich lege mich ins Bett.	*I'm putting myself to bed (lying down).*

Some verbs are always used with a reflexive pronoun in German, whereas their English counterparts may not be.

Ich habe mich erkältet.	*I caught a cold.*
Warum regst du dich auf?	*Why are you getting excited?*

Here are some common reflexive verbs.

sich ärgern	*to get angry*
sich aufregen	*to get excited, get upset*
sich ausruhen	*to rest*
sich erkälten	*to catch a cold*
sich freuen	*to be happy*
sich (wohl) fühlen	*to feel (well)*
sich hinlegen	*to lie down*
sich verletzen	*to get hurt*

In most instances the forms of the reflexive pronoun are the same as those of the personal object pronouns. The only reflexive form that is distinct is **sich,** which corresponds to **er, sie** (*she*), **es, sie** (*they*), and **Sie*** (*you*).

Accusative Reflexive Pronouns

ich → mich		wir → uns	
du → dich		ihr → euch	
Sie → sich		Sie → sich	
er			
sie → sich		sie → sich	
es			

Ich fühle mich nicht wohl.	*I don't feel well.*
Michael hat sich verletzt.	*Michael hurt himself.*

Verbs with reflexive pronouns use the auxiliary **haben** in the perfect and past perfect tenses.

Heidi hat sich in den Finger geschnitten.	*Heidi cut her finger.*

---

*Even when it refers to **Sie,** the polite form of *you,* **sich** is not capitalized.

Übung 1 Minidialoge

Ergänzen Sie das Verb und das Reflexivpronomen.

> sich ärgern (geärgert) *
> sich aufregen (aufgeregt)
> sich ausruhen (ausgeruht) *
> sich erkälten (erkältet) *
> sich freuen (gefreut) *
> sich fühlen (gefühlt) *
> sich legen (gelegt) *
> sich schneiden (geschnitten) *
> sich verletzen (verletzt)

1. SILVIA: Ich _____ _____[a] gar nicht wohl.
   JÜRGEN: Warum denn?
   SILVIA: Ich glaube, ich habe _____ _____[b].
   JÜRGEN: Du Ärmste! Du musst _____ gleich ins Bett _____[c].

2. MICHAEL: Du, weißt du, dass Herr Thelen einen Herzinfarkt[1] hatte?
   MARIA: Kein Wunder, er hat _____ auch immer so furchtbar _____[a].
   MICHAEL: Na, jetzt muss er _____ erst mal ein paar Wochen _____[b].

3. FRAU RUF: Du blutest ja! Hast du _____ _____[a]?
   HERR RUF: Ja, ich habe _____ in den Finger _____[b].

4. HEIDI: Warum _____ du _____[a], Stefan?
   STEFAN: Ich habe in meiner Prüfung ein D bekommen.
   HEIDI: Du solltest _____ _____[b], dass du kein F bekommen hast.

11.2 Dative reflexive pronouns

When a clause contains another object in addition to the reflexive pronoun, then the reflexive pronoun is in the dative case; the other object, usually a thing or a part of the body, is in the accusative case.

> DAT. ACC.
> Ich ziehe mir den Mantel aus.   *I'm taking off my coat.*

Note that the accusative object (the piece of clothing or part of the body) is preceded by the definite article.

Wäschst du dir jeden Tag **die** Haare?	*Do you wash your hair every day?*
Sumita hat sich **den** Arm gebrochen.	*Sumita broke her arm.*

Only the reflexive pronouns that correspond to **ich** and **du** have different dative and accusative forms.

Reflexive Pronouns			Accusative	Dative
SINGULAR	ich	→	mich	mir
	du	→	dich	dir
	Sie	→	sich	sich
	er/sie/es	→		
PLURAL	wir	→	uns	uns
	ihr	→	euch	euch
	Sie	→	sich	sich
	sie	→		

[1]heart attack

Übung 2 Meine Morgentoilette

In welcher Reihenfolge machen Sie das?

MODELL: Erst stehe ich auf. Dann dusche ich mich. Dann ...

sich abtrocknen	sich die Haare föhnen
sich anziehen	sich die Haare kämmen
aufstehen	sich die Haare waschen
sich duschen	sich rasieren
sich die Fingernägel putzen	sich schminken
frühstücken	sich die Zähne putzen
sich das Gesicht waschen	zur Uni gehen

Übung 3 Körperpflege

Wer macht das? Sie, Ihre Freundin, Ihr Vater ...?

1. sich jeden Morgen rasieren	ich
2. sich zu sehr schminken	meine Freundin
3. sich nicht oft genug die Haare waschen	mein Freund
4. sich nach jeder Mahlzeit die Zähne putzen	mein Vater
5. sich immer verrückt anziehen	meine Mutter
6. sich jeden Tag duschen	meine Schwester
7. sich nie kämmen	meine Oma
8. sich nie die Haare föhnen	mein Onkel
9. sich nicht gern baden	_____?
10. sich immer elegant anziehen	

11.3 Word order of accusative and dative objects

When the accusative object and the dative object are both *nouns,* then the dative object precedes the accusative object.

DAT.   ACC.
Ich schenke **meiner Mutter einen Ring**.   *I'm giving my mother a ring.*

When either the accusative object or the dative object is a *pronoun* and the other object is a *noun,* then the pronoun precedes the noun regardless of case.

DAT.   ACC.
Ich schenke **ihr einen Ring**.   *I'm giving her a ring.*

ACC.   DAT.
Ich schenke **ihn meiner Mutter.**   *I'm giving it to my mother.*

The dative object precedes the accusative object, unless the accusative object is a pronoun.

When the accusative object and the dative object are both *pronouns,* then the accusative object precedes the dative object.

Ich schenke **ihn ihr.**   *I'm giving it to her.*

Note that English speakers use a similar word order. Remember that German speakers do *not* use a preposition to emphasize the dative object as English speakers often do (*to my mother, to her*).

Übung 4   Im Hotel

Sie sind mit Ihrem Partner / Ihrer Partnerin in einem Hotel. Sie sind gerade aufgestanden und packen Ihre gemeinsame Toilettentasche aus.

MODELL: S1: Brauchst du den Lippenstift?
           S2: Ja, kannst du ihn mir geben?
       oder Nein, ich brauche ihn nicht.

1. Brauchst du das Shampoo?
2. Brauchst du den Spiegel?
3. Brauchst du den Rasierapparat?
4. Brauchst du die Seife?
5. Brauchst du das Handtuch?
6. Brauchst du den Föhn?
7. Brauchst du die Creme?
8. Brauchst du das Rasierwasser?
9. Brauchst du den Kamm?

Übung 5   Gute Ratschläge!

Geben Sie Ihrem Partner / Ihrer Partnerin Rat.

MODELL: S1: Meine Hände sind schmutzig.
           S2: Warum wäschst du sie dir nicht?

1. Mein Bart ist zu lang.
2. Meine Füße sind schmutzig.
3. Meine Fingernägel sind zu lang.
4. Meine Haut ist ganz trocken.
5. Meine Haare sind nass.
6. Mein Hals ist schmutzig.
7. Meine Nase läuft.
8. Meine Haare sind zu lang.
9. Mein Gesicht ist ganz trocken.
10. Meine Haare sind fettig.

> eincremen   waschen
>
> putzen   föhnen
>
> schneiden   stutzen[1]

11.4 Indirect questions: *Wissen Sie, wo ...?*

Indirect questions:
- dependent clause begins with a question word or **ob**
- conjugated verb in the dependent clause appears at the end of the clause

Indirect questions are dependent clauses that are commonly preceded by an introductory clause such as **Wissen Sie, ...** or **Ich weiß nicht, ...** Recall that the conjugated verb is in last position in a dependent clause.

Wissen Sie, **wo** das Kind gefunden **wurde?**	*Do you know where the child was found?*
Können Sie mir sagen, **wann** die Polizei **ankommt?**	*Can you tell me when the police will arrive?*

The question word of the direct question functions as a subordinating conjunction in an indirect question.

DIRECT QUESTION: **Wie** komme ich zur Apotheke?
INDIRECT QUESTION: Ich weiß nicht, **wie** ich zur Apotheke **komme.**

Use the conjunction **ob** (*whether, if*) when the corresponding direct question does not begin with a question word but with a verb.

DIRECT QUESTION: **Kommt** Michael heute Abend?
INDIRECT QUESTION: Ich weiß nicht, **ob** Michael heute Abend **kommt.**

[1]*to trim*

Übung 6 Bitte etwas freundlicher!

Verwandeln Sie die folgenden direkten Fragen in etwas höflichere indirekte Fragen. Beginnen Sie mit **Wissen Sie, ...** oder **Können Sie mir sagen, ...**

MODELL: Wo war Herr Langen um sieben Uhr fünfzehn? →
Wissen Sie, wo Herr Langen um sieben Uhr fünfzehn war?
oder Können Sie mir sagen, wo Herr Langen um sieben Uhr fünfzehn war?

1. Was ist hier passiert?
2. Hat das Kind das Auto gesehen?
3. Wer war daran schuld?
4. Warum hat Herr Langen das Kind nicht gesehen?
5. Hat Herr Langen gebremst?
6. Wann hat er gebremst?
7. Wie oft fährt Herr Langen diese Straße zur Arbeit?
8. Wie lange lag Lothar auf der Straße?
9. Wann hat die Polizei Lothars Mutter angerufen?

11.5 Word order in dependent and independent clauses (summary review)

To connect thoughts more effectively, two or more clauses may be combined in one sentence. There are essentially two kinds of combinations:

1. Coordination: both clauses are equally important and do not depend on each other structurally.
2. Subordination: one clause depends on the other one; it does not make sense when it stands alone.

COORDINATION

| Heute ist ein kalter Tag und es schneit. | *Today is a cold day, and it is snowing.* |

SUBORDINATION

| Gestern war es wärmer, weil die Sonne schien. | *Yesterday was warmer because the sun was shining.* |

A. Coordination

These are the five most common coordinating conjunctions.

und	*and*
oder	*or*
aber	*but*
sondern	*but, on the contrary*
denn	*because*

In clauses joined with these conjunctions, the conjugated verb is in second position in both statements.

CLAUSE 1		CONJ.	CLAUSE 2	
I	II		I	II
Ich muss noch viel lernen,		denn	ich habe morgen eine Prüfung.	

I still have to study a lot, since I have a test tomorrow.

> ### WISSEN SIE NOCH?
>
> Dependent clauses may be introduced by subordinating conjunctions, such as **als** (*when, as*), **wenn** (*when, whenever*), and **wann** (*when*); by relative pronouns such as **der, die,** and **das** (*who, whom, that, or which*); or by question words such as **was** (*what*), **wie** (*how*), and **warum** (*why*) in indirect questions. Main verbs in dependent clauses appear at the end of the clause.
>
> Review grammar 3.4, 7.1, 9.1, 9.3, 9.5, and 11.4.

B. Subordination

Clauses joined by subordinating conjunctions follow one of two word order patterns.

1. When the sentence begins with the main clause, that clause has regular word order (verb second in statements) and the dependent clause introduced by the conjunction has dependent word order (verb last).

CLAUSE 1	CONJ.	CLAUSE 2
I II		I LAST
Ich muss noch viel lernen,	weil	ich morgen eine Prüfung habe.

I still have to study a lot because I have a test tomorrow.

2. When the sentence begins with the dependent clause, the entire dependent clause is considered the first part of the main clause and occupies first position. The verb-second rule applies, then, moving the subject of the main clause after the verb.

CLAUSE 1	CLAUSE 2
I	II SUBJECT
Weil ich morgen eine Prüfung habe,	muss ich noch viel lernen.

Because I have a test tomorrow, I still have to study a lot.

Here are the most commonly used subordinating conjunctions.

als	*when*
bevor	*before*
bis	*until*
damit	*so that*
dass	*that*
nachdem	*after*
ob	*whether, if*
obwohl	*although*
während	*while*
weil	*because, since*
wenn	*if, when*

Übung 7 Opa ist im Garten

Ergänzen Sie **dass, ob, weil, damit** oder **wenn.**

1. OMA: Weißt du, _____ᵃ Opa schon den Rasen gemäht hat?
   ESKE: Ich weiß nur, _____ᵇ er schon seit zwei Stunden im Garten ist.
   OMA: _____ᶜ Opa schon so lange im Garten ist, liegt er bestimmt in der Sonne.

2. ESKE: Du, Opi, was machst du denn im Gras?
   OPA: Ich habe mich nur kurz hingelegt, _____ᵃ mich die Nachbarn nicht sehen.
   ESKE: Aber warum sollen die dich denn nicht sehen?
   OPA: _____ᵇ ich mich heute noch nicht rasiert habe.

Übung 8   Minidialoge

Ergänzen Sie **obwohl, als, nachdem, bevor** oder **während.**

1. HERR THELEN: Was hat denn deine Tochter gesagt, _____[a] du mit deiner neuen Frisur nach Hause gekommen bist?

   HERR SIEBERT: Zuerst gar nichts. Erst _____[b] sie ein paar Mal um mich herumgegangen war, hat sie angefangen zu lachen und gesagt: „Aber, Papi, erst fast eine Glatze und jetzt so viele Haare. Das sieht aber komisch aus!"

2. FRAU ROWOHLT: Guten Tag, Herr Okonkwo! Kommen Sie doch bitte erst zu mir, _____ Sie mit Ihrer Arbeit beginnen.

   HERR OKONKWO: Aber natürlich, Frau Direktorin.

3. JOSEF: Ja, seid ihr denn immer noch nicht fertig? Was habt ihr eigentlich die ganze Zeit gemacht?

   MELANIE: _____ du dich stundenlang geduscht hast, haben wir die ganze Wohnung aufgeräumt.

4. MARIA: Aber, Herr Wachtmeister, könnten Sie nicht mal ein Auge zudrücken? Die Ampel war doch schon fast wieder grün.

   POLIZIST: Nein, leider nicht, _____ ich es gern tun würde, meine gnädige[1] Frau. Aber Sie wissen ja, Pflicht ist Pflicht.

[1]*dear*

KAPITEL **12**

Die moderne Gesellschaft

In **Kapitel 12,** you will discuss politics, social relationships and some of the issues that arise in modern multicultural societies. In addition, you will learn to talk about money matters and about German art and literature.

Themen

Politik

Multikulturelle Gesellschaft

Das liebe Geld

Kunst und Literatur

Kulturelles

KLI: Politische Parteien

Musikszene: „Cüs Junge" (Muhabbet [mit Fler])

KLI: Wie bezahlt man in Europa?

Filmclip: *Sophie Scholl – Die letzten Tage* (Marc Rothemund)

Videoecke: Medien und Finanzen

Lektüren

Anekdote: Sternzeichen (Rafik Schami)

Film: *Sophie Scholl – Die letzten Tage* (Marc Rothemund)

Strukturen

12.1 The genitive case

12.2 Expressing possibility: **würde, hätte,** and **wäre**

12.3 Causality and purpose: **weil, damit, um ... zu**

12.4 Principles of case (summary review)

410

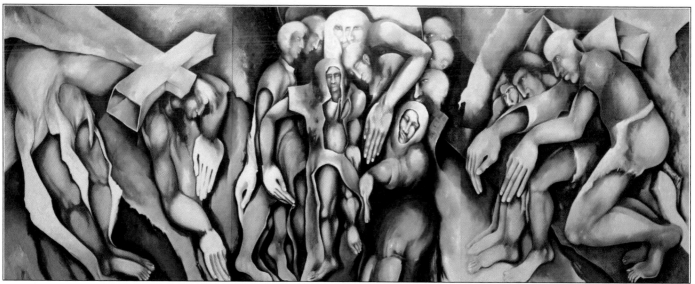

Ismail Çoban: *Der Fremde in mir* (2008), Privatbesitz des Künstlers
© Ismail Çoban

KUNST UND KÜNSTLER

Ismail Çoban ist ein türkisch-deutscher Maler und Grafiker. Er wurde 1945 in Çorum in der Türkei geboren. Nach einer Schneiderlehre und einer Ausbildung zum Volksschullehrer besuchte er die Hochschule für angewandte Werkkunst in Istanbul. 1969 ging Çoban nach Deutschland. Seit 1971 lebt er als freischaffender Maler und Grafiker in Wuppertal.

Çobans Kunst bewegt sich zwischen der deutschen und der türkischen Kultur und ist geprägt[1] vom Wunsch nach Verständigung. Er selbst sieht sich als „Welten-Künstler" und ist nicht nur Künstler, sondern auch Mystiker, Philosoph und politischer Mensch.

2006 gründete Çoban die „Ismail-Çoban-Stiftung[2]" zur Förderung internationaler junger Künstler. Çoban will damit Kunst, die zur Verständigung zwischen Deutschen und Migranten beiträgt, fördern[3] und den Menschen ein Forum geben, die zum Teil immer noch als „Fremde" in Deutschland leben.

Schauen Sie sich das Bild an und beantworten Sie die folgenden Fragen.

1. Was für Assoziationen weckt der Titel des Bildes in Ihnen? Passt das zu dem Eindruck[4], den das Bild auf Sie macht?
2. Welche Farben dominieren in dem Bild?
3. Das Bild hat drei Teile. Was sehen Sie im linken Teil? Was könnte das symbolisieren? Was steht dem im rechten Teil gegenüber? Was sehen Sie in der Mitte?
4. Betrachten Sie die Körperteile der Menschen. Welche Körperteile sind besonders groß? Was könnte das symbolisieren?
5. Wie ist der Gesichtsausdruck der Menschen? Wie ist ihre Körperhaltung? Wie nah sind sie beieinander?

---

[1]*characterized* [2]*foundation* [3]*promote* [4]*impression*

Situationen

Politik

Grammatik 12.1–12.2

Die Rede der Bundeskanzlerin erhielt viel Applaus.

Wie gut ist die Arbeit der Regierung?

sehr gut   gut   schlecht   sehr schlecht

Die Mehrheit der Bevölkerung unterstützt den Kurs der Regierung.

Die Koalition vereinbart eine Reform des Rentensystems.

Im nächsten Jahr soll ein neues Wahlrecht eingeführt werden.

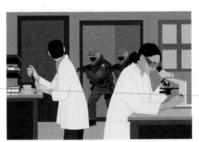

Die Freiheit der Wissenschaft ist in manchen Ländern in Gefahr.

Die Grenzen des Wachstums sind bald erreicht.

Situation 1   Wer im Kurs ...?

1. kennt eine Politikerin oder einen Politiker
2. ist schon mal zur Wahl gegangen
3. tritt für die Rechte[1] von Minderheiten ein
4. hat schon mal eine politische Rede gehalten
5. gehört einer politischen Partei an
6. ist dafür, dass die Steuern[2] gesenkt werden
7. hat schon mal eine Kandidatin unterstützt?
8. möchte nicht in der Öffentlichkeit stehen
9. hat eine Strategie gegen den Terrorismus
10. möchte einmal eine Schlüsselposition besetzen

[1]*rights*   [2]*taxes*

POLITISCHE PARTEIEN

- Wie heißen die wichtigsten Parteien in Ihrem Land?
- Wann wurden sie gegründet?
- Welche Grundwerte[3] haben sie?
- Welche Partei ist zur Zeit an der Regierung?
- Wofür kämpft Ihre jetzige Regierung?

Lesen Sie den Text und suchen Sie Antworten auf diese Fragen:

- Welche Partei ist die älteste Partei Deutschlands? Wie alt ist sie? Wo wurde sie gegründet?
- Welche Partei war am längsten in der Regierung? Wie alt ist sie? Wo liegen ihre Wurzeln[4]?
- Welche Partei ist die Nachfolgepartei der Regierungspartei der DDR? Wie hieß diese Regierungspartei? Wie nannte sie sich nach der friedlichen Revolution im Jahre 1989?
- Welche Partei ist die ökologische Partei? Wie alt ist sie? Ist sie eher links oder rechts?
- Welche Partei möchte aus dem Euro austreten[5]? Wie alt ist sie? Ist sie eher links oder rechts?
- Welche Parteien sagen, ihre Grundwerte sind Freiheit, Solidarität und Gerechtigkeit[6]?
- Welche Parteien setzen sich besonders für die Frauen ein?

Die zwei größten Parteien in Deutschland sind die Christlich Demokratische Union Deutschlands (CDU) und die Sozialdemokratische Partei Deutschlands (SPD) mit jeweils[7] knapp einer halben Million Mitglieder.

Die CDU wurde 1945 gegründet und nennt sich selbst die Volkspartei der Mitte. Sie ist die Partei, die am häufigsten den Bundeskanzler[8] oder die Bundeskanzlerin gestellt[9] hat. Die CDU hat religiöse Wurzeln. In ihrem Grundsatzprogramm steht, dass ihre Grundwerte Freiheit, Solidarität und Gerechtigkeit sind. Diese Grundwerte sind christlich orientiert. Die CDU sieht Ehe und Familie als Fundament der Gesellschaft. Sie möchte die Würde[10] des Menschen vom Beginn bis zum Ende des Lebens schützen und seine natürlichen Lebensgrundlagen (Umwelt, Klima, Nahrungsmittel) bewahren. Sie fördert Eigeninitiative und sie steht für die Freiheit und Sicherheit der Bürger.

Die SPD ist die älteste deutsche Partei. Sie wurde 1863 als *Allgemeiner Deutscher Arbeiterverein* (ADAV) in Leipzig gegründet. Seit 1890 nennt sie sich Sozialdemokratische Partei Deutschlands. Ihre Grundwerte sind ebenfalls Freiheit, Gerechtigkeit und Solidarität. Die SPD steht den Gewerkschaften[11] nahe. Besonders wichtig ist für sie der Sozialstaat, der Menschen bei Krankheit, Behinderung oder Arbeitslosigkeit unterstützt. Sie möchte, dass Menschen von ihrer Arbeit leben können. Sie kämpft für Menschenrechte und Frieden und baut dabei auf Dialog und Konfliktlösung. Sie ist für eine gesetzliche[12] Frauenquote, die die Emanzipation der Frau fördern soll.

Die Grünen und die Linke sind kleinere Parteien. Sie sind aber wichtig für Koalitionen mit den zwei großen Parteien.

Die Grünen wurden 1980 gegründet. 1993 fusionierten[13] sie mit dem Bündnis 90, das aus der Bürgerbewegung der DDR hervorging, zum Bündnis 90/Die Grünen. Die Grundwerte der Grünen sind Ökologie, Selbstbestimmung[14], Gerechtigkeit und Demokratie. Sie wollen eine grüne Marktwirtschaft, die ökologisch und gerecht[15] ist. Sie

Ein Wahlplakat der SPD um 1920
© ullstein bild - Archiv Gerstenberg/ The Image Works

wollen das Klima retten[16] und Armut bekämpfen. Sie sind für eine multikulturelle Gesellschaft und kämpfen für die Integration von Einwanderern. Sie wollen gleiche Rechte für Männer und Frauen und sind für die Anerkennung von gleichgeschlechtlichen[17] Lebenspartnerschaften.

Die Linke bezeichnet sich selbst als eine sozialistische Partei. Sie wurde 2007 gegründet, als die Partei des demokratischen Sozialismus (PDS) mit einer linken Partei aus den alten Bundesländern fusionierte. Die PDS war die Nachfolgepartei der Sozialistischen Einheitspartei Deutschlands (SED), die die DDR von ihrer Gründung 1949 bis zu ihrem Ende 1990 regierte. Die Linke ist vor allem in den neuen Bundesländern stark. Sie möchte, dass große Unternehmen und reiche Menschen deutlich mehr Steuern zahlen, bis zu 50%, und will Löhne[18], Renten[19] und das Kindergeld erhöhen[20]. Sie kämpft dafür, dass Menschen weniger arbeiten müssen. Sie will eine stärkere staatliche Kontrolle der Finanzmärkte, ist dagegen, dass die Bundeswehr[21] im Ausland eingesetzt wird, und möchte das Adoptionsrecht für gleichgeschlechtliche Paare[22].

Die Alternative für Deutschland (AfD) wurde erst 2013 gegründet. Sie ist eine typische Protestpartei. Ihr Hauptziel ist seit ihrer Gründung, den Euro abzuschaffen[23]. Die AfD ist eine national-konservative Partei mit rechtspopulistischen Zügen[24]. Sie möchte die Einwanderung begrenzen, ist dagegen, dass die Türkei in die EU aufgenommen wird, und möchte kein Freihandelsabkommen[25] mit den USA. Einwanderer, die nicht genügend Geld haben, um in Deutschland zu leben, sollen in ihr Heimatland zurückkehren.

---

[3]basic values [4]roots [5]austreten aus *withdraw from* [6]justice [7]each [8]Federal Chancellor [9]here: provided [10]dignity [11]labor unions [12]legally (mandated)

[13]merged [14]self-determination [15]just [16]save [17]same-sex [18]wages [19]pensions [20]increase [21]federal military [22]couples [23]do away with [24]tendencies [25]free trade agreement

Situation 2 Die deutschen Parteien

Welche Ziele passen zu welchen Parteien? Lesen Sie die KLI auf Seite 413 und entscheiden Sie, welche Ziele zu den folgenden Parteien passen.

1. das Klima retten
2. Einkommen und Vermögen gerechter verteilen
3. für starke Gewerkschaften sorgen
4. das Adoptionsrecht für gleichgeschlechtliche Paare einführen
5. die Explosion der Mietpreise verhindern
6. aus dem EURO austreten
7. die Renten und Löhne erhöhen
8. dafür sorgen, dass Menschen von ihrer Arbeit leben können
9. kriminelle Einwanderer in ihr Heimatland zurückschicken
10. für den Tierschutz eintreten
11. die Steuern senken
12. die europäische Integration unterstützen
13. eine gesetzliche Frauenquote einführen
14. christliche Werte betonen

a. AfD (Alternative für Deutschland): nationalkonservativ
© Peter Probst/Alamy

b. CDU (Christlich-demokratische Union): konservativ
© Peter Probst/Alamy

c. Die Grünen: liberal, ökologisch
© Peter Probst/Alamy

d. Die Linke: sozialistisch
© Peter Probst/Alamy

SPD

e. SPD (Sozialdemokratische Partei Deutschlands): sozialdemokratisch
© Peter Probst/Alamy

Der deutsche Bundestag
© dpa picture alliance/Alamy

Situation 3 Diskussion

Was ist gut (G) und was ist schlecht (S) für eine Demokratie?

1. Weniger als die Hälfte der Wahlbevölkerung geht zur Wahl.
2. Der neue Präsident bringt seine Verwandten und Freunde mit in die Regierung.
3. Die Wissenschaft wird zensiert, weil sie nicht mit dem konform ist, was in der Bibel steht.
4. Der Kampf gegen den Terrorismus schadet der persönlichen Freiheit der Bürger.
5. Jeder kann seine Meinung sagen, auch wenn es gegen die Regierung gerichtet ist.
6. Weil das Land in einer tiefen Rezession ist, steigt die Zahl der Arbeitslosen immer weiter.
7. Die Regierung kann ihre Bürger nicht vor Kriminellen schützen.
8. Proteste von Bürgerinitiativen haben Erfolg, weil die Regierung zum Kompromiss bereit ist.
9. Die Medien sind engagiert und können schreiben, was sie wollen.
10. Weil das Land sehr reich ist, wollen viele Ausländer aus ärmeren Ländern einwandern.
11. Die Finanzmärkte werden vom Staat immer stärker kontrolliert.
12. Abgeordnete werden für 10 Jahre gewählt, damit es eine stabile Regierung gibt.

Situation 4 Interview

1. Wie würdest du deine politische Einstellung einschätzen[26]? eher konservativ oder eher liberal? und die politische Einstellung deiner Eltern?
2. Kannst du dir vorstellen, eine Abgeordnete oder ein Abgeordneter zu sein? Welcher Partei? Wofür würdest du eintreten?
3. Wenn du in Deutschland wählen könntest, welche Partei würdest du wählen? Warum?
4. Hast du schon mal mit einem wichtigen Politiker oder einer Politikerin gesprochen? Wer war das? Wie ist es dazu gekommen? Worüber habt ihr gesprochen?
5. Was hältst du von der jetzigen Regierung in deinem Land? Was macht sie gut? Was macht sie schlecht?
6. Welche Gesetze sollten sich, deiner Meinung nach, in deinem Land ändern? Wähle eins und erkläre warum.
7. Welche großen politischen oder gesellschaftlichen Probleme gibt es in der Welt?
8. Bist du schon einmal mit etwas gescheitert (z. B. mit einer neuen Idee, in der Schule, in der Uni, im Freundeskreis)? Was war es? Wie ist es passiert? Was hast du danach gemacht?

[26]*assess*

Multikulturelle Gesellschaft

Grammatik 12.3

CLAIRE: Ist Deutschland eigentlich ein multikulturelles Land?
JOSEF: Ja, natürlich. Es leben hier über acht Millionen Ausländer.

RENATE: Unsere ausländischen Mitbürger bereichern Deutschland mit ihrer Kultur und ihren Traditionen.

MEHMET: Deutschland braucht in vielen Branchen ausländische Arbeitskräfte, insbesondere im MINT-Bereich.

JÜRGEN: Wie in jedem anderen Land müssen Ausländer auch in Deutschland ihre Aufenthalts-und Arbeitserlaubnis beantragen. Dazu müssen sie viele Formulare ausfüllen.

Situation 5   Definitionen

1. das Formular
2. die Aufenthaltserlaubnis
3. die Arbeitserlaubnis
4. der MINT-Bereich
5. das multikulturelle Land
6. etwas beantragen

a. Die braucht man, damit man in Deutschland wohnen darf.
b. Das muss man ausfüllen, um zum Beispiel eine Arbeitserlaubnis zu bekommen.
c. Die braucht man, damit man arbeiten kann.
d. Land, in dem Menschen aus verschiedenen Kulturen zusammen leben
e. Formulare ausfüllen und in einem Büro abgeben
f. Mathematik, Informatik, Naturwissenschaften, Technik

Situation 6   Interview

1. Sind deine Vorfahren eingewandert? Wenn ja, weißt du, wann deine Vorfahren eingewandert sind? Woher kamen sie? Welche Sprache haben sie gesprochen? Warum haben sie ihre Heimat verlassen?
2. Spricht man in deiner Familie mehr als eine Sprache? Welche? Welche Vorteile oder Nachteile hat das für dich?
3. Kennst du Einwanderer? Woher kommen sie? Sprechen sie Englisch? Warum sind sie eingewandert?

4. Weißt du, welche Formalitäten man erfüllen muss, um legal hier wohnen und arbeiten zu dürfen?

5. Welche Probleme können Einwanderer haben? Wie kann man diese Probleme lösen?

Situation 7 Diskussion: Leben in einer fremden Kultur

Welche Probleme können Ausländer haben? Was ist für die Integration von Ausländern wichtig? Arbeiten Sie in kleinen Gruppen. Schreiben Sie in jede Spalte fünf Dinge, die Sie für wichtig halten. Ordnen Sie die Dinge: das Wichtigste zuerst. Einige Ideen finden Sie im Wortkasten.

Probleme von Ausländern	für die Integration wichtig

Geld verdienen   eine Wohnung finden

eine gute Schulbildung bekommen

Feste gemeinsam feiern   Heimweh haben

Freunde finden   gemeinsam Sport treiben

ein Kulturzentrum gründen   die Sprache lernen

sich über die Kultur des anderen informieren

einen Arbeitsplatz finden   seine Religion ausüben

_____?

Situation 8 Diskussion: Extremismus

1. Gibt es Extremisten in Ihrem Land? Wo? Was für Ziele haben sie? Was machen sie?

2. Was ist, Ihrer Meinung nach, ein typischer Extremist?

☐ Frau ☐ Mann
☐ jung ☐ alt
☐ schlecht ausgebildet ☐ gut ausgebildet
☐ arm ☐ reich
☐ sympathisches Äußeres ☐ unsympathisches Äußeres
☐ arbeitslos ☐ mit gutem Arbeitsplatz
☐ Einzelgänger[1] ☐ nur in der Gruppe stark

3. Wodurch fallen Extremisten auf?

4. Was kann man gegen Extremismus tun?

[1]loner

MUSIKSZENE

„Cüs Junge" (2007, Deutschland) *Muhabbet (mit Fler)*

Biografie Muhabbet (Murat Ersen) ist 1984 in Köln geboren. Er singt auf Deutsch und Türkisch. Seine Musik verbindet arabeske Elemente orientalischer Popmusik mit R'n'B. Muhabbet nennt diesen Stil R'n'Besk, so auch der Titel seines zweiten Albums. 2007 spielte er auf dem Sommerfest des damaligen Bundespräsidenten, Horst Köhler, und er nahm das Lied „Deutschland" mit dem damaligen Außenminister Deutschlands, Frank-Walter Steinmeier, auf. Mit diesem Lied wollte er für ein modernes und tolerantes Deutschland werben. Der Song „Cüs Junge" entstand 2006 aus einer Zusammenarbeit mit dem deutschen Rapper Fler.

Muhabbet und der deutsche Außenminister nehmen den Song „Deutschland" auf.
© Tim Brakemeier/Getty Images

NOTE: For copyright reasons, the songs referenced in **MUSIKSZENE** have not been provided by the publisher. The song can be found online at various sites such as YouTube, Amazon, or the iTunes store.

Vor dem Hören Sind Sie bi-kulturell oder kennen Sie jemanden, der zwei Kulturen in sich vereint? Welche Vorteile haben bi-kulturelle Menschen? Welchen Herausforderungen müssen sie sich stellen?

Nach dem Hören

1. Beantworten Sie die Fragen zum Anfang und zum Refrain.

    a. Für wen ist dieser Song?

    b. Wie ist der Klub?

    c. Wer sitzt an der Bar?

    d. Was sagt der Sänger, als er sie sieht?

2. Was sagt der Sänger NICHT über die junge Frau im Klub?

    a. Sie hat Klasse.

    b. Sie ist seine Traumfrau.

    c. Sie ist der pure Wahnsinn.

    d. Sie ist heute Abend der Star.

    e. Sie hat viel Geld.

    f. Sie füllt den Raum mit Licht.

    g. Sie macht alle schwach.

    h. Sie ist das Beste aus zwei Welten.

    i. Sie ist eine Mischung aus Gold und Platin.

Miniwörterbuch

verbinden	to combine
der **Außenminister**	foreign minister, secretary of state
aufnehmen	to record
werben	to promote
die **Herausforderung**	challenge
der **Wahnsinn**	madness

 Lektüre

Vor dem Lesen

A. Beantworten Sie die folgenden Fragen.

1. Wann haben Sie Geburtstag? Wissen Sie, um wie viel Uhr Sie geboren sind? Wie war das Wetter? Welche berühmten Persönlichkeiten sind am gleichen Tag wie Sie geboren?

2. Welches Sternzeichen sind Sie? Welche Eigenschaften hat Ihr Sternzeichen? Spielen Sternzeichen eine Rolle in Ihrem Leben?

> **LESEHILFE**
>
> The reading "Sternzeichen" is an anecdote (German **die Anekdote**). An anecdote is typically a very short story with a direct, humorous tone. The telling of an anecdote often leads to a climactic twist (German **die Pointe**) near the end, almost a sort of punch line. As you read this text, be on the lookout for the **Pointe.**

© Roger-Viollet/The Image Works

B. Lesen Sie die Wörter im Miniwörterbuch. Suchen Sie sie in den Aktivitäten und im Text und unterstreichen Sie sie.

Miniwörterbuch	
die **Eigenschaft**	characteristic
Krebs	Cancer
sei	*here:* was
ablehnen	to refuse
die **Schüchternheit**	shyness
meiden	to avoid
die **Neigung**	inclination
trotz	despite
der **Schriftsteller**	writer
der **Bahnhof**	train station
die **Geburt**	birth
berühmt	famous
die **Persönlichkeit**	personality, celebrity
das **Sternzeichen**	sign of the zodiac
der **Ausweis**	identification card
die **Aprikose, -n**	apricot
der **Kampf,** die **Kämpfe**	battle, fight
der **Berg, -e**	mountain
hämisch	gloatingly
die **Begegnung**	encounter

Sternzeichen

von Rafik Schami

„Typisch Krebs", sagt H., ein Bekannter aus Heidelberg. Er glaubt noch genau zu wissen, daß ich Ende Juni geboren sei. Wir haben zusammen studiert. Heute ist er erfolgreicher Astrologe. Nach fünfzehn Jahren sehen wir uns zum ersten Mal wieder. Er will mir sofort ein exaktes Horoskop erstellen. Als ich es ablehne, führt er das auf die für Krebse angeblich typische Schüchternheit zurück.

„Nicht von ungefähr geht der Krebs seitlich. Er meidet jeden Konflikt, aber wenn es darauf ankommt, ist er sehr wehrhaft", denke ich laut. H. lacht. Typisch für den Krebs sei seine Neigung zur Kunst, entgegnet er.

Entscheidend für die gesamte Ausrichtung meines Lebens ist also seiner Meinung nach mein Geburtstag gewesen. Und er spricht ständig von Achsen und Sternenkonstellationen. Er habe schon damals in Heidelberg sicher gewußt, daß ich trotz des Chemiestudiums in meinem tiefsten Innern ein Künstler sei. „Und was ist dann aus dir geworden, hm? Vielleicht ein Chemiker? Nein, ein Schriftsteller."

Araber feiern vieles, aber Geburtstage nie. Denn wenn man seinen Geburtstag genau kennt, wird man nur älter. Mir kommen die Europäer manchmal so vor, als wären sie alle am Bahnhof geboren. Sie wissen nicht bloß das Datum, sondern sogar die genaue Uhrzeit ihrer Geburt. H., mein Bekannter, weiß auch die Temperatur und das Himmelsbild jenes Tages, sogar die berühmten Persönlichkeiten, die unter demselben Sternzeichen wie er auf die Welt kamen, hat er parat.

Als er geht, rufe ich meine Mutter in Damaskus an und frage sie, wann ich geboren wurde, denn ich mißtraue meinem Ausweis. „Anfang bis Mitte April", antwortet sie. „Die Aprikosen standen in voller Blüte. Wir mußten uns aber wegen der Kämpfe in der Hauptstadt in den Bergen verstecken. Deshalb konnten wir dich erst danach in der Hauptstadt registrieren lassen, das war dann Ende Juni."

Und ich freue mich hämisch auf die nächste Begegnung mit H., dem Astrologen.

© Carl Hanser Verlag München Wien 1997

Arbeit mit dem Text

A. Personen. Es gibt drei Personen im Text: H., Rafik Schami und Rafiks Mutter. Was erfahren wir über sie? Kreuzen Sie alles an, was richtig ist.

1. H.

☐ a. Er hat mit Rafik studiert.

☐ b. Er ist Astrologe.

☐ c. Er ist aus Heidelberg

☐ d. Er hat Chemie studiert.

2. Rafik Schami

☐ a. Er ist Krebs.

☐ b. Er hat Astrologie studiert.

☐ c. Er ist Schriftsteller.

☐ d. Er hat H. 15 Jahre nicht gesehen.

3. Rafiks Mutter

☐ a. Sie wohnt in Damaskus.

☐ b. Sie feiert gern ihren Geburtstag.

☐ c. Als Rafik geboren wurde, war sie in den Bergen.

☐ d. Sie liebt Aprikosen.

B. Handlung. Die folgenden Sätze fassen die Handlung zusammen. Bringen Sie sie in die richtige Reihenfolge.

_____ Rafik lehnt ab.

_____ Die Mutter erzählt Rafik, dass er im April geboren ist.

_____ H. will für Rafik ein Horoskop erstellen.

_____ H. trifft Rafik nach 15 Jahren wieder.

_____ Als H. geht, ruft Rafik seine Mutter an.

_____ H. meint, dass Rafik schon immer ein Künstler war.

C. Inhalt. Beantworten Sie die Fragen.

1. Welche Eigenschaften hat ein Krebs?
2. Warum feiern Araber ihren Geburtstag nicht?
3. Warum, glaubt Rafik, sind Europäer am Bahnhof geboren?
4. Was weiß H. alles über seine eigene Geburt?
5. Warum steht in Rafiks Ausweis, dass er Ende Juni geboren ist?
6. Warum freut sich Rafik hämisch auf die nächste Begegnung mit seinem Bekannten?

Nach dem Lesen

Rafik Schami kommt aus Syrien. Er ist 1971 nach Deutschland ausgewandert, hat dort Chemie studiert und 1979 seinen Doktortitel bekommen. Seit 1982 ist er freier Schriftsteller und seit 2002 ist er Mitglied der Bayerischen Akademie der Künste. Die Geschichte *Sternzeichen* stammt aus dem Buch *Gesammelte Olivenkerne* von 1997. In diesem Buch schreibt Rafik Schami über seine Begegnungen mit Deutschen und Arabern. Suchen Sie im Internet Antworten auf die folgenden Fragen.

1. Wann ist Rafik Schami geboren?
2. Wo wohnt er?
3. Welche weiteren Bücher hat er geschrieben? Nennen Sie vier.
4. Welche Preise hat er bekommen? Nennen Sie zwei.
5. In wie viele Sprachen wurden seine Bücher übersetzt?
6. Warum hat er sein Buch von 1997 *Gesammelte Olivenkerne* genannt?

Das liebe Geld

Grammatik 12.4

—Ich möchte gern ein Konto eröffnen.

—Ein Spar- oder ein Girokonto?

Für diesen Geldautomaten braucht man eine EC-Karte.

Wenn man Geld auf einem Sparkonto hat, bekommt man Zinsen.

Wenn man Schulden hat, muss man Zinsen zahlen.

Wenn man Geld überweisen möchte, kann man das auch per Online-Banking tun.

Der Börsenkrach vom September 2008 war einer der schlimmsten in der Geschichte.

Situation 9 Wer weiß – gewinnt: Geld

1. der Ort, an dem mit Aktien gehandelt wird
2. die Karte, mit der man bargeldlos[1] bezahlen kann
3. die zahlt man, wenn man Schulden hat
4. der Kurs, zu dem man ausländische Währung kaufen oder verkaufen kann
5. Automat, aus dem man Bargeld holen kann
6. die Münzen und Geldscheine einer Währung
7. das offizielle Zahlungsmittel eines Landes
8. das macht man, wenn man Rechnungen per Online-Banking bezahlt
9. das Konto für den täglichen Gebrauch
10. das macht man, wenn man bei einer Bank neu ist

a. das Bargeld
b. das Girokonto
c. der Geldautomat
d. der Wechselkurs
e. die Börse
f. die Kreditkarte
g. die Währung
h. die Zinsen
i. ein Konto eröffnen
j. Geld überweisen

Situation 10 Dialog: Auf der Bank

PETER: Guten Tag, ich möchte ein Konto _____.

BANKANGESTELLTE: Ein Spar- oder ein Girokonto?

PETER: Ein Girokonto.

BANKANGESTELLTE: Würden Sie dann bitte dieses Formular ausfüllen?

PETER: Bekomme ich bei dem _____ auch eine EC-Karte?

BANKANGESTELLTE: Die müssen Sie extra beantragen, aber das ist kein Problem, wenn regelmäßig auf das Konto _____ wird.

PETER: Ich bekomme ein Stipendium. Das soll auf dieses Konto überwiesen werden.

BANKANGESTELLTE: Gut. Die EC-Karte und Ihre _____ bekommen Sie mit der Post.

PETER: Bekomme ich auf mein Guthaben auch _____?

BANKANGESTELLTE: Nein, Zinsen gibt es nur auf Sparkonten.

PETER: Habe ich bei dem _____ einen Überziehungskredit[2]?

BANKANGESTELLTE: Ja, die Höhe richtet sich nach Ihrem Einkommen.

PETER: Kann ich meine _____ auch übers Internet ausführen?

BANKANGESTELLTE: Natürlich. Meine Kollegin, Frau Schröder, hilft Ihnen da weiter.

PETER: Vielen Dank. Auf Wiedersehen.

BANKANGESTELLTE: Auf Wiedersehen.

Situation 11 Interview

1. Hast du ein Konto bei der Bank? Welche Konten hast du?
2. Hast du eine Kreditkarte? Wie viel kannst du damit ausgeben? Wie viel Zinsen musst du bezahlen?
3. Wie viel sparst du im Monat? Worauf sparst du? Wenn du jetzt nicht sparen kannst: Worauf würdest du sparen, wenn du Geld hättest?
4. Womit zahlst du meistens: mit Schecks, mit Kreditkarte oder mit Bargeld?
5. Wie viel Geld hast du im Monat? Wie viel Geld gibst du aus? Wofür gibst du das meiste Geld aus?
6. Hast du schon einmal einen Kredit aufgenommen? Wie hast du das gemacht?

[1]cash-free [2]overdraft protection

KULTUR ... LANDESKUNDE ... INFORMATIONEN

WIE BEZAHLT MAN IN EUROPA?

Wie ist es bei Ihnen?

- Wie bezahlen Sie meistens, wenn Sie im Supermarkt einkaufen?
- Wie bezahlen Sie Ihre Miete?
- Wie bezahlen Sie Ihre Telefonrechnung?
- Wie bezahlen Sie, wenn Sie ein Kleidungsstück kaufen? Ein Smartphone oder einen Computer? Ein Auto?
- Wie werden Sie in Ihrem Job bezahlt? In bar, mit Scheck oder Überweisung?
- In welcher Form bekommen Sie Geld von Ihren Eltern oder finanzielle Unterstützung für Ihr Studium?

In manchen Restaurants werden keine Kreditkarten akzeptiert.

Man zahlt daher meistens bar.

Wie ist es in Europa? Lesen Sie den Text und beantworten Sie die Fragen.

1. Wie heißt die Karte, die in Deutschland am häufigsten zum Einkaufen benutzt wird?
2. Was muss man für diese Karte bei der Bank haben?
3. Wie heißt die „elektronische Geldbörse", die man in Österreich benutzt?
4. Wie wird in Österreich immer noch am häufigsten bezahlt?
5. Wie bezahlt man normalerweise in Deutschland Miete und Rechnungen?
6. Was ist ein Dauerauftrag?
7. Wie viel Prozent der Deutschen nehmen am Online-Banking teil?

Auch in vielen Ländern Europas bezahlt man inzwischen nicht mehr so häufig mit Bargeld wie noch vor einigen Jahren. Für bargeldlose Transaktionen wird in Deutschland die EC-Karte am häufigsten benutzt. Man kann mit ihr im Supermarkt, beim Tanken und in den meisten Einzelhandelsgeschäften[3] bezahlen und Geld aus dem Geldautomaten bekommen. Für eine EC-Karte braucht man ein Konto bei einer Bank, das – anders als bei Kreditkarten – bei jeder Transaktion sofort belastet[4] wird. Manchmal muss man allerdings beim Einkauf außerdem noch seinen Personalausweis zeigen.

In Österreich ist die Quickcard eine beliebte Alternative zum Bargeld. Sie funktioniert wie eine elektronische Geldbörse[5]. Man muss sie „aufladen[6]" und kann dann z. B. an Parkautomaten, in Geschäften und an Tankstellen auch kleine Beträge[7] bezahlen. Die dominierende Zahlungsform in Österreich ist aber immer noch die Bargeldtransaktion. Die beliebteste Kreditkarte in Deutschland ist die Eurocard, die zu der Organisation von Mastercard (USA) gehört. Danach kommt die Visa-Karte.

Rechnungen für Telefon, Nebenkosten oder Miete bezahlt man bargeldlos mit Überweisungen vom Girokonto oder Bankeinzug[8] (der Betrag wird automatisch von der Bank des Empfängers[9] eingezogen). Damit man die monatlichen Zahlungen nicht vergisst, kann man sie per Dauerauftrag[10] überweisen lassen. Das heißt, man gibt seiner Bank einmal den Auftrag[11] und zu einem bestimmten Termin wird der Betrag automatisch überwiesen. Sehr beliebt ist auch das Online-Banking, das inzwischen von ungefähr 70% der Deutschen genutzt wird, vor allem für Überweisungen und Daueraufträge oder zum Überprüfen des Kontostandes.

---

[3]retail shops [4]debited [5]wallet [6]charge, recharge [7]amounts [8]automatic withdrawal, i.e. electronic funds transfer [9]payee [10]standing order, i.e. recurring bill-pay [11]order

---

💬 Situation 12   Rollenspiel: Auf der Bank

S1: Sie haben ein Stipendium für ein Jahr an der Universität Leipzig bekommen. Sie wollen bei der Deutschen Bank ein Konto eröffnen. Fragen Sie auch nach den Zinsen, nach Online-Zugang und EC-Karte und ob Sie Ihr Konto überziehen dürfen.

Kunst und Literatur

die Mundharmonika die Trompete die Blockflöte

das Schlagzeug die Orgel die Querflöte die Staffelei die Ölfarben der Pinsel

die Töpferscheibe der Brennofen die Figur aus Ton der Hammer der Meißel der Stein

Situation 13 Wer weiß – gewinnt: Kunst und Literatur

1. Welches Instrument gehört normalerweise nicht in ein Symphonie-Orchester?
2. Was braucht ein Bildhauer für seine Kunst?
3. Was war Theodor Storm von Beruf?
4. Von wem sind die Brandenburgischen Konzerte?
5. Was war Marlene Dietrich von Beruf?
6. Was brauchte Paul Klee für seine Kunst?
7. Wer schrieb die Tragödie *Faust*?
8. Welches Instrument spielt der Musiker David Garrett?

a. Blockflöte
b. Geige
c. Stein, Hammer und Meißel
d. Staffelei, Pinsel und Farben
e. Schriftsteller/in
f. Schauspieler/in
g. Johann Sebastian Bach
h. Johann Wolfgang von Goethe

Situation 14 Interview

1. Hörst du gern Musik? Was für Musik? Hast du einen Lieblingskomponisten oder eine Lieblingskomponistin?
2. Spielst du ein Instrument oder singst du?
3. Liest du gern? Was liest du gern: Romane, Gedichte, Dramen, Comics? Welche Schriftsteller magst du besonders? Hast du etwas von deutschen Schriftstellern gelesen?
4. Hast du schon mal etwas geschrieben? Was?
5. Welche Maler, Bildhauer oder Grafiker magst du am liebsten?
6. Malst oder zeichnest du? Welche Motive magst du am liebsten? (Berge? das Meer? eine Blumenvase?) Arbeitest du mit anderen Materialien wie Holz, Ton oder Stein?
7. Gehst du gern ins Theater? Welche Stücke gefallen dir besonders gut?
8. Hast du schon mal Theater gespielt? Welche Rollen hast du gespielt? Wie war das?

Situation 15 Faust: Die einfache Version

Eins der bekanntesten Werke der deutschen Literatur ist die Tragödie *Faust* von Goethe. Was in *Faust* geschieht, finden Sie in den folgenden Sätzen. Bringen Sie die Sätze in die richtige Reihenfolge.

TEIL 1

_____ Als Faust an einem Osternachmittag spazieren geht, sieht er einen schwarzen Pudel, der ihm nach Hause folgt.

_____ Nach ihrer Unterhaltung gehen Mephisto und Faust in eine Hexenküche. Dort zeigt ihm Mephisto einen magischen Spiegel.

_1_ Faust ist ein berühmter Wissenschaftler, der sehr unzufrieden ist, weil er nicht alles weiß.

_____ Faust spricht lange mit Mephisto und verspricht ihm seine Seele für einen Augenblick vollkommenen Glücks.

_____ In Fausts Studierzimmer verwandelt sich der Pudel in Mephisto.

_____ Im Spiegel sieht Faust eine wunderschöne Frau.

_____ Kurz danach lernt Faust Gretchen kennen und verliebt sich in sie.

TEIL 2

_____ Aber Gretchen will nicht vom Teufel gerettet werden und bittet Gott um Vergebung.

_____ Als Gretchen stirbt, hört man eine Stimme von oben, die sagt: „Sie ist gerettet."

_____ Als Gretchen vom Tod ihres Bruders hört, wird sie wahnsinnig, und als ihr Kind geboren wird, tötet sie es.

_____ Auf dem Brocken hat Faust eine Vision von Gretchen, und er und Mephisto eilen ins Gefängnis, um sie zu retten.

_____ Faust und Valentin kämpfen. Faust tötet Valentin und verlässt die Stadt.

_____ Gretchen wird ins Gefängnis geworfen und zum Tode verurteilt.

_1_ Gretchen wird schwanger. Valentin, ihr Bruder, will Faust deshalb töten.

_____ Während Gretchen im Gefängnis sitzt, steigen Faust und Mephisto in der Walpurgisnacht auf den Brocken und feiern mit den Hexen.

Faust und Mephisto feiern mit den Hexen
Yale University Art Gallery

Situation 16 Rollenspiel: An der Kinokasse

S1: Sie wollen mit vier Freunden in die „Rocky Horror Picture Show". Das Kino ist schon ziemlich ausverkauft. Sie wollen aber unbedingt mit ihren Freunden zusammensitzen und Reis werfen. Fragen Sie, wann, zu welchem Preis und wo noch fünf Plätze übrig sind.

Filmlektüre

Sophie Scholl – Die letzten Tage

 Vor dem Lesen

FILMANGABEN

Titel: *Sophie Scholl — Die letzten Tage*
Genre: Drama
Erscheinungsjahr: 2005
Land: Deutschland
Dauer: 116 min.
Regisseur: Marc Rothemund
Hauptrollen: Julia Jentsch, Fabian Hinrichs, Alexander Held

Miniwörterbuch

das **Mitglied**	member
der **Widerstand**	resistance
das **Flugblatt**	pamphlet
verteilen	to distribute
erwischen	to catch
die **Gestapo**	*Geheime Staatspolizei* (secret police)
verhören	to interrogate
überzeugen	to convince
gestehen	to admit
der **Prozess**	(court) trial
der **Hochverrat**	high treason
anklagen	to accuse
gnadenlos	merciless
der **Gerichtssaal**	court room
verurteilen	to sentence
die **Abschluss-erklärung**	final declaration
hinrichten	to kill by execution
verraten	to betray
der **Umschlag**	envelope
sich durchsetzen	to prevail
der **Hörsaaldiener**	lecture hall attendant

Sophie Scholl wird verhaftet.
© *Zeitgeist/Photofest*

A. Filmplakat. Sehen Sie sich das Foto an. Welche Assoziationen weckt das Foto? An welche Zeit denken Sie? Welcher Ort könnte das sein? Was könnte die Frau gemacht haben? Wer könnten die Männer sein?

B. Lesen Sie die Wörter im Miniwörterbuch. Suchen Sie sie im Text und in den Aufgaben und unterstreichen Sie sie.

Inhaltsangabe

Sophie Scholl (Julia Jentsch) und ihr Bruder Hans (Fabian Hinrichs) sind Mitglieder der *Weißen Rose*, einer Widerstandsgruppe im Dritten Reich. Als sie ein Flugblatt an der Universität München verteilen wollen, werden sie erwischt und kommen ins Gefängnis. Dort werden sie vom Gestapobeamten Mohr (Alexander Held) verhört. Zuerst gelingt es Sophie, Mohr von ihrer Unschuld zu überzeugen. Als aber Hans gesteht, dass er die Flugblätter geschrieben hat, gesteht auch Sophie und versucht alle Schuld auf sich zu nehmen. Die Geschwister behaupten, sie hätten ganz alleine gehandelt, um die anderen Mitglieder der *Weißen Rose* zu schützen. Es kommt zum Prozess. Sophie, Hans und ein weiteres Mitglied werden wegen Hochverrat angeklagt. Der Nazirichter Freisler ist gnadenlos, aber Sophie hat keine Angst und es kommt zu großen Rededuellen zwischen den beiden im Gerichtssaal. Am Ende werden alle drei zum Tode verurteilt. Sophie sagt in ihrer Abschlusserklärung: „Wo wir heute stehen, werdet ihr bald stehen." Noch am selben Tag werden die drei hingerichtet.

Arbeit mit dem Text

Welche Aussagen sind falsch? Verbessern Sie die falschen Aussagen.

_____ 1. Die *Weiße Rose* war eine Widerstandsgruppe im Dritten Reich.

_____ 2. Sophie und Hans Scholl werden erwischt, als sie ein Flugblatt drucken.

_____ 3. Die Geschwister Scholl werden vom Gestapobeamten Freisler verhört.

_____ 4. Sophie verrät die Namen der anderen Mitglieder der *Weißen Rose*.

_____ 5. Während des Prozesses fängt Sophie Scholl an zu weinen.

_____ 6. Die Geschwister werden zum Tode verurteilt und einen Monat später hingerichtet.

🎬 FILMCLIP

NOTE: For copyright reasons, the films referenced in the **FILMCLIP** feature have not been provided by the publisher. The film can be purchased as a DVD or found online at various sites such as YouTube, Amazon, or the iTunes store. The time codes mentioned below are for the North American DVD version of the film.

Szene: DVD, Kapitel 3, 4 „Peaceful Resistance, Arrested" 9:45–16:50 Min.

Die Mitglieder der *Weißen Rose* haben ein neues Flugblatt gedruckt, aber sie haben nicht mehr genügend Umschläge, um es zu versenden. Deshalb kommen sie auf die Idee, die Flugblätter an der Uni zu verteilen. Das ist sehr gefährlich, aber Hans setzt sich durch. Am nächsten Tag gehen Sophie und Hans an die Uni.

Schauen Sie sich die Szene an und beantworten Sie die Fragen.

1. Wo sind Sophie und Hans?
2. Was machen sie?
3. Warum gehen sie noch einmal ganz nach oben?
4. Was macht Sophie, als es klingelt?
5. Was passiert, als Sophie und Hans mit den anderen Studenten die Treppe hinuntergehen?
6. Was gibt Sophie zu?
7. Was findet der Hörsaaldiener bei Hans im Büro des Universitätsdirektors?
8. Wer betritt dann das Zimmer?
9. Wie erklärt Hans dem Gestapobeamten, dass er das Flugblatt hat?

Nach dem Lesen

Dieser Film basiert auf einer wahren Begebenheit. Recherchieren Sie im Internet und suchen Sie Antworten auf die folgenden Fragen.

1. Wer waren die Mitglieder der *Weißen Rose*?
2. Von wann bis wann gab es sie?
3. Was empörte die Mitglieder der *Weißen Rose* besonders?
4. Welche Ziele verfolgten sie?
5. Woher kam der Name?
6. Was erinnert in München an die *Weiße Rose*?

Videoecke

Perspektiven

Wie informierst du dich? Wie hältst du dich auf dem Laufenden?

Ich informiere mich über das Internet.

Aufgabe 1 Internet, Radio, Zeitungen oder Fernsehen?

Wie informieren sich die Personen? Ordnen Sie die Medien den Personen zu.

1. Shaimaa ___

2. Martin ___

3. Michael ___

4. Felicitas ___

5. Sandra ___

6. Pascal ____

7. Tina ___

8. Sophie ____

1. Fernsehen

2. Internet

3. Radio

4. Zeitung

Interviews

- Was hältst du von der Ehe?
- Wie erledigst du deine Geldgeschäfte?
- Wie viel Geld steht dir pro Monat zur Verfügung?
- Wofür gibst du es aus?
- Hast du schon mal einen Kredit aufgenommen?
- Wie hast du das gemacht?

Jenny

Nadezda

Aufgabe 2   Jenny, Nadezda oder beide?

Sehen Sie sich das Video an und beantworten Sie die Fragen.

	Jenny	Nadezda	Beide
1. Wer findet Hochzeiten schön, möchte aber trotzdem nicht heiraten?	☐	☐	☐
2. Wer erledigt Geldgeschäfte per Onlinebanking?	☐	☐	☐
3. Wer hat eine Kreditkarte?	☐	☐	☐
4. Wer bekommt BaföG?	☐	☐	☐
5. Wer gibt das meiste Geld für die Miete aus?	☐	☐	☐
6. Wer hat schon mal einen Kredit aufgenommen?	☐	☐	☐

Aufgabe 3   Jenny

Wie viel Geld hat Jenny, und wofür gibt sie es aus? Ergänzen Sie die Sätze.

1. Jenny bekommt im Monat _____ Euro BAföG.
2. Sie bezahlt _____ Euro Miete.
3. _____ Euro gibt sie monatlich für Telefon und Internet aus.
4. Dazu braucht sie noch Geld für _____, _____ und Hobbys.

Aufgabe 4   Interview

Interviewen Sie eine Partnerin oder einen Partner. Stellen Sie dieselben Fragen.

Wortschatz

Politik / Politics

die **Abgeordnete**, -n (*adj. noun*)	female representative
die **Bevölkerung**, -en	population
die **Freiheit**, -en	freedom
die **Gefahr**, -en	danger
die **Gesellschaft**, -en	society
die **Grenze**, -n	limit, border
die **Lage**, -n	situation
die **Mehrheit**, -en	majority
die **Minderheit**, -en	minority
die **Öffentlichkeit**, -en	public
die **Rede**, -n	speech
die **Regierung**, -en	government
die **Wahl**, -en	election
der **Abgeordnete**, -n (*adj. noun*)	male representative
der **Frieden**, -	peace
der **Krieg**, -e	war
das **Volk**, ¨er	people
das **Wachstum**	growth
besetzen	to occupy
einführen, **eingeführt**	to introduce
eintreten für (+ *akk.*), **tritt ... ein**, **trat ... ein**, **ist eingetreten**	to champion, stand up for
erhalten, **erhält**, **erhielt**, **erhalten** (R)	to receive
erreichen (R)	to reach
scheitern	to fail
senken	to lower
unterstützen	to support
vereinbaren, **vereinbart**	to agree upon
verteilen	to distribute
wählen	to elect
entscheidend	decisive
gesellschaftlich	societal

Ähnliche Wörter

die **Alternative**, -n; die **Demokratie**, -n; die **Kandidatin**, -nen; die **Koalition**, -en; die **Krise**, -n; die **Ministerin**, -nen; die **Organisation**, -en; die **Partei**, -en; die **Politik**; die **Strategie**, -n; der **Kandidat**, -en (*wk. masc.*); der **Konflikt**, -e; der **Minister**, -; der **Staat**, -en (R); der **Terrorismus**; das **System**, -e; **integrieren**; **demokratisch**, **national**, **politisch**, **staatlich**

Multikulturelle Gesellschaft / Multicultural Society

die **Arbeitserlaubnis**, -se	work permit
die **Arbeitskraft**, ¨e	labor; employee
die **Aufenthaltserlaubnis**, -se	residence permit
die **Ausländerin**, -nen	female foreigner
die **Branche**, -n	sector
die **Formalität**, -en	formality
die **Türkin**, -nen	Turkish woman
der **Ausländer**, -	male foreigner
der **Bereich**, -e	sector, area
der **Einwanderer**, -	immigrant
der **Türke**, -n (*wk. masc.*)	Turkish man
der **Vorfahre**, -n (*wk. masc.*)	ancestor
auf·fallen, **fällt ... auf**, **fiel ... auf**, **ist aufgefallen**	to be noticeable
aus·üben	to practice
aus·wandern, **ist ausgewandert**	to emigrate
beantragen	to apply for
bereichern	to enrich
ein·wandern, **ist eingewandert**	to immigrate

Ähnliche Wörter

die **Heimat**; die **Integration**; die **Kultur**, -en; die **Million**, -en; die **Tradition**, -en (R); das **Heimatland**, ¨er

Das liebe Geld / Beloved Money

die **Aktie**, -n	share, stock
die **Börse**, -n	stock exchange
die **Geheimzahl**, -en	secret PIN (personal identification number)
die **Höhe**, -n	height; amount (*of money*)
die **Kundin**, -nen	female customer
die **Überweisung**, -en	transfer (*of money*)
die **Währung**, -en	currency
der **Börsenkrach**, ¨e	stock market crash
der **Gebrauch**, ¨e	use
der **Geldautomat**, -en (*wk. masc.*)	automatic teller machine (ATM)
der **Kunde**, -n (*wk. masc.*)	male customer
der **Zugang**	access
das **Bargeld**	cash

das **Einkommen**	income
das **Formular**, -e	form
das **Girokonto**, **Girokonten**	checking account
das **Guthaben**	bank balance
das **Sparkonto**, **Sparkonten**	savings account
das **Zahlungsmittel**	means of payment
die **Zinsen** (*pl.*)	interest
ab·zahlen	to pay off
auf·nehmen, nimmt ... **auf**, nahm ... **auf**, **aufgenommen**	to take out (*a loan*)
aus·geben, gibt ... **aus**, gab ... **aus**, **ausgegeben**	to spend
aus·führen	to carry out, execute

Ähnliche Wörter

der **Geldschein**, -e

Kunst und Literatur — Art and Literature

die **Bildhauerin**, -nen	female sculptor
die **Blockflöte**, -n	recorder (type of flute)
die **Kasse**, -n (R)	cashier window
die **Ölfarbe**, -n	oil color (paint)
die **Orgel**, -n	organ
die **Querflöte**, -n	(transverse) flute
die **Seele**, -n	soul
die **Staffelei**, -en	easel
die **Stimme**, -n	voice
die **Töpferscheibe**, -n	potter's wheel
die **Wissenschaftlerin**, -nen	female scientist
der **Bildhauer**, -	male sculptor
der **Brennofen**, ¨	kiln
der **Meißel**, -	chisel
der **Pinsel**, -	paintbrush
der **Stein**, -e	stone
der **Teufel**, -	devil
der **Tod**, -e	death
der **Ton**	clay
der **Wissenschaftler**, -	male scientist
das **Holz**, ¨er	wood
das **Motiv**, -e	motif, theme
das **Schlagzeug**, -e	percussion, drums
malen	to paint
vollkommen	flawless, perfect
wahnsinnig	crazy, insane

Ähnliche Wörter

die **Figur**, -en; die **Mundharmonika**, -s; die **Trompete**, -n; der **Gott**, ¨er; das **Instrument**, -e; das **Material**, -ien; **magisch**

Sonstige Substantive — Other Nouns

die **Ehe**, -n	marriage
die **Einstellung**, -en	attitude
die **Gewalt**	violence
die **Schuld**, -en	debt; guilt

Ähnliche Wörter

der **Charakter**; der **Fanatiker**, -; der **Preis**, -e (R); der **Text**, -e

Sonstige Verben — Other Verbs

an·gehören (+ *dat.*)	to belong to (*an organization*)
auf·wachsen, wächst ... **auf**, wuchs ... **auf**, ist **aufgewachsen**	to grow up
bitten (**um** + *akk.*), **bat**, **gebeten**	to ask (for)
erwarten	to expect
halten von, hält, hielt, **gehalten**	to think of
sich **informieren über** (+ *akk.*)	to inform oneself about
sich **kümmern um**	to take care of
sich **verlieben in** (+ *akk.*) (R)	to fall in love with
verliebt sein	to be in love

Adjektive und Adverbien — Adjectives and Adverbs

arbeitslos	unemployed
ausgebildet	educated
ausländisch	foreign
eng	tight; narrow; small
fleißig	industrious
geduldig	patient
gleich	equal, same
lustig	fun, funny
neugierig	curious
täglich	daily
trotzdem	nonetheless
verschieden	different, various

Ähnliche Wörter

afro-deutsch, ideal, illegal

Sonstige Wörter und Ausdrücke — Other Words and Expressions

anstatt (+ *gen.*)	instead of
eher	rather
statt (+ *gen.*)	instead of
trotz (+ *gen.*)	in spite of
um ... zu	in order to
wohl	probably

Strukturen und Übungen

12.1 The genitive case

Spoken German: Possession may be indicated by **von.**

As you have learned, the preposition **von** followed by the dative case is commonly used in spoken German to express possession.

> Das ist das Haus **von meinen Eltern.**   *This is my parents' house.*

Written German: Use the genitive case to indicate possession.

In writing, and sometimes in speech, this relationship between two noun phrases may also be expressed with the genitive case. The genitive case in German is equivalent to both the *of*-phrase and the possessive with *'s* in English.

Die Freiheit **der Wissenschaft** ist in Gefahr.	*The freedom of science is in danger.*
Die Grenzen **des Wachstums** sind erreicht.	*We have reached the limits of growth.*

WISSEN SIE NOCH?

You can show possession by using possessive determiners, such as **mein** (*my*), **dein** (*your*), and **sein** (*his/ its*), or by placing an **-s** after someone's name, for example **Julias Buch.**

Review grammar B.7 and 2.4.

The genitive is also required by certain prepositions. The most common ones are these:

(an)statt	*instead of*
trotz	*in spite of*
während	*during*
wegen	*because of*

Anstatt eines Fernsehers hätte ich mir ein neues Fahrrad gekauft.	*Instead of a TV, I would have bought myself a new bike.*
Trotz des vielen Regens ist noch nicht genügend Wasser in den Tanks.	*In spite of all the rain, there's still not enough water in the tanks.*
Während der letzten Tage bin ich nicht viel aus dem Haus gekommen.	*During the last few days I haven't gotten out of the house much.*
Wegen dieser dummen Situation kann ich jetzt nicht zur Hochzeit kommen.	*Because of this stupid situation, I can't come to the wedding now.*

English tends to use the possessive *'s* with nouns denoting people (for example, *the girl's mother*). In German, **-s** (without the apostrophe) is added only to *proper names* of people and places.

Nora**s** Vater	*Nora's father*
England**s** Rettung	*England's salvation*

A. Nouns in the Genitive

Feminine nouns and plural nouns do not add any endings in the genitive case. In the singular genitive, masculine and neuter nouns of more than one syllable add **-s** and those of one syllable add **-es: die Farbe des Vogels, die Größe des Hauses.**

Masculine	Neuter	Feminine	Plural
des Vater**s**	des Kind**es**	der Mutter	der Eltern

B. Articles and Article-like Words in the Genitive

In the genitive case, all determiners (**der**-words and **ein**-words) end in **-es** in the masculine and neuter singular, and in **-er** in the feminine singular and all plural forms.

Masculine	Neuter	Feminine	Plural
des Mannes	des Kindes	der Frau	der Eltern
eines Mannes	eines Kindes	einer Frau	keiner Eltern
meines Mannes	meines Kindes	meiner Frau	meiner Eltern
dieses Mannes	dieses Kindes	dieser Frau	dieser Eltern

C. Adjectives in the Genitive

In the genitive, all adjectives end in **-en** when preceded by a determiner.*

Masculine and Neuter	Feminine and Plural
des armen Mannes	der armen Frau
des armen Kindes	der armen Leute

Eine mögliche Rolle des modernen Mannes ist es, zu Hause zu bleiben und auf die Kinder aufzupassen.	*A possible role for a modern man is to stay home and take care of the children.*

Übung 1 Minidialoge

Ergänzen Sie die richtige Form der Wörter in Klammern. Achten Sie auf die Deklination!

1. KATRIN: Ist das dein Auto?
   ALBERT: Nein, das ist das Auto _____ Bruders. (mein)

2. BEAMTER: Was ist das Alter_____ Kinder? (Ihr)
   FRAU FRISCH-OKONKWO: Sumita ist fünf, Yamina ist sechs und Lydia ist neun Jahre alt.

3. FRAU SCHULZ: Wie war die Rede _____ Bundeskanzlerin? (die)
   THOMAS: Ich fand sie gut und sie hat viel Applaus erhalten.

4. MONIKA: Möchtest du mit mir in die Berge fahren? Meine Eltern haben da ein Wochenendhaus.
   ROLF: Wo ist denn das Wochenendhaus _____ Eltern? (dein)
   MONIKA: In der Nähe von Lake Tahoe.

5. HEIDI: Kennst du den Film „M – Mörder unter uns"?
   ROLF: Ja.
   HEIDI: Wie heißt noch mal der Regisseur _____ Films? (dies-)

6. ROLF: Die neue Regierung ist kaum gewählt, schon steckt sie in der Krise.
   PETER: Ja, leider. Niemand unterstützt den Kurs des _____ Präsidenten. (neu)

7. FRAU GRETTER: Wer ist denn das?
   FRAU KÖRNER: Das ist die zweite Frau meines _____ Mannes. (erst-)

8. FRAU AUGENTHALER: 24352 – was ist denn das für eine Telefonnummer?
   RICHARD: Das ist die Telefonnummer meiner _____ Freundin. (alt)

*Unpreceded masculine and neuter adjectives also end in **-en;** unpreceded feminine and plural adjectives end in **-er.** Unpreceded adjectives, however, rarely occur in the genitive.

Übung 2 Worüber sprechen sie?

Bilden Sie Sätze.

MODELL: Albert sagt, dass sein Auto rot ist. →
Albert spricht über die Farbe seines Autos.

> das Alter   die Wahl
>   der Beruf
> die Kleidung   die Qualität
>   die Sprache
>   die Situation   die Länge

1. Monika sagt, dass ihre Schwester Politikerin ist.
2. Thomas sagt, dass bald ein neuer Präsident gewählt wird.
3. Frau Schulz sagt, dass ihre Nichten fünf und acht Jahre alt sind.
4. Stefan sagt, dass sein Studium insgesamt fünf Jahre dauert.
5. Albert sagt, dass seine Großeltern nur Spanisch sprechen.
6. Nora sagt, dass ihr Freund gern Jeans und lange Pullover trägt.
7. Thomas sagt, dass das Leitungswasser in Berkeley sehr gut ist.
8. Katrin sagt, dass die neue Regierung in der Krise steckt.

Übung 3 Minidialoge

Ergänzen Sie **statt, trotz, während** oder **wegen**.

1. KATRIN: Bist du _____ des Regens spazieren gegangen?
   THOMAS: Ja, so ein bisschen Regen macht doch nichts.

2. MONIKA: Hast du gestern Flugblätter verteilt?
   HEIDI: Nein, _____ des schlechten Wetters bin ich zu Hause geblieben.

3. ALBERT: Was hast du _____ der Rede des neuen Präsidenten gemacht?
   PETER: Ich habe sie leider gar nicht gehört. Ich war so müde und habe geschlafen.

4. JÜRGEN: Ich muss _____ meiner Erkältung zur Uni.
   SILVIA: Du Ärmster, leg dich lieber ins Bett!

5. PETER: Fährst du nächste Woche weg?
   KATRIN: Ich kann doch _____ des Semesters nicht verreisen!

6. JOCHEN: Warum bist du mit dem Bus gefahren?
   JUTTA: _____ des schlechten Wetters.

7. MARIA: Na, wie war die Wahl? Hast du wieder die Grünen gewählt?
   MICHAEL: Nein, _____ der Grünen habe ich diesmal SPD gewählt.

8. KATRIN: In deinem Zimmer ist es _____ der Heizung kalt!
   STEFAN: Tut mir leid, sie funktioniert nicht richtig.

12.2 Expressing possibility: *würde, hätte,* and *wäre*

WISSEN SIE NOCH?

Würde functions like a modal verb. In sentences with modal verbs, the infinitive appears at the end of the sentence.

Review grammar 3.1 and 3.2.

würde = would

Use the construction **würde** + infinitive to talk about possibilities: things you would do, if you were in that particular situation.

Stell dir vor, du würdest nach Deutschland fliegen.	*Imagine you were flying to Germany.*
Wo würdest du übernachten?	*Where would you stay for the night?*

Here are the forms of **würde,** which are the subjunctive forms of the verb **werden.**

werden			
ich	würde	*wir*	würden
du	würdest	*ihr*	würdet
Sie	würden	*Sie*	würden
er *sie* *es*	würde	*sie*	würden

Instead of using **würde sein** and **würde haben,** German speakers prefer to say **wäre** (*would be*) and **hätte** (*would have*).

Ich glaube, dass ich eine gute Politikerin **wäre.**	*I believe I would be a good politician.*
Ich **hätte** sicher viel Zeit für meine Wähler.	*I'm sure I would have plenty of time for my voters.*

Here are the forms of **wäre** and **hätte,** which are the subjunctive forms of **sein** and **haben.**

sein			
ich	wäre	*wir*	wären
du	wärst	*ihr*	wärt
Sie	wären	*Sie*	wären
er *sie* *es*	wäre	*sie*	wären

haben			
ich	hätte	*wir*	hätten
du	hättest	*ihr*	hättet
Sie	hätten	*Sie*	hätten
er *sie* *es*	hätte	*sie*	hätten

Übung 4 Kein Problem

Was würden Sie in diesen Situationen machen? Beantworten Sie die Fragen!
Was würden Sie machen, ...

1. wenn Sie sich in einen Politiker / eine Politikerin verlieben würden?

2. wenn Sie sich um Ihre Eltern kümmern müssten?

3. wenn Ihr Partner / Ihre Partnerin eine andere Partei wählen würde als Sie?

4. wenn Sie in ein anderes Land ziehen würden?

5. wenn Sie mit dem Studium aufhören müssten?

Übung 5 Was wäre, wenn ...

Schreiben Sie für jede Perspektive drei Sätze darüber, wie Ihr Leben aussehen würde. Verwenden Sie **hätte, wäre** und **würde** in Ihrer Antwort. Sie
müssen nicht nur über sich selbst, sondern können auch über andere
(z. B. Kinder, Eltern, Partner und Freunde) schreiben.

MODELL: Wenn ich Kinder hätte, würde ich nicht so oft ins Kino gehen. Ich hätte
wahrscheinlich viel mehr Arbeit. Abends wäre ich bestimmt müder.

Was wäre, wenn ...

1. Sie (keine) Kinder hätten?

2. Sie für ein politisches Ziel kämpfen würden?

3. Sie (kein / sehr viel) Geld hätten?

4. Sie in einem anderen Land leben würden?

5. Sie ein berühmter Politiker / eine berühmte Politikerin wären?

12.3 Causality and purpose: *weil, damit, um ... zu*

weil = reason for action

damit = goal of action

um ... zu = goal of action

Use **weil** + dependent clause to express the reason for a particular action.
Use **damit** or **um ... zu** to express the goal of an action.

Viele Deutsche wanderten nach Australien aus, **weil ihnen Deutschland zu eng war.**	*Many Germans emigrated to Australia because Germany was too crowded for them.*
Sie wanderten nach Australien aus, **um dort eine bessere Arbeit zu finden.**	*They emigrated to Australia in order to find better jobs there.*

Weil and **damit** introduce a dependent clause. Recall that the conjugated
verb is in last position in a dependent clause.

Albert steht auf, damit Frau Schulz sich setzen **kann.**	*Albert gets up so that Frau Schulz can sit down.*

Damit and **um ... zu** both express the aim or goal of an action. But whereas
damit introduces a dependent clause complete with subject and conjugated
verb, **um ... zu** introduces a dependent infinitive without a subject and
without a conjugated verb. Use **damit** when the subject of the main clause is
different from the subject of the dependent clause.

Heidi macht das Fenster zu, **damit** Stefan nicht friert.
Heidi closes the window so that Stefan won't be cold.

Um ... zu clauses have no expressed
subjects.

Use **um ... zu** when the understood subject of the dependent infinitive is the same as the subject of the main clause.

Heidi macht das Fenster zu,
damit <u>sie</u> nicht friert.
*Heidi closes the window so
that she won't be cold.*

Heidi macht das Fenster zu,
um nicht **zu** frieren.
*Heidi closes the window so as not
to be cold.*

Übung 6 Erfolgsgeschichten

Was muss man tun, um Erfolg an der Universität zu haben?

MODELL: Um gute Noten zu bekommen, muss man fleißig lernen.

1. morgens munter[1] sein
2. die Professoren kennenlernen
3. die Mitstudenten kennenlernen
4. am Wochenende nicht allein sein
5. die Kurse bekommen, die man will
6. in vier Jahren fertig werden
7. nicht verhungern
8. eine gute Note in Deutsch bekommen

a. früh ins Bett gehen
b. in die Sprechstunde gehen
c. jeden Tag zum Unterricht kommen
d. Leute einladen
e. regelmäßig essen
f. sich so früh wie möglich einschreiben
g. viel Gruppenarbeit machen
h. viel lernen and wenig Feste feiern

Übung 7 Gute Gründe?

Verbinden Sie Sätze aus der ersten Gruppe mit Sätzen aus der zweiten Gruppe mit Hilfe der Konjunktionen **weil, damit, um ... zu.** Wenn Ihnen ein Grund nicht gefällt, suchen Sie einen besseren Grund.

MODELL: Ich möchte immer hier leben. Dieses Land ist das beste Land der Welt. →
Ich möchte immer hier leben, weil dieses Land das beste Land der Welt ist.

GRUPPE 1

Ich möchte immer hier leben.
Ich möchte für ein paar Jahre in Deutschland leben.
Ausländer haben oft Probleme.
Wenn ich Kinder habe, möchte ich hier leben.
Viele Ausländer kommen hierher.
Englisch sollte die einzige offizielle Sprache (der USA, Kanadas, Australiens, usw.) sein.

GRUPPE 2

Ausländer verstehen die Sprache und Kultur des Gastlandes nicht.
Ich möchte richtig gut Deutsch lernen.
Dieses Land ist das beste Land der Welt.
Hier kann man gut Geld verdienen.
Meine Kinder sollen als (Amerikaner, Kanadier, Australier, usw.) aufwachsen.
Aus der multikulturellen Bevölkerung soll eine homogene Gemeinschaft werden.

[1]*wide awake*

12.4 Principles of case (summary review)

Three main factors determine the choice of a particular case for a given noun: function, prepositions, and verbs.

A. Function

Function refers to the role a particular noun plays within a sentence: the subject, the direct object, the indirect object, or the possessive. The subject of a sentence (who or what is doing something) is in the nominative case; the direct object (the thing or person to which or to whom the action is done) is in the accusative case; and the indirect object (usually the person who benefits from the action) is in the dative case.

NOM		DAT	ACC
Maria	schreibt	ihrer Freundin	einen Scheck.

Maria is writing her friend a check.

Possessives express relationships of various kinds, such as belonging to or being part of someone or something. Possessives are in the genitive case.

Der Kurs **des Euro** ist leider wieder gefallen.　　　　*The exchange rate of the euro has unfortunately fallen again.*

B. Prepositions

Nouns or pronouns that follow prepositions are always in a case other than the nominative. You have encountered four groups of prepositions so far: those that take the accusative, those that take the dative, two-way prepositions that take either the accusative or the dative according to the meaning of the clause, and those that take the genitive.

ACCUSATIVE	DATIVE	ACCUSATIVE OR DATIVE	GENITIVE
durch	aus	an	(an)statt
für	außer	auf	trotz
gegen	bei	hinter	während
ohne	mit	in	wegen
um	nach	neben	
	seit	über	
	von	unter	
	zu	vor	
		zwischen	

Bargeld können Sie **aus dem Geldautomaten** bekommen.　　　　*You can get cash from the ATM.*

Wegen des Feiertags bleiben die Banken geschlossen.　　　　*Because of the holiday, the banks remain closed.*

Two-way prepositions require accusative objects when movement toward a *destination* is involved. They require dative objects when no such destination is expressed, when the focus is on the setting of the action or state (*location*).

Ich habe kein Geld **auf meinem Sparkonto.**　　　　*I don't have any money in my savings account.*

Ich muss Geld **auf mein Sparkonto** überweisen.　　　　*I have to transfer money to my savings account.*

C. Verbs

Certain verbs, just like prepositions, require a noun or pronoun to be in a particular case. The verbs **sein, werden, bleiben,** and **heißen** establish identity relationships between the subject and the predicate, and therefore require a predicate noun in the *nominative* case.

Thomas ist **ein fleißiger Student.**	*Thomas is a conscientious student.*

The following verbs are among those that require *dative* objects.

antworten	*to answer*
begegnen	*to meet*
fehlen	*to be missing*
gefallen	*to be to one's liking*
gehören	*to belong to*
gratulieren	*to congratulate*
helfen	*to help*
passen	*to fit*
schaden	*to be harmful (to)*
schmecken	*to taste good (to)*
stehen	*to suit, look good on* (e.g., clothing)
zuhören	*to listen to*

Die Aktien gehören **meiner Mutter.**	*The stocks belong to my mother.*
Eine schwache Wirtschaft schadet **den Aktienmärkten.**	*A weak economy hurts the stock markets.*

Most other verbs require the accusative, if they require an object at all.

Ich habe für mein Konto **keinen Überziehungskredit.**	*I don't have any overdraft protection for my account.*

Übung 8   Der Umzug

Bestimmen Sie den Kasus (**Nom, Akk, Dat** oder **Gen**) der unterstrichenen Nominalphrasen und geben Sie an, ob dieser Kasus wegen der Funktion (F), wegen der Präposition (P) oder wegen des Verbs (V) benutzt wurde.

	KASUS	GRUND
1. <u>Meine Freundin</u> braucht einen neuen Schrank.	*Nom*	*F*
2. Sie möchte <u>Schriftstellerin</u> werden.	_____	_____
3. Die Möbel <u>meiner Freundin</u> sind ultramodern.	_____	_____
4. Morgen kaufe ich <u>ihr</u> eine schöne Lampe.	_____	_____
5. Diesen Teppich mag <u>sie</u> sicher nicht.	_____	_____
6. Meine Tapeten gefallen <u>ihr</u> sicher auch nicht.	_____	_____
7. Setzen wir uns doch an <u>diesen Tisch</u>.	_____	_____
8. Ich habe nichts gegen <u>Vorhänge</u>.	_____	_____
9. <u>Das Bett</u> tragen wir am besten zusammen.	_____	_____
10. Der Wecker steht auf <u>dem Regal</u>.	_____	_____
11. Diese Decke gehört <u>mir</u>.	_____	_____
12. Der Umzug findet wegen <u>schlechten Wetters</u> nicht statt.	_____	_____

Übung 9   Jutta hat sich wieder verliebt!

Ergänzen Sie die richtigen Endungen. Unten finden Sie das Genus wichtiger Substantive.

die Adresse	die Jacke
die Augen (*pl.*)	der Mann
der Brief	der Name
die Disko	der Park
die Eltern (*pl.*)	die Schule
der Fernseher	die Stadt
das Fest	die Tür
die Hausaufgaben (*pl.*)	der Weg
die Hose	

Jutta hat sich total verliebt. Sie sah vor einem Monat auf ein_____¹ Klassenfest ein_____² jungen Mann und jetzt denkt sie nur noch an ihn.

Er trug an jenem Abend ein_____³ Jeansjacke, unter sein_____⁴ Jacke ein altes Unterhemd und ein_____⁵ uralte Hose. Er stand die ganze Zeit neben d_____⁶ Tür. Seine Kleidung und sein_____⁷ blauen Augen gefielen ihr sehr. Er schaute oft zu ihr hin, aber sie sprach ihn nicht an, sie war zu schüchtern.

Jetzt träumt sie von ihm. Sie möchte mit ihm durch d_____⁸ Park gehen und in d_____⁹ Stadt. Vielleicht könnten sie auch mal für ein paar Tage ohne d_____¹⁰ Eltern wegfahren. Sie möchte ihm gern ein_____¹¹ Brief schreiben, aber sie weiß sein_____¹² Adresse nicht. Sie kennt nur sein_____¹³ Vornamen, Florian. Dies_____¹⁴ Namen wird sie nie mehr vergessen!

Morgens in d_____¹⁵ Schule denkt sie an ihn, mittags auf d_____¹⁶ Weg nach Hause, nachmittags bei d_____¹⁷ Hausaufgaben, abends vor d_____¹⁸ Fernseher oder in d_____¹⁹ Disko.

Ach, wenn sie ihn doch nur noch einmal treffen könnte! Diesmal würde sie sicher zu ihm gehen und ihn ansprechen.

Informationsspiele: 2. Teil

Einführung A

Situation 6 10 Fragen

Stellen Sie zehn Fragen. Für jedes „Ja" gibt es einen Punkt.

MODELL: S2: Trägt Frau Körner einen Hut?
S1: Nein. Trägt Nora einen Mantel?
S2: Nein.

	HERR SIEBERT JA ODER NEIN	FRAU KÖRNER JA ODER NEIN		HERR SIEBERT JA ODER NEIN	FRAU KÖRNER JA ODER NEIN
einen Anzug	_____	_____	einen Mantel	_____	_____
eine Bluse	_____	_____	einen Pullover	_____	_____
eine Brille	_____	_____	einen Rock	_____	_____
ein Hemd	_____	_____	ein Sakko	_____	_____
eine Hose	_____	_____	Schuhe	_____	_____
einen Hut	_____	_N_	Sportschuhe	_____	_____
eine Jacke	_____	_____	Stiefel	_____	_____
eine Jeans	_____	_____	ein Stirnband	_____	_____
ein Kleid	_____	_____	ein T-Shirt	_____	_____
eine Krawatte	_____	_____			

Thomas   Nora   Herr Siebert   Frau Körner

Situation 12 Zahlenrätsel

Verbinden Sie die Punkte. Sagen Sie Ihrem Partner oder Ihrer Partnerin, wie er oder sie die Punkte verbinden soll. Dann sagt Ihr Partner oder Ihre Partnerin Ihnen, wie Sie die Punkte verbinden sollen. Was zeigen Ihre Bilder?

S2: Start ist Nummer 1. Geh zu 17, zu 5, zu 60, zu 23, zu 14, zu 3, zu 19, zu 7, zu 21, zu 12, zu 6, zu 33, zu 8, zu 11, zu 40, zu 25, zu 13, zu 4, zu 15, zu 35, zu 50, zu 9, und zum Schluss zu 16. Was zeigt dein Bild?

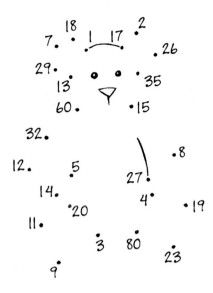

Einführung B

Situation 7 Familie

MODELL:
S2: Wie heißt Richards Vater?
S1: Er heißt _____.
S2: Wie schreibt man das?
S1: _____. Wie alt ist er?
S2: Er ist 39 Jahre alt. Wo wohnt er?
S1: Er wohnt in _____. Wie heißt Richards Mutter?
S2: Sie heißt Maria.
S1: Wie schreibt man das?
S2: M–A–R–I–A.

		Richard	Sofie	Mehmet
Vater	Name			Kenan
	Alter	39		
	Wohnort		Dresden	
Mutter	Name	Maria		
	Alter	38	47	54
	Wohnort			Izmir
Bruder	Name		Erwin	
	Alter			
	Wohnort	Innsbruck	Leipzig	Istanbul
Schwester	Name	Elisabeth	—	Fatima
	Alter	16	—	31
	Wohnort		—	

Situation 9 Temperaturen

MODELL: S2: Wie viel Grad Fahrenheit sind 18 Grad Celsius?
S1: _____ Grad Fahrenheit.

°F	90		32		−5	
°C	32	18	0	−18	−21	−39

Kapitel 1

Situation 2 Freizeit

MODELL: S2: Wie alt ist Richard?
S1: ____.
S2: Woher kommt Rolf?
S1: Aus ____.
S2: Was macht Jürgen gern?
S1: Er ____.
S2: Wie alt bist du?
S1: ____.
S2: Woher kommst du?
S1: ____.
S2: Was machst du gern?
S1: ____.

	Alter	Wohnort	Hobby
Richard		Innsbruck	geht gern in die Berge
Rolf	20		spielt gern Tennis
Jürgen		Göttingen	
Sofie			kocht gern
Jutta	16	München	
Melanie		Regensburg	
mein Partner / meine Partnerin			

Situation 7 Juttas Stundenplan

MODELL: S1: Was hat Jutta am Montag um acht Uhr?
S2: Sie hat Latein.

Uhr	Montag	Dienstag	Mittwoch	Donnerstag	Freitag
8.00–8.45	Latein			Biologie	
8.50–9.35		Englisch	Englisch		Physik
9.35–9.50	←————————————— Pause —————————————→				
9.50–10.35			Mathematik		Religion
10.40–11.25	Geschichte	Französisch		Mathematik	
11.25–11.35	←————————————— Pause —————————————→				
11.35–12.20		Musik		Sport	
12.25–13.10	Erdkunde		Kunst		frei

Situation 12 Diese Woche

MODELL: S1: Was macht Silvia am Montag?
S2: Sie steht um 6 Uhr auf.
S1: Was machst du am Montag?
S2: Ich _____.

	Silvia Mertens	Mehmet Sengün	mein(e) Partner(in)
Montag	Sie steht um 6 Uhr auf.		
Dienstag		Er lernt eine neue Kollegin kennen.	
Mittwoch	Sie schreibt eine Prüfung.		
Donnerstag	Sie ruft ihre Eltern an.		
Freitag		Er hört um 15 Uhr mit der Arbeit auf.	
Samstag		Er räumt seine Wohnung auf.	
Sonntag		Er repariert sein Motorrad.	

Kapitel 2

Situation 3 Was machen sie morgen?

MODELL: S1: Schreibt Silvia morgen eine E-Mail?
S2: Ja.
S1: Schreibst du morgen eine E-Mail?
S2: Ja. (Nein.)

	Jürgen	Silvia	mein(e) Partner(in)
1. schreibt/schreibst … eine E-Mail		+	
2. kauft/kaufst … ein Buch		+	
3. schaut/schaust … einen Film an	–	–	
4. ruft/rufst … eine Freundin an			
5. macht/machst … Hausaufgaben		+	
6. treibt/treibst … Sport	+	–	
7. besucht/besuchst … einen Freund			
8. räumt/räumst … das Zimmer auf		–	

Situation 15 Was machen sie gern?

MODELL: S1: Was trägt Richard gern?
S2: Pullis.
S1: Was trägst du gern?
S2: _____

	Richard	Josef und Melanie	mein(e) Partner(in)
fahren		Zug	
tragen	Pullis		
essen		Pizza	
sehen		Gruselfilme	
vergessen	seine Hausaufgaben		
waschen		ihr Auto	
treffen		ihre Lehrer	
einladen		ihre Eltern	
sprechen	Italienisch		

Kapitel 3

Situation 2   Kann Katrin kochen?

MODELL: S1: Kann Peter kochen?
S2: Ja, fantastisch.
S1: Kannst du kochen?
S2: Ja, aber nicht so gut.

[+]
ausgezeichnet
fantastisch
sehr gut
gut

[0]
ganz gut

[–]
nicht so gut
nur ein bisschen
gar nicht
kein bisschen

	Katrin	Peter	mein(e) Partner(in)
kochen		fantastisch	
zeichnen	sehr gut		
tippen		ganz gut	
Witze erzählen		ganz gut	
tanzen	fantastisch		
stricken	gar nicht		
Skateboard fahren		nicht so gut	
Geige spielen		nur ein bisschen	
Schlittschuh laufen		nur ein bisschen	
ein Auto reparieren	nicht so gut		

Situation 13   Was machen sie, wenn ...?

MODELL: S1: Was macht Renate, wenn sie müde ist?
S2: Sie trinkt Kaffee.
S1: Was machst du, wenn du müde bist?
S2: Ich gehe ins Bett.

	Renate	Ernst	mein(e) Partner(in)
1. traurig ist/bist		weint	
2. müde ist/bist	trinkt Kaffee		
3. in Eile ist/bist	nimmt ein Taxi		
4. wütend ist/bist		schreit ganz laut	
5. krank ist/bist	geht zum Arzt		
6. glücklich ist/bist		lacht ganz laut	
7. Hunger hat/hast			
8. Langeweile hat/hast	liest ein Buch	ärgert seine Schwester	
9. Durst hat/hast		trinkt Limo	
10. Angst hat/hast	schließt die Tür ab		

Kapitel 4

Situation 9 Geburtstage

MODELL: S1: Wann ist Sofie geboren?
S2: Am neunten November 1995.

Person	Geburtstag
Willi	
Sofie	9. November 1995
Claire	
Melanie	3. April 1992
Nora	
Thomas	17. Januar 1998
Heidi	
mein(e) Partner(in)	
sein/ihr Vater	
seine/ihre Mutter	

Situation 15 Zum ersten Mal

MODELL: S1: Wann hat Herr Thelen seinen ersten Kuss bekommen?
S2: Als er zwölf war.

	Herr Thelen	Frau Gretter	mein(e) Partner(in)
seinen/ihren/ deinen ersten Kuss bekommen	als er 12 war		
zum ersten Mal ausgegangen		als sie 15 war	
seinen/ihren/ deinen Führerschein gemacht	mit 18		
sein/ihr/dein erstes Bier getrunken		mit 18	
seinen/ihren/ deinen ersten Preis gewonnen	mit 21		
zum ersten Mal nachts nicht nach Hause gekommen	noch nie		

Kapitel 6

Situation 8 Gestern und heute

Arbeiten Sie zu zweit und stellen Sie Fragen wie im Modell.

MODELL: S1: Früher war hier eine Reinigung. Was ist heute hier?
S2: Heute ist hier ein Schreibwarengeschäft.

FRÜHER

HEUTE

Situation 16 Haus- und Gartenarbeit

MODELL: S1: Was macht Nora am liebsten?
S2: Sie geht am liebsten einkaufen.
S1: Was hat Thomas letztes Wochenende gemacht?
S2: Er hat das Geschirr gespült.
S1: Was muss Nora diese Woche noch machen?
S2: Sie muss den Boden wischen.

S2: Was machst du am liebsten?
S1: Ich _____ am liebsten _____.

	Thomas	Nora	mein(e) Partner(in)
am liebsten		einkaufen gehen	
am wenigsten gern	das Bad putzen		
jeden Tag	nichts von alledem		
einmal in der Woche		die Wäsche waschen	
letztes Wochenende	das Geschirr spülen		
gestern	die Blumen gießen		
diese Woche		den Boden wischen	
bald mal wieder		Staub wischen	

Kapitel 7

Situation 3 Deutschlandreise

Wo liegen die folgenden Städte? Schreiben Sie die Namen der Städte auf die Landkarte.

Augsburg, Braunschweig, Bremen, Düsseldorf, Frankfurt/Oder, Halle, Kiel, Nürnberg, Rostock, Stuttgart

MODELL: S1: Wo liegt Hannover?
                S2: Hannover liegt im Norden.
                S1: Wo genau?
                S2: Südlich von Hamburg.

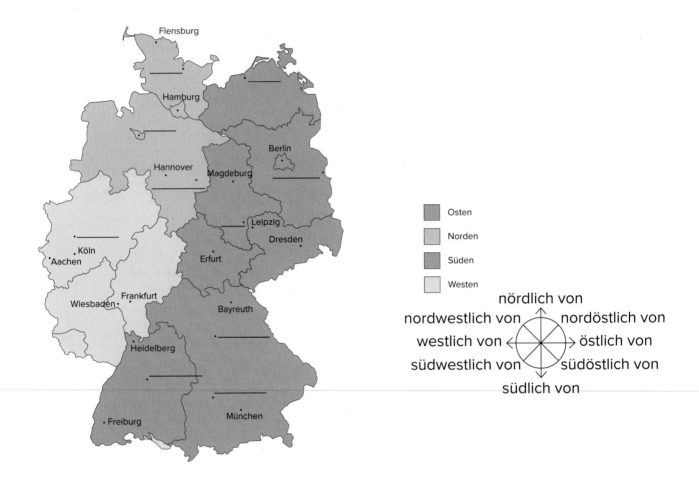

Situation 11 Ein Auto kaufen

S2: Sie wollen einen neueren Gebrauchtwagen[1] kaufen und lesen deshalb Anzeigen im Internet. Die Anzeigen für einen VW Golf und einen VW Touareg Hybrid sind interessant. Rufen Sie an und stellen Sie Fragen.

Sie haben auch eine Anzeige im Internet aufgegeben, weil Sie Ihren Opel Corsa und Ihren Ford Fiesta verkaufen wollen. Antworten Sie auf die Fragen der Leute.

MODELL: Guten Tag, ich rufe wegen des VW Golf an.
Wie alt ist der Wagen?
Welche Farbe hat er?

Wie ist der Kilometerstand[2]?
Wie lange hat er noch TÜV?
Wie viel Benzin braucht er?
Was kostet der Wagen?

Modell	VW Golf	VW Touareg Hybrid	Opel Corsa	Ford Fiesta
Baujahr			2010	2011
Farbe			schwarz	blaugrün
Kilometerstand			84.500 km	52.000 km
TÜV			6 Monate	fast 2 Jahre
Benzinverbrauch pro 100 km			6 Liter	6,5 Liter
Preis			5.000 Euro	4.000 Euro

Kapitel 8

Situation 2 Mahlzeiten und Getränke

MODELL: S2: Was isst Frau Gretter zum Frühstück?
S1: _____.

	Frau Gretter	Stefan	Andrea
zum Frühstück essen		frisches Müsli	Brot mit selbst gemachter Marmelade
zum Frühstück trinken		kalten Orangensaft	
zu Mittag essen	frisches Gemüse und Hähnchen		heiße Würstchen
zu Abend essen		italienische Spaghetti	
nach dem Sport trinken	nichts, sie treibt keinen Sport	kalten Tee mit Zitrone	
auf einem Fest trinken	deutschen Sekt		eiskalte Limonade
essen, wenn er/sie groß ausgeht		frischen Fisch mit französischer Soße	

[1]used car [2]number of kilometers driven

Kapitel 9

Situation 9 Was ist passiert?

MODELL: Was ist Mehmet passiert? / Was ist dir passiert?
Wann ist es passiert?
Wo ist es passiert?
Warum ist es passiert?

	Sofie	Mehmet	Ernst	mein(e) Partner / meine Partnerin
Was?	hat ihre Schlüssel verloren		hat seine Hose zerrissen	
Wann?		als er in die Türkei fliegen wollte		
Wo?	in Leipzig		bei seiner Tante	
Warum?		weil der Flug aus Berlin Verspätung hatte		

Kapitel 10

Situation 2 Reisen

MODELL: S2: Woher kommt Richard?
S1: Aus _____.
S2: Wohin fährt er in den Ferien?
S1: Nach/In _____.
S2: Wo wohnt er?
S1: Bei _____. Was macht er da?
S2: Er lernt Französisch. Wann kommt er zurück?
S1: In _____.

	Richard	Sofie	Mehmet	Peter	Jürgen	mein(e) Partner(in)
Woher?		aus Dresden		aus Berkeley		
Wohin?		nach Düsseldorf		nach Hawaii		
Wo?		bei ihrer Tante	bei alten Freunden		bei einem Freund	
Was?	Französisch lernen		am Strand liegen; schwimmen		Ski fahren natürlich	
Wann?		in einer Woche	in zwei Wochen	nächstes Wochenende		

Situation 9 Wo wollen wir übernachten?

MODELL: Wie viel kostet _____?
Haben die Zimmer im (in der) _____ eine eigene Dusche und Toilette?
Gibt es im (in der) _____ Einzelzimmer?
Gibt es im (in der, auf dem) _____ einen Fernseher?
Ist das Frühstück im (in der, auf dem) _____ inbegriffen?
Ist die Lage von dem (von der) _____ zentral/ruhig?
Gibt es im (in der, auf dem) _____ Internet?

	das Hotel Strandpromenade	das Hotel Ostseeblick	die Jugendherberge	der Campingplatz
Preis pro Person		52,- Euro		
Dusche/Toilette			nein	nein
Einzelzimmer				natürlich nicht
Fernseher	in jedem Zimmer	nicht in allen Zimmern		natürlich nicht
Frühstück	inbegriffen		kostet extra	nein
zentrale Lage				
ruhige Lage				ja
Internet	in jedem Zimmer	im Frühstückszimmer	ja	nein

Situation 13 Tiere

MODELL: Welche Tiere findet _____ am tollsten?
Vor welchem Tier hat _____ am meisten Angst?
Welches Tier hätte _____ gern als Haustier?
Welches wilde Tier möchte _____ gern in freier Natur sehen?
Wenn _____ an Afrika denkt, an welche Tiere denkt er/sie?
Wenn _____ an die Wüste denkt, an welches Tier denkt er/sie dann zuerst?
Welche Vögel findet _____ am schönsten?
Welchen Fisch findet _____ am gefährlichsten?
Welchem Tier möchte _____ nicht im Wald begegnen?

	Ernst	Maria	mein(e) Partner(in)
Lieblingstier	ein Krokodil		
Angst		vor Mäusen	
Haustier		einen Papagei	
wildes Tier	einen Elefanten		
Afrika		an Zebras	
Wüste	an einen Skorpion		
Vögel	Adler		
Fisch		den Piranha	
Wald		einem Wildschwein	

Kapitel 11

Situation 10 Krankheitsgeschichte

MODELL: Hat Herr Thelen sich (Hast du dir) schon mal etwas gebrochen? Was?
Ist Herr Thelen (Bist du) schon mal im Krankenhaus gewesen? Warum?
Hat Claire (Hast du) schon mal eine Spritze bekommen? Gegen was?
Erkältet sich Claire (Erkältest du dich) oft?
Ist Herr Thelen (Bist du) gegen etwas allergisch? Gegen was?
Hat man Herrn Thelen (Hat man dir) schon mal einen Zahn gezogen?
Hatte Claire (Hattest du) schon mal hohes Fieber? Wie hoch?

	Claire	Herr Thelen	mein(e) Partner(in)
sich etwas brechen	den Arm		
im Krankenhaus sein	Nierenentzündung		
eine Spritze bekommen		Tetanus	
sich oft erkälten		nein	
gegen etwas allergisch sein	Sonne		
einen Zahn gezogen haben	nein		
hohes Fieber haben		41,2° C	

Rollenspiele: 2. Teil

Einführung A

Situation 10   Begrüßen

S2: Begrüßen Sie einen Mitstudenten oder eine Mitstudentin. Schütteln Sie dem Mitstudenten oder der Mitstudentin die Hand. Sagen Sie Ihren Namen. Fragen Sie, wie alt er oder sie ist. Verabschieden Sie sich.

Einführung B

Situation 12   Herkunft

S2: Sie sind Student/Studentin an einer Universität in Deutschland. Sie lernen einen neuen Studenten / eine neue Studentin kennen. Fragen Sie, wie er/sie heißt, woher er/sie kommt, woher seine/ihre Familie kommt und welche Sprachen er/sie spricht.

Kapitel 1

study abroad office

Situation 15   Auf dem Auslandsamt°

S2: Sie arbeiten auf dem Auslandsamt der Universität. Ein Student / Eine Studentin kommt zu Ihnen und möchte ein Stipendium für Österreich. Fragen Sie nach den persönlichen Angaben und schreiben Sie sie auf: Name, Adresse, Telefon, E-Mail-Adresse, Geburtstag, Studienfach. Sagen Sie „Auf Wiedersehen".

Kapitel 2

Situation 8   Am Telefon

S2: Das Telefon klingelt. Ein Freund / Eine Freundin ruft an. Er/Sie lädt Sie ein. Fragen Sie **wo, wann, um wie viel Uhr, wer kommt mit**. Sagen Sie „ja" oder „nein", und sagen Sie „tschüss".

Kapitel 3

Situation 11   In der Mensa

S2: Sie sind Student/Studentin an der Uni in Regensburg und sind in der Mensa. Jemand möchte sich an Ihren Tisch setzen. Fragen Sie, wie er/sie heißt, woher er/sie kommt und was er/sie studiert.

Kapitel 4

Situation 16 Das Studentenleben

S2: Sie sind Student/Studentin an einer Uni in Ihrem Land. Ein Reporter / Eine Reporterin aus Österreich fragt Sie viel und Sie antworten gern. Sie wollen aber auch wissen, was der Reporter / die Reporterin gestern alles gemacht hat: am Vormittag, am Mittag, am Nachmittag und am Abend.

Kapitel 5

Situation 12 Bei der Berufsberatung

S2: Sie sind Student/Studentin und gehen zur Berufsberatung, weil Sie nicht wissen, was Sie nach dem Studium machen sollen. Beantworten Sie die Fragen des Berufsberaters / der Berufsberaterin.

Kapitel 6

Situation 12 Zimmer zu vermieten

S2: Sie möchten ein Zimmer in Ihrem Haus vermieten. Das Zimmer ist 25 Quadratmeter groß und hat Zentralheizung. Es kostet warm 410 Euro im Monat. Es hat große Fenster und ist sehr ruhig. Das Zimmer hat keine Küche und auch kein Bad, aber der Mieter / die Mieterin darf Ihre Küche und Ihr Bad benutzen. Der Mieter / Die Mieterin darf Freunde einladen, aber sie dürfen nicht zu lange bleiben. Sie haben kleine Kinder, die früh ins Bett müssen. Fragen Sie, was der Student / die Studentin studiert, ob er/sie raucht, ob er/sie oft laute Musik hört, ob er/sie Haustiere hat und ob er/sie Möbel hat.

Kapitel 7

Situation 9 Am Fahrkartenschalter

S2: Sie arbeiten am Fahrkartenschalter im Bahnhof von Bremen. Ein Fahrgast möchte eine Fahrkarte nach München kaufen. Hier ist der Fahrplan. Alle Züge fahren über Hannover und Würzburg.

	Abfahrt	Ankunft	2. Kl.	1. Kl.
IC	4.25	15.40	142 Euro	237 Euro
ICE	7.15	14.05	152 Euro	249 Euro
IC	7.30	20.45	142 Euro	237 Euro

Kapitel 8

Situation 14 Im Restaurant

S2: Sie arbeiten als Kellner/Kellnerin in einem Restaurant. Ein Gast setzt sich an einen freien Tisch. Bedienen Sie ihn.

Kapitel 9

Situation 8   Das Klassentreffen

S2: Sie sind auf dem dritten Klassentreffen Ihrer alten High-School-Klasse. Sie unterhalten sich mit einem alten Schulfreund / einer alten Schulfreundin. Fragen Sie: was er/sie nach Abschluss der High School gemacht hat, was er/sie jetzt macht und was seine/ihre Pläne für die nächsten Jahre sind. Sprechen Sie auch über die gemeinsame Schulzeit.

Kapitel 10

Situation 11   Im Hotel

S2: Sie arbeiten an der Rezeption von einem Hotel. Alle Zimmer haben Dusche und Toilette. Manche haben auch Internet. Frühstück ist inklusive. Das Hotel ist im Moment ziemlich voll. Ein Reisender / Eine Reisende kommt herein und erkundigt sich nach Zimmern. Denken Sie zuerst darüber nach: Was für Zimmer sind noch frei? Was kosten die Zimmer? Bis wann müssen die Gäste abreisen?

Kapitel 11

Situation 12   Anruf beim Arzt

S2: Sie arbeiten in einer Arztpraxis. Ein Patient / Eine Patientin ruft an und möchte einen Termin. Fragen Sie, was er/sie hat und wie dringend es ist. Der Terminkalender für diesen Tag ist schon sehr voll.

Kapitel 12

Situation 12   Auf der Bank

S2: Sie sind Bankangestellte(r) bei der Deutschen Bank und ein Kunde / eine Kundin möchte ein Konto eröffnen. Fragen Sie, ob der Kunde / die Kundin ein Girokonto oder ein Sparkonto eröffnen möchte. Zinsen gibt es nur auf Sparkonten. Eine EC-Karte bekommt man nur, wenn man ein festes Einkommen hat. Online-Zugang ist kostenlos. Man darf das Konto nicht überziehen.

Situation 16   An der Kinokasse

S2: Sie arbeiten an der Kinokasse und sind gestresst, weil Sie den ganzen Tag Karten verkauft haben. Sie haben vielleicht noch zehn Karten für die „Rocky Horror Picture Show" heute Abend, alles Einzelplätze. Auch die nächsten Tage sind schon völlig ausverkauft. Jetzt freuen Sie sich auf Ihren Feierabend, weil Sie dann mit Ihren Freunden selbst in die „Rocky Horror Picture Show" gehen wollen. Sie haben sich fünf ganz tolle Plätze besorgt, in der ersten Reihe. Da kommt noch ein Kunde.

Phonetics Summary Tables

I. Phoneme-Grapheme Relationships (Overview)

Note: The **Kontakte** *Workbook / Lab Manual* presents the phoneme-grapheme relationship in reverse: The graphemes (letters of the alphabet) are the starting point for variations in pronunciation.

Vowels

Sound Group	Phonemes/ Sounds	Graphemes	Examples
a-sounds	[aː]	a	Tafel
		ah	Zahl
		aa	Haar
	[a]	a	Hallo
i-sounds	[iː]	i	Ida
		ie	Liebe
		ih	ihr
		ieh	sich anziehen
	[ɪ]	i	Stift
e-sounds	[eː]	e	Peter
		eh	sehen
		ee	Tee
	[ɛ]	e	Herr
		ä	Ärger
	[ɛː]	ä	Cäsar
		äh	zählen
o-sounds	[oː]	o	Hose
		oh	Ohr
		oo	Boot
	[ɔ]	o	Kopf
u-sounds	[uː]	u	Fuß
		uh	Uhr
	[ʊ]	u	Mund
ö-sounds	[øː]	ö	hören
		öh	fröhlich
	[œ]	ö	öffnen
ü-sounds	[yː]	ü	Übung
		üh	früh
		y	Typ
	[ʏ]	ü	tschüss
		y	Ypsilon

Sound Group	Phonemes/Sounds	Graphemes	Examples
reduced vowels	[ə]	e	beginnen
	[ɐ]	er	Vater
	[ɐ̯]	r	Ohr
diphthongs	[ae̯]	ei/ai	Kleid/Mai
		ey/ay	Meyer, Bayern
	[ao̯]	au	Auge
	[ɔø̯]	eu	neun
		äu	Häuser

Rules

1. **Long vowels** may be represented in writing by doubled vowels and by <ie>—for example, *Tee, Boot, Liebe*.
2. **Long vowels** may also be represented by a vowel followed by <h>, which is not pronounced but only indicates vowel length—for example, *Zahl, sehen, früh*.
3. **Single vowels** are often long when they appear in an open or potentially open syllable. Such syllables end in vowels—that is, they have no following end-consonant—for example, *Ü-bung, Ho-se, hörst* (from *hö-ren*), *gut* (from *gu-te*), *Fuß* (from *Fü-ße*). This rule applies above all to verbs, nouns, and adjectives.
4. **Diphthongs** consist of two closely associated short vowels within a syllable. Diphthongs are always long vowels—for example, *Auge, Kleid, neun*.
5. **Short vowels** generally precede double consonants—for example: *öffnen, Brille, doppelt*.
6. **Short vowels** may precede, though not always, a cluster of multiple consonants—for example, *Wurst, Gesicht, Herbst*.

Consonants

Sound Group	Phonemes/Sounds	Graphemes	Examples
plosives	[p]	p	Paula
		pp	doppelt
		-b	gelb
	[b]	b	Brille
		bb	Krabbe
	[t]	t	Tür
		tt	bitte
		-d	Hemd
		th	Theorie
		dt	Stadt
	[d]	d	reden
		dd	Teddy
	[k]	k	Kleid
		ck	Rock
		-g	Tag
	[g]	g	Auge

Sound Group	Phonemes/ Sounds	Graphemes	Examples
fricatives	[f]	f	**F**rau
		ff	ö**ff**nen
		v	**V**ater
	[v]	w	**W**ort
		v	**V**iktor
		(q)u	be**qu**em
	[s]	s	Hau**s**
		ss	Profe**ss**or
		ß	hei**ß**en
	[z]	s	Ho**s**e
	[ʃ]	sch	**Sch**ule
		s(t)	**St**iefel
		s(p)	**Sp**rache
	[ʒ]	j	**J**ournalist
		g	Eta**g**e
	[ç]	ch ("**ich**-sound")	Gesi**ch**t
		-ig	zwanz**ig**
	[j]	j	**j**a
	[x]	ch ("**ach**-sound")	Bau**ch**
r-sounds	[r]	r	**r**ot
		rr	He**rr**
		rh	**Rh**ythmus
	[ʁ]	r	Tü**r**
	[ɐ]	er	Vat**er**
nasals	[m]	m	**M**antel
		mm	ko**mm**en
	[n]	n	**N**ame
		nn	Ma**nn**
	[ŋ]	ng	spri**ng**en
		n(k)	da**n**ke
liquids	[l]	l	**L**ehrer
		ll	Bri**ll**e
aspirants	[h]	h	**H**ose
glottal stops	[ʔ]		be·antworten
affricates	[pf]	pf	Ko**pf**
	[ts]	z	**z**ählen
		tz	se**tz**en
		ts	rech**ts**
		-t(ion)	Lek**t**ion
		zz	Pi**zz**a
	[ks]	x	Te**x**t
		ks	lin**ks**
		gs	du sa**gs**t
		chs	se**chs**

Rules

1. Double consonants are pronounced the same as single consonants; they merely indicate that the preceding vowel is short.
2. The letter pair <ch> is pronounced as:
   - a so-called "**ach**-sound" [x] after <u, o, a, au>, for example, *suchen, Tochter, Sprache, auch;*
   - a so-called "**ich**-sound" [ç] after all other vowels as well as after <l, n, r> and in *-chen*—for example, *nicht, Bücher, Töchter, Nächte, leicht, euch, Milch, durch, manchmal, Mädchen;*
   - [k] in the cluster <chs> as well as at the beginning of certain foreign words and German names—for example, *sechs, Charakter, Chemnitz.*
3. [ʃ] is represented:
   - by the letters <sch>: *schön, Tasche; but not in Häuschen (Häus-chen);*
   - by <s(t)>: *Straße;* <s(p)>: *Sprache.*
4. <r> can be clearly heard pronounced as a fricative, uvular, or trilled consonant [r]:
   - at the beginning of a word or syllable: *rot, hö-ren;*
   - after consonants and before vowels: *grün;*
   - after short vowels (when clearly enunciated): *Wort, Herr.*
5. <r> is pronounced as a vowel [ɐ]:
   - after long vowels: *Uhr;*
   - in the unstressed combinations **er-, ver-, zer-,** and **-er: erzählen, Verkäufer, zerstören, Lehrer, aber.**

II. German Vowels and Their Features (Overview)

There are 16 or 17 vowels (+ the vocalic pronunciation of <r>). They can be differentiated by:

- **quantity** (in their length)—they are either short or long;
- **quality** (in their tenseness)—they are either lax or tense.
  Quantity and quality are combined in German. The short vowels are lax; that is, in contrast to long vowels, they are formed with less muscular tension, less use of the lips, and less raising of the tongue. The **a**-vowels are only long and short. In addition, there is a long, open [ɛ:] as well as the reduced [ə] and [ɐ] (schwa).

The following minimal pairs illustrate these differences:

[aː] – [a]	Herr **Mah**ler – Herr **Ma**ller
[eː] – [ɛ]	Herr **Meh**ler – Herr **Me**ller
[iː] – [ɪ]	Herr **Mie**ler – Herr **Mi**ller
[oː] – [ɔ]	Herr **Moh**ler – Herr **Mo**ller
[uː] – [ʊ]	Herr **Muh**ler – Herr **Mu**ller
[øː] – [œ]	Herr **Möh**ler – Herr **Mö**ller
[yː] – [ʏ]	Herr **Müh**ler – Herr **Mü**ller

Quality and quantity do not play a role with the reduced vowels [ə] as in *eine* or [ɐ] as in *einer.*

- the raising of the tongue—either the front, middle, or back of the tongue is raised. The following minimal pairs illustrate the differences in front vowels:

[eː] – [ɛ]	Herr **Meh**ler – Herr **Me**ller
[iː] – [ɪ]	Herr **Mie**ler – Herr **Mi**ller
[øː] – [œ]	Herr **Möh**ler – Herr **Mö**ller
[yː] – [ʏ]	Herr **Müh**ler – Herr **Mü**ller

The following minimal pairs illustrate the differences in mid vowels:

[aː] – [a]	Herr **Mah**ler – Herr **Ma**ller
[ə] – [ɐ]	ein**e** – ein**er**

The following minimal pairs illustrate the differences in back vowels:

[oː] – [ɔ]	Herr **Moh**ler – Herr **Mo**ller
[uː] – [ʊ]	Herr **Muh**ler – Herr **Mu**ller

- the rounding of the lips—there are rounded and unrounded vowels. The following minimal pairs illustrate the differences between rounded and unrounded vowels:

[øː] – [eː]	Herr **Möh**ler – Herr **Meh**ler
[œː] – [ɛ]	Herr **Möl**ler – Herr **Mel**ler
[yː] – [iː]	Herr **Müh**ler – Herr **Mie**ler
[ʏː] – [ɪ]	Herr **Mül**ler – Herr **Mil**ler

The German vowels can be systematized according to features:

	front	mid	back
long +	iː	yː		uː
tense	eː ɛː	øː	aː	oː
short +	ɪ	y		ʊ
lax	ɛ	œ	a	ɔː
unstressed		ə ɐ	
	rounded		rounded

III. German Consonants and Their Features (Overview)

German consonants are differentiated according to:

- point of articulation: they are formed from the lips (in the front) to the velum (in the back) at different points in the mouth (see overview table below);
- type of articulation:

  There are plosives/stops, in which the passage of air is interrupted:

  [p] as in *Li**pp**en*, [b] as in *lie**b**en*, [t] as in *re**tt**en*, [d] as in *re**d**en*, [k] as in *we**ck**en*, [g] as in *we**g**en*

  There are fricatives, in which the passage of air creates friction:

  [f] as in ***v**ier*, [v] as in ***w**ir*, [s] as in *Hau**s***, [z] as in *Hä**u**ser*, [ʃ] as in *Ta**sch**e*, [ʒ] as in *Gara**g**e*, [ç] as in *Mäd**ch**en*, [j] as in ***j**a*, [x] as in *To**ch**ter*, [r] as in *To**r**te*

  There are nasals, in which air passes through the nose:

  [m] as in ***M**ai*, [n] as in ***n**ie*, [ŋ] as in *la**ng**e*

  There are isolated consonants—the liquid [l] as in *he**ll***, the aspirant [h] as in ***h**ier*.

- tension—there are tense consonants that are always voiceless:

  [p] as in *Li**pp**en*, [t] as in *re**tt**en*, [k] as in *we**ck**en*, [f] as in ***v**ier*, [s] as in *Hau**s***, [ʃ] as in *Ta**sch**e*, [ç] as in *Mäd**ch**en*, [x] as in *To**ch**ter*

  There are lax consonants that are voiced after vowels and voiced consonants:

  [b] as in *lie**b**en*, [d] as in *re**d**en*, [g] as in *we**g**en*, [v] as in *be**w**egen*, [z] as in *Hä**u**ser*, [ʒ] as in *Gara**g**e*, [j] as in *Ka**j**ak*

After a pause in speech (for example at the beginning of a sentence after a pause) and after voiceless consonants, these consonants are also pronounced voiceless:

[b̥] as in *mit**b**ringen*, [d̥] as in *bis **d**rei*, [g̊] as in *ins Haus **g**ehen*, [v̥] as in *auch **w**ir*, [z̥] as in *ab **s**ieben*, [ʒ̊] as in *das **J**ournal*, [j̥] as in *ach **j**a*

At the end of words and syllables, the following consonants are pronounced voiceless and tense—that is, as fortis consonants. This phenomenon is known as final devoicing:

[b → p] as in *lie**b***, [d → t] as in *un**d***, [g → k] as in *we**g***, [v → f] as in *explosi**v***, [z → s] as in *Hau**s***

The German consonants can be systematized according to their features as follows:

	front				**back**
PLOSIVE fortis	p		t		k
lenis	b		d		g
FRICATIVE fortis		f	s	ʃ	ç	x
lenis		v	z	ʒ	j	r
NASAL	m		n		ŋ
ISOLATED			l		h

IV. Rules for Melody and Accentuation

Melody
1. Melody falls at the end of a sentence (terminal) in:
   - statements—*Ich heiße Anna.* ↘
   - questions with question words—*Woher kommst du?* ↘
   - double questions—*Kommst du aus Bonn oder aus Berlin?* ↘
   - imperatives—*Setz dich!* ↘
2. Melody rises at the end of a sentence (interrogative) in:
   - yes-no questions—*Kommst du aus Bonn?* ↗
   - follow-up questions—*Woher kommst du?* ↘ *Aus Bonn?* ↗
   - questions posed in a friendly or curious tone of voice—*Wie heißt du?* ↗ *Was möchtest du trinken?* ↗
   - imperatives and statements made in a friendly tone of voice—*Bleib noch hier!* ↗ *Die Blumen sind für dich.* ↗
3. Melody remains neutral (doesn't change) directly before pauses in incomplete sentences (progredient)—*Peter kommt aus Bonn,* → *Anna kommt aus Berlin* → *und Ute kommt aus Wien.* ↘

Sentence Stress
1. The most important word is stressed:
   *Ich möchte ein Glas **Wein**.* (*kein Bier*)
   *Ich möchte ein **Glas** Wein.* (*keine Flasche*)
   *Ich möchte **ein** Glas Wein.* (*nicht zwei*)
2. Longer sentences are divided by pauses into accent (rhythmic) groups, in which there is always a main accent:
   *Ich möchte ein Glas **Wein**, / ein Stück **Brot**, / etwas **Käse** / und viel **Wasser**.*

Word Stress

1. The stem is stressed:
   - in simple German words: **Mo**de, **hö**ren;
   - in words with the prefixes **be-, ge-, er-, ver-, zer-:** be**halt**en;
   - in verbs with inseparable prefixes and in nouns ending in -ung that are derived from them—for example, wieder**ho**len → Wieder**ho**lung.
2. The beginning of a word (prefix) is stressed:
   - in verbs with separable prefixes and in nouns derived from them—**aus**sprechen → die **Aus**sprache;
   - in compounds with un- and ur- —**Ur**laub, **un**genau.
3. The principally defining word is stressed:
   - in compound nouns and adjectives—**Schlaf**zimmer, **dunkel**grün.
4. The final syllable is stressed:
   - in German words with the suffix -ei—Poli**zei**;
   - in abbreviations in which each letter is pronounced separately—AB**C**;
   - in words that end in -ion—Explo**sion**.

Grammar Summary Tables

I. Personal Pronouns

Nominative	Accusative	Accusative Reflexive	Dative	Dative Reflexive
ich	mich	mich	mir	mir
du	dich	dich	dir	dir
Sie	Sie	sich	Ihnen	sich
er	ihn	sich	ihm	sich
sie	sie	sich	ihr	sich
es	es	sich	ihm	sich
wir	uns	uns	uns	uns
ihr	euch	euch	euch	euch
Sie	Sie	sich	Ihnen	sich
sie	sie	sich	ihnen	sich

II. Definite Articles / Pronouns Declined Like Definite Articles

dieser/dieses/diese	*this*
mancher/manches/manche	*some, many a*
welcher/welches/welche	*which*
jeder/jedes/jede *(singular)*	*each, every*
alle *(plural)*	*all*

	Singular			Plural
	MASCULINE	**NEUTER**	**FEMININE**	
Nominative	der	das	die	die
	dieser	dieses	diese	diese
Accusative	den	das	die	die
	diesen	dieses	diese	diese
Dative	dem	dem	der	den
	diesem	diesem	dieser	diesen
Genitive	des	des	der	der
	dieses	dieses	dieser	dieser

III. Indefinite Articles / Negative Articles / Possessive Determiners

mein/meine	*my*
dein/deine	*your* (*familiar singular*)
Ihr/Ihre	*your* (*polite singular*)
sein/seine	*his, its*
ihr/ihre	*her, its*
unser/unsere	*our*
euer/eure	*your* (*familiar plural*)
Ihr/Ihre	*your* (*polite plural*)
ihr/ihre	*their*

	Singular			Plural
	MASCULINE	**NEUTER**	**FEMININE**	
Nominative	ein	ein	eine	—
	kein	kein	keine	keine
	mein	mein	meine	meine
Accusative	einen	ein	eine	—
	keinen	kein	keine	keine
	meinen	mein	meine	meine
Dative	einem	einem	einer	—
	keinem	keinem	keiner	keinen
	meinem	meinem	meiner	meinen
Genitive	eines	eines	einer	—
	keines	keines	keiner	keiner
	meines	meines	meiner	meiner

IV. Relative Pronouns

	Singular			Plural
	MASCULINE	**NEUTER**	**FEMININE**	
Nominative	der	das	die	die
Accusative	den	das	die	die
Dative	dem	dem	der	deren
Genitive	dessen	dessen	deren	deren

V. Question Pronouns

	People	**Things and Concepts**
Nominative	wer	was
Accusative	wen	was
Dative	wem	—
Genitive	wessen	—

VI. Attributive Adjectives

		Masculine	Neuter	Feminine	Plural
Nominative	strong	guter	gutes	gute	gute
	weak	gute	gute	gute	guten
Accusative	strong	guten	gutes	gute	gute
	weak	guten	gute	gute	guten
Dative	strong	gutem	gutem	guter	guten
	weak	guten	guten	guten	guten
Genitive	strong	guten	guten	guter	guter
	weak	guten	guten	guten	guten

Nouns declined like adjectives: Angestellte, Deutsche, Geliebte, Reisende, Verletzte, Verwandte

VII. Comparative and Superlative

A. *Regular Patterns*

schnell	schneller	am schnellsten
intelligent	intelligenter	am intelligentesten
heiß	heißer	am heißesten
teuer	teurer	am teuersten
dunkel	dunkler	am dunkelsten

B. *Umlaut Patterns*

alt	älter	am ältesten
groß	größer	am größten
jung	jünger	am jüngsten

Similarly: arm, dumm, hart, kalt, krank, kurz, lang, oft, scharf, schwach, stark, warm

C. *Irregular Patterns*

gern	lieber	am liebsten
gut	besser	am besten
hoch	höher	am höchsten
nah	näher	am nächsten
viel	mehr	am meisten

VIII. Weak Masculine Nouns

These nouns add **-(e)n** in the accusative, dative, and genitive.

A. *International nouns ending in* **-t** *denoting male persons:* Dirigent, Komponist, Patient, Polizist, Präsident, Soldat, Student, Tourist

B. *Nouns ending in* **-e** *denoting male persons or animals:* Drache, Junge, Kunde, Löwe, Neffe, Riese, Vorfahre, Zeuge

C. *The following nouns:* Elefant, Herr, Mensch, Nachbar, Name[1]

	Singular	Plural
Nominative	der Student	die Studenten
	der Junge	die Jungen
Accusative	den Studenten	die Studenten
	den Jungen	die Jungen
Dative	dem Studenten	den Studenten
	dem Jungen	den Jungen
Genitive	des Studenten	der Studenten
	des Jungen	der Jungen

IX. Prepositions

Accusative	Dative	Accusative/Dative	Genitive
durch	aus	an	(an)statt
für	außer	auf	trotz
gegen	bei	hinter	während
ohne	mit	in	wegen
um	nach	neben	
	seit	über	
	von	unter	
	zu	vor	
		zwischen	

X. Dative Verbs

antworten	*to answer*
begegnen	*to meet*
danken	*to thank*
erlauben	*to allow*
fehlen	*to be missing*
folgen	*to follow*
gefallen	*to please, be pleasing to*
gehören	*to belong to*
glauben	*to believe*
gratulieren	*to congratulate*
helfen	*to help*
leidtun	*to be sorry; to feel sorry for*
passen	*to fit*
passieren	*to happen*
raten	*to advise*
schaden	*to be harmful*
schmecken	*to taste (good)*
stehen	*to suit*
wehtun	*to hurt*
zuhören	*to listen to*

[1]*genitive:* des Namens

XI. Reflexive Verbs

sich anziehen	*to get dressed*
sich ärgern	*to get angry*
sich aufregen	*to get excited*
sich ausruhen	*to rest*
sich ausziehen	*to get undressed*
sich beeilen	*to hurry*
sich erholen	*to relax, recover*
sich erkälten	*to catch a cold*
sich erkundigen	*to ask*
sich (die Haare) föhnen	*to blow-dry (one's hair)*
sich fragen (ob)	*to wonder (if)*
sich freuen	*to be happy*
sich (wohl) fühlen	*to feel (well)*
sich fürchten	*to be afraid*
sich gewöhnen an	*to get used to*
sich hinlegen	*to lie down*
sich infizieren	*to get infected*
sich informieren	*to get information*
sich interessieren für	*to be interested in*
sich kümmern um	*to take care of*
sich rasieren	*to shave*
sich schminken	*to put on makeup*
sich setzen	*to sit down*
sich umsehen	*to look around*
sich unterhalten	*to have a conversation*
sich verletzen	*to get hurt*
sich verloben	*to get engaged*
sich vorstellen	*to imagine*

XII. Verbs + Prepositions

ACCUSATIVE

bitten um	*to ask for*
denken an	*to think about*
glauben an	*to believe in*
nachdenken über	*to think about; to ponder*
schreiben an	*to write to*
schreiben/sprechen über	*to write/talk about*
sorgen für	*to care for*
verzichten auf	*to renounce, do without*
warten auf	*to wait for*

SICH + ACCUSATIVE

sich ärgern über	*to be angry at/about*
sich erinnern an	*to remember*
sich freuen über	*to be happy about*
sich gewöhnen an	*to get used to*
sich interessieren für	*to be interested in*
sich kümmern um	*to take care of*
sich verlieben in	*to fall in love with*

fahren/reisen mit	*to go/travel by*
halten von	*to think of; to value*
handeln von	*to deal with*
träumen von	*to dream of*

SICH + DATIVE

sich erkundigen nach	*to ask about*
sich fürchten vor	*to be afraid of*

XIII. Inseparable Prefixes of Verbs

A. *Common*

be–	bedeuten, bekommen, bestellen, besuchen, bezahlen
er–	erfinden, erkälten, erklären, erlauben, erreichen
ver–	verbrennen, verdienen, vergessen, verlassen, verletzen

B. *Less Common*

ent–	entdecken, entscheiden, entschuldigen
ge–	gefallen, gehören, gewinnen, gewöhnen
zer–	zerreißen, zerstören

APPENDIX E

Verbs

I. Conjugation Patterns

A. *Simple tenses and principal parts*

		Present	Simple Past	Subjunctive	Aux. + Past Participle
Strong	ich	komme	kam	käme	bin gekommen
	du	kommst	kamst	kämst	bist gekommen
	er/sie/es	kommt	kam	käme	ist gekommen
	wir	kommen	kamen	kämen	sind gekommen
	ihr	kommt	kamt	kämt	seid gekommen
	sie, Sie	kommen	kamen	kämen	sind gekommen
Weak	ich	glaube	glaubte	glaubte	habe geglaubt
	du	glaubst	glaubtest	glaubtest	hast geglaubt
	er/sie/es	glaubt	glaubte	glaubte	hat geglaubt
	wir	glauben	glaubten	glaubten	haben geglaubt
	ihr	glaubt	glaubtet	glaubtet	habt geglaubt
	sie, Sie	glauben	glaubten	glaubten	haben geglaubt
Irregular Weak	ich	weiß	wusste	wüsste	habe gewusst
	du	weißt	wusstest	wüsstest	hast gewusst
	er/sie/es	weiß	wusste	wüsste	hat gewusst
	wir	wissen	wussten	wüssten	haben gewusst
	ihr	wisst	wusstet	wüsstet	habt gewusst
	sie, Sie	wissen	wussten	wüssten	haben gewusst
Modal	ich	kann	konnte	könnte	habe gekonnt
	du	kannst	konntest	könntest	hast gekonnt
	er/sie/es	kann	konnte	könnte	hat gekonnt
	wir	können	konnten	könnten	haben gekonnt
	ihr	könnt	konntet	könntet	habt gekonnt
	sie, Sie	können	konnten	könnten	haben gekonnt
haben	ich	habe	hatte	hätte	habe gehabt
	du	hast	hattest	hättest	hast gehabt
	er/sie/es	hat	hatte	hätte	hat gehabt
	wir	haben	hatten	hätten	haben gehabt
	ihr	habt	hattet	hättet	habt gehabt
	sie, Sie	haben	hatten	hätten	haben gehabt

		Present	Simple Past	Subjunctive	Aux. + Past Participle
sein	ich	bin	war	wäre	bin gewesen
	du	bist	warst	wärst	bist gewesen
	er/sie/es	ist	war	wäre	ist gewesen
	wir	sind	waren	wären	sind gewesen
	ihr	seid	wart	wärt	seid gewesen
	sie, Sie	sind	waren	wären	sind gewesen
werden	ich	werde	wurde	würde	bin geworden
	du	wirst	wurdest	würdest	bist geworden
	er/sie/es	wird	wurde	würde	ist geworden
	wir	werden	wurden	würden	sind geworden
	ihr	werdet	wurdet	würdet	seid geworden
	sie, Sie	werden	wurden	würden	sind geworden

B. *Compound tenses*

1. *Active voice*

	Perfect	Past Perfect	Future	Subjunctive
Strong	ich habe genommen	hatte genommen	werde nehmen	würde nehmen
	ich bin gefahren	war gefahren	werde fahren	würde fahren
Weak	ich habe gekauft	hatte gekauft	werde kaufen	würde kaufen
	ich bin gesegelt	war gesegelt	werde segeln	würde segeln
Irregular Weak	ich habe gewusst	hatte gewusst	werde wissen	würde wissen
Modal	ich habe gekonnt	hatte gekonnt	werde können	würde können
haben	ich habe gehabt	hatte gehabt	werde haben	würde haben
sein	ich bin gewesen	war gewesen	werde sein	würde sein
werden	ich bin geworden	war geworden	werde werden	würde werden

2. *Passive voice*

	Present	Simple Past	Perfect
Strong	es wird genommen	wurde genommen	ist genommen worden
Weak	es wird gekauft	wurde gekauft	ist gekauft worden

II. Strong and Irregular Weak Verbs

backen (backt/bäckt)	backte	hat gebacken	*to bake*
beginnen (beginnt)	begann	hat begonnen	*to begin*
beißen (beißt)	biss	hat gebissen	*to bite*
bekommen (bekommt)	bekam	hat bekommen	*to get, receive*
beschreiben (beschreibt)	beschrieb	hat beschrieben	*to describe*
besitzen (besitzt)	besaß	hat besessen	*to own, possess*
besteigen (besteigt)	bestieg	hat bestiegen	*to climb*
bitten (bittet)	bat	hat gebeten	*to ask*
bleiben (bleibt)	blieb	ist geblieben	*to stay*

braten (brät)	briet	hat gebraten	*to roast, fry*
brechen (bricht)	brach	hat gebrochen	*to break*
brennen (brennt)	brannte	hat gebrannt	*to burn*
bringen (bringt)	brachte	hat gebracht	*to bring*
denken (denkt)	dachte	hat gedacht	*to think*
dürfen (darf)	durfte	hat gedurft	*to be allowed to*
empfehlen (empfiehlt)	empfahl	hat empfohlen	*to recommend*
entscheiden (entscheidet)	entschied	hat entschieden	*to decide*
erfinden (erfindet)	erfand	hat erfunden	*to invent*
essen (isst)	aß	hat gegessen	*to eat*
fahren (fährt)	fuhr	ist gefahren	*to go, drive*
fallen (fällt)	fiel	ist gefallen	*to fall*
fangen (fängt)	fing	hat gefangen	*to catch*
finden (findet)	fand	hat gefunden	*to find*
fliegen (fliegt)	flog	ist geflogen	*to fly*
fliehen (flieht)	floh	ist geflohen	*to flee*
fließen (fließt)	floss	ist geflossen	*to flow*
fressen (frisst)	fraß	hat gefressen	*to eat*
geben (gibt)	gab	hat gegeben	*to give*
gefallen (gefällt)	gefiel	hat gefallen	*to please, be pleasing to*
gehen (geht)	ging	ist gegangen	*to go, walk*
gewinnen (gewinnt)	gewann	hat gewonnen	*to win*
gießen (gießt)	goss	hat gegossen	*to water*
haben (hat)	hatte	hat gehabt	*to have*
halten (hält)	hielt	hat gehalten	*to hold*
hängen (hängt)	hing	hat gehangen	*to hang, be suspended*
heben (hebt)	hob	hat gehoben	*to lift*
heißen (heißt)	hieß	hat geheißen	*to be called*
helfen (hilft)	half	hat geholfen	*to help*
kennen (kennt)	kannte	hat gekannt	*to know*
klingen (klingt)	klang	hat geklungen	*to sound*
kommen (kommt)	kam	ist gekommen	*to come*
können (kann)	konnte	hat gekonnt	*to be able to*
laden (lädt)	lud	hat geladen	*to load*
lassen (lässt)	ließ	hat gelassen	*to let, leave*
laufen (läuft)	lief	ist gelaufen	*to run*
leihen (leiht)	lieh	hat geliehen	*to lend, borrow*
lesen (liest)	las	hat gelesen	*to read*
liegen (liegt)	lag	hat gelegen	*to lie*
mögen (mag)	mochte	hat gemocht	*to like*
müssen (muss)	musste	hat gemusst	*to have to*
nehmen (nimmt)	nahm	hat genommen	*to take*
nennen (nennt)	nannte	hat genannt	*to name*
raten (rät)	riet	hat geraten	*to advise*
reiten (reitet)	ritt	ist geritten	*to ride*
riechen (riecht)	roch	hat gerochen	*to smell*
rufen (ruft)	rief	hat gerufen	*to call*

scheiden (scheidet)	schied	hat geschieden	*to separate*
schießen (schießt)	schoss	hat geschossen	*to shoot*
schlafen (schläft)	schlief	hat geschlafen	*to sleep*
schlagen (schlägt)	schlug	hat geschlagen	*to strike, beat*
schließen (schließt)	schloss	hat geschlossen	*to shut, close*
schneiden (schneidet)	schnitt	hat geschnitten	*to cut*
schreiben (schreibt)	schrieb	hat geschrieben	*to write*
schwimmen (schwimmt)	schwamm	ist geschwommen	*to swim*
sehen (sieht)	sah	hat gesehen	*to see*
sein (ist)	war	ist gewesen	*to be*
senden (sendet)	sandte	hat gesandt	*to send*
singen (singt)	sang	hat gesungen	*to sing*
sinken (sinkt)	sank	ist gesunken	*to sink*
sitzen (sitzt)	saß	hat gesessen	*to sit*
sprechen (spricht)	sprach	hat gesprochen	*to speak*
springen (springt)	sprang	ist gesprungen	*to spring, jump*
stehen (steht)	stand	hat gestanden	*to stand*
steigen (steigt)	stieg	ist gestiegen	*to climb*
sterben (stirbt)	starb	ist gestorben	*to die*
stoßen (stößt)	stieß	hat gestoßen	*to shove, push*
streiten (streitet)	stritt	hat gestritten	*to quarrel, fight*
tragen (trägt)	trug	hat getragen	*to wear, carry*
treffen (trifft)	traf	hat getroffen	*to meet, hit*
treiben (treibt)	trieb	hat getrieben	*to do (sports)*
trinken (trinkt)	trank	hat getrunken	*to drink*
tun (tut)	tat	hat getan	*to do*
verbrennen (verbrennt)	verbrannte	hat verbrannt	*to burn; to incinerate*
verbringen (verbringt)	verbrachte	hat verbracht	*to spend (time)*
vergessen (vergisst)	vergaß	hat vergessen	*to forget*
verlassen (verlässt)	verließ	hat verlassen	*to leave (a place)*
verlieren (verliert)	verlor	hat verloren	*to lose*
verschwinden (verschwindet)	verschwand	ist verschwunden	*to disappear*
versprechen (verspricht)	versprach	hat versprochen	*to promise*
wachsen (wächst)	wuchs	ist gewachsen	*to grow*
waschen (wäscht)	wusch	hat gewaschen	*to wash*
werden (wird)	wurde	ist geworden	*to become*
wissen (weiß)	wusste	hat gewusst	*to know*

Answers to Grammar Exercises

Einführung A

Übung 1: 1. Hören Sie zu! 2. Geben Sie mir die Hausaufgabe! 3. Öffnen Sie das Buch! 4. Schauen Sie an die Tafel! 5. Nehmen Sie einen Stift! 6. Sagen Sie „Guten Tag"! 7. Schließen Sie das Buch! 8. Schreiben Sie „Tschüss"! **Übung 2:** 1.a. heißt b. heiße c. heiße 2.a. heißen b. heiße 3.a. heiße b. heißt c. heißt **Übung 3:** 1. Sie 2. Es 3. Er 4. Sie 5. Es 6. Sie 7. Er 8. Sie 9. Sie 10. Er **Übung 4:** 1. Er ist orange. 2. Sie ist grün. 3. Es ist gelb. 4. Er ist schwarz und rot. 5. Sie sind rosa. *or* Sie sind lila. 6. Sie sind braun. 7. Sie ist weiß. **Übung 5:** 1. du 2. Sie 3. du 4. ihr 5. Sie 6. Sie 7. Sie 8. ihr

Einführung B

Übung 1: 1.a. ein b. der c. rot 2.a. ein b. der c. grün 3.a. eine b. die c. grau 4.a. eine b. die c. braun 5.a. ein b. das c. orange 6.a. eine b. die c. schwarz **Übung 2:** 1. Nein, das ist eine Lampe. 2. Nein, das ist eine Tafel. 3. Nein, das ist ein Fenster. 4. Nein, das ist ein Kind. 5. Nein, das ist ein Heft. 6. Nein, das ist eine Uhr. 7. Nein, das ist ein Tisch. 8. Nein, das ist eine Tür. **Übung 3:** 1.a. bist b. bin c. sind 2.a. ist b. sind 3.a. seid b. bin c. ist. 4.a. bin b. bin **Übung 4:** 1.a. haben b. habe 2. hast 3.a. Habt b. hat c. haben d. habe **Übung 5:** Der Mensch hat zwei Arme, zwei Augen, zwei Beine, zehn Finger, zwei Füße, zwei Hände, eine Nase, zwei Ohren, und zwei Schultern. **Übung 6:** (*Numbers will vary.*) In meinem Zimmer sind viele Bücher, vier Computer, ein Fenster, zwei Lampen, zwei Stühle, ein Tisch, eine Tür, eine Uhr, vier Wände. **Übung 7:** 1. Er ist schwarz. *oder* Er ist schwarz und weiß. *oder* Er ist schwarz und lila. *oder* Er ist schwarz und lila und weiß. 2. Es ist weiß. *oder* Es ist hellblau. *oder* Es ist grau. 3. Sie ist blau. 4. Sie ist gelb. 5. Sie sind weiß. 6. Es ist rot. 7. Er ist lila. 8. Sie sind braun. 9. Sie ist grün. 10. Er ist rosa. **Übung 8:** 1.a. kommst b. komme 2.a. kommt b. aus c. Woher d. kommen e. ich f. aus 3.a. sie b. kommen 4.a. ihr b. wir **Übung 9:** 1. Ihre 2.a. dein b. mein 3.a. mein b. mein c. Dein 4.a. Ihre b. Meine c. mein **Übung 10:** (*Answers will vary.*) 1. Ich komme aus _____. 2. Meine Mutter kommt aus _____. 3. Mein Vater kommt aus _____. 4. Meine Großeltern kommen aus _____. / Mein Großvater kommt aus _____ und meine Großmutter kommt aus _____. 5. Mein Professor / Meine Professorin kommt aus _____. 6. Ein Student aus meinem Deutschkurs heißt _____ und er kommt aus _____. 7. Eine Studentin aus meinem Deutschkurs heißt _____ und sie kommt aus _____.

Kapitel 1

Übung 1: (*Answers may vary.*) 1. Ich besuche Freunde. 2. Ihr geht ins Kino. 3. Jutta und Jens lernen Spanisch. 4. Du spielst gut Tennis. 5. Melanie studiert in Regensburg. 6. Ich lese ein Buch. 7. Wir reisen nach Deutschland. 8. Richard hört gern Musik. 9. Jürgen und Silvia kochen Spaghetti. **Übung 2:** 1. sie 2. Sie 3.a. du b. Ich 4.a. ihr b. Wir 5.a. Ich b. ihr c. Wir **Übung 3:** 1.a. (tanz)t b. (tanz)e c. (tanz)t 2.a. (geh)t b. (mach)en c. (reis)t d. (arbeit)et 3.a. (koch)en b. (mach)t c. (besuch)en 4.a. (Schreib)st b. (Chatt)est c. (mach)e **Übung 4:** (*Answers may vary slightly.*) 1. Monika und Albert spielen gern Schach. 2. Heidi arbeitet gern. 3. Stefan besucht gern Freunde. 4. Nora geht gern ins Kino. 5. Peter hört gern Musik. 6. Katrin macht gern Fotos. 7. Monika zeltet gern. 8. Albert trinkt gern Tee. **Übung 5:** 1. Frau Ruf liegt gern in der Sonne. Jutta liegt auch gern in der Sonne, aber Herr Ruf liegt nicht gern in der Sonne. 2. Jens reitet gern. Ernst reitet auch gern, aber Jutta reitet nicht gern. 3. Jens kocht gern. Jutta kocht auch gern, aber Andrea kocht nicht gern. 4. Michael und Maria spielen gern Karten. Die Rufs spielen auch gern Karten, aber die Wagners spielen nicht gern Karten. **Übung 6:** 1. Es ist halb acht. 2. Es ist elf Uhr. 3. Es ist Viertel vor fünf. 4. Es ist halb eins. 5. Es ist zehn vor sieben. 6. Es ist Viertel nach zwei. 7. Es ist fünfundzwanzig nach fünf. 8. Es ist halb elf. **Übung 7:** 1. (Rolf) nach 2. (er) vor 3. (Seine Stiefmutter) nach 4. (Rolf) vor 5. (er) vor 6. (er) vor 7. (er) vor 8. (Er) nach **Übung 8:** (*Answers will vary.*) 1. Ich studiere _____. 2. Im Moment wohne ich in _____. 3. Heute koche ich _____. 4. Manchmal trinke ich _____. 5. Ich spiele gern _____. 6. Mein Freund heißt _____. 7. Jetzt wohnt er in _____. 8. Manchmal spielen wir _____. **Übung 9:** 1. auf 2. auf 3. ein 4. an 5. aus 6. ab 7. ein 8. aus 9. auf **Übung 10:** (*Answers may vary.*) 1. Rolf kommt in San Francisco an. 2. Thomas räumt das Zimmer auf. 3. Heidi ruft Thomas an. 4. Albert füllt das Formular aus. 5. Peter holt Monika ab. 6. Peter und Monika gehen aus. 7. Frau Schulz packt die Bücher ein. 8. Stefan steht um sieben Uhr auf. **Übung 11:** 1. Wann bist du geboren? 2. Woher kommst du? 3. Wie groß bist du? 4. Studierst du? 5. Welche Fächer studierst du? 6. Wie viele Stunden arbeitest du? 7. Was machst du gern? **Übung 12:** (*Answers may vary.*) 1. Wie heißt du? 2. Kommst du aus München? 3. Woher kommst du? 4. Was studierst du? 5. Wie heißt dein Freund? 6. Wo wohnt er? 7. Spielst du Tennis? 8. Tanzt du gern? 9. Trinkst du gern Cola? 10. Trinkt Willi gern Bier?

Kapitel 2

Übung 1: Ernst kauft die Tasche, die Stühle und den Schreibtisch. Melanie kauft die Tasche, das Regal und den Schreibtisch. Jutta kauft den Pullover, die Lampe und den DVD-Spieler. Ich kaufe … (*Answers will vary.*) **Übung 2:** (*Answers will vary. Possible answer:*) Ich habe ein Bett, Bilder, Bücher, einen Fernseher, eine Lampe, einen Laptop, einen Sessel und ein Smartphone. **Übung 3:** (*Sentences will vary.*) Heidi hat einen Teppich, aber keinen Fernseher. Sie hat eine Gitarre, aber kein Fahrrad. Sie hat einen Computer, aber keine Bilder. Sie hat ein Smartphone. Monika hat keinen Teppich, keinen Fernseher und keine Gitarre. Aber sie hat ein Fahrrad, einen Computer, Bilder und ein Smartphone. Ich habe _____. **Übung 4:** (*Answers will vary. Possible answers:*) 1. Ich möchte ein Auto und eine Sonnenbrille. 2. Mein bester Freund möchte eine Katze. 3. Meine Eltern möchten einen Laptop. 4. Meine Mitbewohnerin und ich möchten einen Fernseher. 5. Mein Nachbar in der Klasse möchte ein Motorrad. 6. Meine Professorin möchte einen Koffer. 7. Mein Bruder möchte einen Hund. **Übung 5:** Seine Haare; Seine Augen; Seine Halskette; Seine Schuhe; Seine Gitarre; Sein Zimmer; Sein Fenster; Ihre Haare; Ihre Augen; Ihre Halskette ist kurz. Ihre Schuhe sind sauber. Ihre Gitarre ist neu. Ihr Zimmer ist klein. Ihr Fenster ist groß. **Übung 6:** 1. Ihren 2. Deine 3. eure 4. Deine 5. Ihr 6. deine 7. Euren **Übung 7:** (*Answers will vary.*) **Übung 8:** 1.a. ihr b. wir 2.a. Sie b. Ich 3.a. sie b. er 4.a. du b. Ich c. ihr d. Wir **Übung 9:** a. machen b. fährt c. sieht d. Isst e. isst f. isst g. macht h. lese i. schläft j. fahren **Übung 10:** (*Answers will vary.*) 1. Wir sprechen (nicht) gern Deutsch. Sprecht ihr auch (nicht) gern Deutsch? 2. Ich lade (nicht) gern Freunde ein. Lädst du auch (nicht) gern Freunde ein? 3. Ich laufe (nicht) gern im Wald. Läufst du auch (nicht) gern im Wald? 4. Ich trage (nicht) gern Pullis. Trägst du auch (nicht) gern Pullis? 5. Wir sehen (nicht) gern fern. Seht ihr auch (nicht) gern fern? 6. Ich fahre (nicht) gern Fahrrad. Fährst du auch (nicht) gern Fahrrad? 7. Wir vergessen (nicht) gern die Hausaufgabe. Vergesst ihr auch (nicht) gern die Hausaufgabe? 8. Ich schlafe (nicht) gern. Schläfst du auch (nicht) gern? 9. Wir lesen (nicht) gern online. Lest ihr auch (nicht) gern online? **Übung 11:** 1. Schlaf nicht den ganzen Tag! 2. Lieg nicht den ganzen Tag in der Sonne! 3. Vergiss deine Hausaufgaben nicht! 4. Lies deine Bücher! 5. Sieh nicht den ganzen Tag fern! 6. Trink nicht zu viel Cola! 7. Sitz nicht den ganzen Tag am Computer! 8. Trag deine Brille! 9. Spiel nicht immer Computerspiele! 10. Treib Sport! **Übung 12:** 1. Trag heute ein T-Shirt! 2. Spiel keine laute Musik! 3. Lern den Wortschatz! 4. Ruf deine Freunde an! 5. Lauf nicht allein im Park! 6. Lieg nicht zu lange in der Sonne! 7. Räum dein Zimmer auf! 8. Iss heute Abend in einem Restaurant! 9. Steh früh auf!

Kapitel 3

Übung 1: (*Predicates and sequence will vary. Subjects and their corresponding conjugated verbs are given here.*) A. Mein Freund / Meine Freundin kann _____. Meine Eltern können _____. Ich kann / Wir können _____. Mein Bruder / Meine Schwester kann _____. Der Professor / Die Professorin kann _____. B.1. Kannst du / Könnt ihr Gedichte schreiben? 2. Kannst du / Könnt ihr Auto fahren? 3. Kannst du / Könnt ihr tippen? 4. Kannst du / Könnt ihr stricken? 5. Kannst du / Könnt ihr zeichnen? **Übung 2:** (*Answers will vary.*) 1. Heute Abend will ich _____. 2. Morgen kann ich nicht _____. 3. Mein Freund / Meine Freundin kann gut _____. 4. Am Samstag will mein Freund / meine Freundin _____. 5. Mein Freund / Meine Freundin und ich wollen _____. 6. Im Winter wollen meine Eltern / meine Freunde _____. 7. Meine Eltern / Meine Freunde können gut _____. **Übung 3:** 1. Sie darf nicht mit Jens zusammen lernen. 2. Sie darf nicht den ganzen Abend chatten. 3. Sie muss in der Klasse aufpassen und mitschreiben. 4. Sie darf nicht jeden Tag tanzen gehen. 5. Sie muss jeden Tag ihren Wortschatz lernen. 6. Sie muss amerikanische Filme im Original sehen. 7. Sie muss ihren Englischlehrer zum Abendessen einladen. 8. Sie muss für eine Woche nach London fahren. 9. Sie muss die englische Grammatik fleißig lernen. **Übung 4:** 1.a. Willst b. will c. kann d. muss 2.a. darf b. musst c. kann d. darfst e. könnt 3.a. sollst b. kann c. musst **Übung 5:** 1. dich 2.a. mich b. dich 3. uns 4. euch 5.a. dich b. dich 6.a. mich b. Sie 7. Sie **Übung 6:** 1. Ja, ich mache es gern. / Nein, ich mache es nicht gern. 2. Ja, ich kann es aufsagen. / Nein, ich kann es nicht aufsagen. 3. Ja, ich kenne ihn. / Nein, ich kenne ihn nicht. 4. Ja, ich lese sie gern. / Nein, ich lese sie nicht gern. 5. Ja, ich lerne ihn gern. / Nein, ich lerne ihn nicht gern. 6. Ja, ich kenne sie. / Nein, ich kenne sie nicht. 7. Ja, ich vergesse sie oft. / Nein, ich vergesse sie nicht oft. 8. Ja, ich mag ihn/sie. / Nein, ich mag ihn/sie nicht. **Übung 7:** 1. Nein, sie liest ihn nicht, sie schreibt ihn. 2. Nein, er isst sie nicht, er trinkt sie. 3. Nein, sie macht ihn nicht an, sie macht ihn aus. 4. Nein, er kauft es nicht, er verkauft es. 5. Nein, er zieht sie nicht aus, er zieht sie an. 6. Nein, sie trägt ihn nicht, sie kauft ihn. 7. Nein, er bestellt es nicht, er isst es. 8. Nein, er besucht ihn nicht, er ruft ihn an.

9. Nein, sie kämmt es nicht, sie wäscht es. 10. Nein, er bläst sie nicht aus, er zündet sie an.
Übung 8: (*Answers may vary. Possible answers:*) 1. Weil ich krank bin. 2. Weil er müde ist.
3. Weil wir Hunger haben. 4. Weil sie keine Zeit hat. 5. Weil sie Langeweile hat. 6. Weil ich
traurig bin. 7. Weil sie Durst haben. 8. Weil ich Angst habe. 9. Weil er glücklich ist. 10. Weil ich
lernen muss. **Übung 9:** (*Answers will vary. Possible answers:*) 1. s1: Was macht Albert, wenn er
müde ist? s2: Wenn Albert müde ist, geht er nach Hause. s1: Und du? s2: Wenn ich müde bin,
_____. 2. s1: Was macht Maria, wenn sie glücklich ist? s2: Wenn Maria glücklich ist, trifft sie
Michael. s1: Und du? s2: Wenn ich glücklich bin, _____. 3. s1: Was macht Herr Ruf, wenn er
Durst hat? s2: Wenn Herr Ruf Durst hat, trinkt er eine Cola. s1: Und du? s2: Wenn ich Durst
habe, _____. 4. s1: Was macht Frau Wagner, wenn sie in Eile ist? s2: Wenn Frau Wagner in
Eile ist, fährt sie mit dem Taxi. s1: Und du? s2: Wenn ich in Eile bin, _____. 5. s1: Was macht
Heidi, wenn sie Hunger hat? s2: Wenn Heidi Hunger hat, kauft sie einen Hamburger. s1: Und du?
s2: Wenn ich Hunger habe, _____. 6. s1: Was macht Frau Schulz, wenn sie Ferien hat? s2:
Wenn Frau Schulz Ferien hat, fliegt sie nach Deutschland. s1: Und du? s2: Wenn ich Ferien habe,
_____. 7. s1: Was macht Hans, wenn er Angst hat? s2: Wenn Hans Angst hat, ruft er, „Mama,
Mama". s1: Und du? s2: Wenn ich Angst habe, _____. 8. s1: Was macht Stefan, wenn er krank
ist? s2: Wenn Stefan krank ist, geht er zum Arzt. s1: Und du? s2: Wenn ich krank bin, _____.
Übung 10: (*Answers may vary. Possible answers:*) 1. Jürgen ist wütend, weil er immer so früh
aufstehen muss. 2. Silvia ist froh, weil sie heute nicht arbeiten muss. 3. Claire ist in Eile, weil sie
noch einkaufen muss. 4. Josef ist traurig, weil Melanie ihn nicht anruft. 5. Thomas geht nicht zu
Fuß, weil seine Freundin ihn zur Uni mitnimmt. 6. Willi hat selten Langeweile, weil er immer
fernsieht. 7. Nesrin hat Angst vor Wasser, weil sie nicht schwimmen kann. 8. Mehmet fährt in die
Türkei, weil er seine Eltern besuchen will.

Kapitel 4

Übung 1: a. hat b. ist c. hat d. hat e. ist f. sind g. ist h. hat i. hat **Fragen:** 1. Yamina ist um 7 Uhr
aufgestanden. 2. Sie sind zur Schule gegangen. 3. Frau Dehne ist die Lehrerin. 4. Sie hat
„Herzlich Willkommen" an die Tafel geschrieben. **Übung 2:** a. haben b. sind c. haben d. sind
e. sind f. haben g. haben h. sind i. haben j. sind **Fragen:** 1. Josef und Melanie sind mit dem Taxi
zum Bahnhof gefahren. 2. Sie sind um 5.30 mit dem Zug abgefahren. 3. Sie haben im
Speisewagen gefrühstückt. 4. Nachts sind sie in den Schlafwagen gegangen und haben schlecht
geschlafen. **Übung 3:** a. aufgestanden b. geduscht c. gefrühstückt d. gegangen e. gehört
f. getroffen g. getrunken h. gearbeitet i. gegessen **Übung 4:** 1. Hast du schon gefrühstückt?
2. Bist du schon geschwommen? 3. Hast du schon eine Geschichte gelesen? 4. Hast du schon
Klavier gespielt? 5. Hast du schon geschlafen? 6. Hast du schon gegessen? 7. Hast du schon
Geschirr gespült? 8. Hast du den Brief schon geschrieben? 9. Bist du schon ins Bett gegangen?
Übung 5: 1. Katrin hat bis 9 Uhr im Bett gelegen. 2. Sie hat einen Rock getragen. 3. Sie hat mit
Frau Schulz gesprochen. 4. Sie hat ein Referat gehalten. 5. Sie hat Freunde getroffen. 6. Sie hat
gearbeitet. 7. Es hat geregnet. 8. Sie ist nach Hause gekommen. 9. Sie hat ihre Wäsche
gewaschen. 10. Sie ist abends zu Hause geblieben. **Übung 6:** 1. (*Answers will vary.*) 2. (*Answers
will vary.*) 3. (*Answers will vary.*) 4. (*Answers will vary.*) 5. Am ersten Januar. 6. Am ersten
November. *oder* Vom 31. Oktober bis zum 2. November. 7. (*Answers will vary.*) 8. (*Answers will
vary.*) 9. (*Answers will vary.*) 10. (*Answers will vary.*) **Übung 7:** a. im b. im c. — d. am e. Am f. um
g. um h. Am i. im j. am **Übung 8:** (*Answers will vary.*) **Übung 9:** A: 1. R 2. F 3. R 4. R 5. R
B: Partizipien mit **ge-:**

aufgestanden	aufstehen
gehört	hören
gegangen	gehen
gekocht	kochen
gefahren	fahren
geparkt	parken
zurückgekommen	zurückkommen
gewaschen	waschen
aufgeräumt	aufräumen
gefallen	fallen
eingelaufen	einlaufen
abgebrannt	abbrennen

Partizipien ohne **ge-:**

verschlafen	verschlafen
bekommen	bekommen
bezahlt	bezahlen
zerbrochen	zerbrechen

Übung 10: a. ist ... angekommen b. hat ... begrüßt c. getrunken d. ist ... gegangen e. hat ... geschlafen f. ist ... gegangen g. haben ... gefragt h. hat ... gesprochen i. haben ... getrunken j. sind ... gegangen **Übung 11:** (*Answers will vary. Possible answers follow.*) 1. —Bist du gestern früh aufgestanden? —Ja. —Wann? —Um 6 Uhr. 2. —Hast du gestern jemanden fotografiert? —Ja. —Wen? —Jane. 3. —Hast du gestern jemanden besucht? —Ja. —Wen? —Alan. 4. —Bist du gestern ausgegangen? —Ja. —Wohin? —Ins Kino. 5. —Hast du gestern etwas bezahlt? —Ja. — Was? —Die Rechnung. 6. —Hast du gestern etwas repariert? —Ja. —Was? —Mein Auto. 7. —Hast du gestern etwas Neues probiert? —Ja. —Was? —Segeln. 8. —Hast du gestern ferngesehen? — Ja. —Wie lange? —Eine Stunde. 9. — Hast du gestern etwas nicht verstanden? —Ja. —Was? — Sophies Referat. 10. —Hast du gestern dein Zimmer aufgeräumt? —Ja. —Wann? —Um 4 Uhr. *or* Um 4 Uhr nachmittags. *or* Um 16 Uhr.

Kapitel 5

Übung 1: (*Answers will vary.*) Ich backe meiner Tante einen Kuchen. Ich erkläre meinem Partner einen Witz. Ich erzähle meiner Kusine ein Geheimnis. Ich gebe meinem Freund einen Kuss. Ich kaufe meinem Vater eine Krawatte. Ich koche meiner Mitbewohnerin Kaffee. Ich leihe meinem Bruder fünfzig Dollar. Ich schenke meiner Großmutter ein Buch. Ich schreibe meiner Mutter einen Brief. Ich verkaufe meinem Mitbewohner mein Deutschbuch. **Übung 2:** (*Answers will vary.*) Heidi erklärt ihrer Freundin die Grammatik. Peter erzählt seinem Vetter ein Geheimnis. Thomas gibt seiner Mutter ein Armband. Katrin kauft ihrem Mann einen Rucksack. Stefan kocht seinem Freund eine Suppe. Albert leiht seinen Eltern einen Regenschirm. Monika schenkt ihrer Schwester einen Bikini. Frau Schulz schreibt ihrer Tante eine Karte. Nora verkauft ihrem Professor ein Zelt. **Übung 3:** 1. Wer 2. Wen 3. Wem 4. Wen 5. Wem 6. wer **Übung 4:** 1. Was passiert am Abend? d. Es wird dunkel. 2. Was passiert, wenn man Bücher schreibt? b. Man wird bekannt. 3. Was passiert, wenn man krank wird? h. Man bekommt Fieber. 4. Was passiert im Frühling? i. Die Tage werden länger. 5. Was passiert im Herbst? c. Die Blätter werden bunt. 6. Was passiert, wenn Kinder älter werden? e. Sie werden größer. 7. Was passiert, wenn man in der Lotterie gewinnt? j. Man wird reich. 8. Was passiert, wenn man Medizin studiert? a. Man wird Arzt. 9. Was passiert am Morgen? g. Es wird hell. 10. Was passiert im Sommer? f. Es wird wärmer. **Übung 5:** 1. Vielleicht wird sie Köchin. 2. Vielleicht wird sie Apothekerin. 3. Vielleicht wird er Pilot. 4. Vielleicht wird er Lehrer. 5. Vielleicht wird sie Architektin. 6. Vielleicht wird sie Bibliothekarin. 7. Vielleicht wird er Krankenpfleger. 8. Vielleicht wird sie Dirigentin. **Übung 6:** 1. Was macht man im Kino? Man sieht einen Film. 2. Was macht man auf der Post? Man kauft Briefmarken. 3. Was macht man an der Tankstelle? Man tankt Benzin. 4. Was macht man in der Disko? Man tanzt. 5. Was macht man in der Kirche? Man betet. 6. Was macht man auf der Bank? Man wechselt Geld. 7. Was macht man im Meer? Man schwimmt. 8. Was macht man in der Bibliothek? Man liest ein Buch. 9. Was macht man im Park? Man geht spazieren. **Übung 7:** 1. Monika ist in der Kirche. 2. Albert ist im Meer. 3. Heidi ist auf der Polizei. 4. Nora ist in einem Hotel. 5. Katrin ist im Schwimmbad. 6. Thomas ist auf der Post. 7. Frau Schulz ist in der Küche. 8. Das Poster ist an der Wand. 9. Der Topf ist auf dem Herd. 10. Der Wein ist im Kühlschrank. **Übung 8:** 1. mir 2. dir 3. euch 4. Ihnen 5. uns **Übung 9:** 1. Er hat ihr einen Regenschirm geschenkt. 2. Sie hat ihm ihr Auto geliehen. 3. Er hat ihm 500 Euro geliehen. 4. Sie hat ihr ein Geheimnis erzählt. 5. Er hat ihnen eine Geschichte erzählt. 6. Sie hat ihr ihre Sonnenbrille verkauft. 7. Er hat ihnen seinen Fernseher verkauft. 8. Sie hat ihm ihr Büro gezeigt. 9. Er hat ihm seine Wohnung gezeigt. 10. Sie hat ihr eine neue Brille gekauft. 11. Er hat ihr einen Kinderwagen gekauft.

Kapitel 6

Übung 1: 1. gefällt 2. gratuliere 3. helfen 4. Schmeckt 5. passt 6. gehört 7. Fehlt 8. begegnet 9. schadet 10. zugehört **Übung 2:** (*Answers will vary.*) **Übung 3:** (*Answers may vary.*) 1. Albert ist unter der Dusche. 2. Der Spiegel hängt an der Wand. 3. Der Kühlschrank steht neben dem Fernseher. 4. Das Deutschbuch liegt im Kühlschrank. 5. Die Lampe hängt über dem Tisch. 6. Der Computer steht auf dem Schreibtisch. 7. Die Schuhe liegen auf dem Bett. 8. Die Hose liegt auf dem Tisch. 9. Das Poster von Berlin hängt über dem Fernseher. 10. Die Katze liegt unter dem Bett. **Übung 4:** (*Answers will vary.*) **Übung 5:** (*Answers will vary. Possible answers:*) 1. Ich bin heute Abend in der Bibliothek. 2. Ich bin am Nachmittag in der Mensa. 3. Ich bin um 16 Uhr bei Freunden. 4. Ich bin in der Nacht im Bett. 5. Ich bin am frühen Morgen am Frühstückstisch. 6. Ich bin am Montag in der Klasse. 7. Ich bin am 1. August im Urlaub. 8. Ich bin an Weihnachten auf einer Party. 9. Ich bin im Winter bei meinen Eltern. 10. Ich bin am Wochenende auf einer Party. **Übung 6:** 1. Er geht zum Arzt. 2. Er geht zum Fußballplatz. 3. Sie geht ins Hotel. 4. Er fährt zur Tankstelle. 5. Er geht in den Supermarkt. 6. Er geht auf die Post. 7. Sie gehen in den Wald. 8. Sie geht zu ihrem Freund. 9. Er fährt zum Flughafen. 10. Sie geht ins Theater. 11. Sie geht in die Schule. **Übung 7:** 1. aufstehst 2.a. hör b. zu c. mache d. aus 3.a. kommt b. an 4.a. zieht b. um 5. einladen 6.a. räumt b. auf 7.a. mitkommen b. mitnimmst 8.a. rufst b. an **Übung 8:** Andrea hat ferngesehen. Katrin und Peter sind ausgegangen. Heidi hat Frau Schulz angerufen. Herr Ruf hat das Geschirr abgetrocknet. Jürgen ist ausgezogen. Jutta hat ihr Abendkleid angezogen. Maria ist aus Bulgarien zurückgekommen. Herr Thelen ist aufgewacht. **Übung 9:** 1. Womit kochst du Kaffee? Mit der Kaffeemaschine. 2. Womit saugst du Staub? Mit dem Staubsauger. 3. Womit fegst du den Boden? Mit dem Besen. 4. Womit bügelst du? Mit dem Bügeleisen. 5. Womit tippst du einen Brief? Mit dem Computer. 6. Womit gießt du die Blumen im Garten? Mit dem Gartenschlauch. 7. Womit wischst du den Boden? Mit dem Putzlappen. 8. Womit gießt du die Blumen in der Wohnung? Mit der Gießkanne. **Übung 10:** 1.a. mit b. mit c. Mit d. bei 2.a. bei b. mit c. bei d. mit 3.a. mit b. mit c. bei.

Kapitel 7

Übung 1: (*Answers will vary. Possible answers:*) 1. Ich mag Leute, die laut lachen. 2. Ich mag keine Leute, die viel sprechen. 3. Ich mag eine Stadt, die Spaß macht. 4. Ich mag keine Stadt, die langweilig ist. 5. Ich mag einen Mann, der gern verreist. 6. Ich mag keinen Mann, der interessant aussieht. 7. Ich mag eine Frau, die nett ist. 8. Ich mag keine Frau, die betrunken ist. 9. Ich mag einen Urlaub, der exotisch ist. 10. Ich mag ein Auto, das schnell fährt. **Übung 2:** 1. h Europa → Wie heißt der Kontinent, der eigentlich eine Halbinsel von Asien ist? 2. j Mississippi → Wie heißt der Fluss, von dem Mark Twain erzählt? 3. c San Francisco → Wie heißt die Stadt, die an einer Bucht liegt? 4. g die Alpen → Wie heißen die Berge, in denen man sehr gut Ski fahren kann? 5. e Washington → Wie heißt der Staat in den USA, dem ein Präsident seinen Namen gegeben hat? 6. f das Tal des Todes → Wie heißt das Tal, in dem es sehr heiß ist? 7. b Ellis → Wie heißt die Insel, die man von New York sieht? 8. i der Pazifik → Wie heißt das Meer, über das man nach Hawaii fliegt? 9. d die Sahara → Wie heißt die Wüste, die man aus vielen Filmen kennt? 10. a der Große Salzsee → Wie heißt der See in Utah, auf dem man segeln kann? **Übung 3:** 1. Berlin ist größer als Zürich. 2. München ist älter als San Francisco. 3. Athen ist wärmer als Hamburg. 4. Der Mount Everest ist höher als das Matterhorn. 5. Der Mississippi ist länger als der Rhein. 6. Liechtenstein ist kleiner als die Schweiz. 7. Leipzig ist kälter als Kairo. 8. Ein Fernseher ist billiger als eine Waschmaschine. 9. Schnaps ist stärker als Bier. 10. Ein Haus auf dem Land ist schöner als ein Haus in der Stadt. (*oder* Ein Haus in der Stadt ist schöner als ein Haus auf dem Land.) 11. Zehn Euro sind mehr als zehn Cent. 12. Ein Appartement ist teurer als eine Wohnung in einem Studentenheim. 13. Ein Motorrad ist schneller als ein Fahrrad. 14. Ein Sofa ist schwerer als ein Stuhl. 15. Bier ist besser als Milch. (*oder* Milch ist besser als Bier.) **Übung 4:** 1. Heidi ist schwerer als Monika. 2. Thomas und Stefan sind am schwersten. 3. Thomas ist besser in Deutsch als Stefan. 4. Heidi ist in Deutsch am besten. 5. Heidi ist kleiner als Stefan. 6. Monika ist am kleinsten. 7. Stefan ist jünger als Thomas. 8. Stefan ist am jüngsten. 9. Thomas' Haare sind länger als Heidis. 10. Monikas Haare sind am längsten. 11. Heidis Haare sind kürzer als Monikas. 12. Stefans Haare sind am kürzesten. 13. Monika ist schlechter in Deutsch als Heidi. 14. Stefan ist in Deutsch am schlechtesten. **Übung 5:** 1. a. In Athen ist es am heißesten. 2. g. In Moskau ist es am kältesten. 3. f. Monaco ist am kleinsten. 4. e. Frankreich ist am ältesten. 5. j. Südafrika ist am jüngsten. 6. i. Der Nil ist am längsten. 7. d. Frankfurt liegt am nördlichsten. 8. h. Der Mount Everest ist am höchsten. 9. c. Deutschland ist am größten. **Übung 6:** a. darauf b. daneben c. Dazwischen d. Darin e. Davor/daneben f. darüber g. Daran h. Darunter i. dahinter **Übung 7:** 1. Mit wem gehen Sie am liebsten ins Theater? 2. Worauf freuen Sie sich am meisten? 3. Auf wen müssen Sie immer warten? 4. Über wen haben Sie sich in letzter Zeit geärgert? 5. Woran denken Sie, wenn Sie „USA" hören? 6. Womit fahren Sie zur Schule? 7. Worüber schreiben Sie nicht gern? 8. An wen haben Sie Ihren letzten Brief geschrieben? 9. Von wem halten Sie nicht viel? **Übung 8:** 1. bin 2.a. hat b. bin 3.a. habe b. bin 4. bin 5. bin 6.a. habe b. bin 7.a. habe b. ist 8.a. haben b. ist 9.a. ist/sind b. hat **Übung 9:** 1. Ich habe schon Frühstück gemacht. 2. Ich habe meine Milch schon getrunken. 3. Ich habe den Tisch schon sauber gemacht. 4. Ich bin schon zum Bäcker gelaufen. 5. Ich habe schon Brötchen mitgebracht. 6. Ich habe schon Geld mitgenommen. 7. Ich habe den Hund schon gefüttert. 8. Ich habe die Tür schon zugemacht. **Übung 10:** 1.a. Hatten b. hatte 2. Waren 3.a. wart b. hatten 4.a. Warst b. war 5. hatte 6. hattest 7.a. Warst b. war c. hatte.

Kapitel 8

Übung 1: (*Answers will vary.*) 1. Amerikanisches Steak! 2. Russischer Kaviar! 3. Griechische Oliven! 4. Japanisches Sushi! 5. Französischer Champagner! 6. Deutsche Wurst! 7. Dänischer Käse! 8. Italienische Spaghetti! 9. Ungarischer Paprika! 10. Englische Marmelade! 11. Kolumbianischer Kaffee! 12. Neuseeländische Kiwis! **Übung 2:** 1. Ich esse nur deutsches Brot. 2. Ich esse nur russischen Kaviar. 3. Ich esse nur italienische Salami. 4. Ich trinke nur kolumbianischen Kaffee. 5. Ich esse nur neuseeländische Kiwis. 6. Ich trinke nur französischen Wein. 7. Ich trinke nur belgisches Bier. 8. Ich esse nur spanische Muscheln. 9. Ich esse nur englische Marmelade. 10. Ich esse nur japanischen Thunfisch. **Übung 3:** 1. Michael: Ich möchte den grauen Wintermantel da. Maria: Nein, der graue Wintermantel ist viel zu schwer. 2. Michael: Ich möchte die gelbe Hose da. Maria: Nein, die gelbe Hose ist viel zu bunt. 3. Michael: Ich möchte das schicke Hemd da. Maria: Nein, das schicke Hemd ist viel zu teuer. 4. Michael: Ich möchte die roten Socken da. Maria: Nein, die roten Socken sind viel zu warm. 5. Michael: Ich möchte den schwarzen Schlafanzug da. Maria: Nein, der schwarze Schlafanzug ist viel zu dünn. 6. Michael: Ich möchte die grünen Schuhe da. Maria: Nein, die grünen Schuhe sind viel zu groß. 7. Michael: Ich möchte den modischen Hut da. Maria: Nein, der modische Hut ist viel zu klein. 8. Michael: Ich möchte die schwarzen Winterstiefel da. Maria: Nein, die schwarzen Winterstiefel sind viel zu leicht. 9. Michael: Ich möchte die elegante Sonnenbrille da. Maria: Nein, die elegante Sonnenbrille ist viel zu bunt. 10. Michael: Ich möchte die roten Tennisschuhe da. Maria: Nein, die roten Tennisschuhe sind viel zu grell. **Übung 4:** 1.a. Ihr neues Auto b. der alte Mercedes c. keinen neuen Wagen 2.a. der italienische Wein b. eine weitere Flasche 3.a. mein kaputtes Fahrrad b. meinen blöden Computer c. kein freies Wochenende **Übung 5:** 1. Die Teller stehen im Küchenschrank. 2. Albert stellt die Teller auf den Tisch. 3. Die Servietten liegen in der Schublade. 4. Monika legt die Servietten auf den Tisch. 5. Messer und Gabeln liegen in der Schublade. 6. Stefan legt Messer und Gabeln auf den Tisch. 7. Die Kerze steht auf dem Schrank. 8. Heidi stellt die Kerze auf den Tisch. 9. Thomas sitzt auf dem Sofa. **Übung 6:** 1. Jutta leiht ihrem neuen Freund ihre Lieblings-DVD. 2. Jens verkauft dem kleinen Bruder von Jutta eine Ratte. 3. Hans zeigt die Ratte nur seinen besten Freunden. 4. Jutta schenkt ihrer besten Freundin ein Buch. 5. Jens kauft seinem wütenden Lehrer eine Krawatte. 6. Ernst erzählt seiner großen Schwester einen Witz. 7. Jutta kocht den netten Leuten von nebenan Kaffee. 8. Ernst gibt dem süßen Baby von nebenan einen Kuss. **Übung 7:** (*Answers and sequence will vary.*) 1. Ich werde weniger fernsehen. 2. Ich werde mehr lernen. 3. Ich werde weniger oft ins Kino gehen. 4. Ich werde früher ins Bett gehen. 5. Ich werde mehr arbeiten. 6. Ich werde öfter selbst kochen. **Übung 8:** (*Answers may vary.*) 1. Frau Schulz repariert morgen das Auto. 2. Heidi fährt morgen aufs Land. 3. Peter spielt morgen Fußball. 4. Monika schreibt morgen eine E-Mail. 5. Stefan geht morgen einkaufen. 6. Nora heiratet morgen. 7. Albert geht morgen in den Supermarkt. 8. Thomas räumt morgen sein Zimmer auf. **Übung 9:** (*Answers will vary.*)

Kapitel 9

Übung 1: (*Answers will vary.*) **Übung 2:** (*Answers will vary*). 1. Ich durfte nicht. 2. Ich wollte nicht. 3. Das wusste ich nicht. 4. Ich wollte eine. 5. Ich sollte das nicht. **Übung 3:** 1.a. wolltest b. wusste 2.a. durfte b. musste c. wollten d. konnten 3.a. konnte b. musste c. wusste d. wollte **Übung 4:** 1.a. Wann b. Wenn 2.a. wann b. Als 3. als 4.a. Wann b. als 5.a. Wann b. Wenn 6.a. Wann b. Als **Übung 5:** a. wenn b. Als c. Wenn d. wenn e. Als f. Als g. Wann h. Als i. wenn **Übung 6:** a. standen b. gingen c. fuhren d. kamen e. hielten f. aßen g. schwammen h. schliefen i. sprangen **Übung 7:** 1. wohnte 2. brachten 3. schliefen 4. liefen, kamen 5. sahen, saß 6. gab, fanden 7. trug, schloss 8. tötete, rannte **Übung 8:** 1.c Nachdem Jutta den Schlüssel verloren hatte, kletterte sie durch das Fenster. 2.d Nachdem Ernst die Fensterscheibe eingeworfen hatte, lief er weg. 3.g Nachdem Claire angekommen war, rief sie Melanie an. 4.b Nachdem Hans seine Hausaufgaben gemacht hatte, ging er ins Bett. 5.e Nachdem Jens sein Fahrrad repariert hatte, machte er eine Radtour. 6.h Nachdem Michael die Seiltänzerin gesehen hatte, war er ganz verliebt. 7.a Nachdem Richard ein ganzes Jahr gespart hatte, flog er nach Australien. 8.i Nachdem Silvia zwei Semester allein gewohnt hatte, zog sie in eine WG. 9.f Nachdem Willi ein Geräusch gehört hatte, rief er den Großvater an.

Kapitel 10

Übung 1: 1. b. 2. a. 3. h. 4. g. 5. c. 6. d. 7. i. 8. j. 9. f. 10. e. **Übung 2:** 1. Nach Kopenhagen. 2. Zum Strand. 3. Zu ihrer Tante Sule. 4. Aus der Türkei. 5. Nein, aus dem Iran. 6. Aus dem Wasser. 7. Vom Markt. 8. Ja, bei uns. 9. Bei Fatimas Tante. 10. Nach Hause. **Übung 3:** (*Answers will vary.*) 1. Ja, üb jetzt Klavier. Du hast morgen Klavierstunde. (*oder* Nein, üb jetzt nicht Klavier. Wir gehen gleich aus.) 2. Ja, ruf ihn an. Er wollte mit dir sprechen. (*oder* Nein, ruf ihn nicht an. Du musst deine Hausaufgaben machen.) 3. Ja, iss sie mal. Du hast heute noch keine Süßigkeiten gegessen. (*oder* Nein, iss sie nicht. Wir essen gleich zu Abend.) 4. Ja, mach es auf. Die Luft ist hier schlecht. (*oder* Nein, mach es nicht auf. Es ist draußen zu kalt.) 5. Ja, gib mir einen Kuss. Ich fahre weg. (*oder* Nein, gib mir keinen Kuss. Du hast gerade Schokolade auf den Lippen.) 6. Ja, rede doch mal mit mir. Du hast wohl etwas zu erklären. (*oder* Nein, rede im Moment nicht mit mir. Ich bin beschäftigt.) 7. Ja, spül bitte das Geschirr. Ich bin nicht dazu gekommen. (*oder* Nein, spül das Geschirr nicht. Ich mache es nachher.) 8. Ja, geh mal in den Garten. Du brauchst die frische Luft. (*oder* Nein, geh nicht in den Garten. Es regnet.) 9. Ja, fahr mal morgen mit dem Fahrrad in die Schule. Ich kann dich mit dem Auto nicht hinbringen. (*oder* Nein, fahr morgen nicht mit dem Fahrrad in die Schule. Ich bringe dich mit dem Auto hin.) **Übung 4:** 1. Jens und Ernst, seid nicht so laut! 2. Maria, halte bitte an der nächsten Ampel! 3. Uli, bieg an der nächsten Straße nach links ab! 4. Jutta, iss mehr Obst! 5. Herr Pusch, fahren Sie nicht so schnell! 6. Jens, warte an der Ecke auf mich! 7. Sumita und Yamina, seid nicht ungeduldig! 8. Andrea und Paula, grüßt euren Vater von mir! 9. Hans, lauf mal schnell zu Papa! 10. Eske und Damla, lest jeden Tag die Zeitung! **Übung 5:** 1. Mach 2. Sprechen Sie 3. warten Sie 4. vergiss 5. Helft **Übung 6:** (*Answers may vary.*) 1. Fahren Sie den Fluss entlang. 2. Gehen Sie über die Brücke. 3. Gehen Sie an der Kirche vorbei. 4. Fahren Sie bis zum Bahnhof und dann links. 5. Die Tankstelle ist gegenüber von der Post. 6. Gehen Sie über die Schienen. 7. Ja, bis zur Bismarckstraße und dann rechts. 8. Nein, gehen Sie am Rathaus vorbei und dann links. 9. Das Hotel „Zum Patrizier" ist gegenüber vom Rathaus. 10. Fahren Sie 10 km die Straße entlang. **Übung 7:** (*Answers will vary.*) **Übung 8:** 1. Müsstest du nicht noch tanken? 2. Sollten wir nicht Jens abholen? 3. Könnten zwei Freunde von mir auch mitfahren? 4. Sollten wir nicht zuerst in die Stadt fahren? 5. Wolltest du nicht zur Bank? 6. Könntest du etwas langsamer fahren? 7. Dürfte ich das Autoradio anmachen? 8. Dürfte ich das Fenster aufmachen? **Übung 9:** 1. vor 50 000 Jahren → Wann wurde Australien von den Aborigines besiedelt? 2. um 2500 v. Chr. → Wann wurden die ersten Pyramiden gebaut? 3. 44 v. Chr. → Wann wurde Cäsar ermordet? 4. 800 n. Chr. → Wann wurde Karl der Große zum Kaiser gekrönt? 5. 1088 → Wann wurde die erste Universität (Bologna) gegründet? 6. 1789 → Wann wurde die amerikanische Verfassung unterschrieben? 7. 1885 → Wann wurde in Kanada die transkontinentale Eisenbahn vollendet? 8. 1945 → Wann wurden die Atombomben auf Hiroshima und Nagasaki geworfen? 9. 1963 → Wann wurde John F. Kennedy erschossen? 10. 1990 → Wann wurde Deutschland vereinigt? **Übung 10:** 1. Mäuse werden in vielen Labortests benutzt. 2. Meerschweinchen werden oft als Haustiere gehalten. 3. Bienen werden wegen ihrer Honigproduktion geschätzt. 4. Mücken werden durch Parfum und Kosmetikprodukte angelockt. 5. Die Fledermaus wird in vielen Kulturen mit Vampiren assoziiert. 6. Schnecken werden oft mit Butter- und Knoblauchsoße gegessen. 7. Der Gepard wird immer noch für seinen Pelz getötet. 8. Die meisten Papageien werden in der Wildnis gefangen. 9. Delfine werden wegen ihrer Intelligenz bewundert. 10. Viele Haie werden jedes Jahr gefischt.

Kapitel 11

Übung 1: 1.a. fühle mich b. mich erkältet c. dich ... legen 2.a. sich ... aufgeregt b. sich ... ausruhen 3.a. dich verletzt b. mich ... geschnitten 4.a. ärgerst ... dich b. dich freuen **Übung 2:** (*Answers will vary.*) Erst stehe ich auf. Dann dusche ich mich. Dann wasche ich mir das Gesicht. Dann wasche ich mir die Haare. Dann trockne ich mich ab. Dann putze ich mir die Fingernägel. Dann rasiere ich mich. Dann kämme ich mir die Haare. Dann ziehe ich mich an. Dann frühstücke ich. Dann putze ich mir die Zähne und gehe zur Uni. **Übung 3:** (*Answers will vary.*) 1. Ich rasiere mich jeden Morgen. 2. Meine Oma schminkt sich zu sehr. 3. Mein Freund wäscht sich nicht oft genug die Haare. 4. Mein Vater putzt sich nach jeder Mahlzeit die Zähne. 5. Mein Onkel zieht sich immer verrückt an. 6. Meine Schwester duscht sich jeden Tag. 7. Meine Freundin kämmt sich nie. 8. Mein Bruder föhnt sich nie die Haare. 9. Meine Kusine badet sich nicht gern. 10. Meine Mutter zieht sich immer elegant an. **Übung 4:** 1. Ja, kannst du es mir geben? / Nein, ich brauche es nicht. 2. Ja, kannst du ihn mir geben? / Nein, ich brauche ihn nicht. 3. Ja, kannst du ihn mir geben? / Nein, ich brauche ihn nicht. 4. Ja, kannst du sie mir geben? / Nein, ich brauche sie nicht. 5. Ja, kannst du es mir geben? / Nein, ich brauche es nicht. 6. Ja, kannst du ihn mir geben? / Nein, ich brauche ihn nicht. 7. Ja, kannst du sie mir geben? / Nein, ich brauche sie nicht. 8. Ja, kannst du es mir geben? / Nein, ich brauche es nicht. 9. Ja, kannst du ihn mir geben? / Nein, ich brauche ihn nicht. **Übung 5:** 1. Warum schneidest du ihn dir nicht? *or* Warum stutzt du ihn dir nicht? 2. Warum wäschst du sie dir nicht? 3. Warum schneidest du sie dir nicht? 4. Warum cremst du sie dir nicht ein? 5. Warum föhnst du sie dir nicht? 6. Warum wäschst du ihn dir nicht? 7. Warum putzt du sie dir nicht? 8. Warum lässt du sie dir nicht schneiden? *or* Warum schneidest du sie dir nicht? 9. Warum cremst du es dir nicht ein? 10. Warum wäschst du sie dir nicht? **Übung 6:** (*Some answers will vary.*) 1. Wissen Sie, was hier passiert ist? (*oder* Können Sie mir sagen, was hier passiert ist?) 2. Wissen Sie, ob das Kind das Auto gesehen hat? (*oder* Können Sie mir sagen, ob das Kind das Auto gesehen hat?) 3. Wissen Sie, wer daran schuld war? (*oder* Können Sie mir sagen, wer daran schuld war?) 4. Wissen Sie, warum Herr Langen das Kind nicht gesehen hat? (*oder* Können Sie mir sagen, warum Herr Langen das Kind nicht gesehen hat?) 5. Wissen Sie, ob Herr Langen gebremst hat? (*oder* Können Sie mir sagen, ob Herr Langen gebremst hat?) 6. Wissen Sie, wann er gebremst hat? (*oder* Können Sie mir sagen, wann er gebremst hat?) 7. Wissen Sie, wie oft Herr Langen diese Straße zur Arbeit fährt? (*oder* Können Sie mir sagen, wie oft Herr Langen diese Straße zur Arbeit fährt?) 8. Wissen Sie, wie lange Lothar auf der Straße lag? (*oder* Können Sie mir sagen, wie lange Lothar auf der Straße lag?) 9. Wissen Sie, wann die Polizei Lothars Mutter angerufen hat? (*oder* Können Sie mir sagen, wann die Polizei Lothars Mutter angerufen hat?) **Übung 7:** 1.a. ob b. dass c. Wenn 2.a. damit b. Weil **Übung 8:** 1.a. als b. nachdem 2. bevor 3. Während 4. obwohl

Kapitel 12

Übung 1: 1. meines 2. Ihrer 3. der 4. deiner 5. dieses 6. neuen 7. ersten 8. alten **Übung 2:** 1. Monika spricht über den Beruf ihrer Schwester. 2. Thomas spricht über die Wahl eines neuen Präsidenten. 3. Frau Schulz spricht über das Alter ihrer Nichten. 4. Stefan spricht über die Länge seines Studiums. 5. Albert spricht über die Sprache seiner Großeltern. 6. Nora spricht über die Kleidung ihres Freundes. 7. Thomas spricht über die Qualität des Leitungswassers in Berkeley. 8. Katrin spricht über die Situation der Regierung. **Übung 3:** 1. trotz 2. wegen 3. während 4. trotz 5. während 6. Wegen 7. statt 8. trotz **Übung 4:** (*Answers will vary.*) **Übung 5:** (*Answers will vary.*)

Übung 6: 1. Um morgens munter zu sein, muss man früh ins Bett gehen. 2. Um die Professoren kennenzulernen, muss man in die Sprechstunde gehen. 3. Um die Mitstudenten kennenzulernen, muss man viel Gruppenarbeit machen. 4. Um am Wochenende nicht allein zu sein, muss man Leute einladen. 5. Um die Kurse zu bekommen, die man will, muss man sich so früh wie möglich einschreiben. 6. Um in vier Jahren fertig zu werden, muss man viel lernen und wenig Feste feiern. 7. Um nicht zu verhungern, muss man regelmäßig essen. 8. Um eine gute Note in Deutsch zu bekommen, muss man jeden Tag zum Unterricht kommen. **Übung 7:** (*Answers may vary.*) 1. Ich möchte immer hier leben, weil dieses Land das beste Land der Welt ist. 2. Ich möchte für ein paar Jahre in Deutschland leben, um richtig gut Deutsch zu lernen. 3. Ausländer haben oft Probleme, weil sie die Sprache und Kultur des Gastlandes nicht verstehen. 4. Wenn ich Kinder habe, möchte ich hier leben, damit meine Kinder als (Amerikaner, Kanadier, Australier usw.) aufwachsen. 5. Viele Ausländer kommen hierher, weil man hier gut Geld verdienen kann. 6. Englisch sollte die einzige offizielle Sprache (der USA, Kanadas, Australiens usw.) sein, damit aus der multikulturellen Bevölkerung eine homogene Gemeinschaft wird. **Übung 8:** 1. Nom, F 2. Nom, V 3. Gen, F 4. Dat, F 5. Nom, F 6. Dat, V 7. Akk, P 8. Akk, P 9. Akk, F 10. Dat, P 11. Dat, V 12. Gen, P **Übung 9:** 1. em 2. en 3. e 4. er 5. e 6. er 7. e 8. en 9. ie 10. ie 11. en 12. e 13. en 14. en 15. er 16. em 17. en 18. em 19. er

Vokabeln

Deutsch-Englisch

Note to Students: The definitions in this vocabulary are based on the words as used in this text. For additional meanings, please refer to a dictionary.

Proper nouns are given only if the name is feminine or masculine or if the spelling is different from that in English. Compound words that do not appear in the chapter vocabulary lists have generally been omitted if they are easily analyzable and their constituent parts appear elsewhere in the vocabulary.

The letters or numbers in parentheses following the entries refer to the chapters in which the words occur in the chapter vocabulary lists.

Abbreviations

acc.	accusative	*gen.*	genitive	*p.p.*	past participle
adj.	adjective	*inf.*	infinitive	*prep.*	preposition
adv.	adverb	*infor.*	informal	*pron.*	pronoun
coll.	colloquial	*interj.*	interjection	*rel. pron.*	relative pronoun
coord. conj.	coordinating conjunction	*masc.*	masculine	*sg.*	singular
dat.	dative	*n.*	noun	*s.o.*	someone
def. art.	definite article	*neut.*	neuter	*s.th.*	something
dem. pron.	demonstrative pronoun	*nom.*	nominative	*subord. conj.*	subordinating conjunction
fem.	feminine	*o.s.*	oneself	*v.*	verb
for.	formal	*pl.*	plural	*wk.*	weak masculine noun

ab (+ *dat.*) from; as of, effective

ab·bauen, abgebaut to reduce

ab·biegen (biegt ... ab), bog ... ab, ist abgebogen to turn (10)

das **Abbild, -er** likeness

ab·brennen (brennt ... ab), brannte ... ab, ist abgebrannt to burn down

der **Abend, -e** evening (1, 4); **am Abend** in the evening (4); **gestern Abend** last night (4); **guten Abend** good evening (A); **heute Abend** this evening (2); **morgen Abend** tomorrow evening; **zu Abend essen** to dine, have dinner (4)

das **Abendessen, -** dinner, supper, evening meal (1); **zum Abendessen** for dinner

das **Abendmahl, -e** dinner, supper, evening meal

abends evenings, in the evening (4)

aber (*coord. conj.*) but (A, 11)

ab·fahren (fährt ... ab), fuhr ... ab, ist abgefahren to leave, depart (4)

die **Abfahrt, -en** departure (7)

ab·geben (gibt ... ab), gab ... ab, abgegeben to hand over (to); to deliver (to)

der/die **Abgeordnete, -n (ein Abgeordneter)** representative (12)

ab·holen, abgeholt to pick (*s.o./s.th.*) up (from a place) (1)

das **Abhörgerät, -e** listening device, bug

das **Abi** (*coll.*) = das **Abitur** high school graduation exam (4)

ab·kauen, abgekaut to chew off

ab·kommen (kommt ... ab), kam ... ab, ist abgekommen: vom Weg abkommen to leave the path, go off course

die **Abkürzung, -en** abbreviation

ab·lehnen, abgelehnt to reject

die **Ablehnung, -en** rejection

ab·lenken, abgelenkt to divert; to change / get off the subject

ab·nehmen (nimmt ... ab), nahm ... ab, abgenommen to remove (11); to lose weight (8, 11); **Blut abnehmen** to take blood (11)

ab·räumen, abgeräumt to clear (3); to remove; **den Tisch abräumen** to clear the table (3)

ab·rechnen, abgerechnet to tally up; to settle an account

ab·reisen, ist abgereist to depart (10)

der **Absatz, ⸚e** paragraph

ab·saugen, abgesaugt to vacuum

ab·schaffen, abgeschafft to abolish, repeal

ab·schließen (schließt ... ab), schloss ... ab, abgeschlossen to lock (up)

abschließend in conclusion

der **Abschluss, ⸚e** completion; graduation (9)

die **Abschlusserklärung, -en** closing statement

ab·schneiden (schneidet ... ab), schnitt ... ab, abgeschnitten to cut off (8)

absolut absolute(ly)

die **Abstammung, -en** descent

abstrakt abstract(ly)

ab·stürzen, ist abgestürzt to crash (11)

der **Abt, ⸚e** / die **Äbtissin, -nen** abbot/abbess

ab·trocknen, abgetrocknet to dry (*dishes*) (6); **sich abtrocknen** to dry oneself off (11)

ab·waschen (wäscht ... ab), wusch ... ab, abgewaschen to wash (*dishes*)

ab·wischen, abgewischt to wipe clean (6)

ab·zahlen, abgezahlt to pay off (12)

ab·ziehen (zieht ... ab), zog ... ab, abgezogen to pull off; to withdraw (*troops*)

ach oh; **ach so** I see

die **Achse, -n** axis

acht eight (A)

acht- eighth (4)

achten (auf + *acc.*)**, geachtet** to watch out (for); to pay attention (to) (11)

die Achterbahn, -en roller coaster

achtundzwanzig twenty-eight (A)

die Achtung attention (7)

achtzehn eighteen (A)

achtzig eighty (A)

adaptieren, adaptiert to adapt

das Adjektiv, -e adjective

der Adler, - eagle (10)

das Adoptionsrecht, -e right to adopt children

die Adresse, -n address (1)

der Adventskalender, - Advent calendar

das Adverb, -ien adverb

der Affe, -n (*wk.*) monkey; ape

(das) Afrika Africa (B)

afro-deutsch Afro-German (*adj.*) (12)

aggressiv aggressive(ly)

ägyptisch Egyptian (*adj.*)

ähnlich similar(ly)

die Ahnung, -en idea; suspicion

die Akademie, -n academy

der Akademiker, - / **die Akademikerin, -nen** academic (*person*)

akademisch academic(ally)

das Akkordeon, -s accordion

das Akronym, -e acronym

die Akte, -n (document) file

die Aktie, -n share, stock (12)

die Aktion, -en action

aktiv active(ly)

die Aktivität, -en activity

aktuell current(ly); present-day

akzeptieren, akzeptiert to accept

der Albatros, -se albatross

die Albernheit, -en foolishness

das Album, Alben album

der Alkohol alcohol

all all; **alle** (*pl.*) everybody; **alle zwei Jahre** every two years; **nichts von alledem** none of this; **vor allem** above all

die Allee, -n avenue

allein(e) alone; by oneself

alleinstehend single

allerdings however (6); of course

allergisch (gegen + *acc.*) allergic (to) (11)

allerliebst- most favorite

alles everything (2); **alles Mögliche** everything possible (2)

allgemein general(ly)

die Alliierten (*pl.*) the Allies

der Alltag, -e daily routine (4)

alltäglich everyday, daily

die Alltagssprache everyday language

die Alpen (*pl.*) the Alps (7)

das Alphabet, -e alphabet (3)

als (*after comparative*) than; (*subord. conj.*) as; when (5, 11); **als ich acht Jahre alt war** when I was eight years old (5); **als ob** as if; as though; **als was?** as what? (5); **anders als** different from

also well; so; thus (4)

alt (älter, ältest-) old (A)

der Altbau, -ten *building built before the end of World War II*

das Alter, - age (1)

alternativ alternative(ly)

die Alternative, -n alternative (12)

der Altgeselle, -n (*wk.*) senior journeyman

die Altstadt, ̈e old part of town

am = **an dem** at/on the

die Ameise, -n ant

(das) Amerika America, the USA (B)

der Amerikaner, - / **die Amerikanerin, -nen** American (*person*) (B)

amerikanisch American (*adj.*)

die Ampel, -n traffic light

der Amtsrichter, - / **die Amtsrichterin, -nen** local or district court judge

an (+ *acc./dat.*) at; on; to; in (2, 4); **am Abend** in the evening (4); **am Leben sein** to be alive (9); **am liebsten** (*like to do s.th.*) best (7); **am Samstag** on Saturday (2); **am Schalter** at the ticket booth (5); **am Telefon** on the phone (2); **am wenigsten** the least (8); **am Wochenende** over the weekend (1); **an der Tankstelle** at the gas station (5); **an** (+ *dat.*) ... **vorbei** by (10); **an welchem Tag?** on what day? (4); **ans Meer** to the sea (2); **das Bild an die Wand hängen** to hang the picture on the wall (3)

analysieren, analysiert to analyze

analytisch analytical(ly)

die Ananas, - *or* **-se** pineapple

an·bauen, angebaut to grow, cultivate

an·bieten (bietet ... an), bot ... an, angeboten to offer

der Anblick, -e sight

an·braten (brät ... an), briet ... an, angebraten to brown, fry

an·bringen (bringt ... an), brachte ... an, angebracht to put up; to display

das Andenken, - souvenir

ander- other; different; **anders** different(ly); **(et)was anderes** something else; **jemand anderes** someone else; **unter anderem** among other things

(sich) ändern, geändert to change (9)

androgyn androgynous(ly)

die Anerkennung, -en recognition, acknowledgment; appreciation

der Anfang, ̈e beginning

an·fangen (fängt ... an), fing ... an, angefangen to begin (4)

anfangs at first, initially

an·fassen, angefasst to touch

an·fertigen, angefertigt to make, prepare

an·führen, angeführt to lead

die Angabe, -n information; (*pl.*) particulars (1)

an·geben (gibt ... an), gab ... an, angegeben to state

angeblich alleged(ly)

das Angebot, -e offer; offering

an·gehören (+ *dat.*)**, angehört** to belong to (*an organization*) (12)

die Angeln (*pl.*) Angles (*Germanic tribe*)

angelsächsisch Anglo-Saxon (*adj.*)

angenehm pleasant(ly) (6)

angespannt tense

der/die Angestellte, -n (ein Angestellter) employee; clerk (7)

angewandt applied

die Angst, ̈e fear (3); **Angst einjagen** (+ *dat.*) to scare; **Angst haben (vor** + *dat.*) to be afraid (of) (3)

sich (*dat.*) **an·gucken, angeguckt** (*coll.*) to look at

an·halten (hält ... an), hielt ... an, angehalten to stop (7)

sich (*acc.*) **an·hören, angehört** to sound; **das hört sich toll an** that sounds great (4)

sich (*dat.*) **an·hören, angehört** to listen to

an·ketten, angekettet to chain up

an·klagen, angeklagt to accuse

an·kommen (kommt ... an), kam ... an, ist angekommen to arrive (1)

an·kreuzen, angekreuzt to mark with an X

die Ankunft, ̈e arrival (7)

an·legen, angelegt to put on; to aim

an·locken, angelockt to attract

an·machen, angemacht to turn on, switch on (3)

die Anmeldung, -en registration

an·nehmen (nimmt ... an), nahm ... an, angenommen to accept; to take; to adopt

die Annonce, -n advertisement

anonym anonymous(ly)

an·passen, angepasst to adapt, conform

an·pöbeln, angepöbelt (*coll.*) to abuse

an·reden, angeredet to speak to; to address

der Anruf, -e phone call

an·rufen (ruft ... an), rief ... an, angerufen to call up (*on the telephone*) (1)

ans = **an das** to/on the

ansässig resident (*adj.*)

(sich) (*dat.*) **an·schauen, angeschaut** to look at (2); to watch

sich an·schließen (+ *dat.*) **(schließt ... an), schloss ... an, angeschlossen** to join; to follow

anschließend subsequent(ly)

der Anschluss, ̈e connection

an·schnallen, angeschnallt to strap in

(sich) (*dat.*) **an·sehen** (sieht ... an), sah ... an, **angesehen** to look at; to watch (3); to regard

an·sprechen (spricht ... an), sprach ... an, **angesprochen** to speak to (*s.o.*)

anständig respectable, respectably

an·starren, angestarrt to stare at

anstatt (+ *gen.*) instead of (12)

anstrengend strenuous; tiring

der **Anteil, -e** share

antiautoritär anti-authoritarian

das **Antibiotikum, Antibiotika** antibiotic (11)

antik antique; classical

die **Antike** classical antiquity

die **Antwort, -en** answer (A)

antworten (+ *dat.*), **geantwortet** to answer (*s.o.*) (4, 10); **auf eine Frage antworten** to answer a question

der **Anwalt, ⸚e** / die **Anwältin, -nen** lawyer (5)

an·werben (wirbt ... an), warb ... an, **angeworben** to recruit

die **Anwerbung, -en** recruitment

die **Anzahl** number

die **Anzeige, -n** ad (6)

an·ziehen (zieht ... an), zog ... an, **angezogen** to put on (*clothes*); to attract (3); **sich anziehen** to get dressed (11)

der **Anziehungspunkt, -e** attraction

der **Anzug, ⸚e** suit (A)

an·zünden, angezündet to light (3); to set on fire

der **Apfel, ⸚** apple

der **Apfelsaft** apple juice (8)

die **Apfelschorle, -n** mixture of apple juice and mineral water

die **Apfelsine, -n** orange (8)

die **Apotheke, -n** pharmacy (6)

der **Apotheker, -** / die **Apothekerin, -nen** pharmacist (11)

das **Appartement, -s** apartment

der **Applaus** applause

die **Aprikose, -n** apricot

der **April** April (B)

der **Araber, -** / die **Araberin, -nen** Arab

die **Arabeske, -n** arabesque

(das) **Arabisch** Arabic (*language*) (B)

die **Arbeit, -en** work (1); **sich an die Arbeit machen** to get down to work; **von der Arbeit** from work (3); **zur Arbeit gehen** to go to work (1)

arbeiten, gearbeitet to work (1); **Arbeiten Sie mit einem Partner.** Work with a partner. (A)

der **Arbeiter, -** / die **Arbeiterin, -nen** worker (5)

der **Arbeitersamariter, -** emergency aid worker

der **Arbeitnehmer, -** / die **Arbeitnehmerin, -nen** employee

das **Arbeitsbuch, ⸚er** workbook (3)

die **Arbeitserlaubnis, -se** work permit (12)

die **Arbeitskraft, ⸚e** labor; employee (12)

arbeitslos unemployed (12)

die **Arbeitslosigkeit** unemployment

die **Arbeitsteilung** division of labor

der **Archetypus, Archetypen** archetype

der **Architekt, -en** (*wk.*) / die **Architektin, -nen** architect (5)

die **Architektur, -en** architecture

der **Ärger** trouble (9); annoyance

ärgern, geärgert to tease, annoy (1, 3); **sich ärgern** (**über** + *acc.*) to get angry (about) (11)

argwöhnisch suspicious(ly)

arm (**ärmer, ärmst-**) poor (9)

der **Arm, -e** arm (B); **jemanden auf den Arm nehmen** to tease someone; to pull someone's leg; **sich den Arm brechen** to break one's arm (11)

das **Armband, ⸚er** bracelet (2)

die **Armbanduhr, -en** (wrist)watch (A)

die **Armut** poverty

die **Arnika** arnica

die **Art, -en** kind, type (2)

der **Artikel, -** article

der **Arzt, ⸚e** / die **Ärztin, -nen** doctor; physician (3, 5, 11); **zum Arzt** to the doctor (3)

ärztlich medical(ly)

die **Arztpraxis, Arztpraxen** doctor's office (11)

die **Asche, -n** ash(es)

(das) **Aschenputtel** Cinderella

(das) **Asien** Asia (B)

der **Aspekt, -e** aspect

die **Asphaltschindel, -n** asphalt shingle

das **Aspirin** aspirin

der **Assessor, -en** / die **Assessorin, -nen** assistant judge

die **Assoziation, -en** association

assoziieren (**mit** + *dat.*), **assoziiert** to associate (with)

der **Astrologe, -n** (*wk.*) / die **Astrologin, -nen** astrologer

die **Astrologie** astrology

das **Atelier, -s** studio

(das) **Athen** Athens

atmen, geatmet to breathe (11)

die **Atmosphäre, -n** atmosphere

atomar atomic

die **Atombombe, -n** atomic bomb

die **Attraktion, -en** attraction

attraktiv attractive(ly) (6)

au oh

auch also; too; as well (A); **auch wenn** (*subord. conj.*) even if

auf (+ *dat./acc.*) on; upon; on top of; onto; to; at; **auf dem Bahnhof** at the train station (5); **auf dem Land** in the country (*rural*) (6); **auf der Uni(versität)** at the university (1, 5); **auf Deutsch** in German; **auf eine Party gehen** to go to a party (1); **auf jeden Fall** by all

means (4); **auf Reisen sein** to be on a trip (7); **auf Wiederhören** good-bye (*on the telephone*) (6); **auf Wiedersehen** good-bye (A)

auf·begehren, aufbegehrt to rebel

auf·brausen, ist aufgebraust to surge up

auf·brechen (bricht ... auf), brach ... auf, ist **aufgebrochen** to set out; to start off

der **Aufenthalt, -e** stay, sojourn (5)

die **Aufenthaltserlaubnis, -se** residence permit (12)

die **Aufenthaltsgenehmigung, -en** residence permit

der **Aufenthaltsraum, ⸚e** lounge, recreation room (10)

auf·fallen (fällt ... auf), fiel ... auf, ist **aufgefallen** to be noticeable (12)

die **Aufforderung, -en** request; instruction

die **Aufgabe, -n** assignment (4); task; homework; job

auf·geben (gibt ... auf), gab ... auf, **aufgegeben** to give up (1); to hand in; to assign

aufgrund (+ *gen.*) on the basis of

auf·hängen, aufgehängt to hang up (2)

auf·heben (hebt ... auf), hob ... auf, **aufgehoben** to pick up; to abolish, repeal

auf·hören (**mit** + *dat.*), **aufgehört** to stop (*doing s.th.*) (1); to be over

die **Aufklärung** the Enlightenment

auf·laden (lädt ... auf), lud ... auf, **aufgeladen** to load; to charge

auf·leben, ist aufgelebt to revive

auf·machen, aufgemacht to open (3)

aufmerksam attentive(ly)

die **Aufmerksamkeit** attention, attentiveness

auf·muntern, aufgemuntert to cheer up

die **Aufnahmeprüfung, -en** entrance examination

auf·nehmen (nimmt ... auf), nahm ... auf, **aufgenommen** to pick up; to record; to take in; to take out (*a loan*) (12); **einen Kredit aufnehmen** to take out a loan

auf·passen (**auf** + *acc.*), **aufgepasst** to pay attention (to) (3); to watch out (for)

auf·räumen, aufgeräumt to clean (up) (1); to tidy up

sich auf·regen, aufgeregt to get excited; to get upset (11)

aufregend exciting

die **Aufregung** excitement; agitation

sich auf·richten, aufgerichtet to stand up; to get back up

auf·rufen (**zu** + *inf.*) (ruft ... auf), rief ... auf, **aufgerufen** to call on (*to do s.th*)

aufs = **auf das** on/onto/to the

auf·sagen, aufgesagt to recite

auf·saugen, aufgesaugt to vacuum

auf·schlagen (schlägt ... auf), schlug ... auf, **aufgeschlagen** to open

auf·schneiden (schneidet ... auf), schnitt ... auf, aufgeschnitten to chop; to cut open

der Aufschnitt cold cuts

auf·schreiben (schreibt ... auf), schrieb ... auf, aufgeschrieben to write down (11)

der Aufschwung upswing

auf·setzen, aufgesetzt to put on

auf·springen (springt ... auf), sprang ... auf, ist aufgesprungen to spring open

auf·stehen (steht ... auf), stand ... auf, ist aufgestanden to get up (1); to rise; to stand up; **mit dem linken Fuß aufstehen** to get up on the wrong side of bed (4); **stehen Sie auf** get up, stand up (A)

die Aufstiegschance, -n chance of promotion

der Auftrag, ̈e instruction; task; order

der Auftritt, -e appearance

auf·wachen, ist aufgewacht to wake up (2, 4)

auf·wachsen (wächst ... auf), wuchs ... auf, ist aufgewachsen to grow up (12)

auf·wischen, aufgewischt to mop (up)

der Aufzug, ̈e elevator (6)

das Auge, -n eye (B)

der Augenarzt, ̈e / die Augenärztin, -nen eye doctor

der Augenblick, -e moment

die Augenfarbe, -n color of eyes (1)

der August August (B)

aus (+ *dat.*) from; of; out of (10); **aus Seide** of/from silk (2)

die Ausbildung, -en education; training

aus·blasen (bläst ... aus), blies ... aus, ausgeblasen to blow out

der Ausblick, -e view (6)

aus·breiten, ausgebreitet to spread out

der Ausdruck, ̈e expression

aus·drücken, ausgedrückt to express

auseinander apart

aus·fallen (fällt ... aus), fiel ... aus, ist ausgefallen to fall out; to fail; to go out (*power*) (8)

das Ausflugsziel, -e destination of an excursion

aus·führen, ausgeführt to carry out, execute (12)

ausführlich thorough(ly) (5)

aus·füllen, ausgefüllt to fill out (1)

die Ausgangslage, -n starting position; initial situation

der Ausgangspunkt, -e starting point

aus·geben (gibt ... aus), gab ... aus, ausgegeben to spend (*money*) (12)

ausgebildet educated (12)

aus·gehen (geht ... aus), ging ... aus, ist ausgegangen to go out (1); to end, turn out (7); **es ist gut ausgegangen** it ended well (7)

ausgezeichnet excellent(ly) (3)

sich aus·hängen, ausgehängt to become unfastened; to get uncoupled

das Aushängeschild, -er advertising sign

aus·koppeln, ausgekoppelt to uncouple

das Ausland foreign countries (6); **im Ausland** abroad (6)

der Ausländer, - / die Ausländerin, -nen foreigner (12)

ausländisch foreign (12)

das Auslandsamt, ̈er center for study abroad

aus·leeren, ausgeleert to empty (3)

aus·machen, ausgemacht to turn off (3)

aus·packen, ausgepackt to unpack

aus·probieren, ausprobiert to try out

aus·rauben, ausgeraubt to rob (completely)

ausreichend sufficient(ly)

die Ausrichtung, -en orientation; organization

der Ausruf, -e cry

sich aus·ruhen, ausgeruht to rest (11)

aus·rutschen, ist ausgerutscht to slip (11)

die Aussage, -n statement

aus·schlafen (schläft ... aus), schlief ... aus, ausgeschlafen to get enough sleep

aus·schließen (schließt ... aus), schloss ... aus, ausgeschlossen to exclude

der Ausschnitt, -e excerpt

aus·schreiben (schreibt ... aus), schrieb ... aus, ausgeschrieben to write out

aus·sehen (sieht ... aus), sah ... aus, ausgesehen to look (2); to appear; **Es sieht gut aus.** It looks good. (2)

das Aussehen appearance

der Außenminister, - / die Außenministerin, -nen foreign minister

die Außenwelt outside world

außer (+ *dat.*) besides, in addition to (9); except

außerdem besides (3, 10)

das Äußere (ein Äußeres) outward appearance

außergewöhnlich unusual(ly)

außerhalb (+ *gen.*) outside of

außerordentlich extraordinary, extraordinarily

aus·steigen (steigt ... aus), stieg ... aus, ist ausgestiegen to get out, get off

aus·stellen, ausgestellt to exhibit

die Ausstellung, -en exhibition

aus·strecken, ausgestreckt to stretch out

aus·suchen, ausgesucht to choose; to pick out

der Austauschstudent, -en (*wk.*) / die **Austauschstudentin, -nen** exchange student

aus·tragen (trägt ... aus), trug ... aus, ausgetragen to deliver (5); **Zeitungen austragen** to deliver newspapers (5)

(das) Australien Australia (B)

der Australier, - / die Australierin, -nen Australian (*person*) (B)

aus·treten aus (+ *dat.*) **(tritt ... aus), trat ... aus, ist ausgetreten** to leave, resign from

aus·üben, ausgeübt to practice (12)

ausverkauft sold out (5)

aus·wandern, ist ausgewandert to emigrate (12)

der Ausweis, -e identification card (10)

aus·ziehen (zieht ... aus), zog ... aus, ausgezogen to take off (*clothes*) (3); **sich ausziehen** to get undressed (11)

das Auto, -s car (A); **Auto fahren** to drive (*a car*)

die Autobahn, -en freeway (7)

der Automat, -en (*wk.*) vending machine

automatisch automatic(ally)

die Autonummer, -n license plate number

der Autor, -en / die Autorin, -nen author

das Autoradio, -s car radio (7)

das Baby, -s baby (7)

der Bachelor, -s bachelor's degree

backen (backt/bäckt), backte, gebacken to bake (5)

der Backenbart, ̈e sideburns

der Bäcker, - / die Bäckerin, -nen baker

die Bäckerei, -en bakery (5); **in der Bäckerei** at the bakery (5)

der Backofen, ̈ oven (5)

das Bad, ̈er bathroom; bath (6)

die Badehose, -n swim(ming) trunks (5)

der Bademantel, ̈ bathrobe (2)

der Bademeister, - / die Bademeisterin, -nen swimming-pool attendant (5)

baden, gebadet to bathe (3, 11); to swim; **sich baden** to bathe (*o.s.*) (11)

baden-württembergisch of Baden-Württemberg (*German state*)

die Badewanne, -n bathtub (6)

das BAföG = das Bundesausbildungsförderungsgesetz *financial aid for students from the German government*

das Baguette, -s baguette

die Bahn, -en path, way; railroad (7)

der/die Bahnangestellte, -n (ein Bahnangestellter) train agent; railway employee

die Bahncard, -s *discount card for rail travel in Germany*

die Bahnfahrt, -en train trip (7)

der Bahnhof, ̈e train station (4, 5); **auf dem Bahnhof** at the train station (5)

die Bahre, -n stretcher

bald soon (9); **bald darauf** soon thereafter (9); **bis bald** so long; see you soon (A)

der Balkon, -e balcony (6)

der Ball, ̈e ball (A, 1)

die Ballerina, -s ballerina (9)

der Ballettunterricht ballet class

die Banane, -n banana (8)

der Band, ̈e volume

die Band, -s band, music group

der Bandscheibenvorfall, ̈e slipped disc

die Bank, ̈e bench

die Bank, -en bank (5); **auf der Bank** at the bank (5); **bei einer Bank** at a bank (6) der/die **Bankangestellte, -n (ein Bankangestellter)** bank employee (5)

der **Bankeinzug, ⸚e** automatic withdrawal; electronic transfer of funds

bar (in) cash

die **Bar, -s** bar

der **Bär, -en** (wk.) bear

das **Bargeld** cash (12)

bargeldlos cash-free

die **Bar-Mizwa, -s** bar mitzvah (coming-of-age ceremony for Jewish boys)

das/der **Barock** (n.) baroque

der **Bart, ⸚e** beard (B)

der **Baseball, ⸚e** baseball

die **Baseballmannschaft, -en** baseball team

(das) **Basel** Basel

basieren (auf + dat.), basiert to be based (on)

die **Basis, Basen** basis

das **Baskenland** Basque country

der **Basketball, ⸚e** basketball (2)

der **Bass, ⸚e** bass (guitar)

die **Bat-Mizwa, -s** bat mitzvah (coming-of-age ceremony for Jewish girls)

der **Bauarbeiter, - / die Bauarbeiterin, -nen** construction worker (5)

der **Bauch, ⸚e** belly, stomach (B)

bauen, gebaut to build

das **Bauernbrot, -e** (loaf of) farmer's bread

das **Bauernhaus, ⸚er** farmhouse (6)

das **Baujahr, -e** year of construction

der **Baum, ⸚e** tree (9)

bayerisch Bavarian (adj.)

(das) **Bayern** Bavaria

bayrisch Bavarian (adj.)

der **Beamer, -** data projector (B)

der **Beamte, -n (ein Beamter) / die Beamtin, -nen** civil servant; official

beantragen, beantragt to apply for (12)

beantworten, beantwortet to answer (7)

der **Becher, -** cup; mug (9); glass

bedeuten, bedeutet to mean

bedeutend important, significant(ly)

die **Bedeutung, -en** meaning (6); significance

der **Bedeutungswandel** semantic change

bedienen, bedient to serve

die **Bedienung** service; waiter, waitress (8)

das **Bedürfnis, -se** need

sich **beeilen, beeilt** to hurry (8)

beeindrucken, beeindruckt to impress

beenden, beendet to end

sich **befinden (befindet), befand, befunden** to be located; to be situated

befragen, befragt to interview; to interrogate

befreien, befreit to set free

die **Befreiung** liberation

befreundet (mit) (adj.) friends (with)

befriedigend satisfactory, satisfactorily

begabt gifted (9)

die **Begebenheit, -en** event, occurrence

begegnen (+ dat.), ist begegnet to meet (6); to encounter

die **Begegnung, -en** meeting, encounter

begeistert (p.p. of begeistern) thrilled; enthusiastic

der **Beginn** beginning

beginnen (beginnt), begann, begonnen to begin, start (1)

begleiten, begleitet to accompany

begraben (begräbt), begrub, begraben to bury

begreifen (begreift), begriff, begriffen to understand

begrenzen, begrenzt to limit, restrict

der **Begriff, -e** concept

begründen, begründet to found

der **Begründer, - / die Begründerin, -nen** founder

begrüßen, begrüßt to greet

die **Begrüßung, -en** greeting

behalten (behält), behielt, behalten to keep, retain

behandeln, behandelt to handle, treat, deal with

die **Behandlung, -en** treatment

behaupten, behauptet to maintain, assert

beherrschen, beherrscht to have a command of

behindert (p.p. of behindern) handicapped

die **Behörde, -n** public authority

bei (+ dat.) with; at; near (2, 6, 10); during; upon; among; **bei deinen Eltern** with your parents, at your parents' (6); **bei einer Bank** at a bank (6); **bei Monika** at Monika's (2); **bei Regen** in rainy weather (7)

beide both

beieinander together

beim = bei dem at/with/near the

das **Bein, -e** leg (B)

beisammen together

das **Beispiel, -e** example (3); **zum Beispiel (z. B.)** for example (3)

beißen (beißt), biss, gebissen to bite (9)

der **Beitrag, ⸚e** contribution

bei·tragen (+ dat.) (trägt ... bei), trug ... bei, beigetragen to contribute

bei·treten (+ dat.) (tritt ... bei), trat ... bei, ist beigetreten to join

bekämpfen, bekämpft to fight against

bekannt well-known

der/die **Bekannte, -n (ein Bekannter)** acquaintance

bekennend admitted, avowed

bekommen (bekommt), bekam, bekommen to get; to receive (3)

belagern, belagert to besiege

belasten, belastet to load; to debit; **belastendes Material** incriminating evidence

beleben, belebt to liven up

belegen, belegt to cover; to take (a course) (4); **das belegte Brot** open-faced sandwich (8)

belehren, belehrt to teach, instruct

(das) **Belgien** Belgium (B)

belgisch Belgian (adj.)

beliebt popular (3)

bemerken, bemerkt to notice

der/die **Benachteiligte, -n (ein Benachteiligter)** disadvantaged person

benennen (nach + dat.) (benennt), benannte, benannt to name (after)

benutzen, benutzt to use (7)

das **Benzin** gasoline (6)

der **Benzinverbrauch** gasoline consumption

berechnen (+ dat.), berechnet to charge (8)

der **Bereich, -e** sector, area (12)

bereichern, bereichert to enrich (12)

bereit ready; prepared

bereits already; just

der **Berg, -e** mountain (1); **in den Bergen wandern** to hike in the mountains (1); **in die Berge gehen** to go to the mountains (1)

bergauf uphill

die **Berghütte, -n** mountain cabin

der **Bergsteiger, - / die Bergsteigerin, -nen** mountaineer

der **Bericht, -e** report

berichten, berichtet to report

Berliner (adj.) (of) Berlin; die **Berliner Mauer** the Berlin Wall; die **Berliner Weiße** light, fizzy beer served with raspberry syrup

der **Berliner, - / die Berlinerin, -nen** person from Berlin

(das) **Bern** Bern(e)

der **Beruf, -e** profession; career (1, 5); **Was sind Sie von Beruf?** What's your profession? (1)

der **Berufsberater, - / die Berufsberaterin, -nen** career counselor (5)

die **Berufsberatung, -en** job counseling

das **Berufsleben** career, professional life

berufstätig working; employed

das **Berufsverbot, -e** prohibition from practicing a particular profession

beruhen (auf + dat.), beruht to be based (on)

berühmt famous (7)

berühren, berührt to touch

die **Besatzungszone, -n** occupation zone

beschädigen, beschädigt to damage

beschaffen, beschafft to get; to obtain

sich **beschäftigen (mit + dat.), beschäftigt** to occupy oneself (with); **beschäftigt** busy

die **Beschäftigung, -en** activity

der **Bescheid, -e** information; **Bescheid wissen** to know; to have an idea

beschließen (beschließt), beschloss, beschlossen to resolve; to decide

beschreiben (beschreibt), beschrieb, beschrieben to describe (11); **den Weg beschreiben** to give directions

die **Beschreibung, -en** description (B)

sich **beschweren (bei** + *dat.***), beschwert** to complain (to) (8)

beschwören (beschwört), beschwor, beschworen to swear

der **Besen, -** broom (6)

besetzen, besetzt to occupy (12); **besetzt** occupied, taken

besichtigen, besichtigt to visit, sightsee (7)

besiedeln, besiedelt to settle

besiegen, besiegt to conquer

der **Besitz** possessions (2)

besitzen (besitzt), besaß, besessen to possess

besonder- special, particular

besonders particularly (3)

(sich) (*dat.*) **besorgen, besorgt** to get (*o.s.*); to buy (*o.s.*)

bespitzeln, bespitzelt to spy on

besser better (2)

(sich) bessern, gebessert to improve

best- best

der **Bestandteil, -e** part, component

das **Besteck** silverware, cutlery (5)

bestehen (besteht), bestand, bestanden to exist; to last; to pass (*a test*); (**aus** + *dat.*) to consist (of)

besteigen (besteigt), bestieg, bestiegen to climb (7)

bestellen, bestellt to order (*food*) (8)

bestimmen, bestimmt to determine

bestimmt definite(ly); certain(ly) (3)

bestreuen, bestreut to sprinkle (8)

der **Besuch, -e** visit (3); **zu Besuch kommen** to visit (3)

besuchen, besucht to visit (1); to attend (*school*) (3)

der **Besucher, -** / die **Besucherin, -nen** visitor

sich **betätigen, betätigt** to occupy oneself

sich **beteiligen (an** + *dat.***), beteiligt** to participate (in)

beten, gebetet to pray

der **Beton** concrete

betonen, betont to emphasize

betrachten, betrachtet to look at

der **Betrag, ⸚e** amount (*of money*)

betragen (beträgt), betrug, betragen to amount to

betreffen (betrifft), betraf, betroffen to concern, deal with (6); to affect; **betroffen** upset; affected

betreten (betritt), betrat, betreten to enter

betreuen, betreut to take care of; to look after

der **Betrieb, -e** workplace, operation (7)

betrunken drunk(en), drunkenly

das **Bett, -en** bed (1, 6); **ins Bett gehen** to go to bed (1)

sich **beugen, gebeugt** to bend down

die **Beule, -n** bump, bulge

die **Bevölkerung, -en** population (12)

bevor (*subord. conj.*) before (11)

die **Bewachung** watch(ing); observation

die **Bewaffnung, -en** arming

bewahren, bewahrt to protect, preserve

sich **bewegen, bewegt** to move

die **Bewegung, -en** movement

sich **bewerben (um** + *acc.***) (bewirbt), bewarb, beworben** to apply (for)

bewerten, bewertet to rate

bewirken, bewirkt to cause; to bring about

die **Bewirtung, -en** service

der **Bewohner, -** / die **Bewohnerin, -nen** occupant; inhabitant

bewundern, bewundert to admire

bewusstlos unconscious(ly)

bezahlen, bezahlt to pay (for) (4)

bezeichnen (als), bezeichnet to describe (as)

die **Beziehung, -en** relationship

beziehungsweise or; and . . . respectively

bezwingen (bezwingt), bezwang, bezwungen to defeat

die **Bibel, -n** Bible

die **Bibliothek, -en** library (4)

der **Bibliothekar, -e** / die **Bibliothekarin, -nen** librarian (5)

die **Biene, -n** bee (10)

das **Bier, -e** beer (2)

bieten (bietet), bot, geboten to offer

der **Bikini, -s** bikini (5)

bi-kulturell bicultural(ly)

das **Bild, -er** picture (2); image; **das Bild an die Wand hängen** to hang the picture on the wall (3); **Was zeigen Ihre Bilder?** What do your pictures show? (A)

bilden, gebildet to form; **die bildenden Künste** (*pl.*) the plastic arts

der **Bilderrahmen, -** picture frame

der **Bildhauer, -** / die **Bildhauerin, -nen** sculptor (12)

das **Bildnis, -se** portrait

billig cheap(ly), inexpensive(ly) (2)

binden (an + *acc.***) (bindet), band, gebunden** to tie (to)

das **Bioei, -er** organic egg

die **Biografie, -n** biography

die **Biologie** biology (1)

der **Biomarkt, ⸚e** organic produce market

das **Bioprodukt, -e** organic product

die **Birne, -n** pear (8)

bis (*prep.* + *acc.; subord. conj.*) until (2, 4, 11); **bis acht Uhr** until eight o'clock (2); **bis bald** so long; see you soon (A); **bis um vier Uhr (früh)** until four o'clock (in the morning) (4); **bis zu** as far as; up to (10)

bisher thus far; up to now

bisschen: ein bisschen a little (bit) (3); **kein bisschen** not at all (3)

der **Bissen, -** mouthful

bitte please (A); **Bitte schön?** Yes, please? May I help you? (7); **Bitte schön/sehr.** There you go. **Unterschreib bitte hier.** Sign here, please. (A)

bitten (um + *acc.***) (bittet), bat, gebeten** to ask (for) (12)

blass pale(ly)

das **Blatt, ⸚er** leaf; sheet (*of paper*)

blau blue (A, B); **der Blaue Reiter** *a group of artists in Munich (1911–14)*

die **Blaubeere, -n** blueberry

der **Blauwal, -e** blue whale

das **Blechdach, ⸚er** tin roof

bleiben (bleibt), blieb, ist geblieben to stay, remain; **sitzen bleiben (bleibt ... sitzen), blieb ... sitzen, ist sitzen geblieben** to remain seated; to be held back a grade; **stecken bleiben (bleibt ... stecken), blieb ... stecken, ist stecken geblieben** to get stuck (11)

bleichen, gebleicht to bleach

der **Bleistift, -e** pencil (A, B)

der **Blick, -e** look; glance; view

blind blind(ly)

der **Blinddarm, ⸚e** appendix (11)

die **Blockflöte, -n** recorder (*type of flute*) (12)

blöd stupid(ly)

blond blond(e) (B)

bloß mere(ly); only; just

blühen, geblüht to bloom

die **Blume, -n** flower (3); **die Blumen gießen** to water the flowers (3)

der **Blumenkohl** cauliflower (8)

die **Bluse, -n** blouse (A)

das **Blut** blood (9, 11); **Blut abnehmen** to take blood (11)

der **Blutdruck** blood pressure; **niedrigen/hohen Blutdruck haben** to have low/high blood pressure

die **Blüte, -n** bloom

bluten, geblutet to bleed (11)

das **Blütenblatt, ⸚er** petal

der **Boden, ⸚** floor (B)

die **Bohne, -n** bean (8)

das **Bonbon, -s** drop, lozenge (11)

das **Boot, -e** boat (2)

die **Börse, -n** stock exchange (12)

der **Börsenkrach, ⸚e** stock market crash (12)

böse evil, mean (9)

(das) Bosnien Bosnia

der **Boss, -e** boss

die **Boutique, -n** boutique (6)

bowlen, gebowlt to bowl

die **Bowlingbahn, -en** bowling alley

die **Box, -en** stereo speaker

boxen, geboxt to box (1)

die **Branche, -n** sector (12)

die **Brandenburgischen Konzerte** (*pl.*) the Brandenburg Concertos

braten (brät), briet, gebraten to grill, fry (2, 8)

der **Braten,** - roast (8)

die **Bratpfanne, -n** frying pan

die **Bratwurst, ̈e** (fried) sausage

der **Brauch, ̈e** custom

brauchen, gebraucht to need; to use (1)

brauen, gebraut to brew

braun brown (A)

bräunen, gebräunt to brown, fry (8)

(das) **Braunschweig** Braunschweig, Brunswick

brausen, gebraust to roar; to rage

die **Braut, ̈e** bride (9)

die **BRD** = die **Bundesrepublik Deutschland** Federal Republic of Germany

brechen (bricht), brach, gebrochen to break (11); **sich den Arm brechen** to break one's arm (11)

der **Brei, -e** mush, purée

breit broad, wide

die **Bremse, -n** brake (7)

bremsen, gebremst to brake (11)

das **Bremsenquietschen** squealing of brakes

brennen (brennt), brannte, gebrannt to burn (11)

der **Brennofen, ̈** kiln (12)

(das) **Breslau** Wrocław (*city in Poland*)

das **Brett, -er** board; **das schwarze Brett** bulletin board

die **Brezel, -n** pretzel

der **Brief, -e** letter, epistle (1)

die **Briefmarke, -n** (postage) stamp (5)

die **Brille, -n** (eye)glasses (A)

bringen (bringt), brachte, gebracht to bring (2)

britisch British

der **Brocken** highest mountain in the Harz range

das **Brot, -e** (loaf of) bread (8); **das belegte Brot** open-face sandwich (8)

das **Brötchen,** - (bread) roll (8)

das **Brotsortiment, -e** assortment of breads

die **Brücke, -n** bridge (10)

der **Bruder, ̈** brother (B)

die **Bruderschaft, -en** fraternity

brüllen, gebrüllt to roar

der **Brunnen,** - well; fountain (9)

brutal brutal(ly)

das **Bruttogehalt, ̈er** gross salary

der **Bub, -en** (*wk.*) boy

das **Buch, ̈er** book (A, B, 2)

der **Bucheinband, ̈e** book cover

buchen, gebucht to book (7)

der **Bücherwurm, ̈er** bookworm

der **Buchstabe, -n** letter (*of the alphabet*)

die **Bucht, -en** bay (7)

das **Bügeleisen,** - iron (6)

bügeln, gebügelt to iron (6)

die **Bulette, -n** rissole, meatball, hamburger patty

(das) **Bulgarien** Bulgaria (B)

das **Bundesausbildungsförderungsgesetz (BAföG)** *financial aid for students from the German government*

der **Bundeskanzler,** - / die **Bundeskanzlerin, -nen** (federal) chancellor

das **Bundesland, ̈er** (German or Austrian) state

der **Bundespräsident, -en** (*wk.*) / die **Bundespräsidentin, -nen** (federal) president

die **Bundesrepublik** federal republic; **die Bundesrepublik Deutschland** Federal Republic of Germany

die **Bundeswehr** (German) armed forces

das **Bündnis, -se** alliance

bunt colorful(ly)

das **Burgenland** Austrian state

der **Bürger,** - / die **Bürgerin, -nen** citizen (10)

die **Bürgerinitiative, -n** citizens' action group

bürgerlich bourgeois, middle-class

der **Bürgerrechtskämpfer,** - / die **Bürgerrechtskämpferin, -nen** campaigner for civil rights

das **Bürgertum** bourgeoisie, middle class

das **Büro, -s** office (5); **im Büro** at the office (5)

die **Bürste, -n** brush

der **Bus, -se** bus (2, 7)

der **Busch, ̈e** bush (9)

die **Bushaltestelle, -n** bus stop (10)

die **Butter** butter (8)

ca. = **circa/zirka** circa

das **Café, -s** café; **im Café** at the café (4)

die **Cafeteria, -s** cafeteria

das **Camping** camping (10)

der **Campingplatz, ̈e** campsite (10)

der **Cartoon, -s** cartoon

(der) **Cäsar** Caesar

das **Casino, -s** casino

die **CD, -s** CD, compact disc (A, 3)

der **CD-Spieler,** - CD player (2)

die **CDU** = die **Christlich-Demokratische Union** Christian Democratic Party

Celsius Celsius, centigrade (B); **18 Grad Celsius** 18 degrees Celsius (B)

der **Cent,** - cent (*one hundredth of a euro*)

der **Champagner,** - champagne

das **Chaos** chaos (5)

der **Charakter, -e** character; personality (12)

die **Charakterisierung, -en** characterization

der **Chat, -s** (online) chat

chatten, gechattet to chat (*online*) (1)

checken, gecheckt to check

der **Chef, -s** / die **Chefin, -nen** boss; director

die **Chemie** chemistry (1)

der **Chemiker,** - / die **Chemikerin, -nen** chemist

der **Chili, -s** chili

chillen, gechillt to relax, hang (1)

(das) **China** China (B)

der **Chinese, -n** (*wk.*) / die **Chinesin, -nen** Chinese (*person*)

chinesisch Chinese (*adj.*)

(das) **Chinesisch** Chinese (*language*) (B)

die **Chipkarte, -n** chip card, smart card

cholerisch irascible, irascibly

der **Chor, ̈e** choir; chorus

der **Christ, -en** (*wk.*) / die **Christin, -nen** Christian (*person*)

der **Christkindlmarkt, ̈e** Christmas market

christlich Christian (*adj.*)

die **Christlich-Demokratische Union (CDU)** Christian Democratic Party

(der) **Christus** Christ; **Christi Geburt** the birth of Christ

circa = **zirka** circa

der **Clip, -s** (video) clip

der **Clown, -s** clown (9)

die **Cola, -s** cola

die **Collagetechnik, -en** collage technique

das **College, -s** college

der **Comic, -s** comic strip; comic book

der **Computer,** - computer (2)

cool cool(ly); fabulous(ly)

die **Creme, -s** cream

das **Croissant, -s** croissant

ct = der **Cent,** - cent (*one hundredth of a euro*)

da (*adv.*) there (2); then; (*subord. conj.*) as, since

dabei in that connection; while doing so; (along) with it; **dabei sein** to be present; **Ist ein/eine ... dabei?** Does it come with a . . . ? (6)

dabei·haben (hat ... dabei), hatte ... dabei, dabeigehabt to have (*s.th.*) with/on (*s.o.*)

da·bleiben (bleibt ... da), blieb ... da, ist dageblieben to stay, remain (there)

das **Dach, ̈er** roof (6)

der **Dachboden, ̈** attic

der **Dada(ismus)** Dada(ism)

dadurch through it/them

dafür for it/them; for that reason; on behalf of it

dagegen against it/them; **Haben Sie etwas dagegen?** Do you have something for it (*illness*)? (11)

daheim at home (9)

daher therefore; **das kommt daher ...** the reason for that is . . .

dahin (to) there

damalig (*adj.*) back then, at that time

damals (*adv.*) back then, at that time (9)

(das) **Damaskus** Damascus

die **Damenmalschule, -n** painting school for ladies

damit (*adv.*) with it/them; (*subord. conj.*) so that (11)

danach after it/them; afterward (8, 10)

(das) **Dänemark** Denmark (B)

dänisch Danish (adj.)

(das) **Dänisch** Danish (language)

der **Dank** thanks; **vielen Dank** many thanks (10)

die **Dankbarkeit** gratitude

danke thank you (A)

danken (+ dat.), **gedankt** to thank

dann then (A)

daran at/on/to it/them

darauf after/for/on it/them; afterward, then; **bald darauf** soon thereafter (9)

darauffolgend following, subsequent

daraufhin following that, thereupon

darin in it/them (6)

dar·stellen, dargestellt to represent, depict

darüber over/above/about it/them

das (def. art., neut. nom./acc.) the; (dem. pron., neut. nom./acc.) this/that; (rel. pron., neut. nom./acc.) which, who(m); **Das ist ...** This/That is . . . (B); **Das ist es ja!** That's just it! (4); **Das macht nichts.** That doesn't matter. (1); **Das sind ...** These/Those are . . . (B)

dass (subord. conj.) that (11)

die **Daten** (pl.) data; **persönliche Daten** biographical information (1)

die **Datenverarbeitung** data processing

das **Datum, Daten** date (4); **Welches Datum ist heute?** What is today's date? (4)

die **Dauer, -** duration

der **Dauerauftrag, ̈e** standing order

dauern, gedauert to last (4)

die **Dauerwelle, -n** perm

der **Daumen, -** thumb

davon of/from/about it/them

davon·fliegen (fliegt ... davon), flog ... davon, ist davongeflogen to fly away

davon·laufen (läuft ... davon), lief ... davon, ist davongelaufen to run away

dazu to it/them; in addition (8)

dazu·kommen (kommt ... dazu), kam ... dazu, ist dazugekommen to turn up, arrive

dazu·schreiben (schreibt ... dazu), schrieb ... dazu, dazugeschrieben to add in writing

die **DDR** = die **Deutsche Demokratische Republik** German Democratic Republic (former East Germany)

der **Deckcode-Name, -n** (wk.) code name

die **Decke, -n** ceiling (B); blanket (11)

der **Deckel, -** lid; top

decken, gedeckt to cover; set (5); **den Tisch decken** to set the table (5)

die **Definition, -en** definition

deftig good and solid

dein(e) (infor. sg.) your (B, 2)

die **Deklination, -en** declension

der **Delfin, -e** dolphin (10)

dem (def. art., masc./neut. dat.) the; (dem. pron., masc./neut. dat.) this/that; (rel. pron., masc./neut. dat.) which, whom

die **Demo, -s** = die **Demonstration, -en** (coll.) demonstration; rally

die **Demokratie, -n** democracy (12)

demokratisch democratic(ally) (12)

der **Demonstrant, -en** (wk.) / die **Demonstrantin, -nen** demonstrator

die **Demonstration, -en** demonstration; rally

demonstrieren, demonstriert to demonstrate

den (def. art., masc. acc., pl. dat.) the; (dem. pron., masc. acc.) this/that; (rel. pron., masc. acc.) which, whom

denen (dem. pron., pl. dat.) these/those; (rel. pron., pl. dat.) which, whom

denken (denkt), dachte, gedacht to think (4); **denken an** (+ acc.) to think of (4); **denken über** (+ acc.) to think about

denn (coord. conj.) for, because (9, 11); particle used in questions: **Wo willst du denn hin?** Where are you going? (A)

dennoch nevertheless

die **Deportation, -en** deportation

deportieren, deportiert to deport

depressiv depressive

deprimiert depressed (11)

der (def. art., masc. nom., fem. dat./gen., pl. gen.) the; (dem. pron., masc. nom., fem. dat.) this/that; (rel. pron., masc. nom., fem. dat.) which, who(m)

deren (dem. pron., fem. gen., pl. gen.) of this/that/these/those; (rel. pron., fem. gen., pl. gen.) of which, whose

derselbe, dasselbe, dieselbe(n) the same

des (def. art., masc./neut. gen.) (of) the

deshalb therefore; that's why (4)

desinfizieren, desinfiziert to disinfect (11)

dessen (dem. pron., masc./neut. gen.) of this/that; (rel. pron., masc./neut. gen.) of which, whose

deutlich clear(ly); distinct(ly)

deutsch German (adj.)

(das) **Deutsch** German (language) (B); **auf Deutsch** in German

der/die **Deutsche, -n (ein Deutscher)** German (person) (B); **Ich bin Deutsche/r.** I am German. (B)

die **Deutsche Demokratische Republik (DDR)** German Democratic Republic (former East Germany)

die **Deutschkenntnisse** (pl.) knowledge of German (language)

der **Deutschkurs, -e** German (language) course; German class (A)

(das) **Deutschland** Germany (B); **die Bundesrepublik Deutschland** Federal Republic of Germany

deutschlandweit throughout Germany

deutschschweizerisch German-Swiss (adj.)

deutschsprachig German-speaking

deutschstämmig of German origin

der **Dezember** December (B)

der **Dialekt, -e** dialect

der **Dialog, -e** dialogue

die **Diät, -en** diet

dich (infor. sg. acc.) you (2)

der **Dichter, -** / die **Dichterin, -nen** poet

dick large; fat (2)

dickköpfig headstrong

die (def. art., fem. nom./acc., pl. nom./acc.) the; (dem. pron., fem. nom./acc., pl. nom./acc.) this/that/these/those; (rel. pron., fem. nom./acc., pl. nom./acc.) which, who(m)

dienen (als), gedient to serve (as)

der **Diener, -** / die **Dienerin, -nen** servant

der **Dienst, -e** service; work

der **Dienstag, -e** Tuesday (1)

der **Dienstwagen, -** company car

dieser, dies(es), diese this, these; that, those (2, 4)

diesmal this time

die **Digitalkamera, -s** digital camera

diktatorisch dictatorial(ly)

die **Diktatur, -en** dictatorship

das **Ding, -e** thing (2)

die **Diphtherie** diphtheria (11)

das **Diplom, -e** degree; diploma

dir (infor. sg. dat.) you

direkt direct(ly); right

der **Direktor, -en** / die **Direktorin, -nen** (school) principal; director (9)

der **Dirigent, -en** (wk.) / die **Dirigentin, -nen** (orchestra) conductor (5)

die **Disko, -s** disco (3)

die **Diskussion, -en** discussion

diskutieren, diskutiert to discuss (4)

die **Dissertation, -en** dissertation

die **Disziplin, -en** discipline

die **DM** = die **D-Mark (Deutsche Mark)** German mark (former monetary unit)

doch however; nevertheless; yet; **doch!** yes (on the contrary)! (4)

der **Doktor, -en** / die **Doktorin, -nen** doctor

der **Doktorand, -en** (wk.) / die **Doktorandin, -nen** doctoral student

dokumentieren, dokumentiert to document

doll (coll.) neat, great

der **Dollar, -** dollar

der **Dom, -e** cathedral (10)

dominant dominant(ly)

dominieren, dominiert to dominate

die **Donau** Danube (River)

der **Donnerstag, -e** Thursday (1)

doppelt double

das **Doppelzimmer, -** double room (5, 10)

das **Dorf, ˂er** village

der **Dorn, -en** thorn (9)

(das) **Dornröschen** Sleeping Beauty, Briar Rose

dort there (7)

dorthin there, thither, to a specific place

die **Dose, -n** can (8)

der **Dosenöffner, -** can opener (8)

der **Dozent, -en** (*wk.*) / die **Dozentin, -nen** lecturer

Dr. = Doktor (*as a title*)

der **Drache, -n** (*wk.*) dragon (9)

das **Drama, Dramen** drama

dramatisch dramatic(ally)

der **Dramaturg, -en** (*wk.*) / die **Dramaturgin, -nen** dramaturge, theatrical adviser

dran = daran at/on/to it/them; **Du bist dran.** (*coll.*) It's your turn.

der **Drang** drive, urge; quest

drauf = darauf after/for/on it/them

draußen outside (11)

drei three (A)

dreigliedrig divided into three parts

dreimal three times (3)

dreißig thirty (A)

dreißigst- thirtieth

dreiundzwanzig twenty-three (A)

dreizehn thirteen (A)

dreizehnt- thirteenth (4)

dressieren, dressiert to train

drin = darin in it/them (6)

dringend urgent(ly) (2)

dritt- third (4); **das Dritte Reich** the Third Reich (Nazi Germany)

das **Drittel, -** third

droben up there

die **Droge, -n** drug

die **Drogerie, -n** drugstore (6)

drucken, gedruckt to print

drücken, gedrückt to press

der **Drudenfuß, ˂e** pentagram

drum = darum therefore

der **Dschungel, -** jungle

du (*infor. sg. nom.*) you

dumm (dümmer, dümmst-) dumb, stupid(ly) (6)

dümmlich simple-minded(ly)

dunkel dark (5)

dünn thin

durch (+ *acc.*) through (7); by means of

durchbluten, durchblutet to supply with blood

durcheinander in confusion

durch·geben (gibt ... durch), gab ... durch, durchgegeben to announce

durch·greifen (greift ... durch), griff ... durch, durchgegriffen to take action

durch·kreuzen, durchgekreuzt to thwart

durch·rennen (rennt ... durch), rannte ... durch, ist durchgerannt to run through

durchs = durch das through the

durch·schneiden (schneidet ... durch), schnitt ... durch, durchgeschnitten to cut through

der **Durchschnitt** average; **im Durchschnitt** on average

durchschnittlich (on) average

(sich) **durch·setzen, durchgesetzt** to assert (o.s.)

dürfen (darf), durfte, gedurft to be permitted (to), may (3); **nicht dürfen** must not

dürr withered; scrawny

der **Durst** thirst (3); **Durst haben** to be thirsty (3)

die **Dusche, -n** shower (5)

(sich) **duschen, geduscht** to (take a) shower (1, 11)

die **DVD, -s** DVD

der **DVD-Spieler, -** DVD player (2, 3)

die **Dynamik** dynamic(s)

eben simply, just; just now

ebenfalls also, likewise

das **Ebenholz** ebony

ebenso likewise; just as

das **E-Book, -s** e-book

echt real(ly) (2)

die **EC-Karte, -n = die Eurocheque-Karte, -n** Eurocheque card (*debit card*)

die **Ecke, -n** corner (5); **(gleich) um die Ecke** (right) around the corner (5, 6)

eckig angular

die **EDV = die elektronische Datenverarbeitung** electronic data processing

egal equal(ly), same (6); **Das ist mir egal.** It doesn't matter to me. (6)

der **Egoist, -en** (*wk.*) / die **Egoistin, -nen** egoist

die **Ehe, -n** marriage (12)

die **Eheleute** (*pl.*) married couple

ehemalig former

eher rather (12); more

der **Ehering, -e** wedding ring

der **Ehevertrag, ˂e** prenuptial agreement

die **Ehre, -n** honor (8)

ehren, geehrt to honor

ehrgeizig ambitious(ly)

ei (*interj.*) oh

das **Ei, -er** egg (8); **gebratene Eier** (*pl.*) fried eggs (8); **gekochte Eier** (*pl.*) boiled eggs (8)

der **Eichbaum, ˂e** oak tree

der/das **Eidotter** egg yolk

die **Eifersucht** jealousy

eifersüchtig jealous(ly) (3)

eigen own (3, 6)

eigenmächtig on one's own authority, unauthorized

die **Eigenschaft, -en** trait, characteristic

eigensinnig stubborn(ly)

eigentlich actual(ly) (3)

eigenverantwortlich autonomous(ly)

sich **eignen, geeignet** to be suitable

die **Eile** hurry (3); **in Eile sein** to be in a hurry (3)

eilen, geeilt to hurry

eilig rushed (8); **es eilig haben** to be in a hurry (8)

ein, eine a(n); one (A); **ein bisschen** a little (bit) (3); some; **ein paar** a few (2)

einander one another, each other (3)

die **Einbahnstraße, -n** one-way street (7)

ein·biegen (biegt ... ein), bog ... ein, ist eingebogen to turn

ein·brechen (in + acc.) (bricht ... ein), brach ... ein, ist eingebrochen to break in(to); to break through; **ins Eis einbrechen** to go through the ice

der **Einbrecher, -** / die **Einbrecherin, -nen** burglar (9)

der **Einbruch, ˂e** burglary; break-in

(sich) **ein·cremen, eingecremt** to put lotion on (o.s.) (11)

der **Eindruck, ˂e** impression (5)

einer, eine, ein(e)s one (*pron.*)

einfach simple, simply (2); one-way (*trip*) (10)

die **Einfachheit** simplicity

die **Einfahrt, -en** driveway

ein·fallen (+ dat.) (fällt ... ein), fiel ... ein, ist eingefallen to occur (*to s.o.*)

das **Einfamilienhaus, ˂er** single-family home (6)

ein·führen, eingeführt to introduce (12)

die **Einführung, -en** introduction (A)

der **Eingang, ˂e** entrance

ein·geben (gibt ... ein), gab ... ein, eingegeben to give

ein·gehen (geht ... ein), ging ... ein, ist eingegangen to arrive; **darauf eingehen** to get into something

sich **ein·gewöhnen (in + acc.), eingewöhnt** to get accustomed (to)

ein·gravieren, eingraviert to engrave

die **Einheit** unity

einige some; several; a few

ein·jagen, eingejagt: jemandem Angst einjagen to scare someone

der **Einkauf, ˂e** purchase

ein·kaufen, eingekauft to shop (for) (1); **einkaufen gehen** to go shopping (1, 5)

das **Einkommen, -** income (12)

ein·laden (lädt ... ein), lud ... ein, eingeladen to invite (2)

die **Einladung, -en** invitation (2)

sich **ein·lassen mit (+ dat.) (lässt ... ein), ließ ... ein, eingelassen** to get involved with

ein·laufen (läuft ... ein), lief ... ein, ist eingelaufen to shrink

einmal once (4); for once; **Es war einmal ...** Once upon a time there was ... ; **noch einmal** one more time; **Warst du schon einmal ...?** Were you ever ... ? (4)

sich **ein·mischen, eingemischt** to interfere

ein·packen, eingepackt to pack up (1)

eins one (*cardinal number*) (A)

ein·sammeln, eingesammelt to gather, collect

der **Einsatz, ⸚e** deployment

ein·schalten, eingeschaltet to turn on (10)

ein·schätzen, eingeschätzt to judge, assess

ein·schlafen (schläft … ein), schlief … ein, ist eingeschlafen to fall asleep (7)

sich **ein·schreiben (schreibt … ein), schrieb … ein, eingeschrieben** to register, enroll

ein·sehen (sieht … ein), sah … ein, eingesehen to see, realize

ein·setzen, eingesetzt to use, bring into action

die **Einsicht, -en** view, look

ein·sperren, eingesperrt to lock up

ein·steigen (steigt … ein), stieg … ein, ist eingestiegen to board (10); to get in/on

ein·stellen, eingestellt to hire; to employ

die **Einstellung, -en** attitude (12)

(sich) **ein·teilen, eingeteilt** to divide up; to organize

eintönig monotonous(ly)

ein·tragen (trägt … ein), trug … ein, eingetragen to enter (*into a list or ledger*)

ein·treffen (trifft … ein), traf … ein, ist eingetroffen to arrive

ein·treten für (+ *acc.*) (tritt … ein), trat … ein, ist eingetreten to champion, stand up for (12)

die **Eintrittskarte, -n** admissions ticket

einundzwanzig twenty-one (A)

der **Einwanderer, - / die Einwanderin, -nen** immigrant (12)

ein·wandern, ist eingewandert to immigrate (12)

die **Einwanderung** immigration

ein·weihen, eingeweiht to open, dedicate

ein·werfen (wirft … ein), warf … ein, eingeworfen to break, smash (*a window*)

der **Einwohner, - / die Einwohnerin, -nen** inhabitant, resident

ein·zahlen, eingezahlt to pay in; to deposit

der **Einzelgänger, - / die Einzelgängerin, -nen** loner

das **Einzelhandelsgeschäft, -e** retail shop, retail store

der **Einzelplatz, ⸚e** single seat

das **Einzelzimmer, -** single room (10)

ein·ziehen (zieht … ein), zog … ein, hat eingezogen to collect; to withdraw

ein·ziehen (in + *acc.*) (zieht … ein), zog … ein, ist eingezogen to move in(to)

einzig only; single; sole

das **Eis** ice; ice cream (2); **ins Eis einbrechen** to go through the ice

der **Eisbeutel, -** ice pack

das **Eiscafé, -s** ice cream parlor (8)

die **Eisenbahn, -en** railroad

das **Eisenwalzwerk, -e** iron mill, steel press

eiskalt ice-cold

der **Eistee** iced tea

der **Elan** zest, vigor

der **Elefant, -en** (*wk.*) elephant (9)

elegant elegant(ly) (8)

elektrisch electric(ally) (8)

der **Elektro** electro, electronic dance music

elektronisch electronic(ally); **die elektronische Datenverarbeitung (EDV)** electronic data processing

der **Elektrotechniker, - / die Elektrotechnikerin, -nen** electrician; electronics technician

das **Element, -e** element

elf eleven (A)

das **Elfenbein** ivory (10)

elft- eleventh (4)

die **Eltern** (*pl.*) parents (B)

der **Elternteil, -e** parent

die **E-Mail, -s** e-mail (1, 2)

die **Emanzipation, -en** emancipation

der **Emmentaler** Emmenthaler (cheese)

die **Emotion, -en** emotion

empfangen (empfängt), empfing, empfangen to receive

der **Empfänger, - / die Empfängerin, -nen** recipient; payee

empören, empört to outrage; **sich empören** to become outraged

das **Ende, -n** end

enden, geendet to end

endgültig final; conclusive(ly)

endlich finally (9)

das **Endspiel, -e** final (game)

die **Endung, -en** ending

eng tight, narrow, small (12); closely

das **Engagement, -s** commitment, involvement

sich **engagieren (für + *acc.*), engagiert** to commit oneself (to); **engagiert** (*adj.*) committed, involved

(das) **England** England (B)

der **Engländer, - / die Engländerin, -nen** English (*person*) (B)

englisch English (*adj.*)

(das) **Englisch** English (*language*) (B)

der **Enkel, - / die Enkelin, -nen** grandson/ granddaughter (5)

entartet (*adj.*) degenerate

entdecken, entdeckt to discover (4)

sich **entfernen (von + *dat.*), entfernt** to go away (from); **entfernt** (*adj.*) distant, away

sich **entfremden (von + *dat.*), entfremdet** to become estranged (from)

entführen, entführt to kidnap

der **Entführer, - / die Entführerin, -nen** kidnapper

entgegnen, entgegnet to reply

entlang along (10)

entlang·fahren (fährt … entlang), fuhr … entlang, ist entlanggefahren to drive along

entlang·gehen (geht … entlang), ging … entlang, ist entlanggegangen to go along (10)

entlassen (entlässt), entließ, entlassen to release

die **Entlassung, -en** release, discharge

(sich) **entscheiden (entscheidet), entschied, entschieden** to decide (4)

entscheidend decisive(ly) (12)

entschlossen (*p.p. of entschließen*) resolute(ly)

entschuldigen, entschuldigt to excuse (10); **Entschuldigen Sie!** Excuse me! (10)

die **Entschuldigung, -en** excuse; **Entschuldigung!** Excuse me! (3)

entsetzlich terrible, terribly

entsetzt (*p.p. of entsetzen*) horrified

entspannen, entspannt to relax

entstammen (+ *dat.*), **ist entstammt** to come from

entstehen (aus + *dat.*) (entsteht), entstand, ist entstanden to originate (from)

entweder … oder either . . . or

entwerfen (entwirft), entwarf, entworfen to design

(sich) **entwickeln, entwickelt** to develop

die **Entwicklungsland, ⸚er** developing country

die **Entwicklungsstufe, -n** stage of development

die **Entzündung, -en** infection (11); inflammation

entzündungshemmend anti-inflammatory

die **Epoche, -n** epoch, era, period

er (*pron., masc. nom.*) he, it

erarbeiten, erarbeitet to work on/out

erblicken, erblickt to see

die **Erbse, -n** pea (8)

die **Erdbeere, -n** strawberry (8)

die **Erde, -n** earth; ground; soil, dirt

die **Erdgeschichte** history of the earth

das **Erdgeschoss, -e** first floor, ground floor

die **Erdkunde** earth science; geography

das **Ereignis, -se** event

erfahren (erfährt), erfuhr, erfahren to find out, learn; to experience; to discover

die **Erfahrung, -en** experience

erfinden (erfindet), erfand, erfunden to invent (4)

der **Erfinder, - / die Erfinderin, -nen** inventor

die **Erfindung, -en** invention

der **Erfolg, -e** success; **Erfolg haben** to be successful

erfolgreich successful(ly)

erfüllen, erfüllt to fulfill

die **Erfüllung: in Erfüllung gehen** to become true

ergänzen, ergänzt to complete, fill in the blanks (4)

sich **ergeben (aus + *dat.*) (ergibt), ergab, ergeben** to arise (from) das **Ergebnis, -se** result

ergehen (+ *dat.*) **(ergeht), erging, ist ergangen** to go (well or badly) (*for a person*)

erhalten (erhält), erhielt, erhalten to receive (5, 12)

erheben (erhebt), erhob, erhoben to raise

erhitzen, erhitzt to heat (8)

erhöhen, erhöht to raise, increase

sich **erholen, erholt** to recuperate (11)

erinnern (an + *acc.*)**, erinnert** to remind (*of s.o./s.th.*); to commemorate (*s.o./s.th.*); **sich erinnern (an** + *acc.*)**, erinnert** to remember (*s.o./s.th.*) (9)

die **Erinnerung, -en** memory, remembrance (4)

sich **erkälten, erkältet** to catch a cold (11)

die **Erkältung, -en** (head) cold (11)

erkennen (an + *dat.*) **(erkennt), erkannte, erkannt** to recognize (by)

erklären, erklärt to explain (5)

die **Erklärung, -en** explanation; declaration

erklettern, erklettert to climb

sich **erkundigen (nach** + *dat.*)**, erkundigt** to ask (about), get information (about) (10)

erlauben, erlaubt to permit (7)

die **Erlaubnis, -se** permission

erleben, erlebt to experience (3)

das **Erlebnis, -se** experience (7)

erledigen, erledigt to take care of; to handle; to settle

erleiden (erleidet), erlitt, erlitten to suffer

erlösen, erlöst to rescue, free (9)

ermitteln, ermittelt to investigate

ermöglichen, ermöglicht to make possible

ermorden, ermordet to murder

die **Ernährung** nutrition

ernst serious(ly); **ernst nehmen** to take seriously

erobern, erobert to conquer

eröffnen, eröffnet to open (9); **ein Konto eröffnen** to open a bank account (5)

erreichbar reachable

erreichen, erreicht to reach (5, 12); to achieve

erscheinen (erscheint), erschien, ist erschienen to appear

das **Erscheinungsjahr, -e** year of publication

erschießen (erschießt), erschoss, erschossen to shoot dead

erschrocken frightened

erst (*adv.*) first; not until (4); **erst mal** for now; **erst um vier Uhr** not until four o'clock (4)

erst- first (*ordinal number*) (4); **am ersten Oktober** on the first of October (4); **der erste Oktober** the first of October (4); **erster Klasse fahren** to travel first class (10); **im ersten Stock** on the second floor (6); **zum ersten Mal** for the first time (4)

das **Erstaunen** astonishment

erstellen, erstellt to draw up

ersticken, ist erstickt to suffocate

erstmal *old spelling of* **erst mal** for now

das **Erststudium, Erststudien** undergraduate study

erteilen, erteilt to give

ertragen (erträgt), ertrug, ertragen to tolerate

ertränken, ertränkt to drown (*s.o./s.th.*)

erwachen, ist erwacht to wake up

erwachsen grown-up

erwarten, erwartet to expect (12)

die **Erwartung, -en** expectation

erwischen, erwischt to catch

erzählen, erzählt to tell (*a story, joke*) (3, 5); **Witze erzählen** to tell jokes (3)

das **Erzherzogtum, ¨er** archduchy

erziehen (erzieht), erzog, erzogen to raise, bring up

der/die **Erziehungsberechtigte, -n (ein Erziehungsberechtigter)** parent or legal guardian

es (*pron., neut. nom./acc.*) it (B); **Gibt es …?** Is there . . . ? / Are there . . . ? (A)

der **Esel, -** donkey

der/das **Essay, -s** essay

essen (isst), aß, gegessen to eat (2, 4); **zu Abend essen** to dine, have dinner (4)

das **Essen** food

der **Essig** vinegar (8)

die **Essiggurke, -n** pickle

das **Esszimmer, -** dining room (6)

(das) **Estland** Estonia

etablieren, etabliert to establish

etwa approximately

etwas something (2, 4, 5); anything (5); somewhat; a little; **etwas anderes** something else; **etwas Interessantes/Neues** something interesting/new (4); **Haben Sie etwas dagegen?** Do you have something for it (*illness*)? (11); **Sonst noch etwas?** Anything else? (5)

die **EU = die Europäische Union** European Union

euch (*infor. pl. pron., acc./dat.*) you; yourselves

euer, eu(e)re (*infor. pl.*) your

die **Eule, -n** owl

der **Euro, -** euro (*European monetary unit*) (7)

die **Eurocard** European credit card

(das) **Europa** Europe (B)

der **Europäer, -** / die **Europäerin, -nen** European (*person*)

europäisch European (*adj.*)

die **Europäische Union (EU)** European Union

die **Euroscheckkarte, -n** Eurocheque Card (*debit card*)

der **Euroschein, -e** *banknote in euros*; **der Zwanzigeuroschein, -e** twenty-euro note

die **Eurozone** *countries of the European Union in which the euro is the unit of currency*

evozieren, evoziert to evoke

ewig eternal(ly)

exakt exact(ly)

existieren, existiert to exist

exotisch exotic(ally) (7)

die **Explosion, -en** explosion

der **Exportartikel, -** export article

der **Expressionismus** expressionism

extra extra (10)

extrem extreme(ly)

der **Extremismus** extremism

der **Extremist, -en** (*wk.*) / die **Extremistin, -nen** extremist

extrovertiert extroverted

die **Fabel, -n** fable

die **Fabrik, -en** factory (5); **in der Fabrik** in the factory (5)

das **Fach, ¨er** academic subject (1)

die **Fachhochschule, -n** university of applied arts and sciences

der **Fachleistungskurs, -e** extension course

die **Fähigkeit, -en** ability, capability

fahren (fährt), fuhr, ist/hat gefahren to drive; to ride (2); **Auto fahren** to drive a car; **erster Klasse fahren** to travel first class (10); **ins Schwimmbad fahren** to drive/go to the swimming pool (1); **Kanu fahren** to go canoeing (10); **Rad fahren** to ride a bicycle (7); **Ski fahren** to ski (3)

Fahrenheit Fahrenheit (B)

der **Fahrer, -** / die **Fahrerin, -nen** driver (7)

der **Fahrgast, ¨e** passenger

die **Fahrkarte, -n** ticket (4)

der **Fahrkartenschalter, -** ticket window (7)

der **Fahrplan, ¨e** timetable, schedule

das **Fahrrad, ¨er** bicycle (2, 7); **Fahrrad fahren** to ride a bicycle

der **Fahrradhelm, -e** bicycle helmet (5)

der **Fahrstuhl, ¨e** elevator

die **Fahrt, -en** trip (7, 10)

das **Fahrzeug, -e** vehicle (7, 11)

der **Faktor, -en** factor

der **Fall, ¨e** fall, collapse; case; **auf jeden Fall** by all means (4)

fallen (fällt), fiel, ist gefallen to fall (9); **in Ohnmacht fallen** to faint (11); **schwer fallen** (+ *dat.*) to seem/feel difficult (*to s.o.*)

falls (*subord. conj.*) if; in case

falsch wrong(ly) (2); false(ly)

fälschen, gefälscht to fake

die **Familie, -n** family (B)

das **Familienfest, -e** family celebration

der **Familienname, -n** (*wk.*) family name, surname (A, 1)

familienversichert covered by family health insurance

der **Fan, -s** fan, enthusiast

der **Fanatiker, -** / die **Fanatikerin, -nen** fanatic (12)

fangen (fängt), fing, gefangen to catch

die **Fantasie, -n** imagination

fantastisch fantastic(ally)

die **Farbe, -n** color (A, 1); **Welche Farbe hat ...?** What color is . . . ? (A)

die **Farbensymbolik** color symbolism

der **Farbfilm** color film

fassen, gefasst to grab, grasp

fassungslos stunned; bewildered

fast almost (5)

fasten, gefastet to fast

das **Fast Food** fast food

faul lazy, lazily

die **Fauna** fauna; animal life

der **Februar** February (B)

die **Fee, -n** fairy (9)

fegen, gefegt to sweep (5)

fehlen (+ *dat.*), **gefehlt** to lack; to be missing (6); to be wrong with, be the matter with (*a person*) (11)

die **Feier, -n** celebration, party (9)

feierlich ceremonial, with ceremony

feiern, gefeiert to celebrate (4, 5)

der **Feiertag, -e** holiday (4)

fein fine(ly) (8)

der **Feind, -e** / die **Feindin, -nen** enemy

das **Feld, -er** field (7)

das **Fenster, -** window (B); **unter dem Fenster** under the window (5)

die **Fensterbank, ⸚e** windowsill (10)

die **Fensterscheibe, -n** windowpane (9)

die **Ferien** (*pl.*) vacation (1)

das **Ferienhaus, ⸚er** vacation house (4)

die **Fernreise, -n** long-distance trip

fern·sehen (sieht ... fern), sah ... fern, ferngesehen to watch TV (1)

das **Fernsehen** television

der **Fernseher, -** TV set (2)

die **Fernsehsendung, -en** TV show

das **Fernsehzimmer, -** TV room (10)

fertig ready; finished (3)

fertig·stellen, fertiggestellt to complete

fest steady; fixed

das **Fest, -e** celebration (4)

fest·nehmen (nimmt ... fest), nahm ... fest, festgenommen to arrest

fest·stehen (steht ... fest), stand ... fest, festgestanden to stand fast

fest·stellen, festgestellt to establish (8); to detect; to realize

die **Fete, -n** (*coll.*) party

fett fat; bold; **fett gedruckt** in bold print, boldface; **fette Jahre** good times, years of plenty

das **Fett, -e** fat

fettig fat(ty), greasy (8, 11)

feucht humid (B)

das **Feuer, -** fire (9)

die **Feuerwehr** fire department (11)

das **Fieber** fever (11)

fies nasty, nastily

die **Figur, -en** figure (12); character

der **Film, -e** film (2)

die **Finanzen** (*pl.*) finances

der **Finanzmarkt, ⸚e** financial market

finanziell financial(ly)

finden (findet), fand, gefunden to find (2); **Wie findest du das?** How do you like that?

der **Finger, -** finger (11)

der **Fingernagel, ⸚** fingernail (11)

(das) **Finnland** Finland (B)

die **Firma, Firmen** company, firm (3)

der **Fisch, -e** fish (8)

fischen, gefischt to fish

das **Fischfilet, -s** fish fillet

flach flat

der **Flachbildschirm, -e** flat-screen (monitor) (2)

die **Fläche, -n** surface (7); area

das **Fladenbrot, -e** unleavened bread

die **Flasche, -n** bottle (5)

der **Flaschenöffner, -** bottle opener (8)

die **Fledermaus, ⸚e** bat

das **Fleisch** meat (8)

das **Fleischchüechli** (*Swiss*) rissole, meatball, hamburger patty

der **Fleiß** diligence

fleißig industrious(ly) (12); diligent(ly)

die **Flexion, -en** (grammatical) inflection

die **Fliege, -n** fly (8)

fliegen (fliegt), flog, ist/hat geflogen to fly (1)

fliehen (flieht), floh, ist geflohen to flee

fließen (fließt), floss, ist geflossen to flow (7)

flippig (*coll.*) funky; stylish

der **Flohmarkt, ⸚e** flea market (2)

die **Flora** flora; plant life

der **Fluch, ⸚e** curse

fluchen, geflucht to curse, swear (11)

die **Flucht** flight; **auf der Flucht** on the run

flüchten, ist geflüchtet to flee (11)

der **Flug, ⸚e** flight (9)

das **Flugblatt, ⸚er** pamphlet

der **Flughafen, ⸚** airport (6)

das **Flugzeug, -e** airplane (7)

der **Fluss, ⸚e** river (7)

flüssig (*adj.*) liquid, fluid

flüstern, geflüstert to whisper

der **Föhn, -e** blow-dryer, hair-dryer

föhnen, geföhnt to blow dry (2); **die Haare föhnen** to blow dry hair (2); **sich (die Haare) föhnen** to blow dry (one's hair) (11)

die **Folge, -n** consequence, result; sequence

folgen (+ *dat.*), **ist gefolgt** to follow

folgend following

die **Folklore** folk music

foltern, gefoltert to torture

fördern, gefördert to promote, support

die **Forderung, -en** demand

die **Förderung** promotion, support

die **Forelle, -n** trout (8)

die **Form, -en** form

formal formal(ly)

die **Formalität, -en** formality (12)

das **Formular, -e** form (12)

fort away

fort·rennen (rennt ... fort), rannte ... fort, ist fortgerannt to run away

der **Fortschritt, -e** progress

(sich) **fort·setzen, fortgesetzt** to continue

die **Fortsetzung, -en** continuation

das **Forum, Foren/Fora** forum

das **Foto, -s** photo (1); **Fotos machen** to take photos

die **Fotografie** photography

fotografieren, fotografiert to take pictures (4)

die **Fotomontage** photomontage

die **Frage, -n** question (A); **eine Frage stellen** to ask a question (5)

fragen, gefragt to ask; (**nach** + *dat.*) to inquire (about); **nach dem Weg fragen** to ask for directions

der **Franken, -** (der **Schweizer Franken**) (*Swiss*) franc (8)

die **Frankfurter, -** frankfurter (sausage)

(das) **Frankreich** France (B)

der **Franzose, -n** (*wk.*) / die **Französin, -nen** French (*person*) (B)

französisch French (*adj.*)

(das) **Französisch** French (*language*) (B)

die **Frau, -en** woman; Mrs., Ms.; wife (A, B)

die **Frauensache, -n** woman's job, woman's concern

frech impudent(ly)

frei free(ly); empty, available (8); **in freier Natur** out in the open (country) (10); **Ist hier noch frei?** Is this seat available? (8)

der **Freigang** work-release day pass

frei·haben (hat ... frei), hatte ... frei, freigehabt to have free; to have time off

das **Freihandelsabkommen, -** free trade agreement

die **Freiheit, -en** freedom (12)

freiheitlich liberal(ly)

frei·lassen (lässt ... frei), ließ ... frei, freigelassen to set free

das **Freilichtmuseum, Freilichtmuseen** open-air museum

freischaffend freelance

der **Freitag, -e** Friday (1)

freitags on Friday(s)

das **Freiwild** fair game

freiwillig voluntary; optional; voluntarily, willingly

die **Freizeit** leisure time (1)

fremd foreign

der/die **Fremde, -n (ein Fremder)** foreigner

der **Fremdenhass** xenophobia

die **Fremdsprache, -n** foreign language (1)

fressen (frisst), fraß, gefressen to eat (*said of an animal*) (9)

die **Freude, -n** joy; pleasure (9); **vor Freude** for/with joy

sich **freuen, gefreut (über** + *acc.*) to be happy (about) (11); (**auf** + *acc.*) to look forward (to)

der **Freund, -e** / die **Freundin, -nen** friend; boyfriend/girlfriend (A)

freundlich friendly (B)

die **Freundschaft, -en** friendship

der **Frieden, -** peace (12)

der **Friedhof, ⸚e** cemetery

friedlich peaceful(ly)

frieren (friert), fror, gefroren to freeze

frisch fresh(ly) (8)

der **Friseur, -e** / die **Friseurin, -nen** hairdresser (5)

die **Frisur, -en** hairstyle

froh happy; cheerful

fröhlich happy; cheerful(ly)

der **Frosch, ⸚e** frog (9)

„Der Froschkönig" "The Frog Prince" (*fairy tale*)

die **Frucht, ⸚e** fruit

früh early (1); in the morning (4); **bis um vier Uhr früh** until four in the morning (4); **früher** former(ly); **morgen früh** tomorrow morning

der **Frühjahrsputz** spring cleaning (6)

der **Frühling, -e** spring (B); **im Frühling** in the spring (B)

das **Frühstück, -e** breakfast (2); **zum Frühstück** for breakfast

frühstücken, gefrühstückt to eat breakfast (1)

das **Frühstückszimmer, -** breakfast room/nook

der **Fuchs, ⸚e** fox

(sich) **fühlen, gefühlt** to feel (3, 11); to touch; **Ich fühle mich ...** I feel . . . (3); **sich wohl fühlen** to feel well (11); **Wie fühlst du dich?** How do you feel? (3)

führen, geführt to lead; **den Haushalt führen** (+ *dat.*) to keep house (for s.o.); **Krieg führen** to wage war

der **Führerschein, -e** driver's license (4)

die **Führungsposition, -en** leadership position

füllen, gefüllt to fill

das **Fundament, -e** foundation, basis

fünf five (A)

die **Fünf: eine Fünf** poor (*school grade*)

fünft- fifth (4)

fünfundzwanzig twenty-five (A)

fünfzehn fifteen (A)

fünfzehnt- fifteenth

fünfzig fifty (A)

der **Funk** radio

die **Funktion, -en** function

funktionieren, funktioniert to work, function

für (+ *acc.*) for (2); in favor of; **was für** what kind of (3)

furchtbar terrible, terribly (4)

sich **fürchten (vor** + *dat.*), **gefürchtet** to be afraid (of) (10)

fürs = für das for the

fusionieren, fusioniert to merge

der **Fuß, ⸚e** foot (B); **mit dem linken Fuß aufstehen** to get up on the wrong side of bed (4); **zu Fuß** on foot (3)

der **Fußball, ⸚e** soccer ball; soccer (A, 1)

der **Fußballplatz, ⸚e** soccer field

der **Fußgänger, -** pedestrian (7)

der **Fußgängerweg, -e** sidewalk

die **Fußgängerzone, -n** pedestrian mall (10)

das **Futter** feed; fodder

füttern, gefüttert to feed (9)

die **Gabel, -n** fork (8)

die **Galle, -n** gall

der **Gang, ⸚e** gear (7)

die **Gang, -s** gang

das **Gänseliesel** famous fountain in Göttingen

ganz whole (2); complete(ly); quite (2); rather; **den ganzen Tag** all day long (1); **die ganze Nacht** all night long (3); **ganz gut** quite good; **ganz schön viel** quite a bit (3)

gar: gar kein(e) no . . . at all; **gar nicht** not at all, not a bit (3); **gar nichts** nothing at all

die **Garage, -n** garage (6)

der **Garten, ⸚** garden (6); yard; **im Garten** in the garden (4)

der **Gartenschlauch, ⸚e** garden hose (6)

die **Gasse, -n** narrow street; alley (10)

der **Gast, ⸚e** guest; patron, customer

der **Gastarbeiter, -** / die **Gastarbeiterin, -nen** foreign worker

das **Gästehaus, ⸚er** bed and breakfast (inn) (10)

die **Gastfamilie, -n** host family

die **Gastfreundschaft** hospitality

das **Gastland, ⸚er** host country

die **Gaststätte, -n** restaurant (5); **in der Gaststätte** at the restaurant (5)

der **Gaul, ⸚e** horse

das **Gebäude, -** building (10)

geben (gibt), gab, gegeben to give (6); (**in** + *acc.*) to put (into) (8); **eine Party geben** to throw a party; **Es gibt ...** There is/are . . . (6); **geben Sie mir** give me (A); **Gibt es ...?** Is there . . . ? / Are there . . . ? (A, 6); **sich einen Termin geben lassen** to get an appointment (11)

das **Gebet, -e** prayer

das **Gebirge, -** mountains, mountain range (7)

geboren born (1); **Wann sind Sie geboren?** When were you born? (1)

gebraten (*p.p. of* **braten**) roasted; broiled; fried (8); **gebratene Eier** (*pl.*) fried eggs (8)

der **Gebrauch, ⸚e** use (12)

gebrauchen, gebraucht to use

der **Gebrauchtwagen, -** used car

die **Gebrüder** (*pl.*) brothers

die **Gebühr, -en** fee

die **Geburt, -en** birth

der **Geburtstag, -e** birthday (1, 2); **zum Geburtstag** for someone's birthday (2)

die **Geburtstagskarte, -n** birthday card (2)

der **Gedanke, -n** (*wk.*) thought; **sich Gedanken machen (über** + *acc.*) to think (about)

gedenken (+ *dat.*) (**gedenkt**), **gedachte, gedacht** to remember

das **Gedicht, -e** poem (3)

geduldig patient(ly) (12)

die **Gefahr, -en** danger (12)

gefährlich dangerous(ly) (10)

gefahrlos safe(ly)

gefallen (+ *dat.*) (**gefällt**), **gefiel, gefallen** to be to one's liking; to please (6); **es gefällt mir** I like it (6); **sich (etwas) gefallen lassen** (*coll.*) to put up with (s.th.)

der **Gefallen, -** favor

die **Gefangenschaft** captivity

das **Gefängnis, -se** prison; jail (6)

das **Gefrierfach, ⸚er** freezer compartment

die **Gefriertruhe, -n** freezer

das **Gefühl, -e** feeling (3)

gegen (+ *acc.*) against (9); around; **ein Medikament gegen** medicine for (11)

der **Gegenstand, ⸚e** object

gegenüber (+ *dat.*) opposite; across (6); (**von** + *dat.*) across from (10); **gleich gegenüber** right across the way (6)

gegenüber·stehen (+ *dat.*) (**steht ... gegenüber**), **stand ... gegenüber, gegenübergestanden** to stand opposite (*s.o./s.th.*)

der **Gegner, -** / die **Gegnerin, -nen** opponent

gegrillt (*p.p. of* **grillen**) grilled; broiled; barbecued (8)

geheim secret(ly); die **Geheime Staatspolizei (Gestapo)** Secret State Police (*in Nazi Germany*)

das **Geheimnis, -se** secret (5)

die **Geheimniskrämerei, -en** secret-mongering

geheimnisvoll mysterious(ly)

die **Geheimzahl, -en** secret PIN (personal identification number) (12)

gehen (geht), ging, ist gegangen to go; to walk (A); **auf eine Party gehen** to go to a party (1); **einkaufen gehen** to go shopping (1, 5); **ich gehe lieber ...** I'd rather go . . . (2); **in die Berge gehen** to go to the mountains (1); **in Erfüllung gehen** to come true; **ins Bett gehen** to go to bed (1); **nach Hause gehen** to go home (1); **schief gehen** to go wrong; **Wie geht es dir?** (*infor.*) / **Wie geht es Ihnen?** (*for.*) How are you? **zur Uni gehen** to go to the university (1) das **Gehirn, -e** brain (11)

gehören (+ *dat.*), **gehört** to belong to (*s.o.*) (6); **gehören zu** (+ *dat.*) to belong (*to s.th.*)

gehörlos deaf

gehorsam obedient(ly)

der **Gehorsam** obedience

die **Geige, -n** violin (3)

der **Geist** spirit, mind (8)

geistig mental(ly); intellectual(ly)

der **Geizhals, ⸚e** skinflint

gekocht (*p.p. of* **kochen**) cooked; boiled (8); **gekochte Eier** (*pl.*) boiled eggs (8)

das **Gel, -s** gel

gelb yellow (A)

das **Geld** money (2)

der **Geldautomat, -en** (*wk.*) automatic teller machine (ATM) (12)

die **Geldbörse, -n** purse; wallet

der **Geldbote, -n** (*wk.*) / die **Geldbotin, -nen** money runner

das **Geldgeschäft, -e** financial transaction

der **Geldschein, -e** note, bill (*of currency*) (12)

der/die **Gelehrte, -n (ein Gelehrter)** scholar

der/die **Geliebte, -n (ein Geliebter)** beloved friend, love (3)

gelingen (**gelingt**), **gelang**, **ist gelungen** to succeed

gelten (als) (**gilt**), **galt**, **gegolten** to be valid (as); to be regarded (as)

das **Gelüst, -e** craving

das **Gemälde, -** painting

gemein mean(ly) (8)

gemeinsam in common, together (6, 11)

die **Gemeinschaft, -en** community

gemeinschaftlich together

das **Gemisch, -e** mixture

gemischt (*p.p. of* **mischen**) mixed (8)

das **Gemüse, -** vegetable (8)

gemütlich cozy (10)

genau exact(ly) (B)

genauso just as

die **Generation, -en** generation

genießen (**genießt**), **genoss**, **genossen** to enjoy

der **Genosse, -n** (*wk.*) / die **Genossin, -nen** comrade

das **Genre, -s** genre

genug enough (3)

genügend sufficient(ly)

das **Genus, Genera** gender

die **Geografie** geography (B, 1)

geometrisch geometric(ally)

der **Gepard, -e** cheetah

gerade right now; just (at the moment); straight; upright; **gerade stellen** to straighten (3)

geradeaus straight ahead (10)

geradewegs straight; directly

das **Gerät, -e** appliance (8)

das **Geräusch, -e** sound, noise (9)

gerecht just(ly), fair(ly)

die **Gerechtigkeit** justice

das **Gericht, -e** court(house) (5); dish (8); **auf dem Gericht** at the courthouse (5)

der **Gerichtssaal, -säle** courtroom

gering low

der **Germane, -n** (*wk.*) / die **Germanin, -nen** ancient German, Teuton

germanisch Germanic (*adj.*)

der **Germanist, -en** (*wk.*) / die **Germanistin, -nen** Germanist, German scholar

die **Germanistik** (*sg.*) German studies

gern(e) gladly (5); willingly; with pleasure; (*with verb*) to like to; **ich habe ... gern** I like (*s.o./s.th.*); **ich hätte gern** I would like (to have) (*s.th.*) (5); **Trägst du gern ...?** Do you like to wear . . . ? (A); **Wir singen gern.** We like to sing. (1)

der **Geruch, ⸚e** smell

gesalzen salted (8)

gesamt whole; combined

die **Gesamtschule, -n** comprehensive school

das **Geschäft, -e** store (2)

geschäftlich (*relating to*) business

die **Geschäftsfrau, -en** businesswoman

der **Geschäftsführer, -** / die **Geschäftsführerin, -nen** manager (8)

der **Geschäftsmann, Geschäftsleute** businessman

geschehen (**geschieht**), **geschah**, **ist geschehen** to happen; to occur

das **Geschenk, -e** present (2)

der **Geschenkgutschein, -e** gift certificate (2)

die **Geschichte, -n** history (1); story

die **Geschichtsklausur, -en** history test

das **Geschirr** (*sg.*) dishes (4, 5); **Geschirr spülen** to wash the dishes (4)

der **Geschirrspüler, -** dishwasher (5)

die **Geschirrspülmaschine, -n** dishwasher

die **Geschlechterrolle, -n** gender role

geschlechtertypisch gender-biased, typical for a particular sex

der **Geschmack, ⸚er** taste

die **Geschwister** (*pl.*) brother(s) and sister(s), siblings (B)

die **Geselligkeit** sociability; conviviality

die **Gesellschaft, -en** society (12)

gesellschaftlich social(ly); societal(ly) (12)

das **Gesetz, -e** law

gesetzlich legal(ly); statutory

das **Gesicht, -er** face (B)

der **Gesichtsausdruck, ⸚e** facial expression

das **Gespräch, -e** conversation

gestalten, gestaltet to form; to create

die **Gestaltung, -en** design

das **Geständnis, -se** confession

die **Gestapo = die Geheime Staatspolizei** Secret State Police (*in Nazi Germany*)

die **Geste, -n** gesture

gestehen (**gesteht**), **gestand**, **gestanden** to confess

gestern yesterday (4); **gestern Abend** last night (4)

gestresst (*p.p. of* **stressen**) (*coll.*) stressed out; under stress

das **Gesuch, -e** request; application

gesund (**gesünder, gesündest-**) healthy (8)

die **Gesundheit** health (11)

das **Getöse** racket, din

das **Getränk, -e** beverage (8)

das **Getreide** grain

getrennt separate(ly); separate checks (5)

die **Gewalt** violence (12); force

das **Gewehr, -e** rifle

die **Gewerkschaft, -en** labor union

gewinnen (**gewinnt**), **gewann**, **gewonnen** to win (4); **in der Lotterie gewinnen** to win the lottery (5)

das **Gewitter, -** storm; thunderstorm

gewöhnlich ordinary, ordinarily

das **Gewürz, -e** spice; seasoning (8)

gießen (**gießt**), **goss**, **gegossen** to pour (8); to water (3); **die Blumen gießen** to water the flowers (3)

die **Gießkanne, -n** watering can

giftig poisonous (9)

der **Gipfel, -** mountaintop (7)

der **Gips** cast (*plaster*) (11)

die **Giraffe, -n** giraffe (10)

das **Girokonto, Girokonten** checking account (12)

die **Gitarre, -n** guitar (1)

der **Gitarrenverstärker, -** guitar amplifier

der **Gitarrist, -en** (*wk.*) / die **Gitarristin, -nen** guitarist

das **Glas, ⸚er** glass (5)

gläsern (*adj.*) (made of) glass (9)

die **Glatze, -n** bald head

glauben (**an** + *acc.*), **geglaubt** to believe (in) (2)

gleich (*adj.*) equal, same (12); (*adv.*) right away, immediately; right, directly (6); **gleich gegenüber** right across the way (6); **gleich um die Ecke** right around the corner (6)

gleichgeschlechtlich same-sex

das **Gleichgewicht** balance

das **Gleis, -e** (set of) train tracks (10)

der **Gletscher, -** glacier (7)

glitzern, geglitzert to twinkle

das **Glück** luck; happiness (3); **Glück haben** to have luck, be lucky; **Viel Glück!** Lots of luck! Good luck! (3)

glücklich happy, happily (B)

gnadenlos merciless(ly)

gnädig gracious, kind, dear; **gnädige Frau** *very formal way of addressing a woman*

das Gold gold

golden gold(en)

der Goldfisch, -e goldfish (11)

das Golf golf (1)

der Gott, ⁔er god; God (12); **grüß Gott** good afternoon; hello (*for.; southern Germany, Austria*) (A)

Göttinger (*adj.*) (of) Göttingen

der Gourmet, -s gourmet

der Gouverneur, -e governor

das Grab, ⁔er grave, tomb

graben (gräbt), grub, gegraben to dig

der Grad, -e degree; **18 Grad Celsius** 18 degrees Celsius (B)

die Grafik, -en drawing; graphic(s)

der Grafiker, - / die Grafikerin, -nen graphic designer

die Grammatik, -en grammar (A)

das Gras, ⁔er grass

gratulieren (+ *dat.*), **gratuliert** to congratulate (6)

grau gray (A)

grauen, gegraut: es graut mir/mich I dread

grausam cruel(ly) (9)

greifen (greift), griff, gegriffen to grab, grasp (11)

grell gaudy, shrill; cool, neat (2)

die Grenze, -n limit, border (12)

(das) Griechenland Greece (B)

griechisch Greek (*adj.*)

der Grill, -s grill, barbecue (2)

grinsen, gegrinst to grin

die Grippe, -n influenza, flu (11)

groß (größer, größt-) large, big; tall (B); great; in a big way; **ziemlich groß** pretty big (2)

großartig magnificent(ly)

(das) Großbritannien Great Britain (B)

die Größe, -n size; height (1)

die Großeltern (*pl.*) grandparents (B)

die Großmutter, ⁔ grandmother (B)

größtenteils for the most part

der Großvater, ⁔ grandfather (B)

grüezi hi (*Switzerland*) (A)

grün green (A); **Die Grünen** (*pl.*) The Greens (*political party*)

der Grund, ⁔e reason; basis; **Grund-** basic (*prefixed to nouns*); **im Grunde** in principle; basically

gründen, gegründet to found

die Grundlage, -n basis, foundation; principle

der Grundsatz, ⁔e principle

grundsätzlich in principle; fundamental(ly)

die Grundschule, -n elementary school (9)

das Grundstück, -e property, lot (*land*)

die Gründung, -en foundation, establishment

das Grundwasser ground water

die Gruppe, -n group

der Gruselfilm, -e horror film (2)

der Gruß, ⁔e greeting (9)

grüßen, gegrüßt to greet; to say hello to (10); **grüß dich** hello (*infor.; southern Germany, Austria*); **grüß Gott** good afternoon; hello (*for.; southern Germany, Austria*) (A)

die Grütze, -n groats; **rote Grütze** red fruit pudding

gucken, geguckt (*coll.*) to look (at); to watch

die Gültigkeit validity

der Gummibaum, ⁔e rubber tree

die Gurke, -n cucumber (8); **saure Gurken** (*pl.*) pickles (8)

der Gurt, -e strap

der Gürtel, - belt (2)

gut good; well; **Das passt gut.** That fits well. (11); **Das steht / Die stehen dir gut!** That looks / Those look good on you! (2); **Es ist gut ausgegangen.** It ended well. (7); **Es sieht gut aus.** It looks good. (2); **ganz gut** very good; quite well; **gut gekleidet sein** to be well dressed (2); **guten Abend** good evening (A); **guten Morgen** good morning (A); **guten Tag** good afternoon; hello (*for.*) (A); **mach's gut** take care (*infor.*) (A)

die Güte goodness; **Du meine Güte!** (*coll.*) My goodness!

das Guthaben, - bank balance (12)

das Gymnasium, Gymnasien high school, college preparatory school (6)

das Haar, -e hair (A, B, 11); **die Haare föhnen** to blow dry hair (2); **Haare schneiden** to cut hair (3); **sich die Haare föhnen** to blow dry one's hair (11); **sich die Haare kämmen** to comb one's hair (11)

die Haarfarbe, -n color of hair (1)

die Haarmode, -n hairstyle

der Haarschnitt, -e haircut (2)

der Haarstreifen, - strip of hair

der Haartrockner, - hair dryer (2)

haben (hat), hatte, gehabt to have (A); **Angst haben (vor** + *dat.***)** to be afraid (of) (3); **es eilig haben** to be in a hurry (8); **Haben Sie etwas dagegen?** Do you have something for it (*illness*)? (11); **Hunger haben** to be hungry (3); **ich habe ... gern** I like (*s.o./s.th.*); **ich hätte gern** I would like to (have) (*s.th.*) (5); **Interesse haben an** (+ *dat.*) to be interested in (5); **Lust haben** to feel like (*doing s.th.*) (3); **recht haben** to be right (2); **Welche Farbe hat ...?** What color is . . . ? (A)

die Habgier greed

der Habsburger, - Habsburg

das Hackfleisch ground beef (or pork) (8)

der Hafen, ⁔ harbor, port (10)

das Hähnchen, - (grilled) chicken

der Hai, -e shark (10)

der Haken, - hook (8)

halb half; **um halb drei** at two thirty (1)

die Halbinsel, -n peninsula (7)

die Hälfte, -n half

hallo hi (*infor.*) (A)

der Hals, ⁔e neck; throat (9)

die Halsentzündung, -en inflammation of the throat

die Halskette, -n necklace (2)

die Halsschmerzen (*pl.*) sore throat (11)

das Halstuch, ⁔er bandanna

halten (hält), hielt, gehalten to hold (4); to keep; to stop (7); **ein Referat halten** to give a paper / oral report (4); **halten für** (+ *acc.*) to consider; to think of as; **halten von** (+ *dat.*) to think of (12); **sich halten an** (+ *acc.*) to keep to, follow

die Haltestelle, -n stop (10)

die Haltung, -en posture

der Hamburger, - hamburger

hämisch malicious(ly)

der Hammer, ⁔ hammer (8)

der Hamster, - hamster (10)

die Hand, ⁔e hand (B); **die Hand schütteln** to shake hands (A)

handeln, gehandelt to act; **handeln von** (+ *dat.*) to be about

die Handlung, -en action; plot

der Handschuh, -e glove (2)

das Handtuch, ⁔er hand towel (8)

handwerklich handy

das Handy, -s cellular phone (2)

hängen (hängt), hing, gehangen to hang, be in a hanging position (3)

hängen, gehängt to hang (up), put in a hanging position (3); **das Bild an die Wand hängen** to hang the picture on the wall (3)

(das) Hannover Hanover

die Hanse Hanseatic League

harmlos harmless(ly)

hart (härter, härtest-) hard

hartnäckig obstinate(ly), stubborn(ly)

der Hartz IV-Typ, -en (*wk.*) (*coll.*) person who collects unemployment benefits

der Hase, -n (*wk.*) hare

hassen, gehasst to hate (9)

hässlich ugly (2)

die Haube, -n bonnet; cap

häufig often, frequent(ly); common(ly)

Haupt- main (*prefixed to nouns*)

die Hauptabstammung, -en main line of descent

hauptsächlich main(ly), principal(ly)

die Hauptstadt, ⁔e capital city (B)

das Haus, ⁔er house (1, 2, 6); home (2); **nach Hause gehen** to go home (1, 10); **zu Hause sein** to be at home (A, 1, 10)

der Hausarrest, -e house arrest

der Hausarzt, ⁔e / die Hausärztin, -nen family doctor (11) die **Hausaufgabe, -n** homework (assignment) (A)

der **Hausbesitzer, -** / die **Hausbesitzerin, -nen** homeowner

das **Häuschen, -** small house, cottage

die **Hausfrau, -en** housewife, (*female*) homemaker

der **Haushalt, -e** household; housekeeping (9)

häuslich domestic

der **Hausmann, ¨er** (*male*) homemaker

der **Hausmeister, -** / die **Hausmeisterin, -nen** custodian (5)

das **Hausmittel, -** home remedy

die **Hausnummer, -n** house number (1)

der **Hausschlüssel, -** house key (9)

der **Hausschuh, -e** slipper

das **Haustier, -e** pet (10)

die **Haut, ¨e** skin (11)

heben (hebt), hob, gehoben to lift, raise

die **Hefe, -n** yeast

das **Heft, -e** notebook (B)

das **Heidebrot, -e** *type of rye-wheat bread from northwestern Germany*

heilen, geheilt to heal (5)

die **Heilpflanze, -n** medicinal plant

die **Heimat, -en** home, hometown, homeland (12)

das **Heimatland, ¨er** homeland

die **Heimatstadt, ¨e** hometown (6)

heimlich secret(ly) (9)

das **Heimweh** homesickness (3); **Heimweh haben** to be homesick (3)

die **Heirat, -en** marriage

heiraten, geheiratet to marry (3, 5)

heiß hot (B)

heißen (heißt), hieß, geheißen to be called, to be named (A); **Ich heiße ...** My name is . . . (A); **Wie heißen Sie?** (*for.*) / **Wie heißt du?** (*infor.*) What's your name? (A)

heiter cheerful(ly)

die **Heizung, -en** heating

der **Held, -en** (*wk.*) / die **Heldin, -nen** hero/heroine

helfen (+ dat.) (hilft), half, geholfen to help (6)

hell light (6); bright(ly)

das **Hemd, -en** shirt (A)

her (to) here, hither; this way (10); **hin und her** to and fro; back and forth; **von (+ dat.) ... her** as far as . . . is concerned

herab·kommen (kommt ... herab), kam ... herab, ist herabgekommen to come down

herauf·holen, heraufgeholt to bring up, retrieve

heraus out this way (10); (**aus +** *dat.* **heraus**) out (of)

heraus·bringen (bringt ... heraus), brachte ... heraus, herausgebracht to bring out; to utter, say

heraus·finden (findet ... heraus), fand ... heraus, herausgefunden to find out

die **Herausforderung, -en** challenge

der **Herausgeber, -** / die **Herausgeberin, -nen** publisher; editor

heraus·kommen (kommt ... heraus), kam ... heraus, ist herausgekommen to come out this way (10)

heraus·springen (springt ... heraus), sprang ... heraus, ist herausgesprungen to jump out

sich **heraus·stellen, herausgestellt** to turn out

heraus·suchen, herausgesucht to pick out

heraus·ziehen (zieht ... heraus), zog ... heraus, herausgezogen to pull out

herb sharp; harsh; bitter

herbei·schleppen, herbeigeschleppt to drag (*s.th.*) over

die **Herbergseltern** (*pl.*) wardens of a youth hostel

der **Herbst, -e** fall, autumn (B)

der **Herd, -e** stove (5)

herein in this way (10)

herein·holen, hereingeholt to bring in

herein·kommen (kommt ... herein), kam ... herein, ist hereingekommen to get/go in this way (10)

her·gehen (geht ... her), ging ... her, ist hergegangen to go along

her·kommen (kommt ... her), kam ... her, ist hergekommen to come this way (10)

die **Herkunft, ¨e** origin (B); nationality

der **Herr, -en** (*wk.*) gentleman; Mr. (A); master

die **Herrschaft, -en** rule; dominion

herrschen, geherrscht to reign, dominate (8)

der **Herrscher, -** / die **Herrscherin, -nen** ruler

her·schauen, hergeschaut (*coll.*) to look this way

her·stellen, hergestellt to produce

die **Herstellung** production, manufacture

herum around, round about; **um (+** *acc.*) **... herum** around

herum·gehen (um + *acc.*) **(geht ... herum), ging ... herum, ist herumgegangen** to go around (*s.th.*)

herum·schwirren, ist herumgeschwirrt to buzz around

herum·tragen (trägt ... herum), trug ... herum, herumgetragen to carry around

herum·trampeln, hat/ist herumgetrampelt to stomp around

herunter down (*toward the speaker*) (11)

herunter·klettern, ist heruntergeklettert to climb down (11)

herunter·kommen (kommt ... herunter), kam ... herunter, ist heruntergekommen to come down

herunter·laden (lädt ... herunter), lud ... herunter, heruntergeladen to download

herunter·steigen (steigt ... herunter), stieg ... herunter, ist heruntergestiegen to climb down

herunter·werfen (wirft ... herunter), warf ... herunter, heruntergeworfen to throw down

hervor·gehen (geht ... hervor), ging ... hervor, ist hervorgegangen to emerge

hervor·rennen (rennt ... hervor), rannte ... hervor, ist hervorgerannt to run out in front

hervor·rufen (ruft ... hervor), rief ... hervor, hervorgerufen to evoke, call forth (1)

das **Herz, -en** heart (11)

der **Herzanfall, ¨e** heart attack

die **Herzfrequenz, -en** heart rate

der **Herzinfarkt, -e** heart attack

herzlich hearty, heartily

das **Herzogtum, ¨er** duchy

die **Herzschmerzen** (*pl.*) heartache

heute today (B); **heute Abend** this evening (2); **heute früh** this morning; **heute Morgen** this morning; **Welcher Tag ist heute?** What day is today? (1); **Welches Datum ist heute?** What is today's date? (4)

heutig (*adj.*) of today; present-day

die **Hexe, -n** witch (9)

hier here (A); **Ist hier noch frei?** Is this seat available? (8)

die **Hierarchie, -n** hierarchy

hierher (to) here, hither

die **Hilfe, -n** help; **Hilfe!** Help! (11)

der **Himmel, -** sky; heaven(s)

himmlisch heavenly

hin (to) there, thither; that way (10); **die Hin- und Rückfahrt** round-trip (7); **hin und her** to and fro; back and forth; **hin und wieder** now and then; **hin und zurück** there and back; round-trip (5, 10); **Wo willst du denn hin?** Where are you going? (A)

hinauf up that way (10)

hinauf·gehen (geht ... hinauf), ging ... hinauf, ist hinaufgegangen to go up that way (10)

hinauf·steigen (steigt ... hinauf), stieg ... hinauf, ist hinaufgestiegen to climb up

hinaus·bringen (bringt ... hinaus), brachte ... hinaus, hinausgebracht to bring out

hinaus·gehen (geht ... hinaus), ging ... hinaus, ist hinausgegangen to go out

hinaus·werfen (wirft ... hinaus), warf ... hinaus, hinausgeworfen to throw out

hin·bringen (bringt ... hin), brachte ... hin, hingebracht to take (*s.o./s.th. somewhere*)

das **Hindernis, -se** obstacle

hinein in(ward) (9); (**in +** *acc.*) into

hinein·beißen (beißt ... hinein), biss ... hinein, hineingebissen to bite in

hinein·biegen (biegt ... hinein), bog ... hinein, ist hineingebogen to turn

hinein·geben (gibt ... hinein), gab ... hinein, hineingegeben to put in

hinein·geraten (in + *acc.*) **(gerät ... hinein), geriet ... hinein, ist hineingeraten** to get (into)

hinein·laufen (in + *acc.*) **(läuft ... hinein), lief ... hinein, ist hineingelaufen** to run (into)

hinein·mischen, hineingemischt to mix in

sich **hinein·trauen, hineingetraut** to dare to go inside

hin·fahren (fährt ... hin), fuhr ... hin, ist hingefahren to go/drive (that way)

die **Hinfahrt, -en** journey there; outbound journey; **die Hin- und Rückfahrt** round-trip (7)

hin·fallen (fällt ... hin), fiel ... hin, ist hingefallen to fall down (11)

hin·gehen (geht ... hin), ging ... hin, ist hingegangen to go that way (10)

sich **hin·legen, hingelegt** to lie down (11)

hin·richten, hingerichtet to execute

hin·schauen, hingeschaut to look

sich **hin·setzen, hingesetzt** to sit down

sich **hin·stellen, hingestellt** to stand; to position oneself

hinten in the back

hinter (*prep. + dat./acc.*) behind; (*adj.*) back

hintereinander in a row (3)

der **Hintergrund, -̈e** background

der **Hinterhof, -̈e** courtyard

hinterher afterwards

hinterlassen (hinterlässt), hinterließ, hinterlassen to leave behind

hinüber over that way (10)

hinüber·gehen (geht ... hinüber), ging ... hinüber, ist hinübergegangen to go over that way (10)

hinüber·rufen (ruft ... hinüber), rief ... hinüber, hinübergerufen to call over

hinüber·ziehen (zieht ... hinüber), zog ... hinüber, hinübergezogen to pull over/across

hinunter·gehen (geht ... hinunter), ging ... hinunter, ist hinuntergegangen to go/walk down

hinunter·tauchen, ist hinuntergetaucht to dive down

hinweg: über viele Jahrhunderte hinweg for many centuries

hin·weisen (auf + *acc.***) (weist ... hin), wies ... hin, hingewiesen** to point (to)

hinzu·fügen, hinzugefügt to add

der **Hirschbraten, -** roast venison

historisch historical(ly)

der **Hit, -s** (*coll.*) hit

die **Hitze** heat

das **Hobby, -s** hobby (1)

hoch (höher, höchst-) high(ly) (7); **einen hohen Lebensstandard haben** to have a high standard of living

das **Hochhaus, -̈er** high-rise building (6)

hoch·heben (hebt ... hoch), hob ... hoch, hochgehoben to lift up

hochqualifiziert highly qualified

der **Hochschulabschluss, -̈e** college/university degree

die **Hochschule, -n** college, university

der **Höchstsatz, -̈e** maximum rate

der **Hochstuhl, -̈e** high chair

der **Hochverrat** high treason

die **Hochzeit, -en** wedding

hoffen, gehofft to hope (3)

die **Hoffnung, -en** hope (2)

höflich polite(ly)

die **Höhe, -n** height; amount (*of money*) (12)

der **Höhepunkt, -e** highlight (7)

die **Höhle, -n** cave

holen, geholt to fetch, (go) get (9)

(das) **Holland** Holland (B)

holländisch Dutch (*adj.*) (8)

das **Holz, -̈er** wood (12)

die **Holzschindel, -n** wooden shingle

homogen homogeneous

der **Honig** honey (8)

hoppla oops

hören, gehört to hear; to listen (to) (1)

das **Horoskop, -e** horoscope

der **Hörsaaldiener, -** / die **Hörsaaldienerin, -nen** lecture hall custodian

die **Hose, -n** pants, trousers (A)

das **Hotel, -s** hotel (2, 5); **im Hotel** at the hotel (5)

hübsch pretty (A, 2)

der **Hügel, -** hill (7)

das **Huhn, -̈er** chicken

die **Hühnersuppe, -n** chicken soup

humorvoll humorous(ly)

der **Hund, -e** dog (2)

das **Hundefutter** dog food

die **Hunderasse, -n** breed of dog

hundert hundred (A)

hundertst- hundredth (4)

der **Hunger** hunger (3); **Hunger haben** to be hungry (3)

hungrig hungry, hungrily (9)

die **Hupe, -n** horn (7)

hupen, gehupt to honk (7)

husten, gehustet to cough

der **Husten, -** cough (11)

das **Hustenbier** warm beer with honey

das **Hustenbonbon, -s** cough drop

der **Hustenreiz** tickling in the throat; need to cough

der **Hustensaft, -̈e** cough syrup (11)

der **Hut, -̈e** hat (A)

der **Hybrid, -e** hybrid (car)

die **Hymne, -n** hymn; anthem

die **Hypnose, -n** hypnosis

die **Hysterie, -n** hysteria

die **IAÄGP = die Internationale Allgemeine Ärztliche Gesellschaft für Psychotherapie** International General Medical Society for Psychotherapy

ich I

ideal ideal(ly) (12)

die **Idee, -n** idea (10)

identifizieren, identifiziert to identify

die **Identität, -en** identity

das **Idol, -e** idol

das **Iglu, -s** igloo

ihm (*dat.*) him, it

ihn (*acc.*) him, it (2)

ihnen (*dat.*) them

Ihnen (*for. dat.*) you

ihr (*dat. sg.*) her; (*infor. nom. pl.*) you

ihr(e) her, its (1, 2); their (2)

Ihr(e) (*for.*) your (B, 2)

illegal illegal(ly) (12)

illusionslos without illusions

im = in dem in the; see **in**

immer always (3); **immer mehr** more and more; **immer noch** still

die **Immobilien** (*pl.*) real estate

impfen (gegen + *acc.***), geimpft** to vaccinate (against) (10)

das **Importland, -̈er** importer, country that imports

impressionistisch impressionistic(ally)

das **Impressum, Impressen** imprint

in (+ *dat./acc.*) in; into; at (A, 4); **im Ausland** abroad (6); **im Büro** at the office (5); **im ersten Stock** on the second floor (6); **im Frühling** in the spring (B); **im Internet surfen** to surf the Internet (1); **im Januar** in January (B); **im Moment** at the moment; right now (1); **in den Bergen wandern** to hike in the mountains (1); **in der Nähe** in the vicinity (6); **in der Schule** at school (5); **in der Woche** during the week (1); **in die Berge gehen** to go to the mountains (1); **in Eile sein** to be in a hurry (3); **ins Bett gehen** to go to bed (1); **ins Schwimmbad fahren** to drive/go to the swimming pool (1)

inbegriffen included (10)

indem (*subord. conj.*) while; as

indirekt indirect(ly)

indoeuropäisch Indo-European (*adj.*)

indogermanisch Indo-European (*adj.*)

die **Industrie, -n** industry

ineinander in one another; **sich ineinander verlieben** to fall in love with each other

der **Infinitiv, -e** infinitive

die **Info, -s** (*coll.*) info, information

die **Informatik** computer science (1)

die **Information, -en** information (4)

(sich) **informieren (über** + *acc.***), informiert** to inform (o.s.) (about) (12)

der **Inhalt, -e** contents

die **Initiative, -n** initiative

inklusive (inkl.) included (*utilities*) (6)

die **Innenstadt, -̈e** downtown (6)

das **Innere (ein Inneres)** inside

ins = in das in(to) the

insbesondere especially

die **Inschrift, -en** inscription

die **Insel, -n** island (7)

insgesamt altogether

installieren, installiert to install

das **Institut, -e** institute (7)

die **Instruktion, -en** instruction

das **Instrument, -e** instrument (12)

die **Integration, -en** integration (12)

integrieren, integriert to integrate (12)

der/die **Intellektuelle, -n (ein Intellektueller)** intellectual

intelligent intelligent(ly) (7)

die **Intelligenz, -en** intelligence

intensiv intensive(ly)

interessant interesting (7); **etwas Interessantes** something interesting (4)

das **Interesse, -n** interest (5); **Interesse haben an** (+ dat.) to be interested in (5)

interessieren, interessiert to interest (5); **sich interessieren für** (+ acc.) to be interested in (5)

international international(ly)

das **Internet** Internet; **im Internet surfen** to surf the Internet (1)

das **Interview, -s** interview (4)

interviewen, interviewt to interview

introvertiert introverted

inzwischen in the meantime, meanwhile

das **iPad, -s** iPad

der **iPod, -s** iPod

der **Iran** Iran

irgendetwas something; anything

irgendwann sometime; anytime

(das) **Irland** Ireland (B)

ironisch ironic(ally)

islamisch Islamic

(das) **Italien** Italy (B)

italienisch Italian (adj.)

(das) **Italienisch** Italian (language) (B)

ja yes; indeed (4); **Das ist es ja!** That's just it! (4); **wenn ja** if so

die **Jacke, -n** jacket (A)

die **Jackentasche, -n** jacket pocket

jagen, gejagt to hunt

der **Jäger, -** / die **Jägerin, -nen** hunter (9)

das **Jahr, -e** year (B); **im Jahr(e) ...** in the year . . . ; **seit zwei Jahren** for (the last) two years (4)

der **Jahrestag, -e** anniversary

die **Jahreszahl, -en** date (year)

die **Jahreszeit, -en** season (B)

das **Jahrhundert, -e** century

-jährig -year-old (adj.)

jährlich annual(ly)

das **Jahrzehnt, -e** decade (4)

jammern, gejammert to wail, moan

der **Januar** January (B); **im Januar** in January (B)

japanisch Japanese (adj.) (8)

je ever; each; **je nach Betrag** depending on the amount

je (interj.): **Oh je!** Oh dear!

die **Jeans** (pl.) jeans (2)

die **Jeansjacke, -n** denim jacket

jedenfalls in any case (11)

jeder, jedes, jede each; every (3, 5); **auf jeden Fall** by all means (4); **jede Woche** every week (3); **jeden Tag** every day (1)

jederzeit at any time

jedoch however

jeher: seit jeher always; since time immemorial

jemand someone, somebody (3)

jener, jenes, jene (dem. pron.) that, those

jetzig present, current

jetzt now (3)

jeweilig particular

jeweils each time; each; every

der **Job, -s** job

das **Joch, -e** yoke

joggen, ist gejoggt to jog

der **Joghurt** yogurt

(der) **Jom Kippur** Yom Kippur (Jewish holiday)

journalistisch journalistic(ally)

der **Jude, -n** (wk.) / die **Jüdin, -nen** Jewish man/woman

jüdisch Jewish

die **Jugend** youth (9); young people

die **Jugendherberge, -n** youth hostel (10)

der/die **Jugendliche, -n (ein Jugendlicher)** young person

der **Jugendschutz** protection of young people

das **Jugendschutzgesetz, -e** law for the protection of minors

die **Jugendsünde, -n** youthful folly

(das) **Jugoslawien** Yugoslavia

der **Juli** July (B)

jung (jünger, jüngst-) young (B)

der **Junge, -n** (wk.) boy

der **Jünger, -** / die **Jüngerin, -nen** disciple

der **Juni** June (B)

das **Jurastudium** law study

der **Jux, -e** joke; prank

der **Kaffee** coffee (1)

der **Kaffeefilter, -** coffee filter

die **Kaffeemaschine, -n** coffee machine (5)

die **Kaffeemühle, -n** coffee grinder

der **Käfig, -e** cage (10)

kahl bald

(das) **Kairo** Cairo

der **Kaiser, -** / die **Kaiserin, -nen** emperor/empress

kaiserlich imperial

das **Kaiserreich, -e** empire

der **Kaiserschmarren** pancake pieces sprinkled with powdered sugar and served with fruit sauce

der **Kakao** cocoa; hot chocolate (8)

kalorienarm low in calories

kalorienbewusst calorie-conscious

kalt (kälter, kältest-) cold(ly) (B)

das **Kamel, -e** camel

die **Kamera, -s** camera (2)

der **Kamillentee** chamomile tea

der **Kamin, -e** hearth, fireplace

der **Kamm, ̈-e** comb

kämmen, gekämmt to comb (3); **sich (die Haare) kämmen** to comb one's hair (11)

der **Kampf, ̈-e** battle; struggle

kämpfen, gekämpft to fight (9)

(das) **Kanada** Canada (B)

der **Kanadier, -** / die **Kanadierin, -nen** Canadian (person) (B)

der **Kandidat, -en** (wk.) / die **Kandidatin, -nen** candidate (12)

das **Känguru, -s** kangaroo (10)

das **Kaninchen, -** rabbit

der **Kanton, -e** canton (division of Switzerland)

das **Kanu, -s** canoe (10); **Kanu fahren** to go canoeing (10)

der **Kapitalismus** capitalism

kapitalistisch capitalistic

das **Kapitel, -** chapter (A)

das **Käppchen, -** little cap; little hood

kaputt broken (A)

kaputt·machen, kaputtgemacht to break; to ruin

Karl der Große Charlemagne

das **Karnickel, -** rabbit (dialectal)

(das) **Kärnten** Carinthia

die **Karotte, -n** carrot (8)

die **Karriere, -n** career

die **Karte, -n** card; ticket; map (1, 2)

die **Kartoffel, -n** potato (8)

der **Kartoffelbrei** mashed potatoes

der **Kartoffelchip, -s** potato chips

der **Käse, -** cheese (8)

die **Kasse, -n** ticket booth (5); cashier window (12); **an der Kasse** at the ticket booth (5)

das **Kassler, -s** salted and smoked pork

die **Kastanie, -n** chestnut

der **Kasus, -** (grammatical) case

die **Kategorie, -n** category

der **Kater, -** tomcat; hangover (11)

die **Katze, -n** cat (2)

der **Katzenliebhaber, -** / die **Katzenliebhaberin, -nen** cat lover

kauen, gekaut to chew (11)

kaufen, gekauft to buy (1)

der **Käufer, -** / die **Käuferin, -nen** buyer; customer

das **Kaufhaus, ⸚er** department store (5); **im Kaufhaus** at the department store (5)

(das) **Kaufland** *department store chain*

das **Kaufmannshaus, ⸚er** merchant's house

kaum hardly

die **Kaution, -en** security deposit

der **Kaviar, -e** caviar

kein(e) no; none (2); **gar kein(e)** no . . . at all; **kein bisschen** not at all (3); **kein Wunder** no wonder (4)

der **Keller, -** basement, cellar (4, 6)

der **Kellner, -** / die **Kellnerin, -nen** waiter/waitress (8)

kennen (kennt), kannte, gekannt to know, be acquainted with (B)

kennen·lernen, kennengelernt to meet, get acquainted with (1)

die **Kenntnisse** (*pl.*) skills; knowledge about a field (5)

kennzeichnen, gekennzeichnet to label; to characterize

der **Kern, -e** seed, pit

die **Kerze, -n** candle (3)

die **Kette, -n** chain

der **Kilometer, -** kilometer (2)

der **Kilometerstand** mileage

das **Kind, -er** child (B)

der **Kindergarten, ⸚** kindergarten (6)

das **Kindergeld** child benefit/allowance

der **Kinderreim, -e** nursery rhyme

der **Kinderwagen, -** baby carriage (7)

die **Kindheit** childhood (9)

das **Kino, -s** movie theater, cinema (1); **ins Kino gehen** to go to the movies (1)

die **Kinokarte, -n** movie ticket

die **Kirche, -n** church (5); **in der Kirche** at church (5)

der **Kirchenbau, -ten** church building

das **Kissen, -** cushion, pillow

die **Kiwi, -s** kiwi (fruit)

Kl. = die **Klasse, -n** class

die **Klammer, -n** bracket; parenthesis

die **Klamotten** (*pl., coll.*) clothes

der **Klang, ⸚e** sound; tone

die **Klapperschlange, -n** rattlesnake

klar clear(ly); **Klar!** Of course! (2)

die **Klarinette, -n** clarinet

klasse (*coll.*) great

die **Klasse, -n** class (5, 10); grade, level (9); **erster Klasse fahren** to travel first class (10)

die **Klassenarbeit, -en** (written) class test

der **Klassenkamerad, -en** (*wk.*) / die **Klassenkameradin, -nen** classmate

der **Klassenlehrer, -** / die **Klassenlehrerin, -nen** homeroom teacher

das **Klassentreffen, -** class reunion (9)

die **Klassik** classical period

klassisch classical

klassizistisch classical

klauen, geklaut (*coll.*) to steal

das **Klavier, -e** piano (2)

die **Klavierstunde, -n** piano lesson

kleben, geklebt to stick, adhere; to be sticky

das **Kleid, -er** dress (A); (*pl.*) clothes

(sich) **kleiden, gekleidet** to clothe (o.s.); **gut gekleidet sein** to be well dressed (2)

der **Kleiderschrank, ⸚e** clothes closet, wardrobe (6)

die **Kleidung** clothes (A, 2)

klein small, little; short (B)

klettern, ist geklettert to climb (9)

das **Klima, -s** climate

klingeln, geklingelt to ring (2)

klingen (wie) (klingt), klang, geklungen to sound (like) (11); (**nach** + *dat.*) to sound (like)

die **Klinik, -en** clinic; hospital

die **Klinke, -n** door handle

klopfen, geklopft to knock

der **Kloß, ⸚e** dumpling

das **Kloster, ⸚** cloister; monastery; convent

der **Klub, -s** club; nightclub

km = der **Kilometer, -** kilometer

knacken, geknackt to crack; (*coll.*) to break into

knapp meager; scarce(ly); just, barely (4)

die **Kneipe, -n** bar, tavern (1, 4)

das **Knie, -** knee

der **Knoblauch** garlic (8)

der **Knochen, -** bone

der **Knödel, -** dumpling (8)

der **Knopf, ⸚e** button

knuddeln, geknuddelt to hug

knuspern (an + *dat.***), geknuspert** to nibble noisily (at)

die **Koalition, -en** coalition (12)

der **Koch, ⸚e** / die **Köchin, -nen** cook, chef (5)

kochen, gekocht to cook (1); to boil

der **Koffer, -** suitcase (3)

der **Kofferraum, ⸚e** trunk (7)

der **Kognak, -s** cognac

der **Kohl** cabbage (8)

der **Kolibri, -s** hummingbird

der **Kollege, -n** (*wk.*) / die **Kollegin, -nen** colleague, co-worker

kollektiv collective(ly)

(das) **Köln** Cologne

kolumbianisch Colombian (*adj.*)

das **Koma, -s** coma

die **Kombination, -en** combination

kombinieren, kombiniert to combine (3)

der **Komfort** comfort

komisch funny, strange (10)

kommen (kommt), kam, ist gekommen to come (B); **kommen aus** (+ *dat.*) to come from (*a place*) (B); **auf andere Gedanken kommen** to keep one's mind off something;

das kommt daher … the reason for that is . . . ; **Woher kommst du?** Where do you come from? (*infor.*); **zu Besuch kommen** to visit (3)

der **Kommentar, -e** commentary

kommentieren, kommentiert to comment on

der **Kommilitone, -n** (*wk.*) / die **Kommilitonin, -nen** fellow student

die **Kommode, -n** dresser (6); chest of drawers

die **Kommunikation, -en** communication

die **Komödie, -n** comedy

komponieren, komponiert to compose

der **Komponist, -en** (*wk.*) / die **Komponistin, -nen** composer

das **Kompositum, Komposita** compound noun

der **Kompromiss, -e** compromise

die **Konferenz, -en** conference

die **Konfession, -en** religious denomination, church

der **Konflikt, -e** conflict (12)

konform in agreement

der **König, -e** / die **Königin, -nen** king/queen (9)

königlich royal

die **Konjunktion, -en** conjunction

können (kann), konnte, gekonnt to be able (to), can (1); may (3)

konservativ conservative(ly) (B)

das **Konservatorium, Konservatorien** conservatory

der **Konsonant, -en** (*wk.*) consonant

die **Konstellation, -en** constellation

der **Kontakt, -e** contact

der **Kontinent, -e** continent

das **Konto, Konten** bank account (5); **ein Konto eröffnen** to open a bank account (5)

der **Kontostand, ⸚e** balance; account status

der **Kontrast, -e** contrast

die **Kontrolle, -n** control; scrutiny

der **Kontrolleur, -e** / die **Kontrolleurin, -nen** police inspector

kontrollieren, kontrolliert to check; to control; **das Öl kontrollieren** to check the oil (5)

kontrovers controversial(ly)

sich **konzentrieren (auf** + *acc.***), konzentriert** to concentrate (on)

der **Konzern, -e** group (of companies)

das **Konzert, -e** concert (1); concerto; **die Brandenburgischen Konzerte** (*pl.*) the Brandenburg Concertos; **ins Konzert gehen** to go to a concert (1)

die **Konzertkarte, -n** concert ticket (5)

der **Konzertsaal, -säle** concert hall

die **Kooperation, -en** cooperation

(das) **Kopenhagen** Copenhagen

der **Kopf, ⸚e** head (B)

die **Kopfbedeckung, -en** headgear

das **Kopfkissen, -** pillow

der **Kopfsalat, -e** lettuce (8)

die **Kopfschmerzen** (*pl.*) headache (11)

die **Kopfschmerztablette, -n** headache tablet

der **Kopierladen, ⸚** copy shop (10)

der **Korb, ⸚e** basket

der **Korkenzieher, -** corkscrew (8)

das **Korn, ⸚er** grain; corn

der **Körper, -** body (B)

körperlich physical(ly)

die **Körperpflege** personal hygiene

der **Körpersaft, ⸚e** bodily fluid

der **Korridor, -e** corridor, hall

korrigieren, korrigiert to correct (4)

das **Kosmetikprodukt, -e** cosmetic product

der **Kosmonaut, -en** (*wk.*) / die **Kosmonautin, -nen** cosmonaut

kosten, gekostet to cost (2, 6)

kostenlos free of charge

die **Köstlichkeit, -en** delicacy

das **Kostüm, -e** costume

die **Krabbe, -n** shrimp (8)

der **Krabbenkutter, -** shrimp boat

die **Kraft, ⸚e** power

kräftig powerful(ly); strong(ly)

die **Krähe, -n** crow

krank sick (3)

das **Krankenhaus, ⸚er** hospital (3, 5); **im Krankenhaus** in the hospital (5)

der **Krankenpfleger, -** / die **Krankenpflegerin, -nen** nurse (5)

krankenversichert covered by health insurance

die **Krankenversicherung, -en** health insurance

der **Krankenwagen, -** ambulance (11)

die **Krankheit, -en** illness, sickness (11)

krass (*coll.*) awesome, intense, incredible

das **Kraut, ⸚er** herb (8)

die **Kräuterbutter** herb butter (8)

die **Krawatte, -n** tie, necktie (A)

kreativ creative(ly)

die **Kreativität** creativity

der **Krebs, -e** crab; Cancer (*astrological sign*)

der **Kredit, -e** credit; loan; **einen Kredit aufnehmen** to take out a loan

die **Kreide, -n** chalk

der **Kreidestrich, -e** chalk line

der **Kreis, -e** circle; (administrative) district

das **Kreisarchiv, -e** district archives

kreischen, gekreischt to screech

der **Kreisverkehr, -e** traffic roundabout (10)

die **Kreuzung, -en** intersection (10)

der **Krieg, -e** war (12); **Krieg führen** to wage war

der **Kriegsdienst** military service

die **Kriegsgefangenschaft** captivity (as a prisoner of war)

der **Krimi, -s** crime thriller (*book, film, etc.*)

die **Kriminalität** crime

kriminell criminal(ly)

der/die **Kriminelle, -n (ein Krimineller)** criminal

die **Krise, -n** crisis (12)

die **Kritik, -en** criticism, critique

kritisch critical(ly)

kritisieren, kritisiert to criticize

(das) **Kroatien** Croatia

die **Krokette, -n** croquette (8)

das **Krokodil, -e** crocodile (10)

der **Krokus, -se** crocus

die **Krone, -n** crown; top (*of a tree*)

krönen, gekrönt to crown

krumm crooked(ly)

die **Küche, -n** kitchen (5); cooking (8); cuisine

der **Kuchen, -** cake (5)

die **Küchenarbeit, -en** kitchen work

die **Küchenlampe, -n** kitchen lamp (5)

die **Küchenmaschine, -n** mixer (8)

der **Küchentisch, -e** kitchen table (5)

die **Küchenuhr, -en** kitchen clock (5)

die **Küchenwaage, -n** kitchen scale (5)

der **Kugelschreiber, -** ballpoint pen (4)

kühl cool(ly) (B)

der **Kühlschrank, ⸚e** refrigerator (5)

k. u. k. = kaiserlich und königlich imperial and royal (*pertaining to the dual monarchy of Austria-Hungary*)

kulinarisch culinary

die **Kultur, -en** culture (12)

kulturell cultural(ly)

der **Kulturminister, -** / die **Kulturministerin, -nen** minister for the arts

der **Kummer** sorrow; grief; trouble

sich **kümmern (um** + *acc.*), **gekümmert** to take care (of) (12); to pay attention (to)

der **Kunde, -n** (*wk.*) / die **Kundin, -nen** customer (12)

kündigen, gekündigt to quit, resign

die **Kunst, ⸚e** art (1)

der **Kunstalmanach, -e** art yearbook

die **Kunstgeschichte** art history (1)

die **Kunstgewerbeschule, -n** school of arts and crafts

der **Künstler, -** / die **Künstlerin, -nen** artist

künstlerisch artistic(ally)

künstlich artificial(ly); **sich künstlich auf·regen, aufgeregt** (*coll.*) to get excited/upset about nothing

die **Kunsttheorie, -n** art theory

der **Kurfürst, -en** (*wk.*) elector (*in the Holy Roman Empire*)

kurieren, kuriert to cure

der **Kurs, -e** (*academic*) course, class (A, 1); exchange rate

die **Kursfahrt, -en** cruise; boat trip

kursiv italic; **kursiv gedruckt** printed in italics

die **Kurve, -n** curve (7)

kurz (kürzer, kürzest-) short(ly) (A, B); brief(ly)

die **Kurzgeschichte, -n** short story

kurzsichtig nearsighted, myopic

die **Kusine, -n** (female) cousin (B)

der **Kuss, ⸚e** kiss (4)

küssen, geküsst to kiss (9)

die **Küste, -n** coast (7)

labil unstable

das **Labor, -s** laboratory

lächeln, gelächelt to smile

lachen, gelacht to laugh (3); **vor Lachen** from laughing (so hard)

der **Lachs, -e** salmon

der **Lack, -e** varnish, lacquer

der **Laden, ⸚** store, shop

die **Lage, -n** place; position (10); situation (12); location

die **Lampe, -n** lamp (B)

das **Land, ⸚er** land, country; state; country (*rural*) (6); **auf dem Land** in the country (6)

die **Landkarte, -n** map (7)

das **Landsäugetier, -e** land mammal

die **Landschaft, -en** landscape; scenery; region

die **Landschaftskunde** study of the region

die **Landsleute** (*pl.*) compatriots

der **Landvogt, ⸚e** governor (*of an imperial province*)

lang (länger, längst-) long (A, B)

lange (*adv.*) a long time; **lange nicht gesehen** haven't seen (you / each other) for a long time (1)

die **Länge, -n** length

die **Langeweile** boredom (3); **Langeweile haben** to be bored (3)

lang·gehen (geht ... lang), ging ... lang, ist langgegangen (*coll.*) to go along

langsam slow(ly)

sich **langweilen, gelangweilt** to be bored

langweilig boring (2)

der **Laptop, -s** laptop (computer) (B, 2)

der **Lärm** noise

lassen (lässt), ließ, gelassen to let (11); to leave alone; to have something done; **sich einen Termin geben lassen** to get an appointment (11)

der **Lastwagen, -** truck (7)

(das) **Latein** Latin (*language*) (1)

die **Laterne, -n** lamp; lantern

der **Lauf, ⸚e** course; **im Laufe der Zeit** in the course of time; **seinen Lauf nehmen** to take its course

laufen (läuft), lief, ist gelaufen to go; to run (A, 2); **im Wald laufen** to run in the woods (2); **Schlittschuh laufen** to go ice-skating (3)

laufend current; **sich auf dem Laufenden halten** to keep oneself up-to-date

die **Laune, -n** mood

die **Lausitz** Lusatia (*region on the German-Polish border*)

laut loud(ly)

der **Laut, -e** sound

die **Lautbildung** articulation, formation of sounds

lauten, gelautet to read, go, run (*of text, an utterance, words*)

die **Lautmalerei, -en** onomatopoeia

der **Lautsprecher, -** loudspeaker (2)

die **Lautstärke** volume

die **Lautverschiebung, -en** sound-shift

der **Lautwandel** sound change

die **Lawine, -n** avalanche

das **Layout, -s** layout

der **Leadsänger, -** / die **Leadsängerin, -nen** lead singer

leben, gelebt to live (3)

das **Leben, -** life (9); **am Leben sein** to be alive (9)

lebendig alive

das **Lebensgefühl** awareness of life

das **Lebensmittel, -** food; groceries

das **Lebensmittelgeschäft, -e** grocery store

der **Lebensraum, ⸚e** living space; habitat

der **Lebensstandard, -s** standard of living

die **Leber, -n** liver (11)

der **Leberkäse** *loaf made of minced liver, eggs, and spices*

leblos lifeless

lecker delicious

das **Leder, -** leather (2)

ledig unmarried (1)

leer empty (5)

legal legal(ly)

legen, gelegt to lay, put, place (*in a horizontal position*); **sich legen** to lie down

die **Legende, -n** legend

die **Lehre, -n** apprenticeship (5); moral, teaching (8)

lehren, gelehrt to teach

der **Lehrer, -** / die **Lehrerin, -nen** teacher, instructor (A, 1)

der **Lehrjunge, -n** (*wk.*) (*young male*) apprentice

die **Lehrkraft, ⸚e** teacher(s)

das **Lehrmädchen, -** (*young female*) apprentice

der **Leib, -er** body; belly

leicht easy, easily; light (6)

das **Leid** suffering

leiden (an + *dat.*) **(leidet), litt, gelitten** to suffer (from)

die **Leidenschaft, -en** passion

leider unfortunately (B)

leid·tun (tut ... leid), tat ... leid, leidgetan: to be sorry; to feel sorry for; **tut mir leid** I'm sorry (4, 5)

leihen (leiht), lieh, geliehen to lend (5)

leise quiet(ly) (9); soft(ly)

die **Leistung, -en** achievement, accomplishment

leiten, geleitet to lead; to be head of

die **Leiter, -n** ladder

das **Leitungswasser** tap water

die **Lektüre, -n** reading material

das **Lenkrad, ⸚er** steering wheel (7)

lernen, gelernt to learn; to study (1)

lesen (liest), las, gelesen to read (A, 1); **Zeitung lesen** to read the newspaper (1)

(das) **Lettland** Latvia

letzt- last (4); **das letzte Mal** the last time (4); **letzten Montag** last Monday (4); **letzten Sommer** last summer (4); **letztendlich** ultimately, in the end; **letztes Wochenende** last weekend (4); **letzte Woche** last week (4)

leuchten, geleuchtet to shine

die **Leute** (*pl.*) people (7)

liberal liberal(ly) (9)

das **Licht, -er** light (3)

der **Lichtblick, -e** bright spot

der **Lichthof, ⸚e** light-well, atrium

lieb dear (7); beloved; sweet, lovable; **am liebsten** like (*to do s.th.*) best (7); **lieb haben** to love; to be fond of

die **Liebe, -n** love

lieben, geliebt to love (3)

lieber rather (2); **ich gehe lieber ...** I'd rather go . . . (2)

der **Liebeskummer** lovesickness (11)

der **Liebesroman, -e** romance novel

liebevoll loving(ly)

lieblich charming(ly)

Lieblings- favorite (A)

das **Lieblingsfach, ⸚er** favorite subject (5)

die **Lieblingsfarbe, -n** favorite color (A)

der **Lieblingsname, -n** (*wk.*) favorite name (A)

(das) **Liechtenstein** Liechtenstein (B)

das **Lied, -er** song

der **Liedermacher, -** / die **Liedermacherin, -nen** singer-songwriter

liegen (liegt), lag, gelegen to lie, be (in a horizontal position) (1); to recline; to be situated; **in der Sonne liegen** to lie in the sun (1); **liegen bleiben (bleibt ... liegen), blieb ... liegen, ist liegen geblieben** to remain lying down

der **Liegestuhl, ⸚e** deck chair (4)

lila purple (A)

die **Limo, -s** = die **Limonade, -n** soft drink; lemonade

lindern, gelindert to relieve, soothe

die **Linguistik** linguistics (1)

die **Linie, -n** line

link- (*adj.*), **links** (*adv.*) left; on/to the left (4, 10); **Die Linke** The Left (*political party*); **mit dem linken Fuß aufstehen** to get up on the wrong side of bed (4); **nach links** (to the) left

die **Linse, -n** lentil

die **Lippe, -n** lip (11)

der **Lippenstift, -e** lipstick

die **List, -en** deception, trick (9)

die **Liste, -n** list (5)

listen, gelistet to list

listig cunning(ly)

(das) **Litauen** Lithuania

der **Liter, -** liter (7)

die **Literatur, -en** literature (1)

das **Loch, ⸚er** hole (9)

der **Löffel, -** spoon (8)

logisch logical(ly)

der **Lohn, ⸚e** pay; wages, salary

die **Lokomotive, -n** locomotive (7)

los loose; away; **Was ist los?** What's happening? What's the matter?

lösen, gelöst to solve; **ein Rätsel lösen** to solve a puzzle/riddle (9); **sich lösen** to free oneself

los·fahren (fährt ... los), fuhr ... los, ist losgefahren to drive/ride off (4, 9)

los·gehen (geht ... los), ging ... los, ist losgegangen to set off; to get started

los·rennen (rennt ... los), rannte ... los, ist losgerannt to run off, start running

die **Lösung, -en** solution (1)

der **Lösungsvorschlag, ⸚e** suggested solution

die **Lotterie, -n** lottery (5); **in der Lotterie gewinnen** to win the lottery (5)

der **Löwe, -n** (*wk.*) lion (10)

loyal loyal(ly)

die **Luft, ⸚e** air (7)

die **Luftmatratze, -n** air mattress (10)

lügen, log, gelogen to lie, tell a falsehood

die **Lunge, -n** lung (11)

die **Lungenentzündung** pneumonia

die **Lust, ⸚e** desire (3); **Lust haben** to feel like (*doing s.th.*) (3)

lustig fun, funny (12); cheerful, jolly

lutschen, gelutscht to suck (11)

(das) **Luxemburg** Luxembourg

der **Luxus** luxury

machen, gemacht to make; to do; **Das macht nichts.** That doesn't matter. (1); **mach's gut** take care (*infor.*) (A); **sauber machen** to clean (3); **selbst gemacht** homemade (8); **sich an die Arbeit machen** to get down to work; **Spaß machen** to be fun; **Urlaub machen** to take a vacation

die **Machtergreifung, -en** seizure of power

das **Mädchen, -** girl (9)

die **Mafia, -s** Mafia

der **Magen, ⸚** stomach (11)

die **Magen-Darm-Grippe** gastrointestinal flu

die **Magenschmerzen** (*pl.*) stomachache (11)

die **Magersucht** anorexia

magersüchtig anorexic

die **Magie** magic

magisch magical(ly) (12)

der **Magister, -** master's degree

mähen, gemäht to mow (5)

mahlen (mahlt), mahlte, gemahlen to grind

die **Mahlzeit, -en** meal (8)

(das) **Mähren** Moravia

der **Mai** May (B)

die **Mail, -s** e-mail (1)

mailen, gemailt to send e-mail

der **Main** Main (*river*)

mal once; (*word used to soften commands*) (11); **Komm mal vorbei!** Come on over! (11); **nicht mal** not even

das **Mal, -e** time (3, 4); **das letzte Mal** the last time (4); **das nächste Mal** the next time (3); **ein paar Mal** a few times; **mit einem Mal** all of a sudden; **zum ersten Mal** for the first time (4)

malen, gemalt to paint (12)

der **Maler, -** / die **Malerin, -nen** painter

die **Malerei, -en** painting

die **Mama, -s** mama, mom

die **Mami, -s** mommy

man one (*pron.*); people, they; **Wie schreibt man das?** How do you spell that? (A)

manch- some

manchmal sometimes (B)

mangelhaft poor, deficient, unsatisfactory

der **Mann, ⸚er** man; husband (A, B)

männlich masculine; male

die **Mannschaft, -en** team (9)

der **Mantel, ⸚** coat; overcoat (A)

das **Märchen, -** fairy tale (9)

märchenhaft as in a fairy tale

die **Märchenkunde** study of fairy tales

der **Markt, ⸚e** market (10)

die **Marktkirche, -n** church on the market square

der **Marktplatz, ⸚e** marketplace; market square (6)

die **Marktwirtschaft, -en** market economy

die **Marmelade, -n** jam; marmelade (8)

der **März** March (B)

der **Maschinenbau** mechanical engineering (1)

das **Massaker, -** massacre

der **Massenmord, -e** mass murder

massieren, massiert to massage

das **Masterstudium, -studien** course of study for a master's degree

das **Material, -ien** material, substance (12)

die **Mathe** math

die **Mathematik** mathematics (1)

der **Mathematiker, -** / die **Mathematikerin, -nen** mathematician

das **Matterhorn** *mountain in Switzerland*

die **Mauer, -n** wall; **die Berliner Mauer** the Berlin Wall

das **Maul, ⸚er** mouth (of an animal)

die **Maus, ⸚e** mouse (10)

die **Medien** (*pl.*) media

das **Medikament, -e** medicine (11); **ein Medikament gegen** (+ *acc.*) medicine for (11)

die **Medizin** medicine

der **Mediziner, -** / die **Medizinerin, -nen** doctor, physician

medizinisch medical(ly) (11)

das **Meer, -e** sea (1, 7); **ans Meer** to the sea (2); **im Meer schwimmen** to swim in the sea (1)

der **Meerrettich** horseradish

das **Meerschweinchen, -** guinea pig (10)

mehr more (7); **immer mehr** more and more; **nicht mehr** no longer; **nie mehr** never again

mehrere (*pl.*) several; **seit mehreren Tagen** for several days (11)

das **Mehrfamilienhaus, ⸚er** house with several apartments

die **Mehrheit, -en** majority (12)

mehrmals several times (5)

die **Mehrzimmerwohnung, -en** multi-bedroom apartment

meiden (meidet), mied, gemieden to avoid

die **Meile, -n** mile

der **Meilenstein, -e** milestone

mein(e) my (A, 2)

meinen, gemeint to mean; to think

die **Meinung, -en** opinion; **Ihrer Meinung nach** (*for.*) in your opinion

der **Meißel, -** chisel (12)

meist most(ly) (3); **am meisten** mostly; the most; **die meisten** most (of)

meistens usually; mostly (8)

der **Meister, -** / die **Meisterin, -nen** master

die **Meisterschaft, -en** championship

melancholisch melancholy

(sich) **melden, gemeldet** to report

die **Mengenlehre** set theory

die **Mensa, Mensen** student cafeteria (2)

der **Mensch, -en** (*wk.*) person (2); human being; **Mensch!** (*coll.*) Man! Oh boy! (2)

menschengerecht suitable for humans

das **Menschenrecht, -e** human right

menschlich human

der **Mercedes** *make of car*

die **Messe, -n** trade fair

das **Messer, -** knife (8)

der **Meter, -** meter

die **Methode, -n** method

die **Metropolregion, -en** metropolitan area

die **Metzgerei, -en** butcher shop (6)

der **Mexikaner, -** / die **Mexikanerin, -nen** Mexican (*person*) (B)

mexikanisch Mexican (*adj.*) (8)

(das) **Mexiko** Mexico

mich (*acc.*) me

mies (*coll.*) crummy

die **Miete, -n** rent (6); **zur Miete** for rent

mieten, gemietet to rent (6)

der **Mieter, -** / die **Mieterin, -nen** renter (6)

der **Mietpreis, -e** rent, rental charge

das **Mietrecht** tenancy law, rental law

der **Migrant, -en** (*wk.*) / die **Migrantin, -nen** immigrant; emigrant

der **Migrationshintergrund** immigrant background

die **Mikrowelle, -n** microwave (oven)

die **Milch** milk (8)

mildern, gemildert to relieve; to soothe

die **Million, -en** million (12)

Min. = die **Minute, -n** minute

die **Minderheit, -en** minority (12)

mindestens at least (7)

das **Mineralwasser** mineral water (8)

der **Minister, -** / die **Ministerin, -nen** (government) minister (12)

das **Miniwörterbuch, ⸚er** mini-dictionary

der **MINT-Bereich** (= **Mathematik, Informatik, Naturwissenschaft, Technik**) STEM fields (science, technology, engineering, mathematics)

die **Minute, -n** minute

mir (*dat.*) me; **mit mir** with me (3)

das **Mischbrot, -e** bread made from rye and wheat

die **Mischung, -en** mixture

die **Misshandlung, -en** mistreatment

misstrauen (+ *dat.*), **misstraut** to mistrust

mit (+ *dat.*) with (A); **mit dem linken Fuß aufstehen** to get up on the wrong side of bed (4); **mit mir** with me (3)

der **Mitarbeiter, -** / die **Mitarbeiterin, -nen** co-worker; collaborator

der **Mitbegründer, -** / die **Mitbegründerin, -nen** cofounder

der **Mitbewohner, -** / die **Mitbewohnerin, -nen** roommate; housemate (2)

mit·bringen (bringt ... mit), brachte ... mit, mitgebracht to bring along (3)

der **Mitbürger, -** / die **Mitbürgerin, -nen** fellow citizen

miteinander with each other, together (1, 3)

mit·fahren (fährt ... mit), fuhr ... mit, ist mitgefahren to ride/travel along

die **Mitfahrzentrale, -n** ride-share agency

das **Mitglied, -er** member

mithilfe (+ *gen.*) with the aid of

mit·kommen (kommt ... mit), kam ... mit, ist mitgekommen to come along

mit·machen, mitgemacht to participate; to join in

mit·nehmen (nimmt ... mit), nahm ... mit, mitgenommen to take along (3)

mit·schreiben (schreibt ... mit), schrieb ... mit, mitgeschrieben to write along (at the same time)

der **Mitschüler, -** / die **Mitschülerin, -nen** schoolmate, fellow pupil

mit·spielen, mitgespielt to play along, join in the game

der **Mitstudent, -en** (*wk.*) / die **Mitstudentin, -nen** fellow student (A)

der **Mittag, -e** midday, noon (3); **zu Mittag essen** to eat lunch

das **Mittagessen, -** midday meal, lunch (3); **zum Mittagessen** for lunch (3)

mittags at noon (2)

die **Mitte** middle, center; in the middle of

das **Mittelalter** Middle Ages

mittelalterlich medieval

(das) **Mitteleuropa** Central Europe

der **Mittelfinger, -** middle finger

das **Mittelmeer** Mediterranean Sea (B)

mitten in the middle (9); **mitten in der Nacht** in the middle of the night

die **Mitternacht** midnight; **um Mitternacht** at midnight

mittler- (*adj.*) middle

der **Mittwoch, -e** Wednesday (1)

mit·versorgen, mitversorgt to be equally responsible for taking care of

die **Möbel** (*pl.*) furniture (6)

das **Möbelstück, -e** piece of furniture

möbliert furnished (6)

das **Modalverb, -en** modal verb

die **Mode, -n** fashion

das **Modell, -e** model, example

modern modern, in a modern fashion (6)

der **Modeschnickschnack** fashionable frills

der **Modezeichner, -** / die **Modezeichnerin, -nen** fashion designer

modisch fashionable, fashionably (2)

mögen (mag), mochte, gemocht to like (to); to care for (1, 3); **möchte** would like (to) (2, 3)

möglich possible; **alles Mögliche** everything possible (2)

möglicherweise possibly

die **Möglichkeit, -en** possibility (5)

möglichst (+ *adv.*) as . . . as possible (6)

der **Moment, -e** moment (1); **im Moment** at the moment; right now (1)

die **Monarchie, -n** monarchy

der **Monat, -e** month (B)

monatlich monthly

das **Monopol, -e** monopoly

der **Montag, -e** Monday (1); **letzten Montag** last Monday (4)

montags on Monday(s)

das **Moped, -s** moped

der **Mörder, -** / die **Mörderin, -nen** murderer

morgen tomorrow (2); **morgen Abend** tomorrow evening; **morgen früh** tomorrow morning

der **Morgen, -** morning; **am Morgen** in the morning; **guten Morgen** good morning (A); **heute Morgen** this morning

das **Morgengrauen** dawn, daybreak

morgens in the morning(s)

die **Morgentoilette** morning grooming routine

(das) **Moskau** Moscow

das **Motiv, -e** motif, theme (12)

die **Motorjacht, -en** motor yacht

das **Motorrad, ̈-er** motorcycle (1, 7); **Motorrad fahren** to ride a motorcycle (1)

das **Motto, -s** motto, slogan

die **Möwe, -n** seagull (10)

der **MP3-Player, -** MP3 player

der **MP3-Spieler, -** MP3 player (2, 5)

die **Mücke, -n** mosquito (10)

müde tired (3)

die **Mühle, -n** mill

der **Müll** trash; garbage (6)

der **Mülleimer, -** garbage can (8)

der **Müllermeister, -** / die **Müllermeisterin, -nen** master miller

die **Müllerstochter, ̈-** miller's daughter

multikulturell multicultural(ly)

(das) **München** Munich

Münchner (*adj.*) (of) Munich

der **Mund, ̈-er** mouth (B)

die **Mundharmonika, -s** harmonica (12)

mündlich oral(ly); verbal(ly)

munter cheerful(ly); lively; wide awake

die **Münze, -n** coin

die **Murmel, -n** marble

die **Muschel, -n** mussel (8); seashell

das **Museum, Museen** museum (1); **ins Museum gehen** to go to a museum (1)

das **Musical, -s** musical (*stage play*)

die **Musik, -en** music (1)

der **Musiker, -** / die **Musikerin, -nen** musician

der **Muskelkater, -** sore muscles (11)

das **Muskeltraining** muscle exercise

das **Müsli, -s** granola

müssen (muss), musste, gemusst to have to, must (3); **nicht müssen** not to have to, not to need to

der **Mut** courage (1)

mutig brave(ly)

die **Mutter, ̈-** mother (B)

die **Muttersprache, -n** mother tongue, native language

der **Muttertag** Mother's Day

die **Mutti, -s** mom, mommy

die **Mütze, -n** cap (5)

mysteriös mysterious(ly)

der **Mystiker, -** / die **Mystikerin, -nen** mystic

na (*interj.*) well (3); so; **na, gut** well, okay; **na ja** all right; **na, klar** of course

der **Nabel, -** navel

nach (+ *dat.*) after; past; according to; toward; to (*a place*) (3, 10); **je nach Betrag** depending on the amount; **nach dem Weg fragen** to ask for directions; **nach Hause gehen** to go home (1, 10); **nach links** (to the) left; **nach oben** upwards; **um zwanzig nach fünf** at twenty after/past five (1)

der **Nachbar, -n** (*wk.*) / die **Nachbarin, -nen** neighbor (4)

das **Nachbarhaus, ̈-er** house next door

nachdem (*subord. conj.*) after (9, 11)

nach·denken (über + acc.) (denkt ... nach), dachte ... nach, nachgedacht to think (about); to consider (7)

nacheinander one after the other

die **Nachfolgepartei, -en** successor party

nach·forschen, nachgeforscht to investigate

nach·gehen (+ *dat.*) **(geht ... nach), ging ... nach, ist nachgegangen** to follow

nachher afterward

die **Nachhilfe** tutoring (3)

nachlässig lax; careless(ly)

der **Nachmieter, -** / die **Nachmieterin, -nen** subletter

der **Nachmittag, -e** afternoon (4); **am Nachmittag** in the afternoon; **heute Nachmittag** this afternoon

nachmittags afternoons, in the afternoon (4)

die **Nachricht, -en** report; message; (*pl.*) news (7)

nach·sehen (sieht ... nach), sah ... nach, nachgesehen to check; to go and see

die **Nachspeise, -n** dessert (8)

nächst- next; nearest; **das nächste Mal** the next time (3)

die **Nächstenliebe** charity, brotherly love

die **Nacht, ̈-e** night (3); **die ganze Nacht** all night long (3); **mitten in der Nacht** in the middle of the night

der **Nachteil, -e** disadvantage (7)

das **Nachthemd, -en** nightshirt (2)

nachts nights, at night (4)

der **Nachttisch, -e** nightstand, bedside table (6)

der **Nacken, -** neck

der **Nagel, ̈-** nail (8)

nah (näher, nächst-) close, nearby (7)

nahe (+ *dat.*) near, close to

die **Nähe** closeness, proximity; vicinity (6); **in der Nähe** in the vicinity (6)

sich **nähern, genähert** to approach

das **Nahrungsmittel, -** food

der **Name, -n** (*wk.*) name (A, 1)

namens by the name of; called

nämlich namely; actually

die **Narbe, -n** scar

die **Nase, -n** nose (B, 11)

nass wet (3)

die **Nation, -en** nation

national national(ly) (12)

die **Nationalität, -en** nationality

der **Nationalpark, -s** national park (2)

nationalsozialistisch (*adj.*) National Socialist, Nazi

der **Nationalsozialismus** National Socialism, Nazism

nativ native; natural

die **Natur, -en** nature (9); disposition, temperament; **in freier Natur** out in the open (country) (10)

naturalistisch naturalistic(ally)

der **Naturheilkundler, -** / die **Naturheilkundlerin, -nen** naturopath

natürlich natural(ly) (2); of course

der **Naturschutz** nature conservation

der **Nazi, -s** Nazi

der **Nebel, -** fog, mist

neben (+ *dat./acc.*) next to (9); in addition to (3)

nebenan next door (5); **von nebenan** from next door (5)

die **Nebenkosten** (*pl.*) extra costs (*e.g., utilities*) (6)

das **Nebenzimmer, -** next room, adjacent room

der **Neffe, -n** (*wk.*) nephew (B)

negativ negative(ly)

nehmen (nimmt), nahm, genommen to take (A); **jemanden auf den Arm nehmen** to tease someone; to pull someone's leg

der **Neid** envy, jealousy

die **Neigung, -en** inclination; tendency

nein no (A)

nennen (nennt), nannte, genannt to name; to call; **sich nennen** to be called

nervös nervous(ly) (1)

das **Nest, -er** nest (10)

nett nice(ly) (3)

das **Netz, -e** net

das **Netzwerk, -e** network

neu new(ly) (A); **etwas Neues** something new (4)

der **Neubau, -ten** *building completed after 1 Dec. 1949*

die **Neubearbeitung, -en** new version, revision

die **Neugier** curiosity, inquisitiveness

neugierig curious(ly) (12)

neulich recently (9)

neun nine (A)

neunt- ninth (4)

neunundzwanzig twenty-nine (A)

neunzehn nineteen (A)

neunzehnt- nineteenth

neunzig ninety (A)

die **Neurose, -n** neurosis

(das) **Neuseeland** New Zealand (B)

neuseeländisch of/from New Zealand

die **Neustadt, ¨e** new part of town

die **Neuverfilmung, -en** remake (*film*)

die **Neuzeit** modern era

nicht not (A); **gar nicht** not at all, not a bit (3); **lange nicht gesehen** haven't seen (you / each other) for a long time (1); **nicht mehr** no longer; **nicht (wahr)?** isn't that right?; **noch nicht** not yet

die **Nichte, -n** niece (B)

nichts nothing (9); **Das macht nichts.** That doesn't matter. (1); **gar nichts** nothing at all

nie never (2); **nie mehr** never again; **noch nie** never (before)

die **Niederlande** (*pl.*) the Netherlands (B)

niederländisch Dutch

sich nieder·lassen (lässt ... nieder), ließ ... nieder, niedergelassen to settle

(das) **Niederösterreich** Lower Austria

(das) **Niedersachsen** Lower Saxony

nieder·schlagen (schlägt ... nieder), schlug ... nieder, niedergeschlagen to knock down

nieder·schreiben (schreibt ... nieder), schrieb ... nieder, niedergeschrieben to write down

niedrig low

niemals never

niemand no one, nobody (2)

die **Niere, -n** kidney (11)

die **Nierenentzündung** kidney infection

das **Nikotin** nicotine

der **Nil** Nile (*river*)

das **Niveau, -s** level

der **Nobelpreis, -e** Nobel Prize

noch even, still (B); yet; else; in addition; **immer noch** still; **Ist hier noch frei?** Is this seat available? (8); **noch ein(e)** another, an additional (one); **noch einmal** one more time; **noch nicht** not yet; **noch nie** never (before); **sonst noch** in addition; else; **Sonst noch etwas?** Anything else? (5)

die **Nominalphrase, -n** noun phrase

nord- north

(das) **Nordamerika** North America (B)

(das) **Nordbayern** Northern Bavaria

norddeutsch North German (*adj.*)

der **Norden** north

nordfriesisch North Frisian (*adj.*)

nordgermanisch North Germanic (*adj.*)

nördlich (von + *dat.*) north (of) (7)

nordöstlich (von + *dat.*) northeast (of)

die **Nordsee** North Sea (B)

die **Nordwand, ¨e** north wall; north face (*of a mountain*)

nordwestlich (von + *dat.*) northwest (of)

die **Norm, -en** norm

normal normal(ly) (5)

normalerweise normally (8)

(das) **Norwegen** Norway (B)

(das) **Norwegisch** Norwegian (*language*)

die **Not, ¨e** need; hardship; trouble

die **Note, -n** grade, mark (*in school*) (9)

das **Notebook, -s** notebook (computer)

der **Notfall, ¨e** emergency

nötig necessary; **nötig brauchen** to need urgently

die **Notiz, -en** note

die **Novelle, -n** novella

der **November** November (B)

die **Nudel, -n** noodle (8)

null zero (A)

der **Nullpunkt** freezing point, zero degrees Celsius (= 32 degrees Fahrenheit)

die **Nummer, -n** number (1)

das **Nummernschild, -er** license plate (7)

nun now; well

nur only (3)

(das) **Nürnberg** Nuremberg

die **Nuss, ¨e** nut (8)

die **Nusshecke, -n** nut thicket

nutzen, genutzt to use

nützen, genützt to do some good; to be of use

nützlich useful(ly) (10)

ob (*subord. conj.*) if, whether (6, 11)

der/die **Obdachlose, -n (ein Obdachloser)** homeless person

oben above (10); on top; upstairs; **nach oben** upwards

der **Oberarm, -e** upper arm

(das) **Oberösterreich** Upper Austria

die **Oberschule, -n** secondary school

das **Objekt, -e** object

das **Obst** fruit (8)

obwohl (*subord. conj.*) although (11)

oder (*coord. conj.*) or (A, 11)

die **Odyssee, -n** odyssey

der **Ofen, ¨** oven

offen open(ly)

öffentlich public(ly) (7)

die **Öffentlichkeit, -en** public (12)

offiziell official(ly)

öffnen, geöffnet to open (A)

oft (öfter, öftest) often (A)

öfters now and then, once in a while

oftmals often

oh je (*interj.*) oh dear

ohne (+ *acc.*) without

die **Ohnmacht, -en** unconsciousness (11); **in Ohnmacht fallen** to faint (11)

das **Ohr, -en** ear (B)

die **Ohrenschmerzen** (*pl.*) earache (11)

der **Ohrring, -e** earring (A, 2)

okay (*coll.*) okay

die **Ökologie** ecology

ökologisch ecological(ly)

der **Oktober** October (B); **am ersten Oktober** on the first of October (4); **der erste Oktober** the first of October (4)

das **Oktoberfest, -e** Octoberfest (*annual beer festival in Munich*) (7)

das **Öl** oil (5, 8); **das Öl kontrollieren** to check the oil (5)

die **Ölfarbe, -n** oil color (*paint*) (12)

die **Olive, -n** olive (8)

die **Oma, -s** grandma

das **Omelett, -s** omelet (8)

der **Onkel**, - uncle (B)

online online

der **Onlinezugang**, ⸚e online access

der **Opa**, -s grandpa

das **Opfer**, - sacrifice; victim

das **Opferfest** Festival of the Sacrifice (*Eid al-Adha*)

der **Opi**, -s grandpa

orange orange (*color*) (A)

die **Orange**, -n orange

der **Orangensaft** orange juice (8)

die **Ordinalzahl**, -en ordinal number

ordnen, geordnet to arrange, put in order

die **Organisation**, -en organization (12)

organisch organic(ally)

die **Orgel**, -n organ (*musical instrument*) (12)

orientalisch oriental(ly)

der **Orientexpress** Orient Express (*train*)

orientieren, orientiert to orient

die **Orientierung**, -en orientation

das **Original**, -e original

das **Originaldrehbuch**, ⸚er original screenplay

der **Ort**, -e place (1, 5); town

der/die **Ortsfremde**, -n (ein Ortsfremder) stranger, nonresident

die **Oskar-Nominierung**, -en Oscar (Academy Award) nomination

ost- east

(das) **Ostdeutschland** (*former*) East Germany

der **Osten** east

das **Ostern**, - Easter

(das) **Österreich** Austria (B)

der **Österreicher**, - / die **Österreicherin**, -nen Austrian (*person*) (B)

österreichisch Austrian (*adj.*)

östlich (von + *dat.*) east (of) (7)

die **Ostsee** Baltic Sea (B)

paar: ein paar a few (2); a couple of; **ein paar Mal** a few times

das **Paar**, -e couple; pair (of)

packen, gepackt to pack (10)

der **Pädagoge**, -n (*wk.*) / die **Pädagogin**, -nen teacher; educational theorist

pädagogisch educational(ly)

das **Paket**, -e package (8)

die **Palatschinke**, -n *pancake with sweet filling*

der **Papa**, -s daddy, dad

der **Papagei**, -en parrot (10)

der **Papi**, -s daddy

das **Papier**, -e paper (B)

der **Papierkorb**, ⸚e wastebasket (3)

das **Papiertuch**, ⸚er paper towel (5)

der **Paprika** paprika

die **Paprika**, -s bell pepper

der **Papst**, ⸚e pope

parallel parallel

parat ready

das **Parfüm**, -e perfume (5)

der **Park**, -s park (1); **im Park spazieren gehen** to go for a walk in the park (1)

der **Parkautomat**, -en (*wk.*) parking meter

parken, geparkt to park (7)

die **Parole**, -n slogan

die **Partei**, -en (political) party (12)

das **Partizip**, -ien participle

der **Partner**, - / die **Partnerin**, -nen partner; **Arbeiten Sie mit einem Partner.** Work with a partner. (A)

die **Partnerschaft**, -en partnership

die **Party**, -s party (1, 2); **auf eine Party gehen** to go to a party (1)

der **Pass**, ⸚e passport (7)

passen, gepasst (+ *dat.*) to fit (6, 11); to suit; to match, go with (2); (**zu** + *dat.*) to go (with), fit in (with); **Das passt gut.** That fits well. (11)

passend fitting; proper

passieren, passiert to happen (4)

das **Passwort**, ⸚er password (7)

der **Patient**, -en (*wk.*) / die **Patientin**, -nen patient (5)

der **Patrizier**, - patrician

die **Pause**, -n recess, break (1); **Pause machen** to take a break

der **Pazifik** Pacific Ocean

das **Pech** pitch; bad luck; **Pech haben** to be unlucky

(das) **Peking** Beijing

der **Pelz**, -e fur

pendeln, ist gependelt to commute

das **Penizillin** penicillin

(das) **Pennsylvanien** Pennsylvania

pennsylvanisch Pennsylvanian (*adj.*)

per per, by means of

perfekt perfect(ly)

die **Person**, -en person, individual (1)

der **Personalausweis**, -e (personal) ID card (1)

persönlich personal(ly); **persönliche Daten** biographical information (1)

die **Persönlichkeit**, -en personality

die **Perspektive**, -n perspective

die **Pfalz**, -en palace, Palatinate; **die Pfalz Grona** *medieval royal palace formerly on the site of present-day Göttingen*

pfälzisch of/from the Palatinate

die **Pfanne**, -n (frying) pan (5)

der **Pfeffer**, - (black) pepper (8)

die **Pfeife**, -n pipe

das **Pfeifenwölkchen**, - little cloud of pipe smoke

das **Pferd**, -e horse (2, 9)

der **Pfifferling**, -e chanterelle (*type of mushroom*)

der **Pfirsich**, -e peach (8)

die **Pflanze**, -n plant (3, 6)

die **Pflanzenheilkunde** herbal medicine

das **Pflaster**, - adhesive bandage (11)

die **Pflaume**, -n plum (8)

pflegen, gepflegt to attend to; to nurse (5); to nurture

die **Pflicht**, -en duty; requirement; obligation (3)

pflichtbewusst conscientious(ly)

der **Pflichtunterricht** required instruction

pflücken, gepflückt to pick (9)

das **Phänomen**, -e phenomenon

die **Phantasie**, -n fantasy

das **Pharmaunternehmen**, - pharmaceutical company

der **Philosoph**, -en (*wk.*) / die **Philosophin**, -nen philosopher

die **Physik** physics (1)

der **Physiker**, - / die **Physikerin**, -nen physicist

das **Picknick**, -s picnic (4)

das **Piercing**, -s piercing (2)

der **Pilot**, -en (*wk.*) / die **Pilotin**, -nen pilot (5)

der **Pilz**, -e mushroom (8)

die **Pinnwand**, ⸚e bulletin board

der **Pinsel**, - paintbrush (12)

der **Pionier**, -e pioneer; Pioneer (*member of an East German youth organization*)

der **Piranha**, -s piranha (10)

die **Pistole**, -n pistol

die **Pizza**, **Pizzen** pizza (2)

das **Plakat**, -e poster; placard

der **Plan**, ⸚e plan (3)

planen, geplant to plan (9)

das **Platin** platinum

der **Platz**, ⸚e place; seat; room, space; plaza, square (3); **Platz nehmen** to take a seat

die **Playliste**, -n playlist

plötzlich sudden(ly) (9)

plus plus

(das) **Polen** Poland (B)

die **Politik** politics (12)

der **Politiker**, - / die **Politikerin**, -nen politician

politisch political(ly) (12)

die **Polizei** police; police station (5); **auf der Polizei** at the police station (5)

der **Polizist**, -en (*wk.*) / die **Polizistin**, -nen police officer (5)

die **Pommes (frites)** (*pl.*) French fries (8)

die **Popmusik** pop music

populär popular(ly)

das **Portal**, -e portal, gateway

das **Portemonnaie**, -s wallet

das **Porträt**, -s portrait

(das) **Portugal** Portugal (B)

(das) **Portugiesisch** Portuguese (*language*) (B)

(das) **Posen** Poznan (*city in Poland*)

positiv positive(ly)

der **Possessivartikel**, - possessive determiner

die **Post**, - mail; post office (5); **auf der Post** at the post office (5)

das **Poster**, - poster (6)

die **Postkarte, -n** postcard (2)

potentiell potential(ly)

das **Präfix, -e** prefix

prägen, geprägt to impress; to shape

pragmatisch pragmatic(ally)

praktisch practical(ly) (5)

die **Präposition, -en** preposition

präsentieren, präsentiert to present

der **Präsident, -en** (wk.) / die **Präsidentin, -nen** president (5)

der **Preis, -e** price (7, 12); prize (4)

preisgünstig at a favorable price; inexpensive(ly)

die **Prellung, -en** bruise

pressen, gepresst to press, squeeze

das **Prestige** prestige (5)

der **Priester, -** / die **Priesterin, -nen** priest/priestess (5)

prima great (6)

der **Prinz, -en** (wk.) / die **Prinzessin, -nen** prince/princess (9)

privat private(ly)

pro per (2)

die **Probe, -n** test; rehearsal

probieren, probiert to try; to taste (3)

das **Problem, -e** problem

problematisch problematic

die **Produktion, -en** production

der **Produzent, -en** (wk.) / die **Produzentin, -nen** producer

der **Professor, -en** / die **Professorin, -nen** professor (A, B)

die **Professur, -en** professorship

der **Profikoch, ̈e** / die **Profiköchin, -nen** professional cook, chef

profitieren, profitiert to profit

das **Programm, -e** program

das **Projekt, -e** project

die **Proportion, -en** proportion

der **Protest, -e** protest

protestieren, protestiert to protest

protestantisch Protestant (adj.)

provisionsfrei without commission

das **Prozent, -e** percent, percentage (4)

der **Prozentsatz, ̈e** percentage

prozentual by percentage

die **Prozentzahl, -en** percentage

der **Prozess, -e** trial

die **Prüfung, -en** test, exam (1)

die **Prüfungskommission, -en** examination committee

die **Prügel** (pl.) beating(s)

prügeln, geprügelt to beat

der **Psychiater, -** / die **Psychiaterin, -nen** psychiatrist (11)

die **Psychiatrie** psychiatry

psychiatrisch psychiatric

psychisch psychological(ly), mental(ly)

die **Psychoanalyse** psychoanalysis

die **Psychologie** psychology

die **Psychose, -n** psychosis

die **Psychotherapie** psychotherapy

der **Pudel, -** poodle

der **Pulli, -s** = der **Pullover, -** pullover; sweater (2)

der **Pullover, -** pullover; sweater

das **Pult, -e** desk

der **Punkt, -e** point (A); dot

punkten, gepunktet to score points

pünktlich punctual(ly); on time (4)

die **Pünktlichkeit** punctuality

pur pure

das **Putenschnitzel, -** turkey cutlet

putzen, geputzt to clean (6); **sich (die Zähne) putzen** to brush (one's teeth) (11)

der **Putzlappen, -** cloth, rag (for cleaning) (6)

die **Pyramide, -n** pyramid

qm = der **Quadratmeter, -** square meter (m2) (6)

das **Quadrat, -e** square

der **Quadratmeter, -** square meter (m^2) (6)

quälen, gequält to torment

die **Qualität, -en** quality

der **Quatsch** nonsense

die **Quelle, -n** source

die **Querflöte, -n** (transverse) flute (12)

die **Quickcard** Austrian debit card

die **Quittung, -en** receipt, check (8)

die **Quote, -n** proportion; rate; figures

das **Rad, ̈er** wheel (7); bicycle; **Rad fahren (fährt ... Rad), fuhr ... Rad, ist Rad gefahren** to ride a bicycle (7)

radeln, ist geradelt to ride a bicycle

der **Radfahrer, -** / die **Radfahrerin, -nen** bicyclist

das **Radieschen, -** radish

das **Radio, -s** radio (2)

das **Radium** radium

die **Radtour, -en** bicycle tour (9)

die **Rakete, -n** rocket (7)

das **Ranking, -s** ranking

der **Ranzen, -** schoolbag; knapsack; satchel

der **Rapper, -** / die **Rapperin, -nen** rapper, rap singer

rasen, ist gerast to race, rush

der **Rasen, -** lawn (5)

der **Rasenmäher, -** lawnmower (6)

der **Rasierapparat, -e** shaver, (electric) razor

sich **rasieren, rasiert** to shave (11)

die **Rasierklinge, -n** razor blade

das **Rasierwasser** aftershave lotion

der **Rat** (pl. **Ratschläge**) advice (5, 11)

die **Rate, -n** rate

raten (rät), riet, geraten to guess; (+ dat.) to advise (s.o.) (11)

das **Ratespiel, -e** guessing game; quiz

das **Rathaus, ̈er** town/city hall (1, 6); **auf dem Rathaus** at the town hall (1)

der **Ratschlag, ̈e** (piece of) advice (5, 11)

das **Rätsel, -** puzzle, riddle (9); **ein Rätsel lösen** to solve a puzzle/riddle (9)

die **Ratte, -n** rat (10)

rauchen, geraucht to smoke (3)

der **Raum, ̈e** room; space; area

die **Räumungsklage, -n** eviction notice

raus = **heraus** out

rauschen, gerauscht to rustle

raus·schießen (schießt ... raus), schoss ... raus, ist rausgeschossen to dart out

reagieren, reagiert to react

der **Realismus** realism

recherchieren, recherchiert to investigate

rechnen, gerechnet to do arithmetic

die **Rechnung, -en** bill; check (in restaurant) (4)

recht (adv.) really

recht- (adj.); **rechts** (adv.) right; on/to the right (7, 10)

das **Recht, -e** right; law

recht haben (hat ... recht), hatte ... recht, recht gehabt to be right (2)

rechtlich legal(ly)

der **Rechtsanwalt, ̈e** / die **Rechtsanwältin, -nen** lawyer

das **Rechtschreiben** spelling

rechtspopulistisch right-wing populist (adj.)

die **Rede, -n** speech (12)

das **Rededuell, -e** duel of words

reden, geredet to speak, talk

der **Redner, -** / die **Rednerin, -nen** orator

das **Referat, -e** report (3); (term) paper; **ein Referat halten** to give a paper / oral report (4)

die **Reform, -en** reform

der **Reformator, -en** / die **Reformatorin, -nen** reformer

der **Refrain, -s** refrain

das **Regal, -e** bookshelf, bookcase (2); rack

regelmäßig regular(ly) (11)

regeln, geregelt to regulate

der **Regen, -** rain (7); **bei Regen** in rainy weather (7)

sich **regen, geregt** to move, stir

der **Regenschirm, -e** umbrella (5)

regieren, regiert to rule

die **Regierung, -en** government (12)

die **Regierungspartei, -en** ruling party

das **Regime, -** regime

regimetreu loyal to the regime

die **Region, -en** region

regional regional(ly)

der **Regisseur, -e** / die **Regisseurin, -nen** stage/film director

registrieren, registriert to register; **sich registrieren lassen** to get registered

regnen, geregnet to rain; **es regnet** it is raining; it rains (B)

reiben (reibt), rieb, gerieben to rub

reich rich(ly)

das **Reich, -e** empire; kingdom; realm; **das Dritte Reich** the Third Reich (Nazi Germany)

der **Reifen, -** tire (7)

die **Reifenpanne, -n** flat tire (7)

die **Reihe, -n** row

die **Reihenfolge, -n** order, sequence (2, 4)

das **Reihenhaus, ̈er** row house, town house (6)

sich **reimen, gereimt** to rhyme

rein = herein in

rein·gehen (geht ... rein), ging ... rein, ist reingegangen to go inside (1)

die **Reinigung, -en** dry cleaner's (6)

der **Reis** rice (8)

die **Reise, -n** trip, journey (7); **auf Reisen sein** to be on a trip (7)

das **Reisebüro, -s** travel agency (6)

das **Reiseerlebnis, -se** travel experience (7)

reisefertig ready to leave

der **Reiseführer, -** travel guidebook (5)

das **Reiseland, ̈er** tourist country

reisen, ist gereist to travel (1)

der/die **Reisende, -n (ein Reisender)** traveler (10)

der **Reisepass, ̈e** passport (1)

der **Reiseplan, ̈e** travel plan; itinerary

das **Reiseziel, -e** destination

reißen (reißt), riss, gerissen to tear, rip

reiten (reitet), ritt, ist geritten to ride (on horseback) (1); **Wellen reiten** to ride the waves, surf

der **Reiter, -** / die **Reiterin, -nen** (horseback) rider; **der Blaue Reiter** *a group of artists in Munich (1911–14)*

relativ relative(ly)

der **Relativsatz, ̈e** relative clause

die **Religion, -en** religion (1)

die **Religionsmündigkeit** religious coming-of-age

religiös religious(ly) (B)

die **Renaissance** Renaissance

rennen (rennt), rannte, ist gerannt to run (7)

die **Rente, -n** pension

die **Reparatur, -en** repair

reparieren, repariert to repair (1)

der **Reporter, -** / die **Reporterin, -nen** reporter (4)

repräsentativ representative(ly)

die **Republik, -en** republic

republikanisch Republican (*adj.*)

reservieren, reserviert to reserve (7)

die **Residenz, -en** (royal) residence

die **Resonanz, -en** resonance

der **Rest, -e** rest, remainder

das **Restaurant, -s** restaurant (2)

das **Resultat, -e** result

retten, gerettet to save; to rescue

die **Rettichscheibe, -n** radish slice

die **Rettung** rescue; salvation

das **Revier, -e** station

die **Revolution, -en** revolution

revolutionär revolutionary

das **Rezept, -e** recipe; prescription (11)

die **Rezeption, -en** reception desk (10)

die **Rezession, -en** recession

der **Rhein** Rhine (*river*)

der **Rhythmus, Rhythmen** rhythm

richten, gerichtet to direct; to turn; **sich richten (nach** + *dat.***)** to depend (on); to comply (with)

der **Richter, -** / die **Richterin, -nen** judge (5)

richtig right(ly), correct(ly) (2)

die **Richtung, -en** direction (7)

riechen (riecht), roch, gerochen to smell (11)

der **Riese, -n** (*wk.*) / die **Riesin, -nen** giant (9)

riesig gigantic; tremendous(ly)

das **Rindfleisch** beef (8)

der **Ring, -e** ring (2)

der **Rock, ̈e** skirt (A); (*sg. only*) rock music

das **Rockkonzert, -e** rock concert

der **Roggen** rye

roh raw

die **Rolle, -n** role; part (4)

die **Rollenverteilung, -en** assignment of roles

der **Roman, -e** novel (5)

die **Romantik** Romantic period/movement

römisch Roman (*adj.*)

röntgen, geröntgt to X-ray (11)

rosa pink (A)

die **Rose, -n** rose; **die Weiße Rose** the White Rose (*name of an anti-Nazi resistance group*)

der **Rosenkohl** Brussels sprouts (8)

rostig rusty

rot red (A); **rote Grütze** red fruit pudding

(das) **Rotkäppchen** Little Red Riding Hood

das **Roulette** roulette

der **Rücken, -** back (B)

die **Rückfahrt, -en** return journey; **die Hin- und Rückfahrt** round-trip (7)

rückgängig machen, gemacht to reverse

der **Rucksack, ̈e** backpack (2)

die **Rückseite, -n** back (side); reverse (*of a coin*)

rufen (ruft), rief, gerufen to call, shout (7, 11)

die **Ruhe** silence; peace

ruhen, geruht to rest

ruhig quiet(ly), calm(ly) (B)

der **Ruhm** fame

sich **rühren, gerührt** to move, stir

(das) **Rumänien** Romania (B)

(das) **Rumpelstilzchen** Rumpelstiltskin

das **Rumpsteak, -s** rump steak (8)

rund round

der **Rundgang, ̈e** walking tour

runter·bringen (bringt ... runter), brachte ... runter, runtergebracht = herunter·bringen to bring down

runter·kriegen, runtergekriegt (*coll.*) to get down

der **Rüssel, -** trunk (*of an elephant*)

russisch Russian (*adj.*) (8)

(das) **Russisch** Russian (*language*) (B)

(das) **Russland** Russia (B)

rustikal country-style

die **Rute, -n** switch, rod

rutschen, ist gerutscht to slide, slip (9)

rütteln, gerüttelt to shake

die **Sache, -n** thing (2); cause

die **Sachertorte, -n** *type of chocolate cake*

der **Sachse, -n** (*wk.*) Saxon

(das) **Sachsen** Saxony

sächsisch Saxon (*adj.*)

der **Sachtext, -e** non-fiction text

der **Saft, ̈e** juice (8)

die **Sage, -n** legend, saga

sagen, gesagt to say; to tell (A, 5)

die **Sahara** Sahara (Desert)

die **Sahne** cream

das **Sakko, -s** sports jacket (A)

die **Salami, -** salami

der **Salat, -e** salad (8)

die **Salatschüssel, -n** salad (mixing) bowl (5)

die **Salbe, -n** ointment

das **Salz** salt (8)

salzig salty (7)

die **Salzkartoffeln** (*pl.*) boiled potatoes (8)

sammeln, gesammelt to collect (10); to gather

der **Sammler, -** / die **Sammlerin, -nen** collector

der **Samstag, -e** Saturday (1); **am Samstag** on Saturday (2)

samstags on Saturday(s)

der **Samt** velvet

der **Sand** sand (7)

die **Sandale, -n** sandal (2)

die **Sandburg, -en** sandcastle (4)

sanft soft(ly); gentle, gently

der **Sänger, -** / die **Sängerin, -nen** singer

der **Sanitäter, -** / die **Sanitäterin, -nen** paramedic

der **Sarg, ̈e** coffin (9)

der **Satz, ̈e** sentence (3)

die **Satzklammer, -n** sentence bracket

der **Satzteil, -e** part of sentence, clause

sauber clean (B); **sauber machen** to clean (3)

sauer sour (8); angry, angrily (5); **saure Gurken** (*pl.*) pickles (8) der **Sauerbraten, -** sauerbraten (*marinated beef roast*)

das **Sauerkraut** sauerkraut, pickled cabbage

saugen, gesaugt to vacuum; **Staub saugen** to vacuum (6)

die **Sauna, -s** sauna (11)

das **Schach** chess (1)

schade! too bad! (6)

schaden (+ *dat.*), **geschadet** to be harmful to (6)

der **Schaden, ̈** damage

schaffen (schafft), schuf, geschaffen to create

schaffen, geschafft to manage; to achieve; **jemanden aus dem Weg schaffen** to get someone out of the way

der **Schafskäse** feta cheese

der **Schal, -s** scarf (2)

die **Schallplatte, -n** (phonograph) record

der **Schallplattenspieler, -** record player (2)

der **Schalter, -** ticket booth (5); **am Schalter** at the ticket booth (5)

der **Schatten, -** shadow; shade (9)

der **Schatz, ̈e** treasure (9); darling

schätzen, geschätzt to value

die **Schätzung, -en** estimate

schauen (an/auf + *acc.***), geschaut** to look (at) (A)

schaufeln, geschaufelt to shovel

der **Schauspieler, -** / die **Schauspielerin, -nen** actor/actress

der **Scheck, -s** check

die **Scheibe, -n** slice; windowpane (7)

der **Scheibenwischer, -** windshield wiper (7)

der **Scheiblettenkäse** processed cheese slices

die **Scheidung, -en** divorce

der **Schein, -e** bill, note (*of currency*) (8)

scheinen (scheint), schien, geschienen to shine; to seem, appear

scheitern, gescheitert to fail (12)

schenken, geschenkt to give (as a present) (5)

die **Schere, -n** scissors (8)

der **Scherz, -e** joke

schick chic, stylish(ly), smart(ly) (2)

schicken, geschickt to send (2)

schief crooked

schief·gehen (geht ... schief), ging ... schief, ist schiefgegangen (*coll.*) to go wrong

die **Schiene, -n** train track (10)

schießen (schießt), schoss, geschossen to shoot

das **Schild, -er** sign (7)

schildern, geschildert to depict

die **Schildkröte, -n** turtle (10); tortoise

schimpfen, geschimpft to cuss; to scold (9)

der **Schinken, -** ham (8)

der **Schlaf** sleep (9)

der **Schlafanzug, ̈e** pajamas

die **Schläfe, -n** temple

schlafen (schläft), schlief, geschlafen to sleep (2); **lange schlafen** to sleep late

der **Schlafsack, ̈e** sleeping bag (2)

der **Schlafwagen, -** sleeping car

das **Schlafzimmer, -** bedroom (6)

der **Schlag, ̈e** (heart)beat

schlagen (schlägt), schlug, geschlagen to beat (8); to strike, hit (11)

der **Schlager, -** pop song

der **Schlagertext, -e** pop lyrics

das **Schlagzeug, -e** percussion, drums (12)

die **Schlange, -n** snake (10)

schlank slender, slim (B)

schlau clever(ly), cunning(ly)

das **Schlauchboot, -e** inflatable dinghy

schlecht bad(ly) (2)

die **Schleife, -n** bow, ribbon

der **Schleim, -e** phlegm, mucus

(das) **Schlesien** Silesia

schleudern, geschleudert to hurl

schließen (schließt), schloss, geschlossen to close, shut (A)

schließlich finally (7); after all

schlimm bad (11)

der **Schlittschuh, -e** ice skate (3); **Schlittschuh laufen** to go ice-skating (3)

das **Schloss, ̈er** castle (9)

der **Schlossgang, ̈e** castle passageway

der **Schluss, ̈e** end (8); conclusion; **zum Schluss** in the end, finally (8); in conclusion

der **Schlüssel, -** key (9)

die **Schlüsselposition, -en** key position

schmal narrow; thin

schmecken (+ *dat.*), **geschmeckt** to taste good (to) (6)

schmeißen (schmeißt), schmiss, geschmissen to fling, hurl

der **Schmerz, -en** pain (11)

sich **schminken, geschminkt** to put makeup on (11)

der **Schmuck** jewelry (2)

schmücken, geschmückt to decorate

schmutzig dirty (A)

der **Schnaps, ̈e** spirit; schnapps

schnarchen, geschnarcht to snore

die **Schnecke, -n** snail

der **Schnee** snow (9)

(das) **Schneewittchen** Snow White

schneiden (schneidet), schnitt, geschnitten to cut (3, 11); **Haare schneiden** to cut hair (3); **sich schneiden** to cut oneself (11)

die **Schneiderlehre** tailoring apprenticeship

schneien, geschneit to snow; **es schneit** it is snowing; it snows (B)

schnell quick(ly), fast (7)

der **Schnitt, -e** cut, incision; **im Schnitt** on average

das **Schnitzel, -** (veal/beef/pork) cutlet (8)

der **Schnupfen, -** cold (*with a runny nose*), sniffles (11)

die **Schnur, ̈e** string (8)

der **Schnurrbart, ̈e** mustache (A)

der **Schock, -s** shock (11)

schocken, geschockt (*coll.*) to shock

schockieren, schockiert to shock

die **Schokolade, -n** chocolate

schon already (2, 4); indeed; **schon wieder** once again (3); **Warst du schon einmal ...?** Were you ever . . . ? (4)

schön pretty, beautiful; nice (B); **Bitte schön.** There you go. **Bitte schön?** Yes please? May I help you? (7); **ganz schön viel** quite a bit (3)

das **Schönheitsideal, -e** ideal of beauty

der **Schrank, ̈e** wardrobe cabinet, cupboard (2, 6)

die **Schranke, -n** barrier

der **Schrei, -e** cry; shout; scream

schreiben (schreibt), schrieb, geschrieben to write; to spell (A, 1); **eine SMS schreiben** to write a text message (1); **schreiben an** (+ *acc.*) to write to; **schreiben über** (+ *acc.*) to write about; **Wie schreibt man das?** How do you spell that? (A)

die **Schreibmaschine, -n** typewriter

der **Schreibtisch, -e** desk (2)

das **Schreibwarengeschäft, -e** stationery store (6)

schreien (schreit), schrie, geschrien to scream, yell (3)

die **Schrift, -en** script; writing

der **Schriftsteller, -** / die **Schriftstellerin, -nen** writer (5)

der **Schritt, -e** step

die **Schublade, -n** drawer (5)

schüchtern shy(ly) (B)

die **Schüchternheit** shyness

der **Schuh, -e** shoe (A)

das **Schuhgeschäft, -e** shoe store (6)

die **Schulbildung** education, schooling

schuld: schuld sein (an + *dat.*) to be at fault (for)

die **Schuld, -en** debt; fault; guilt (12)

schulden, geschuldet to owe

die **Schule, -n** school (1, 5); **in der Schule** at school (5)

der **Schüler, -** / die **Schülerin, -nen** student; pupil (1)

der **Schulhof, ̈e** schoolyard, playground

der **Schulleiter, -** / die **Schulleiterin, -nen** principal, headmaster

die **Schultasche, -n** book bag

die **Schulter, -n** shoulder (B)

die **Schuluniform, -en** school uniform

der **Schulweg, -e** way to school

die **Schulzeit** school days

die **Schüssel, -n** bowl (8)

schütteln, geschüttelt to shake; **die Hand schütteln** to shake hands (A)

schützen, geschützt to protect

schwach (schwächer, schwächst-) weak(ly)

schwanger pregnant

schwarz (schwärzer, schwärzest-) black (A); **das schwarze Brett** bulletin board

das **Schwarzbier, -e** *very dark beer*

schwarzhaarig black-haired

Schwarzwälder (*adj.*) (of the) Black Forest

schweben, geschwebt to float

(das) **Schweden** Sweden (B)

schwedisch Swedish (*adj.*)

(das) **Schwedisch** Swedish (*language*) (B)

schweigen (schweigt), schwieg, geschwiegen to become silent; to be silent, say nothing

das **Schweigen** silence

das **Schwein, -e** pig (9)

der **Schweinebraten, -** pork roast

das **Schweinefleisch** pork (8)

der **Schweinestall, ̈e** pigpen

die **Schweiz** Switzerland (B)

Schweizer Swiss (*adj.*); **der Schweizer Franken, -** Swiss franc (8)

der **Schweizer, -** / die **Schweizerin, -nen** Swiss (*person*) (B)

die **Schwellung, -en** swelling

schwer heavy, heavily; hard; difficult (3); **schwer verletzt** critically injured (11)

die **Schwester, -n** sister (B)

schwierig difficult (2)

die **Schwierigkeit, -en** difficulty

das **Schwimmbad, ̈er** swimming pool (1, 5); **im Schwimmbad** at the swimming pool (5); **ins Schwimmbad fahren/gehen** to drive/go to the swimming pool (1)

schwimmen (schwimmt), schwamm, ist/hat geschwommen to swim (7); **im Meer schwimmen** to swim in the sea (1); **schwimmen gehen** to go swimming (1)

sich schwingen (schwingt), schwang, geschwungen to swing oneself

schwitzen, geschwitzt to sweat, perspire

sechs six (A)

sechst- sixth (4)

sechsundzwanzig twenty-six (A)

sechzehn sixteen (A)

sechzig sixty (A)

der **See, -n** lake (7)

die **Seele, -n** soul (12)

seelisch mental(ly), psychological(ly)

das **Segel, -** sail

segeln, ist/hat gesegelt to sail (1)

segnen, gesegnet to bless

sehen (sieht), sah, gesehen to see (2); **lange nicht gesehen** haven't seen (you / each other) for a long time (1)

die **Sehnsucht** longing

sehr very (B); **Bitte sehr.** There you go.

die **Seide, -n** silk (2); **aus Seide** of/from silk (2)

die **Seife, -n** soap (11)

der **Seiltänzer, -** / die **Seiltänzerin, -nen** tightrope walker

sein (ist), war, ist gewesen to be (A, 4)

sein(e) his, its (1, 2)

seit (*prep.*) since; for (4, 11); **seit mehreren Tagen** for several days (11); **seit zwei Jahren** for two years (4)

seitab off to the side

die **Seite, -n** side; page (6)

die **Seitenstraße, -n** side street

seitlich sideways

der **Sekretär, -e** / die **Sekretärin, -nen** secretary (5)

der **Sekt, -e** sparkling wine

die **Sekunde, -n** second (1)

selber, selbes, selbe same

selbst even (2); oneself (2); myself, yourself, himself, herself, itself; ourselves, yourselves, themselves; by (one)self; **selbst gemacht** homemade (8)

die **Selbstbestimmung** self-determination

der **Selbstmord, -e** suicide

selbstvergessen oblivious to one's surroundings

selbstverständlich of course (10)

selten rare(ly), seldom (8)

seltsam strange(ly)

das **Semester, -** semester (1)

die **Semesterferien** (*pl.*) semester break

das **Seminar, -e** seminar

der **Seminarraum, ̈e** classroom (B)

die **Semmel, -n** (bread) roll

die **Sendung, -en** broadcast

der **Senf** mustard (8)

senken, gesenkt to lower (12)

der **September** September (B)

die **Serviette, -n** napkin (8)

servus hello; good-bye (*infor.; southern Germany, Austria*) (A)

der **Sessel, -** armchair (2, 6)

setzen, gesetzt to put, place, set (*in a sitting position*) (7); **sich setzen** to sit down (A, 11)

das **Shampoo, -s** shampoo

sich oneself, himself, herself, itself, yourself; themselves, yourselves

sicher sure(ly) (1); of course; safe(ly)

die **Sicherheit** safety

der **Sicherheitsgurt, -e** seat belt (7)

die **Sicherheitskraft, ̈e** security officer

sicherlich certainly (3)

sichtbar visible, visibly

sie (*pron., fem. nom./acc.*) she, her, it; (*nom./acc. pl.*) they, them

Sie (*for. sg./pl.*) you

sieben seven (A)

siebenundzwanzig twenty-seven (A)

siebt- seventh (4)

siebzehn seventeen (A)

siebzig seventy (A)

die **Siedlung, -en** settlement

der **Sieg, -e** victory

signalisieren, signalisiert to signal; to indicate

silbern silver (*adj.*), silvery

die **Silvesternacht, ̈e** night of New Year's Eve

simsen, gesimst (*coll.*) to text (1)

singen (singt), sang, gesungen to sing (1)

die **Single, -s** single (record)

sinken (sinkt), sank, ist gesunken to sink

der **Sinn, -e** sense; **im Sinn haben** to have in mind

sinnlich sensual(ly)

die **Sitte, -n** custom

die **Situation, -en** situation

der **Sitz, -e** seat (7)

sitzen (sitzt), saß, gesessen to sit, be in a seated position (2, 4); **sitzen bleiben** to remain seated

(das) **Skandinavien** Scandinavia

das **Skateboard, -s** skateboard (3); **Skateboard fahren** to skateboard (3)

der **Ski, -er** ski (3); **Ski fahren** to ski (3)

die **Skihütte, -n** ski lodge (6)

die **Skizze, -n** sketch

der **Sklave, -n** (*wk.*) / die **Sklavin, -nen** slave

der **Skorpion, -e** scorpion (10)

skypen, geskypt to Skype

die **Slowakei** Slovakia (B)

(das) **Slowenien** Slovenia (B)

das **Smartphone, -s** smartphone (2)

die **SMS** SMS, text message; **eine SMS schreiben** to write a text message (1)

das **Snowboard, -s** snowboard (1); **Snowboard fahren** to snowboard

das **Snowboarden** snowboarding

so so; such; that way (A); **das stimmt so** that's right; keep the change (8); **so viel** so much; **so was** something like that; some such thing

sobald (*subord. conj.*) as soon as

die **Socke, -n** sock (2)

das **Sofa, -s** sofa, couch (6)

sofort immediately (3)

sogar even

sogenannt so-called

der **Sohn, ̈e** son (B)

das **Solarium, Solarien** tanning salon (11)

solcher, solches, solche such

die **Solidarität** solidarity

sollen (soll), sollte, gesollt to be supposed to (3)

die **Solokarriere, -n** solo career

der **Solosänger, -** / die **Solosängerin, -nen** solo artist (singer) der **Sommer, -** summer (B); **letzten Sommer** last summer (4)

sonderbar strange(ly)

sondern but, rather, on the contrary (A, 11)

die **Sonderschulpädagogik** special education

der **Song, -s** song

das **Songbuch, ¨er** songbook (2)

der **Songwriter, -** / die **Songwriterin, -nen** songwriter

die **Sonne, -n** sun; **in der Sonne liegen** to lie in the sun (1)

das **Sonnenbaden** sunbathing

sonnenbaden gehen (geht ... sonnenbaden), ging ... sonnenbaden, ist sonnenbaden gegangen to go sunbathing (10)

der **Sonnenbrand, ¨e** sunburn (10)

die **Sonnenbrille, -n** sunglasses (1, 2)

die **Sonnenmilch** suntan lotion (10)

der **Sonnenschirm, -e** sunshade; beach parasol (10)

der **Sonnenstrahl, -en** ray of sunlight

sonnig sunny (B)

der **Sonntag, -e** Sunday (1)

sonst otherwise (2, 5); **sonst noch** in addition; else; **Sonst noch etwas?** Anything else? (5)

sonstig other

sorgen für (+ acc.), **gesorgt** to take care of

sorgfältig careful(ly)

die **Sorte, -n** sort, type, kind

sortieren, sortiert to sort

die **Soße, -n** sauce (8); (salad) dressing

das **Souvenir, -s** souvenir (7)

sowie as well as

sowjetisch Soviet (adj.)

die **Sowjetunion** Soviet Union

sowohl als/wie as well as

sozial social(ly)

sozialdemokratisch Social Democratic

der **Sozialismus** socialism

der **Sozialist, -en** (wk.) / die **Sozialistin, -nen** socialist (person)

sozialistisch socialist (adj.)

die **Sozialkunde** social studies (1)

der **Sozialstaat, -en** welfare state

die **Soziologie** sociology (1)

die **Spaghetti** (pl.) spaghetti

die **Spalte, -n** column

(das) **Spanien** Spain (B)

spanisch Spanish (adj.)

(das) **Spanisch** Spanish (language) (B)

spannend suspenseful

die **Spannweite, -n** wingspan

sparen, gespart to save (money) (5); **sparen auf** + (acc.) to save up for

das **Sparkonto, Sparkonten** savings account (12)

der **Spaß, ¨e** fun; joke **Spaß haben** to have fun; **Spaß machen** to be fun; **viel Spaß** have fun (A)

spät late (1); **später** later (1); **Wie spät ist es?** What time is it? (1)

die **Spätzle** (pl.) spaetzle (kind of noodles)

spazieren gehen (geht ... spazieren), ging ... spazieren, ist spazieren gegangen to go for a walk (1); **im Park spazieren gehen** to go for a walk in the park (1)

die **SPD** = die **Sozialdemokratische Partei Deutschlands** Social Democratic Party of Germany

der **Speck** bacon (8)

speichern, gespeichert to store

die **Speisekarte, -n** menu (8)

der **Speisesaal, -säle** dining hall

der **Speisewagen, -** dining car

spekulieren, spekuliert to speculate

spenden, gespendet to donate

der **Sperrmüll** bulky waste

die **Spezialität, -en** specialty

speziell special; especially

der **Spiegel, -** mirror (6); title of a German news magazine

das **Spieglein, -** (diminutive form of **der Spiegel**) little mirror

das **Spiel, -e** game; match

spielen, gespielt to play (1)

der **Spieler, -** / die **Spielerin, -nen** player

der **Spielfilm, -e** theatrical feature film

der **Spielplatz, ¨e** playground (9)

der **Spinat** spinach

spitz pointed

der **Spitzbart, ¨e** goatee

der **Spitzel, -** informer

der **Spitzname, -n** (wk.) nickname

splittern, gesplittert to splinter

der **Sport** sport(s); physical education (1); **Sport treiben** to do sports (2)

die **Sporthose, -n** tights, sports pants (2)

sportlich athletic(ally) (B)

der **Sportplatz, ¨e** sports field; playing field

der **Sportschuh, -e** athletic shoe (A)

die **Sporttasche, -n** athletic bag

die **Sportverletzung, -en** sports injury

die **Sprache, -n** language (B)

die **Sprachfamilie, -n** language family

das **Sprachlabor, -s** language laboratory (4)

der **Sprachwissenschaftler, -** / die **Sprachwissenschaftlerin, -nen** linguist

sprachlos speechless(ly)

der/das **Spray, -s** spray

sprechen (spricht), sprach, gesprochen to speak, talk (B); **sprechen über** (+ acc.) to talk about

der **Sprechgesang** spoken song

die **Sprechsituation, -en** conversational situation (A)

die **Sprechstunde, -n** office hour (3)

die **Sprechstundenhilfe** (doctor's) receptionist

sprengen, gesprengt to water, sprinkle

das **Sprichwort, ¨er** proverb, saying

springen (springt), sprang, ist gesprungen to jump (A)

die **Spritze, -n** shot, injection (11)

sprühen, gesprüht to spray

das **Spülbecken, -** sink (5)

spülen, gespült to wash; to rinse (4); **Geschirr spülen** to wash the dishes (4)

spüren, gespürt to feel

der **Spürsinn** intuition

der **Staat, -en** state (10, 12); nation

staatlich state, government (adj.) (12)

die **Staatsangehörigkeit, -en** nationality, citizenship

der **Staatsbankrott, -e** government bankruptcy

die **Staatsbürgerschaft, -en** citizenship

das **Staatsbürgerschaftsrecht, -e** citizenship law

der **Staatschef, -s** / die **Staatschefin, -nen** head of state

das **Staatsexamen, -** final university examination

die **Staatspolizei** state police; **die Geheime Staatspolizei (Gestapo)** Secret State Police (in Nazi Germany)

der **Staatsrat, ¨e** / die **Staatsrätin, -nen** state councilor

die **Staatssicherheit** State Security (former East German secret police)

stabil sturdy, sturdily; solid(ly)

die **Stadt, ¨e** town, city (2, 6)

das **Stadtbild, -er** townscape, cityscape

der **Stadtplan, ¨e** city street map

der **Stadtrand, ¨er** city limits (6)

die **Stadtrundfahrt, -en** tour of the city (7)

der **Stadtteil, -e** district, neighborhood (6)

das **Stadtviertel, -** quarter, district, neighborhood (6)

die **Staffelei, -en** easel (12)

der **Stamm, ¨e** tribe

stammen (aus/von + dat.**), gestammt** to come (from), originate (in)

der **Stammgast, ¨e** regular customer

die **Stammkneipe, -n** usual bar/pub

ständig constant(ly)

der **Star, -s** star, celebrity

stark (stärker, stärkst-) strong(ly); heavy, heavily; severe(ly) (11); (coll.) great

der **Start, -s** start

starten, ist gestartet to start; to take off

die **Stasi** (coll.) = die **Staatssicherheit** State Security (former East German secret police)

statt (+ gen.) instead of (12)

statt·finden (findet ... statt), fand ... statt, stattgefunden to take place (5)

die **Statue, -n** statue

der **Staub** dust; **Staub saugen** to vacuum (6); **Staub wischen** to (wipe) dust der **Staubsauger, -** vacuum cleaner (6)

die **Stauchung, -en** compression

das **Staunen** amazement

das **Steak, -s** steak

stechen (sticht), stach, gestochen to prick; to sting; to bite (*of insects*) (10)

stecken, gesteckt to stick; to put; to be; **stecken bleiben (bleibt ... stecken), blieb ... stecken, ist stecken geblieben** to get stuck (11)

stehen (steht), stand, gestanden to stand (*be in a vertical position*) (2, 6); to be (situated); (+ *dat.*) to suit (6); **stehen für** (+ *acc.*) to stand (for); **Das steht / Die stehen dir gut!** That looks / Those look good on you! (2)

stehlen (stiehlt), stahl, gestohlen to steal (9)

die **Steiermark** Styria (*Austrian state*)

steigen (steigt), stieg, ist gestiegen to climb; to ascend; to increase

der **Stein, -e** stone (12)

steinern (*adj.*) (made of) stone

steinig stony, rocky

stellen, gestellt to stand up, put, place (upright) (3, 5); **eine Frage stellen** to ask a question (5); **gerade stellen** to straighten (3)

sterben (stirbt), starb, ist gestorben to die (9)

die **Stereoanlage, -n** stereo system

der **Stern, -e** star

das **Sternchen, -** asterisk

die **Sternwarte, -n** observatory

das **Sternzeichen, -** astrological sign, sign of the zodiac

die **Steuer, -n** tax

das **Stichwort, ¨er** keyword

sticken, gestickt to do embroidery

der **Stiefel, -** boot (A)

die **Stiefmutter, ¨** stepmother (9)

der **Stiefsohn, ¨e** stepson

die **Stieftochter, ¨** stepdaughter

der **Stiefvater, ¨** stepfather (9)

der **Stift, -e** pen (A, B)

der **Stil, -e** style

still quiet(ly), silent(ly)

die **Stille** quiet; silence

stillen, gestillt to still, stop

das **Stillleben, -** still life

die **Stimme, -n** voice (12)

stimmen, gestimmt to be right (8); **das stimmt so** that's right; keep the change (8); **Stimmt!** That's right!

die **Stimmung, -en** mood; atmosphere

das **Stipendium, Stipendien** scholarship (1)

die **Stirn, -en** forehead

das **Stirnband, ¨er** headband (A)

stöbern, gestöbert (*coll.*) to browse, rummage about

der **Stock, ¨e** stick; walking stick

der **Stock** (*pl.* **Stockwerke**) floor, story (6); **im ersten Stock** on the second floor (6)

das **Stockwerk, -e** floor, story (6)

stolpern, ist gestolpert to trip, stumble

der **Stopp, -s** stop

stören, gestört to disturb (3)

die **Störung, -en** disturbance

der **Stoßzahn, ¨e** tusk

stottern, gestottert to stutter

der **Strafzettel, -** (parking or speeding) ticket

der **Strand, ¨e** shore, beach (4, 7)

der **Strandkorb, ¨e** beach chair (10)

die **Strandpromenade, -n** (beach) promenade

die **Straße, -n** street, road (6)

die **Straßenbahn, -en** streetcar (7)

der **Straßenrand, ¨er** roadside

die **Strategie, -n** strategy (12)

der **Strauß, ¨e** bouquet

das **Streichholz, ¨er** match (8)

(sich) **streiten (streitet), stritt, gestritten** to argue, quarrel (9)

streng strict(ly) (9)

stricken, gestrickt to knit (3)

der **Strom, ¨e** current; electricity, power (8)

die **Strophe, -n** strophe; verse

der **Strudel, -** strudel (*pastry*)

die **Strumpfhose, -n** tights; pantyhose

das **Stück, -e** piece; slice (8)

der **Student, -en** (*wk.*) / die **Studentin, -nen** student (A, B)

das **Studentenheim, -e** dorm (2, 6)

die **Studentenkneipe, -n** student pub (1)

das **Studentenleben** student life

das **Studentenwerk, -e** student union

die **Studie, -n** study

das **Studienfach, ¨er** academic subject

der **Studiengang, ¨e** course of study

die **Studiengebühr, -en** registration fee, tuition

studieren, studiert to study; to attend a university/college (1)

der/die **Studierende, -n (ein Studierender)** student

das **Studium, Studien** university studies (1); course of studies (3)

der **Stuhl, ¨e** chair (B, 2)

die **Stunde, -n** hour (1, 2)

stundenlang for hours

der **Stundenplan, ¨e** schedule (1)

stürmen, gestürmt to storm

stürzen, ist gestürzt to fall

das **Substantiv, -e** noun

die **Suchanzeige, -n** housing-wanted ad

die **Suche, -n** search

suchen, gesucht to look for (1)

die **Suchmaschine, -n** search engine

süd- south

(das) **Südafrika** South Africa

(das) **Südamerika** South America (B)

süddeutsch Southern German (*adj.*)

der **Süden** south

südlich (**von** + *dat.*) south (of) (7)

der **Südosten** southeast

südöstlich (**von** + *dat.*) southeast (of)

südwestlich (**von** + *dat.*) southwest (of)

der **Sünder, -** / die **Sünderin, -nen** sinner

super super

der **Superbowl** Super Bowl

der **Supermarkt, ¨e** supermarket (5, 6); **im Supermarkt** at the supermarket (5)

die **Suppe, -n** soup (8)

das **Surfbrett, -er** surfboard (2)

surfen, gesurft to surf, go surfing; **im Internet surfen** to surf the Internet (1)

das **Sushi** sushi

süß sweet(ly) (2); **voll süß** totally sweet (2)

die **Süßigkeit, -en** sweet, candy

der **Swimmingpool, -s** swimming pool

das **Symbol, -e** symbol

symbolisch symbolic(ally)

symbolisieren, symbolisiert to symbolize

der **Sympathisant, -en** (*wk.*) / die **Sympathisantin, -nen** sympathizer

sympathisch congenial(ly), appealing(ly)

das **Symphonieorchester, -** symphony orchestra

(das) **Syrien** Syria

das **System, -e** system (12)

die **Szene, -n** scene

das **Szenepublikum** trendy following, in-crowd

die **Tabelle, -n** table; list

die **Tablette, -n** tablet, pill (11)

die **Tafel, -n** blackboard; whiteboard (A, B)

der **Tag, -e** day (1); **an welchem Tag?** on what day? (4); **den ganzen Tag** all day long (1); **eines Tages** one day; **guten Tag** good afternoon; hello (*for.*) (A); **jeden Tag** every day (1); **seit mehreren Tagen** for several days (11); **Welcher Tag ist heute?** What day is today? (1)

das **Tagebuch, ¨er** diary (4)

der **Tagesablauf, ¨e** daily routine (1); course of (one's) day

die **Tageszeitung, -en** daily newspaper (5)

täglich daily (12)

das **Tal, ¨er** valley (7)

das **Talent, -e** talent (3)

der **Tank, -s** (fuel) tank (7)

tanken, getankt to fill up (with gas)

die **Tankstelle, -n** gas station (5); **an der Tankstelle** at the gas station (5)

die **Tante, -n** aunt (B)

tanzen, getanzt to dance (1)

die **Tanzfläche, -n** dance floor

die **Tanzschule, -n** dancing school

das **Tanzstudio, -s** dance studio

die **Tapete, -n** wallpaper

tapfer brave(ly) (9)

die **Tasche, -n** (hand)bag; purse; pocket (1)

die **Taschenlampe, -n** flashlight (9)

das **Taschentuch, ¨er** handkerchief (3)

die **Tasse, -n** cup (2, 5)

die **Tat, -en** act; deed

tätig active

die **Tätigkeit, -en** activity (6)

tätowieren, tätowiert to tattoo

der **Tätowierer, -** / die **Tätowiererin, -nen** tattoo artist

das **Tattoo, -s** tattoo

die **Taube, -n** pigeon; dove

der/die **Taubstumme, -n** (ein Taubstummer) person who is hearing-impaired and cannot speak

tauchen, hat/ist getaucht to dive (3)

die **Taufe, -n** baptism, christening (4)

taugen, getaugt: nichts taugen to be no good

tausend thousand

tausendmal a thousand times

das **Taxi, -s** taxi (3, 7)

der **Taxifahrer, -** / die **Taxifahrerin, -nen** taxi driver (5)

die **Technik** technology; engineering

das/der **Techno** techno (music)

der **Teddy, -s** = der **Teddybär, -en** (wk.) teddy bear (A)

der **Tee, -s** tea (4)

die **Teekanne, -n** teapot (8)

der **Teekessel, -** tea kettle (8)

der **Teenager, -** teenager

der **Teig, -e** dough

der **Teil, -e** part (7); **zum Teil** partly

teilen, geteilt to divide; to share

teil·nehmen (an + dat.**) (nimmt ... teil), nahm ... teil, teilgenommen** to participate (in s.th.)

das **Telefon, -e** telephone (1, 2); **am Telefon** on the phone (2)

das **Telefonat, -e** telephone call

telefonieren, telefoniert to telephone, talk on the phone (4)

die **Telefonkarte, -n** telephone card (2)

die **Telefonnummer, -n** telephone number (1)

die **Telefonzelle, -n** telephone booth

der **Teller, -** plate (8)

die **Temperatur, -en** temperature

das **Tennis** tennis (1)

der **Teppich, -e** carpet (2); rug

der **Termin, -e** appointment (5, 11); **sich einen Termin geben lassen** to get an appointment (11)

der **Terminkalender, -** appointment calendar (11)

die **Terrasse, -n** terrace, deck (6)

der **Terrorismus** terrorism (12)

der **Test, -s** test

der **Tetanus** tetanus (11)

teuer expensive(ly) (2)

der **Teufel, -** devil (12)

der **Text, -e** text (12)

das **Theater, -** theater (6)

das **Thema, Themen** theme, topic, subject (4)

der **Theologe, -n** (wk.) / die **Theologin, -nen** theologian

die **Theorie, -n** theory

der **Therapeut, -en** (wk.) / die **Therapeutin, -nen** therapist

der **Thunfisch, -e** tuna

(das) **Thüringen** Thuringia

das **Ticket, -s** ticket

tief deep(ly) (7)

das **Tier, -e** animal (3, 7, 10)

der **Tierarzt, ¨e** / die **Tierärztin, -nen** veterinarian

der **Tierschutz** animal protection

der **Tiger, -** tiger

tippen, getippt to type (3, 6)

(das) **Tirol** Tyrol (Austrian state)

Tiroler (adj.) Tyrolean

der **Tisch, -e** table (B); **den Tisch abräumen** to clear the table (3); **den Tisch decken** to set the table (5)

das **Tischtennis** table tennis (3)

der **Titel, -** title

der **Toaster, -** toaster

toben, getobt to rampage

die **Tochter, ¨** daughter (B)

der **Tod, -e** death (12)

die **Todesart, -en** way to die

die **Todesgefahr, -en** mortal danger

die **Toilette, -n** toilet (6)

das **Toilettenpapier** toilet paper

die **Toilettentasche, -n** cosmetic bag

tolerant tolerant(ly) (7)

toll (coll.) neat, great (2); **das hört sich toll an** that sounds great (4)

die **Tollwut** rabies (10)

die **Tomate, -n** tomato (8)

der **Ton, -e** clay (12)

der **Ton, ¨e** tone; musical note

der **Topf, ¨e** pot, pan (5)

die **Töpferscheibe, -n** potter's wheel (12)

der **Topflappen, -** potholder (5)

das **Topjahrzehnt, -e** top decade

das **Torhaus, ¨er** gatehouse

tot dead (9)

total total(ly) (4)

töten, getötet to kill (9)

der **Totengang, ¨e** path of the dead

der **Totenkopf, ¨e** skull; death's head

sich **tot·schuften, totgeschuftet** (coll.) to work oneself to death

die **Tour, -en** tour; trip

das **Tourette-Syndrom** Tourette syndrome

der **Tourismus** tourism (10)

der **Tourist, -en** (wk.) / die **Touristin, -nen** tourist

die **Tradition, -en** tradition (4, 12)

traditionell traditional(ly)

traditionsreich rich in tradition

tragen (trägt), trug, getragen to carry; to wear (A); **Trägst du gern ...?** Do you like to wear . . . ? (A)

die **Tragikomödie, -n** tragicomedy

die **Tragödie, -n** tragedy

der **Trailer, -** trailer

trampeln, hat/ist getrampelt to stomp

trampen, ist getrampt to hitchhike (10)

der **Tramper, -** / die **Tramperin, -nen** hitchhiker

die **Transaktion, -en** transaction

transkontinental transcontinental(ly)

transportieren, transportiert to transport (7)

das **Transportmittel, -** means of transportation (7)

trauen (+ dat.**), getraut** to trust (8)

die **Trauer** sorrow (2)

der **Traum, ¨e** dream

die **Traumdeutung** interpretation of dreams

träumen (von + dat.**), geträumt** to dream (of/about) (9)

traurig sad(ly) (B)

(sich) **treffen (trifft), traf, getroffen** to meet (2); **Treffen wir uns ...** Let's meet . . . (2)

treiben (treibt), trieb, getrieben to drive; to carry out, do; **Sport treiben** to do sports (2)

trennbar separable

(sich) **trennen, getrennt** to separate (7); to break up (people); to divide

die **Treppe, -n** stairway (6)

das **Treppenhaus, ¨er** stairwell

treten (tritt), trat, ist getreten to step

treu loyal(ly); true (9)

die **Treue** loyalty, fidelity

(das) **Triest** Trieste (city in Italy)

trinken (trinkt), trank, getrunken to drink (1)

das **Trinkgeld, -er** tip (8)

trivial trivial(ly); trite(ly)

trocken dry (11)

die **Trompete, -n** trumpet (12)

der **Trost** consolation

trotz (+ gen.) in spite of (12)

trotzdem in spite of that; nonetheless (12)

die **Truppen** (pl.) troops

(das) **Tschechien** Czech Republic (B)

(die) **Tschechische Republik** Czech Republic

tschüss bye (infor.) (A)

das **T-Shirt, -s** T-shirt (2)

tun (tut), tat, getan to do (1)

die **Tür, -en** door (A)

der **Türke, -n** (wk.) / die **Türkin, -nen** Turkish man/woman (12)

die **Türkei** Turkey (B)

türkisch Turkish (adj.)

(das) Türkisch Turkish (language) (B)

der Turnschuh, -e gym shoe

die Türschwelle, -n threshold

die Tüte, -n (paper or plastic) bag (11)

der TÜV = der Technische Überwachungsverein Technical Control Board (German agency that checks vehicular safety)

twittern, getwittert to use Twitter, tweet

der Typ, -en (coll.) character, person, guy

typisch typical(ly)

u. a. = unter anderem among others

die U-Bahn, -en = die Untergrundbahn, -en subway (7)

übel bad, nasty; übel sein (+ dat.) to feel sick, mir ist übel I feel sick

üben, geübt to practice; to exercise

über (+ dat./acc.) over (4); above; about; across; übers Wochenende over the weekend (4)

überall everywhere (10)

überfahren (überfährt), überfuhr, überfahren to run over (11)

überfallen (überfällt), überfiel, überfallen to hold up (bank/store)

überfliegen (überfliegt), überflog, überflogen to skim

über·gehen (geht ... über), ging ... über, ist übergegangen to transfer, pass across (8)

überhaupt anyway; at all

überleben, überlebt to survive

überlegen, überlegt to consider, think about

übermorgen the day after tomorrow (9)

übermütig in high spirits, cocky

übernachten, übernachtet to stay overnight (6)

die Übernachtung, -en overnight stay

übernehmen (übernimmt), übernahm, übernommen to take on (7); to take over, adopt

überprüfen, überprüft to check, inspect

überqueren, überquert to cross, go across

überraschen, überrascht to surprise

überreden, überredet to convince, persuade

die Überredungskunst, ⸚e powers of persuasion

überrollen, überrollt to overrun

übers = über das over/about the; see über

der Überschwang exuberance

übersetzen, übersetzt to translate (9)

überwachen, überwacht to monitor

die Überwachung, -en surveillance

überweisen (überweist), überwies, überwiesen to transfer (money)

die Überweisung, -en transfer (of money) (12)

überwiegen (überwiegt), überwog, überwogen to predominate

überzeugen, überzeugt to convince

überziehen (überzieht), überzog, überzogen to overdraw

der Überziehungskredit, -e overdraft protection

üblich usual, customary

übrig remaining, left over

die Übung, -en exercise (A)

die UdSSR = die Union der Sozialistischen Sowjetrepubliken USSR, Soviet Union

die Uhr, -en clock (B); watch; (sg. only) o'clock; bis acht Uhr until eight o'clock (2); bis um vier Uhr (früh) until four o'clock (in the morning) (4); erst um vier Uhr not until four o'clock (4); um sechs Uhr at six o'clock (1); um sieben Uhr zwanzig at seven twenty (1); Um wie viel Uhr ...? At what time . . . ? (1); Wie viel Uhr ist es? What time is it? (1)

die Uhrzeit, -en time

die Ukraine Ukraine

um around; about; at; for; (gleich) um die Ecke (right) around the corner (5, 6); um halb drei at two thirty (1); um sechs (Uhr) at six o'clock (1); um Viertel vor vier at a quarter to four (1); Um wie viel Uhr ...? At what time . . . ? (1); um zwanzig nach fünf at twenty after/past five (1)

um ... zu (+ inf.) in order to (12)

um·bringen (bringt ... um), brachte ... um, umgebracht to kill

um·fallen (fällt ... um), fiel ... um, ist umgefallen to fall over (9)

umfassen, umfasst to embrace; to include

die Umfrage, -n survey (4)

der Umgang contact

umgeben (umgibt), umgab, umgeben to surround, enclose

die Umgebung, -en surrounding area, environs

um·gehen (mit + dat.) (geht ... um), ging ... um, umgegangen to treat, handle

sich um·gucken, umgeguckt (coll.) to look around

um·hängen, umgehängt to hang somewhere else

um·kippen, ist/hat umgekippt to turn over; to knock over

die Umkleidekabine, -n dressing room

ums = um das around/about/at/for the

der Umsatz, ⸚e sales, returns

der Umschlag, ⸚e cover; envelope; warmer Umschlag warm compress, poultice

um·schlagen (schlägt ... um), schlug ... um, ist/hat umgeschlagen to change

der Umstand, ⸚e circumstance

die Umstellung, -en adjustment

um·steigen (steigt ... um), stieg ... um, ist umgestiegen to change (trains etc.) (7)

der Umweg, -e circuitous route, detour

die Umwelt environment

die Umweltkunde environmental studies

der Umweltschutz environmental protection

um·werfen (wirft ... um), warf ... um, umgeworfen to knock over/down

um·ziehen (zieht ... um), zog ... um, ist umgezogen to move (to another residence); (sich) umziehen, hat umgezogen to change clothes

der Umzug, ⸚e move, relocation

der Umzugsservice, -s moving service

unachtsam inattentive(ly)

unangenehm unpleasant(ly)

unbedingt without fail; absolute(ly)

das Unbewusste (declined as adj.) unconscious

und (coord. conj.) and (A, 11); und so weiter (usw.) and so forth

unerwartet unexpected(ly)

der Unfall, ⸚e accident (4, 7)

das Unfallkommando, -s accident response unit

die Unfallstelle, -n scene of an accident

(das) Ungarn Hungary (B)

ungeduldig impatient(ly) (10)

ungefähr approximate(ly) (7)

ungeheuer enormous(ly); terrible, terribly

ungemein exceptional(ly)

ungenügend inadequate(ly); unsatisfactory, unsatisfactorily

ungerecht unjust(ly), unfair(ly)

ungewöhnlich unusual(ly)

ungezogen naughty, naughtily; badly behaved

unglaublich incredible, incredibly (5)

unhöflich impolite(ly)

die Uni, -s (coll.) = die Universität, -en university (B, 1); auf der Uni sein to be at the university (1); zur Uni gehen to go to the university (1, 2)

die Union, -en union; die Europäische Union (EU) European Union

die Universität, -en university (B, 1, 5); auf der Universität at the university (5)

unklug unwise(ly)

unmöglich impossible, impossibly

die Unmündigkeit dependence

unrechtmäßig illegal(ly)

uns (acc./dat.) us; ourselves (1)

unsaniert unrestored, unrenovated

die Unschuld innocence

unser(e) our (2)

unsympathisch uncongenial(ly); disagreeable, disagreeably; unpleasant(ly)

unten (adv.) below; down; downstairs

unter (+ dat./acc.) under, underneath (5); below, beneath; among (6); (adj.) lower; unter anderem among other things; unter dem Fenster under the window (5)

das Unterbewusste (declined as adj.) subconscious

die Untergrundbahn, -en = die U-Bahn, -en subway

sich unterhalten (unterhält), unterhielt, unterhalten to converse (9) die **Unterhaltung, -en** conversation; entertainment

das **Unterhemd, -en** undershirt (2)

die **Unterhose, -n** underpants (2)

die **Unterkunft, ⸚e** lodging

der **Unterlass: ohne Unterlass** incessantly

unternehmen (unternimmt), unternahm, unternommen to undertake

das **Unternehmen** undertaking; enterprise; company

der **Unterricht** class, instruction (9, 11)

unterrichten, unterrichtet to teach, instruct (5)

der **Unterschied, -e** difference

unterschiedlich different; various(ly)

unterschreiben (unterschreibt), unterschrieb, unterschrieben to sign (1); **Unterschreib bitte hier.** Sign here please. (A)

die **Unterschrift, -en** signature (1)

unterstreichen (unterstreicht), unterstrich, unterstrichen to underline

unterstützen, unterstützt to support (12)

die **Unterstützung** support

untersuchen, untersucht to investigate; to examine (5)

unterwegs underway; on the road (9)

unterzeichnen, unterzeichnet to sign

untreu disloyal; unfaithful

das **Unverständnis** lack of understanding

unvorhergesehen unforeseen; unexpected(ly)

unwichtig unimportant

unzufrieden dissatisfied

uralt very old, ancient

der **Uranus** Uranus

urkundlich erwähnt mentioned in a document

der **Urlaub, -e** vacation (4, 5); **Urlaub machen** to take a vacation

der **Urlauber, - / die Urlauberin, -nen** vacationer

die **Ursache, -n** cause

der **Ursprung, ⸚e** origin

ursprünglich original(ly)

das **Urteil, -e** verdict

die **USA** (*pl.*) USA (B)

der **US-Amerikaner, - / die US-Amerikanerin, -nen** American (from the USA) (*person*)

US-amerikanisch American (from the USA) (*adj.*)

usw. = und so weiter and so forth

die **Utopie, -n** utopia

der **Valentinstag** Valentine's Day

der **Vampir, -e** vampire

die **Vase, -n** vase

der **Vater, ⸚** father (B)

die **Vaterstadt, ⸚e** hometown

der **Vati, -s** dad, daddy

der **Vegetarier, - / die Vegetarierin, -nen** vegetarian (*person*)

sich verabreden (mit + *dat.*), verabredet to make a date (with), make an appointment (with)

die **Verabredung, -en** appointment; date (11)

sich verabschieden, verabschiedet to say good-bye, take leave

(sich) verändern, verändert to change (6)

die **Veränderung, -en** change

verarbeiten zu (+ *dat.*), verarbeitet to make into

das **Verb, -en** verb

der **Verband, ⸚e** bandage (11)

verbessern, verbessert to improve; to correct

verbieten (verbietet), verbot, verboten to forbid

verbinden (verbindet), verband, verbunden to connect (A); to combine

verboten (*p.p. of* **verbieten**) forbidden, prohibited (9)

verbrennen (verbrennt), verbrannte, verbrannt to burn (11); **sich (die Zunge) verbrennen** to burn (one's tongue) (11)

verbringen (verbringt), verbrachte, verbracht to spend (*time*) (3)

verdienen, verdient to earn (4)

der **Verdienst, -e** earnings

verdrängen, verdrängt to drive out, displace

verdutzt taken aback

der **Verein, -e** society, association

vereinbaren, vereinbart to agree upon (12)

vereinen, vereint to unite

vereinigen, vereinigt to unite

verfallen (verfällt), verfiel, ist verfallen to decline; to deteriorate

die **Verfassung, -en** constitution; **körperliche und geistige Verfassung** physical and mental state

verfehlen, verfehlt to miss, not notice (10)

verfolgen, verfolgt to persecute

die **Verfügung, -en** order; **zur Verfügung** at one's disposal

die **Vergebung** forgiveness

vergehen (vergeht), verging, ist vergangen to pass, go by (*time*)

vergessen (vergisst), vergaß, vergessen to forget (2)

vergiften, vergiftet to poison (9)

der **Vergleich, -e** comparison

vergleichbar comparable

vergleichen (vergleicht), verglich, verglichen to compare (7)

das **Vergnügen** pleasure (2); entertainment

vergnügt cheerful(ly); happy, happily

verhaften, verhaftet to arrest

sich verhalten (verhält), verhielt, verhalten to behave, act

das **Verhältnis, -se** relationship

verharren, verharrt to remain

sich verheddern (in + *dat.*), verheddert to get tangled up (in)

verheimlichen, verheimlicht to conceal, keep secret

sich verheiraten (mit + *dat.*), verheiratet to get married (to)

verheiratet married (1)

verhindern, verhindert to prevent

verhören, verhört to interrogate

verhungern, ist verhungert to starve (to death)

verkaufen, verkauft to sell (2, 5); **zu verkaufen** for sale

der **Verkäufer, - / die Verkäuferin, -nen** salesperson (5)

der **Verkehr** traffic (7, 11)

das **Verkehrsmittel, -** means of transportation

das **Verkehrsschild, -er** traffic sign (7)

verkommen (verkommt), verkam, ist verkommen to degenerate, go bad

verlassen (verlässt), verließ, verlassen to leave; to abandon (11)

sich verletzen, verletzt to injure oneself (11)

verletzt injured (11); **schwer verletzt** critically injured (11)

der/die **Verletzte, -n (ein Verletzter)** injured person (11)

die **Verletzung, -en** injury

sich verlieben (in + *acc.*), verliebt to fall in love (with) (9, 12)

verliebt (sein) (to be) in love (4, 12)

verlieren (verliert), verlor, verloren to lose (7)

sich verloben (mit + *dat.*), verlobt to get engaged (to); **verlobt sein** to be engaged

vermieten, vermietet to rent out (6)

der **Vermieter, - / die Vermieterin, -nen** landlord/landlady (6)

vermischen, vermischt to mix

vermissen, vermisst to miss

das **Vermögen, -** fortune

vernehmen (vernimmt), vernahm, vernommen to question

veröffentlichen, veröffentlicht to publish

die **Veröffentlichung, -en** publication

verpassen, verpasst to miss (9)

verquer: heute ist alles verquer everything is going wrong today

verraten (verrät), verriet, verraten to betray; to disclose, give away (*a secret*)

verreisen, ist verreist to go on a trip (3)

verrücken, verrückt to move, shift

verrückt crazy, crazily

verrühren, verrührt to stir together

verschieden different(ly); various(ly) (12)

verschlafen (verschläft), verschlief, verschlafen to sleep in, oversleep

verschlingen (verschlingt), verschlang, verschlungen to devour, swallow up

verschlossen reserved; taciturn

verschlucken, verschluckt to swallow; **sich verschlucken (an + *dat.*), verschluckt** to choke (on)

verschollen lost; missing

verschütten, verschüttet to spill

verschwinden (verschwindet), verschwand, ist verschwunden to disappear

versenden (versendet), versandte/versendete, versandt/versendet to send

die **Versetzung, -en** promotion (*to next grade in school*)

die **Versicherung, -en** insurance (5)

die **Version, -en** version

die **Verspätung, -en** lateness; delay (9)

verspeisen, verspeist to consume

versprechen (verspricht), versprach, versprochen to promise (7)

verständigen, verständigt to notify, inform

die **Verständigung** communication

das **Verständnis** understanding

verstauen, verstaut to stow (7)

das **Versteck, -e** hiding place

(sich) **verstecken, versteckt** to hide (9)

verstehen (versteht), verstand, verstanden to understand (4); **sich verstehen mit jemandem** to understand someone

versuchen, versucht to try, attempt (4)

verteilen, verteilt to distribute (12)

die **Verteilung** distribution

der **Vertrag, ⸚e** contract

vertrauen (+ *dat.*), **vertraut** to trust

vertreiben (vertreibt), vertrieb, vertrieben to drive (*s.o./s.th.*) out/away, expel

vertreten (vertritt), vertrat, vertreten to represent; to plead for

der **Vertreter, -** / die **Vertreterin, -nen** representative

die **Vertretung, -en** delegation

verunglücken, verunglückt to have an accident

verurteilen, verurteilt to sentence; to condemn

vervollständigen, vervollständigt to complete

verwalten, verwaltet to administer

die **Verwaltung, -en** administration

verwandeln, verwandelt to convert, transform; **sich verwandeln (in** + *acc.*) to change (into) (9)

verwandt (mit + *dat.*) related (to)

der/die **Verwandte, -n (ein Verwandter)** relative (2)

verwanzen, verwanzt to bug, plant listening devices

verweisen (auf + *acc.*) **(verweist), verwies, verwiesen** to refer (to)

verwenden, verwendet to use

verwunschen cursed, enchanted (9)

verwünschen, verwünscht to curse, cast a spell on (9)

verzaubert (*p.p. of* **verzaubern**) bewitched

die **Verzeihung** forgiveness

verzichten (auf + *acc.*), **verzichtet** to do without, renounce (*s.th.*)

verzweifelt desperate(ly); despairing(ly)

der **Vetter, -n** (*male*) cousin (B)

das **Video, -s** video (9)

das **Videospiel, -e** video game (5)

viel (*sg.*) a lot (of), much (A); **viele** (*pl.*) many (A); **ganz schön viel** quite a bit (3); **Um wie viel Uhr ...?** At what time . . . ? (1); **vielen Dank** many thanks (10); **Viel Glück!** Lots of luck! Good luck! (3); **viel Spaß** have fun (A); **Wie viel ...?** How much . . . ?; **Wie viele ...?** How many . . . ? (A); **Wie viel Uhr ist es?** What time is it? (1)

vielleicht perhaps (2); maybe

der **Vielvölkerstaat, -en** multinational state

vier four (A)

viert- fourth (4)

das **Viertel, -** quarter; **um Viertel vor vier** at a quarter to four (1)

vierundzwanzig twenty-four (A)

vierzehn fourteen (A)

vierzig forty (A)

vierzigst- fortieth

die **Villa, Villen** villa (6)

violett violet

die **Visa-Karte, -n** Visa card

die **Vision, -en** vision

der **Vogel, ⸚** bird (10)

das **Vöglein, -** little bird

der **Vokal, -e** vowel

das **Volk, ⸚er** people (12)

die **Volksmusik** folk music

die **Volkspartei, -en** people's party

der **Volksschullehrer, -** / die **Volksschullehrerin, -nen** primary school teacher

die **Volkszählung, -en** census

voll full; full of; fully (10); **voll süß** totally sweet (2)

vollenden, vollendet to complete, finish

der **Volleyball, ⸚e** volleyball (1)

völlig fully, completely

vollkommen perfect(ly); flawless(ly) (12); complete(ly)

das **Vollkornbrot, -e** whole grain bread

vollständig complete(ly)

voll·tanken, vollgetankt to fill up (with gas) (5)

vom = **von dem** of/from/by the

von (+ *dat.*) of; from (A, 10); by; **von der Arbeit** from work (3); **von nebenan** from next door (5); **Was sind Sie von Beruf?** What's your profession? (1)

vor (+ *dat./acc.*) before; in front of; ago (4); because of; **um Viertel vor vier** at a quarter to four (1); **vor allem** above all; **vor Lachen** from laughing (so hard); **vor zwei Tagen** two days ago (4)

die **Voraussetzung, -en** prerequisite

voraussichtlich expected; probably

vorbei past, over (9); **an** (+ *dat.*) **... vorbei** by (10)

vorbei·fahren (fährt ... vorbei), fuhr ... vorbei, ist vorbeigefahren to go by

vorbei·fliegen (fliegt ... vorbei), flog ... vorbei, ist vorbeigeflogen to fly by

vorbei·gehen (an + *dat.*) **(geht ... vorbei), ging ... vorbei, ist vorbeigegangen** to go by (10)

vorbei·kommen (kommt ... vorbei), kam ... vorbei, ist vorbeigekommen to come by; to visit (3); **Komm mal vorbei!** Come on over! (11)

vorbei·schieben (schiebt ... vorbei), schob ... vorbei, vorbeigeschoben to push past

(sich) **vor·bereiten, vorbereitet** to prepare (4)

die **Vorbereitung, -en** preparation

das **Vorbild, -er** role model, idol

vorder- (*adj.*) front

der **Vordergrund** foreground

die **Vorderseite, -n** front (side); obverse (*of a coin*)

der **Vorfahre, -n** (*wk.*) ancestor (12)

die **Vorfahrt** right-of-way

vor·gehen (gegen + *acc.*) **(geht ... vor), ging ... vor, ist vorgegangen** to take action (against)

die **Vorgeschichte** prehistory

vorgestern the day before yesterday

vor·haben (hat ... vor), hatte ... vor, vorgehabt to plan, intend

der **Vorhang, ⸚e** drapery, curtain (6)

vor·heizen, vorgeheizt to preheat

vorhersagbar predictable

die **Vorhersage, -n** prediction

vor·kommen (kommt ... vor), kam ... vor, ist vorgekommen to occur; (+ *dat.*) to seem (to *s.o.*)

vor·lesen (liest ... vor), las ... vor, vorgelesen to read aloud (9)

die **Vorlesung, -en** lecture (4)

der **Vormittag, -e** late morning (4)

vormittags in the morning(s)

der **Vorname, -n** (*wk.*) first name, given name (A, 1)

vorne at the front; **von vorne** from the beginning

der **Vorreiter, -** / die **Vorreiterin, -nen** pioneer

vors = **vor das** in front of the

der **Vorschlag, ⸚e** suggestion (5)

vorsichtig cautious(ly) (8)

die **Vorspeise, -n** appetizer (8)

vor·spielen, vorgespielt to perform

(sich) **vor·stellen, vorgestellt** to introduce (*o.s.*); to present (*o.s.*) (6); **sich** (*dat.*) **etwas vorstellen** to imagine something (6)

der **Vorteil, -e** advantage (7)

der **Vortrag, ⸚e** talk; lecture; presentation

der **Vulkan, -e** volcano

wach·rütteln, wachgerüttelt to rouse out of apathy

wachsen (wächst), wuchs, ist gewachsen to grow (9)

das **Wachstum** growth (12)

der **Wachtmeister, -** / die **Wachtmeisterin, -nen** (police) constable

wagen, gewagt to dare; to risk

der **Wagen, -** car (7)

der **Waggon, -s** train car (7)

die **Wahl, -en** choice; election (12)

wählen, gewählt to choose, select; to vote (for); to elect (12)

der **Wähler, -** / die **Wählerin, -nen** voter

wahlfrei optional

der **Wahlpflichtunterricht** compulsory class

der **Wahnsinn** insanity, madness

wahnsinnig crazy, crazily; insane(ly) (12)

wahr true (3); **nicht wahr?** isn't it so?

während (+ *gen.*) during (11); (*subord. conj.*) while

die **Wahrheit, -en** truth

wahrscheinlich probable, probably (1)

das **Wahrzeichen, -** symbol

die **Währung, -en** currency (12)

der **Wald, ⸚er** forest, woods (2, 7); **im Wald laufen** to run in the woods (2)

die **Walpurgisnacht** Walpurgis Night (*the witches' sabbath, April 30*)

der **Walzer, -** waltz (3)

die **Wand, ⸚e** wall (B); **das Bild an die Wand hängen** to hang the picture on the wall (3)

die **Wandergans, ⸚e** migratory goose

wandern, ist gewandert to hike (1); **in den Bergen wandern** to hike in the mountains (1)

der **Wanderschuh, -e** hiking shoe/boot (2)

die **Wanderung, -en** hike (7)

die **Wange, -n** cheek

wann when (B, 1); **Wann sind Sie geboren?** When were you born? (1)

der **Wannsee** *a lake in Berlin*

das **Wappen, -** coat of arms

warm (wärmer, wärmst-) warm(ly) (B); (*of room/ apartment*) heated, heat included (6)

warnen, gewarnt to warn (7)

warten (auf + *acc.*), **gewartet** to wait (for) (7); **ein Auto warten** to do maintenance on a car

das **Wartezimmer, -** waiting room

warum why (3)

was what (B); **was für** (+ *acc.*) what kind of (3); **Was sind Sie von Beruf?** What's your profession? (1); **Was zeigen Ihre Bilder?** What do your pictures show? (A)

das **Waschbecken, -** (wash)basin (6)

die **Wäsche** laundry (4)

(sich) **waschen (wäscht), wusch, gewaschen** to wash (*o.s.*) (2, 11)

der **Wäschetrockner, -** clothes dryer (8)

die **Waschmaschine, -n** washing machine (6)

der **Waschraum, ⸚e** laundry room

der **Waschsalon, -s** laundromat

das **Wasser** water

der **Wasserhahn, ⸚e** faucet (5)

der **Wasservogel, ⸚** waterfowl

der **Wechselkurs, -e** exchange rate

wechseln, gewechselt to change; **Geld wechseln** to exchange money

wecken, geweckt to wake (*s.o.*) up (7)

der **Wecker, -** alarm clock (2)

weder ... noch neither . . . nor

weg away; **Wie weit weg?** How far away? (6)

der **Weg, -e** way; road; path; **den Weg beschreiben** to give directions; **nach dem Weg fragen** to ask for directions; **sich auf den Weg machen** to go on one's way, set off

weg·bringen (bringt ... weg), brachte ... weg, weggebracht to take out; to take away (5)

wegen (+ *gen.*) on account of; about (6)

weg·fahren (fährt ... weg), fuhr ... weg, ist weggefahren to drive off, leave

weg·führen, weggeführt to lead away

weg·gehen (geht ... weg), ging ... weg, ist weggegangen to go away, leave (4)

weg·laufen (läuft ... weg), lief ... weg, ist weggelaufen to run away

weg·nehmen (nimmt ... weg), nahm ... weg, weggenommen to take away

weg·stellen, weggestellt to put away (5)

weg·tragen (trägt ... weg), trug ... weg, weggetragen to carry away (9)

weg·trampen, ist weggetrampt to hitchhike away

weg·ziehen (zieht ... weg), zog ... weg, ist weggezogen to move away

wehen, geweht to blow

sich **wehren, gewehrt** to defend oneself

wehrhaft able to defend oneself

weh·tun (tut ... weh), tat ... weh, wehgetan to hurt (11)

weiblich female; feminine(ly)

weich soft(ly)

die **Weihe, -n** harrier (*type of hawk*)

(das) **Weihnachten** Christmas (4)

das **Weihnachtsgeschenk, -e** Christmas present (5)

weil (*subord. conj.*) because (3, 11)

das **Weilchen, -** little while

die **Weile, -n** while

Weimarer (*adj.*) (of) Weimar

der **Wein, -e** wine (7)

weinen, geweint to cry (3)

die **Weintraube, -n** grape (8)

weiß white (A); **die Weiße Rose** the White Rose (*name of an anti-Nazi resistance group*)

die **Weiße: die Berliner Weiße** *light, fizzy beer served with raspberry syrup*

weit far (6); **Wie weit weg?** How far away? (6)

weiter (*adj.*) additional; (*adv.*) farther; further; **und so weiter (usw.)** and so forth

die **Weiterbildung** continuing education

weiter·entwickeln, weiterentwickelt to develop further

weiter·gehen (geht ... weiter), ging ... weiter, ist weitergegangen to keep on walking (10); to go on, continue

weiter·helfen (hilft ... weiter), half ... weiter, weitergeholfen to help further

weiterhin still; in addition

weiter·leben, weitergelebt to go on living

das **Weizenmehl** wheat flour

welch- which, what (B); **an welchem Tag?** on what day? (4); **Welche Farbe hat ...?** What color is . . . ? (A); **Welcher Tag ist heute?** What day is today? (1); **Welches Datum ist heute?** What is today's date? (4)

die **Welle, -n** wave (10); well, shaft

die **Welt, -en** world (7); **alle Welt** (*coll.*) the whole world; everybody

das **Weltkulturerbe** world cultural heritage

weltweit worldwide; all over the world

wem whom (*dat.*) (5)

wen whom (*acc.*) (4)

die **Wende, -n** change

wenig (*sg.*) little; **am wenigsten** the least (8); **wenige** (*pl.*) few; **wenigstens** at least (1)

wenn (*subord. conj.*) if; when(ever) (2, 11); **wenn ja** if so

wer who (A, B)

werben (wirbt), warb, geworben to advertise

das **Werbeplakat, -e** advertising sign

die **Werbung, -en** advertisement

werden (wird), wurde, ist geworden to become (5)

werfen (wirft), warf, geworfen to throw (3)

das **Werk, -e** work, product (9)

die **Werkkunst, ⸚e** applied art

die **Werkstatt, ⸚en** workshop; repair shop, garage (5)

das **Werkzeug, -e** tool (8)

wert worth

der **Wert, -e** value

wertvoll valuable, expensive (2)

weshalb why

wessen whose

west- west

(das) **Westdeutschland** (*former*) West Germany

der **Westen** west

westgermanisch West Germanic (*adj.*)

westlich (von + *dat.*) west (of) (7)

das **Wetter** weather (B)

das **Wettrennen, -** race

die **WG, -s** = die **Wohngemeinschaft, -en** shared housing (6)

wichtig important (2)

die **Wichtigkeit** importance

wider·spiegeln, widergespiegelt to reflect

der **Widerstand, ⸚e** resistance

widmen, gewidmet to dedicate

wie how (B); **Um wie viel Uhr ...?** At what time . . . ? (1); **Wie fühlst du dich?** How do you feel? (3); **Wie heißen Sie?** (*for.*) / **Wie heißt du?** (*infor.*) What's your name? (A); **Wie schreibt man das?** How do you spell that? (A); **Wie spät ist es?** What time is it? (1); **Wie viel ...?** How much . . . ?; **Wie viele ...?** How many . . . ? (A); **Wie viel Uhr ist es?** What time is it? (1); **Wie weit weg?** How far away? (6)

wieder again (3); **hin und wieder** now and then; **schon wieder** once again (3)

wiederholen, wiederholt to repeat (6)

das **Wiederhören: auf Wiederhören** good-bye (on the phone) (6)

wiederkehrend recurring

das **Wiedersehen: auf Wiedersehen** good-bye (A)

wiederum again

die **Wiedervereinigung, -en** reunification

(das) **Wien** Vienna

Wiener Viennese (adj.); das **Wiener Schnitzel** breaded veal cutlet

die **Wiese, -n** meadow, pasture (7)

wieso why

wild wild(ly)

die **Wildnis, -se** wilderness

das **Wildschwein, -e** wild boar (10)

willkommen welcome

der **Wind, -e** wind (9)

windig windy (B)

windsurfen gehen (geht ... windsurfen), ging ... windsurfen, ist windsurfen gegangen to go windsurfing (10)

der **Winter, -** winter (B)

wir we

wirken, gewirkt to work, take effect (11)

wirklich real(ly) (B)

die **Wirklichkeit, -en** reality

der **Wirt, -e** / die **Wirtin, -nen** host/hostess; innkeeper; barkeeper (10)

die **Wirtschaft, -en** economy; economics (1)

wirtschaftlich economic(ally)

wirtschaftsfreundlich pro-business (adj.)

wischen, gewischt to wipe (7); to mop (6); **Staub wischen** to (wipe) dust

wissen (weiß), wusste, gewusst to know (as a fact) (2); **Bescheid wissen** to know; to have an idea

die **Wissenschaft, -en** science, field of study (9)

der **Wissenschaftler, -** / die **Wissenschaftlerin, -nen** scientist (12)

der **Witz, -e** joke (3); **Witze erzählen** to tell jokes (3)

wo where (B); **Wo willst du denn hin?** Where are you going? (A)

wobei with/at/during what

die **Woche, -n** week (1); **in der Woche** during the week (1); **jede Woche** every week (3); **letzte Woche** last week (4)

das **Wochenende, -n** weekend (1); **am Wochenende** over the weekend (1); **letztes Wochenende** last weekend (4)

das **Wochenendhaus, ¨er** weekend cabin/cottage

der **Wochenplan, ¨e** weekly schedule

wodurch through what

wofür for what

wogegen against what

woher from where (B); whence

wohin where to (3); whither

wohl probably (12); well; **sich wohl fühlen** to feel well (11)

wohlbekannt well-known

wohlhabend prosperous

der **Wohlstand** prosperity

der **Wohnblock, -s** or **¨e** residential block, apartment complex

wohnen (in + dat.), gewohnt to live (in) (B)

die **Wohngemeinschaft, -en** = die **WG, -s** shared housing (6)

das **Wohnheim, -e** dorm

der **Wohnkomfort** comfortable living

die **Wohnmöglichkeit, -en** living arrangements

der **Wohnort, -e** place of residence (1)

der/die **Wohnraumbietende, -n (ein Wohnraumbietender)** person offering housing

der/die **Wohnraumsuchende, -n (ein Wohnraumsuchender)** person looking for housing

die **Wohnung, -en** apartment (1, 2)

die **Wohnungsbörse, -n** apartment brokerage

die **Wohnungssuche, -n** search for an apartment; **auf Wohnungssuche** looking for a room or apartment

das **Wohnviertel, -** residential district

der **Wohnwagen, -** mobile home

das **Wohnzimmer, -** living room (6)

der **Wolf, ¨e** wolf (9)

die **Wolke, -n** cloud

wollen (will), wollte, gewollt to want (to); to intend (to); to plan (to) (3); **Wo willst du denn hin?** Where are you going? (A)

womit with what, by what means

woran at/on/of what

worauf on/for what

das **Wort, ¨er/-e** word; **Worte** words (connected discourse); **Wörter** words (individual vocabulary items) (A)

das **Wörterbuch, ¨er** dictionary (2)

der **Wortkasten, ¨** word box

der **Wortschatz, ¨e** vocabulary (A)

worüber about what

wozu to/for what

die **Wunde, -n** wound (11)

das **Wunder, -** miracle, wonder (4); **kein Wunder** no wonder (4)

wunderlich strange(ly)

sich **wundern, gewundert** to be surprised

wunderschön exceedingly beautiful(ly) (6)

der **Wunsch, ¨e** wish

sich (dat.) **wünschen, gewünscht** to wish for

der **Wunschzettel, -** wish list (of things one would like to have)

die **Würde** dignity

die **Wurst, ¨e** sausage (8); cold cuts

das **Würstchen, -** sausage; frank(furter); hot dog (8)

die **Wurzel, -n** root

würzen, gewürzt to season (8)

die **Wüste, -n** desert (7)

wütend angry, angrily (3)

x-t-: zum x-ten Mal (coll.) for the umpteenth time

die **Zahl, -en** number (A); figure

zahlen, gezahlt to pay (for) (5); **Miete zahlen** to pay rent; **Zahlen, bitte.** The check, please.

zählen, gezählt to count (A); (**zu** + dat.) to be among

das **Zahlenrätsel, -** number puzzle

zahlreich numerous

die **Zahlung, -en** payment

das **Zahlungsmittel, -** means of payment (12); **offizielles Zahlungsmittel** legal tender

zahm tame(ly) (10)

der **Zahn, ¨e** tooth (11); **sich die Zähne putzen** to brush one's teeth (11)

der **Zahnarzt, ¨e** / die **Zahnärztin, -nen** dentist (11)

die **Zahnschmerzen** (pl.) toothache (11)

die **Zange, -n** pliers; tongs (8)

zart tender(ly) (8)

der **Zauber, -** magic; charm

der **Zauberer, -** wizard

der **Zaun, ¨e** fence (9)

z. B. = **zum Beispiel** for example (3)

das **Zebra, -s** zebra (10)

der **Zebrastreifen, -** crosswalk (10)

zehn ten (A)

zehnt- tenth (4)

das **Zeichen, -** sign

zeichnen, gezeichnet to draw (3, 5)

die **Zeichnung, -en** drawing

der **Zeigefinger, -** index finger

zeigen, gezeigt to show; **sich zeigen** to appear; **Was zeigen Ihre Bilder?** What do your pictures show? (A)

die **Zeile, -n** line

die **Zeit, -en** time (4); **in letzter Zeit** recently; **lange Zeit** (for) a long time; **zu dieser Zeit** at this time; **zur Zeit** at present

der **Zeitgeschmack, ¨er** contemporary taste

die **Zeitschrift, -en** magazine

die **Zeitung, -en** newspaper (2); **Zeitungen austragen** to deliver newspapers (5); **Zeitung lesen** to read the newspaper (1)

zeitweise occasionally

das **Zelt, -e** tent (2)

zelten, gezeltet to camp (1)

zensieren, zensiert to censor

der **Zentimeter, -** centimeter

zentral central(ly) (10)

die **Zentralheizung** central heating (6)

das **Zentrum, Zentren** center

der **Zeppelin, -e** zeppelin, dirigible

zerbeulen, zerbeult to dent up

zerbrechen (zerbricht), zerbrach, hat/ist zerbrochen to break into pieces

zerreißen (zerreißt), zerriss, zerrissen to tear (to pieces) (9)

zerschlagen (zerschlägt), zerschlug, zerschlagen to smash to bits

zerstören, zerstört to destroy

der Zeuge, -n (wk.) / **die Zeugin, -nen** witness (11)

das Zeugnis, -se report card

der Ziegel, - clay tile

ziehen (zieht), zog, ist gezogen to move (2); (p.p. with **haben**) to pull (8)

das Ziel, -e goal; destination (10)

zielen, gezielt to aim

ziellos aimless(ly)

ziemlich rather (2); **ziemlich groß** pretty big (2)

die Zigarette, -n cigarette (11)

die Zigarre, -n cigar

das Zimmer, - room (1, 2)

die Zimmersuche, -n search for a room (to rent)

die Zinsen (pl.) interest (12)

zirka circa, about, approximately

der Zirkus, -se circus (9)

die Zither, -n zither

die Zitrone, -n lemon (8)

zittern, gezittert to tremble

der Zivilisationskritiker, - / **die Zivilisationskritikerin, -nen** critic of civilization

der Zoo, -s zoo

zu (adj.) closed; (adv.) too (2); **zu viel** too much

zu (+ dat.) to (a place) (2, 10); for (an occasion) (2); for the purpose of; **bis zu** as far as; up to (10); **um ... zu** (+ inf.) in order to (12); **zu Abend essen** to dine, have dinner (4); **zu Besuch kommen** to visit (3); **zu Fuß** on foot (3); **zu Hause sein** to be at home (A, 1, 10); **zum Arzt** to the doctor (3); **zum Beispiel (z. B.)** for example (3); **zum ersten Mal** for the first time (4); **zum Geburtstag** for someone's birthday (2); **zum Mittagessen** for lunch (3); **zum Schluss** in the end, finally (8); **zum Teil** partly; **zur Uni gehen** to go to the university (1, 2)

zu·bereiten, zubereitet to prepare (food) (8)

die Zubereitung, -en preparation (8)

zu·binden (bindet ... zu), band ... zu, zugebunden to tie shut

der Zucker sugar (8)

zu·decken, zugedeckt to cover (with a blanket) (11)

zu·drücken, zugedrückt to squeeze shut; **ein Auge zudrücken** to look the other way

zuerst first (4, 7)

der Zufall, ¨e coincidence (1)

zufällig accidental(ly) (9)

zufolge (+ dat.) according to

zufrieden satisfied

der Zug, ¨e train (7, 10); characteristic

der Zugang, ¨e access (12)

zugebunden (p.p. of **zubinden**) tied shut (8)

die Zugfahrkarte, -n train ticket

die Zugspitze mountain on the German-Austrian border

zu·hören (+ dat.), **zugehört** to listen (to) (6); **hören Sie zu** listen (A)

die Zukunft, ¨e future

zukünftig future (adj.)

zulässig permissible

zum = zu dem to/for the; see **zu**

zu·machen, zugemacht to close (3)

zumindest at least

zunächst at first

der Zuname, -n (wk.) surname, last name

zu·nehmen (nimmt ... zu), nahm ... zu, zugenommen to increase

die Zunge, -n tongue (11); **sich die Zunge verbrennen** to burn one's tongue (11)

zu·ordnen (+ dat.), **zugeordnet** to classify (as)

zur = zu der to/for the; see **zu**

zurecht·kommen (mit + dat.) (kommt ... zurecht), kam ... zurecht, ist zurechtgekommen to get along (with)

(das) Zürich Zurich

zurück back (9); **hin und zurück** there and back; round-trip (5, 10)

zurück·bekommen (bekommt ... zurück), bekam ... zurück, zurückbekommen to get back

zurück·bringen (bringt ... zurück), brachte ... zurück, zurückgebracht to bring back

zurück·führen (auf + acc.), zurückgeführt to lead back (to); to be attributable (to)

zurück·geben (gibt ... zurück), gab ... zurück, zurückgegeben to give back, return; to reply

zurück·gehen (geht ... zurück), ging ... zurück, ist zurückgegangen to go back

zurück·kehren, ist zurückgekehrt to come back, return

zurück·kommen (kommt ... zurück), kam ... zurück, ist zurückgekommen to come back, return (6)

zurück·rufen (ruft ... zurück), rief ... zurück, zurückgerufen to call back

zurück·schicken, zurückgeschickt to send back

zurück·treten (tritt ... zurück), trat ... zurück, ist zurückgetreten to step back; to step down

zurück·verfolgen, zurückverfolgt to trace back

zurück·ziehen (zieht ... zurück), zog ... zurück, zurückgezogen to pull back, draw back; **sich zurückziehen** to withdraw

zusammen together (2)

die Zusammenarbeit, -en collaboration

zusammen·brechen (bricht ... zusammen), brach ... zusammen, zusammengebrochen to collapse, break down

der Zusammenbruch, ¨e breakdown; collapse

zusammen·fassen, zusammengefasst to summarize

die Zusammenfassung, -en summary

zusammen·gehören, zusammengehört to belong together

zusammen·packen, zusammengepackt to pack up

sich zusammen·schließen (schließt ... zusammen), schloss ... zusammen, zusammengeschlossen to join together

sich zusammen·setzen (aus + dat.), zusammengesetzt to be composed (of)

zusammen·sitzen (mit + dat.) (sitzt ... zusammen), saß ... zusammen, zusammengesessen to sit together (with)

zusammen·stoßen (stößt ... zusammen), stieß ... zusammen, ist zusammengestoßen to crash (11)

zusammen·treffen (mit + dat.) (trifft ... zusammen), traf ... zusammen, ist zusammengetroffen to meet

zusätzlich additional, in addition

zu·schauen, zugeschaut to watch

zu·schlagen (schlägt ... zu), schlug ... zu, zugeschlagen to slam shut

zu·schnüren, zugeschnürt to tie up; to constrict

zu·sehen (+ dat.) (sieht ... zu), sah ... zu, zugesehen to watch

zu·sperren, zugesperrt to lock

der Zustand, ¨e condition

die Zutat, -en ingredient (8)

(sich) zu·wenden (+ dat.) (wendet ... zu), wandte ... zu, zugewandt to turn toward

zu·winken (+ dat.), zugewinkt/zugewunken to wave to

zu·ziehen (zieht ... zu), zog ... zu, zugezogen to pull shut; to draw (curtains)

zwangsbeatmen, zwangsbeatmet to administer artificial respiration by force

zwangsneurotisch obsessive-compulsive

zwanzig twenty (A)

der Zwanzigeuroschein, -e twenty-euro note

zwanzigst- twentieth (4)

zwar to be sure

zwei two (A)

der Zweifel, - doubt

zweimal twice (5)

zweit: zu zweit arbeiten/leben to work/live together (two people)

zweit- second (4)

zweitmeist- second-most

zweiundzwanzig twenty-two (A)

der Zwerg, -e dwarf

die Zwiebel, -n onion (8)

zwingen (zwingt), zwang, gezwungen to force

zwischen (+ dat./acc.) between (7); among

die Zwischenmiete, -n: zur Zwischenmiete for sublet

die Zwischenzeit interim; **in der Zwischenzeit** in the meantime

zwölf twelve (A)

zwölft- twelfth (4)

(das) Zypern Cyprus

Vokabeln

Englisch-Deutsch

This list contains the words from the chapter vocabulary lists.

to abandon **verlassen (verlässt), verließ, verlassen** (11)

able: to be able (to) **können (kann), konnte, gekonnt** (1, 3)

about **wegen** (+ *gen.*) (6)

above (*adv.*) **oben** (10); (*prep.*) **über** (4)

abroad **im Ausland** (6)

academic subject **das Fach, ¨er** (1)

access **der Zugang** (12)

accident **der Unfall, ¨e** (4, 7)

accidental(ly) **zufällig** (9)

account: bank account **das Konto, Konten** (5); checking account **das Girokonto, Girokonten** (12); on account of **wegen** (+ *gen.*) (6); to open a bank account **ein Konto eröffnen** (5); savings account **das Sparkonto, Sparkonten** (12)

acquainted: to get acquainted with **kennen·lernen, kennengelernt** (1)

across **gegenüber** (+ *dat.*) (6); across from **gegenüber von** (+ *dat.*) (10); to pass across **über·gehen (geht ... über), ging ... über, ist übergegangen** (8); right across the way **gleich gegenüber** (6)

activity **die Tätigkeit, -en** (6)

actually **eigentlich** (3)

ad **die Anzeige, -n** (6)

addition: in addition **dazu** (8); in addition to **neben** (+ *dat./acc.*) (3); **außer** (+ *dat.*) (9)

address **die Adresse, -n** (1)

adhesive bandage **das Pflaster, -** (11)

advantage **der Vorteil, -e** (7)

advice **der Rat, Ratschläge** (5, 11)

to advise **raten** (+ *dat.*) **(rät), riet, geraten** (11)

afraid: to be afraid **Angst haben** (3); to be afraid of **sich fürchten vor** (+ *dat.*), **gefürchtet** (10)

Africa **(das) Afrika** (B)

Afro-German (*adj.*) **afro-deutsch** (12)

after (*prep.*) **nach** (+ *dat.*) (3); (*subord. conj.*) **nachdem** (9, 11); at twenty after five **um zwanzig nach fünf** (1); the day after tomorrow **übermorgen** (9)

afternoon **der Nachmittag, -e** (4); afternoons, in the afternoon **nachmittags** (4); good afternoon (*for.*) **guten Tag** (A); good afternoon (*for.; southern Germany, Austria*) **grüß Gott** (A)

afterward **danach** (8, 10)

again **wieder** (3); once again **schon wieder** (3)

against **gegen** (+ *acc.*) (9)

age **das Alter** (1)

agency: travel agency **das Reisebüro, -s** (6)

ago **vor** (+ *dat.*) (4); two days ago **vor zwei Tagen** (4)

to agree upon **vereinbaren, vereinbart** (12)

ahead: straight ahead **geradeaus** (10)

air **die Luft** (7); air mattress **die Luftmatratze, -n** (10)

airplane **das Flugzeug, -e** (7)

airport **der Flughafen, ¨** (6)

alarm clock **der Wecker, -** (2)

alive: to be alive **am Leben sein** (9)

all: all day long **den ganzen Tag** (1); all night long **die ganze Nacht** (3); by all means **auf jeden Fall** (4); not at all **kein bisschen** (3)

allergic **allergisch** (11)

alley **die Gasse, -n** (10)

almost **fast** (5)

along **entlang** (10); to bring along **mit·bringen (bringt ... mit), brachte ... mit, mitgebracht** (3); to go along **entlang·gehen (geht ... entlang), ging ... entlang, ist entlanggegangen** (10); to take along **mit·nehmen (nimmt ... mit), nahm ... mit, mitgenommen** (3)

aloud: to read aloud **vor·lesen (liest ... vor), las ... vor, vorgelesen** (9)

alphabet **das Alphabet, -e** (3)

the Alps **die Alpen** (*pl.*) (7)

already **schon** (2, 4)

also **auch** (A)

alternative **die Alternative, -n** (12)

although (*subord. conj.*) **obwohl** (11)

always **immer** (3)

ambulance **der Krankenwagen, -** (11)

America **(das) Amerika** (B); North America **(das) Nordamerika** (B); South America **(das) Südamerika** (B)

American (*person*) **der Amerikaner, -** / **die Amerikanerin, -nen** (B)

among **unter** (+ *dat./acc.*) (6)

amount (*of money*) **die Höhe, -n** (12)

ancestor **der Vorfahre, -n** (*wk.*) (12)

and (*coord. conj.*) **und** (A, 11)

angry **wütend** (3); **sauer** (5); to get angry **sich ärgern, geärgert** (11)

animal **das Tier, -e** (3, 7, 10)

to annoy **ärgern, geärgert** (1, 3)

another: one another **einander** (3)

answer **die Antwort, -en** (A); to answer **antworten** (+ *dat.*), **geantwortet** (4, 10); **beantworten, beantwortet** (7)

antibiotics **die Antibiotika** (*pl.*) (11)

any: in any case **jedenfalls** (11)

anything **etwas** (5); Anything else? **Sonst noch etwas?** (5)

apartment **die Wohnung, -en** (1, 2)

appendix **der Blinddarm, ¨e** (11)

appetizer **die Vorspeise, -n** (8)

apple juice **der Apfelsaft** (8)

appliance **das Gerät, -e** (8)

to apply for **beantragen, beantragt** (12)

appointment **der Termin, -e** (5, 11); **die Verabredung, -en** (11); appointment calendar **der Terminkalender, -** (11); to get an appointment **sich einen Termin geben lassen** (11)

apprenticeship **die Lehre, -n** (5)

approximately **ungefähr** (7)

April **der April** (B)

Arabic (*language*) **(das) Arabisch** (B)

architect **der Architekt, -en** (*wk.*) / **die Architektin, -nen** (5)

area **der Bereich, -e** (12)

to argue **streiten (streitet), stritt, gestritten** (9)

arm **der Arm, -e** (B); to break one's arm **sich den Arm brechen** (11)

armchair **der Sessel, -** (2, 6)

army: German army **die Bundeswehr** (5); in the German army **bei der Bundeswehr** (5)

around the corner **um die Ecke** (5); right around the corner **gleich um die Ecke** (6)

arrival **die Ankunft, ¨e** (7)

to arrive **an·kommen (kommt ... an), kam ... an, ist angekommen** (1)

art **die Kunst** (1); art history **die Kunstgeschichte** (1)

as **als** (5); as . . . as possible **möglichst** (+ *adv.*) (6); as far as **bis zu** (+ *dat.*) (10); as well **auch** (A); as what? **als was?** (5)

Asia **(das) Asien** (B)

to ask (for) **bitten (um** + *acc.*) **(bittet), bat, gebeten** (12); to ask about **sich erkundigen nach** (+ *dat.*), **erkundigt** (10); to ask a question **eine Frage stellen** (5) asleep: to fall asleep **ein·schlafen (schläft ... ein), schlief ... ein, ist eingeschlafen** (7)

assignment **die Aufgabe, -n** (4)

at **an** (+ *dat.*) (2); **bei** (+ *dat.*) (2, 6, 10); **in** (+ *dat./acc.*) (4); at a bank **bei einer Bank** (6); at home **zu Hause** (A, 1, 10); **daheim** (9); at least **wenigstens** (1), **mindestens** (7); at Monika's **bei Monika** (2); at night **nachts** (4); at noon **mittags** (2); at school **in der Schule** (5); at six o'clock **um sechs (Uhr)** (1); at the cafe **im Café** (4); at the courthouse **auf dem Gericht** (5); at the department store **im Kaufhaus** (5); at the gas station **an der Tankstelle** (5); at the moment **im Moment** (1); at the ticket booth **an der Kasse** (5); **am Schalter** (5); at the university **auf der Universität** (5); at two thirty **um halb drei** (1); At what time . . . ? **Um wie viel Uhr ...?** (1); at your parents' **bei deinen Eltern** (6)

athletic **sportlich** (B); athletic shoe **der Sportschuh, -e** (A)

ATM (automatic teller machine) **der Geldautomat, -en** (*wk.*) (12)

to attempt **versuchen, versucht** (4)

to attend to **pflegen, gepflegt** (5)

attendant: swimming-pool attendant **der Bademeister, - / die Bademeisterin, -nen** (5)

attention **die Achtung** (7); to pay attention **auf·passen, aufgepasst** (3); to pay attention to **achten auf** (+ *acc.*), **geachtet** (11)

attitude **die Einstellung, -en** (12)

to attract **an·ziehen (zieht ... an), zog ... an, angezogen** (3)

attractive **attraktiv** (6)

August **der August** (B)

aunt **die Tante, -n** (B)

Australia **(das) Australien** (B)

Australian (*person*) **der Australier, - / die Australierin, -nen** (B)

Austria **(das) Österreich** (B)

Austrian (*person*) **der Österreicher, - / die Österreicherin, -nen** (B)

automatic teller machine (ATM) **der Geldautomat, -en** (*wk.*) (12)

autumn **der Herbst, -e** (B)

available **frei** (8); Is this seat available? **Ist hier noch frei?** (8)

away: to carry away **weg·tragen (trägt ... weg), trug ... weg, weggetragen** (9); How far away? **Wie weit weg?** (6); to put away **weg·stellen, weggestellt** (5); right away **gleich** (6); to take away **weg·bringen (bringt ... weg), brachte ... weg, weggebracht** (5)

baby **das Baby, -s** (7); baby carriage **der Kinderwagen, -** (7)

back (*adv.*) **zurück** (9); back then **damals** (9); to come back **zurück·kommen (kommt ... zurück), kam ... zurück, ist zurückgekommen** (6); there and back **hin und zurück** (10)

back (*n.*) **der Rücken, -** (B)

backpack **der Rucksack, ⸚e** (2)

bacon **der Speck** (8)

bad **schlecht** (2); **schlimm** (11); too bad! **schade!** (6)

bag **die Tasche, -n** (1); (*paper or plastic*) **die Tüte, -n** (11); sleeping bag **der Schlafsack, ⸚e** (2)

to bake **backen (backt/bäckt), backte, gebacken** (5)

bakery **die Bäckerei, -en** (5); at the bakery **in der Bäckerei** (5)

balance: bank balance **das Guthaben** (12)

balcony **der Balkon, -e** (6)

ball **der Ball, ⸚e** (A, 1); soccer ball **der Fußball, ⸚e** (A, 1)

ballerina **die Ballerina, -s** (9)

ballpoint pen **der Kugelschreiber, -** (4)

Baltic Sea **die Ostsee** (B)

banana **die Banane, -n** (8)

bandage **der Verband, ⸚e** (11); adhesive bandage **das Pflaster, -** (11)

bank **die Bank, -en** (5); at a bank **bei einer Bank** (6); at the bank **auf der Bank** (5); bank account **das Konto, Konten** (5); bank balance **das Guthaben** (12); bank employee **der/die Bankangestellte, -n (ein Bankangestellter)** (5); to open a bank account **ein Konto eröffnen** (5)

baptism **die Taufe, -n** (4)

bar **die Kneipe, -n** (1, 4)

barbecue grill **der Grill, -s** (2)

barbecued **gegrillt** (8)

barely **knapp** (4)

barkeeper **der Wirt, -e / die Wirtin, -nen** (10)

basement **der Keller, -** (4, 6)

basin **das Waschbecken, -** (6)

basketball **der Basketball, ⸚e** (2)

to bathe **baden, gebadet** (3); **(sich) baden, gebadet** (11)

bathrobe **der Bademantel, ⸚** (2)

bathtub **die Badewanne, -n** (6)

bay **die Bucht, -en** (7)

to be **sein (ist), war, ist gewesen** (A, 4); to be in a seated position **sitzen, saß, gesessen** (2)

beach **der Strand, ⸚e** (4, 7); beach chair **der Strandkorb, ⸚e** (10); beach parasol **der Sonnenschirm, -e** (10)

bean **die Bohne, -n** (8)

bear: teddy bear **der Teddybär, -en** (*wk.*) (A)

beard **der Bart, ⸚e** (B)

to beat **schlagen (schlägt), schlug, geschlagen** (8)

beautiful **schön** (B); exceedingly beautiful **wunderschön** (6)

because (*subord. conj.*) **weil** (3, 11); (*coord. conj.*) **denn** (9, 11)

to become **werden (wird), wurde, ist geworden** (5)

bed **das Bett, -en** (1, 6); bed-and-breakfast (inn) **das Gästehaus, ⸚er** (10); to get up on the wrong side of bed **mit dem linken Fuß**

auf·stehen (steht ... auf), stand ... auf, aufgestanden (4); to go to bed **ins Bett gehen** (1)

bedroom **das Schlafzimmer, -** (6)

bedside table **der Nachttisch, -e** (6)

bee **die Biene, -n** (10)

beef **das Rindfleisch** (8); ground beef **das Hackfleisch** (8)

beer **das Bier, -e** (2)

before (*subord. conj.*) **bevor** (11)

to begin **beginnen (beginnt), begann, begonnen** (1); **an·fangen (fängt ... an), fing ... an, angefangen** (4)

Belgium **(das) Belgien** (B)

to believe **glauben, geglaubt** (2)

belly **der Bauch, ⸚e** (B)

to belong to **gehören** (+ *dat.*), **gehört** (6); to belong to (*an organization*) **an·gehören** (+ *dat.*), **angehört** (12)

beloved female friend **die Geliebte, -n** (3)

below **unter** (+ *dat./acc.*) (6)

belt **der Gürtel, -** (2); seat belt **der Sicherheitsgurt, -e** (7)

beneath **unter** (+ *dat./acc.*) (6)

beside **neben** (+ *dat./acc.*) (3)

besides (*adv.*) **außerdem** (3, 10); (*prep.*) **außer** (+ *dat.*) (9)

best: like (*to do*) best **am liebsten** (7)

better **besser** (2)

between **zwischen** (+ *dat./acc.*) (7)

beverage **das Getränk, -e** (8)

bicycle **das Fahrrad, ⸚er** (2, 7); bicycle helmet **der Fahrradhelm, -e** (5); bicycle tour **die Radtour, -en** (9); to ride a bicycle **Rad fahren (fährt ... Rad), fuhr ... Rad, ist Rad gefahren** (7)

big **groß** (B); pretty big **ziemlich groß** (2)

bikini **der Bikini, -s** (5)

bill **die Rechnung, -en** (4); (*of currency*) **der Schein, -e** (8); **der Geldschein, -e** (12)

biographical information **persönliche Angaben** (*pl.*) (1)

biology **die Biologie** (1)

bird **der Vogel, ⸚** (10)

birthday **der Geburtstag, -e** (1, 2); birthday card **die Geburtstagskarte, -n** (2); for someone's birthday **zum Geburtstag** (2)

bit: a little bit **ein bisschen** (3); not a bit **gar nicht** (3); quite a bit **ganz schön viel** (3)

to bite **beißen (beißt), biss, gebissen** (9); (*of insects*) **stechen (sticht), stach, gestochen** (10)

black **schwarz** (A)

blackboard **die Tafel, -n** (A, B)

blanket **die Decke, -n** (11)

to bleed **bluten, geblutet** (11)

blond **blond** (B)

blood **das Blut** (9, 11); to take blood **Blut ab·nehmen** (11)

blouse **die Bluse, -n** (A)

to blow dry (one's hair) **sich (die Haare) föhnen, geföhnt** (2, 11)

blue **blau** (A, B)

boar: wild boar **das Wildschwein, -e** (10)

to board **ein·steigen (steigt ... ein), stieg ... ein, ist eingestiegen** (10)

boat **das Boot, -e** (2)

body **der Körper, -** (B)

boiled **gekocht** (8); boiled eggs **gekochte Eier** (*pl.*) (8); boiled potatoes **die Salzkartoffeln** (*pl.*) (8)

to book **buchen, gebucht** (7)

book **das Buch, ̈er** (A, B, 2)

bookcase, bookshelf **das Regal, -e** (2)

boot **der Stiefel, -** (A)

booth: ticket booth **die Kasse, -n** (5), **der Schalter, -** (5); at the ticket booth **an der Kasse** (5), **am Schalter** (5)

border **die Grenze, -n** (12)

bored: to be bored **Langeweile haben** (3)

boredom **die Langeweile** (3)

boring **langweilig** (2)

born **geboren** (1); When were you born? **Wann sind Sie geboren?** (1)

bottle **die Flasche, -n** (5); bottle opener **der Flaschenöffner, -** (8)

boutique **die Boutique, -n** (6)

bowl **die Schüssel, -n** (8); salad (mixing) bowl **die Salatschüssel, -n** (5)

to box **boxen, geboxt** (1)

boy: Oh boy! (*coll.*) **Mensch!** (2)

boyfriend **der Freund, -e** (A)

bracelet **das Armband, ̈er** (2)

brain **das Gehirn, -e** (11)

to brake **bremsen, gebremst** (11)

brake **die Bremse, -n** (7)

brave **tapfer** (9)

bread **das Brot, -e** (8)

to break **brechen (bricht), brach, gebrochen** (11); to break one's arm **sich den Arm brechen** (11)

break **die Pause, -n** (1)

breakfast **das Frühstück, -e** (2); to eat breakfast **frühstücken, gefrühstückt** (1)

to breathe **atmen, geatmet** (11)

bride **die Braut, ̈e** (9)

bridge **die Brücke, -n** (10)

to bring **bringen (bringt), brachte, gebracht** (2); to bring along **mit·bringen (bringt ... mit), brachte ... mit, mitgebracht** (3)

broiled **gebraten** (8); **gegrillt** (8)

broken **kaputt** (A)

broom **der Besen, -n** (6)

brother **der Bruder, ̈** (B)

brown **braun** (A); to brown **bräunen, gebräunt** (8)

to brush (one's teeth) **sich (die Zähne) putzen** (11)

Brussels sprouts **der Rosenkohl** (8)

building **das Gebäude, -** (10); high-rise building **das Hochhaus, ̈er** (6)

Bulgaria **(das) Bulgarien** (B)

burglar **der Einbrecher, - / die Einbrecherin, -nen** (9)

to burn **brennen (brennt), brannte, gebrannt** (11); **verbrennen (verbrennt), verbrannte, verbrannt** (11); to burn (one's tongue) **sich (die Zunge) verbrennen** (11)

bus **der Bus, -se** (2, 7); bus stop **die Bushaltestelle, -n** (10)

bush **der Busch, ̈e** (9)

but (*coord. conj.*) **aber** (A, 11); but (rather / on the contrary) **sondern** (A)

butcher shop **die Metzgerei, -en** (6)

butter **die Butter** (8); herb butter **die Kräuterbutter** (8)

to buy **kaufen, gekauft** (1)

by **an ... vorbei** (10); by all means **auf jeden Fall** (4)

bye (*infor.*) **tschüss** (A)

cabbage **der Kohl** (8)

cabinet: wardrobe cabinet **der Schrank, ̈e** (2, 6)

café **das Café, -s** (4); at the café **im Café** (4)

cafeteria: student cafeteria **die Mensa, Mensen** (2)

cage **der Käfig, -e** (10)

cake **der Kuchen, -** (5)

calendar: appointment calendar **der Terminkalender, -** (11)

to call **rufen (ruft), rief, gerufen** (7, 11); to call forth **hervor·rufen (ruft ... hervor), rief ... hervor, hervorgerufen** (1); to call up **an·rufen (ruft ... an), rief ... an, angerufen** (1)

called: to be called **heißen (heißt), hieß, geheißen** (A)

calm **ruhig** (B)

camera **die Kamera, -s** (2)

to camp **zelten, gezeltet** (1)

camping **das Camping** (10)

campsite **der Campingplatz, ̈e** (10)

can (*v.*) **können (kann), konnte, gekonnt** (1, 3)

can (*n.*) **die Dose, -n** (8); can opener **der Dosenöffner, -** (8); garbage can **der Mülleimer, -** (8)

Canada **(das) Kanada** (B)

Canadian (*person*) **der Kanadier, - / die Kanadierin, -nen** (B)

candidate **der Kandidat, -en** (*wk.*) **/ die Kandidatin, -nen** (12)

candle **die Kerze, -n** (3)

canoe **das Kanu, -s** (10)

canoeing: to go canoeing **Kanu fahren** (10)

cap **die Mütze, -n** (5)

capital city **die Hauptstadt, ̈e** (B)

car **das Auto, -s** (A); **der Wagen, -** (7); car radio **das Autoradio, -s** (7); train car **der Waggon, -s** (7)

card **die Karte, -n** (1, 2); birthday card **die Geburtstagskarte, -n** (2); identification card **der Ausweis, -e** (10); personal ID card **der Personalausweis, -e** (1); telephone card **die Telefonkarte, -n** (2)

to care for **mögen (mag), mochte, gemocht** (3)

care: take care (*infor.*) **mach's gut** (A); to take care of **sich kümmern um** (+ *acc.*), **gekümmert** (12)

career **der Beruf, -e** (5); career counselor **der Berufsberater, - / die Berufsberaterin, -nen** (5); practical career training **praktische Ausbildung** (5)

carpet **der Teppich, -e** (2)

carriage: baby carriage **der Kinderwagen, -** (7)

carrot **die Karotte, -n** (8)

to carry away **weg·tragen (trägt ... weg), trug ... weg, weggetragen** (9); to carry out **aus·führen, ausgeführt** (12)

case: in any case **jedenfalls** (11)

cash **das Bargeld** (12)

cashier window **die Kasse, -n** (12)

cast (*plaster*) **der Gips** (11)

to cast a spell on **verwünschen, verwünscht** (9)

castle **das Schloss, ̈er** (9)

cat **die Katze, -n** (2)

to catch a cold **sich erkälten, erkältet** (11)

cathedral **der Dom, -e** (9)

cauliflower **der Blumenkohl** (8)

cautious(ly) **vorsichtig** (8)

CD **die CD, -s** (A, 3); CD player **der CD-Spieler, -** (2)

ceiling **die Decke, -n** (B)

to celebrate **feiern, gefeiert** (4, 5)

celebration **das Fest, -e** (4); **die Feier, -n** (9)

cellar **der Keller, -** (4, 6)

cellular phone **das Handy, -s** (2)

Celsius **Celsius** (B)

central **zentral** (10); central heating **die Zentralheizung** (6)

certainly **bestimmt** (3); **sicherlich** (3)

certificate: gift certificate **der Geschenkgutschein, -e** (2)

chair **der Stuhl, ̈e** (B, 2); beach chair **der Strandkorb, ̈e** (10); deck chair **der Liegestuhl, ̈e** (4)

to champion **ein·treten für** (+ *acc.*) **(tritt ... ein), trat ... ein, ist eingetreten** (12)

to change **verändern, verändert** (6); **ändern, geändert** (9); to change (*trains*) **um·steigen (steigt ... um), stieg ... um, ist umgestiegen** (7); to change into **sich verwandeln in** (+ *acc.*), **verwandelt** (9)

change: keep the change **das stimmt so** (8)

chaos **das Chaos** (5)

chapter **das Kapitel, -** (A)

to charge **berechnen** (+ *dat.*), **berechnet** (8)

to chat **chatten, gechattet** (1)

cheap **billig** (2)

to check the oil **das Öl kontrollieren** (5)

check (*in restaurant*) **die Rechnung, -en** (4); **die Quittung, -en** (8); separate checks **getrennt** (5)

checking account **das Girokonto, Girokonten** (12)

cheese **der Käse** (8)

chemistry **die Chemie** (1)

chess **das Schach** (1)

to chew **kauen, gekaut** (11)

chic **schick** (2)

child **das Kind, -er** (B)

childhood **die Kindheit** (9)

China **(das) China** (B)

Chinese (*language*) **(das) Chinesisch** (B)

chisel **der Meißel, -** (12)

chocolate: hot chocolate **der Kakao** (8)

christening **die Taufe, -n** (4)

Christmas **(das) Weihnachten** (4); Christmas present **das Weihnachtsgeschenk, -e** (5)

church **die Kirche, -n** (5); at church **in der Kirche** (5)

cigarette **die Zigarette, -n** (11)

cinema **das Kino, -s** (1)

circus **der Zirkus, -se** (9)

citizen **der Bürger, -** / **die Bürgerin, -nen** (10)

city **die Stadt, ¨e** (2, 6); capital city **die Hauptstadt, ¨e** (B); city limits **der Stadtrand, ¨er** (6); tour of the city **die Stadtrundfahrt, -en** (7)

class **der Kurs, -e** (A, 1); **die Klasse, -n** (5, 10); **der Unterricht** (9, 11); class reunion **das Klassentreffen, -** (9); German class **der Deutschkurs, -e** (A); to travel first class **erster Klasse fahren** (10)

classroom **der Seminarraum, ¨e** (B)

clay **der Ton** (12)

to clean **sauber machen, sauber gemacht** (3); **putzen, geputzt** (6); to clean (up) **auf·räumen, aufgeräumt** (1); to wipe clean **ab·wischen, abgewischt** (6)

clean (*adj.*) **sauber** (B);

cleaner: dry cleaner's **die Reinigung, -en** (6); vacuum cleaner **der Staubsauger, -** (6)

cleaning: spring cleaning **der Frühjahrsputz** (6)

to clear **ab·räumen, abgeräumt** (3); to clear the table **den Tisch ab·räumen** (3)

clerk **der/die Angestellte, -n (ein Angestellter)** (7)

to climb **besteigen (besteigt), bestieg, bestiegen** (7); **klettern, ist geklettert** (9); to climb down **herunter·klettern, ist heruntergeklettert** (11)

clock **die Uhr, -en** (B); alarm clock **der Wecker, -** (2); kitchen clock **die Küchenuhr, -en** (5)

to close **schließen (schließt), schloss, geschlossen** (A); **zu·machen, zugemacht** (3)

close **nah** (7)

closet **der Schrank, ¨e** (6); clothes closet **der Kleiderschrank, ¨e** (6)

cloth (*for cleaning*) **der Putzlappen, -** (6)

clothes **die Kleidung** (A, 2); clothes closet **der Kleiderschrank, ¨e** (6); clothes dryer **der Wäschetrockner, -** (8)

clown **der Clown, -s** (9)

coalition **die Koalition, -en** (12)

coast **die Küste, -n** (7)

coat **der Mantel, ¨** (A)

cocoa **der Kakao** (8)

coffee **der Kaffee** (1); coffee machine **die Kaffeemaschine, -n** (5)

coffin **der Sarg, ¨e** (9)

coincidence **der Zufall, ¨e** (1)

cold (*adj.*) **kalt** (B)

cold (*n.*) (*head cold*) **die Erkältung, -en** (11); to catch a cold **sich erkälten, erkältet** (11); cold (*with a runny nose*) **der Schnupfen, -** (11)

to collect **sammeln, gesammelt** (10)

college preparatory school **das Gymnasium, Gymnasien** (6)

color **die Farbe, -n** (A, 1); color of eyes **die Augenfarbe, -n** (1); color of hair **die Haarfarbe, -n** (1); favorite color **die Lieblingsfarbe, -n** (A); oil color (*paint*) **die Ölfarbe, -n** (12); What color is . . . ? **Welche Farbe hat ...?** (A)

to comb **kämmen, gekämmt** (3); to comb (one's hair) **sich (die Haare) kämmen, gekämmt** (11)

to combine **kombinieren, kombiniert** (3)

to come (from) **kommen (aus + *dat.*) (kommt), kam, ist gekommen** (B); to come back **zurück·kommen (kommt ... zurück), kam ... zurück, ist zurückgekommen** (6); to come by **vorbei·kommen (kommt ... vorbei), kam ... vorbei, ist vorbeigekommen** (3); Come on over! **Komm mal vorbei!** (11); to come out this way **heraus·kommen (kommt ... heraus), kam ... heraus, ist herausgekommen** (10); to come this way **her·kommen (kommt ... her), kam ... her, ist hergekommen** (10); Does it come with a . . . ? **Ist ein/eine ... dabei?** (6)

common, in common **gemeinsam** (6, 11)

company **die Firma, Firmen** (3)

to compare **vergleichen (vergleicht), verglich, verglichen** (7)

to complain (to) **sich beschweren (bei + *dat.*), beschwert** (8)

to complete **ergänzen, ergänzt** (4)

computer **der Computer, -** (2); computer science **die Informatik** (1)

to concern **betreffen (betrifft), betraf, betroffen** (6)

concert **das Konzert, -e** (1); concert ticket **die Konzertkarte, -n** (5); to go to a concert **ins Konzert gehen** (1)

conductor: orchestra conductor **der Dirigent, -en** (*wk.*) / **die Dirigentin, -nen** (5)

conflict **der Konflikt, -e** (12)

to congratulate **gratulieren (+ dat.), gratuliert** (6)

to connect **verbinden (verbindet), verband, verbunden** (A)

conservative **konservativ** (B)

to consider **nach·denken (über + *acc.*) (denkt ... nach), dachte ... nach, nachgedacht** (7)

construction worker **der Bauarbeiter, -** / **die Bauarbeiterin, -nen** (5)

contrary: but (rather / on the contrary) **sondern** (A, 11); on the contrary! **doch!** (4)

conversational situation **die Sprechsituation, -en** (A)

to converse **sich unterhalten (unterhält), unterhielt, unterhalten** (9)

cook **der Koch, ¨e** / **die Köchin, -nen** (5);

to cook **kochen, gekocht** (1)

cooked **gekocht** (8)

cooking **die Küche** (8)

cool **kühl** (B); (*coll.*) **grell** (2)

copy shop **der Kopierladen, ¨** (10)

corkscrew **der Korkenzieher, -** (8)

corner **die Ecke, -n** (5); (right) around the corner **um die Ecke** (5, 6)

to correct **korrigieren, korrigiert** (4)

correct **richtig** (2)

to cost **kosten, gekostet** (2, 6)

cost: extra costs (*e.g., utilities*) **die Nebenkosten** (*pl.*) (6)

couch **das Sofa, -s** (6)

cough **der Husten** (11); cough syrup **der Hustensaft, ¨e** (11)

counselor: career counselor **der Berufsberater, -** / **die Berufsberaterin, -nen** (5)

to count **zählen, gezählt** (A)

country **das Land, ¨er** (6); foreign countries **das Ausland** (6); in the country (*rural*) **auf dem Land** (6)

courage **der Mut** (1)

course **der Kurs, -e** (A, 1); course of studies **das Studium, Studien** (3); German course **der Deutschkurs, -e** (A); of course **selbstverständlich** (10); Of course! **Klar!** (2)

courthouse **das Gericht, -e** (5); at the courthouse **auf dem Gericht** (5)

cousin: female cousin **die Kusine, -n** (B); male cousin **der Vetter, -n** (B)

to cover **decken, gedeckt** (5); **zu·decken, zugedeckt** (11)

cozy **gemütlich** (10)

to crash (*airplane*) **ab·stürzen, ist abgestürzt** (11); (*cars*) **zusammen·stoßen (stößt ... zusammen), stieß ...zusammen, ist zusammengestoßen** (11)

crash: stock market crash **der Börsenkrach, ¨e** (12)

crazy **verrückt** (B); **wahnsinnig** (12)

crisis **die Krise, -n** (12)

critically injured **schwer verletzt** (11)

crocodile **das Krokodil, -e** (10)

croquette **die Krokette, -n** (8)

crosswalk **der Zebrastreifen, -** (10)

cruel **grausam** (9)

to cry **weinen, geweint** (3)

cucumber **die Gurke, -n** (8)

culture **die Kultur, -en** (12)

cup **die Tasse, -n** (2, 5); **der Becher, -** (9)

cupboard **der Schrank, ̈e** (2, 6)

curious **neugierig** (12)

currency **die Währung, -en** (12)

to curse **verwünschen, verwünscht** (9); **fluchen, geflucht** (11)

cursed **verwunschen** (9)

curtain **der Vorhang, ̈e** (6)

curve **die Kurve, -n** (7)

to cuss **schimpfen, geschimpft** (9)

custodian **der Hausmeister, - / die Hausmeisterin, -nen** (5)

customer **der Kunde, -n** (*wk.*) **/ die Kundin, -nen** (12)

to cut **schneiden (schneidet), schnitt, geschnitten** (3); to cut (oneself) **(sich) schneiden** (11); to cut hair **Haare schneiden** (3); to cut off **ab·schneiden (schneidet ... ab), schnitt ... ab, abgeschnitten** (8)

cutlery **das Besteck** (5)

cutlet **das Schnitzel, -** (8)

Czech Republic **(das) Tschechien** (B)

daily **täglich** (12); daily newspaper **die Tageszeitung, -en** (5); daily routine **der Tagesablauf, ̈e** (1); **der Alltag** (4)

to dance **tanzen, getanzt** (1)

danger **die Gefahr, -en** (12)

dangerous **gefährlich** (10)

dark **dunkel** (5)

data: data projector **der Beamer, -** (B)

date **das Datum, Daten** (4); (*appointment*) **die Verabredung, -en** (11); What is today's date? **Welches Datum ist heute?** (4)

daughter **die Tochter, ̈** (B)

day **der Tag, -e** (1); all day long **den ganzen Tag** (1); day after tomorrow **übermorgen** (9); every day **jeden Tag** (1); for several days **seit mehreren Tagen** (11); on what day? **an welchem Tag?** (4); two days ago **vor zwei Tagen** (4); What day is today? **Welcher Tag ist heute?** (1)

dead **tot** (9)

to deal with **betreffen (betrifft), betraf, betroffen** (6)

dear **lieb** (7)

death **der Tod, -e** (12)

debt **die Schuld, -en** (12)

decade **das Jahrzehnt, -e** (4)

December **der Dezember** (B)

deception **die List, -en** (9)

to decide **entscheiden (entscheidet), entschied, entschieden** (4)

decisive **entscheidend** (12)

deck chair **der Liegestuhl, ̈e** (4)

deep **tief** (7)

definitely **bestimmt** (3)

degree **der Grad, -e** (B)

delay **die Verspätung, -en** (9)

to deliver **aus·tragen (trägt ... aus), trug ... aus, ausgetragen** (5); to deliver newspapers **Zeitungen aus·tragen** (5)

democracy **die Demokratie, -n** (12)

democratic(ally) **demokratisch** (12)

Denmark **(das) Dänemark** (B)

dentist **der Zahnarzt, ̈e / die Zahnärztin, -nen** (11)

to depart **ab·fahren (fährt ... ab), fuhr ... ab, ist abgefahren** (4); **ab·reisen, ist abgereist** (10)

department: department store **das Kaufhaus, ̈er** (5); at the department store **im Kaufhaus** (5); fire department **die Feuerwehr** (11)

departure **die Abfahrt, -en** (7)

depressed **deprimiert** (11)

to describe **beschreiben (beschreibt), beschrieb, beschrieben** (11)

description **die Beschreibung, -en** (B)

desert **die Wüste, -n** (7)

desire **die Lust** (3)

desk **der Schreibtisch, -e** (2)

dessert **die Nachspeise, -n** (8)

destination **das Ziel, -e** (10)

devil **der Teufel, -** (12)

diary **das Tagebuch, ̈er** (4)

dictionary **das Wörterbuch, ̈er** (2)

to die **sterben (stirbt), starb, ist gestorben** (9)

different **verschieden** (12)

difficult **schwierig** (2); **schwer** (3)

to dine **zu Abend essen** (4)

dining room **das Esszimmer, -** (6)

dinner: to have dinner **zu Abend essen** (4)

diphtheria **die Diphtherie** (11)

direction **die Richtung, -en** (7)

directly **gleich** (6)

director **der Direktor, -en / die Direktorin, -nen** (9)

dirty **schmutzig** (A)

disadvantage **der Nachteil, -e** (7)

disco **die Disko, -s** (3)

to discover **entdecken, entdeckt** (4)

to discuss **diskutieren, diskutiert** (4)

dish **das Gericht, -e** (8); dishes **das Geschirr** (4, 5); to wash the dishes **Geschirr spülen, gespült** (4)

dishwasher **der Geschirrspüler, -** (5)

to disinfect **desinfizieren, desinfiziert** (11)

to distribute **verteilen, verteilt** (12)

district **der Stadtteil, -e** (6); **das Stadtviertel, -** (6)

to disturb **stören, gestört** (3)

to dive **tauchen, hat/ist getaucht** (3)

to do **tun (tut), tat, getan** (1); to do sports **Sport treiben (treibt ... Sport), trieb ... Sport, Sport getrieben** (2)

doctor **der Arzt, ̈e / die Ärztin, -nen** (5, 11); doctor's office **die Arztpraxis, Arztpraxen** (11); family doctor **der Hausarzt, ̈e / die Hausärztin, -nen** (11); to the doctor **zum Arzt** (3)

dog **der Hund, -e** (2); hot dog **das Würstchen, -** (8)

dolphin **der Delfin, -e** (10)

to dominate **herrschen, geherrscht** (8)

door **die Tür, -en** (A); (from) next door **(von) nebenan** (5)

dorm **das Studentenheim, -e** (2, 6)

double room **das Doppelzimmer, -** (5, 10)

down (*toward the speaker*) **herunter** (11); to climb down **herunter·klettern, ist heruntergeklettert** (11); to fall down **hin·fallen (fällt ... hin), fiel ... hin, ist hingefallen** (11); to lie down **sich hin·legen, hingelegt** (11); to sit down **sich setzen, gesetzt** (11); to write down **auf·schreiben (schreibt ... auf), schrieb ... auf, aufgeschrieben** (11)

downtown **die Heimatstadt, ̈e** (6)

dragon **der Drache, -n** (*wk.*) (9)

drapery **der Vorhang, ̈e** (6)

to draw **zeichnen, gezeichnet** (3, 5)

drawer **die Schublade, -n** (5)

to dream **träumen, geträumt** (9)

dress **das Kleid, -er** (A)

dressed: to be well dressed **gut gekleidet sein** (2); to get dressed **sich an·ziehen (zieht ... an), zog ... an, angezogen** (11)

dresser **die Kommode, -n** (6)

dressing, salad dressing **die Soße, -n** (8)

to drink **trinken (trinkt), trank, getrunken** (1)

to drive **fahren (fährt), fuhr, ist/hat gefahren** (2); to drive off **los·fahren (fährt ... los), fuhr ... los, ist losgefahren** (4, 9)

driver **der Fahrer, - / die Fahrerin, -nen** (7); driver's license **der Führerschein, -e** (4); taxi driver **der Taxifahrer, - / die Taxifahrerin, -nen** (5)

drop **das Bonbon, -s** (11)

drugstore **die Drogerie, -n** (6)

drums **das Schlagzeug, -e** (12)

to dry (*dishes*) **ab·trocknen, abgetrocknet** (6); to blow dry (one's hair) **sich (die Haare) föhnen, geföhnt** (2, 11); to dry oneself off **sich ab·trocknen** (11)

dry **trocken** (11); dry cleaner's **die Reinigung, -en** (6)

dryer: clothes dryer **der Wäschetrockner, -** (8); hair dryer **der Haartrockner, -** (2)

dumb **dumm** (6)

dumpling **der Knödel, -** (8)

during **während** (+ *gen.*) (11); during the week **in der Woche** (1)

Dutch (*adj.*) **holländisch** (8)

duty **die Pflicht, -en** (3)

DVD player **der DVD-Spieler, -** (2, 3)

each **jeder, jedes, jede** (1, 3, 5); each other **einander** (3); with each other **miteinander** (1, 3)

eagle **der Adler, -** (10)

ear **das Ohr, -en** (B)

earache **die Ohrenschmerzen** (*pl.*) (11)

early **früh** (1)

to earn **verdienen, verdient** (4)

earring **der Ohrring, -e** (A, 2)

easel **die Staffelei, -en** (12)

east (of) **östlich (von** + *dat.*) (7)

easy **leicht** (6)

to eat **essen (isst), aß, gegessen** (2, 4); (*said of an animal*) **fressen (frisst), fraß, gefressen** (9); to eat breakfast **frühstücken, gefrühstückt** (1); to eat dinner **zu Abend essen** (4)

economics **die Wirtschaft** (1)

educated **ausgebildet** (12)

education **die Schulbildung** (5)

effect: to take effect **wirken, gewirkt** (11)

egg **das Ei, -er** (8); boiled eggs **gekochte Eier** (*pl.*) (8); fried eggs **gebratene Eier** (*pl.*) (8)

eight **acht** (A)

eighteen **achtzehn** (A)

eighth **acht-** (4)

eighty **achtzig** (A)

to elect **wählen, gewählt** (12)

election **die Wahl, -en** (12)

electric(al) **elektrisch** (8)

electricity **der Strom** (8)

elegant **elegant** (8)

elementary school **die Grundschule, -n** (9)

elephant **der Elefant, -en** (*wk.*) (9)

elevator **der Aufzug, ⸚e** (6)

eleven **elf** (A)

eleventh **elft-** (4)

else: Anything else? **Sonst noch etwas?** (5)

e-mail **die E-Mail, -s** (1, 2), **die Mail, -s** (1)

to emigrate **aus·wandern, ist ausgewandert** (12)

employee **die Arbeitskraft, ⸚e** (12); bank employee **der/die Bankangestellte, -n (ein Bankangestellter)** (5)

to empty **aus·leeren, ausgeleert** (3)

empty (*adj.*) **leer** (5); **frei** (8)

enchanted **verwunschen** (9)

to end **aus·gehen (geht ... aus), ging ... aus, ist ausgegangen** (7); it ended well **es ist gut ausgegangen** (7)

end **der Schluss, ⸚e** (8); in the end **zum Schluss** (8)

engineering: mechanical engineering **der Maschinenbau** (1)

England **(das) England** (B)

English (*language*) **(das) Englisch** (B); (*person*) **der Engländer, - / die Engländerin, -nen** (B)

enough **genug** (3)

to enrich **bereichern, bereichert** (12)

equal **egal** (6); **gleich** (12)

to establish **fest·stellen, festgestellt** (8)

euro **der Euro, -** (7)

Europe **(das) Europa** (B)

even **noch** (B); **selbst** (2)

evening **der Abend, -e** (1, 4); evening meal **das Abendessen, -** (1); evenings **abends** (4); good evening **guten Abend** (A); in the evening **abends** (4), **am Abend** (4); this evening **heute Abend** (2)

ever: Were you ever . . . ? **Warst du schon einmal ...?** (4)

every **jeder, jede, jedes** (1, 3); every day **jeden Tag** (1); every week **jede Woche** (3)

everything **alles** (2); everything possible **alles Mögliche** (2)

everywhere **überall** (10)

evil **böse** (9)

to evoke **hervor·rufen (ruft ... hervor), rief ... hervor, hervorgerufen** (1)

exactly **genau** (B)

exam: high school graduation exam **das Abitur** (4)

to examine **untersuchen, untersucht** (5)

example **das Beispiel, -e** (3); for example **zum Beispiel (z. B.)** (3)

exceedingly beautiful **wunderschön** (6)

excellent **ausgezeichnet** (3)

exchange: stock exchange **die Börse, -n** (12)

excited: to get excited **sich auf·regen, aufgeregt** (11)

to excuse **entschuldigen, entschuldigt** (10); Excuse me! **Entschuldigung!** (3), **Entschuldigen Sie!** (10)

to execute **aus·führen, ausgeführt** (12)

exercise **die Übung, -en** (A)

exotic **exotisch** (7)

to expect **erwarten, erwartet** (12)

expensive **teuer** (2); **wertvoll** (2)

to experience **erleben, erlebt** (3); experience **das Erlebnis, -se** (7); travel experience **das Reiseerlebnis, -se** (7)

to explain **erklären, erklärt** (5)

extra **extra** (10); extra costs (*e.g., utilities*) **die Nebenkosten** (*pl.*) (6)

eye **das Auge, -n** (B); color of eyes **die Augenfarbe, -n** (1)

face **das Gesicht, -er** (B)

factory **die Fabrik, -en** (5); in the factory **in der Fabrik** (5)

Fahrenheit **Fahrenheit** (B)

to fail **scheitern, gescheitert** (12)

to faint **in Ohnmacht fallen** (11)

fairy **die Fee, -n** (9); fairy tale **das Märchen, -** (9)

to fall **fallen (fällt), fiel, ist gefallen** (9); to fall asleep **ein·schlafen (schläft ... ein), schlief ... ein, ist eingeschlafen** (7); to fall down **hin·fallen (fällt ... hin), fiel ... hin, ist hingefallen** (11); to fall in love (with) **sich verlieben (in** + *acc.*)**, verliebt** (9, 12); to fall over **um·fallen (fällt ... um), fiel ... um, ist umgefallen** (9)

fall (*autumn*) **der Herbst, -e** (B)

family **die Familie, -n** (B); family doctor **der Hausarzt, ⸚e / die Hausärztin, -nen** (11); family name **der Familienname, -n** (*wk.*) (A, 1)

famous **berühmt** (7)

fanatic **der Fanatiker, -** (12)

far **weit** (6); as far as **bis zu** (+ *dat.*) (10); How far away? **Wie weit weg?** (6)

farmhouse **das Bauernhaus, ⸚er** (6)

fashionable **modisch** (2)

fast **schnell** (7)

fat **dick** (2); **fettig** (8)

father **der Vater, ⸚** (B)

faucet **der Wasserhahn, ⸚e** (5)

favorite **Lieblings-** (A); favorite color **die Lieblingsfarbe, -n** (A); favorite name **der Lieblingsname, -n** (*wk.*) (A); favorite subject **das Lieblingsfach, ⸚er** (5)

fear **die Angst, ⸚e** (3)

February **der Februar** (B)

to feed **füttern, gefüttert** (9)

to feel **(sich) fühlen, gefühlt** (3, 11); to feel like (*doing s.th.*) **Lust haben** (3); to feel well **sich wohl fühlen** (11); How do you feel? **Wie fühlst du dich?** (3); I feel . . . **Ich fühle mich ...** (3)

feeling **das Gefühl, -e** (3)

fellow student **der Mitstudent, -en** (*wk.*) / die Mitstudentin, -nen** (A)

fence **der Zaun, ⸚e** (9)

to fetch **holen, geholt** (9)

fever **das Fieber** (11)

few: a few **ein paar** (2)

field **das Feld, -er** (7); field of study **die Wissenschaft, -en** (9)

fifteen **fünfzehn** (A)

fifth **fünft-** (4)

fifty **fünfzig** (A)

to fight **kämpfen, gekämpft** (9)

figure **die Figur, -en** (12)

to fill in the blanks **ergänzen, ergänzt** (4); to fill out **aus·füllen, ausgefüllt** (1); to fill up (with gas) **voll·tanken, vollgetankt** (5)

film **der Film, -e** (2); horror film **der Gruselfilm, -e** (2)

finally **schließlich** (7); **zum Schluss** (8); **endlich** (9)

to find **finden (findet), fand, gefunden** (2)

fine **fein** (8)

finger **der Finger, -** (11)

fingernail **der Fingernagel, ⸚** (11)

finished **fertig** (3)

Finland **(das) Finnland** (B)

fire **das Feuer, -** (9); fire department **die Feuerwehr** (11)

firm **die Firma, Firmen** (3)

first (*adj.*) **erst-** (4); (*adv.*) **zuerst** (4, 7); first floor **das Erdgeschoss, -e** (6); first name **der Vorname, -n** (*wk.*) (A, 1); the first of October **der erste Oktober** (4); for the first time **zum ersten Mal** (4); on the first of October **am ersten Oktober** (4); to travel first class **erster Klasse fahren** (10)

fish **der Fisch, -e** (8)

to fit **passen** (+ *dat.*), **gepasst** (6, 11); That fits well. **Das passt gut.** (11)

five **fünf** (A)

flashlight **die Taschenlampe, -n** (9)

flat-screen (monitor) **der Flachbildschirm, -e** (2)

flat tire **die Reifenpanne, -n** (7)

flawless **vollkommen** (12)

flea market **der Flohmarkt, ⁻e** (2)

to flee **flüchten, ist geflüchtet** (11)

flight **der Flug, ⁻e** (9)

to float **schwimmen (schwimmt), schwamm, ist geschwommen** (7)

floor **der Boden, ⁻** (B); (*story*) **der Stock, Stockwerke** (6); first floor **das Erdgeschoss, -e** (6); on the second floor **im ersten Stock** (6)

to flow **fließen (fließt), floss, ist geflossen** (7)

flower **die Blume, -n** (3); to water the flowers **die Blumen gießen (gießt), goss, gegossen** (3)

flu **die Grippe** (11)

flute: transverse flute **die Querflöte, -n** (12)

to fly **fliegen (fliegt), flog, ist/hat geflogen** (1)

fly **die Fliege, -n** (8)

foot **der Fuß, ⁻e** (B); on foot **zu Fuß** (3)

for (*prep.*) **für** (+ *acc.*) (2); **seit** (+ *dat.*) (4, 11); **zu** (+ *dat.*) (2); (*coord. conj.*) **denn** (9, 11); Do you have something for it (*illness*)? **Haben Sie etwas dagegen?** (11); for example **zum Beispiel (z. B.)** (3); for lunch **zum Mittagessen** (3); for several days **seit mehreren Tagen** (11); for someone's birthday **zum Geburtstag** (2); for the first time **zum ersten Mal** (4); for two years **seit zwei Jahren** (4); medicine for **ein Medikament gegen** (+ *acc.*) (11)

forbidden **verboten** (9)

foreign **ausländisch** (12); foreign countries **das Ausland** (6); foreign language **die Fremdsprache, -n** (1)

foreigner **der Ausländer, - / die Ausländerin, -nen** (12)

forest **der Wald, ⁻er** (2, 7)

to forget **vergessen (vergisst), vergaß, vergessen** (2)

fork **die Gabel, -n** (8)

form **das Formular, -e** (12)

formality **die Formalität, -en** (12)

forth: to call forth **hervor·rufen (ruft ... hervor), rief ... hervor, hervorgerufen** (1)

forty **vierzig** (A)

fountain **der Brunnen, -** (9)

four **vier** (A)

fourteen **vierzehn** (A)

fourth **viert-** (4)

franc (Swiss) **der Schweizer Franken, -** (8)

France **(das) Frankreich** (B)

frank(furter) **das Würstchen, -** (8)

free **frei** (8)

to free **erlösen, erlöst** (9)

freedom **die Freiheit, -en** (12)

freeway **die Autobahn, -en** (7)

French (*language*) **(das) Französisch** (B); (*person*) **der Franzose, -n** (*wk.*) / **die Französin, -nen** (B); French fries **die Pommes (frites)** (*pl.*) (8)

fresh **frisch** (8)

Friday **der Freitag** (1)

fried **gebraten** (8); fried eggs **gebratene Eier** (*pl.*) (8)

friend **der Freund, -e / die Freundin, -nen** (A); beloved female friend **die Geliebte, -n** (3)

friendly **freundlich** (B)

fries: French fries **die Pommes (frites)** (*pl.*) (8)

frog **der Frosch, ⁻e** (9)

from **von** (+ *dat.*) (A, 10); **aus** (+ *dat.*) (10); from next door **von nebenan** (5); from silk **aus Seide** (2); from where **woher** (B); from work **von der Arbeit** (3)

fruit **das Obst** (8)

to fry **braten (brät), briet, gebraten** (2, 8); **bräunen, gebräunt** (8)

frying pan **die Pfanne, -n** (5)

fuel tank **der Tank, -s** (7)

full(y) **voll** (10)

fun **lustig** (12); have fun **viel Spaß** (A)

funny **komisch** (10); **lustig** (12)

furnished **möbliert** (6)

furniture **die Möbel** (*pl.*) (6)

game: video game **das Videospiel, -e** (5)

garage **die Werkstatt, ⁻en** (5); **die Garage, -n** (6)

garbage **der Müll** (6); garbage can **der Mülleimer, -** (8)

garden **der Garten, ⁻** (6); garden hose **der Gartenschlauch, ⁻e** (6); in the garden **im Garten** (4)

garlic **der Knoblauch** (8)

gas station **die Tankstelle, -n** (5); at the gas station **an der Tankstelle** (5)

gasoline **das Benzin** (6)

gaudy **grell** (2)

gear **der Gang, ⁻e** (7)

gentleman **der Herr, -en** (*wk.*) (A)

geography **die Geografie** (B, 1)

German (*language*) **(das) Deutsch** (B); (*person*) **der/die Deutsche, -n (ein Deutscher)** (B); German army **die Bundeswehr** (5); German class/course **der Deutschkurs, -e** (A); I am German. **Ich bin Deutsche/r.** (B); in the German army **bei der Bundeswehr** (5)

Germany **(das) Deutschland** (B)

to get **bekommen (bekommt), bekam, bekommen** (3); **holen, geholt** (9); to get acquainted with **kennen·lernen, kennengelernt** (1); to get an appointment **sich einen Termin geben lassen** (11); to get angry **sich ärgern, geärgert** (11); to get dressed **sich an·ziehen (zieht ... an), zog ... an, angezogen** (11); to get excited **sich auf·regen, aufgeregt** (11); to get information about **sich erkundigen nach** (+ *dat.*), **erkundigt** (10); to get in this way **herein·kommen (kommt ... herein), kam ... herein, ist hereingekommen** (10); to get stuck **stecken bleiben (bleibt ... stecken), blieb ... stecken, ist stecken geblieben** (11); to get undressed **sich aus·ziehen (zieht ... aus), zog ... aus, ausgezogen** (11); to get up **auf·stehen (steht ... auf), stand ... auf, ist aufgestanden** (A, 1); to get up on the wrong side of bed **mit dem linken Fuß auf·stehen** (4); to get upset **sich auf·regen, aufgeregt** (11)

giant **der Riese, -n** (*wk.*) (9)

gift certificate **der Geschenkgutschein, -e** (2)

gifted **begabt** (9)

giraffe **die Giraffe, -n** (10)

girl **das Mädchen, -** (9)

girlfriend **die Freundin, -nen** (A)

to give **geben (gibt), gab, gegeben** (A, 6); (*as a present*) **schenken, geschenkt** (5); to give a paper / oral report **ein Referat halten (hält), hielt, gehalten** (4); give me **geben Sie mir** (A); to give up **auf·geben (gibt ... auf), gab ... auf, aufgegeben** (1)

given name **der Vorname, -n** (*wk.*) (A, 1)

glacier **der Gletscher, -** (7)

gladly **gern** (1, 5)

glass (*n.*) **das Glas, ⁻er** (5); (*adj.*) **gläsern** (9)

glasses (*pair of eyeglasses*) **die Brille, -n** (A)

glove **der Handschuh, -e** (2)

to go **gehen (geht), ging, ist gegangen** (A); **laufen (läuft), lief, ist gelaufen** (A); to go along **entlang·gehen (geht ... entlang), ging ... entlang, ist entlanggegangen** (10); to go away **weg·gehen (geht ... weg), ging ... weg, ist weggegangen** (4); to go by **vorbei·fahren (fährt ... vorbei), fuhr ... vorbei, ist vorbeigefahren** (10); to go canoeing **Kanu fahren** (10); to go for a walk **spazieren gehen (geht ... spazieren), ging ... spazieren, ist spazieren gegangen** (1); to go get **holen, geholt** (9); to go home **nach Hause gehen** (1); to go ice-skating **Schlittschuh laufen** (3); to go in this way **herein·kommen (kommt ... herein), kam ... herein, ist hereingekommen** (10); to go inside **rein·gehen (geht ... rein), ging ... rein, ist reingegangen** (1); to go on a trip **verreisen, ist verreist** (3); to go out **aus·gehen (geht ... aus), ging ... aus, ist ausgegangen** (1); to go out (*power*) aus·fallen (fällt ... aus), fiel ... aus, ausgefallen (8); to go over that way hinüber·gehen (geht ... hinüber), ging ... hinüber, ist hinübergegangen (10); to go shopping ein·kaufen gehen (geht ... einkaufen), ging ... einkaufen gegangen (1, 5); to go that way hin·gehen (geht ... hin), ging ... hin, ist hingegangen (10); to go to a party auf eine Party gehen (1); to go to bed ins Bett gehen (1); to go to the mountains in die Berge gehen (1); to go to the movies ins Kino gehen (1); to go to the swimming pool ins Schwimmbad fahren (1); to go to the university zur Uni gehen (1); to go to work zur Arbeit gehen (1); to go up that way hinauf·gehen (geht ... hinauf), ging ... hinauf, ist hinaufgegangen (10); to go with passen (+ dat.), gepasst (2); I'd rather go . . . Ich gehe lieber ... (2); Where are you going? Wo willst du denn hin? (A)

god, God der Gott, ̈er (12)

goldfish der Goldfisch, -e (11)

golf das Golf (1)

good: good afternoon (for.) guten Tag (A); (for.; southern Germany, Austria) grüß Gott (A); good evening guten Abend (A); Good luck! Viel Glück! (3); good morning guten Morgen (A); It looks good. Es sieht gut aus. (2); to taste good to schmecken (+ dat.), geschmeckt (6); That looks / Those look good on you! Das steht / Die stehen dir gut! (2)

good-bye auf Wiedersehen (A); (infor.; southern Germany, Austria) servus (A); (on the phone) auf Wiederhören (6)

government die Regierung, -en (12), der Staat, -en (12); (adj.) staatlich (12)

to grab greifen (greift), griff, gegriffen (11)

grade (level) die Klasse, -n (9); (mark) die Note, -n (9)

graduation der Abschluss (9); high school graduation exam das Abitur (4)

grammar die Grammatik, -en (A)

granddaughter die Enkelin, -nen (5)

grandfather der Großvater, ̈ (B)

grandmother die Großmutter, ̈ (B)

grandparents die Großeltern (pl.) (B)

grandson der Enkel, - (5)

grape die Weintraube, -n (8)

to grasp greifen (greift), griff, gegriffen (11)

gray grau (A)

greasy fettig (8, 11)

great (coll.) toll (2); great! prima! (6); That sounds great. Das hört sich toll an. (4)

Great Britain (das) Großbritannien (B)

Greece (das) Griechenland (B)

green grün (A)

to greet grüßen, gegrüßt (10)

greeting der Gruß, ̈e (9)

to grill braten (brät), briet, gebraten (2)

grill der Grill, -s (2)

grilled gegrillt (8)

ground beef (or pork) das Hackfleisch (8)

to grow wachsen (wächst), wuchs, ist gewachsen (9); to grow up auf·wachsen (wächst ... auf), wuchs ... auf, ist aufgewachsen (12)

growth das Wachstum (12)

guidebook: travel guidebook der Reiseführer, - (5)

guilt die Schuld, -en (12)

guinea pig das Meerschweinchen, - (10)

guitar die Gitarre, -n (1)

hair das Haar, -e (B, 11); to blow dry (one's) hair (sich) die Haare föhnen (2, 11); color of hair die Haarfarbe (1); to comb one's hair sich die Haare kämmen (11); to cut hair Haare schneiden (schneidet), schnitt, geschnitten (3); hair dryer der Haartrockner, - (2); with the short/long hair mit dem kurzen/langen Haar (A)

haircut der Haarschnitt, -e (2)

hairdresser der Friseur, -e / die Friseurin, -nen (5)

hall: town hall das Rathaus, ̈er (1, 6); at the town hall auf dem Rathaus (1)

ham der Schinken (8)

hammer der Hammer, ̈ (8)

hamster der Hamster, - (10)

hand die Hand, ̈e (B); hand towel das Handtuch, ̈er (8); to shake hands die Hand schütteln (A)

handkerchief das Taschentuch, ̈er (3)

to hang (be in a hanging position) hängen (hängt), hing, gehangen (3); (coll.) chillen, gechillt (1); to hang (up) hängen, gehängt (3); auf·hängen, aufgehängt (2); to hang the picture on the wall das Bild an die Wand hängen (3)

hangover der Kater, - (11)

to happen passieren, ist passiert (4)

happiness das Glück (3)

happy glücklich (B); to be happy about sich freuen über (+ acc.), gefreut (11)

harbor der Hafen, ̈ (10)

hard schwer (3)

harmful: to be harmful to schaden (+ dat.), geschadet (6)

harmonica die Mundharmonika, -s (12)

hat der Hut, ̈e (A)

to hate hassen, gehasst (9)

to have haben (hat), hatte, gehabt (A); have fun viel Spaß (A); to have to müssen (muss), musste, gemusst (3); haven't seen (you / each other) for a long time lange nicht gesehen (1)

head der Kopf, ̈e (B); head cold die Erkältung, -en (11)

headache die Kopfschmerzen (pl.) (11)

headband das Stirnband, ̈er (A)

to heal heilen, geheilt (5)

health die Gesundheit (11)

healthy gesund (8)

to hear hören, gehört (1)

heart das Herz, -en (11)

to heat erhitzen, erhitzt (8)

heated, heat included warm (6)

heating: central heating die Zentralheizung (6)

heavy schwer (3); stark (11)

height die Größe, -n (1); die Höhe, -n (12)

hello (for.) guten Tag (A); (for.; southern Germany, Austria) grüß Gott (A); (infor.; southern Germany, Austria) servus (A); to say hello to grüßen, gegrüßt (10)

helmet: bicycle helmet der Fahrradhelm, -e (5)

to help helfen (+ dat.) (hilft), half, geholfen (6); Help! Hilfe! (11); May I help you? Bitte schön? (7)

her ihr(e) (1, 2)

herb butter die Kräuterbutter (8)

herbs die Kräuter (pl.) (8)

here hier (A)

hi (infor.) hallo (A); (Switzerland) grüezi (A)

to hide sich verstecken, versteckt (9)

high hoch (7); high-rise building das Hochhaus, ̈er (6); high school das Gymnasium, Gymnasien (6); high school graduation exam das Abitur (4)

highlight der Höhepunkt, -e (7)

hike die Wanderung, -en (7); to hike wandern, ist gewandert (1); to hike in the mountains in den Bergen wandern (1)

hiking shoe der Wanderschuh, -e (2)

hill der Hügel, - (7)

him (acc.) ihn (2)

his sein(e) (1, 2)

history die Geschichte (1); history: art history die Kunstgeschichte (1)

to hit schlagen (schlägt), schlug, geschlagen (11)

to hitchhike trampen, ist getrampt (10)

hobby das Hobby, -s (1)

to hold halten (hält), hielt, gehalten (4)

hole das Loch, ̈er (9)

holiday der Feiertag, -e (4)

Holland (das) Holland (B)

home das Haus, ̈er (2); die Heimat, -en (12); at home zu Hause (A, 1, 10); daheim (9); to go home nach Hause gehen (1, 10); single-family home das Einfamilienhaus, ̈er (6)

homeland die Heimat, -en (12)

homemade selbst gemacht (8)

homesick: to be homesick Heimweh haben (3)

homesickness das Heimweh (3)

hometown die Heimatstadt, ̈e (6); die Heimat, -en (12)

homework die Hausaufgabe, -n (A)

honey der Honig (8)

to honk hupen, gehupt (7)

honor **die Ehre, -n** (8)

hook **der Haken, -** (8)

to hope **hoffen, gehofft** (3)

hope **die Hoffnung, -en** (2)

horn **die Hupe, -n** (7)

horror film **der Gruselfilm, -e** (2)

horse **das Pferd, -e** (2, 9)

hose: garden hose **der Gartenschlauch, ¨-e** (6)

hospital **das Krankenhaus, ¨-er** (3, 5); in the hospital **im Krankenhaus** (5)

host **der Wirt, -e / die Wirtin, -nen** (10)

hostel: youth hostel **die Jugendherberge, -n** (10)

hot **heiß** (B); hot chocolate **der Kakao** (8); hot dog **das Würstchen, -** (8)

hotel **das Hotel, -s** (2, 5); at the hotel **im Hotel** (5)

hour **die Stunde, -n** (1, 2); office hour **die Sprechstunde, -n** (3)

house **das Haus, ¨-er** (1, 2, 6); house key **der Hausschlüssel, -** (9); house number **die Hausnummer, -n** (1); row house, town house **das Reihenhaus, ¨-er** (6); vacation house **das Ferienhaus, ¨-er** (4)

household **der Haushalt, -e** (9)

housekeeping **der Haushalt, -e** (9)

housemate **der Mitbewohner, - / die Mitbewohnerin, -nen** (2)

housing: shared housing **die WG, -s (die Wohngemeinschaft, -en)** (6)

how **wie** (B); How do you feel? **Wie fühlst du dich?** (3); How do you spell that? **Wie schreibt man das?** (A); How far away? **Wie weit weg?** (6); how many . . . ? **wie viele ...?** (A)

however **allerdings** (6)

humid **feucht** (B)

hundred **hundert** (A)

hundredth **hundertst-** (4)

Hungary **(das) Ungarn** (B)

hunger **der Hunger** (3)

hungry **hungrig** (9); to be hungry **Hunger haben** (3)

hunter **der Jäger, - / die Jägerin, -nen** (9)

to hurry **sich beeilen, beeilt** (8)

hurry **die Eile** (3); to be in a hurry **in Eile sein** (3); **es eilig haben** (8); to hurt **weh·tun (tut ... weh), tat ... weh, wehgetan** (11)

husband **der Mann, ¨-er** (B)

ice **das Eis** (2); ice cream parlor **das Eiscafé, -s** (8); ice skate **der Schlittschuh, -e** (3); to go ice-skating **Schlittschuh laufen** (3)

idea **die Idee, -n** (10)

ideal **ideal** (12)

identification card **der Personalausweis, -e** (1); **der Ausweis, -e** (10)

if (*subord. conj.*) **wenn** (2, 11); **ob** (6)

illegal **illegal** (12)

illness **die Krankheit, -en** (11)

to imagine something **sich etwas vor·stellen, vorgestellt** (6)

immediately **sofort** (3)

immigrant **der Einwanderer, -** (12)

to immigrate **ein·wandern, ist eingewandert** (12)

impatient **ungeduldig** (10)

important **wichtig** (2)

impression **der Eindruck, ¨-e** (5)

in **in** (+ *dat./acc.*) (A, 4); **an** (+ *dat./acc.*) (4) in addition **dazu** (8); in addition to **neben** (+ *dat./acc.*) (3), **außer** (+ *dat.*) (9); in any case **jedenfalls** (11); in a row **hintereinander** (3); in common **gemeinsam** (6); in it **drin/darin** (6); in January **im Januar** (B); in love **verliebt** (4); in order to **um ... zu** (12); in rainy weather **bei Regen** (7); in spite of **trotz** (+ *gen.*) (12); in the afternoon **nachmittags** (4); in the country (*rural*) **auf dem Land** (6); in the end **zum Schluss** (8); in the evening **am Abend** (4), **abends** (4); in the garden **im Garten** (4); in the German army **bei der Bundeswehr** (5); in the middle **mitten** (9); in the morning **früh** (4); in the spring **im Frühling** (B); in the vicinity **in der Nähe** (6); in this way **herein** (10); in(ward) **hinein** (9)

included **inbegriffen** (10); (*utilities*) **inklusive** (6); heat included **warm** (6)

income **das Einkommen** (12)

incredible **unglaublich** (5)

indeed **ja** (4)

industrious **fleißig** (12)

inexpensive **billig** (2)

infection **die Entzündung, -en** (11)

influenza **die Grippe** (11)

to inform oneself about **sich informieren über** (+ *acc.*), **informiert** (12)

information **die Information, -en** (4); biographical information **persönliche Angaben** (*pl.*) (1); to get information about **sich erkundigen nach** (+ *dat.*), **erkundigt** (10)

ingredient **die Zutat, -en** (8)

injection **die Spritze, -n** (11)

to injure oneself **sich verletzen, verletzt** (11)

injured **verletzt** (11); critically injured **schwer verletzt** (11); injured person **der/die Verletzte, -n (ein Verletzter)** (11)

inn (bed-and-breakfast) **das Gästehaus, ¨-er** (10)

innkeeper **der Wirt, -e / die Wirtin, -nen** (10)

insane **wahnsinnig** (12)

inside: to go inside **rein·gehen (geht ... rein), ging ... rein, ist reingegangen** (1)

instead of **anstatt** (+ *gen.*) (12); **statt** (+ *gen.*) (12)

institute **das Institut, -e** (7)

to instruct **unterrichten, unterrichtet** (5)

instruction **der Unterricht** (9, 11)

instructor **der Lehrer, - / die Lehrerin, -nen** (A, 1)

instrument **das Instrument, -e** (12)

insurance **die Versicherung, -en** (5)

to integrate **integrieren, integriert** (12)

integration **die Integration** (12)

intelligent **intelligent** (7)

to intend (to) **wollen (will), wollte, gewollt** (3)

to interest **interessieren, interessiert** (5); to be interested in **Interesse haben an** (+ *dat.*) (5); **sich interessieren für** (+ *acc.*) (5)

interest **das Interesse, -n** (5); (*money*) **die Zinsen** (*pl.*) (12)

interesting **interessant** (7); something interesting **etwas Interessantes** (4)

Internet: to surf the Internet **im Internet surfen** (1)

intersection **die Kreuzung, -en** (10)

interview **das Interview, -s** (4)

into **in** (+ *acc.*) (A)

to introduce **vor·stellen, vorgestellt** (6); **ein·führen, eingeführt** (12)

introduction **die Einführung, -en** (A)

to invent **erfinden (erfindet), erfand, erfunden** (4)

to investigate **untersuchen, untersucht** (5)

invitation **die Einladung, -en** (2)

to invite **ein·laden (lädt ... ein), lud ... ein, eingeladen** (2)

Ireland **(das) Irland** (B)

iron **das Bügeleisen, -** (6); to iron **bügeln, gebügelt** (6)

island **die Insel, -n** (7)

it **es** (B)

Italian (*language*) **(das) Italienisch** (B)

Italy **(das) Italien** (B)

its (*fem.*) **ihr(e)** (2); (*masc./neut.*) **sein(e)** (2)

ivory **das Elfenbein** (10)

jacket **die Jacke, -n** (A); sports jacket **das Sakko, -s** (A)

jail **das Gefängnis, -se** (6)

jam **die Marmelade, -n** (8)

January **der Januar** (B); in January **im Januar** (B)

Japanese (*adj.*) **japanisch** (8)

jealous **eifersüchtig** (3)

jeans **die Jeans** (*pl.*) (2)

jewelry **der Schmuck** (2)

joke **der Witz, -e** (3); to tell jokes **Witze erzählen** (3)

journey **die Reise, -n** (7)

joy **die Freude, -n** (9)

judge **der Richter, - / die Richterin, -nen** (5)

juice **der Saft, ¨-e** (8); apple juice **der Apfelsaft** (8); orange juice **der Orangensaft** (8)

July **der Juli** (B)

to jump **springen (springt), sprang, ist gesprungen** (A)

June **der Juni** (B)

just **knapp** (4); That's just it! **Das ist es ja!** (4)

kangaroo **das Känguru, -s** (10)

to keep: keep the change **das stimmt so** (8); to keep on walking **weiter·gehen (geht ... weiter), ging ... weiter, ist weitergegangen** (10)

kettle: tea kettle **der Teekessel, -** (8)

key **der Schlüssel, -** (9); house key **der Hausschlüssel, -** (9)

kidney **die Niere, -n** (11)

to kill **töten, getötet** (9)

kiln **der Brennofen, ¨** (12)

kilometer **der Kilometer, -** (2)

kind **die Art, -en** (2); what kind of **was für** (+ *acc.*) (3)

kindergarten **der Kindergarten, ¨** (6)

king **der König, -e** (9)

to kiss **küssen, geküsst** (9)

kiss **der Kuss, ¨e** (4)

kitchen **die Küche, -n** (5); kitchen clock **die Küchenuhr, -en** (5); kitchen lamp **die Küchenlampe, -n** (5); kitchen scale **die Küchenwaage, -n** (5); kitchen table **der Küchentisch, -e** (5)

knife **das Messer, -** (8)

to knit **stricken, gestrickt** (3)

to know **kennen (kennt), kannte, gekannt** (B); **wissen (weiß), wusste, gewusst** (2)

knowledge about a field **die Kenntnisse** (*pl.*) (5)

labor **die Arbeitskraft, ¨e** (12)

laboratory: language laboratory **das Sprachlabor, -s** (4)

lake **der See, -n** (7)

lamp **die Lampe, -n** (B); kitchen lamp **die Küchenlampe, -n** (5)

landlord/landlady **der Vermieter, - / die Vermieterin, -nen** (6)

language **die Sprache, -n** (B); foreign language **die Fremdsprache, -n** (1); language laboratory **das Sprachlabor, -s** (4)

laptop (computer) **der Laptop, -s** (B, 2)

large **dick** (2)

last **letzt-** (4); last Monday **letzten Montag** (4); last night **gestern Abend** (4); last summer **letzten Sommer** (4); last week **letzte Woche** (4); last weekend **letztes Wochenende** (4); the last time **das letzte Mal** (4)

to last **dauern, gedauert** (4)

late(r) **spät(er)** (1); late morning **der Vormittag, -e** (4)

Latin (*language*) **das Latein** (1)

to laugh **lachen, gelacht** (3)

laundry **die Wäsche** (4)

lawn **der Rasen** (5); lawn mower **der Rasenmäher, -** (6)

to learn **lernen, gelernt** (1)

least: at least **wenigstens** (1), **mindestens** (7); the least **am wenigsten** (8)

leather **das Leder** (2)

to leave **verlassen (verlässt), verließ, verlassen** (11)

lecture **die Vorlesung, -en** (4)

left **links** (4, 10)

leg **das Bein, -e** (B)

leisure time **die Freizeit** (1)

lemon **die Zitrone, -n** (8)

to lend **leihen (leiht), lieh, geliehen** (5)

to let **lassen (lässt), ließ, gelassen** (11); Let's meet . . . **Treffen wir uns . . .** (2)

letter **der Brief, -e** (1)

lettuce **der Kopfsalat** (8)

liberal **liberal** (9)

librarian **der Bibliothekar, -e / die Bibliothekarin, -nen** (5)

library **die Bibliothek, -en** (4)

license: driver's license **der Führerschein, -e** (4); license plate **das Nummernschild, -er** (7)

to lie **liegen (liegt), lag, gelegen** (1); to lie down **sich hin·legen, hingelegt** (11); to lie in the sun **in der Sonne liegen** (1)

Liechtenstein **(das) Liechtenstein** (B)

life **das Leben, -** (9)

to light **an·zünden, angezündet** (3)

light (*adj., color*) **hell** (6); (*adj., weight*) **leicht** (6)

light (*n.*) **das Licht, -er** (6)

to like **mögen (mag), mochte, gemocht** (1, 3); to be to one's liking **gefallen** (+ *dat.*) **(gefällt), gefiel, gefallen** (6); Do you like to wear . . . ? **Trägst du gern . . . ?** (A); I like it. **Es gefällt mir.** (6); I would like **ich hätte gern** (5); like (*to do*) best **am liebsten** (7); We like to sing. **Wir singen gern.** (1); would like (to) **möchte** (2, 3)

limit **die Grenze, -n** (12); city limits **der Stadtrand, ¨er** (6)

linguistics **die Linguistik** (1)

lion **der Löwe, -n** (*wk.*) (10)

lip **die Lippe, -n** (11)

list **die Liste, -n** (5)

to listen **zu·hören, zugehört** (A); to listen (to) **hören, gehört** (1); to listen to **zu·hören** (+ *dat.*), **zugehört** (6)

liter **der Liter, -** (7)

literature **die Literatur** (1)

little: a little bit **ein bisschen** (3)

to live **leben, gelebt** (3); to live (in) **wohnen (in** + *dat.*)**, gewohnt** (B)

liver **die Leber, -n** (11)

living room **das Wohnzimmer, -** (6)

locomotive **die Lokomotive, -n** (7)

lodge: ski lodge **die Skihütte, -n** (6)

long **lang** (B); all day long **den ganzen Tag** (1); all night long **die ganze Nacht** (3); haven't seen (you /each other) for a long time **lange nicht gesehen** (1); so long **bis bald** (A); with the long hair **mit dem langen Haar** (A)

to look **schauen, geschaut** (A); **aus·sehen (sieht . . . aus), sah . . . aus, ausgesehen** (2); It looks good. **Es sieht gut aus.** (2); to look at **an·schauen, angeschaut** (2); **an·sehen (sieht . . . an), sah . . . an, angesehen** (3); to look for **suchen, gesucht** (1); That looks / Those look good on you! **Das steht / Die stehen dir gut!** (2)

to lose **verlieren (verliert), verlor, verloren** (7); to lose weight **ab·nehmen (nimmt . . . ab), nahm . . . ab, abgenommen** (8, 11)

lot: a lot **viel** (A); Lots of luck! **Viel Glück!** (3)

lotion: suntan lotion **die Sonnenmilch** (10); to put lotion on **sich ein·cremen, eingecremt** (11)

lottery **die Lotterie, -n** (5); to win the lottery **in der Lotterie gewinnen** (5)

loudspeaker **der Lautsprecher, -** (2)

lounge **der Aufenthaltsraum, ¨e** (10)

to love **lieben, geliebt** (3); to be in love **verliebt sein** (4, 12); to fall in love (with) **sich verlieben (in** + *acc.*)**, verliebt** (9, 12); love (*beloved female friend*) **die Geliebte, -n** (3)

lovesickness **der Liebeskummer** (11)

to lower **senken, gesenkt** (12)

loyal **treu** (9)

lozenge **das Bonbon, -s** (11)

luck **das Glück** (3); Good luck! Lots of luck! **Viel Glück!** (3)

lunch **das Mittagessen, -** (3); for lunch **zum Mittagessen** (3)

lung **die Lunge, -n** (11)

machine: automatic teller machine (ATM) **der Geldautomat, -en** (*wk.*) (12); coffee machine **die Kaffeemaschine, -n** (5); washing machine **die Waschmaschine, -n** (6)

magical **magisch** (12)

mail: e-mail **die Mail, -s** (1)

majority **die Mehrheit, -en** (12)

makeup: to put makeup on **sich schminken, geschminkt** (11)

mall: pedestrian mall **die Fußgängerzone, -n** (10)

man **der Mann, ¨er** (A, B); Man! (*coll.*) **Mensch!** (2)

manager **der Geschäftsführer, - / die Geschäftsführerin, -nen** (8)

mansion **die Villa, Villen** (6)

many **viele** (A); how many . . . ? **wie viele . . . ?** (A); many thanks **vielen Dank** (10)

map **die Landkarte, -n** (7)

March **der März** (B)

market **der Markt, ¨e** (10); flea market **der Flohmarkt, ¨e** (2); marketplace, market square **der Marktplatz, ¨e** (6); stock market crash **der Börsenkrach, ¨e** (12)

marmalade **die Marmelade, -n** (8)

marriage **die Ehe, -n** (12)

married **verheiratet** (1)

to marry **heiraten, geheiratet** (3, 5)

to match **passen** (+ *dat.*), **gepasst** (2)

match **das Streichholz, ¨er** (8)

material **das Material, -ien** (12)

mathematics **die Mathematik** (1)

matter: It doesn't matter to me. **Das ist mir egal.** (6); That doesn't matter. **Das macht nichts.** (1); to be the matter with (*a person*) **fehlen** (+ *dat.*), **gefehlt** (11)

mattress: air mattress **die Luftmatratze, -n** (10)

May **der Mai** (B)

may (*v.*) **dürfen (darf), durfte, gedurft** (3); **können (kann), konnte, gekonnt** (3); May I help you? **Bitte schön?** (7)

meadow **die Wiese, -n** (7)

meal **die Mahlzeit, -en** (8); evening meal **das Abendessen, -** (1); midday meal **das Mittagessen, -** (3)

mean **gemein** (8); **böse** (9)

meaning **die Bedeutung, -en** (6)

means: by all means **auf jeden Fall** (4); means of payment **das Zahlungsmittel, -** (12); means of transportation **das Transportmittel, -** (7)

meat **das Fleisch** (8)

mechanical engineering **der Maschinenbau** (1)

medical **medizinisch** (11)

medicine **das Medikament, -e** (11); medicine for **ein Medikament gegen** (+ *acc.*) (11)

Mediterranean Sea **das Mittelmeer** (B)

to meet **treffen (trifft), traf, getroffen** (2); **begegnen** (+ *dat.*), **begegnet** (6); Let's meet . . . **Treffen wir uns ...** (2)

memory **die Erinnerung, -en** (4)

menu **die Speisekarte, -n** (8)

meter: square meter (m²) **der Quadratmeter (qm), -** (6)

Mexican (*adj.*) **mexikanisch** (8); Mexican (*person*) **der Mexikaner, - / die Mexikanerin, -nen** (B)

midday **der Mittag, -e** (3); midday meal **das Mittagessen, -** (3)

mileage **der Kilometerstand** (7)

milk **die Milch** (8)

million **die Million, -en** (12)

mind **der Geist** (8)

mineral water **das Mineralwasser** (8)

minister (*government*) **der Minister, - / die Ministerin, -nen** (12)

minority **die Minderheit, -en** (12)

miracle **das Wunder, -** (4)

mirror **der Spiegel, -** (6)

to miss **verpassen, verpasst** (9); **verfehlen, verfehlt** (10); to be missing **fehlen** (+ *dat.*), **gefehlt** (6)

mixed **gemischt** (8)

mixer **die Küchenmaschine, -n** (8)

modern **modern** (6)

moment **der Moment, -e** (1); at the moment **im Moment** (1)

Monday **der Montag** (1); last Monday **letzten Montag** (4)

money **das Geld** (2)

monitor: flat-screen monitor **der Flachbildschirm, -e** (2)

month **der Monat, -e** (B)

to mop **wischen, gewischt** (6)

moral **die Lehre, -n** (8)

more **mehr** (7)

morning: good morning **guten Morgen** (A); in the morning **früh** (4); late morning **der Vormittag, -e** (4); until four in the morning **bis um vier Uhr früh** (4)

mosquito **die Mücke, -n** (10)

most **meist** (3); mostly **meist** (3); **meistens** (8)

mother **die Mutter, ⸚** (B)

motif **das Motiv, -e** (12)

motorcycle **das Motorrad, ⸚er** (1, 7); to ride a motorcycle **Motorrad fahren** (1)

mountain **der Berg, -e** (1); to go to the mountains **in die Berge gehen** (1); to hike in the mountains **in den Bergen wandern** (1); mountain range **das Gebirge, -** (7)

mountaintop **der Gipfel, -** (7)

mouse **die Maus, ⸚e** (10)

mouth **der Mund, ⸚er** (B)

to move **ziehen (zieht), zog, ist gezogen** (2)

movie: to go to the movies **ins Kino gehen** (1); movie theater **das Kino, -s** (1)

to mow **mähen, gemäht** (5)

mower: lawn mower **der Rasenmäher, -** (6)

MP3 player **der MP3-Spieler, -** (2, 5)

Mr. **der Herr, -en** (*wk.*) (A)

Mrs.; Ms. **die Frau, -en** (A)

much **viel** (A)

mug **der Becher, -** (9)

muscle: sore muscles **der Muskelkater, -** (11)

museum **das Museum, Museen** (1); to go to the museum **ins Museum gehen** (1)

mushroom **der Pilz, -e** (8)

music **die Musik** (1)

mussel **die Muschel, -n** (8)

must **müssen (muss), musste, gemusst** (3)

mustache **der Schnurrbart, ⸚e** (A)

mustard **der Senf** (8)

my **mein(e)** (A, 2)

nail **der Nagel, ⸚** (8)

name **der Name, -n** (*wk.*) (A, 1); family name **der Familienname, -n** (*wk.*) (A, 1); favorite name **der Lieblingsname, -n** (*wk.*) (A); first/given name **der Vorname, -n** (*wk.*) (A, 1); What's your name? **Wie heißen Sie?** (*for.*) / **Wie heißt du?** (*infor.*) (A)

named: to be named **heißen (heißt), hieß, geheißen** (A)

napkin **die Serviette, -n** (8)

narrow **eng** (12); narrow street **die Gasse, -n** (10)

national(ly) **national** (12); national park **der Nationalpark, -s** (2)

naturally **natürlich** (2)

nature **die Natur** (9)

near **bei** (+ *dat.*) (10)

nearby **nah** (7)

neat (*coll.*) **grell** (2); **toll** (2)

neck **der Hals, ⸚e** (9)

necklace **die Halskette, -n** (2)

to need **brauchen, gebraucht** (1)

neighbor **der Nachbar, -n** (*wk.*) / **die Nachbarin, -nen** (4)

neighborhood **der Stadtteil, -e** (6); **das Stadtviertel, -** (6)

nephew **der Neffe, -n** (*wk.*) (B)

nervous **nervös** (1)

nest **das Nest, -er** (10)

the Netherlands **die Niederlande** (*pl.*) (B)

never **nie** (2)

new **neu** (A); something new **etwas Neues** (4)

news **die Nachrichten** (*pl.*) (7)

newspaper **die Zeitung, -en** (2); daily newspaper **die Tageszeitung, -en** (5); to deliver newspapers **Zeitungen aus·tragen** (5); to read the newspaper **Zeitung lesen** (1)

New Zealand **(das) Neuseeland** (B)

next: (from) next door **(von) nebenan** (5); next to **neben** (+ *dat./acc.*) (9); **the next time** das nächste Mal (3)

nice **nett** (3); (*weather*) **schön** (B)

niece **die Nichte, -n** (B)

night **die Nacht, ⸚e** (3); all night long **die ganze Nacht** (3); last night **gestern Abend** (4); nights, at night **nachts** (4)

nightshirt **das Nachthemd, -en** (2)

nightstand **der Nachttisch, -e** (6)

nine **neun** (A)

nineteen **neunzehn** (A)

ninety **neunzig** (A)

ninth **neunt-** (4)

no **nein** (A); **kein(e)** (2); no one **niemand** (2); no wonder **kein Wunder** (4)

nobody **niemand** (2)

noise **das Geräusch, -e** (9)

none **kein(e)** (2)

nonetheless **trotzdem** (12)

noodle **die Nudel, -n** (8)

noon **der Mittag, -e** (3); at noon **mittags** (2)

normal **normal** (5); normally **normalerweise** (8)

north (of) **nördlich (von** + *dat.*) (7)

North America **(das) Nordamerika** (B)

North Sea **die Nordsee** (B)

Norway **(das) Norwegen** (B)

nose **die Nase, -n** (B, 11)

not **nicht** (A); not a bit **gar nicht** (3); not at all **kein bisschen** (3); not until (four o'clock) **erst (um vier Uhr)** (4)

note (*of currency*) **der Schein, -e** (8); **der Geldschein, -e** (12)

notebook **das Heft, -e** (B)

nothing **nichts** (9)

notice: not to notice **verfehlen, verfehlt** (10)

noticeable: to be noticeable **auf·fallen (fällt ... auf), fiel ... auf, ist aufgefallen** (12)

novel **der Roman, -e** (5)

November **der November** (B)

now **jetzt** (3)

number **die Zahl, -en** (A); **die Nummer, -n** (1); house number **die Hausnummer, -n** (1); secret PIN (personal identification number) **die Geheimzahl, -en** (12); telephone number **die Telefonnummer, -n** (1)

nurse **der Krankenpfleger, - / die Krankenpflegerin, -nen** (5); to nurse **pflegen, gepflegt** (5)

nut **die Nuss, ⁻e** (8)

obligation **die Pflicht, -en** (3)

to occupy **besetzen, besetzt** (12)

o'clock: at six o'clock **um sechs (Uhr)** (1); until four o'clock **bis um vier Uhr** (4)

October **der Oktober** (B)

Octoberfest (annual beer festival in Munich) **das Oktoberfest, -e** (7)

of **von** (+ dat.) (A, 10); **aus** (+ dat.) (10); Of course! **Klar!** (2); **selbstverständlich** (10); of silk **aus Seide** (2)

office **das Büro, -s** (5); at the office **im Büro** (5); at the post office **auf der Post** (5); doctor's office **die Arztpraxis, Arztpraxen** (11); office hour **die Sprechstunde, -n** (3); post office **die Post** (5)

officer: police officer **der Polizist, -en** (wk.) / **die Polizistin, -nen** (5)

often **oft** (A)

Oh boy! (coll.) **Mensch!** (2)

oil **das Öl** (5, 8); to check the oil **das Öl kontrollieren, kontrolliert** (5); oil color (paint) **die Ölfarbe, -n** (12)

old **alt** (A)

olive **die Olive, -n** (8)

omelet **das Omelett, -s** (8)

on **an** (+ dat./acc.) (2, 4); Come on over! **Komm mal vorbei!** (11); on account of **wegen** (+ gen.) (6); on foot **zu Fuß** (3); on Saturday **am Samstag** (2); on the contrary **sondern** (11); on the contrary! **doch!** (4); on the first of October **am ersten Oktober** (4); on the phone **am Telefon** (2); on the road **unterwegs** (9); on the second floor **im ersten Stock** (6); on time **pünktlich** (4); on what day? **an welchem Tag?** (4)

once **einmal** (4); once again **schon wieder** (3)

one **eins** (A); one another **einander** (3); one-way (trip) **einfach** (10); one-way street **die Einbahnstraße, -n** (7)

oneself **selbst** (2)

onion **die Zwiebel, -n** (8)

only **nur** (3)

to open **öffnen, geöffnet** (A); **auf·machen, aufgemacht** (3); **eröffnen, eröffnet** (9); to open a bank account **ein Konto eröffnen** (5)

open: out in the open (country) **in freier Natur** (10); open-face sandwich **das belegte Brot, die belegten Brote** (8)

opener: bottle opener **der Flaschenöffner, -** (8); can opener **der Dosenöffner, -** (8)

operation **der Betrieb, -e** (7)

opposite **gegenüber** (+ dat.) (6)

or (coord. conj.) **oder** (A, 11)

oral: to give an oral report **ein Referat halten** (4)

orange (adj.) **orange** (A)

orange (n.) **die Apfelsine, -n** (8); orange juice **der Orangensaft** (8)

orchestra conductor **der Dirigent, -en** (wk.) / **die Dirigentin, -nen** (5)

order **die Reihenfolge, -n** (2); in order to **um ... zu** (12); to order (food) **bestellen, bestellt** (8)

organ **die Orgel, -n** (12)

organization **die Organisation, -en** (12)

origin **die Herkunft, ⁻e** (B)

other: each other **einander** (3); with each other **miteinander** (1, 3)

otherwise **sonst** (2, 5)

our **unser(e)** (2)

ourselves **uns** (1)

out (of) **aus** (+ dat.) (10); out in the open (country) **in freier Natur** (10); out this way **heraus** (10); to turn out **aus·gehen (geht ... aus), ging ... aus, ist ausgegangen** (7)

outside **draußen** (11)

oven **der Backofen, ⁻** (5)

over (prep.) **über** (+ dat./acc.) (4); (adv.) **vorbei** (9); Come on over! **Komm mal vorbei!** (11); over that way **hinüber** (10); over the weekend **am Wochenende** (1), **übers Wochenende** (4); to run over **überfahren (überfährt), überfuhr, überfahren** (11)

overcoat **der Mantel, ⁻** (A)

overnight: to stay overnight **übernachten, übernachtet** (6)

own **eigen** (3, 6)

to pack **packen, gepackt** (10); to pack up **ein·packen, eingepackt** (1)

package **das Paket, -e** (8)

page **die Seite, -n** (6)

pain **der Schmerz, -en** (11)

to paint **malen, gemalt** (12)

paintbrush **der Pinsel, -** (12)

pan **der Topf, ⁻e** (5); **die Pfanne, -n** (5)

pants **die Hose, -n** (A); sports pants **die Sporthose, -n** (2)

paper **das Papier, -e** (B); to give a paper / oral report **ein Referat halten** (4); paper towel **das Papiertuch, ⁻er** (5)

parasol: beach parasol **der Sonnenschirm, -e** (10)

parents **die Eltern** (pl.) (B); with your parents, at your parents' **bei deinen Eltern** (6)

to park **parken, geparkt** (7)

park **der Park, -s** (1); to go for a walk in the park **im Park spazieren gehen** (1); national park **der Nationalpark, -s** (2)

parlor: ice cream parlor **das Eiscafé, -s** (8)

parrot **der Papagei, -en** (10)

part **der Teil, -e** (7)

particularly **besonders** (3)

particulars **die Angaben** (pl.) (1)

partner: work with a partner **arbeiten Sie mit einem Partner** (A)

party **die Party, -s** (1, 2); **die Feier, -n** (9); (political) **die Partei, -en** (12); to go to a party **auf eine Party gehen** (1)

to pass across **über·gehen (geht ... über), ging ... über, ist übergegangen** (8)

passport **der Reisepass, ⁻e** (1); **der Pass, ⁻e** (7)

password **das Passwort, ⁻er** (7)

past (adv.) **vorbei** (9); (prep.) at twenty past five **um zwanzig nach fünf** (1)

pasture **die Wiese, -n** (7)

patient (adj.) **geduldig** (12)

patient (n.) **der Patient, -en** (wk.) / **die Patientin, -nen** (5)

to pay **zahlen, gezahlt** (5); to pay (for) **bezahlen, bezahlt** (4); to pay attention **auf·passen, aufgepasst** (3); to pay attention to **achten auf** (+ acc.), **geachtet** (11); to pay off **ab·zahlen, abgezahlt** (12)

payment: means of payment **das Zahlungsmittel, -** (12)

pea **die Erbse, -n** (8)

peace **der Frieden, -** (12)

peach **der Pfirsich, -e** (8)

pear **die Birne, -n** (8)

pedestrian **der Fußgänger, -** (7); pedestrian mall **die Fußgängerzone, -n** (10)

pen **der Stift, -e** (A, B); ballpoint pen **der Kugelschreiber, -** (4)

pencil **der Bleistift, -e** (A, B)

peninsula **die Halbinsel, -n** (7)

people **die Leute** (pl.) (7); **das Volk, ⁻er** (12)

pepper (black) **der Pfeffer** (8)

per **pro** (2); per cent **das Prozent, -e** (4)

percussion **das Schlagzeug, -e** (12)

perfect **vollkommen** (12)

perfume **das Parfüm, -e** (5)

perhaps **vielleicht** (2)

to permit **erlauben, erlaubt** (7)

permit: residence permit **die Aufenthaltserlaubnis, -se** (12); work permit **die Arbeitserlaubnis, -se** (12)

permitted: to be permitted (to) **dürfen (darf), durfte, gedurft** (3)

person **die Person, -en** (1); **der Mensch, -en** (wk.) (2)

personal ID card **der Personalausweis, -e** (1); secret PIN (personal identification number) **die Geheimzahl, -en** (12)

pet **das Haustier, -e** (10)

pharmacist **der Apotheker, - / die Apothekerin, -nen** (11)

pharmacy **die Apotheke, -n** (6)

phone **das Telefon, -e** (1, 2); cellular phone **das Handy, -s** (2); on the phone **am Telefon** (2); phone number **die Telefonnummer, -n** (1); to talk on the phone **telefonieren, telefoniert** (4) photo **das Foto, -s** (1)

to photograph **fotografieren, fotografiert** (4)

physician **der Arzt, ⸚e / die Ärztin, -nen** (3, 5, 11)

physics **die Physik** (1)

piano **das Klavier, -e** (2)

to pick **pflücken, gepflückt** (9); to pick (s.o.) up (from a place) **ab·holen, abgeholt** (1)

pickles **saure Gurken** (8)

picnic **das Picknick, -s** (4)

picture **das Bild, -er** (2); to hang the picture on the wall **das Bild an die Wand hängen** (3); What do your pictures show? **Was zeigen Ihre Bilder?** (A)

piece **das Stück, -e** (8)

piercing **das Piercing, -s** (2)

pig **das Schwein, -e** (9); guinea pig **das Meerschweinchen, -** (10)

pilot **der Pilot, -en** (wk.) / **die Pilotin, -nen** (5)

PIN: secret PIN (personal identification number) **die Geheimzahl, -en** (12)

pink **rosa** (A)

piranha **der Piranha, -s** (10)

pizza **die Pizza, Pizzen** (2)

to place (in an upright position) **stellen, gestellt** (3, 5); (in a sitting position) **setzen, gesetzt** (7)

place **der Ort, -e** (1, 5); **der Platz, ⸚e** (3); **die Lage, -n** (10); marketplace **der Marktplatz, ⸚e** (6); to take place **statt·finden (findet ... statt), fand ... statt, stattgefunden** (5)

to plan **planen, geplant** (9); to plan (to) **wollen (will), wollte, gewollt** (3)

plan **der Plan, ⸚e** (3)

plant **die Pflanze, -n** (3, 6)

plate **der Teller, -** (8); license plate **das Nummernschild, -er** (7)

to play **spielen, gespielt** (1)

player: CD player **der CD-Spieler, -** (2); DVD player **der DVD-Spieler, -** (2, 3); MP3 player **der MP3-Spieler, -** (2, 5); record player **der Schallplattenspieler, -** (2)

playground **der Spielplatz, ⸚e** (9)

pleasant **angenehm** (6)

to please **gefallen** (+ dat.) **(gefällt), gefiel, gefallen** (6)

please **bitte** (A); Sign here, please. **Unterschreib bitte hier** (A); Yes please? **Bitte schön?** (7)

pleasure **das Vergnügen** (2); **die Freude, -n** (9); with pleasure **gern** (1)

pliers **die Zange, -n** (8)

plum **die Pflaume, -n** (8)

pocket **die Tasche, -n** (1)

poem **das Gedicht, -e** (3)

point **der Punkt, -e** (A)

to poison **vergiften, vergiftet** (9)

poisonous **giftig** (9)

Poland **(das) Polen** (B)

police: police officer **der Polizist, -en** (wk.) / **die Polizistin, -nen** (5); police station **die Polizei** (5); at the police station **auf der Polizei** (5)

political(ly) **politisch** (12)

politics **die Politik** (12)

pool: swimming pool **das Schwimmbad, ⸚er** (1, 5); at the swimming pool **im Schwimmbad** (5); to go to the swimming pool **ins Schwimmbad fahren** (1)

poor **arm** (9)

popular **beliebt** (3)

population **die Bevölkerung, -en** (12)

pork **das Schweinefleisch** (8); ground pork (or beef) **das Hackfleisch** (8)

port **der Hafen, ⸚** (10)

Portugal **(das) Portugal** (B)

Portuguese (language) **(das) Portugiesisch** (B)

position **die Lage, -n** (10); to be in a seated position **sitzen (sitzt), saß, gesessen** (2)

possessions **der Besitz** (2)

possibility **die Möglichkeit, -en** (5)

possible: as . . . as possible **möglichst** (+ adv.) (6); everything possible **alles Mögliche** (2)

post office **die Post** (5); at the post office **auf der Post** (5)

postcard **die Postkarte, -n** (2)

poster **das Poster, -** (6)

pot **der Topf, ⸚e** (5)

potato **die Kartoffel, -n** (8); boiled potatoes **die Salzkartoffeln** (pl.) (8)

potholder **der Topflappen, -** (5)

potter's wheel **die Töpferscheibe, -n** (12)

to pour **gießen (gießt), goss, gegossen** (8)

power **der Strom** (8)

practical (career) training **praktische Ausbildung** (5)

practical(ly) **praktisch** (5)

to practice **aus·üben, ausgeübt** (12)

preparation **die Zubereitung, -en** (8)

to prepare **vor·bereiten, vorbereitet** (4); (food) **zu·bereiten, zubereitet** (8)

prescription **das Rezept, -e** (11)

to present **vor·stellen, vorgestellt** (6)

present **das Geschenk, -e** (2); Christmas present **das Weihnachtsgeschenk, -e** (5)

president **der Präsident, -en** (wk.) / **die Präsidentin, -nen** (5)

prestige **das Prestige** (5)

pretty **hübsch** (A, 2); **schön** (B); pretty big **ziemlich groß** (2)

price **der Preis, -e** (7, 12)

priest **der Priester, -** / **die Priesterin, -nen** (5)

prince **der Prinz, -en** (wk.) (9)

princess **die Prinzessin, -nen** (9)

principal **der Direktor, -en** / **die Direktorin, -nen** (9)

prison **das Gefängnis, -se** (6)

prize **der Preis, -e** (4)

probably **wahrscheinlich** (1); **wohl** (12)

profession **der Beruf, -e** (1, 5); What's your profession? **Was sind Sie von Beruf?** (1)

professor **der Professor, -en** / **die Professorin, -nen** (A, B)

prohibited **verboten** (9)

projector: data projector **der Beamer, -** (B)

to promise **versprechen (verspricht), versprach, versprochen** (7)

psychiatrist **der Psychiater, -** / **die Psychiaterin, -nen** (11)

pub: student pub **die Studentenkneipe, -n** (1)

public (adj.) **öffentlich** (7)

public (n.) **die Öffentlichkeit, -en** (12)

to pull **ziehen (zieht), zog, gezogen** (8)

pullover **der Pullover, -** (der Pulli, -s) (2)

punctual **pünktlich** (4)

pupil **der Schüler, -** / **die Schülerin, -nen** (1)

purple **lila** (A)

purse **die Tasche, -n** (1)

to put (in a sitting position) **setzen, gesetzt** (7); (in an upright position) **stellen, gestellt** (3, 5); to put (into) **geben (in + acc.) (gibt), gab, gegeben** (8); to put away **weg·stellen, weggestellt** (5); to put lotion on **sich ein·cremen, eingecremt** (11); to put makeup on **sich schminken, geschminkt** (11); to put on (clothes) **an·ziehen (zieht ... an), zog ... an, angezogen** (3)

puzzle **das Rätsel, -** (9); to solve a puzzle **ein Rätsel lösen** (9)

to quarrel **streiten (streitet), stritt, gestritten** (9)

quarter: at a quarter to four **um Viertel vor vier** (1)

queen **die Königin, -nen** (9)

question **die Frage, -n** (A); to ask a question **eine Frage stellen** (5)

quick **schnell** (7)

quiet(ly) **ruhig** (B); **leise** (9)

quite **ganz** (2); quite a bit **ganz schön viel** (3)

rabies **die Tollwut** (10)

radio **das Radio, -s** (2); car radio **das Autoradio, -s** (7)

rag (for cleaning) **der Putzlappen, -** (6)

railroad **die Bahn, -en** (7)

rain **der Regen** (7); to rain **regnen, geregnet** (B)

rainy: in rainy weather **bei Regen** (7)

range: mountain range **das Gebirge, -** (7)

rare(ly) **selten** (8)

rat **die Ratte, -n** (10)

rather **ziemlich** (2); **lieber** (2); **eher** (12); but (rather / on the contrary) **sondern** (A); I'd rather go . . . **Ich gehe lieber ...** (2)

to reach **erreichen, erreicht** (5, 12)

to read **lesen (liest), las, gelesen** (A, 1); to read aloud **vor·lesen (liest ... vor), las ... vor, vorgelesen** (9); to read the newspaper **Zeitung lesen** (1) ready **fertig** (3)

real(ly) **echt** (2); really **wirklich** (B)

receipt **die Quittung, -en** (8)

to receive **bekommen (bekommt), bekam, bekommen** (3); **erhalten (erhält), erhielt, erhalten** (5, 12)

recently **neulich** (9)

reception (desk) **die Rezeption, -en** (10)

recess **die Pause, -n** (1)

record player **der Schallplattenspieler, -** (2)

recorder (*type of flute*) **die Blockflöte, -n** (12)

recreation room **der Aufenthaltsraum, ̈e** (10)

to recuperate **sich erholen, erholt** (11)

red **rot** (A)

refrigerator **der Kühlschrank, ̈e** (5)

regularly **regelmäßig** (11)

to reign **herrschen, geherrscht** (8)

relatives **die Verwandten** (*pl.*) (2)

to relax (*coll.*) **chillen, gechillt** (1)

religion **die Religion** (1)

religious **religiös** (B)

to remain **bleiben (bleibt), blieb, ist geblieben** (3)

to remember **sich erinnern (an** + *acc.*)**, erinnert** (9)

remembrance **die Erinnerung, -en** (4)

to remove **ab·nehmen (nimmt ... ab), nahm ... ab, abgenommen** (11)

rent **die Miete, -n** (6); to rent **mieten, gemietet** (6); to rent out **vermieten, vermietet** (6)

renter **der Mieter, - / die Mieterin, -nen** (6)

to repair **reparieren, repariert** (1)

repair shop **die Werkstatt, ̈en** (5)

to repeat **wiederholen, wiederholt** (6)

report **das Referat, -e** (3); to give a paper / oral report **ein Referat halten** (4)

reporter **der Reporter, - / die Reporterin, -nen** (4)

representative **der/die Abgeordnete, -n (ein Abgeordneter)** (12)

requirement **die Pflicht, -en** (3)

to rescue **erlösen, erlöst** (9)

to reserve **reservieren, reserviert** (7)

residence **der Wohnort, -e** (1); residence permit **die Aufenthaltserlaubnis, -se** (12)

to rest **sich aus·ruhen, ausgeruht** (11)

restaurant **das Restaurant, -s** (2); **die Gaststätte, -n** (5); at the restaurant **in der Gaststätte** (5)

reunion: class reunion **das Klassentreffen, -** (9)

rice **der Reis** (8)

riddle **das Rätsel, -** (9); to solve a riddle **ein Rätsel lösen** (9)

to ride **fahren (fährt), fuhr, ist/hat gefahren** (2); (*on horseback*) **reiten (reitet), ritt, ist geritten** (1); to ride a bicycle **Rad fahren (fährt ... Rad), fuhr ... Rad, ist Rad gefahren** (7); to ride a motorcycle **Motorrad fahren** (1); to ride off **los·fahren (fährt ... los), fuhr ... los, ist losgefahren** (9)

right (*adj.*) **richtig** (2); (*adv.*) **rechts** (10); to be right (*of a person*) **recht haben (hat ... recht), hatte ... recht, recht gehabt** (2); to be right, correct **stimmen, gestimmt** (8); right (away) **gleich** (6); right across the way **gleich gegenüber** (6); right around the corner **gleich um die Ecke** (6); that's right **das stimmt so** (8); to the right **rechts** (7)

to ring **klingeln, geklingelt** (2)

ring **der Ring, -e** (2)

to rinse **spülen, gespült** (4)

river **der Fluss, ̈e** (7)

road **die Straße, -n** (6); on the road **unterwegs** (9)

roast **der Braten, -** (8)

roasted **gebraten** (8)

rocket **die Rakete, -n** (7)

role **die Rolle, -n** (4)

roll **das Brötchen, -** (8)

Romania **(das) Rumänien** (B)

roof **das Dach, ̈er** (6)

room **das Zimmer, -** (1, 2); dining room **das Esszimmer, -** (6); double room **das Doppelzimmer, -** (5, 10); living room **das Wohnzimmer, -** (6); recreation room **der Aufenthaltsraum, ̈e** (10); single room **das Einzelzimmer, -** (10); TV room **das Fernsehzimmer, -** (10)

roommate **der Mitbewohner, - / die Mitbewohnerin, -nen** (2)

roundabout: traffic roundabout **der Kreisverkehr** (10)

round-trip **hin und zurück** (5, 10); **die Hin- und Rückfahrt** (7)

routine: daily routine **der Tagesablauf, ̈e** (1); **der Alltag** (4)

row: in a row **hintereinander** (3); row house **das Reihenhaus, ̈er** (6)

rump steak **das Rumpsteak, -s** (8)

to run **laufen (läuft), lief, ist gelaufen** (A, 2); **rennen, ist gerannt** (7); to run in the woods **im Wald laufen** (2); to run over **überfahren (überfährt), überfuhr, überfahren** (11)

rushed **eilig** (8)

Russia **(das) Russland** (B)

Russian (*adj.*) **russisch** (8); (*language*) **(das) Russisch** (B)

sad **traurig** (B)

to sail **segeln, gesegelt** (1)

salad **der Salat, -e** (8); salad (mixing) bowl **die Salatschüssel, -n** (5); salad dressing **die Soße, -n** (8)

salesperson **der Verkäufer, - / die Verkäuferin, -nen** (5)

salon: tanning salon **das Solarium, Solarien** (11)

salt **das Salz** (8)

salted **gesalzen** (8)

salty **salzig** (7)

same **egal** (6); **gleich** (12)

sand **der Sand** (7)

sandal **die Sandale, -n** (2)

sandcastle **die Sandburg, -en** (4)

sandwich: open-face sandwich **das belegte Brot, die belegten Brote** (8)

Saturday **der Samstag** (1)

Saturday: on Saturday **am Samstag** (2)

sauce **die Soße, -n** (8)

sauna **die Sauna, -s** (11)

sausage **die Wurst, ̈e** (8)

to save **sparen, gespart** (5)

savings account **das Sparkonto, Sparkonten** (12)

to say **sagen, gesagt** (A, 5); to say hello to **grüßen, gegrüßt** (10)

scale: kitchen scale **die Küchenwaage, -n** (5)

scarf **der Schal, -s** (2)

schedule **der Stundenplan, ̈e** (1)

scholarship **das Stipendium, Stipendien** (1)

school **die Schule, -n** (1, 3, 5); at school **in der Schule** (5); elementary school **die Grundschule, -n** (9); high school, college preparatory school **das Gymnasium, Gymnasien** (6); high school graduation exam **das Abitur** (4); school principal **der Direktor, -en / die Direktorin, -nen** (9)

schooling **die Schulbildung** (5)

science **die Wissenschaft, -en** (9); computer science **die Informatik** (1)

scientist **der Wissenschaftler, - / die Wissenschaftlerin, -nen** (12)

scissors **die Schere, -n** (8)

to scold **schimpfen, geschimpft** (9)

scorpion **der Skorpion, -e** (10)

to scream **schreien (schreit), schrie, geschrien** (3)

screen: flat-screen (monitor) **der Flachbildschirm, -e** (2)

sculptor **der Bildhauer, - / die Bildhauerin, -nen** (12)

sea **das Meer, -e** (1, 7); to swim in the sea **im Meer schwimmen** (1); to the sea **ans Meer** (2)

seagull **die Möwe, -n** (10)

to season **würzen, gewürzt** (8)

season **die Jahreszeit, -en** (B)

seasoning **das Gewürz, -e** (8)

seat **der Sitz, -e** (7); Is this seat available? **Ist hier noch frei?** (8); seat belt **der Sicherheitsgurt, -e** (7)

seated: to be in a seated position **sitzen (sitzt), saß, gesessen** (2)

second (*adj.*) **zweit-** (4); on the second floor **im ersten Stock** (6)

second (*n.*) **die Sekunde, -n** (1)

secret (*adj.*) **heimlich** (9); secret PIN (personal identification number) **die Geheimzahl, -en** (12)

secret (*n.*) **das Geheimnis, -se** (5)

secretary **der Sekretär, -e / die Sekretärin, -nen** (5)

sector **die Branche, -n** (12); **der Bereich, -e** (12)

to see **sehen (sieht), sah, gesehen** (2); haven't seen (you / each other) for a long time **lange nicht gesehen** (1); see you soon **bis bald** (A)

seldom **selten** (8)

to sell **verkaufen, verkauft** (2, 5)

semester **das Semester, -** (1)

to send **schicken, geschickt** (2)

sentence **der Satz, ̈-e** (3)

to separate **trennen, getrennt** (7)

separately, separate checks **getrennt** (5)

September **der September** (B)

sequence **die Reihenfolge, -n** (2, 4)

service **die Bedienung** (8)

to set **decken, gedeckt** (5); **setzen, gesetzt** (7); to set the table **den Tisch decken** (5)

seven **sieben** (A)

seventeen **siebzehn** (A)

seventh **siebt-** (4)

seventy **siebzig** (A)

several: for several days **seit mehreren Tagen** (11); several times **mehrmals** (5)

severe **stark** (11)

shade, shadow **der Schatten, -** (9)

to shake hands **die Hand schütteln, geschüttelt** (A)

share **die Aktie, -n** (12)

shared housing **die WG, -s (die Wohngemeinschaft, -en)** (6)

shark **der Hai, -e** (10)

to shave **sich rasieren, rasiert** (11)

shirt **das Hemd, -en** (A); T-shirt **das T-Shirt, -s** (2)

shock **der Schock, -s** (11)

shoe **der Schuh, -e** (A); athletic shoe **der Sportschuh, -e** (A); hiking shoe **der Wanderschuh, -e** (2); shoe store **das Schuhgeschäft, -e** (6)

to shop (for) **ein·kaufen, eingekauft** (1)

shop: butcher shop **die Metzgerei, -en** (6); copy shop **der Kopierladen, ̈-** (10); repair shop **die Werkstatt, ̈-en** (5)

shopping: to go shopping **ein·kaufen gehen (geht ... einkaufen), ging ... einkaufen, ist einkaufen gegangen** (1, 5)

shore **der Strand, ̈-e** (7)

short **kurz** (B); **klein** (B); with the short hair **mit dem kurzen Haar** (A)

shot **die Spritze, -n** (11)

shoulder **die Schulter, -n** (B)

to shout **rufen (ruft), rief, gerufen** (7)

to show: What do your pictures show? **Was zeigen Ihre Bilder?** (A)

shower **die Dusche, -n** (5); to shower **(sich) duschen, geduscht** (1, 11)

shrill **grell** (2)

shrimp **die Krabbe, -n** (8)

to shut **schließen (schließt), schloss, geschlossen** (A); tied shut **zugebunden** (8)

shy **schüchtern** (B)

siblings **die Geschwister** (*pl.*) (B)

sick **krank** (3)

sickness **die Krankheit, -en** (11)

side **die Seite, -n** (6)

to sightsee **besichtigen, besichtigt** (7)

to sign **unterschreiben (unterschreibt), unterschrieb, unterschrieben** (1); Sign here, please. **Unterschreib bitte hier.** (A)

sign **das Schild, -er** (7); traffic sign **das Verkehrsschild, -er** (7)

signature **die Unterschrift, -en** (1)

silk **die Seide, -n** (2); of/from silk **aus Seide** (2)

silverware **das Besteck** (5)

simple, simply **einfach** (2)

since **seit** (+ *dat.*) (4, 11)

to sing **singen (singt), sang, gesungen** (1); We like to sing. **Wir singen gern.** (1)

single-family home **das Einfamilienhaus, ̈-er** (6); single room **das Einzelzimmer, -** (10)

sink **das Spülbecken, -** (5)

sister **die Schwester, -n** (B)

to sit **sitzen (sitzt), saß, gesessen** (2, 4); to sit down **sich setzen, gesetzt** (A, 11)

situation **die Lage, -n** (12); conversational situation **die Sprechsituation, -en** (A)

six **sechs** (A)

sixteen **sechzehn** (A)

sixth **sechst-** (4)

sixty **sechzig** (A)

skateboard **das Skateboard, -s** (3); to skateboard **Skateboard fahren (fährt ... Skateboard), fuhr ... Skateboard, ist Skateboard gefahren** (3)

ski **der Ski, -er** (3); to ski **Ski fahren (fährt ... Ski), fuhr ... Ski, ist Ski gefahren** (3); ski lodge **die Skihütte, -n** (6)

skills **die Kenntnisse** (*pl.*) (5)

skin **die Haut, ̈-e** (11)

skirt **der Rock, ̈-e** (A)

sleep **der Schlaf** (9); to sleep **schlafen (schläft), schlief, geschlafen** (2)

sleeping bag **der Schlafsack, ̈-e** (2)

slender **schlank** (B)

slice **das Stück, -e** (8)

to slide **rutschen, ist gerutscht** (9)

slim **schlank** (B)

to slip **rutschen, ist gerutscht** (9); **aus·rutschen, ist ausgerutscht** (11)

Slovakia **die Slowakei** (B)

Slovenia **(das) Slowenien** (B)

small **klein** (B); **eng** (12)

smartphone **das Smartphone, -s** (2)

to smell **riechen (riecht), roch, gerochen** (11)

to smoke **rauchen, geraucht** (3)

snake **die Schlange, -n** (10)

sniffles **der Schnupfen, -** (11)

snow **der Schnee** (9); to snow **schneien, geschneit** (B)

snowboard **das Snowboard, -s** (1)

so **so** (A); **also** (4)

so long **bis bald** (A)

so that (*subord. conj.*) **damit** (11)

soap **die Seife, -n** (11)

soccer (ball) **der Fußball, ̈-e** (A, 1)

social studies **die Sozialkunde** (1)

societal **gesellschaftlich** (12)

society **die Gesellschaft, -en** (12)

sociology **die Soziologie** (1)

sock **die Socke, -n** (2)

sofa **das Sofa, -s** (6)

sojourn **der Aufenthalt, -e** (5)

sold out **ausverkauft** (5)

solution **die Lösung, -en** (1)

to solve a puzzle/riddle **ein Rätsel lösen, gelöst** (9)

somebody, someone **jemand** (3)

something **etwas** (2, 4, 5); Do you have something for it (*illness*)? **Haben Sie etwas dagegen?** (11); something interesting/new **etwas Interessantes/Neues** (4)

sometimes **manchmal** (B)

son **der Sohn, ̈-e** (B)

songbook **das Songbuch, ̈-er** (2)

soon **bald** (9); see you soon **bis bald** (A); soon thereafter **bald darauf** (9)

sore muscles **der Muskelkater, -** (11); sore throat **die Halsschmerzen** (*pl.*) (11)

sorrow **die Trauer** (2)

sorry: to be sorry **leid·tun** (+ *dat.*) **(tut ... leid), tat ... leid, leidgetan** (5); I'm sorry. **Tut mir leid.** (4, 5)

soul **die Seele, -n** (12)

to sound (like) **klingen (wie) (klingt), klang, geklungen** (11); That sounds great. **Das hört sich toll an.** (4)

sound **das Geräusch, -e** (9)

soup **die Suppe, -n** (8)

sour **sauer** (8)

south (of) **südlich (von** + *dat.*) (7)

South America **(das) Südamerika** (B)

souvenir **das Souvenir, -s** (7)

Spain **(das) Spanien** (B)

Spanish (*language*) **(das) Spanisch** (B)

to speak **sprechen (spricht), sprach, gesprochen** (B)

specialized training **die Ausbildung** (5)

speech **die Rede, -n** (12)

to spell **schreiben (schreibt), schrieb, geschrieben** (A); How do you spell that? **Wie schreibt man das?** (A)

spell: to cast a spell on **verwünschen, verwünscht** (9)

to spend (*money*) **aus·geben (gibt ... aus), gab ... aus, ausgegeben** (12); (*time*) **verbringen (verbringt), verbrachte, verbracht** (3) spice **das Gewürz, -e** (8)

spirit **der Geist** (8)

spite: in spite of **trotz** (+ *gen.*) (12)

spoon **der Löffel, -** (8)

sports **der Sport** (1); to do sports **Sport treiben (treibt ... Sport), trieb ... Sport, Sport getrieben** (2); sports jacket **das Sakko, -s** (A); sports pants **die Sporthose, -n** (2)

spring **der Frühling, -e** (B); in the spring **im Frühling** (B); spring cleaning **der Frühjahrsputz** (6)

to sprinkle **bestreuen, bestreut** (8)

sprout: Brussels sprouts **der Rosenkohl** (8)

square: market square **der Marktplatz, ⸚e** (6); square meter (m²) **der Quadratmeter (qm), -** (6)

stairway **die Treppe, -n** (6)

stamp **die Briefmarke, -n** (5)

to stand **stehen (steht), stand, gestanden** (2, 6); to stand up **auf·stehen (steht ... auf), stand ... auf, ist aufgestanden** (A); to stand up for **ein·treten für** (+ *acc.*) **(tritt ... ein), trat ... ein, ist eingetreten** (12)

state **der Staat, -en** (10, 12); (*adj.*) **staatlich** (12)

station: gas station **die Tankstelle, -n** (5); at the gas station **an der Tankstelle** (5); police station **die Polizei** (5); at the police station **auf der Polizei** (5); train station **der Bahnhof, ⸚e** (4, 5); at the train station **auf dem Bahnhof** (5)

stationery store **das Schreibwarengeschäft, -e** (6)

to stay **bleiben (bleibt), blieb, ist geblieben** (3); to stay overnight **übernachten, übernachtet** (6)

stay **der Aufenthalt, -e** (5)

steak: rump steak **das Rumpsteak, -s** (8)

to steal **stehlen (stiehlt), stahl, gestohlen** (9)

steering wheel **das Lenkrad, ⸚er** (7)

stepfather **der Stiefvater, ⸚** (9)

stepmother **die Stiefmutter, ⸚** (9)

still **noch** (B)

to sting **stechen (sticht), stach, gestochen** (10)

stock **die Aktie, -n** (12); stock exchange **die Börse, -n** (12); stock market crash **der Börsenkrach, ⸚e** (12)

stomach **der Bauch, ⸚e** (B); **der Magen, ⸚** (11)

stomachache **die Magenschmerzen** (*pl.*) (11)

stone **der Stein, -e** (12)

to stop **an·halten (hält ... an), hielt ... an, angehalten** (7); **halten (hält), hielt, gehalten** (7); to stop (*doing s.th.*) **auf·hören (mit** + *dat.*)**, aufgehört** (1)

stop **die Haltestelle, -n** (10); bus stop **die Bushaltestelle, -n** (10)

store **das Geschäft, -e** (2); department store **das Kaufhaus, ⸚er** (5); at the department store **im Kaufhaus** (5); shoe store **das Schuhgeschäft, -e** (6); stationery store **das Schreibwarengeschäft, -e** (6)

story **der Stock, Stockwerke** (6)

stove **der Herd, -e** (5)

to stow **verstauen, verstaut** (7)

straight ahead **geradeaus** (10)

to straighten **gerade stellen, gerade gestellt** (3)

strange **komisch** (10)

strategy **die Strategie, -n** (12)

strawberry **die Erdbeere, -n** (8)

street **die Straße, -n** (6); narrow street **die Gasse, -n** (10); one-way street **die Einbahnstraße, -n** (7)

streetcar **die Straßenbahn, -en** (7)

strict **streng** (9)

string **die Schnur, ⸚e** (8)

stuck: to get stuck **stecken bleiben (bleibt ... stecken), blieb ... stecken, ist stecken geblieben** (11)

student **der Student, -en** (*wk.*) / **die Studentin, -nen** (A, B); fellow student **der Mitstudent, -en** (*wk.*) / **die Mitstudentin, -nen** (A); student cafeteria **die Mensa, Mensen** (2); student pub **die Studentenkneipe, -n** (1)

to study (*at a university/college*) **studieren, studiert** (1); to study (*for a test*) **lernen, gelernt** (1)

study: course of studies, university studies **das Studium, Studien** (3); field of study **die Wissenschaft, -en** (9); social studies **die Sozialkunde** (1)

stupid **dumm** (6)

stylish **schick** (2)

subject **das Thema, Themen** (4); academic subject **das Fach, ⸚er** (1); favorite subject **das Lieblingsfach, ⸚er** (5)

subway **die U-Bahn, -en** (7)

to suck **lutschen, gelutscht** (11)

suddenly **plötzlich** (9)

sugar **der Zucker** (8)

suggestion **der Vorschlag, ⸚e** (5)

to suit **stehen** (+ *dat.*) **(steht), stand, gestanden** (6)

suit **der Anzug, ⸚e** (A)

suitcase **der Koffer, -** (3)

summer **der Sommer, -** (B); last summer **letzten Sommer** (4)

sun: to lie in the sun **in der Sonne liegen** (1)

sunbathing: to go sunbathing **sonnenbaden gehen** (10)

sunburn **der Sonnenbrand, ⸚e** (10)

Sunday **der Sonntag** (1)

sunglasses **die Sonnenbrille, -n** (1, 2)

sunny **sonnig** (B)

sunshade **der Sonnenschirm, -e** (10)

suntan lotion **die Sonnenmilch** (10)

supermarket **der Supermarkt, ⸚e** (5, 6); at the supermarket **im Supermarkt** (5)

supper **das Abendessen, -** (1)

to support **unterstützen, unterstützt** (12)

supposed: to be supposed to **sollen (soll), sollte, gesollt** (3)

sure **sicher** (1)

to surf the Internet **im Internet surfen, gesurft** (1)

surface **die Fläche, -n** (7)

surfboard **das Surfbrett, -er** (2)

surname **der Familienname, -n** (*wk.*) (A, 1)

survey **die Umfrage, -n** (4)

to swear **fluchen, geflucht** (11)

Sweden **(das) Schweden** (B)

Swedish (*language*) **(das) Schwedisch** (B)

to sweep **fegen, gefegt** (5)

sweet **süß** (2); totally sweet **voll süß** (2)

to swim **schwimmen (schwimmt), schwamm, ist geschwommen** (7); to go swimming **schwimmen gehen (geht ... schwimmen), ging ... schwimmen, ist schwimmen gegangen** (1); to swim in the sea **im Meer schwimmen** (1)

swimming pool **das Schwimmbad, ⸚er** (1, 5); at the swimming pool **im Schwimmbad** (5); to go to the swimming pool **ins Schwimmbad fahren** (1); swimming pool attendant **der Bademeister, -** / **die Bademeisterin, -nen** (5)

swim(ming) trunks **die Badehose, -n** (5)

Swiss (*person*) **der Schweizer, -** / **die Schweizerin, -nen** (B); Swiss franc **der Schweizer Franken, -** (8)

to switch on **an·machen, angemacht** (3)

Switzerland **die Schweiz** (B)

syrup: cough syrup **der Hustensaft, ⸚e** (11)

system **das System, -e** (12)

table **der Tisch, -e** (B); bedside table **der Nachttisch, -e** (6); to clear the table **den Tisch ab·räumen** (3); kitchen table **der Küchentisch, -e** (5); to set the table **den Tisch decken** (5); table tennis **das Tischtennis** (3)

tablet **die Tablette, -n** (11)

to take **nehmen (nimmt), nahm, genommen** (A); to take (*a course*) **belegen, belegt** (4); to take along **mit·nehmen (nimmt ... mit), nahm ... mit, mitgenommen** (3); to take a shower **(sich) duschen, geduscht** (11); to take away **weg·bringen (bringt ... weg), brachte ... weg, weggebracht** (5); to take blood **Blut ab·nehmen (nimmt ... ab), nahm ... ab, abgenommen** (11); take care (*infor.*) **mach's gut** (A); to take care of **sich kümmern um** (+ *acc.*)**, gekümmert** (12); to take effect **wirken, gewirkt** (11); to take off (*clothes*) **aus·ziehen (zieht ... aus), zog ... aus, ausgezogen** (3); to take on **übernehmen (übernimmt), übernahm, übernommen** (7); to take out (*a loan*) **auf·nehmen (nimmt ... auf), nahm ... auf, aufgenommen** (12); to take place **statt·finden (findet ... statt), fand ... statt, stattgefunden** (5)

tale: fairy tale **das Märchen, -** (9)

talent **das Talent, -e** (3)

to talk on the phone **telefonieren, telefoniert** (4)

tall **groß** (B)

tame **zahm** (10)

tank: fuel tank **der Tank, -s** (7)

tanning salon **das Solarium, Solarien** (11)

to taste **probieren, probiert** (3); to taste good to **schmecken** (+ *dat.*), **geschmeckt** (6)

tavern **die Kneipe, -n** (1, 4)

taxi **das Taxi, -s** (3, 7); taxi driver **der Taxifahrer, - / die Taxifahrerin, -nen** (5)

tea **der Tee** (4); tea kettle **der Teekessel, -** (8)

to teach **unterrichten, unterrichtet** (5)

teacher **der Lehrer, - / die Lehrerin, -nen** (A, 1)

teaching **die Lehre, -n** (8)

team **die Mannschaft, -en** (9)

teapot **die Teekanne, -n** (8)

to tear **zerreißen (zerreißt), zerriss, zerrissen** (9)

to tease **ärgern, geärgert** (1, 3)

teddy bear **der Teddybär, -en** (*wk.*) (A)

to telephone **telefonieren, telefoniert** (4)

telephone **das Telefon, -e** (1, 2); telephone card **die Telefonkarte, -n** (2); telephone number **die Telefonnummer, -n** (1)

to tell **erzählen, erzählt** (3, 5); **sagen, gesagt** (5); to tell jokes **Witze erzählen** (3)

teller: automatic teller machine (ATM) **der Geldautomat, -en** (*wk.*) (12)

ten **zehn** (A)

tender **zart** (8)

tennis **das Tennis** (1); table tennis **das Tischtennis** (3)

tent **das Zelt, -e** (2)

tenth **zehnt-** (4)

terrace **die Terrasse, -n** (6)

terrible **furchtbar** (4)

terrorism **der Terrorismus** (12)

test **die Prüfung, -en** (1)

tetanus **der Tetanus** (11)

to text **simsen, gesimst** (1)

text **der Text, -e** (12); to write a text message **eine SMS schreiben** (1)

thank you **danke** (A)

thanks: many thanks **vielen Dank** (10)

that (*dem. pron.*) **dieser, dies(es), diese** (4); over that way **hinüber** (10); That doesn't matter. **Das macht nichts.** (1); That is . . . **Das ist . . .** (B); That's just it! **Das ist es ja!** (4); that's why **deshalb** (4); that way **hin** (10); up that way **hinauf** (10)

that (*subord. conj.*) **dass** (11); so that (*subord. conj.*) **damit** (11)

theater **das Theater, -** (6); movie theater **das Kino, -s** (1)

their **ihr(e)** (2)

theme **das Thema, Themen** (4); **das Motiv, -e** (12)

then **dann** (A); back then **damals** (9)

there **da** (2); **dort** (7); Is/Are there . . . ? **Gibt es . . . ?** (A, 6); there and back **hin und zurück** (10); There is/are . . . **Es gibt . . .** (6)

thereafter: soon thereafter **bald darauf** (9)

therefore **deshalb** (4)

these **diese** (2, 4); These are . . . **Das sind . . .** (B)

thing **das Ding, -e** (2); **die Sache, -n** (2)

to think (about) **nach·denken (über + acc.) (denkt . . . nach), dachte . . . nach, nachgedacht** (7); to think (of/about) **denken (an + acc.) (denkt), dachte, gedacht** (4); to think of **halten von (+ dat.) (hält), hielt, gehalten** (12)

third **dritt-** (4)

thirst **der Durst** (3)

thirsty: to be thirsty **Durst haben** (3)

thirteen **dreizehn** (A)

thirteenth **dreizehnt-** (4)

thirty **dreißig** (A)

this **dieser, dies(es), diese** (2, 4); in this way **herein** (10); out this way **heraus** (10); this evening **heute Abend** (2); This is . . . **Das ist . . .** (B); this way **her** (10)

thorn **der Dorn, -en** (9)

thorough **ausführlich** (5)

those **diese** (4); Those are . . . **Das sind . . .** (B)

three **drei** (A); three times **dreimal** (3)

throat **der Hals, -̈e** (9); sore throat **die Halsschmerzen** (*pl.*) (11)

through **durch** (+ *acc.*) (7)

to throw **werfen (wirft), warf, geworfen** (3)

Thursday **der Donnerstag** (1)

thus **also** (4)

ticket **die Karte, -n** (2); **die Fahrkarte, -n** (4); concert ticket **die Konzertkarte, -n** (5); ticket booth **die Kasse, -n** (5), **der Schalter, -** (5); at the ticket booth **an der Kasse** (5), **am Schalter** (5); ticket window **der Fahrkartenschalter, -** (7)

tie **die Krawatte, -n** (A)

tied shut **zugebunden** (8)

tight **eng** (12)

tights **die Sporthose, -n** (2)

time **die Zeit, -en** (4); **das Mal, -e** (3, 4); At what time . . . ? **Um wie viel Uhr . . . ?** (1); for the first time **zum ersten Mal** (4); haven't seen (you / each other) for a long time **lange nicht gesehen** (1); leisure time **die Freizeit** (1); on time **pünktlich** (4); several times **mehrmals** (5); the last time **das letzte Mal** (4); the next time **das nächste Mal** (3); three times **dreimal** (3); What time is it? **Wie spät ist es?** (1), **Wie viel Uhr ist es?** (1)

tip **das Trinkgeld, -er** (8)

tire **der Reifen, -** (7); flat tire **die Reifenpanne, -n** (7)

tired **müde** (3)

to **an** (+ *acc.*) (2); **zu** (+ *dat.*) (2, 10); **nach** (+ *dat.*) (3, 10); at a quarter to four **um Viertel vor vier** (1); to the doctor **zum Arzt** (3); to the right **rechts** (7); to the sea **ans Meer** (2); to the university **zur Uni** (2); up to **bis zu** (+ *dat.*) (10)

today **heute** (B); What day is today? **Welcher Tag ist heute?** (1); What is today's date? **Welches Datum ist heute?** (4)

together **miteinander** (1); **zusammen** (2); **gemeinsam** (6, 11)

toilet **die Toilette, -n** (6)

tolerant **tolerant** (7)

tomato **die Tomate, -n** (8)

tomorrow **morgen** (2); the day after tomorrow **übermorgen** (9)

tongs **die Zange, -n** (8)

tongue **die Zunge, -n** (11)

to burn one's tongue **sich die Zunge verbrennen** (11)

too **auch** (A); **zu** (2); too bad! **schade!** (6)

tool **das Werkzeug, -e** (8)

tooth **der Zahn, -̈e** (11)

to brush one's teeth **sich die Zähne putzen** (11)

toothache **die Zahnschmerzen** (*pl.*) (11)

topic **das Thema, Themen** (4)

total(ly) **total** (4); totally sweet **voll süß** (2)

tour: bicycle tour **die Radtour, -en** (9); tour of the city **die Stadtrundfahrt, -en** (7)

tourism **der Tourismus** (10)

towel: hand towel **das Handtuch, -̈er** (8); paper towel **das Papiertuch, -̈er** (5)

town **die Stadt, -̈e** (6); town hall **das Rathaus, -̈er** (1, 6); at the town hall **auf dem Rathaus** (1); town house **das Reihenhaus, -̈er** (6)

track: train track **die Schiene, -n** (10); (set of) train tracks **das Gleis, -e** (10)

tradition **die Tradition, -en** (4, 12)

traffic **der Verkehr** (7, 11); traffic roundabout **der Kreisverkehr** (10); traffic sign **das Verkehrsschild, -er** (7)

train **der Zug, -̈e** (7, 10); train car **der Waggon, -s** (7); train station **der Bahnhof, -̈e** (4, 5); at the train station **auf dem Bahnhof** (5); train track **die Schiene, -n** (10); (set of) train tracks **das Gleis, -e** (10); train trip **die Bahnfahrt, -en** (7)

training: practical (career) training **praktische Ausbildung** (5); specialized training **die Ausbildung** (5)

to transfer **über·gehen (geht . . . über), ging . . . über, ist übergegangen** (8)

transfer (*of money*) **die Überweisung, -en** (12)

to translate **übersetzen, übersetzt** (9)

to transport **transportieren, transportiert** (7)

transportation: means of transportation **das Transportmittel, -** (7)

transverse flute **die Querflöte, -n** (12)

trash **der Müll** (6)

to travel **reisen, ist gereist** (1); to travel first class **erster Klasse fahren** (10)

travel: travel agency **das Reisebüro, -s** (6); travel experience **das Reiseerlebnis, -se** (7); travel guidebook **der Reiseführer, -** (5)

traveler **der/die Reisende, -n (ein Reisender)** (10)

treasure **der Schatz, -̈e** (9)

tree **der Baum, -̈e** (9)

trick **die List, -en** (9)

trip **die Reise, -n** (7); **die Fahrt, -en** (7, 10); to be on a trip **auf Reisen sein** (7); to go on a trip **verreisen, ist verreist** (3); round-trip **die Hin- und Rückfahrt** (7); train trip **die Bahnfahrt, -en** (7)

trouble **der Ärger** (9)

trout **die Forelle, -n** (8)

truck **der Lastwagen, -** (7)

true **wahr** (3); **treu** (9)

trumpet **die Trompete, -n** (12)

trunk **der Kofferraum, ̈e** (7)

trunks: swim(ming) trunks **die Badehose, -n** (5)

to trust **trauen** (+ *dat.*), **getraut** (8)

to try **probieren, probiert** (3); **versuchen, versucht** (4)

T-shirt **das T-Shirt, -s** (2)

Tuesday **der Dienstag** (1)

Turkey **die Türkei** (B)

Turkish (*language*) **(das) Türkisch** (B); (*person*) **der Türke, -n** (*wk.*) / **die Türkin, -nen** (12)

to turn **ab·biegen (biegt ... ab), bog ... ab, ist abgebogen** (10); to turn off **aus·machen, ausgemacht** (3); to turn on **an·machen, angemacht** (3); **ein·schalten, eingeschaltet** (10); to turn out **aus·gehen (geht ... aus), ging ... aus, ist ausgegangen** (7)

turtle **die Schildkröte, -n** (10)

tutoring **die Nachhilfe** (3)

TV room **das Fernsehzimmer, -** (10); TV set **der Fernseher, -** (2); to watch TV **fern·sehen (sieht ... fern), sah ... fern, ferngesehen** (1)

twelfth **zwölft-** (4)

twelve **zwölf** (A)

twentieth **zwanzigst-** (4)

twenty **zwanzig** (A)

twenty-one **einundzwanzig** (A)

twice **zweimal** (5)

two **zwei** (A)

to type **tippen, getippt** (3, 6)

type **die Art, -en** (2)

ugly **hässlich** (2)

umbrella **der Regenschirm, -e** (5)

uncle **der Onkel, -** (B)

unconsciousness **die Ohnmacht** (11)

under, underneath **unter** (+ *dat./acc.*) (5); under the window **unter dem Fenster** (5)

underpants **die Unterhose, -n** (2)

undershirt **das Unterhemd, -en** (2)

to understand **verstehen (versteht), verstand, verstanden** (4)

undressed: to get undressed **sich aus·ziehen (zieht ... aus), zog ... aus, ausgezogen** (11)

unemployed **arbeitslos** (12)

unfortunately **leider** (B)

university **die Universität, -en** (B, 1, 5); (*coll.*) **die Uni, -s** (B, 1); at the university **auf der Universität** (5); to be at the university **auf der Uni sein** (1); (to go) to the university **zur**

Uni (gehen) (1, 2); university studies **das Studium, Studien** (1)

unmarried **ledig** (1)

until (*prep.*) **bis** (+ *acc.*) (2, 4, 11); (*subord. conj.*) **bis** (11); not until (four o'clock) **erst (um vier Uhr)** (4); until eight o'clock **bis acht Uhr** (2); until four in the morning **bis um vier Uhr früh** (4)

up: to give up **auf·geben (gibt ... auf), gab ... auf, aufgegeben** (1); to hang up **auf·hängen, aufgehängt** (2); to stand up for **ein·treten für** (+ *acc.*) **(tritt ... ein), trat ... ein, ist eingetreten** (12); up to **bis zu** (+ *dat.*) (10); up that way **hinauf** (10); to wake up **auf·wachen, ist aufgewacht** (2, 4)

upset: to get upset **sich auf·regen, aufgeregt** (11)

urgent(ly) **dringend** (2)

us (*acc./dat.*) **uns** (1)

USA **die USA** (*pl.*) (B)

to use **brauchen, gebraucht** (1); **benutzen, benutzt** (7)

use **der Gebrauch, ̈e** (12)

useful **nützlich** (10)

usually **meistens** (8)

vacation **die Ferien** (*pl.*) (1); **der Urlaub, -e** (4, 5); vacation house **das Ferienhaus, ̈er** (4)

to vaccinate against **impfen gegen** (+ *acc.*), **geimpft** (10)

to vacuum **Staub saugen, Staub gesaugt** (6)

vacuum cleaner **der Staubsauger, -** (6)

valley **das Tal, ̈er** (7)

valuable **wertvoll** (2)

various **verschieden** (12)

vegetable **das Gemüse, -** (8)

vehicle **das Fahrzeug, -e** (7, 11)

very **sehr** (B)

vicinity **die Nähe** (6); in the vicinity **in der Nähe** (6)

video **das Video, -s** (9); video game **das Videospiel, -e** (5)

view **der Ausblick, -e** (6)

vinegar **der Essig** (8)

violence **die Gewalt** (12)

violin **die Geige, -n** (3)

to visit **besuchen, besucht** (1); **zu Besuch kommen** (3); **vorbei·kommen (kommt ... vorbei), kam ... vorbei, ist vorbeigekommen** (3); **besichtigen, besichtigt** (7)

visit **der Besuch, -e** (3)

vocabulary **der Wortschatz, ̈e** (A)

voice **die Stimme, -n** (12)

volleyball **der Volleyball, ̈e** (1)

to wait **warten, gewartet** (7)

waiter/waitress **der Kellner, - / die Kellnerin, -nen** (8); **die Bedienung** (8)

to wake up **auf·wachen, ist aufgewacht** (2, 4); to wake (*s.o.*) (up) **wecken, geweckt** (7)

to walk **gehen (geht), ging, ist gegangen** (A); to go for a walk **spazieren gehen (geht ...**

spazieren), **ging ... spazieren, ist spazieren gegangen** (1); to go for a walk in the park **im Park spazieren gehen** (1); to keep on walking **weiter·gehen (geht ... weiter), ging ... weiter, ist weitergegangen** (10)

wall **die Wand, ̈e** (B); to hang the picture on the wall **das Bild an die Wand hängen** (3)

waltz **der Walzer, -** (3)

to want (to) **wollen (will), wollte, gewollt** (3)

war **der Krieg, -e** (12)

wardrobe cabinet **der Schrank, ̈e** (2); **der Kleiderschrank, ̈e** (6)

warm **warm** (B)

to warn **warnen, gewarnt** (7)

to wash **waschen (wäscht), wusch, gewaschen** (2); **spülen, gespült** (4); to wash (oneself) **(sich) waschen (wäscht), wusch, gewaschen** (11); to wash the dishes **Geschirr spülen, gespült** (4)

washbasin **das Waschbecken, -** (6)

washing machine **die Waschmaschine, -n** (6)

wastebasket **der Papierkorb, ̈e** (3)

to watch **an·sehen (sieht ... an), sah ... an, angesehen** (3); to watch out for **achten auf** (+ *acc.*), **geachtet** (11); to watch TV **fern·sehen (sieht ... fern), sah ... fern, ferngesehen** (1)

watch **die Armbanduhr, -en** (A)

to water **gießen (gießt), goss, gegossen** (3); to water the flowers **die Blumen gießen** (3)

water: mineral water **das Mineralwasser** (8)

wave **die Welle, -n** (10)

way: in this way **herein** (10); one-way street **die Einbahnstraße, -n** (7); out this way **heraus** (10); over that way **hinüber** (10); right across the way **gleich gegenüber** (6); that way **hin** (10); this way **her** (10); up that way **hinauf** (10)

to wear **tragen (trägt), trug, getragen** (A); Do you like to wear . . . ? **Trägst du gern ...?** (A)

weather **das Wetter** (B); in rainy weather **bei Regen** (7)

Wednesday **der Mittwoch** (1)

week **die Woche, -n** (1); during the week **in der Woche** (1); every week **jede Woche** (3); last week **letzte Woche** (4)

weekend **das Wochenende, -n** (1); last weekend **letztes Wochenende** (4); over the weekend **am Wochenende** (1), **übers Wochenende** (4)

weight: to lose weight **ab·nehmen (nimmt ... ab), nahm ... ab, abgenommen** (8, 11)

well (*adv.*): as well **auch** (A); to be well dressed **gut gekleidet sein** (2); to feel well **sich wohl fühlen, gefühlt** (11); it ended well **es ist gut ausgegangen** (7); That fits well. **Das passt gut.** (11)

well (*interj.*) **na** (3); **also** (4)

well (*n.*) **der Brunnen, -** (9)

west (of) **westlich (von** + *dat.*) (7)

wet **nass** (3)

what **was** (B); At what time . . . ? **Um wie viel Uhr ...?** (1); on what day? **an welchem Tag?** (4); What color is . . . ? **Welche Farbe hat ...?** (A); What day is today? **Welcher Tag ist heute?** (1); What do your pictures show? **Was zeigen Ihre Bilder?** (A); What is today's date? **Welches Datum ist heute?** (4); what kind of **was für** (+ *acc.*) (3); What's your name? **Wie heißen Sie?** (*for.*) / **Wie heißt du?** (*infor.*) (A); What's your profession? **Was sind Sie von Beruf?** (1); What time is it? **Wie spät ist es?** (1), **Wie viel Uhr ist es?** (1)

wheel **das Rad, ¨er** (7); potter's wheel **die Töpferscheibe, -n** (12); steering wheel **das Lenkrad, ¨er** (7)

when **wann** (B, 1); (*subord. conj.*) **als** (5, 11); when(ever) (*subord. conj.*) **wenn** (2, 11); when I was eight years **als ich acht Jahre alt war** (5); When were you born? **Wann sind Sie geboren?** (1)

whenever (*subord. conj.*) **wenn** (11)

where **wo** (B); from where **woher** (B); Where are you going? **Wo willst du denn hin?** (A); where to **wohin** (3)

whether (*subord. conj.*) **ob** (6, 11)

which **welch-** (B)

white **weiß** (A)

whiteboard **die Tafel, -n** (A, B)

who **wer** (A, B)

whole **ganz** (2)

whom (*acc.*) **wen** (4); (*dat.*) **wem** (5)

why **warum** (3); that's why **deshalb** (4)

wife **die Frau, -en** (B)

wild boar **das Wildschwein, -e** (10)

to win **gewinnen (gewinnt), gewann, gewonnen** (4); to win the lottery **in der Lotterie gewinnen** (5)

wind **der Wind, -e** (9)

window **das Fenster, -** (B); cashier window **die Kasse, -n** (12); ticket window **der Fahrkartenschalter, -** (7); under the window **unter dem Fenster** (5)

windowpane **die Scheibe, -n** (7); **die Fensterscheibe, -n** (9)

windowsill **die Fensterbank, ¨e** (10)

windshield wiper **der Scheibenwischer, -** (7)

windsurfing: to go windsurfing **windsurfen gehen** (10)

windy **windig** (B)

wine **der Wein, -e** (7)

winter **der Winter, -** (B)

to wipe **wischen, gewischt** (7); to wipe clean **ab·wischen, abgewischt** (6)

wiper: windshield wiper **der Scheibenwischer, -** (7)

witch **die Hexe, -n** (9)

with **mit** (+ *dat.*) (A); **bei** (+ *dat.*) (2, 6, 10); Does it come with a . . . ? **Ist ein/eine ... dabei?** (6); to go with **passen** (+ *dat.*), **gepasst** (2); with each other **miteinander** (1, 3); with me **mit mir** (3); with pleasure **gern** (1); with the short/long hair **mit dem kurzen/langen Haar** (A); with your parents **bei deinen Eltern** (6)

witness **der Zeuge, -n** (*wk.*) / **die Zeugin, -nen** (11)

wolf **der Wolf, ¨e** (9)

woman **die Frau, -en** (A, B)

wonder **das Wunder, -** (4); no wonder **kein Wunder** (4)

wood **das Holz, ¨er** (12)

woods **der Wald, ¨er** (2, 7); to run in the woods **im Wald laufen** (2)

word **das Wort, ¨er** (A)

to work **arbeiten, gearbeitet** (1); (*take effect*) **wirken, gewirkt** (11); work with a partner **arbeiten Sie mit einem Partner** (A)

work **die Arbeit, -en** (1); **das Werk, -e** (9); from work **von der Arbeit** (3); to go to work **zur Arbeit gehen** (1); work permit **die Arbeitserlaubnis, -se** (12)

workbook **das Arbeitsbuch, ¨er** (3)

worker **der Arbeiter, -** / **die Arbeiterin, -nen** (5); construction worker **der Bauarbeiter, -** / **die Bauarbeiterin, -nen** (5)

workplace **der Betrieb, -e** (7)

world **die Welt, -en** (7)

would like (to) **möchte** (2, 3)

wound **die Wunde, -n** (11)

to write **schreiben (schreibt), schrieb, geschrieben** (A, 1); to write a text message **eine SMS schreiben** (1); to write down **auf·schreiben (schreibt ... auf), schrieb ... auf, aufgeschrieben** (11)

writer **der Schriftsteller, -** / **die Schriftstellerin, -nen** (5)

wrong **falsch** (2); to be wrong with (*a person*) **fehlen** (+ *dat.*), **gefehlt** (11); to get up on the wrong side of bed **mit dem linken Fuß auf·stehen (steht ... auf), stand ... auf, aufgestanden** (4)

to X-ray **röntgen, geröntgt** (11)

year **das Jahr, -e** (B); for two years **seit zwei Jahren** (4)

to yell **schreien (schreit), schrie, geschrien** (3)

yellow **gelb** (A)

yes (on the contrary)! **doch!** (4); Yes please? **Bitte schön?** (7)

yesterday **gestern** (4)

you (*infor. sg. acc.*) **dich** (2)

young **jung** (B)

your (*for.*) **Ihr(e)** (B, 2); (*infor. sg.*) **dein(e)** (B, 2); (*infor. pl.*) **euer, eure** (2)

youth **die Jugend** (9); youth hostel **die Jugendherberge, -n** (10)

zebra **das Zebra, -s** (10)

zero **null** (A)

Index

This index is divided into three subsections: Culture, Grammar, and Vocabulary.
Reading, film, and music titles are included in the Culture section, as are artists' names.

Culture

Vocabulary

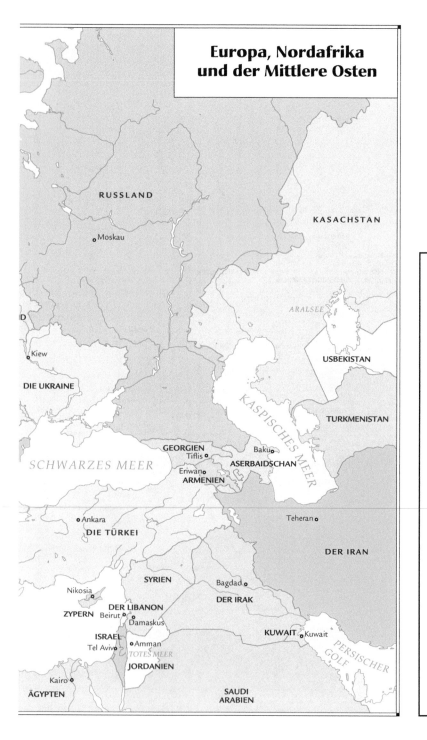

Europa, Nordafrika und der Mittlere Osten

RUSSLAND

KASACHSTAN

Moskau

ARALSEE

Kiew

USBEKISTAN

DIE UKRAINE

KASPISCHES MEER

TURKMENISTAN

GEORGIEN
Tiflis   Baku
SCHWARZES MEER   ASERBAIDSCHAN
Eriwan
ARMENIEN

Ankara   Teheran

DIE TÜRKEI

DER IRAN

SYRIEN   Bagdad

Nikosia   DER IRAK

ZYPERN   DER LIBANON
Beirut
Damaskus

ISRAEL   KUWAIT Kuwait
Tel Aviv   Amman
TOTES MEER   PERSISCHER GOLF
JORDANIEN

Kairo

ÄGYPTEN   SAUDI
ARABIEN

EU-LÄNDER (2015)	EINWOHNER (2015)
	Millionen
Belgien	11,3
Bulgarien	7,2
Dänemark	5,7
Deutschland	81,2
Estland	1,3
Finnland	5,5
Frankreich	66,4
Griechenland	10,8
Großbritannien	64,8
Irland	4,6
Italien	60,8
Kroatien	4,2
Lettland	2,0
Litauen	2,9
Luxemburg	0,6
Malta	0,4
die Niederlande	16,9
Österreich	8,6
Polen	38,0
Portugal	10,4
Rumänien	19,9
Schweden	9,7
die Slowakei	5,4
Slowenien	2,1
Spanien	46,4
Tschechien	10,5
Ungarn	9,8
Zypern	0,8
GESAMT	508,2

**Deutschland und Luxemburg
Einwohner**
Deutschland (2015): 81,2 Mio
Luxemburg (2015): 563.000

DÄNEMARK

NORDSEE

OSTSEE

Sylt

Flensburg

Hiddensee

Rügen

Kiel ★

Helgoland

**SCHLESWIG-
HOLSTEIN**

Warnemünde

Stralsund

Greifswald

Lübeck

Rostock

MECKLENBURG-

Cuxhaven

HAMBURG

Schwerin

Güstrow

Neubrandenburg

Bremerhaven

★ Hamburg

VORPOMMERN

Emden

BREMEN

Lüneburg

Prenzlau

Leer

Oldenburg

★ Bremen

POLEN

**DIE
NIEDERLANDE**

NIEDERSACHSEN

Wolfsburg

**SACHSEN-
ANHALT**

BERLIN

⊗ Berlin

Osnabrück

Hannover ★

Braunschweig

Brandenburg

Frankfurt

Münster

TEUTOBURGER WALD

Bielefeld

Hameln

Magdeburg

Potsdam

Eisenhüttenstadt

NORDRHEIN-WESTFALEN

Bad
Harzburg

Wernigerode

BRANDENBURG

Dortmund

Paderborn

Wittenberg

Cottbus

Essen

HARZ

Dessau

Krefeld

Ruhr

Göttingen

Eisleben

Halle

SACHSEN

Görlitz

★ Düsseldorf

Kassel

Leipzig

Köln

HESSEN

Erfurt ★

Meißen

★ Dresden

Aachen

⊗ Bonn

Marburg

Eisenach

Weimar

Chemnitz

THÜRINGEN

Jena

Gera

Zwickau

BELGIEN

Gießen

Fulda

THÜRINGER WALD

Suhl

ERZGEBIRGE

Koblenz

Limburg

RHÖN

Elbe

Frankfurt

LUXEMBURG

EIFEL

Wiesbaden

★ Mainz

Bayreuth

TSCHECHIEN

Luxemburg ⊗

**RHEINLAND-
HUNSRÜCK**

Würzburg

FRÄNKISCHE ALB

Trier

PFALZ

Worms

Kaiserslautern

Mannheim

Nürnberg

BAYERN

BÖHMER WALD

SAARLAND

Heidelberg

Rothenburg
ob der Tauber

Saarbrücken

Ludwigshafen

**BADEN-
WÜRTTEMBERG**

Regensburg

*BAYERISCHER
WALD*

Straubing

Karlsruhe

Donau

FRANKREICH

VOGESEN

Stuttgart ★

SCHWÄBISCHE ALB

Passau

Tübingen

SCHWARZWALD

Ulm

Augsburg

Isar

München ★

Rottweil

Neckar

BAYERISCHE ALPEN

ÖSTERREICH

Freiburg

Konstanz

Friedrichshafen

Berchtesgaden

Lindau

DIE SCHWEIZ

Garmisch-Partenkirchen

Rhein

Moser

Oder

Neiße

Elbe

Saale

Main

Österreich

Einwohner (2015): 8,6 Mio

Die Schweiz und Liechtenstein
Einwohner

Schweiz (2015): 8,1 Mio
Liechtenstein (2015): 37.600